中国各地区金融稳定报告摘要

（2011）

中国人民银行上海总部金融稳定分析小组

China Regional Financial Stability Report

(2011)

中国金融出版社

责任编辑：张翠华
责任校对：孙　蕊
责任印制：毛春明

图书在版编目（CIP）数据

中国各地区金融稳定报告摘要（Zhongguo Gediqu Jinrong Wending Baogao Zhaiyao）（2011）/中国人民银行上海总部金融稳定分析小组．—北京：中国金融出版社，2011.6
ISBN 978－7－5049－5967－6

Ⅰ．①中…　Ⅱ．①中…　Ⅲ．①区域经济—金融事业—研究报告—中国—2011　Ⅳ．①F832.7

中国版本图书馆 CIP 数据核字（2011）第 120159 号

出版发行　中国金融出版社
社址　北京市丰台区益泽路 2 号
市场开发部　(010)63266347，63805472，63439533（传真）
网上书店　http://www.chinafph.com
(010)63286832，63365686（传真）
读者服务部　(010)66070833，62568380
邮编　100071
经销　新华书店
印刷　保利达印务有限公司
装订　平阳装订厂
尺寸　210 毫米×285 毫米
印张　25.25
字数　624 千
版次　2011 年 6 月第 1 版
印次　2011 年 6 月第 1 次印刷
定价　98.00 元
ISBN 978－7－5049－5967－6/F.5527
如出现印装错误本社负责调换　联系电话（010）63263947

目　录

北京市金融稳定报告摘要

2010年，北京市金融总体运行平稳，为北京市经济的持续发展提供了良好条件。量化评价结果显示，综合评价得分比上年上升3.31分，自2009年起连续两年上涨，整体处于稳定区域。

一、区域经济运行与金融稳定

2010年，北京市全年经济在调整中实现平稳较快增长，工业生产增长加快，经济发展质量继续提高，"十一五"规划圆满收官，为北京市金融的平稳运行提供了良好的经济环境。

（一）经济发展态势良好，为北京市金融稳健运行提供了有利的外部环境

1. 全年经济在调整中实现平稳较快增长。2010年，北京市地区生产总值达到13 777.9亿元，比上年增长10.2%，增幅与上年基本持平。分阶段看，第一季度经济增长14.9%，前两个季度增长12%，第一至第三季度增长10.1%，全年虽然呈现出前高后低的运行态势，但整体经济仍保持了较快增长。全年地方财政收入2 353.9亿元，比上年增长16.1%，增幅比上年提高5.8个百分点。地方财政支出2 716亿元，比上年增长17.1%，增幅比上年回落0.4个百分点。

2. 工业生产发展加快，第三产业仍保持主导地位。2010年，北京市三次产业结构由上年的1.0:23.2:75.8变化为0.9:24.1:75.0，第二产业在地区生产总值中的占比出现上升。在增长率方面，三次产业分别比上年增长-1.6%、14.7%和-9.1%，除第二产业外，增速均较上年出现下降。

3. 投资适度增长。2010年，北京市完成全社会固定资产投资5 493.5亿元，比上年增长13.1%，与扩内需、加大投资的上年相比，回落13.1个百分点，处于适度增长区间。分产业看，第一产业完成投资43.2亿元，下降24.8%；第二产业完成投资528.1亿元，增长28.4%；第三产业（含房地产开发）完成投资4 922.3亿元，增长12.1%。

4. 消费品市场持续活跃。2010年，北京市实现社会消费品零售额6 229.3亿元，比上年增长17.3%，增幅比上年提高1.6个百分点。其中，汽车是带动消费品市场增长的主要力量，全年共销售机动车143.2万辆，比上年增长24.7%，实现零售额1 619.5亿元，比上年增长33.9%。

5. 进出口及外资利用均保持较快增长。2010年，北京市地区进出口总值为3 014.1亿美元，比上年增长40.3%，比2008年增长10.9%。其中，出口554.7亿美元，比上年增长14.7%，比2008年下降3.5%，仍处于恢复之中；进口2 459.4亿美元，比上年增长47.8%，比2008年增长14.7%。2010年北京市实际利用外资共63.6亿美元，比上年增长4%，增幅高于上年3.4个百分点。

6. 工业企业利润快速增长。2010年，北京市规模以上工业经济效益综合指数233.96，比上年提高38.98个百分点，实现利润总额1 007.7亿元，突破千亿元大关，比上年增长34.8%，增幅提高

9.5 个百分点。

（二）区域经济运行中仍存在不利于金融稳定的因素

1. 北京市经济增长格局面临较大调整压力。从消费需求看，启动新一轮消费结构升级力量尚有不足。车、房等大宗消费不具有可持续性，缺乏新的消费热点。近年，北京开始了以车、房为代表的新一轮消费结构升级，有力带动了经济的增长。但房地产快速发展积累下来的问题使楼市面临前所未有的大力度调控，2010 年 12 月下旬北京市开始实施小客车限购政策，因此未来房、车消费均存在较大的不确定性，而目前还没有足够量级和潜力的新的消费热点给予替代，消费增长后劲不足。从产业发展情况来看，产业发展依赖于少数行业，缺乏后续行业替代。2010 年，北京市经济支柱第三产业增速放缓，房地产业增加值大幅下降是主要原因，反映出产业发展依赖于少数行业的易波动缺陷。在国内外经济均处于转型阶段的背景下，而且基于北京经济自身可持续发展的要求，经济结构进一步调整势在必行，产业升级任务艰巨。

2. 通胀压力加大，商品价格出现明显上涨势头。分领域看，房地产价格、生产价格、消费价格均出现上涨。虽然北京楼市各项调控政策纷纷出台，但全年房屋销售价格仍比上年上涨 11.5%。2010 年 1～12 月，北京市原材料、燃料、动力购进价格总指数比上年上涨 10.48%。九大类原材料中的燃料动力类、黑色金属材料类等涨幅较大。2010 年北京市居民消费价格涨幅低开高走，第四季度明显加大。12 月份 CPI 达到 4.7%，全年上涨 2.4%，涨幅高于上年 3.9 个百分点。由于导致价格较快上涨的各种因素难以在短时间内消除，通胀压力更多地将集中于 2011 年乃至更长一段时期内，特别是在结构转型期、经济处于调整阶段时，复杂、不容乐观的价格走势就更需要引起高度关注。

3. 转型期就业形势可能出现波动。经济增长对就业带动作用减弱主要是由于在转型期的产业结构优化升级中，重点发展资本和技术密集型产业，对劳动力要素有一定的挤出效应。此外，新兴行业的出现与现有行业的升级或者消失，也将带来一定程度的结构性失业。在“十二五”重要转型期，北京市产业发展内涵与战略将发生重大变化，就业形势可能会出现波动，政府应在制定产业规划时设计必要的配套举措。

二、金融业与金融稳定

（一）银行业：信贷增长向常态回归，盈利水平及风险抵御能力大幅提高

2010 年，北京市银行业运行稳健。辖内银行业金融机构资产负债规模继续平稳增长，利润水平大幅提高；资产质量继续改善，风险抵御能力进一步提高。

1. 银行业整体运行平稳，可持续发展基础进一步夯实

（1）信贷投放向常态回归，有效支持经济增长。2010 年，辖内金融机构（含外资，下同）本外币信贷投放增速呈现上半年持续下降，下半年回稳态势，信贷投放向常态回归，规模适度。年末，辖内金融机构本外币贷款余额同比增长 17.48%，增速比上年同期下降 17.52 个百分点。全年辖内信贷基本呈现季度间 3:2:2:3 的投放节奏，较为均衡。从信贷结构看，中长期贷款仍为拉动信贷增长的主要力量；票据融资规模全年不断收缩，为一般贷款规模腾挪空间。2010 年，受基础货币投放减少和贷款支付制度安排改变等因素影响，辖内金融机构存款增长乏力。年末，辖内金融机构本外币存

款余额同比增长16.90%，增速比上年同期下降10.60个百分点。

（2）不良贷款继续低位双降，损失准备继续大幅增长。2010年，辖内金融机构不良贷款继续实现低位“双降”，资产质量持续改善。年末，辖内金融机构不良贷款余额和不良贷款率分别同比下降25.09%和0.39个百分点；贷款损失准备充足率和拨备覆盖率分别同比提高48.43个和71.39个百分点。

（3）利润大幅增长，仍主要依赖利息收入。2010年，辖内金融机构累计实现利润同比增长34.75%，为近四年新高，银行业盈利能力和盈利效率均不断提高，战略转型持续推进。从利润构成看，利息收入仍是拉动利润增长的主要力量。值得关注的是，2010年受非对称加息等因素影响，银行资产仍多配置于中长期贷款，仍主要依靠利息收入，收入来源过于单一，盈利基础仍显薄弱。

（4）中外资法人银行经营稳健，可持续发展基础进一步夯实。一是法人银行信贷增长向常态回归，利润水平大幅提高。年末，北京银行和北京农村商业银行本外币贷款余额同比分别增长22.39%和13.90%，信贷增长在适度宽松货币政策引导下逐步向常态回归；辖内外资法人银行资产业务恢复性增长，年末，外资法人银行本外币各项贷款余额同比增长45.89%。2010年全年，北京银行、北京农村商业银行及外资法人银行实现利润分别同比增长21.44%、14.63%和8.63%，利润水平大幅提高。

二是资产质量及风险抵御能力大幅提高。年末，北京银行、北京农村商业银行和外资法人银行不良贷款余额同比分别下降16.98%、26.78%和22.50%；不良贷款率同比分别下降0.33个、2.65个和0.20个百分点，资产质量大幅提高。北京银行、北京农村商业银行和外资法人银行拨备覆盖率同比分别提高91.45个、43.82个和129.09个百分点，风险抵御能力进一步提高。

三是资本水平及质量均大幅提高，可持续发展基础进一步夯实。2010年，北京银行发行65亿元次级债用以补充附属资本，北京农村商业银行通过增发普通股补充核心资本，并同时置换不良资产。经过资本补充，两家中资法人银行资本充足率较第三季度末均有所提高。

（5）体制改革进一步推进，非银行金融机构种类丰富。2010年，银行类金融机构改革继续向纵深推进。五家已改制大型商业银行分行继续深化内部改革，资产负债规模平稳增长，利润水平持续提高，经营更为稳健。北京银行继续全面完善各项公司治理机制，推进跨区域发展战略。2010年，北京银行新增异地分支机构15家，其中分行3家，支行11家，阿姆斯特丹代表处1家。

2010年末，北京辖内共有银行业金融机构3 600多家，新增近80家，其中开业和批准筹建中外资法人和分行级机构20多家。非银行金融机构共38家，其中信托公司3家，企业集团财务公司26家，汽车金融公司6家，金融租赁公司1家，消费金融公司1家，货币经纪公司1家。北京已发展成为全国范围内非银行金融机构种类最全、数量最多的地区之一。

2. 银行业发展中值得关注的问题

（1）辖内银行体系流动性持续收紧。2010年，北京市金融机构流动性明显收紧。一是本外币存贷比提高，2010年末辖内金融机构本外币存贷比提高0.27个百分点；二是中外资法人银行流动性比例下降，年末，北京银行、北京农村商业银行和外资法人银行流动性比率分别同比下降10.13个、11.98个和12.79个百分点；三是辖内金融机构为应对流动性问题而提高超额准备金，12月北京银行和北京农村商业银行日均超额存款准备金率分别同比提高0.42个和0.90个百分点。

（2）政府融资平台贷款风险仍需关注。一是辖内政府融资平台贷款现金流覆盖比例存在高估的可能性，潜在风险或被低估；二是完成三方签字的贷款较少，部分政府融资平台贷款风险缓释措施未真正落实；三是异地政府融资平台公司贷款风险易被忽视；四是土地储备贷款今明两年集中到期，违约风险值得关注。

（3）经营性物业抵押贷款风险值得关注。一是信用风险。经营性物业抵押贷款期限较长，一般从5年到10年不等，贷款期内不确定性因素多，对抵押物和企业自身还款能力的判断比较困难。二是贷款用途不易监控。经营性物业贷款的贷款用途相对灵活，可以用于置换前期贷款或企业周转，贷款一般不采取受托支付方式而是直接打入企业账户，削弱了银行对贷后用款的监控。三是变相延长贷款期限。经营性物业贷款用于置换原有开发贷款，实际上变相延长了房地产开发贷款期限，使得开发商的短期债务中长期化。

（4）中长期贷款占比进一步上升，"整借整还"问题需要引起重视。2010年末，辖内银行业金融机构本外币中长期贷款余额占各项贷款新增额的93.77％，同比提高12.81个百分点，创历史新高。中长期贷款占比提高的原因主要是在流动性收紧的背景下，商业银行将资产配置向收益更高的中长期资产，通过调整票据融资规模和短期贷款规模腾挪空间。

（5）信贷集中度仍未缓解，不良贷款行业及客户集中现象尤为明显。2010年，辖内信贷客户集中度仍然较高，信用风险仍未有效分散。年末，辖内银行业金融机构最大十家集团客户贷款余额同比增长22.33%，高出各项贷款增速4.85个百分点；最大十家集团客户贷款占各项贷款比例同比提高0.90个百分点，客户集中度仍较高，信用风险仍未有效分散。不良贷款的行业及客户集中现象也较为明显。不良贷款主要集中于制造业、批发和零售业、房地产业、个人贷款行业、租赁和商务服务业，这五大行业不良贷款合计占全部不良贷款总额同比提高0.75个百分点。

（二）证券业：上市公司数量增加，期货公司经营状况明显改善

2010年，北京市证券业稳步发展，上市公司数量有所增加，受证券市场行情振荡影响，证券交易活跃性下降，证券公司盈利能力略有降低。

1. 证券业稳步发展，行业整体实力增强

（1）证券公司风险防范能力有所增强，市场活跃度下降。2010年，北京市证券公司经营情况较好，资本净额及净资产均有所增加，业务制度建设逐步深化，风险防范能力有所增强。年末，北京市共有正常经营的法人证券公司17家，证券公司在京营业部230家。受证券市场行情振荡影响，证券公司各项利润指标及证券市场交易额出现下降。证券公司2010年实现营业收入和净利润分别同比下降10.58%和26.12%。证券公司客户交易结算资金余额和证券市场交易额分别同比下降8.23%和6.08%。

（2）基金份额继续下降，基金净值出现缩水。2010年末，注册在北京的法人基金管理公司7家，管理基金94只，其中封闭式基金3只，开放式基金91只。年末管理基金份额规模合计4 008.79亿份，连续两年出现下降。受证券市场振荡行情影响，基金管理净值也有所下降，年末共计4 461.45亿元，同比下降5.97%。

（3）期货公司资产规模继续扩大，经营状况显著提升。2010年末，北京市共有期货经纪公司19家，期货营业部67家。资产总额及净资产分别同比增加90.75%和111.60%，增幅较大主要是部分期货公司增资和客户保证金水平大幅提升所致。受代理交易额大幅增长带动，期货公司经营状况显著提升，2010年实现手续费收入及利润同比均大幅增长。

（4）公司上市步伐加快，综合治理继续改善。2010年末，北京市共有上市公司164家。上市公司总股本及总市值均居全国第一。2010 年，北京地区 A 股上市公司新增近 40 家，创历年新高，比上年增长 1 倍多。随着证券市场的发展和基础制度的逐步完善，北京市上市公司已初步建立起较为完善的治理结构。

2. 证券业发展中需要关注的问题

（1）证券公司盈利渠道单一问题不容忽视。2010 年，北京市证券公司经纪业务手续费收入和证券发行收入占到全部营业收入的 75.08%，受证券市场行情振荡影响，营业收入及利润下降幅度均超过 20%，虽然未出现大面积亏损，但证券公司盈利模式单一，收入增长与资本市场行情相关性较高等问题仍然明显。

（2）投资咨询机构引发纠纷问题突出。目前，北京市共有投资咨询公司 18 家，存在盈利模式不成熟，实力弱，规模小，业务开展不规范等问题。个别公司通过夸大宣传，不实报道以及虚假广告等方式招揽客户，违规开展代客理财等高风险业务，特别是出售炒股软件，片面夸大软件功能，导致客户遭受重大损失，引发大量信访投诉，严重的可能会造成群体事件的发生。

（3）利用网络媒体、广播电视、电话等方式从事非法证券活动增多。不法分子利用媒体营销等方式开展非法证券活动，进行非法交易操纵股票价格，诈骗投资者资金，或利用虚假夸大信息违规开展营销活动。另外利用欺诈手段、通过收取会员费或资源费的方式骗取投资者资金事件也时有发生。利用网络、电话等从事非法证券活动的案件往往较难确认案犯身份，调查取证困难。

（4）非法期货交易活动呈攀升趋势。近年来，由于大宗资产、黄金等贵金属商品价格不断上涨，股指期货等创新工具的推出，期货交易不断升温，大宗商品中远期合同、地下炒金和网络炒汇等非法期货活动不断攀升，给北京市金融秩序和社会稳定造成了重大隐患。同时，投资者对新产品缺乏了解，市场稳定运行面临较大压力，需要及时跟进了解，关注可能带来的风险。

（三）保险业：各项业务快速增长，经营效益显著提升

2010 年，北京市保险业务快速增长，经营效益明显改善，风险得到有效防范，市场保持了良好发展势头。

1. 保险业务快速增长，支持经济发展及社会保障功能显著

（1）机构数量基本稳定，保险业务快速增长。2010 年末，在京保险分公司和直接经营业务的保险总公司 88 家，其中产险公司 35 家、寿险公司 48 家、政策性保险公司 1 家、再保险公司 4 家。2010 年，北京保险业实现保费收入同比增长 38.5%，保费规模居全国第三。

（2）产寿险主要业务拉动作用明显，新会计准则推动寿险保障型业务发展。2010 年，财产险公司实现保费收入同比增长 29.03%，其中车险保费收入同比增长 39.48%，占财产险保费收入的 70.43%。寿险公司实现保费收入同比增长 41.6%，其中分红险保费收入同比增长 65.5%。2010 年会计准则 2 号解释的实施促进了各寿险公司保障型产品的推广，普通寿险同比增长 6.9%，投连险出现下降。

（3）产险主要监管指标向好，寿险公司市场表现平稳。2010 年，产险公司实现承保利润同比增长 3.3 倍，承保利润率同比提高 2.94 个百分点，其中车险业务扭亏为盈；产险公司滚动应收率同比下降 1.33 个百分点，综合赔付率同比下降 3.09 个百分点。2010 年北京寿险行业赔付支出有所减少，累计赔付支出同比下降 4.5%；寿险个险渠道 13 个月保费继续率为 85%，同比下降 2 个百分点。

（4）外资保险公司业务发展迅速。2010 年，外资产险公司保费平均增长 86.45%，远高于市场

平均水平，市场份额合计达到3.47%；外资寿险公司共实现保费收入同比增长54.9个百分点，市场份额同比提高1.7个百分点。

（5）政策性农业保险及健康险发展情况。2010年，北京市政策性农业保险已开办涵盖种植业、养殖业共计18个险种，农业保险的风险保障覆盖率达到近40%，险种覆盖率占到农业生产资源75%以上，逐步形成了稳健、规范、可持续发展的良好局面。

北京健康险业务规模稳步增长、产品供给日益丰富、发展基础不断夯实。2010年，经营健康险的市场主体保费收入居全国首位，近5年来年均增长超过10%，健康险产品已形成了疾病、医疗、失能收入损失以及护理保险四类产品体系，基本满足了多样化的医疗保障需要。

2. 保险市场中值得关注的问题

（1）保险公司仍然存在经营不规范问题。一是业务数据不真实问题。一些公司存在虚列费用，并存在少计提未决赔款准备金等问题；二是销售误导是寿险违规重点，主要为隐瞒合同的保险期限、初始费用扣除、收费标准和犹豫期等与合同相关的重要内容等问题；三是车险理赔时效问题突出，主要为在定损时效、核赔时效和赔付时效等方面未依照《保险法》要求及时履行赔付义务。

（2）产寿险业务结构有待改善。2010年，车险保费收入占财产险保费收入的70.43%，同比增加5.27个百分点。财产险业务过度集中于车险不利于其平稳发展，北京市近期出台购车新政策，预计未来车险业务增速会有所降低；2010年，银保渠道保费收入占寿险公司业务的55.9%，普通寿险业务的增长率6.9%，远低于整体寿险业增速。普通寿险业务发展缓慢，使寿险行业更易受资本市场影响，也不利于实现保险行业的传统保障功能，由于银行多趋向于销售收取手续费快的趸缴产品，银保渠道占比过多不利于保险期限结构的调整。

（3）宏观经济政策及保险相关规则可能对保险业务格局及发展产生影响。一是宏观经济政策对保险业的影响。2011年货币政策将由适度宽松转为稳健，虽然短期内对寿险市场影响不大，但长期看必然影响到寿险业务的稳定性和流动性。二是会计准则2号解释的实施可能使寿险市场竞争格局发生重大改变。按新口径统计，2010年北京寿险公司保费收入较旧口径下降21.5%。三是寿险预定利率市场化将在一定程度上使保险公司让利于消费者，虽然薄利多销可能提升保险公司的总体利润，但传统寿险成本的逐步上升，将对保险公司的新业务利润率和产品结构产生一定影响。

三、金融市场运行与金融稳定

（一）金融市场交易活跃，继续呈现净融出资金格局

1. 货币市场交易规模显著增长，净融出资金规模扩大

2010年，北京地区货币市场交易活跃，货币市场同业拆借交易和债券回购交易规模均保持了较快增长。北京地区金融机构网上拆借累计成交同比增长48.44%，交易规模创历史新高，占全国交易量的56.21%；债券回购交易大幅增长，成为金融机构调剂资金的主要方式，2010年北京地区金融机构累计成交同比增长33.44%，占全国交易量的47.42%。从资金流向看净融出资金规模继续扩大。

2. 债券市场现券交易活跃，远期交易继续缩减

现券市场交易十分活跃，成交量显著增长。2010年累计买卖债券同比增长44.94%，占全国交易量的29.06%。银行类金融机构和证券公司是现券市场的主要投资机构；受货币政策调整预期的影

响，债券远期市场交易明显减少，2010 年远期买卖累计成交同比下降 89.59%。

3. 资本市场活跃度下降，债券市场成为非金融企业直接融资主要渠道

受证券市场振荡行情影响，2010 年末，北京地区法人证券公司客户交易结算资金余额出现下降。地区法人证券公司证券市场交易额及其中的股票、基金交易额较上年也有所减少。2010 年北京地区境内上市公司累计筹集资金同比增长 59.69%。其中，中小企业板筹资额和创业板筹资额分别同比增长 487.37% 和 172.86%。

4. 结售汇总量扩大，外汇衍生品交易大幅增长

2010 年，北京地区银行结售汇总量同比增长 39%，结售汇总量继续位居全国第一，占全国结售汇总量的 18.4%，占比较上年提高 1.5 个百分点；在人民币升值预期下，外汇远期买卖累计成交同比增长 182.58%，其中，买入和卖出分别同比增长 161.19% 和 207.06%。外汇掉期买卖同比增长 34.50%，其中买入和卖出分别同比增长 28.46% 和 40.96%。

5. 黄金价格走势强劲，市场交易活跃

2010 年，国内黄金价格走势强劲。北京地区上海黄金交易所会员黄金买卖累计成交同比增长 37.06%。其中，黄金买入和卖出分别同比增长 29.05% 和 45.51%，自营交易和代理交易分别同比增长 15.68% 和 104.07%。

（二）金融市场运行中值得关注的风险

1. 货币政策由“适度宽松”转向“稳健”，债券市场发展值得关注。货币政策回归稳健后，债券市场将不可避免地受到影响。首先，债券市场资金面将会有所收紧，从而影响债券市场发展的宏观环境；其次，利率上升将加大企业付息压力，影响企业的财务状况，从而导致企业偿债风险加大；最后，企业从银行获取资金难度加大，进而转向债券市场进行融资，又为债券市场发展带来新的机遇。

2. 货币市场利率波动性明显增强，加大了金融机构流动性管理的难度。2010 年，货币市场利率与 2009 年相比波动性明显增强，流动性多次出现阶段性紧张。从政策因素来看，货币市场利率受到存款准备金率、公开市场操作和基准利率调整的影响；从外部因素来看，货币市场利率又受到外汇占款、节日资金需求、金融机构存贷比考核、大型机构 IPO 或配股以及债券发行等因素变化的影响。在货币政策由“适度宽松”逐渐转为“稳健”的背景下，货币市场利率易于受到政策和外部因素的影响而导致波动性明显增强，从而加大了金融机构管理内部流动性的难度。

3. 货币市场资金借贷的短期化趋势明显，风险监测要求提高。2010 年，北京地区货币市场交易短期化趋势明显。一方面，在宏观经济形势影响下，市场预期利率将不断上行，资金需求上升所致；另一方面，也不排除是受到市场上投机性资金需求上升因素的影响。因此，在风险监测中需要加强对短期资金流向的分析，防止短期资金大量流向高风险市场，给金融稳定带来潜在威胁。

4. 企业债券成交量大幅增长，信用风险需要关注。2010 年，北京市金融机构企业债券累计成交同比增长近 1 倍，占全部债券交易的 22.15%。企业债全部属于信用债券，目前基本能够完全到期兑付，但随着集合债等风险较高债券品种的推出，信用风险不容忽视。如经济出现波动，可能会造成一定的企业债信用风险。

四、金融基础设施与金融稳定

2010 年，北京市金融基础设施建设继续稳步推进，现代化支付体系日臻完善，社会信用体系建

设稳步推进，反洗钱力度加大，金融业发展环境不断改善，为确保北京金融体系的稳健运行起到了促进和支持作用。

（一）支付体系日益完善，支付环境不断优化

2010 年，北京市大额支付系统处理业务笔数及金额同比分别增长 14.00% 和 32.01%，处理业务金额在全国居首位。小额支付系统处理业务及金额同比分别增长 45.13% 和 21.24%，支付系统参与者数及业务量继续呈稳步上升趋势。2010 年电子商业汇票系统在全国推广上线，北京地区各电子商业汇票机构同步上线，业务量逐月上升，截至年末，北京地区电子商业汇票系统上线机构共 56 家，当年推广上线机构 47 家。北京市 2010 年银行卡 POS 机刷卡交易总笔数和总金额同比分别增长 34.93% 和 40.38%，银行卡刷卡消费金额占社会消费品零售总额的比例持续提高，银行卡服务民生、拉动内需的作用日益显著。

（二）信用体系建设更趋完善，社会信用意识进一步增强

2010 年，人行营业管理部共办理贷款卡行政许可 8 568 户，接待个人信用报告查询 41 430 人次，梳理 120 余家征信系统接入机构信息，企业征信系统作用日益突出。北京市 2010 年提出了“建设一个平台、构建两个机制、做到三个示范、实现四个服务”的首都社会信用体系建设工作目标，人民银行营业管理部与政府部门间信用信息共享工作也取得新的进展。与市质监局组织机构代码中心基于贷款卡持卡单位基本信息比对、修正、更新的信息共享工作全面展开；新增和更新了企业征信系统中的企业缴纳社保相关信息；连续采集北京市 400 万个人公积金缴存信息数据。

（三）反洗钱监管机制不断完善，监管力度持续加强，反洗钱发现和打击犯罪的职能成效日益显著

2010 年，人行营业管理部对北京市多家金融机构实施了反洗钱现场检查，发现反洗钱内控制度问题 62 个，违反客户身份识别规定问题 437 万个，并对存在问题的 5 家机构依法实施了行政处罚，有效推动了问题机构反洗钱工作的改进，全面带动北京市金融机构反洗钱整体水平不断提高。2010 年北京市同时加快了反洗钱工作科技建设步伐，开发完成反洗钱非现场监管系统，制定了风险评估制度等一系列非现场评估控制办法，形成了以系统为依托，以制度为导向，以约见、质询、联席会议等为手段的具有首都特色的非现场监管体系，反洗钱非现场监管效率大幅提高。

（四）跨境人民币结算业务开局良好

2010 年，北京地区跨境贸易人民币结算试点正式启动。截至年末，北京市银行累计办理跨境人民币结算业务 1 192 笔，金额 1 147.8 亿元。跨境贸易人民币结算量居各试点地区当年结算量的首位，特别是 8 月份以来，跨境人民币结算月增量均保持在百亿元以上。年内完成两笔资本项目跨境人民币业务，涉及金额近百亿元，实现跨境人民币业务由贸易领域向投融资领域的延伸。2010 年，北京地区跨境人民币业务的境外地域已扩大到 33 个国家和地区，其中，有 1 130 笔跨境人民币业务境外交易地区是新兴市场和发展中国家，占比高达 94.8%，有力地促进了我国与新兴市场和发展中国家的经贸发展与金融互利合作。

（五）金融发展政策体系进一步完善，金融环境得到优化

2010 年，北京市金融发展环境进一步优化，出台《关于推进首都科技金融创新发展的意见》，促进科技与金融的有机结合；成功举办北京国际金融博览会和首都金融论坛，区域金融合作和金融国际化交流进一步加强。人行营业管理部等有关部门联动，破获了“王氏”非法组织网络炒汇案，通过央视“东方时空”和北京电视台“法制进行时”栏目，对“7·13”盈富汇公司案进行了网络炒汇案专题宣传，严厉打击了各类违法违规外汇资金流入，维护了国家经济金融安全。

五、总体评估和政策建议

（一）总体评估和定量评价

2010年，北京地区经济平稳运行，银行业资产规模持续扩大，盈利水平大幅攀升；证券业及保险业健康发展，金融市场运行平稳，融资结构更趋合理，金融基础设施持续完善。

人民银行营业管理部2010年金融稳定定量评估模型结果显示，北京市2010年金融稳定状况综合得分为89.41分，较2009年提高3.31分，表明金融体系运行稳健中持续改善。在选取的29项指标中，有11项指标得到改善，11项指标保持稳定，7项指标相对恶化。

（二）政策建议

1. 继续支持首都特色经济发展，发挥金融促进经济发展方式转型的积极作用

2011年，人行营业管理部将继续引导金融业积极促进首都特色经济健康发展，支持经济转型稳步推进。一是金融机构信贷在保持合理增长，并满足首都经济发展的合理资金需求基础上，将继续加大产品和服务创新，支持首都高科技产业、文化产业和战略新兴产业发展。二是通过发行短期融资券、中期票据、企业债、资本市场股权融资等多种直接融资方式满足实体经济的金融需求，促进首都经济社会平稳和谐发展。

2. 贯彻执行稳健的货币政策，加强对社会薄弱环节的金融服务

人行营业管理部将全面学习贯彻中央经济工作会议精神，按照总体稳健、调节有度、结构优化的要求，努力提高传导和执行稳健货币政策的针对性、有效性和灵活性，落实差别准备金动态调整措施，在保持合理社会融资规模基础上，引导资金更多投向实体经济特别是中小企业和“三农”等领域，全面提升金融服务水平。

3. 引导商业银行加强资产负债管理，推动其加快战略转型步伐

一是引导商业银行加强资产负债管理，应对流动性风险。商业银行可通过缩短资产久期的方式来应对负债活期化态势，同时还可拓宽融资渠道，创新融资机制来调整资产负债缺口。二是鼓励金融机构主动创新产品与服务，提高中间业务比重，改善盈利模式单一现象，加速战略转型步伐。

4. 引导辖内金融机构关注房地产市场，防范房地产信贷风险

一是督促银行机构加大对土地储备类贷款的日常监测和贷后管理，及时掌握土地上市交易和规划情况，严密防控违约风险；二是督促银行机构切实加强房地产开发贷款的风险管理力度；三是督促银行机构继续严格执行差别化住房信贷政策，鼓励金融机构加大政策执行差异，着力抑制投资投机等的购房需求。

5. 完善以社会融资总量为调控中间目标，提高社会融资总量的调控效果

一是完善社会融资总量统计指标。直接融资方式及新的金融产品将不断涌现，社会融资总量统

计口径要及时予以调整，地方社会融资总量统计指标仍需完善。二是研究社会融资总量的内涵及其与宏观经济的关系，不断丰富完善社会融资总量指标体系。三是提高社会融资总量指标的可控性。社会融资总量与宏观经济关系密切，增强其可控性需要开发出更多的政策工具。

总　　纂：赵　连
统　　稿：刘　晔
执　　笔：陈爱兵　齐　川　田　娟　张素敏　钱　珍
其他参与写作人员：董洪福　鲁凤玲　李海辉　朱　睿　王　栋　尹文诚
刘　宁　蔡义博　卜国军　李雪飞　李长卿　陈　岩

天津市金融稳定报告摘要

2010年，面对极为复杂的国内外经济金融形势，在党中央、国务院的正确领导下，天津市坚决贯彻落实中央的决策部署和政策措施，紧紧围绕“解难题、促转变、上水平”的要求，经济保持了平稳较快增长。地区经济实力显著增强，经济总量跃上新台阶。金融业在改革、创新和发展中继续推进，金融体系功能不断完善，金融机构实力明显增强，天津市金融业总体稳定。

一、经济与金融稳定

（一）经济保持平稳较快发展为金融稳定奠定了良好基础

2010年，天津市地区生产总值（GDP）达到9 108.8亿元，比上年净增1 587.0亿元，按可比价格计算，增长17.4%。分三次产业看，天津市第一产业增加值149.5亿元，增长3.3%；第二产业增加值4 837.6亿元，增长20.2%；第三产业增加值4 121.8亿元，增长14.2%。滨海新区行政管理体制实现重大突破，经济发展活力进一步释放。全年新区完成生产总值5 030.1亿元，增长25.1%，高于全市平均水平7.7个百分点。主要呈现以下特点：

1. 结构调整继续深入，自主创新能力提升。2010年，天津市第一、第二、第三产业占全市GDP比重分别为1.6%、53.2%和45.2 %，第三产业占比持续提升。农业生产保持稳定。连续7年增产，并创近11年来最好水平。工业生产增长较快。全年规模以上工业增加值增长23.7%，增幅比上年提高0.9个百分点。服务业发展势头良好。全年服务业增加值增长14.2%，对经济增长的贡献率为33.3%，拉动经济增长5.8个百分点。自主创新能力提升。2010年，全市全社会研发经费支出占生产总值的比重提高到2.5%。国家超级计算机天津中心等一批重大创新平台建成运行，全年专利授权首次突破1万件，启动实施了科技“小巨人”成长计划，全市科技型中小企业达到1.3万家。

2. 三大需求共同拉动，经济发展协调性增强。投资快速增长。天津市全年全社会固定资产投资完成6 511.4亿元，增量连续3年超千亿元，增长30.1%。其中，城镇投资6 114.3亿元，增长30.1%；农村投资397.1亿元，增长29.7%。消费保持活跃。全年全社会消费品零售总额完成2 902.5亿元，增长19.4%，增幅比上年提高2.5个百分点；城市居民家庭人均消费性支出16 562元，增长11.9%，增幅比上年提高1.6个百分点。外需恢复增长势头。全年外贸进出口总额完成822.0亿美元，增长28.8%，扭转了上年的下降局面。其中，进口446.8亿美元，增长31.7%；出口375.2亿美元，增长25.5%。

3. 财政收入快速增长，企业效益持续好转。2010年，天津市财政收入完成1 068.8亿元，增长30.1%。主体税种收入增长较快。在汽车制造、石油石化、金融保险和房地产业增长的强力拉动下，全年地方税收收入完成776.7亿元，增长26.6%，增幅比上年提高14.2个百分点。企业效益持续好转，呈现出利润增幅高于利税增幅、利税增幅高于销售增幅的良好发展态势。全年规模以上独立核算工业企业完成主营业务收入17 131.0亿元，增长38.2%。实现利税总额1 683.2亿元，增长58.7%。

4. 城乡居民收入较快增长，民计民生持续改善。就业规模继续扩大。2010年，天津市新增就业45.2万人，增长12.2%。截至年末，全市城镇单位从业人员204.8万人，比上年增加3.1万人。2010年，城镇单位从业人员人均报酬为50 427元，增长14.8%。保障性住房供应增加。全年开工建设保障性住房680万平方米，占全市住宅建设量的30%以上，为7.8万户低收入住房困难家庭发放租房补贴。民生投入快速增长。2010年财政对社会保障和就业、医疗卫生、环境保护和城乡社区事务方面支出分别增长20.2%、28.6%、87.8%和38.9%，合计支出589.5亿元，占全部财政支出的43.6%。

（二）经济运行中需要关注的方面

1. 关注物价高位运行。2010年，在国际经济缓慢复苏、国内经济趋稳回升、内外部流动性充裕的大背景下，天津市各类主要价格指数均呈高位运行态势。其中，居民消费价格指数有10个月超过3%的警戒水平。进入2011年以来，受全球粮价上涨，世界主要经济体货币条件持续宽松、大宗商品价格上涨，输入性通胀压力增大，以及国内种粮成本上升、北方地区旱灾，劳动力成本上升等因素影响，天津市物价上行压力加大，如果持续充裕的流动性得不到有效调节，可能催生新的资产价格泡沫和通胀压力，给经济可持续发展和金融稳定带来风险。

2. 关注发展中的结构性矛盾。当前，随着重大项目陆续建成投产，工业新增产值较为可观，将继续发挥对经济增长的支撑作用。在新一批重大项目的拉动下，投资需求仍将担当经济增长的主引擎。但这种投资主导经济增长，过分依赖资金投入量大、期限长的投资拉动型经济发展模式容易导致部分行业过热和经济周期波动。同时，也容易造成金融机构资金来源与运用的不匹配，带来流动性风险隐患。

3. 关注影响外贸增长的不利因素。2010年，天津市外贸进出口从危机中走出，但出口仍未恢复到危机前的水平，出口增速明显低于全国平均水平。同时，外贸进出口占全国的比重和对外依存度双双降低。进入2011年以来，在贸易保护主义不断增强、全球流动性泛滥、人民币汇率不断升值以及国际大宗商品、原材料和能源价格持续上涨等多重因素推动下，天津市净出口增长难度加大，其出口对经济发展的贡献一旦萎缩，可能影响天津市经济长期竞争力。

二、金融业与金融稳定

2010年，天津市金融业认真贯彻执行中央的各项宏观调控政策措施，积极落实应对金融危机和服务民生的一揽子计划，不断改进金融服务，努力增强经营效益，有力地促进了经济平稳较快的发展。

（一）银行业发展势头良好，稳健性增强

1. 银行业基本情况

2010年，天津市银行业认真贯彻落实适度宽松的货币政策和各项监管措施，加大信贷对天津市

重点项目、经济社会薄弱环节的支持力度，不断深化内控改革，强化风险控制措施，各项经营指标保持稳定，整体实力和抗风险能力持续增强。截至2010年末，天津市共有银行业金融机构66家，资产总额23 934.4亿元，同比增长23.8%；负债总额23 095.2亿元，同比增长31.2%。本外币存款余额16 499.3亿元，同比增长18.8%；本外币贷款余额13 774.1亿元，同比增长23.5%。

（1）资产质量整体提升，但资产质量持续改善压力加大。2010年，天津市银行业金融机构不良贷款余额和不良贷款率继续实现低位“双降”。截至年末，天津市金融机构不良贷款余额143.17亿元，同比减少63.9亿元；不良贷款率0.97%，同比下降0.8个百分点；拨备覆盖率207.0%，同比提高103.1个百分点。从贷款投向看，地方政府融资平台、基础设施和集团客户贷款增加，“贷大、贷长和贷集中”问题越发突出，随着经济结构调整步伐的加快，信贷资金出现损失的可能性明显增大。

（2）拨备覆盖高位提升，风险抵补能力增强。截至2010年末，天津市银行业金融机构贷款损失准备金余额296.4亿元，同比增长37.8%；贷款损失准备充足率240.1%，同比提高113.0个百分点；拨备覆盖率207.0%，同比提高103.1个百分点。

2010年，天津市各法人商业银行采取切实措施补充资本，提高资本金水平。其中，渤海银行资本净额增加54.2亿元，天津银行增加27.3亿元，天津滨海农村商业银行增加9.9亿元，天津农商银行完成合并重组，资本净额88.9亿元。截至2010年末，天津市法人银行资本充足率全部符合现行监管标准。

（3）盈利水平大幅提升，盈利结构有所改善。2010年，随着实体经济的平稳较快发展和信贷投放收益逐步实现，天津市银行业金融机构盈利水平不断提高，全年银行业金融机构实现净利润267.3亿元，同比增长42.3%，增速比上年提高30.2个百分点。其中，外资银行分行累计净营业收入8.3亿元，比上年同期增长2.3亿元，增幅38.9%；实现净利润5.5亿元，比上年同期增长2.4亿元，增幅74.8%。

（4）外资银行存贷比过高，中资商业银行法人银行机构流动性充足。2010年，在天津外资银行存贷比平均为90.7%，明显高于监管部门要求。天津市各法人银行流动性指标均符合监管要求，但天津滨海农村商业银行存贷比1~11月一直高位运行，在年末下降到67.0%。

（5）新增存款同比下降明显，票据融资大幅减少。截至2010年末，天津市银行业金融机构本外币存款余额16 499.3亿元，同比增长18.8%，增速比2009年下降23.3个百分点。本外币存款新增2 611.2亿元，同比少增1 320.6亿元，仅为上年同期的66.4%。天津市银行业金融机构票据融资余额450.2亿元，比上年相比减少91.0亿元，同比多减212.9亿元。

（6）信托公司、财务公司、金融租赁公司经营稳健，整体盈利水平较好。截至2010年末，天津市2家信托公司管理的资产总额共计866.8亿元，比年初增长65.7%，全年累计实现净利润3.9亿元；3家法人财务公司资产总额共计93.6亿元，比年初增长23.5%，全年累计实现净利润1.1亿元；2家法人金融租赁公司资产总额共计974.0亿元，比年初增长72.1%，全年累计实现净利润10.9亿元。

2. 银行业发展中需要关注的方面

（1）关注银行信贷集中度上升的问题。2010年，信贷投放继续表现出“喜大、好长”的特点。从新增贷款期限结构看，2010年，全市银行业金融机构新增贷款2 623.7亿元。其中，中长期贷款1 936.2亿元，占73.8%。从行业投向看，银行贷款特别是中长期贷款超过50%投向了包括交通运输、水利、环境保护等在内的基础设施行业。

（2）关注资产负债期限错配问题。从资金来源看，受经济活跃程度上升的影响，天津市银行业金融机构存款活期化趋势明显。截至2010年末，企事业单位活期存款占其全部存款的75.8%，比上年同期提高4.5个百分点；活期储蓄占储蓄存款的33.6%，比上年同期提高2.1个百分点。从资金运用看，天津市银行业金融机构中长期贷款占比持续提高。截至年末，中长期贷款占67.3%，比上年提高1.6个百分点。资产负债期限结构错配进一步加剧。

（3）关注政府融资平台公司信贷资金安全。截至2010年末，天津市政府融资平台企业贷款余额同比增长17.9%，融资平台贷款中信用贷款占比较大。全市政府融资平台公司信用贷款余额占全市平台贷款余额的44.6%。其中，政府承诺担保贷款余额883.9亿元，占信用贷款的35.3%。由于银行对融资平台的资金监管较为困难，信贷资金安全应予以关注。

（4）关注房地产市场波动对银行信贷的影响。2010年，天津市房地产市场受“国十一条”等一系列中央及地方调控政策影响，在保持平稳发展的同时，出现商品房销售增幅回落、价格同比增速下降、房地产贷款增长放缓等情况。截至2010年末，全市新建商品房销售面积为1 564.5万平方米，同比下降1.6%；房地产贷款余额为2 949.1亿元，同比增长22.7%。房地产调控政策对房价“下行”、销售减少的压力，导致房地产企业面临的不确定因素增多，潜在的银行信贷的信用风险增大。

（二）证券期货业运行平稳，盈利能力改善

1. 证券期货业基本情况

截至2010年末，天津市共有证券公司1家，证券营业部94家，证券投资咨询公司2家，资信评级公司1家，基金管理公司1家，期货公司6家，期货营业部19家，境内上市公司36家。私募股权投资基金和基金管理公司917家，天津成为股权投资基金相对集中的城市。

（1）渤海证券公司经营平稳。截至2010年末，渤海证券总资产128.5亿元，较上年减少了6.2%；净资产28.8亿元，较上年增长了4.0%。渤海证券管理的客户资产768.1亿元，其中托管的证券市值677.8亿元，客户交易结算资金90.3亿元。公司进一步完善了风险控制指标压力测试机制，积极探索全面、高效的测试方法，制定相关制度，风险管理水平有所提高。

（2）证券营业部积极试行新业务。截至2010年末，天津市共有94家营业部，合计开立证券账户240.6万户，资金账户136.1万户，全年证券交易额15 754.5亿元，比上年同期增长了2.7%。截至2010年末，天津开展融资融券业务试点的证券营业部30家，进行融资融券交易的客户279户，开展股指期货中间介绍业务的证券营业部21家，进行股指期货交易的客户290户。

（3）天弘基金管理公司规模大幅增长。截至2010年末，天弘基金管理公司总资产7 400.1万元，净资产5 643.5万元，总规模75.2亿元，基金总份额92.8亿份，公司管理的基金规模和份额同比均大幅增长，分别增长67.0%和39.0%。旗下共管理6只基金，其中2010年新设基金2只，募集金额34.4亿元。

（4）期货市场继续保持平稳运营。2010年，6家期货公司全年代理交易总额25 358.6亿元，代理交易总量2 782.8万手，手续费收入9 288.1万元；19家期货营业部全年代理交易总额18 041.5亿元，代理交易总量1 941.3万手，手续费收入8 250.3万元。目前，天津注册资本超过1亿元的期货公司有3家，期货公司的整体抗风险能力得到了明显提升。

（5）上市公司融资情况良好。2010年，天津市境内上市公司累计融资71.6亿元，其中有6家公

司首次发行并上市，合计融资60.9亿元，2家公司为创业板公司，1家为非公开发行股票融资。截至2010年末，天津境内上市公司总股本393.2亿股，总市值3 953.0亿元，其中流通市值3 399.4亿元。

2. 需要关注的方面

（1）私募股权投资基金发展急需规范。由于我国目前对私募股权投资基金的信息披露、杠杆率与系统性风险防范等还没有出台相关的法律规定，因此私募股权投资基金发展过程中仍存在监管主体缺失、募集不合规等现象，私募股权基金的发展急需规范。

（2）证券公司的综合竞争力需进一步提升。目前，证券公司仍然存在着盈利模式单一，业务同质性过高，开发的产品和服务针对性不高等问题。

（三）保险业平稳较快发展，服务社会经济能力提升

1. 保险业基本情况

截至2010年末，天津市共有各类保险机构43家，其中法人机构4家，产险分公司19家，寿险分公司23家，专业中介机构81家，各级各类兼业代理机构2 694家。保险公司总资产为593.0亿元，同比增长28.3%。2010年，天津市保险业共实现保费收入214.0亿元，同比增长41.5%，高于全国水平11.0个百分点，增速全国排名第6位。截至2010年末，天津市保险密度达到1 738.1元/人，保险深度2.4%。

（1）产险公司效益良好，寿险公司亏损。2010年，天津市保险公司实现营业收入201.9亿元，同比增长39.0%；营业利润－10.56亿元，同比减亏19.85亿元；净利润－10.5亿元，同比减亏20.0亿元。其中，产险公司实现净利润5.1亿元，比2009年增长159.0%。产险业的承保利润率增幅居全国第一，综合成本率、综合费用率、综合赔付率、手续费用率等7项综合指标降幅在全国排名第一，车均保费指标的同比增幅居全国第二。寿险公司2010年营业利润－15.5亿元，同比减亏6.0亿元。

（2）寿险业务期限结构优势突出，主渠道进一步改善。2010年，全市寿险公司累计实现续期保费收入63.8亿元，占总保费收入比重的43.0%，高于全国平均水平9个百分点。新单保费收入83.7亿元，新单与续期结构比为57:43。新单业务中，趸交保费收入52.70亿元，期交保费收入31.0亿元，新单期、趸交业务比为37:63，优于全国结构。2010年，全市人身险公司个人代理和公司直销两类自有渠道分别实现保费收入81.9亿元和14.7亿元，合计占总保费收入的比重为65.5%。个人代理、公司直销两类自有渠道占比高于全国平均水平15个百分点，渠道结构渐趋平衡。

（3）法人机构偿付能力总体充足，投资收益良好。光大永明人寿保险有限公司（以下简称光大永明）得益于股东注资，偿付能力充足率指标在年末跃升至694%，其余3家也均能达到150%的监管要求。4家公司2010年度投资收益情况良好。

2. 天津市保险业需要关注的方面

（1）关注法人机构费用支出过高。2010年天津市4家法人保险机构3家亏损，仅有1家盈利。造成法人机构亏损的原因：一方面是4家公司筹建分支机构使得法人机构的费用增长较快，出现费差损；另一方面是保险业务质量不高造成寿险公司退保率居高不下。

（2）关注经济金融形势的变化对保险资金投资收益的影响。目前，保险资金不但可以投资银行存款、债券、股票、基金等一些传统项目，还可以通过受托机构间接投资基础设施项目。在新的投资渠道尚无相关实施细则的情况下，保险资金的投资收益仍主要来自于固定收益投资和权益投资，国内存款利率水平和债券收益水平不高，保险资金运用面临挑战。

三、金融市场与金融稳定

2010 年，天津市金融市场总体呈现健康发展态势，货币市场交易量平稳增长，债券市场交易活跃，外汇市场交易平稳，黄金市场交易量提高。

（一）金融市场运行平稳

1. 货币市场交易量平稳增长，同业拆借短期交易占比较高。2010 年，天津市银行间同业拆借市场累计完成信用拆借 1 466 笔，同比增长 25.2%；累计拆借金额 5 170.1 亿元，同比增长 11.8%。债券回购交易量有所下降，累计成交额达到 36 329.5 亿元，同比下降 9.8%。货币市场短期交易占比依然较高。2010 年，同业拆借市场交易中，隔夜拆借成交 4 331.3 亿元，占拆借成交总量的 83.8%，较上年小幅下降 2.4 个百分点；1 天质押式回购成交 32 757.9 亿元，占质押式回购成交总量的 90.2%，较上年增加 3.8 个百分点。

2. 银行间债券市场交易活跃，市场收益率曲线波动明显。2010 年，天津市银行间债券市场成员现券买卖成交金额为 23 419.9 亿元，同比增长 34.7%，占全国成交总量的 1.8%。净卖出 589.4 亿元，较上年同期增加 78.2 亿元。年初，受央票利率连续上涨，准备金率提高，以及市场长短期资金期限错配的影响，债券市场收益率曲线呈现短升长跌走势。其后，受市场资金充裕、避险资金涌入等诸多因素影响，债券市场收益率全面下行，但随着资金面的逐步回归理性，4 月份开始逐步回升，12 月末现券买入和卖出较 3 月末分别提高了 37 个和 52 个基点。

3. 外汇市场交易平稳，中资银行仍为市场交易主体。截至 2010 年末，天津市银行间外汇市场共有会员 6 家。外汇交易统计系统显示，2010 年天津银行间外汇市场交易总量为 39.5 亿美元，同比略降 0.46%。其中，即期市场询价交易 35.4 亿美元，即期市场竞价交易 0.07 亿美元，询价交易远远超过竞价交易。即期市场买入量低于市场卖出量，市场呈现供大于求状况，供求缺口 3.4 亿美元。

4. 外汇远期、外汇掉期市场业务量小，但增幅显著。2010 年，天津银行间外汇远期和外汇掉期交易合计 4.1 亿美元，仅占外汇市场交易总量的 10.4%，但两者增幅显著，其中外汇远期交易金额 2.3 亿美元、成交 84 笔，同比分别大幅增长 39.7 倍和 7.6 倍；外汇掉期市场交易金额 1.8 亿美元、成交 13 笔，同比分别增长 30.9% 和 62.5%，银行规避汇率风险意识显著增强。

（二）金融市场运行中需要关注的方面

1. 货币市场利率明显上升，市场集中度依然较高。受市场融资增多、通胀预期明显上升及货币政策由适度宽松转为稳健等多种因素影响，市场利率呈波动中明显上升态势，全年银行间市场同业拆借拆入加权平均利率为 1.6713%，较上年同期上升 61 个基点；质押式回购正回购加权平均利率为 1.7159%，较上年同期上升 69 个基点。从资金拆借量分布情况看，当前，天津银行和渤海银行作为规模较大的驻津法人银行金融机构依然在天津货币市场中占据主导地位，两家机构合计拆借资金量占全市拆借总量的八成以上。由于地方银行金融机构在资产规模、授权授信、市场信誉等方面要明显优于其他天津银行间市场成员，交易主体之间的不对称以及在构成、分布和资源配置等方面的不均衡导致了市场集中度偏高。

2. 实物黄金交易成交量和规模均大幅提高，市场交易品种相对单一。2010 年，天津市实物黄金交易量为 20 055. 1 公斤，同比增长 78% ，成交金额为 52. 6 亿元，是上年同期的 2. 5 倍，相对于“纸黄金”市场的下降，实物黄金交易各项指标均大幅攀升。从黄金市场的交易品种来看，黄金投资目前有纸黄金、现货、延期、品牌金等，黄金凭证、黄金掉期等国际主要黄金衍生产品尚未开展，缺乏广阔的投资平台，不仅未能有效满足投资者套期保值、规避风险的需求，也影响了市场效率。

四、金融基础设施与金融稳定

2010 年，天津市金融基础设施现代化稳步推进，支付体系建设取得新进展，征信体系建设不断完善，反洗钱工作继续推进，在营造安全有序的金融环境、促进金融业稳健运行方面发挥了重要作用。

（一）支付体系建设取得新进展

1. 支付清算系统建设稳步推进。一是网上支付跨行清算系统在 2010 年 8 月 30 日试点运行。通过向客户提供全天候的支付服务，提高了网上银行客户跨行零售支付业务的处理能力。二是电子商业汇票系统于 2010 年 6 月 28 日在天津市顺利推广上线，使天津市商业票据业务向电子化时代迈进。三是在 2010 年 10 月 11 日试点开展天津滨海新区支票截留业务。通过全国支票影像交换系统实现截留，使大部分资金实现当天到账，为客户提供更加快捷、便利的支付清算渠道。

2. 非现金支付工具应用更加广泛、业务管理进一步加强。2010 年，天津市成功发行首张符合“津通卡”项目标准的“牡丹交通卡”，成功尝试开展一卡多用、一卡多效的工作；公务卡得到进一步推广应用，强化了公务支出管理、促进阳光财政；专用卡管理得到进一步加强，天津银联成为天津市从事专用卡资金清算业务的公司，专用卡资金清算流程得到进一步规范。人民银行天津分行会同天津银监局、天津市公安局、天津市工商局建立了联合整治银行卡违法犯罪活动协作机制。牵头成立了天津市联合整治银行卡违法犯罪办公室，畅通情报信息渠道，加强案情分析和通报，有效保护了广大持卡人的利益。

3. 支付结算监管力度加大。一是账户管理得到进一步加强。2005—2010 年，共受理单位银行结算账户开户申请 28 万余笔，开立 22. 2 万户。目前，各类银行结算账户共计 4 786. 6 万户，其中个人银行结算账户 4 737. 6 万户，单位银行结算账户 49. 0 万户。二是票据风险防范能力大幅提高，组织建立了信息通报制度，整理各银行上报的可疑票据信息、风险案件、相关线索，及时通报全辖，协调各商业银行共同加以防范。同时，广泛开展票据反假培训，全市千余名一线银行会计人员参加票据反假培训，提高商业银行对票据业务风险及柜台操作风险的防范能力。

4. 支付清算体系的资金清算量持续增长。2010 年，天津市支付清算类业务保持增长势头，支付清算体系为公众提供了多元化的支付清算途径，对加快社会资金周转、支持地方经济发展起到了积极的作用。2010 年，天津市各银行业金融机构通过支付清算系统共处理各类业务 2. 3 亿笔，清算资金 35. 2 万亿元，与上年同期相比分别增长了 27. 5% 和 33. 4% 。

（二）征信体系建设不断推进

2010 年，人民银行天津分行加快征信体系建设，不断提高征信系统数据质量，改进征信产品服务，加大征信市场监管力度，构建征信宣传及教育机制，在促进地方金融生态环境改善，推进地方信用体系建设，支持地方经济发展方面发挥了重要作用。

1. 征信系统应用成效逐步显现。截至2010年末，全国统一的企业征信系统共收录天津市19.8万户企业和其他经济组织的基本信息和信用信息，日均查询量3 772次；个人征信系统收录了全市890.7万自然人的基本信息和信用信息，日均查询量8 200次。征信系统成为金融机构信贷决策的重要信息支撑。征信系统在帮助金融机构了解企业、个人的信用状况，提高审贷效率，防范信用风险，维护金融稳定等方面发挥了重要作用。

2. 地方信用体系建设全面推进。稳步推进开发区信用体系建设，拓展征信系统信息覆盖范围，有效推动企业和个人信用报告在政府及相关部门广泛应用，推广征信产品服务。截至2010年末，天津市社保缴存信息、公积金缴存和贷款信息已全部纳入人民银行企业和个人征信系统，质监、劳动、环保、安监、海关、农业、建设、规划等部门的部分行政执法与资质信息相继采集入库，与开发区劳动人事局等部门实现信息共享，企业和个人信用报告在天津市金融办及相关部门行政管理中得到推广应用。

3. 中小企业和农村信用体系建设取得新进展。截至2010年末，累计为全市12.4万户中小企业建立了信用档案，提供信用报告查询服务7.6万次，1 421户企业获得银行授信支持，累计贷款金额1 718.8亿元。其中，2010年，贷款户数和查询量分别是前三年累计的2～3倍。加快推进农村信用体系建设工作，指导涉农金融机构积极完善、应用农户电子档案，提高农村金融服务水平。截至2010年末，天津市涉农金融机构为全市42.6万农户建立了电子信用档案，累计提供信贷支持459.9亿元。

（三）反洗钱工作水平进一步提升

1. 反洗钱协调机制有效运转。一是多次举行人民银行天津分行与侦查、司法机关的案件会商，合力打击洗钱犯罪活动。二是人民银行天津分行与驻津金融监管部门共同研究强化金融反洗钱监管的措施，尤其是加强对法人金融机构的监管。三是深入开展洗钱案件侦办培训，全年人民银行天津分行、侦查、司法系统近400人次接受了关于洗钱案件调查、侦查、起诉和审理方面的培训。

2. 金融机构反洗钱工作深入开展。一是在严格执行金融账户实名制的基础上，不断加强对实际控制客户的自然人和交易的实际受益人的了解，主动探索有效了解客户职业、收入来源等信息的方式、方法。二是大力开展信息系统电子化建设，提高客户身份信息和交易信息的可检索性和共享程度，逐步建立以客户为中心的反洗钱信息管理模式。三是加紧开发反洗钱/反恐融资监控名单系统。截至2010年末，已有39家金融机构正式上线运行监控名单库。四是银行及部分证券机构持续严格实施居民身份证联网核查制度，有效杜绝以假证办理业务，并及时发现在逃犯罪分子。

3. 反洗钱监管手段不断丰富。2010年，人民银行天津分行深入贯彻以风险为本的反洗钱监管理念，采取多种监管措施推动金融机构提升反洗钱的针对性、有效性和均衡性。人民银行天津分行全年共完成对170家金融机构的反洗钱测评，对9家规模较大或反洗钱工作相对薄弱的金融机构进行了反洗钱现场检查或综合执法检查，对13家高风险业务比重较大的金融机构实施了约见谈话，向8家未报备反洗钱内控制度或制度不健全的金融机构下达了“反洗钱非现场监管质询书”或“反洗钱非现场监管意见书”。

五、2011 年展望及建议

进入 2011 年以来，国内外经济形势仍然极为复杂。从国际看，世界经济正缓慢复苏，但复苏进程中的不确定性依然明显，世界主要货币汇率大幅波动，国际市场大宗产品价格仍然在高位振荡，各种贸易保护主义措施不断出台，严重阻碍全球贸易的稳定回升。从国内看，我国面临外需动力依然不足，人民币升值压力不减，通胀预期日益增强，经济由迅速回升转入平稳增长状态，政策推动经济增长效应有所减弱。受内外各种因素的影响，天津市经济发展仍将面临一些挑战。但总体上看，随着 2010 年宏观调控政策效果的逐步显现，支撑天津市经济平稳较快发展的因素有所增加，内生动力和活力继续增强，经济有望继续保持平稳较快增长。天津市要进一步加大经济结构调整的力度，推动经济增长方式转变，提高天津经济金融发展质量，抑制经济金融运行中的不健康、不稳定因素，促进天津市金融业全面协调发展。

（一）加快结构优化调整，改善经济运行基础

一是要依靠科技创新加快培育航空航天、新能源、信息网络、生物医药技术等战略性新兴产业，完善配套，形成产业链条，强化先发优势，增强新兴产业对经济增长的拉动作用。二是加快重大服务业项目建设，推动服务业大发展。积极培育新兴金融业态，促其形成规模，弥补传统金融业务增速回落的不足。打造一批专业特色楼宇，加快发展楼宇经济。抓住“后危机”时代知识密集型、服务外包型等国际高端服务业加快向我国转移的契机，大力引进外资服务业企业，带动服务业转型升级。三是要继续推进好项目、大项目建设，以扩大增量促调整、促转型、促升级。进一步拓宽建设资金融资渠道，激发民间投资热情，鼓励民间资本进入基础设施、社会事业、市政公用等领域，着力提高投资质量和效益。

（二）科学安排信贷投放总量和节奏，支持经济平稳较快发展

一是要根据新形势、新情况，着力提高政策的针对性和灵活性，把握好政策实施的力度、节奏和重点。把握好货币信贷增长速度，引导金融机构均衡放款，避免过大波动。二是要落实好“区别对待、有扶有控”的信贷政策，加大对扩大内需、产业结构优化升级、高新技术和战略性新兴产业的支持力度，大力开展绿色信贷，支持发展节能减排和低碳经济，淘汰落后产能。三是要加大银行间债券市场宣传力度，积极做好企业融资推荐工作，推动有条件企业发行中期票据、短期融资券、超短期融资券以及中小企业集合票据。通过扩大社会融资总量，缓解信贷依赖度过高的局面，改善地区融资结构。

（三）努力调整金融发展结构，促进银行、证券、保险协调全面发展

一是要督促银行业金融机构有效改善现行的经营模式和盈利模式，切实转变以往依靠存贷差赚取利润的经营模式和靠规模获取收益的经营理念，切实走集约型、质量型、效益型发展的路子；督促银行业金融机构加强对资产负债的日常动态管理，强化对潜在风险的监控力度，提高风险管理水平。二是要进一步推动证券期货业经营机构规范运作，强化公司治理，实现依法运营和持续发展；转变经营理念，培育核心竞争力，提高公司实力和行业地位。三是要推动保险公司继续培育和发展

新型保险保障产品和保险投资产品，加快保险产品和服务创新步伐，努力满足不同层次、不同职业、不同群体的保险需求。

总　　纂：李文茂

统　　稿：李泽军　夏江山

执　　笔：夏江山　刘丹丹

其他参与写作人员（按姓氏笔画排序）：

么英莹　冯　怿　刘　丹　安瑞萍　李晓迟

苏　颖　陈　斐　周凤兰　周中明　姚雪丹

钟　辉　贾　科　崔　乐　甄洪祥　管晓明

河北省金融稳定报告摘要

2010年，河北省经济保持了平稳较快发展的良好态势，为金融业安全稳定运行创造了有利环境。金融业攻坚克难，合理投放稳增长，优化结构促转变，管理风险维稳定，完善服务保发展，既全力支持了河北省经济的发展，又有效保证了行业安全和稳健运行。

一、河北省金融体系稳定健康运行

（一）经济平稳较快增长，步入正常发展轨道

经济向好势头得到巩固。2010年河北省实现生产总值20 197.1亿元，增长12.2%，高于全国平均水平1.9个百分点，连续8年保持两位数增长，“十一五”期间年均增长11.7%。

三次产业支撑经济增长。三次产业对经济增长的贡献率分别为3.1%、59.7%和37.2%；工业生产保持较快增长，全部工业增加值完成9 554.0亿元，增长13.5%，规模以上工业增加值增长16.5%，加快3.1个百分点。工业产销衔接水平提高，工业产品销售率为97.7%，同比提高0.3个百分点；粮食生产连续7年获得丰收，总产量达2 975.9万吨，增长2.3%，创历史新高；服务业加快发展，服务业增加值增长13.1%，同比加快1.7个百分点。

三大需求拉动经济增长趋向协调。内外需同步提高，投资回落，投资结构改善。消费需求对经济增长的贡献率为47.6%，提高4.2个百分点；投资需求贡献率为51.7%，回落6.9个百分点；外需贡献率由2009年的-2%转为0.7%。全社会固定资产投资完成15 082.5亿元，增长22.9%，同比下降15.5个百分点，大项目投资比重提高，城镇面貌三年大变样①推动城市基础设施和房地产开发投资快速增长。全年社会消费品零售总额实现6 731.1亿元，增长18.5%。进出口总值快速增长，利用外资较快增长。全年进出口总值完成419.3亿美元，增长41.5%，实际利用外资43.7亿美元，增长18.2%。

企业效益和财政收入较快增长，经济运行质量提高。企业效益较快增长，规模以上工业实现利润1 754.5亿元，增长41.9%；亏损企业亏损额143.6亿元，比上年下降7.8%。城镇居民人均可支配收入16 263.4元，增长10.5%；农民人均纯收入5 958.0元，增长15.7%，同比加快8.3个百分点，增速2005年以来首次高于城镇居民人均可支配收入，高出5.2个百分点，也是14年来最快增速。财政收入增长较快，全部财政收入完成2 410.5亿元，增长19.3%，增速同比加快8.5个百分点。全部财政收入占GDP的比重由上年的11.7%上升到11.9%。

---

① 三年大变样：2008年河北省委、省政府提出“城镇面貌三年大变样”的要求，即通过“三年大变样，三年上水平，三年出品位”，力争用10年左右时间有步骤地加快城市现代化进程，提升城市化水平，实现经济繁荣、居住舒适的终极目标。

经济的平稳较快发展为金融业提供了更好的发展机遇，为金融机构稳健运行创造了较好的外部环境。

（二）银行业信贷适度增长，确保经济平稳回升

银行业资产负债规模继续扩大。2010 年末，河北省银行业金融机构本外币资产总额合计30 666.58亿元，较年初增加4 586.07 亿元，增长17.58%。其中各项贷款15 948.57 亿元，居全国第10 位，增长20.05%，增速高于全国0.16 个百分点，新增贷款2 665 亿元，同比少增1 112 亿元。本外币负债总额29 930.92 亿元，较年初增加4 424.84 亿元，增长17.35%。其中各项存款26 268.77 亿元，居全国第9 位，与上年持平，增长16.76%，新增存款3 770 亿元，居全国第11 位，同比少增890 亿元。

经营效益快速增长，盈利能力进一步增强。累计实现净利润335.09 亿元，增加93.27 亿元，增长38.57%。其中利息收入1 979.66 亿元，占比91.98%；实现中间业务收入110.46 亿元，占比5.1%，较上年增加21.74 亿元。资产利润率为1.18%，同比上升0.15 个百分点；成本收入率为36.01%，同比下降2.86 个百分点；净息差为3.95%，较上年上升0.07 个百分点。

信贷资产质量进一步提升，整体风险水平向好发展。河北省银行业机构不良贷款余额746.77 亿元，比年初减少75.14 亿元；不良贷款率4.68%，比年初下降1.5 个百分点。

银行组织体系继续优化，金融改革不断深化。东亚银行石家庄分行开业，招商银行石家庄分行挂牌运营，邢台、邯郸等六市商业银行先后更名，各市城市商业银行开设异地分行9 家，新奥燃气集团财务公司筹建。新设小额贷款公司43 家，新设村镇银行6 家，增设基层金融服务网点，实现了县域基础金融服务全覆盖。

银行业机构保持了较强的盈利能力和较好的管理发展水平，综合竞争力和抵御风险能力进一步提升，为更好地服务地方经济提供了有力保障。

（三）证券期货业平稳发展，直接融资创历史新高

克服国际金融危机的后续冲击和市场深度调整的复杂局面，不断扩大市场容量，股指期货、融资融券等新业务相继平稳推出，辖区资本市场实现跨越式发展。

证券经营机构数量不断增加。辖区共有财达证券有限责任公司1 家法人证券公司，2 家证券机构河北分公司，2 家证券投资咨询机构，154 家证券营业部，从业人员达到3 341 人。证券营业部总数超过2005 年的2.5 倍，居全国第8 位。其中，有14 家证券营业部获得IB 业务资格，23 家营业部获得融资融券业务试点资格；年内新设（含迁入）外埠券商证券营业部17 家，迁出证券营业部1 家，外埠券商总数达到65 家。

证券经营机构总体平稳运行，效益略有下降。全年共实现证券交易金额14 453 亿元，虽较上年小幅减少9.8%，但继续保持万亿元以上的高位水平；投资者参与市场交易积极，A 股证券账户数同比增加13%，达到381 万户，资金账户达到230 万户；期末指定与托管证券市值1 462 亿元，增长9.19%；融资融券业务尝试开展，全年累计开立融资融券信用资金账户95 户，信用证券账户172 户，融资融券余额4 360 万元。实现营业收入32.1 亿元，同比下降12.77%，位居全国第14 名，与2009 年排名持平；实现利润总额16.44 亿元，同比下降31.21%，位居全国第12 名，比2009 年排名前进2 名。

期货市场较快发展，安全运行。辖区有法人期货公司1 家，期货营业部29 家，期货交割库10

家，期货从业人员 294 人。河北省期货市场投资者开户数不断增加，代理交易额和代理交易量成倍增长，全年期货投资者开户数达到 2.85 万户，增长 49.21%。开立股指期货账户 419 户。全年累计实现营业收入 8 331.57 万元，增长 53.50%；累计实现手续费收入 8 056.86 万元，增长 62.41%；累计实现净利润 907.88 万元，同比减少 14.46%，三年来首次下降。

证券期货法人机构不断规范发展。财达证券有限责任公司业务体系逐步完善，首度实现多元化盈利，首次晋级 A 类证券公司，综合竞争力不断提升。河北恒银期货经纪有限公司具有一定区域经营优势，2010 年期末客户保证金首次突破 2 亿元，同比增长 92.54%；全年累计代理交易量突破 300 万手，同比增长 15.94%；累计代理交易额突破 2 000 亿元，同比增长 81.50%。

上市公司数量和直接融资额大幅提升。9 家公司境内首发上市，沪深两市上市公司达 42 家，直接融资额突破百亿元，达 113 亿元，并购重组逐步深化，公司风险逐步化解。加强行业监管和自律建设，打击违法违规行为，市场风险得以化解，市场主体规模不断扩大，行业竞争力和服务水平不断提升，对河北省经济和社会发展的贡献逐步扩大。

（四）保险业平稳较快发展，综合实力和服务功能显著增强

保险市场主体不断增加。新增 7 家省级分支机构，共有省级分公司 47 家，全国排名第 8 位。其中，财产保险公司 22 家，人身保险公司 25 家；保险分支机构 3 725 家；保险专业中介法人机构 105 家，专业中介分支机构 403 家，兼业代理机构 5 723 家，营业网点遍布城乡。

业务规模迈上新台阶。累计实现原保险保费收入 746.4 亿元，增长 24.17%。其中，财产险业务原保险保费收入 192.91 亿元，增长 49.92%；人身险业务原保险保费收入 553.49 亿元，增长 17.16%。

资产实力不断壮大。总资产达到 1 308 亿元，增加 312.93 亿元，增长 31.45%，同比多增 6.43 个百分点。

保险渗透力进一步增强。保险深度为 3.70%，同比增加 0.17 个百分点，高于全国 3.65% 的保险深度；保险密度为 1 056.75 元/人，比上年增加 199.45 元/人，同比多增 32.05 元/人，低于全国 1 169.14元/人的保险密度。

保险保障功能和服务作用进一步发挥。2010 年，河北保险业累计承担风险总额 7.19 万亿元，增长 13.74%。其中，财产险业务承担保额 4.25 万亿元，人身险业务承担保额 2.94 万亿元，同比分别增长 14.62% 和 12.50%，为社会提供日益充分的保险保障。累计赔付支出 145.38 亿元，增长 1.68%。

业务结构调整优化。创新治安保险、绿色保险等产品，积极推动农业保险、责任保险、医疗健康保险等险种，健全保险服务体系，促进行业科学发展。强化市场监管，有效治理不正当竞争和不诚信问题，市场秩序进一步好转。防范行业风险，强化内控，控制案件和退保等风险，确保保险业安全稳定，保险业的可持续发展进一步夯实了经济平稳较快发展的基础。

（五）金融基础设施建设成效显著，金融生态环境继续优化

行政环境进一步优化。省委、省政府不断加大对金融工作的统筹协调，制定《河北省“十二五”金融产业发展规划》，开展“金融贡献奖”和“金融生态市”评选，对贡献突出机构和地市予以表彰。

支付清算体系现代化建设稳步推进。电子商业汇票系统上线运行，网上支付跨行清算系统建设，非现金支付工具推广力度加大，银行卡受理环境改善，支付风险管理能力增强。

社会信用体系建设取得丰硕成果。印发《河北省社会信用体系建设实施方案（2010—2012年）》，推进行业信用体系建设。实现河北省诚信企业评选信息、建设领域公积金信息与征信系统的信息共享，企业和个人征信系统运行平稳，在防范金融风险、维护金融稳定方面发挥的作用不断提高。

金融环境进一步净化。反洗钱控风险意识不断增强，反假币工作水平不断提升，打击非法集资等非法金融活动力度不断增强，加强金融监管，建立多层次的金融稳定协调合作机制，完善重大事项报告制度，开展金融突发事件应对情况评估分析，切实防范系统性金融风险，维护区域金融安全稳定。

二、维护河北省金融稳定需关注的问题

2010年河北省经济金融实现了平稳较快发展，但由于国际金融危机的影响尚未根除，世界经济不确定性因素较多，受国内及河北省经济结构性、期限性和体制性矛盾叠加，通胀预期增强等影响，河北省金融稳定整体形势仍然复杂多变，金融业稳健运行也面临新的挑战。

（一）经济运行中的问题亟待解决

产业结构不尽合理，服务业增加值对经济增长贡献率下降。产业结构升级仍需加强，工业投资增长后劲不足，工业增速不断回落，传统产业的竞争优势逐步弱化，新兴产业规模优势尚未形成。行业结构仍需优化，高耗能行业和淘汰落后产能占比仍然较高，河北省万元GDP综合能耗、主要污染物排放总量高于全国平均水平，资源能源约束加剧。市场价格涨幅较大，消费价格上涨3.1%，工业品出厂价格上涨9.0%，稳定物价的压力加大，过快增长的物价将挤压企业盈利空间，影响企业效益和居民生活水平的提高。

（二）宏观政策环境变化对实体经济的影响以及对银行信贷的连锁效应应予以关注

受经济增速放缓、产业结构调整和宏观调控政策调整等因素影响，实体经济面临的风险可能直接或间接传导到银行体系，特别是房地产、钢铁等重点行业和领域的周期性、政策性、市场性变化及经营风险，可能对银行信贷资产质量产生不利影响。

（三）金融改革与创新中出现的问题和风险应予以关注

货币政策取向调整后，在大力发展民间借贷和直接融资过程中，应注重识别、制止非法集资、非法证券以及其他非法金融活动，防范由此引发的金融稳定和社会稳定问题。关注地方法人金融机构的持续稳健性以及跨地区设立分支机构中可能出现的管理问题和经营风险，防范单一风险扩散演变成的区域性风险。

（四）金融业非理性竞争行为隐藏一定风险

银行业机构存款考核机制尚需完善，个别银行机构违规揽储问题有所抬头。个别上市公司治理结构不完善，内部关联交易、母公司和上市公司之间激烈竞争等仍然存在，影响证券市场秩序。证券经营机构同业竞争加剧，低佣金竞争压缩盈利空间。保险业非理性竞争和行业诚信问题依然存在，销售误导、理赔难等问题比较集中，服务质量需进一步提高。案件风险时有发生，集中退保风险不

容忽视，偿付能力不达标公司依然存在。这些苗头性、潜在性风险均可能对金融体系的稳健运行产生重大影响，需予以高度关注。

（五）金融业整体发展水平尚待提高

近年来，虽然河北省金融业取得了长足发展，但有些方面与河北经济大省及经济社会发展状况还不相称。银行机构存贷比 60.71%，低于全国平均水平，新增存贷比 70.69%，同比下降 10.36 个百分点，储蓄投资效率偏低，金融服务层次和效能仍有待提高。资本市场发展与经济发展不匹配，证券市场总量较小，市场主体数量较少，盈利能力相对较弱，上市资源储备不足，期货市场发展相对滞后。保险市场发展方式粗放，影响保险业发展的质量和效益。上述问题如长期存在，不仅影响金融机构的良性经营和稳健运行，还将制约金融对经济发展和结构调整的支持力度。

三、金融稳定定量分析

（一）河北省金融稳定状况总体评估

2007 年以来，在学习借鉴国际、国内金融稳定定量评估方法的基础上，结合河北省实际情况及河北省区域金融稳定运行的特征和数据的可得性，我们对河北省区域金融稳定定量评估的指标体系和评估方法进行不断改进和完善。2011 年，我们选取宏观经济、银行业、证券业、保险业、金融生态环境五个模块 25 个量化指标，运用区域金融稳定定量评估模型，对河北省 2009 年和 2010 年的区域金融稳定状况进行了定量评估（见表 1 和图 1）。从评估结果看，2010 年，河北省区域金融稳定综合评价指数有所提高，表明区域金融稳定状况总体趋好，金融体系稳定性不断增强，抵御风险能力进一步加强。分层次来看，除证券业评价指数小幅下降外，宏观经济，银行业、保险业、金融生态环境评价指数均有所上升，对区域金融稳定的影响均为正向。

从分层评估结果看，宏观经济评价指数的上升主要得益于地区经济的快速发展，利用外资程度的提高、城镇人均可支配收入及农村人均纯收入的增长，三次产业的优化调整及投资结构的改善，而城镇登记失业率的上升及房屋销售价格指数的提高一定程度上消弱了宏观经济对区域金融稳定的贡献；在金融机构方面，银行业的资产质量趋好，经营效益提升，盈利能力增强，从而使银行业的评价指数有所提高；证券业受证券机构盈利能力的影响而有所下降；保险业方面，产险公司退保率及财险公司赔付率指标均有所改善，总体上，保险业评价指数有所提高；金融生态环境方面，法治环境逐步改善，政府财政充裕，金融体系日渐完善，评价指数有所上升。

表 1　　2009 年和 2010 年河北省金融稳定评价评估结果

<table>
<tr><th>年份</th><th>2009</th><th>2010</th><th>模块</th><th>2009</th><th>2010</th><th>模块</th><th>2009</th><th>2010</th></tr>
<tr><td rowspan="5">总体评估</td><td rowspan="5">0.5676</td><td rowspan="5">0.7842</td><td>宏观经济</td><td>0.2629</td><td>0.4133</td><td></td><td></td><td></td></tr>
<tr><td rowspan="3">金融机构</td><td rowspan="3">0.6384</td><td rowspan="3">0.7639</td><td>银行业</td><td>0.7333</td><td>0.9380</td></tr>
<tr><td>证券业</td><td>0.5219</td><td>0.4803</td></tr>
<tr><td>保险业</td><td>0.4506</td><td>0.5394</td></tr>
<tr><td>金融生态环境</td><td>0.5338</td><td>0.6623</td><td></td><td></td><td></td></tr>
</table>

数据来源：河北省统计局、河北银监局、河北证监局、河北保监局、中国人民银行石家庄中心支行。

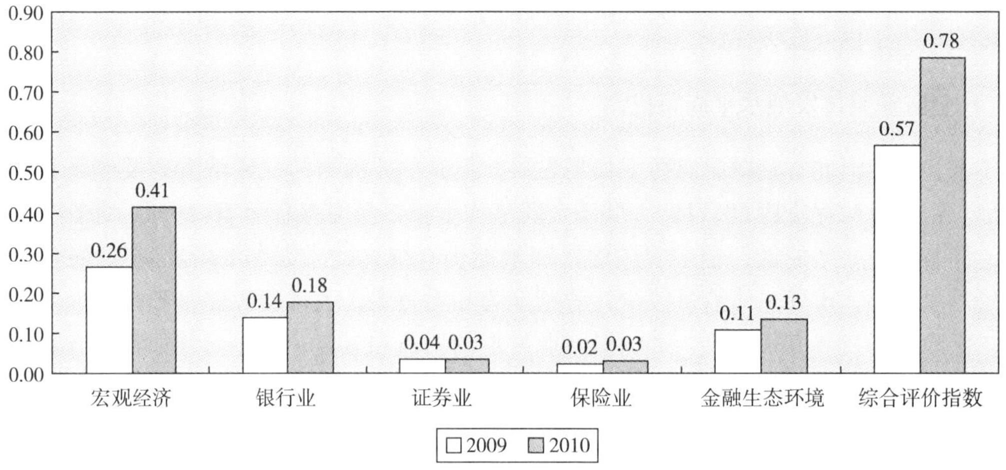

数据来源：河北省统计局、河北银监局、河北证监局、河北保监局、中国人民银行石家庄中心支行。

图1　2009 年和2010 年河北省金融稳定综合评价指数

（二）河北省25 家商业银行房地产及其相关行业贷款压力测试

当前，国内外宏观经济复杂多变，国家抑制房价过快上涨、严控房地产企业直接融资、收紧按揭房贷等调控措施密集出台，房地产市场的不确定性，信用风险集中暴露的可能性增大。为此，我们通过对河北省银行业金融机构开展房地产及其相关行业贷款压力测试，判断其抵御外界风险的能力，评估银行业金融机构的稳健性，促进河北省银行业金融机构进一步完善风险管理手段，从而提高河北省银行业金融机构风险管控能力和水平。

（1）河北省房地产类贷款基本情况

截至2010 年底，河北省25 家银行业机构（包括1 家政策性银行、5 家国有商业银行、7 家股份制商业银行、12 家城市商业银行）房地产类贷款合计2 242.75 亿元，占其全部贷款的17.37%。其中，房地产开发贷款485.56 亿元，土地储备贷款余额152.03 亿元，个人住房贷款余额1 605.17 亿元。房地产类不良贷款12.97 亿元，占全部不良贷款的11.01%，不良贷款率为0.58%，比全部贷款不良率（0.98%）低0.40 个百分点。其中，房地产开发、土地储备、个人住房不良贷款分别为5.73 亿元、0.97 亿元和6.27 亿元，不良贷款率分别为1.18%、0.64%和0.39%。

与房地产相关行业①贷款余额为809.18 亿元，不良贷款1.66 亿元，不良贷款率0.21%，低于房地产不良贷款率0.37 个百分点。其中，与房地产相关的钢铁行业贷款余额655.86 亿元，占全部钢铁行业贷款的42.04%，不良贷款0.42 亿元，不良贷款率0.06%；与房地产相关的水泥行业贷款余额69.33 亿元，占全部水泥行业贷款的58.97%，不良贷款0.51 亿元，不良贷款率0.74%；与房地产相关的玻璃行业贷款余额23.50 亿元，占全部玻璃行业贷款的66.12%，不良贷款0.02 亿元，不良贷款率0.09%。

① 与房地产相关行业贷款主要是指与房地产行业密切的钢铁、水泥、玻璃行业以及其他与房地产相关行业，如家具制造业、装饰装修业等行业。与房地产相关行业贷款由各商业银行根据信贷风险情况自行判断并进行统计。

（2）风险因素及压力情景选择

考虑房地产贷款的风险特征和宏观经济环境，设定房地产价格和基准利率为主要风险因素，评估在此两项因素出现不利变动的情况下，相关贷款的质量变动情况和预计损失情况。

本次压力测试的压力情景分为一级、二级、三级、四级四种程度（见表2），假设压力情景持续6个月，并假设除此之外的其他风险因素不变。

表2　　压力测试情景

风险因素	一级压力	二级压力	三级压力	四级压力
房地产价格	下降10%	下降20%	下降30%	下降50%
基准利率	上升27个基点	上升54个基点	上升108个基点	上升162个基点

（3）压力测试结果分析

河北省25家商业银行房地产及其相关行业贷款在一级压力、二级压力、三级压力和四级压力四种情景下，不良贷款分别为20.83亿元、30.55亿元、60.90亿元和235.34亿元；不良贷款率分别为0.69%、1.02%、2.03%和7.85%（见表3）。预计贷款利息收入减少额分别为1.34亿元、2.52亿元、4.83亿元和8.17亿元；需增提专项准备分别为4.74亿元、8.57亿元、19.71亿元和105.72亿元（见表4）。

表3　　四种压力情景下贷款质量变化情况　　单位：亿元、%

项目	正常类	关注类	次级类	可疑类	损失类	不良贷款	不良贷款率
基准情况	2 962.08	75.22	7.65	4.95	2.03	14.63	0.49
一级压力	2 774.90	256.20	12.80	5.16	2.88	20.83	0.69
二级压力	2 676.94	344.45	21.29	5.50	3.76	30.55	1.02
三级压力	2 461.36	529.66	46.07	9.06	5.77	60.90	2.03
四级压力	2 030.03	786.55	172.74	53.81	8.78	235.34	7.85

压力测试结果表明，河北省商业银行总体上抵御风险能力较强，一级压力、二级压力、三级压力情景对河北省商业银行房地产及其相关行业贷款影响不大，不良贷款率较基准情况分别上升了0.02个、0.53个和1.54个百分点，同时，利润和准备金变动也较为平缓，但在房价下跌50%，利率上升162个基点的四级压力情景下，不良率将上升7.04个百分点。其中，个人住房、房地产开发、土地储备和与房地产相关行业在第四级压力情景下，不良贷款率分别上升8.17个、7.01个、8.33个和5.30个百分点，同时，由于不良贷款大幅增长，引发拨备覆盖率的急剧下滑和准备金的大量增加，但河北省25家银行整体预计利润可以覆盖增提准备金，风险在可控范围之内。

表4　　四种压力情景下利润变化情况　　单位：亿元

项目	预计利息收入减少金额	增提准备金	净利润
基准情况	0	0.00	290.51
一级压力	1.34	4.74	284.43
二级压力	2.52	8.57	279.42
三级压力	4.83	19.71	265.97
四级压力	8.17	105.72	176.62

四、大力推动河北省金融业持续健康发展的建议

（一）突出重点，统筹发展，保持经济平稳较快增长

以扩大投资和消费需求为重点，推进重点项目和基础设施建设，不断优化投资结构，发挥政府投资导向作用，促进民间投资快速增长，切实提高投资效益。改革收入分配制度，引导合理消费和新型消费，促进消费总量快速增长。调整优化产业结构，加大高新技术改造传统产业、战略性新兴产业和节能减排力度，提高经济增长质量和效率。积极推进现代农业和新农村建设，依托科学技术增产增收，并通过培育粮油等产业的龙头企业，提高农村产业化经营率。推动工业聚集发展，建设经济技术开发区、产业园区等，支持河北钢铁、冀中能源等企业集团做大做强，聚集和激活经济发展活力。培育新的增长极，推进环首都经济圈、沿海经济隆起带和冀中南经济区建设，打造区域经济增长新优势。积极推进城镇建设“三年上水平”①，改善城镇面貌，惠及民生。推进国有企业改革，加快开滦集团、河北航空等资产整合进程，鼓励骨干企业跨地区、跨所有制兼并重组。完善物价监测体系，加强市场调控，把物价水平控制在合理范围。

（二）开拓市场，完善功能，做大做强金融业

增多做强金融市场主体，积极吸引国内外金融机构在河北设立分支机构，做大做强河北建投等省级投融资平台，加快村镇银行等农村金融组织发展，积极稳妥发展担保公司和小额贷款公司。银行业要继续鼓励机构跨区增设网点、延伸金融服务，加强金融创新，大力开发金融产品。证券期货业要加强政策辅导，继续推动企业上市融资，扩大直接融资规模。鼓励市场主体发行企业债券、中期票据和短期融资券，支持有条件的大型企业设立财务公司。推动整体上市，通过并购重组优化河北上市公司板块结构。支持期货公司快速发展，继续引进优质公司来河北设点，协调增设交割仓库。保险业要继续转变发展方式，以内生增长为主导，深化差异化经营和改革创新，开发特色产品和业务，逐步走上精细化发展之路。各行业规范、协调发展推动河北省金融业与经济发展的互惠互利、良性互动。

（三）深化改革，强化内控，提升金融风险管理水平

银行业要贯彻落实国家宏观调控政策，科学把握信贷投放规模、节奏，合理配置信贷资源；加大对经济增长、产业结构调整和经济增长方式转变的信贷支持，落实好节能减排、抑制产能过剩和淘汰落后产能要求，完善小企业和涉农金融服务，推动绿色GDP增长。高度关注地方融资平台风险、落后淘汰产能行业贷款风险、房地产贷款风险，加强风险管理，提升银行经营水平和资产质量。证券、期货公司要在有效控制风险的前提下开展经营方式、业务产品、组织体系和激励约束机制的创新，增强核心竞争力。保险业要深化结构调整，财产险积极发展治安保险为重点的险种，人身险大力发展保障型业务，拓展营销渠道，做到代理和直销渠道均衡发展。大力改善服务水平，解决销售

---

① 到2010年，在河北省委、省政府的领导下，完成了城镇面貌三年大变样的各项目标任务，着力推进城镇建设三年上水平，努力实现“繁荣”和“舒适”两大目标。所谓“繁荣”，就是具有优势突出的现代产业支撑、完备高效的要素集散功能、实力雄厚的自主创新能力；所谓“舒适”，就是具有魅力彰显的城市规划建设、适宜人居的良好生态环境、底蕴深厚的独特文化气质。

误导、理赔难问题，防范化解声誉风险。倡导理性竞争，适度合理开发保险资源。加大市场规范和查处力度，防范和化解保险风险。

（四）多管齐下，通力合作，进一步优化金融生态环境

深入落实省政府《关于加强金融生态环境建设的指导意见》，通过行政、经济和市场手段推动金融生态环境建设。继续优化金融司法环境，进一步提高金融案件胜诉执行率，严厉打击逃废金融债务行为，维护金融机构的合法权益。继续推进金融基础设施建设，完善支付清算体系，改善农村支付服务环境。认真落实《河北省社会信用体系建设实施方案（2010—2012 年）》，构建河北省企业和个人综合信用信息共享交换平台，完善信用激励惩戒机制和信用宣传教育机制，建立信用法规制度体系、信用中介服务体系、信用监督管理体系。防范和打击非法集资、非法证券等金融违法犯罪活动，净化金融市场环境。建立健全金融监管和稳定协调机制，加强监管信息沟通和资源共享，探索宏观审慎监管，防范和化解区域性、系统性金融风险，为河北省经济金融发展打造良好的金融生态环境。

总　　纂：邵延进
统　　稿：文洪武　张军辉
执　　笔：张海燕　陈　芳　杨辉平　林红家　王丽英　杨　冀
李　鹏　张国坤　冯　蕴　白　倩　靳凤菊
其他参与写作人员：尚　楠　范宪忠　杜彦尊　韩艳霞　李孟起
肖正午　黄艳霞　高宏业　崔　娟　谢瑞芬

山西省金融稳定报告摘要

面对十分复杂的国内外经济金融形势，2010 年山西省积极贯彻落实各项宏观调控政策，围绕经济转型跨越发展，实现了经济的恢复性增长，各项主要经济指标保持平稳较快增长，“十一五”规划目标顺利实现，国家资源型经济转型综合配套改革试验区获批，为区域金融稳定运行奠定了基础。金融业规模继续扩大，金融改革和金融创新稳步推进，准金融机构发展迅速，金融服务和风险管理能力不断提高。金融法制环境持续改善，支付清算体系运行良好，征信系统应用和服务功能有效发挥，反洗钱工作方式创新、监管效能提升，金融基础设施建设不断完善。

一、区域经济运行与金融稳定

2010 年是山西省经济恢复性增长的一年，经济整体运行态势进一步趋稳，主要经济指标保持平稳较快增长，节能减排目标提前或超额完成，“十一五”规划目标顺利实现，国家资源型经济转型综合配套改革试验区获批，为区域金融稳定运行奠定了基础。

（一）经济增势得以稳固

经济规模持续扩大，经济增速较快。2010 年，国民生产总值 9 088.1 亿元，增长 13.9%，比上年加快 8.5 个百分点，高于全国平均水平 3.6 个百分点。第一、第二、第三产业增加值分别完成 563.5 亿元、5 161.2 亿元和 3 363.4 亿元，同比分别增长 6.1%、18.6% 和 9.1%。第二产业引领地区经济增长，其中，规模以上工业实现增加值 4 446.3 亿元，比上年增长 23.2%，增速创“十一五”以来新高，增幅保持全国前列。

投资增长强劲，消费运行平稳，进出口全面回升。2010 年，在基础设施投资较快增长带动下，全年全社会固定资产投资 6 352.6 亿元，同比增长 26.2%，增速比上年回落，但仍高于全国平均水平 2.4 个百分点。实现社会消费品零售总额 3 207.9 亿元，同比增长 18.4%，比上年回落 0.8 个百分点，城乡消费增长基本均衡。进出口总额 125.8 亿美元，同比增长 46.8%，出口增速高于进口 28.7 个百分点，进出口呈现恢复性高位增长，但仍比 2008 年下降 12.5%。

政府、企业、住户收入快速增长。2010 年，山西省财政收入 1 810.7 亿元，同比增长 17.8%，增幅比上年加快 16.5 个百分点。工业利润明显提升，规模以上工业实现利税 1 688.9 亿元，同比增长 56.4%，37 个行业大类中有 30 个行业利润实现不同程度增长。城乡居民收入显著增加，城镇居民人均可支配收入 15 647.7 元、同比增长 11.8%，农民人均纯收入 4 736.3 元、同比增长 11.6%，增速分别快于上年 5.3 个和 8 个百分点。

价格高位运行，通胀预期持续。全年居民消费价格水平累计上涨 3.0%，涨幅比上年提高 3.4 个

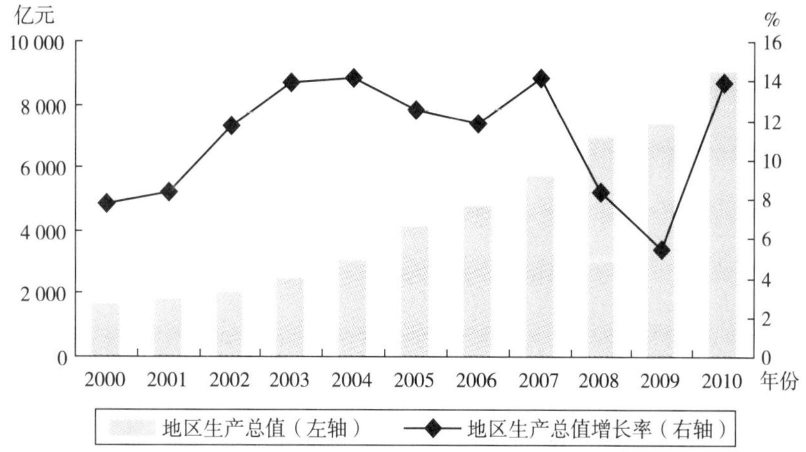

数据来源：山西省统计局。

图1　山西省生产总值及其增长率

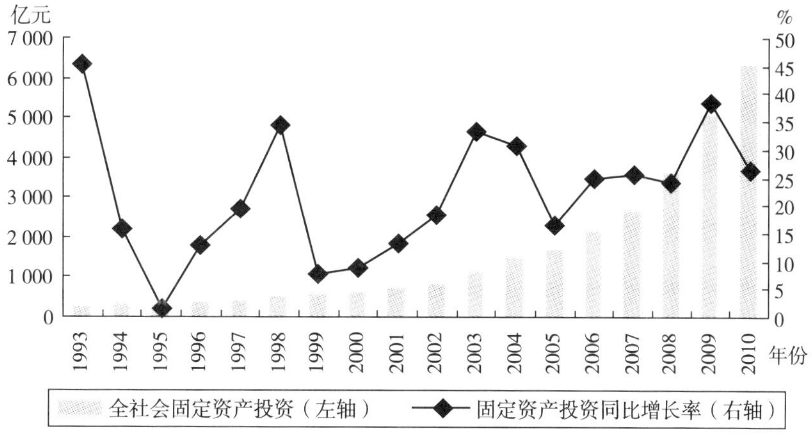

数据来源：山西省统计局。

图2　山西省固定资产投资及其增长率

百分点，食品类价格上涨8.5%，居被调查的八大类商品及服务首位。原材料、燃料和动力购进价格、工业品出厂价格、农业生产资料价格分别上涨9.5%、9.0%和2.0%，涨幅分别比上年提高17.5个、12.4个和0.4个百分点。

国际收支恢复性增长，逆差态势持续。2010年，山西省国际收支总额145.2亿美元，同比增长31.6%。其中，外汇收入64.45亿美元，同比增长53.04%，是2008年最高值的61.85%；外汇支出80.75亿美元，同比增长17.51%，是2008年外汇支出的1.45倍；逆差16.3亿美元，同比下降38.74%。银行结售汇总额119.83亿美元，同比增长32.95%；逆差19.7亿美元，同比下降9.92%。

房地产调控效应显现，保障性住房供应增加。2010年，山西省房地产开发投资592.2亿元，增长24.1%，增速比上年回落21.4个百分点。商品房销售面积1 163.4万平方米、销售额404.6亿元，分别增长12.5%和44.5%，销售价格上涨幅度低于全国平均水平。金融机构房地产贷款余额419.5亿元，增长35.9%，增速回落4.1个百分点。住房供给加大，其中保障性住房竣工面积同比增长

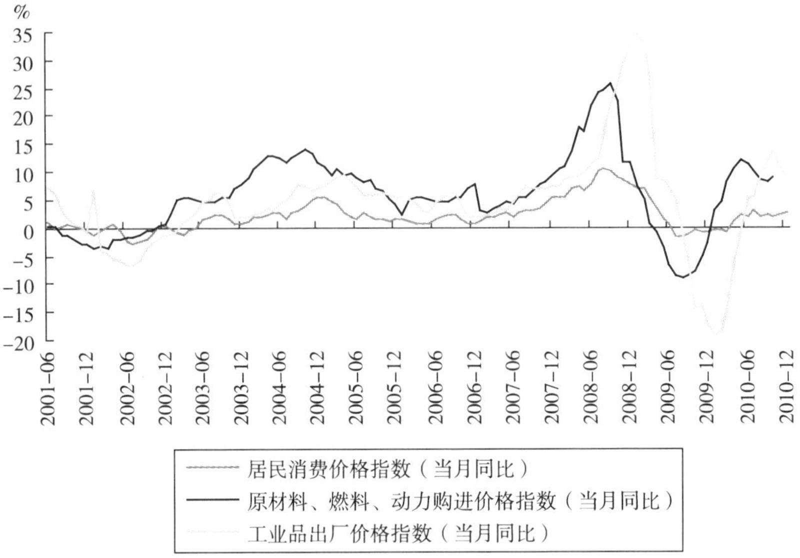

数据来源：山西省统计局。

图3　山西省居民消费价格和生产者价格变动趋势

75.7%，占全省竣工面积的比重同比上升3.1个百分点。

（二）经济运行中需关注的问题

1. 经济转型发展中结构调整难度增大。2010年以来，随着宏观经济进一步回暖，山西省经济继续稳步回升。但由于产业结构偏重于第二产业和资源型行业，经济长期积累的深层次矛盾以及应对危机造成的投资集中等，增大了结构调整的难度。一是工业经济占比高。2010年，三次产业结构比为6.2:56.8:37.0，第二产业增加值占GDP比重比2009年提高2.2个百分点。二是工业结构偏重于资源型行业。规模以上工业增加值中重工业占比为95%，煤、焦、钢、铁行业对工业增加值的贡献率合计约83%。三是工业投资占比较高。城镇工业投资完成2 526.19亿元，占全省城镇投资的比重为43.4%。其中，六大高耗能行业共完成投资1 996.93亿元，占全省城镇工业投资的比重为79%。虽然近年来对民生类投资力度不断加大，但其比重仅为18.7%，远低于工业投资。

2. 物价持续高位运行，通胀压力增大。受政策调控、原材料成本涨价、国际汇率变动等影响，商品价格全线走高。2010年12月居民消费价格同比上涨4.6%，虽然比上月回落0.7个百分点，但明显存在继续走高的压力。农产品市场受原料成本价格等因素影响，价格均显上扬；工业品出厂价格同比上涨9.0%，涨幅比上年提高12.4个百分点。其中，受节能减排影响，高耗能与高污染行业产品价格变动较大，煤炭、炼焦、钢铁产品出厂价格同时出现较快上涨，成为拉动工业品出厂价格上涨加快的主要力量。物价上涨引发因素从结构性向综合性转变的表现越发明显。由于通胀压力的释放需要一个过程，煤炭等能源类产品的涨价需求仍将持续，未来通货膨胀风险正在加大，物价上涨对各领域的影响也可能逐步加强。

3. 煤矿兼并重组整合工作进入新阶段，新情况新问题需密切关注。截至2010年末，山西省煤矿兼并重组整合前期工作基本完成，正式协议签订率99.5%、主体接管到位率98%、企业名称预核准率90%、采矿许可证变更率95%、补偿资金到位率74%，进入煤矿的复工复产、改造建设、矿井关闭等深化阶段，巩固扩大已有成果和防范化解各类风险任务仍然艰巨。

一是重组整合行为不规范，如在补偿范围和标准等方面实施“一市一县一策”的背景下，存在将政策性关闭煤矿的成本打包转嫁给兼并主体，在协议中增加高额吨煤收费条款等现象，有待规范和纠正。二是兼并主体经营风险加大，全省约有80%的矿井需要改扩建，今后三年煤矿建设投资总额大约2 400亿元，存在较大资金缺口，借债将使兼并主体企业资产负债率大幅提升，抵御市场波动能力降低。三是煤炭贷款的行业集中度进一步提高，全辖煤炭行业贷款占各项贷款总额的比重较整合前提高4.85个百分点，个别县域机构这一比率达90%以上；地方中小金融机构被“挤出”煤炭信贷市场，多个农信社出现了煤炭贷款净回收局面；煤炭信贷市场竞争出现了竞争平台倾斜、竞争内耗、竞争激烈程度升温等。四是矿区生态环境风险、就业矛盾、涉煤专业技术人才紧缺等问题也迫切需要解决。

二、金融业与金融稳定

2010年，山西省金融业积极贯彻落实宏观调控政策，围绕山西经济转型跨越发展，银行业合理增加信贷支持、优化信贷结构，不断提高金融服务和风险管理能力，金融改革稳步推进，新型农村金融机构和准金融机构发展迅速；证券公司网点布局优化、业务范围扩大，期货公司和上市公司规模继续增加，融资融券业务试点和股指期货推进工作稳步运行；保险业快速发展，赔款和给付支出相对平稳，保险覆盖面继续拓展。

（一）银行业

1. 银行业改革和发展状况

（1）资产负债规模快速扩大。截至2010年末，山西省银行业金融机构资产总额2.22万亿元，同比增长20.98%；负债总额2.17万亿元，同比增长18.86%。本外币各项存款余额1.86万亿元，比年初增加2 879.97亿元，增长18.27%，增幅比上年同期下降4.55个百分点，低于全国平均水平1.81个百分点；本外币各项贷款余额9 728.68亿元，比年初增加1 816.38亿元，增长22.96%，高于全国平均水平3.15个百分点。

（2）市场集中度进一步降低。截至2010年末，资产占比和贷款占比两项指标，5家大型商业银行分别为44.79%和41.46%，同比下降4.88个和1.53个百分点；股份制商业银行分别为13.84%和18.96%，同比上升0.56个和0.82个百分点；城市商业银行分别为5.4%和5.35%，同比上升0.72个和0.08个百分点；农村信用社资产占比21.42%，同比上升2.37个百分点；随着村镇银行、财务公司的增设，其他银行业金融机构资产和贷款占比均有较大幅度的提升，分别为8.01%和1.99%，同比上升1.13个和1.11个百分点。

（3）资产质量整体提升。截至2010年末，不良贷款余额513.97亿元，比年初减少105.77亿元；不良贷款率为5.33%，比年初下降2.52个百分点。

（4）盈利水平稳步提高。2010年实现税后利润188.33亿元，比上年同期增加44.77亿元，增长32%，增幅高于上年同期15.65个百分点。

（5）农村金融服务不断加强。农村信用社改革继续推进，新增1家农村合作银行，在推进农村金融产品和服务方式创新指导政策的推动下，通过创新授信方式、抵押担保方式、信贷保险产品、服务方式等，对改善农户、中小企业、弱势群体贷款难起到了积极作用。加大培育新型农村金融机构力度，新增6家村镇银行、1家农村资金互助社。农业银行“三农”事业部制改革稳步推进，组织架构、业务边界、风险防范不断建立和完善，创新意识、金融服务能力和县域支行经营能力得到提升。

2. 银行业运行中需关注的问题

（1）地方法人金融机构资产质量相对较差，风险管控能力有待提高。一是截至2010年末，地方法人金融机构不良贷款余额占全省银行业机构不良贷款余额的59.50%，不良贷款率12.43%，高于全省平均水平7.1个百分点；城市商业银行不良贷款率虽有所下降，但不良贷款余额比年初增加0.26亿元。二是农村信用社资本和拨备不足，资本充足率和核心资本充足率分别仅为4.65%和3.57%，贷款损失准备充足率仅为65.82%。三是村镇银行资金来源稳定性较差，贷款集中度高，服务“三农”力度不够，管理架构不完善，风险防控能力不足。四是农村信用社政企合一的管理模式带来管理经营权限的上收及严格的业务考核，一定程度上降低了风险，同时也导致基层信用社经营自主性受限、考核目标与当地实际有所脱节、经营管理行为短期化、内部人控制等问题，不利于长期稳健发展。

（2）贷款长期化、存款活期化趋势增强，期限错配风险加大。中长期贷款延续2009年4月份以来的强劲增势，新增额和占比均持续大幅超过短期贷款，余额占比持续上升，同时，新增定期存款持续下降，其占比和新增活期存款占比差距不断扩大，活期存款余额占比持续上升。截至2010年末，中长期贷款存量和增量占比分别达56.15%和82.88%，比上年末上升6.09个和19.05个百分点；新增定期存款和新增活期存款占比分别为33.38%和45.42%，两者差距扩大至12.04个百分点；定期存款和活期存款余额占比分别为39.17%和39.19%。同时，贷款长期化造成对县域、“三农”等薄弱环节信贷支持的弱化，也延后了风险暴露时间，一定程度上掩盖了目前的真实风险程度。

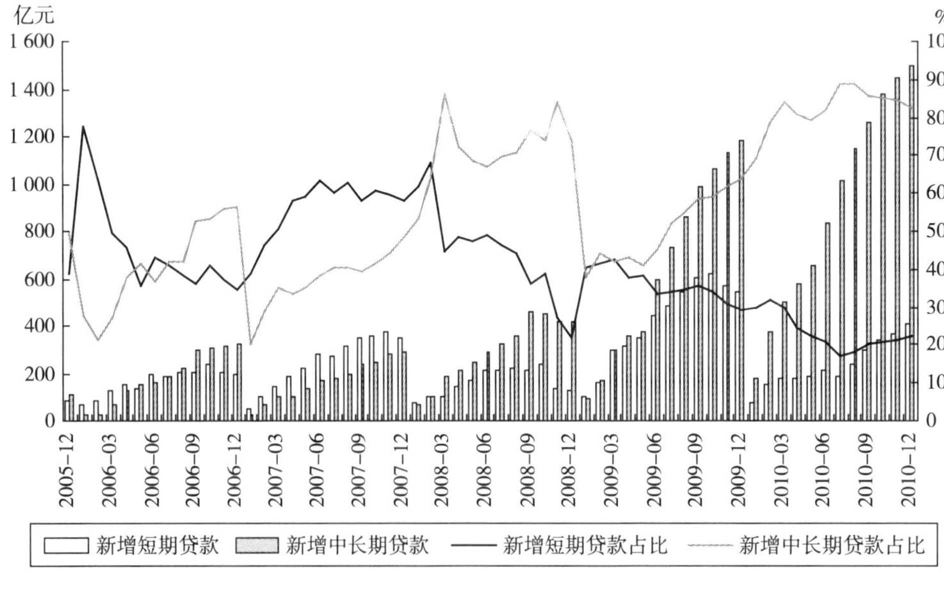

数据来源：人民银行太原中心支行。

图4 山西省银行业金融机构新增中长期贷款和短期贷款占比

（3）贷款集中度高，潜在信用风险突出。除贷款期限向中长期贷款集中外，还存在以下情形：

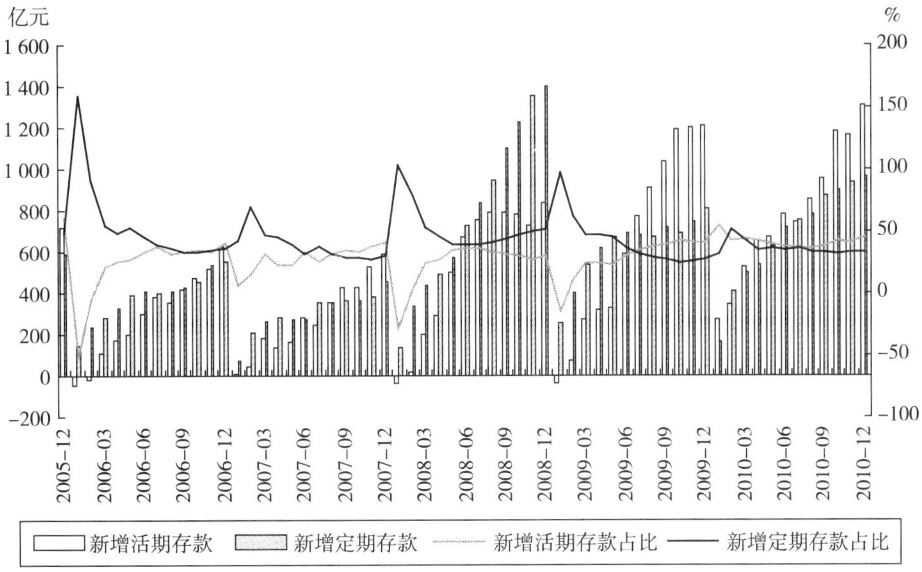

数据来源：人民银行太原中心支行。

图5 山西省银行业金融机构新增定期存款和活期存款占比

一是行业集中。采矿业、制造业、交通运输业、批发零售业新增贷款占全部新增贷款的76%。十大重点行业贷款6 066亿元，占全省贷款总量的63%。其中，“两高一资”行业贷款占全部贷款的40%以上，落后产能企业不良贷款率33.3%，潜在较大风险隐患。同时随着落后产能标准的逐年提高，银行对落后产能贷款前清后增的滚动式增加现象不容忽视。二是地区集中。太原地区新增898.15亿元，占全省全部新增贷款的49.4%，而朔州仅增15.58亿元。三是客户集中。2 000万元以上大客户贷款占全省贷款总量的75%，法人机构单一客户集中度平均达56.84%，最大10家集团客户授信集中度平均达204.56%。

（4）存贷款增长协调性不够，流动性风险上升。除存在存贷款期限错配外，一是存款增长缓慢甚至为负增长，贷款增长较快。2010年以来，各项存款同比增速基本呈下降趋势，各项贷款增速于6月份后转为上升趋势，当年贷款增量1 816.38亿元，增长22.91%，贷存款增速差距扩大。部分机构存款为负增长，全年1家城商行、1家股份制银行存款负增长。二是部分机构存贷比过高，9家股份制和外资银行中有7家机构存贷比超过监管标准。三是法人机构流动性比率大幅下降，平均流动性比率61.39%，比年初下降11.52个百分点。

（5）地方政府融资平台和房地产贷款后续风险需关注，融资担保创新的操作缺陷和风险隐患不容忽视。2010年融资平台贷款形态基本良好，由于平台贷款土地抵押居多，部分权证不齐，对财政性担保依赖性高，还款周期长、时点集中等，整体偿贷能力仍存在较大隐患。房地产贷款占比较小、资产质量较高，但随着新一轮调控、房地产市场调整、省外大型房企集团快速入晋，可能使贷款风险进一步放大和暴露，并波及上游土地储备贷款和下游个人住房按揭贷款。截至2010年末，房地产贷款416.93亿元，比年初增长35.76%，不良贷款比率4.5%。融资担保创新不断推进，担保范围不断扩大，担保形式多样，但存在担保物估值确定难、担保物第三方托管难、担保创新合同标的物变动等带来的风险隐患。

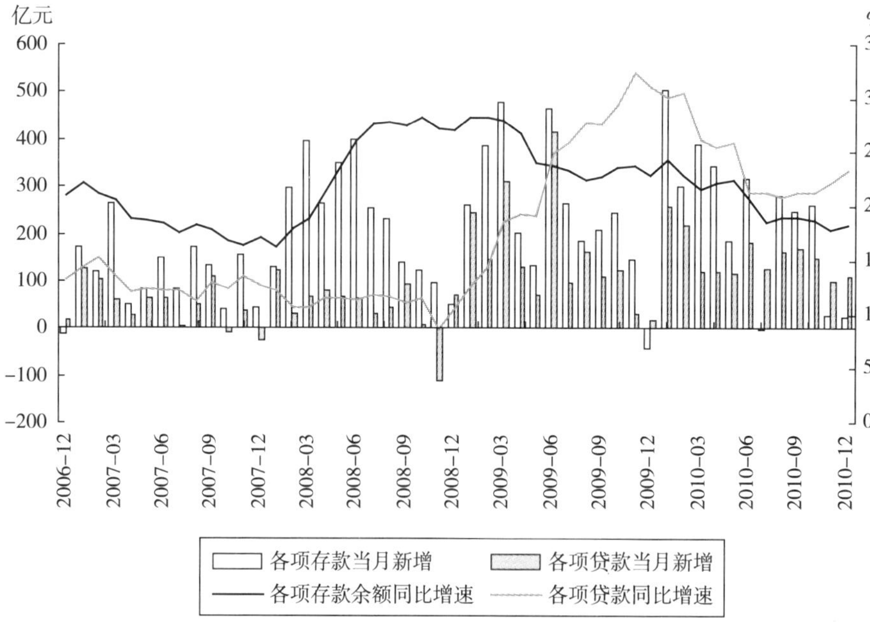

数据来源：人民银行太原中心支行。

图6 山西省银行业金融机构存贷款当月新增额和同比增速

（二）证券业

1. 证券业运行和发展情况

证券机构网点布局不断优化，市场交易有限。积极引入异地证券机构，加大证券公司营业部新设、服务部迁址及翻牌工作力度。截至2010年末，共有省内证券营业部100家，比上年末增加38家。其中，2家法人机构设营业部57家，比上年末增加27家；29家异地证券机构设营业部43家，比上年末增加16家；法人机构设外地营业部31家，比上年末增加8家；期货经纪公司5家，新设5家期货营业部。证券投资者账户142.94万户，同比增长12.24%；证券交易额10 779.77亿元，同比下降12.13%；客户交易结算资金169.16亿元，同比下降6.4%；期货投资者开户数3.26万户，同比增长33.16%；代理交易量9 978.15万手，同比下降6.83%。

证券期货机构盈利水平下降，法人机构经营实力增强。截至2010年末，受经纪业务大幅下降的影响，证券机构手续费及佣金收入17.21亿元，同比下降30.72%；净利润9.31亿元，同比下降39.78%。5家期货经纪公司手续费收入2.33亿元，同比增长24.83%；净利润1 251.93万元，同比下降48.71%。期货经纪公司资产总额19.78亿元，同比增长27.79%；净资产总额3.13亿元，同比增长3.13%。山西证券公司辖内首只集合理财产品成功发行，其子公司中德证券2009年成立以来完成首发项目6单，列国内合资券商之首，完成华夏银行次级债和中石油集团企业债的发行工作。大同证券坚持经纪业务特色经营，树立区域特色品牌。

上市公司规模不断扩大，市场融资大幅增加。截至2010年末，共有境内上市公司31家，比上年增加3家。其中，同德化工和山西证券在中小板上市，山西证券为辖内第一家金融类上市公司，振东制药创业板IPO申请在2010年10月获得通过；100家企业进入山西省上市资源储备库，14家报备山西证监局，4家上报证监会待审核；上市公司累计筹集资金782.87亿元，同比增长37.74%；总市值 6 249.15 亿元，在全国排第 9 位，在中部六省排第 1 位。

融资融券业务试点平稳运行，股指期货推进有序开展。融资融券试点证券营业部的制度设计、系统建设、风险提示、投资者教育、适当性管理等得到强化，股指期货学习培训、投资者教育、适当性管理等不断加强，建立了辖区证券经营机构 IB 业务专职人员资格信息档案。截至 2010 年末，辖内共有 11 家证券营业部开展了融资融券业务，总体运行平稳；3 家期货公司和 3 家期货公司太原营业部获得股指期货开户资格，1 家证券公司、23 家证券营业部获得 IB 业务资格，股指期货客户开户数 1 178 户。

2. 证券业运行中需关注的问题

（1）证券公司经纪业务下降，收入结构单一尚未改观。2010 年 2 家法人证券公司经纪业务占比大幅下降、证券承销业务占比明显上升，但经纪业务仍占绝对比例，代理买卖证券业务净收入占比 77.26%，比上年末下降 10.29 个百分点；证券承销业务净收入占比 3.07%，比上年末上升 2.29 个百分点。证券公司经营状况靠天吃饭的局面仍未明显改观。

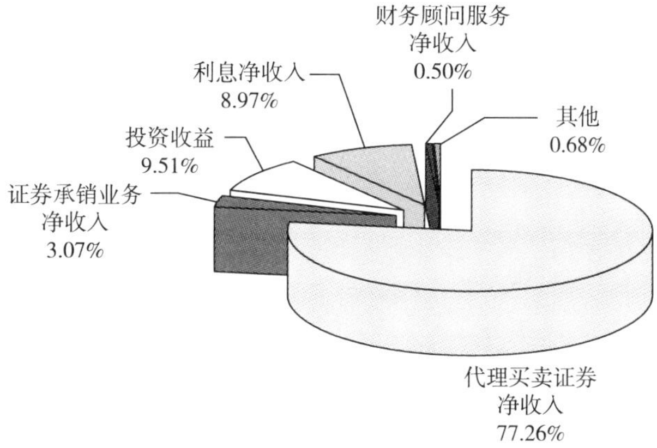

数据来源：山西证监局。

图 7　山西省法人证券公司收入结构

（2）上市公司数量和融资能力有限，结构有待完善。截至 2010 年末，山西省上市公司数仅占沪深上市公司总数的 1.5%，再融资有限。上市公司主要集中于资源性传统行业，1/3 的上市公司为煤焦行业企业，高新技术企业仅有 4 家。太原市辖区上市公司数占全省的 50%，朔州和忻州市上市公司尚为空白，上市公司地区集中。2010 年实现中小板和创业板上市企业零的突破，共有 3 家中小企业上市，中小企业上市数量占比仅为 9.67%。

（3）金融危机对上市公司的影响仍然存在，部分公司风险较大。截至 2010 年末，山西省有 5 家 ST 类公司，比上年末增加 2 家。上市公司业绩连续亏损所引发的社会问题成为潜在的不稳定因素。同时，化工、有色、焦化等行业的上市公司行业盈利减少甚至出现整体性亏损。

（4）直接融资比例偏低，融资结构有待优化。2010 年山西省直接融资为 505.93 亿元，比上年末增长 43.01%。其中，企业债发行 46.9 亿元，短期融资券发行 114 亿元，中期票据发行 112 亿元，上市公司债券发行 10 亿元，IPO 融资 34.78 亿元，股票再融资 188.24 亿元。直接融资占人民币贷款新增额的 27.75%。

（三）保险业

1. 保险业发展和运行特点

资产规模扩大，渗透度不断提高。截至2010年末，省级分公司以上保险公司31家，其中财产保险公司16家，人寿保险公司12家，养老保险公司1家，健康保险公司1家，法人保险公司1家。保险业资产总额677.75亿元，比年初增长27.66%，是2005年末的2.4倍；保险深度和保险密度分别为4.2%和1 065.6元/人，分别比上年末提高0.27个百分点、增加222.31元/人，分别是2005年的1.42倍和2.94倍。

保费收入快速增长，赔款给付比较平稳。在经济回升向好的形势下，2010年实现原保险保费收入（以下简称保费）365.3亿元，同比增长26.29%，高于上年同期15.42个百分点。其中，产险公司累计实现保费95.7亿元，同比增长37.53%；寿险公司累计实现保费269.6亿元，同比增长22.73%。共计发生赔付支出79.85亿元，同比增长1.67%，比上年末下降5.08个百分点。

各险种和业务稳步发展，结构调整局部改善。货运保险、农业保险、工程保险等非车险业务加快发展，分别同比增长49.23%、40.5%和35.85%，结构占比分别上升0.16个、0.05个和0.1个百分点。普通寿险同比增长12.25%，高于全国平均水平；寿险公司新单期缴保费同比增长28.73%，比上年末上升1.52个百分点，标准保费同比增长15.28%。

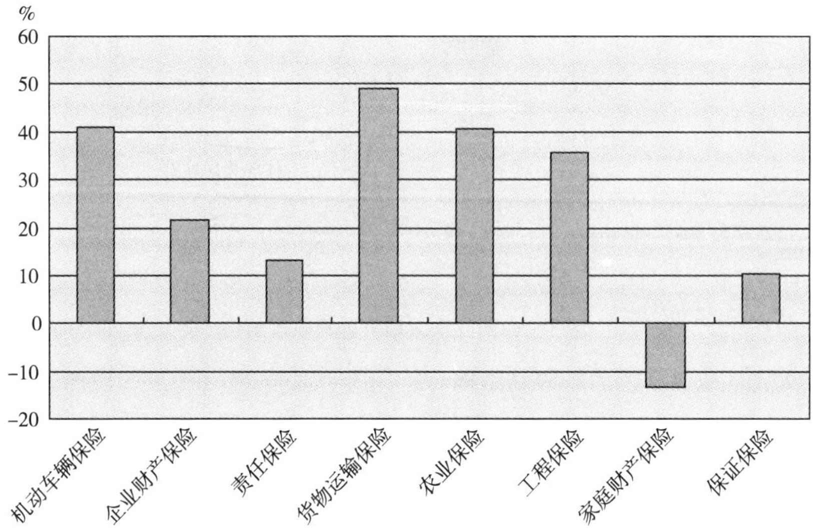

数据来源：山西保监局。

图8 山西省产险公司分险种同比增幅

保险覆盖面进一步拓宽，市场秩序和风险控制良好。在5个地市启动政策性种植业保险工作，养殖业、种植业保险累计实现保费5 822万元，同比增长40.5%；农村小额人身保险覆盖人群347万人次、统保村1 997个，风险保额达356亿元；先后为大西铁路、平阳高速等重点工程建设提供配套保险服务，承担风险保额近700亿元；出口信用保险累计支持对外贸易与投资4.6亿美元，同比增长194.3%，覆盖企业近百家；在全省11个市发展城镇职工、城镇居民大额医疗补充保险，医疗和养老保障准备金超过900亿元，同比增长25.88%；大力推动责任险在教育、医疗、交通、旅游、高危行业等重点领域的发展，全年实现责任险保费2.28亿元，同比增长13.27%。较早推行寿险投保前提示制度，落实“零现金”收付费、“见费出单”、资金支付“实名制”，加大现场检查力度，有效防范了收付费环节的资金管理风险，严厉打击违法违规行为。

2. 保险业运行中需关注的问题

（1）保险增速相对较低，后续增长压力较大。2010 年山西保险业回暖，增速同比上升 15.42 个百分点，但仍延续2009 年首次低于全国平均水平的态势，增速低于全国平均水平4.15 个百分点，在全国排倒数第 8 位。2010 年山西 GDP 增长 13.9%，在全国排第 13 位，高于全国平均水平，保险业增速回暖滞后于经济增长，需要继续给予关注。

（2）结构调整压力加大，增长与结构调整有待协调推进。2010 年，车险、分红险一险独大的产品结构进一步强化。产险公司的货运险、农业险、工程险发展较快，但受产业结构制约，车险也保持了快速增长，结构占比达 84.25%，比上年末上升 1.98 个百分点。受新会计准则等影响，分红险成为寿险公司增长的绝对推动力，同比增速达 30.27%，高于上年同期 8.21 个百分点，结构占比比上年末提高 4.43 个百分点，在通胀背景下，分红险面临收益压力；普通寿险则出现负增长，同比下降 1.75%，结构占比低于上年同期 3.06 个百分点；健康险、意外险结构占比分别低于上年同期 0.64 个和 0.1 个百分点。同时，寿险公司缴费方式和渠道结构也不尽合理，导致其稳定持续发展的外在依赖性较大，而且难以很好地体现其保障和服务民生的基础作用，保险的风险管理和保障功能弱化。

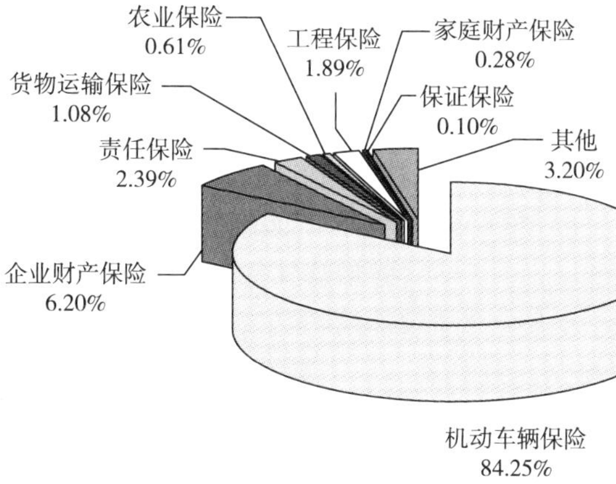

数据来源：山西保监局。

图 9　山西省产险公司险种结构

（3）保险业监管不足，监管体制有待完善。一是市县保险机构监管缺位，违规设立保险机构等问题难以及时得到纠改。如，辖内某县 19 家保险机构中有 9 家不具有保险经营许可证或营销许可证，虽然当地政府牵头进行了规范整顿，但市县保险市场监管缺失问题不容忽视。二是保监会异地监管法人保险机构，难以及时实地了解其运营状况，同时，当地保监局难以掌握相关情况，不利于对当地保险市场整体情况的把控，也不利于维护当地金融稳定。

（4）保险业欺诈误导不容忽视，保险市场秩序仍需进一步改进。2010 年，针对保险业欺诈误导的投诉激增 50%，主要集中于银保领域。2010 年11 月银监会出台禁止保险公司驻点销售、不允许混淆销售等规范性措施，保监会加快《保险公司委托金融机构代理保险业务监管规定》的制定步伐，将有助于规范银保市场秩序。

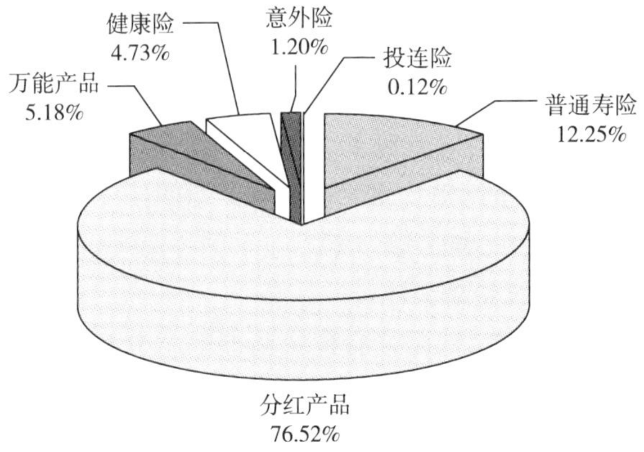

数据来源：山西保监局。

图 10 山西省寿险公司险种结构

三、金融基础设施与金融稳定

2010 年，山西省大力加强金融基础设施建设，金融法制环境持续改善，支付清算体系运行良好，征信系统应用和服务功能有效发挥，反洗钱工作方式创新、监管效能提升，金融生态环境持续改善。

（一）金融法制环境持续改善

金融业运行的法制基础进一步完善。2010 年，山西省委、省政府和省高级人民法院分别出台了《“法治山西”建设实施纲要》、《关于为我省转型跨越发展提供司法保障的意见》；人民银行太原中心支行实施《山西省人民银行金融服务与管理指引（试行）》，加强金融机构开业管理和营业管理、规范人民银行金融服务与管理程序；印发了《关于公布废止和失效的部分规范性文件的通知》，对 87 件相关文件予以废止和宣告失效。

金融执法力度加强。加大对金融违法行为的处罚力度，2010 年人民银行太原中心支行共作出行政处罚决定 39 件，共处罚款 115 万余元。打击银行卡犯罪成效显著，开展为期 10 个月的打击银行卡犯罪专项行动，共立案 124 起，破案 119 起，收缴各类银行卡 847 张，涉案金额高达 5. 8 亿元，挽回损失约 289. 75 余万元。严厉打击和防范假币犯罪，全年累计收缴各类假币 1 048 万元、152 945 张（枚），同比分别下降 50. 6% 和 47. 3% 。

金融法制宣传面扩大。采取多种形式面向社会开展了反洗钱、征信知识、票据管理、反假货币、支付结算、银行卡管理等方面的金融法制宣传活动，社会公众遵守金融法律的自觉性和依法维权意识明显提高。

（二）支付体系建设取得新进展

现代化支付系统实现金融机构全覆盖。2010 年，山西省银行业金融机构所有对公网点全部接入现代化支付系统，系统覆盖率达到 100% 。全年共处理支付系统业务 2 782. 78 万笔、交易金额 24. 41 万亿元，比上年同期分别增长 64. 47% 和 60. 28% 。

非现金支付方式进一步延伸。银行卡产业快速健康发展，2010 年银行卡发卡量同比增长

22.76%，特约商户、POS机、ATM同比分别增长34.62%、36.12%和20.5%，银行卡消费交易同比增长49.9%。试点对中小企业的支票授信业务，改善支票流通环境，增强对中小企业的支付结算支持力度。实施“金融利农工程”，在57个县布放转账电话20 379台，农村地区小额支付转账电话“村村通”覆盖率达24.9%。

支付安全建设迈开新步伐。忻州市作为全国两个试点之一，圆满完成个人人民币银行存款账户真实性核查试点工作，有利于从源头上遏制各类金融违法犯罪活动，维护金融消费者的合法权益，降低银行机构经营风险。

（三）征信系统功能不断增强

征信系统容量扩大、数据质量提高。截至2010年末，山西省企业和个人征信系统分别收录19.7万户企业和1 300.8万自然人的基本信息，同比增加5 000户和168.3万人；信贷余额分别为9 537.34亿元和548亿元，同比增加3 382.34亿元和175亿元。非银行信息采集工作有序推进，全年采集3 000余户企业相关信息及个人公积金缴存信息83.1万条。征信数据综合一致率达99.64%，比年初提高6.76个百分点。

系统应用和服务功能不断增强。人民银行和金融机构共计受理企业和个人信用报告查询分别为39.9万笔和146.5万笔，比同期明显增加，依托系统信息达成的授信金额607.23亿元。有14家金融机构依据系统信息拒绝个人贷款申请2 164笔、金额1.24亿元，15家金融机构拒绝企业贷款申请167笔、金额7.68亿元，有效防范了风险。异议申请和反馈受理及传递工作不断改进，人民银行全年共受理异议申请40笔、回复率100%。

（四）反洗钱监管效能得到提高

反洗钱工作向全面和纵深推进。一是狠抓制度建设，出台了《山西省金融机构反洗钱工作评估办法》及银行、证券期货、保险三大行业的《反洗钱工作指引》。二是加强管理，对辖内171家金融机构开展了专项和全面现场检查，对其中7家违规金融机构及直接责任人进行了处罚。三是创新监管方式，扩大金融机构“结对子”范畴，全辖超过95%的金融机构参与其中；利用银行间城域网和互联网“QQ群”与金融机构建立反洗钱信息交流通道，初步实现人民银行与金融机构间信息交流的电子化。四是开展部门合作，与山西省人民检察院签署《协调配合机制备忘录》，建立预防洗钱与贪污贿赂合作机制，强化对职务犯罪的打击力度；配合公安部门开展打击“网络赌博”和“银行卡犯罪”两个专项行动，有效打击洗钱行为。

反洗钱调查和案件协查效果卓著。全年共接收重点可疑交易报告35份，涉及人民币10.5亿元；对不能排除洗钱嫌疑的1条线索移交公安机关，金额1.6亿元；协助查办涉嫌洗钱案件11起；协助破获涉赌案件2起，金额3 000余万元；收缴用于网络赌博使用的电脑14台、U盾9个，冻结银行账号40个、信用卡59张，有效打击了网络赌博洗钱犯罪活动。

四、总体评估与政策建议

（一）总体评估

参照人民银行上海总部的定量评估方案，采用专家调查法、层次分析法等技术方法，对山西省金融稳定状况进行了综合评价。评估结果表明，2010 年山西省稳定状况明显好于 2008 年和 2009 年，综合得分回升至金融稳定等级评估 B 类，稳定状况良好。对比三年的评估结果，区域经济在经历了金融危机的严重打击后重新步入快速健康发展轨道，金融机构在应对危机及后危机时代都表现出了良好的发展势头。但是，经济转型发展和金融结构调整压力较大，产业结构和投资倚重的格局未变甚至有所强化，物价上涨压力加大，煤矿兼并重组整合进入深化阶段后，面临改扩建资金缺口、行业集中等新问题；银行业存款活期化、贷款长期化和集中度高带来相应的流动性和信用风险隐患，房地产和地方政府融资平台贷款后续风险仍需关注，金融创新和农村金融服务能力有待进一步提高；证券公司收入结构单一，上市公司规模和融资能力有限，直接融资比例偏低；保险业后续发展和结构调整任务艰巨，保险监管和市场秩序还需进一步规范。

（二）政策建议

1. 推进国家资源型经济转型发展综合配套改革试验区战略部署，实现经济跨越转型发展。加快重大基础设施建设投资，加大以结构优化升级为主的产业投资，加强社会事业和民生投资，大力促进消费和扩大出口，充分发挥“三驾马车”的协调拉动作用。深入推进煤炭资源整合煤矿兼并重组，加快保留矿井升级改造步伐，积极发展先进装备制造业、现代煤化工、新型材料工业，大力推进现代物流业发展，以煤炭、焦炭、钢铁等大宗商品为依托，规划建设现代物流枢纽和大型物流园区，大力发展循环经济，有效推进工业新型化、农业现代化、市域城镇化、城乡生态化。

2. 合理引导信贷规模和结构，加强宏观审慎管理。加强信贷政策和产业政策的协调配合，把握好信贷投放的力度、节奏和重点，努力兼顾经济发展合理资金的需求与物价上涨压力和信贷风险防范。一是加强窗口指导，合理使用差别存款准备金动态调整、再贴现等货币政策工具，引导金融机构加大对“三农”、就业、助学、大学生“村官”、保障性住房等民生贷款以及消费性贷款的投放力度，缓解信贷投放集中问题。二是积极支持重点产业调整振兴和新兴产业发展壮大、高新技术产业和文化旅游、会展物流等第三产业发展，推动城市群建设。严格控制产能过剩行业和“两高一资”行业贷款，加大对循环经济和节能减排项目的支持力度。三是进一步采取政策措施，构筑有效的政策引导和监管机制，加强金融机构信贷质量与资本、拨备的匹配性。

3. 加快金融创新，推动融资方式多元化。一是支持企业发行短期融资券、中期票据、中小企业集合票据等，继续推动五大煤业集团整体上市，支持已上市公司通过并购、重组等形式，拉长产业链。二是推广各种符合农村经济发展实际的信贷产品，积极开展信贷机制创新，鼓励商业银行探索开展无形资产抵押贷款。三是探索设立产业投资基金、私募股权基金，鼓励民间资本投向重点工程和经济转型工程。

4. 深化改革进程，增强金融服务能力。深化和巩固金融机构改革成果，加快推进专营机构设立和专营机制建设，加大薄弱环节金融服务和产品创新力度；强化组织领导，进一步推进农业银行“三农”事业部制改革，下沉信贷决策重心，加大对“三农”和县域的政策倾斜和引导督办力度；创新农村信用社制度变迁模式，淡化行政干预，继续增设并增强新型农村金融机构、小额贷款公司、信用担保公司和金融中介服务机构，加强对县域经济与“三农”领域的金融服务。加强非银行业的发展力度，提高证券期货机构和上市公司经营实力，扩大直接融资比例，推动焦炭期货上市；开展煤炭领域保险品种试点，不断扩大保险覆盖面。

5. 强化信用体系建设和投资者教育，改善金融生态环境。加强企业、个人、农村信用体系建设，扩大“信用户、信用村、信用乡（镇）”建设规模，建立农户电子化档案，将金融生态环境建设评价纳入各级政府目标考核范围。加强公众金融知识宣传，提高投资者风险识别和自主决策能力，增强投资者自我保护意识，提高产品销售的适当性。

总　　纂：赵志华　熊　俊
统　　稿：孟来亮
执　　笔：任桂花　张晓红　李坚强
其他参与写作人员：王　军　袁永宏　刘仕俊　苏和平　高　鹤
王春丽　马　丽　余海霞　刘　飞　马儒静

内蒙古自治区金融稳定报告摘要

2010年，内蒙古自治区深入贯彻落实科学发展观，积极推进经济发展方式转变和经济结构调整，经济总体保持平稳较快运行的势头。全区综合经济实力跃上新台阶，主要经济指标取得了新突破，经济结构调整和发展方式转变取得新进展，顺利完成了“十一五”规划的各项目标任务。在经济总量平稳增长的同时，金融业保持了快速发展势头。银行业金融机构资产负债规模不断扩大，资产质量持续好转，经营效益稳步提高证券市场平稳健康运行，上市公司规范运作，资本市场环境不断改善。保险业经营主体不断增加，业务规模不断扩大，经营效益稳步提高，保障功能逐步增强，整体发展势头良好；金融基础设施建设效果明显，全区金融运行整体保持稳健。

全区经济金融在快速发展的同时仍然存在一些长期性和结构性问题，主要表现为经济结构和产业发展方式仍然较为单一，房地产不良贷款增加的风险仍存在；金融市场交易主体单一，交易品种仍以传统基础产品为主，金融市场业务发展不均衡，广度与深度需进一步拓展；信贷结构调整缓慢，贷款期限、机构、地区集中的趋势短期内难以解决，个别农村信用社风险较突出，新型农村金融机构及非正规金融业务监管难度较大；证券市场规模较小，机构盈利模式单一，创新业务品种有限，抗风险能力相对较弱，上市后备资源挖掘不够，企业上市的潜力还没有发挥出来。保险业结构调整任务艰巨，个别险种应收、退保风险突出；金融基础设施建设仍显薄弱。产生金融风险的内外部因素仍然不容忽视，维护金融稳定任重道远。

一、区域经济运行与金融稳定

2010年，是“十一五”的收官之年，内蒙古自治区紧紧抓住国家实施西部大开发、振兴东北老工业基地战略的机遇，有效应对国际金融危机的冲击，努力促进经济社会又好又快发展，经济结构调整和发展方式转变取得了新进展，主要经济指标取得了新突破，为金融业发展创造了较好的机遇。

（一）经济运行基本情况及特点

1. 经济总量增长较快，综合经济实力显著增强。2010年，全区完成地区生产总值11 655亿元，比上年增长14.9%，较上年增速回落2个百分点，位居全国第六。内蒙古自治区成为全国“万亿俱乐部”的新省区市，人均生产总值接近7 000美元，增长超过18%。“十一五”期间，全区生产总值从2005年的3 822亿元增长到2010年的11 655亿元，年均增长17.6%，超过“十一五”规划目标4.6个百分点，经济总量由全国后列进入中列，人均生产总值由全国中列进入前列。

财政收入预算任务圆满完成。2010年，全区地方财政总收入实现1 738.13亿元，完成年度预算的111.8%，增长26.2%。其中，地方财政一般预算收入首次突破千亿元，实现1 069.98亿元，完

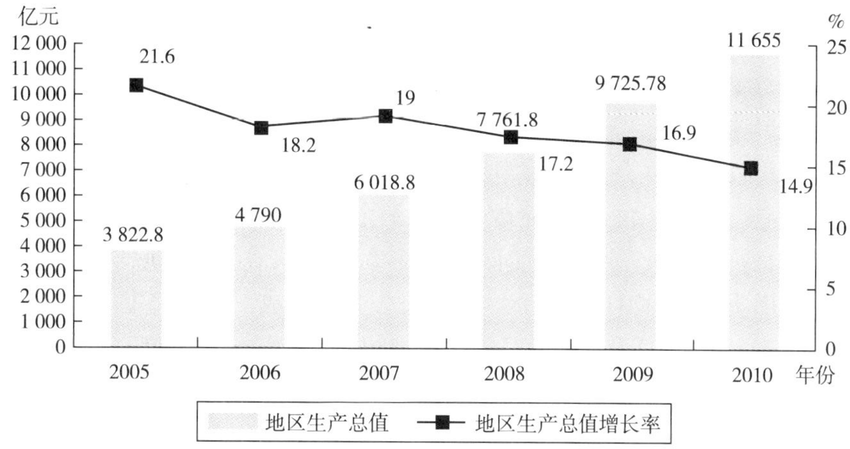

数据来源:《内蒙古统计年鉴》、内蒙古统计局。

图1　2005—2010年内蒙古自治区年度生产总值及其增长率变化

成年度预算的119.8%，增长25.8%。全区财政支出也首次突破2 000亿元，达到2 280.47亿元，增长18.35%。“十一五”期间，全区地方财政总收入年均增长29.4%。

全区城镇居民收入实现较快增长。2010年，全区城镇居民人均可支配收入17 698元，增长11.7%，增速提高1.9个百分点。全区农牧民人均纯收入5 530元，增长12%，增速提高5.6个百分点。“十一五”期间，全区城镇居民人均可支配收入由9 137元增加到17 698元，年均实际增长11.2%，农牧民人均纯收入由2 989元增加到5 530元，年均实际增长10%。

2. 经济结构调整变化显著。2010年，第一产业实现增加值1 101.38亿元，增长5.8%；第二产业实现增加值6 365.79亿元，增长18.2%；第三产业实现增加值4 187.83亿元，增长12.1%。三次产业结构比例由上年的9.6:52.4:38调整为9.5:54.6:35.9。三次产业对经济增长的贡献率由上年的1.3%、62.2%和36.5%调整为3.6%、67.1%和29.3%。第二产业占比仍占绝对优势，工业增加值对经济增长的贡献率由上年的56.1%提高至60.7%，拉动经济增长9个百分点。“十一五”期间，全区三次产业结构由2005年的15.1:45.4:39.5调整为9.5:54.6:35.9，总体上完成了由农牧业主导型向工业主导型的历史性转变。以能源、原材料等为主的优势特色产业得到巩固和加强，原煤产量由2.6亿吨增加到7.9亿吨，电力装机由1 989万千瓦增加到6 500万千瓦，外送电量居全国首位；以新能源、现代煤化工为主的战略性新兴产业快速发展，风电装机由20万千瓦增加1 000万千瓦，居全国首位；以装备制造业为主的非资源型产业加快发展，增加值年均增长23%以上。新农村、新牧区建设稳步推进，城镇化率达到55%，提高7.8个百分点。呼包鄂地区率先发展，东部五盟市发展加速，其他地区发展呈现新局面。

农牧业实现平稳增长。2010年，国家及自治区重点推进“三农三牧”工作，推出了系列优惠政策，大力推动第一产业的发展，农牧业基础地位得到巩固。2010年，全区大部分地区遭受了低温、干旱等自然灾害，粮食生产受到一定的影响，但仍保持了较好的发展势头。全年全区粮食产量430亿斤，同比增长8.5%，是历史上最高产的一年。主要畜产品产量平稳增长，年末全区猪存栏684.4万头，增长0.1%；羊存栏5 277.24万只，增长1.5%；牛存栏676.5万头，增长1.9%。现代农牧业高产优质高效安全作物比重达到66%，农牧业产业化进程不断加快。

工业企业经济效益稳定增长，结构调整成效初显。2010年，全区全部工业完成增加值5 618.40

亿元，增长 18.8%。其中，规模以上工业企业完成增加值 5 236.54 亿元，增长 19%，增速回落 5.2 个百分点，但仍高于全国平均增速 3.3 个百分点。2010 年前 11 个月，全区规模以上工业企业主营业务收入增长 31.6%，实现利润首次突破 1 000 亿元，增长 67.1%，全区 38 个行业有 35 个行业利润比上年同期有所增长。规模以上工业产品产销率 97.5%，提高 0.1 个百分点。“十一五”期间，全区规模以上工业年平均增长 25.4%，工业占经济总量的比重由 37.8% 提高到 48.6%，实现利润由 226 亿元增加到 1 074 亿元，成为推动经济平稳较快增长的主导力量。

第三产业平稳增长。全区第三产业继续保持平稳增长势头，房地产业延续较快发展劲头，对第三产业增长的带动作用明显。2010 年，全区房地产开发投资完成 1 120.02 亿元，增长 37.4%，比全部固定资产投资增速高 18.3 个百分点。商品房销售面积和销售额分别突破 3 000 万平方米和 1 000 亿元，达到 3 020.54 万平方米和 1 065.03 亿元，分别增长 22.6% 和 45.3%，增速分别提高 7.6 个和 6.4 个百分点。

3. 消费需求与投资需求增长基本同步。2010 年，全区全社会固定资产投资完成 8 972.08 亿元，增长 19.1%，增速回落 15.3 个百分点，低于全国平均增速 4.7 个百分点。投资投向重点突出，继续向优势特色产业、基础设施行业及社会民生领域倾斜，50 万元以上项目固定资产投资完成 8 880.86 亿元，增长 19.2%。“十一五”期间，全区固定资产投资由 2005 年的 2 687.84 亿元增加到 8 972.08 亿元，年均增长 27.26%，累计完成近 3 万亿元，是“十五”时期的 4.3 倍。

2010 年，全区消费品零售总额高位平稳运行，扩内需效应明显。全区社会消费品零售总额突破 3 000 亿元，实现 3 337.3 亿元，增长 19%，增速提高 3.1 个百分点，比全国平均增速高 0.6 个百分点，扣除价格因素，实际增长 15.5%，消费支出增长仍然快于收入增长幅度。

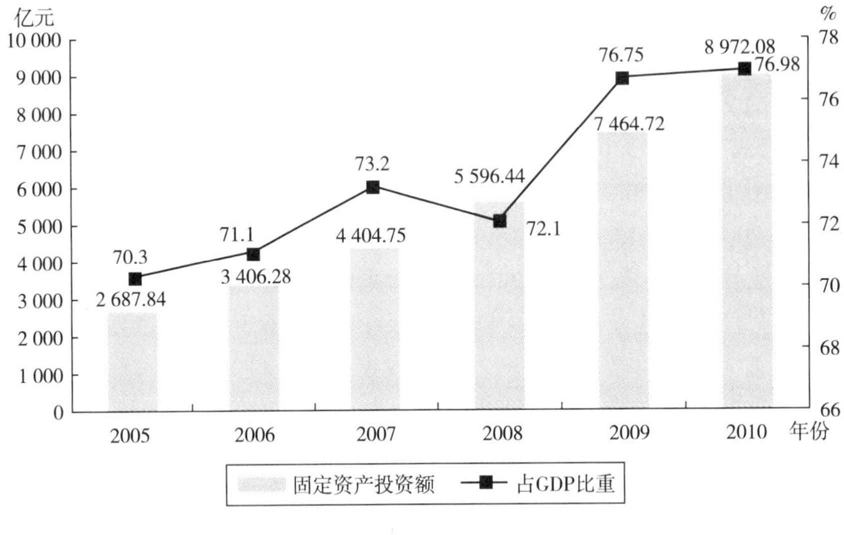

数据来源：《内蒙古统计年鉴》、内蒙古统计局。

图 2 2005—2010 年内蒙古自治区固定资产投资及其占 GDP 比重

4. 居民消费价格涨幅较高，生产价格呈现不同程度上涨。2010 年，全区居民消费价格呈现前低后高的总体走势，第四季度涨幅较为明显。全区居民消费价格上涨 3.2%，低于全国平均涨幅 0.1 个百分点。分城乡看，城市上涨 3%，农村牧区上涨 3.5%；分类别看，食品价格较快上涨成为主要拉动力量，食品价格上涨 9.5%，居住价格上涨 2.2%；其余类别涨幅或降幅较为平稳。分各生产资料价格看，全区农业生产资料价格上涨2%，工业品出厂价格上涨6.7%，原材料、燃料、动力购进价格上涨5%。

5. 对外贸易稳定较快增长，利用外资规模稳步增长。2010年，全区海关进出口总值87.19亿美元，增长28.7%。其中，出口33.35亿美元，增长44%；进口53.84亿美元，增长20.8%；贸易逆差20.49亿美元，缩小0.83亿美元。2010年，全区边境小额贸易34.86亿美元，增长25.77%，占外贸进出口额的39.98%。其中，边贸进口32.72亿美元，增长26.09%；边贸出口2.14亿美元，增长20.90%。外商直接投资33.8亿美元，增长109.29%；外商直接投资实际出资9.94亿美元，增长13.0%。

6. 房地产市场运行平稳，房产新政初见成效。2010年，全区房地产整体运行平稳，房地产开发增长加快，房市呈“供销两旺、量价齐升”局面，受国家一系列房产新政影响，房地产贷款增速高位回落。房地产开发投资增长加快。全年房地产开发投资1 120.0亿元，增长37.35%，上升26.6个百分点。其中，住宅投资增长36.3%，占房地产投资的69.8%。房地产市场供销两旺。受房市回暖、刚性需求释放以及房价持续走高等因素影响，房地产施工面积突破1亿平方米，增长39.9%，全区商品房屋施工面积、销售面积分别为11 517.78万平方米和3 020.54万平方米，分别增长39.87%和22.64%。房地产贷款高位回落。随着各项房产新政的相继落实，调控效应率先在房地产金融市场显现，房地产贷款增速呈逐月回落态势。房地产开发贷款和个人住房贷款分别增长37.9%和44.1%，分别下降12.9个和22.7个百分点。

（二）经济运行中需关注的问题

1. 物价涨幅明显，通胀预期加重。2010年，全年全区居民消费价格涨幅呈逐步扩大的走势，尤其是食品类价格涨幅居高不下，大大加重了居民特别是农牧民和城镇低收入居民的生活成本和负担。由于上年翘尾以及上涨的外部因素依然存在，2011年物价上涨的压力依然存在。

2. 经济结构和产业发展方式仍然较为单一。全区在优化经济结构和转变发展方式上取得一定成效，但总体还相对缓慢，产业发展不充分、结构单一、生产布局分散，对资源、能源的依赖性较强，非资源型产业发展不足。服务业占生产总值的比重相对较低。此外，科技和劳动力提高等要素的贡献相对较小，发展环境、资源代价较大，发展的可持续性和后劲有待提高。

3. 房屋价格涨幅较快，房地产不良贷款增加。2010年，全区商品房价涨幅普遍较快，明显高于CPI的涨幅，房价上涨远超普通百姓的承受能力。当前，全区房地产市场投资增幅减缓，据有关部门监测表明，进入2010年第四季度以来，房地产市场有所降温，很可能使房市步入震荡调整期，房地产市场的信贷风险将进一步放大和暴露。据对全区贷款在500万元以上的188户房地产企业监测表明，房地产信贷增长仍然较快，随着房地产市场调整期的延续及贷款陆续集中到期，房地产贷款逾期现象可能会增多。2010年末，房地产贷款余额较上半年增加了31亿元，不良贷款较上半年增加了6.5亿元，不良贷款率比全区不良贷款率高0.33个百分点。此外，贷款形态处于正常类的一些房地产企业，现金流不断趋紧，高负债运行。

（三）促进经济发展的政策建议

1. 加快农牧业发展速度，不断强化农牧业基础地位。提高农牧业综合生产能力，调整优化农牧业结构，加快规模化、标准化生产基地建设；推进畜牧业生产方式转变，在草原牧区大力推进联户家庭牧场和现代化家庭牧场建设，要加强以水利为重点的农牧业基础建设，进一步提高固定资产投资用于农村牧区基础设施建设的总量和比重，积极引导社会资金投向农牧业和农村牧区，加大“三农三牧”投入，加大财政在农村牧区的支出力度。

2. 着力发展战略性新兴产业，不断优化产业结构。要把布局战略性新兴产业作为调整经济结构、转变经济发展方式的重要抓手。目前，全区在新能源、先进装备制造业、农畜产品加工业、部分高新技术业等领域已形成一定的竞争优势，要引导这些行业的企业特别是大型龙头企业不断提高自主创新能力和经营管理能力，努力保持住全区这些行业的优势地位。同时，要积极承接发达地区产业转移，大力发展非资源型产业，大力推动全区传统能源行业的产业技术升级，不断提高资源和能源的利用效率和附加值。

3. 进一步扩大内需，保持投资和消费对经济增长的拉动力度。一是根据国家宏观调控政策和自治区实际情况，继续抓好重大项目的引进和建设工作，努力扩大固定资产投资规模，保持经济平稳较快发展和增加后劲提供推动力；二是进一步激发民间投资活力。要切实落实国务院出台的鼓励和引导民间投资健康发展的36条政策措施，引导民间资本更多投向国家鼓励的产业和薄弱环节；三是继续落实完善促进消费的各项政策，积极推动最终消费。

4. 加强房地产贷款风险管理。2010年第四季度以来，部分银行业金融机构向土地收储类融资平台发放了大量贷款，当前要严格控制土地储备贷款风险，及时调整土地平台公司授信额度。要重点监测房地产开发商的现金流，加强出售款回流控制，银行业金融机构要持续开展房地产压力测试，做好应对极端情况的准备。

二、金融市场运行与金融稳定

2010年，全区金融市场总体运行平稳。货币市场交易活跃，票据市场快速发展，涉外收支、银行结售汇和境外投资较快增长，企业债券发行工作持续推进，但同业拆借大幅下降，贴现业务出现回落，黄金市场发展缓慢。

（一）金融市场运行基本情况及特点

1. 货币市场交易活跃，同业拆借大幅下降。2010年，全区银行间债券市场融资方式以回购为主，累计成交13 092.2亿元，增长18.6%。其中，质押式回购累计成交9 355.36亿元，增长17.41%，是银行间债券市场的主要融资方式；买断式回购累计成交343亿元，增长107.02%，交易方式是逆回购，正回购没有发生业务；现券累计成交3 393.87亿元，增长16.75%。债券结算代理业务发展较快，累计成交2 220.66亿元，增长25.48%。

同业拆借业务明显下降。2010年，全国银行间网上同业拆借业务累计成交443.3亿元，下降37.3%。网下同业拆借融资主体主要为农村信用社，受自治区联社同业存放资金增加的影响，交易量下降50%。

2. 票据承兑业务较快发展，票据贴现出现回落。2010年，全区银行承兑汇票余额1 056.8亿元，增长83.5%。受宏观调控影响，银行通过压缩票据贴现来调整信贷资金规模余缺，票据贴现规模有所下降。2010年，全区商业银行票据贴现业务累计发生额为899.47亿元，下降14.46%；票据贴现余额为80.69亿元，下降28%。

3. 黄金市场发展缓慢。2010 年，全区唯一一家上海黄金交易所会员——内蒙古乾坤金银精炼股份有限公司实现自营交易 1 796 公斤，交易金额 4. 98 亿元，增长 48. 68%；实现代理交易 1 304. 6 公斤，交易金额 3. 9 亿元，下降 75. 46%。

4. 外汇市场涉外收支、银行结售汇和境外投资较快增长。2010 年，全区涉外收支总额 107. 73 亿美元，同比增长 38. 27%。其中，涉外收入 51. 05 亿美元，增长 52. 57%；涉外支出 56. 68 亿美元，增长 27. 51%。全区银行结售汇总额 84. 58 亿美元，增长 46. 49%。其中，结汇 37. 53 亿美元，增长 46. 49%；售汇 47. 05 亿美元，增长 46. 50%。新办理外汇登记的外商投资企业 65 家，投资总额 13. 95 亿美元，外商直接投资实际出资 9. 94 亿美元。全年办理境外投资外汇登记 21 个项目，增长 31. 15%，中方投资总额 2. 05 亿美元，实际汇出资金 0. 42 亿美元。

5. 企业债券发行工作持续推进。2010 年，全区非金融机构通过贷款、债券和股票共融资1 776. 1 亿元，直接融资和间接融资比例为 9. 5:90. 5，直接融资占比上升 4. 5 个百分点。5 家企业发行企业债 66 亿元，8 家公司发行短期融资券 67 亿元，1 家企业发行中期票据 30 亿元，2 家企业发行中小企业集合票据 1 亿元，债券融资规模达 164 亿元，为重点能源项目、城镇基础设施建设和中小企业提供了有力的资金支持。

（二）金融市场运行中需关注的问题

1. 金融市场功能未充分发挥。内蒙古经济发展正处于快速发展期，资金需求量大，但辖内金融市场发展缓慢，交易主体单一，参与度较低。中小金融机构、企业和公司利用银行业同业拆借、债券市场等工具融资效率不高。市场参与主体的金融意识不强。

2. 直接融资占比偏低。辖内企业仍以间接融资为主，股票、债券等直接融资比例较小，融资渠道狭窄，企业融资较多依赖银行贷款，导致金融风险集中，影响全区金融业的健康发展。

（三）发展和完善金融市场的政策建议

1. 多渠道扩大直接融资比重。要加强直接融资需求方、供给方和中介机构三方面的协调对接，鼓励企业发行中长期债券，扩大债券融资规模；鼓励银行加大票据融资力度的激励措施，加大激励考核力度；积极创造条件，推动企业在主板、中小企业板和创业板上市融资；支持上市公司再融资和并购重组。

2. 丰富金融工具种类。加快金融市场产品创新，丰富直接融资和规避风险的金融工具，拓展金融市场业务范围，增强市场发展活力，满足市场多层次需求。

三、银行业与金融稳定

2010 年，面对极为复杂的国内外经济环境，全区银行业金融机构积极贯彻落实国家和地方宏观调控政策，大力推进银行市场体系建设，着力深化银行业改革创新，资产负债规模不断扩大，经营效益稳步提高，有力地支持了自治区经济实现平稳较快发展。

（一）银行业总体运行情况

1. 机构数量逐步增加。2010 年，全区银行业金融机构共有一级分行 39 家，二级分行 79 家，支行及支行以下营业网点4 568家，从业人员达到8万多人。全区银行业法人金融机构共有129家。其中，城市商业银行4家，农村合作金融机构93家，信托公司2家，已开业新型农村金融机构30家（包括村镇银行27家、贷款公司1家、农村资金互助社2家），小额贷款公司422家。

2. 资产负债规模不断扩大。2010年末，全区银行业金融机构（不含小额贷款公司）资产总额为13 123.03亿元，增长23.69%；负债总额为12 723.36亿元，增长23.33%。人民币各项存款余额为10 278.69亿元，增长22.75%，增速高于全国同期2.59个百分点，居全国第12位，居西部第7位；人民币各项贷款余额为7 919.47亿元，增长25.86%，增速高于全国同期5.97个百分点，居全国第4位，居西部第3位。

3. 经营效益稳步提高。在各项宏观调控措施的作用下，全区银行信贷投放较上年明显下降，但通过"以价补量"和中间业务的发展，盈利能力不断增强。2010年，全区银行业金融机构中间业务收入比率为9.05%，上升1.33个百分点；实现税后利润194.35亿元，增长27.39%。

4. 地方法人金融机构金融总量占比逐步攀升。2010年，全区地方法人金融机构新增人民币存款686.22亿元，占全部新增额的36%；新增人民币贷款336.52亿元，占全部新增额的21%，占比提升了2.69个百分点。

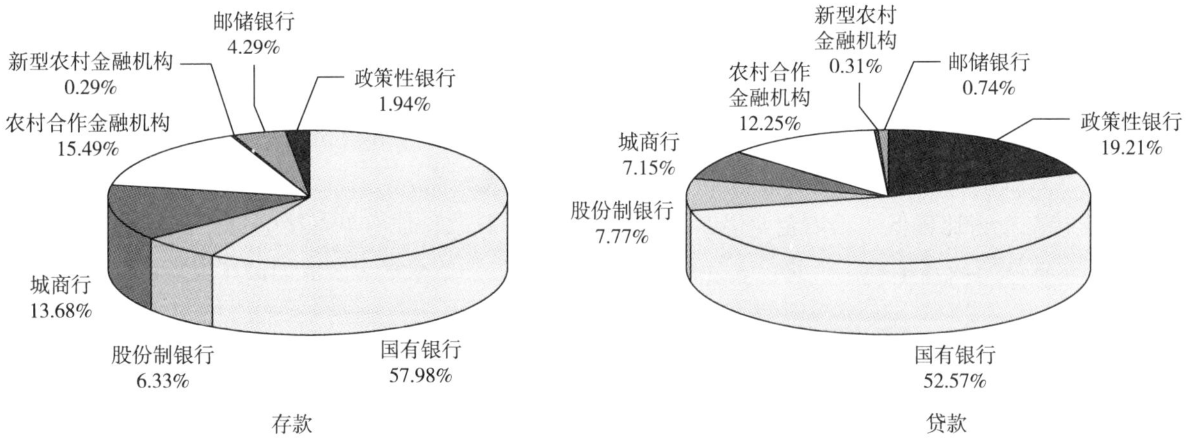

数据来源：人民银行呼和浩特中心支行。

图3 2010年内蒙古自治区各类银行业金融机构存贷款占比

（二）银行业稳健性评估

1. 资产质量持续好转。2010年末，全区银行业金融机构不良贷款余额为250.43亿元，下降3.79%；不良贷款率为3.11%，下降0.93个百分点。其中，政策性银行不良贷款合计147.83亿元，比年初减少2.27亿元，不良贷款率9.55%，下降2.18个百分点；农村信用社不良贷款合计53.74亿元，比年初减少2.52亿元，不良贷款率7.46%，下降2.13个百分点。

2. 流动性整体较充足。2010年末，全区银行业法人金融机构流动性比率为52.79%，比年初下降7.76个百分点，但仍远高于25%的监管下限，其中，城市商业银行和农村合作金融机构的流动性比率分别为50.57%和50.82%。全区银行业法人金融机构存贷款比率为51.19%，比年初下降3.44个百分点，低于75%的监管上限，其中，城市商业银行和农村合作金融机构的存贷款比率分别为40%和64%。

3. 资本充足水平整体较高。2010 年末，全区银行业法人金融机构平均资本充足率为 11.02%，比年初下降 0.51 个百分点，但仍高于 8% 的监管下限；平均核心资本充足率为 10.41%，比年初下降 0.22 个百分点，高于 4% 的监管下限；资本净额为 221.94 亿元，新增 61.70 亿元，增长 38.5%。其中，城市商业银行和农村合作金融机构的资本充足率分别为 12.05% 和 10.13%，核心资本充足率分别为 11.01% 和 9.99%，资本净额分别为 128.01 亿元和 108.27 亿元。

4. 存贷款期限错配问题仍存在。一方面，存款活期化趋势明显。2010 年，全区新增活期存款 1 062.24亿元，占全部新增存款的 55.76%，新增定期存款 169.98 亿元，占全部新增额的 8.92%。另一方面，贷款呈中长期化。2010 年，全区新增中长期贷款 1 194.05 亿元，占全部新增贷款的 73.39%，高于同期短期贷款占比 44.51 个百分点。这种期限错配问题的存在，给银行体系尤其是部分中小银行的流动性带来较大的潜在风险。

5. 地方中小金融机构快速扩张，隐藏的风险需要关注。近年来，辖内城市商业银行、农村信用社、村镇银行等地方金融机构快速发展，在地方和农村经济发展中发挥着越来越重要的作用。特别是新型农村金融机构，2010 年，已开业新型农村金融机构数是 2009 年的一倍多。地方金融机构市场份额有日益扩大的趋势，但其经营管理体制远远赶不上扩张的速度。主要表现为：一是发展模式相似，竞争力不强；二是业务模式不成熟；三是法人治理、风险管理体系不健全。

6. 政府融资平台贷款风险不容忽视。2010 年末，全区银行业金融机构政府融资平台贷款 604 亿元，比年初增加 120 亿元，为全区基础设施建设发挥重要的融资功能，但其带来的银行信贷风险不容忽视。主要表现为：一是项目合规性风险；二是担保以“土地质押”为主，受经济波动影响大；三是信息不对称，资金使用缺乏监督；四是融资方式单一，风险向银行集中。

（三）银行业可持续发展的政策建议

1. 优化信贷结构，支持自治区经济发展方式转变。在信贷总量控制的前提下，一要注意把握信贷投放的力度、节奏，防止经济大起大落。二要重点做好信贷结构调整，坚持“有扶有控”的原则，继续支持能源、化工、冶金、农畜产品加工等优势特色产业的发展，严格控制产能过剩和“两高一资”行业贷款，加大对风电等新能源、稀土等新材料为主体的战略性新兴产业的投入，促进自治区产业升级。三要继续优化中小企业金融生态，多方面拓宽中小企业融资渠道。四要继续加大农村金融产品和服务方式创新，全面改进和完善对“三农三牧”的金融服务。

2. 加强风险管理，提高风险防范能力。结合全区实际，关注村镇银行等新型农村金融机构快速扩张情况下的经营和风险状况。关注民间融资、非法吸收存款、农村扶贫资金互助社等发展情况及存在的突出问题。关注地方融资平台风险，发现可能引发金融风险的苗头性、倾向性问题，及时反馈并提出处置建议。完善评估方法和手段，积极探索对金融机构开展现场评估，全面提高金融风险监测评估和防范化解能力。

3. 完善金融稳定协调机制，推进金融稳定指标体系建设。近年来，人民银行通过与地方政府、监管部门建立起金融稳定协调机制，较好地实现了信息共享、信息交流。但随着经济形势的变化，金融稳定工作不断向纵深发展，目前松散的金融稳定协调机制已很难适应形势发展的需求，建立自上而下、运作严密的金融稳定协调机制迫在眉睫。此外，人民银行应尽快推进金融稳定指标的广泛应用，加强对全区金融机构各项指标进行动态监测，提高金融稳定工作的权威性。

4. 健全金融组织体系，增加金融服务覆盖面。充分利用国家深入实施西部大开发，振兴东北老工业基地的有利时机，要加快引进全国性的金融机构和外资金融机构进驻西部经济区和东部五盟市，加强区内外的金融合作，支持组建财务公司、消费金融公司、租赁公司、汽车金融公司等金融机构，稳步推进民营资本组建创业（风险）投资基金公司和私募股权基金公司。鼓励股份制银行、城市商业银行设立分支机构，引导社会资金投资设立村镇银行、资金互助社、贷款公司等各类新型金融组织。

四、证券业与金融稳定

2010 年，全区证券期货市场平稳健康运行，上市公司规范运作，资本市场环境不断改善，充分发挥了优化资源配置功能，在促进地区经济发展方式转变和经济结构调整、提升市场主体规范运作水平、优化市场环境及促进市场主体发展壮大等方面都取得了明显成效。

（一）证券业运行情况

2010 年，证券期货机构规范经营，证券公司法人治理结构进一步完善，证券市场经纪业务秩序进一步规范，市场运行平稳。

1. 证券期货经营机构基本情况。2010 年，全区证券期货公司整体运行态势良好。证券期货营业部 59 家，比 2005 年增加 34 家；投资者有效账户数 67 万户，比 2005 年增加 40 万户；证券投资者交易结算资金余额、托管证券市值、实现证券交易量分别达到 49 亿元、466 亿元和 3 977 亿元，分别是 2005 年的 5.9 倍、12.5 倍和 15 倍；证券公司总资产、净资产、净资本分别为 116 亿元、48 亿元和 37 亿元，分别是 2005 年的 5 倍、3.7 倍和 3.2 倍；五年间累计贡献税收 11 亿元。2010 年，两家证券经营机构实现了快速发展，营业网点不断增加的同时分别收购了上海永大期货和北京首创期货，为下一步申请股指期货 IB 业务资格奠定了基础。

2010 年，全区期货业代理成交金额共计 5 089 亿元，期货经营机构手续费收入达到 732 万元，客户保证金 2 亿元，新设期货营业部 5 家，另有 2 家已受理审核。

2. 上市公司基本情况。截至 2010 年末，全区共有境内上市公司 20 家，另有 1 家拟上市公司过会待发，另有 6 家公司在香港、NASDAQ 等海外市场上市。20 家上市公司中，A 股公司 18 家，B 股公司 1 家，A + B 股公司 1 家；上交所主板公司 14 家，深交所主板公司 4 家，中小企业板 1 家，创业板 1 家。上市公司主要分布在能源、乳品、冶金化工、机械装备制造及电力等行业中。境内上市公司总市值达到 3 207 亿元，相当于 2005 年的 7.27 倍，在全国的排名由上年末的第 22 位上升至第 19 位。5 年来，先后有 11 家境内上市公司通过多种方式累计融资 216 亿元，与市场前 15 年的筹资总额相当。截至 2010 年第三季度，境内上市公司总资产 1 918 亿元，净资产 771 亿元，近 5 年累计实现利润 400 亿元。

截至 2010 年末，上市公司累计募集资金 442.15 亿元，其中，通过证券市场融资 355.25 亿元，通过发行企业债券和短期融资债券等债券市场融资 86.9 亿元，募集现金资产 298.89 亿元，非现金资产 143.26 亿元。上市公司新增募集资金总额 14.99 亿元，融资规模进一步扩大。其中，IPO 融资 4.99 亿元，短期融资券融资 10 亿元。

（二）证券业稳健性评估

1. 证券市场规模较小，抗风险能力相对较弱，证券化水平偏低。全区资本市场总体规模偏小，公司在行业内的竞争实力尚显不足，抗风险能力相对较弱。证券期货机构新设营业网点覆盖面较小，布局也不尽合理，多数处于培养期。证券市场直接融资比例较低，再融资为空白。全区上市公司数量仅占全国的1.01%，上市公司总资产仅占全国的1.91%。2010年证券化率为27.60%，远低于全国70.8%的水平。

2. 上市后备资源挖掘不够，企业上市的潜力还没有发挥出来。截至2010年末，全区仅1家公司实现IPO发行。据不完全统计，目前全区有近70家企业被列入上市培育名单，但多数企业距离上市条件还相差甚远。其中，未改制的企业约40家，占比达60%；完成改制且达到上市条件的企业不足20家；进入辅导程序并备案的企业仅8家，其中完成辅导验收并向证监会报送申请材料的仅有2家。由于经济发展落后，对利用资本市场谋发展的认识不足。各地政府及相关部门在舆论宣传、政策引导、市场培育等方面推动作用不明显，拟上市公司后备资源相对不足。

3. 机构盈利模式单一，创新业务品种有限。2010年，证券期货机构单一的盈利模式未有明显改善，仍主要来自手续费收入，公司盈利能力受制于市场行情变化，盈利水平的可持续性不强。创新业务品种有限，除主要开展经纪业务外，投行、资产管理业务等尚处于发展期，未形成稳定的盈利能力。

（三）证券业可持续发展的政策建议

1. 转变发展方式，加快结构调整。由于历史原因，内蒙古自治区市场主体普遍存在规模小、关联关系复杂、盈利能力弱、再融资能力不强等问题。要围绕发挥资本市场功能，努力通过发行股票、债券、可转换债等方式做好并购重组融资工作，从而以较小的成本实现快速扩张，达到行业整合、整体上市和增强控制权等做优做强的目的，增强证券期货公司的实力和整体竞争力。

2. 找准市场定位，注重创新发展。证券经营机构要积极做好发行上市以及市场化并购整合工作，进一步壮大资本实力，大力开展资产管理业务，不断拓展融资融券和IB业务，优化盈利模式，提升核心竞争力。期货公司要扩大经营规模，提高服务水平，积极引导与农产品、有色金属和能源化工等大宗商品生产、消费相关联的企业有效利用期货市场价格发现、套期保值功能，有效服务地方经济发展。

3. 加强调查研究，防范各类风险。证券期货经营机构要不断加强对国内外宏观经济形势、行业发展状况及上市公司的研究，不断提高研究水平和市场判断能力，降低对市场研判失误的风险，提高公司自营业务、经纪业务风险防范能力；同时，通过培训、考核等多种方式提高员工素质，以满足市场研究、业务开展的需要。此外，要全面开展信息系统风险评估，根据风险评估结果对公司信息系统安全性进行持续改进，从而构建一个完善、稳定的信息系统。

五、保险业与金融稳定

2010年，内蒙古自治区保险业继续保持平稳较快增长，经营主体不断增加，业务规模不断扩大，经营效益稳步提高，保障功能逐步增强，整体发展态势良好。

（一）保险业总体运行情况

1. 保险经营主体不断增加。2010年末，全区有省级保险公司29家，较上年增加4家。其中，财产险公司 15 家（含农险公司 1 家），人身险公司 14 家（含养老险公司、健康险公司各 1 家）。保险公司分支机构 1 768 家，较上年增加 67 家。专业保险中介法人机构 49 家，保险代理分公司 53 家，保险经纪分公司 7 家，兼业代理机构 2 914 家。保险营销员 60 768 人，同比减少 6 936 人。

2. 保险业务规模不断扩大。2010 年，全区累计实现原保险保费收入 215. 54 亿元，增长 25. 82%，保费规模列全国第 23 位，增速列第 26 位。累计赔付支出 61. 71 亿元，增长 8. 22%。手续费及佣金支出 22. 62 亿元，增长 25. 22%。实现承保利润 5. 81 亿元，承保利润率 7. 39%。保险密度 863 元/人、保险深度 1. 85%，分别较 2005 年末增长 2. 5 倍和 0. 4 个百分点。保险业总资产 353. 74 亿元，增长 20. 64%，较 2005 年末增长 1. 8 倍。

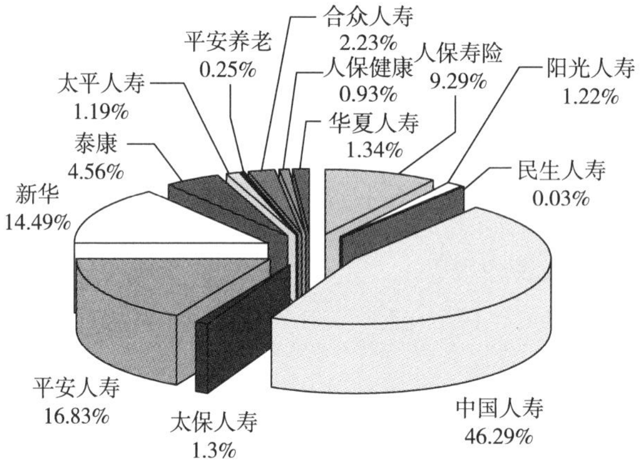

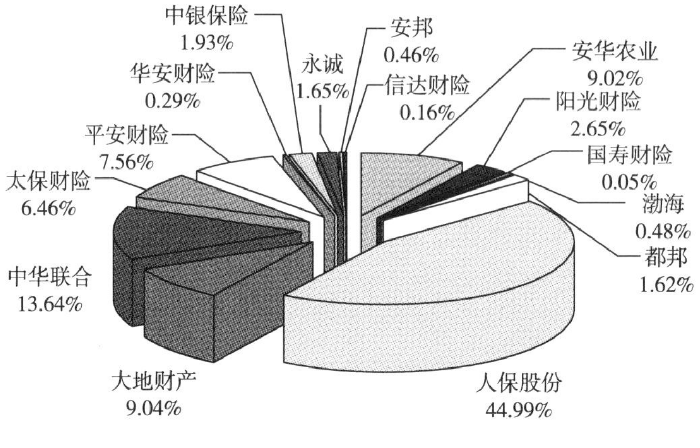

数据来源：内蒙古保监局。

图 4　2010 年内蒙古自治区人身险公司、财产险公司市场份额

3. 功能作用进一步发挥。“十一五”期间，全区保险业共承担各类风险超过 13 万亿元，支付赔款和给付 200 亿元，分别是“十五”时期的 5 倍和 3. 8 倍，在一些重大灾害事故中，保险企业充分发挥经济补偿功能，为帮助受灾企业和群众恢复正常的生产生活发挥了积极作用。此外，全区保险业累计缴纳营业税金 15 亿元，新增就业机会 6 万多个，为自治区经济社会发展作出了积极贡献。

4. 发展方式逐步转变。保险公司市场化经营理念明显增强，经营机制进一步转换，产品、服务和销售模式创新逐步推进，业务结构不断优化，经营效益显著提高，持续健康发展的基础得到夯实。财产险公司盈利能力进一步增强，人身险业务内涵价值逐步提升，保险保障功能得以增强。

（二）保险业稳健性评估

1. 行业发展外部环境复杂多变。内蒙古经济虽处于加快发展、提升实力的战略机遇期，但不确定、不稳定因素依然很多。比如，与保险业息息相关的物价上涨、可支配收入缩水对寿险业务需求产生一定的抑制作用；优惠政策取消、汽车保有量增速的减缓，对车险承保面的扩大造成一定制约；非车险业务对财产险增长的推动力逐步减弱，财险业承保风险有日趋集中的苗头。

2. 人身险公司结构调整任务艰巨。一是结构调整效果不明显。新单期缴业务增速偏低，标准保费增长缓慢，新业务贡献度亟待提高。二是以3年期及5年期业务为主要增长点，10年期以上业务不断减少。三是寿险产品保障功能薄弱，普通寿险产品发展持续萎缩，双重压力导致寿险发展失衡。

3. 个别险种应收、退保风险值得关注。非车险主要险种应收保费增长过快，家财险和货运险3个月以内应收保费同比分别增长205%和44.52%，工程险1年以上应收保费同比增长116%。人身险公司万能、投连产品退保增长突出，万能产品退保金2.51亿元，同比增长69%，占寿险业务退保金的19%，同比上升6个百分点，潜在风险需引起关注。

（三）保险业可持续发展的政策建议

1. 促进保险产品创新与结构调整。各保险公司在扩大规模的同时，结合宏观经济形势变化、自治区经济发展特点及自身情况，加快发展非车险业务，逐步降低风险大、赔付率高的车辆险比例，进一步推动责任险发展，积极创新农业保险经营机制和发展模式。大力推进保险市场结构调整，加快发展保障型业务、创新保障型产品，充分发挥社会保障功能。

2. 规范保险市场秩序。进一步规范保险市场营销行为、保险公司中介管理和经营活动；大力推进人才队伍建设，提升保险服务水平；开展风险管理教育及培训，切实提高风险防范和化解的能力。

3. 加强保险市场监管。当前，保险市场与经济社会发展的联系日益密切，经济金融形势变化对保险业的影响越来越大。在这种情况下，必须在充分发挥市场配置资源基础性作用的同时，发挥监管的指导性作用，综合运用多种手段，进一步完善保险市场调控机制。健全反映市场运行状况的指标体系，抓住关键指标，建立起高效快速的信息采集渠道。及时发现存在的问题，针对市场分析中发现的苗头性问题，制定相应政策措施，引导市场平稳健康发展。

六、金融基础设施与金融稳定

2010年，内蒙古自治区金融基础设施建设快速发展，成效显著。现代化支付体系和支付系统建设加速推进，反洗钱工作机制取得突破，征信系统建设和利用水平稳步提高，反假货币力度不断加大，金融法制环境建设不断完善，为维护辖区金融稳定奠定了坚实的基础。

（一）支付体系建设全面推进，支付结算工作管理水平稳步提高

2010年，人民银行呼和浩特中心支行紧密围绕内蒙古地区经济发展，坚持安全与效率、服务创新与监管并重，全面推进支付体系建设，支付系统保持平稳、高效运行，非现金支付工具业务量持续增加，电子支付业务发展迅速，全区各类支付系统共处理支付业务12 093.19万笔、金额408 485.26亿元，同比分别增长38.32%和32.1%。2010年，人民银行推动自治区政府全面启动并落

实改善自治区农村牧区支付环境建设工作，在全国率先确定了自治区本级财政对各类金融机具下乡实行专项补贴奖励政策。加快推进支付清算系统在农村牧区的网络延伸，推动农牧民工银行卡、“惠农一卡通”及网银支付业务在农村牧区的使用，惠及500余万农牧户，有力支持了农村牧区经济的发展。截至2010年底，全区农村信用社接入支付系统办理业务的网点1 815个，占网点总数的81%，是2009年的2.85倍；邮政储蓄银行旗县以下306个网点全部接入大小支付系统、账户管理系统和联网核查公民身份信息系统；7家村镇银行实现代理支付业务，支付系统直通旗县乡镇工作取得明显成效。

完善中蒙人民币跨境支付与结算，支持跨境人民币贸易结算试点工作。落实《境外机构人民币银行结算账户管理办法》，规范境外机构开立和使用人民币银行结算账户的行为。积极组织推动中国银联于2010年1月8日开通在蒙古国的银联卡受理业务，发行银联标准人民币借记卡，是首次在港澳以外市场与境外机构合作发行人民币借记卡。

积极开展整治银行卡犯罪专项活动，促进银行卡产业健康发展。2010年，全区金融机构共向公安部门移送可疑线索信息345起，最终立案侦办银行卡犯罪案件246起，破案204起，破案数同比增加218%，抓获犯罪嫌疑人124人，收缴银行卡421张，涉案资金2 651万元，挽回经济损失331万元，移送起诉犯罪嫌疑人43人，打掉窝点8个。

（二）反洗钱工作不断推进，反洗钱合作机制建设进一步深入

2010年，内蒙古自治区反洗钱工作取得突破。组织协调起草了全国第一个省级反洗钱发展规划“2009—2012年内蒙古自治区反洗钱发展规划”，并由自治区政府对外发布，成为自治区反洗钱工作未来几年发展的纲领性文件。

与纪委和监察厅联合签署发布了《反洗钱合作规定》，拓展并推动了蒙冀辽、黑蒙、陕晋蒙宁、黑吉辽冀蒙等区域反洗钱合作机制建设，与沈阳分行、哈尔滨中心支行、长春中心支行、石家庄中心支行共同签署了反洗钱合作框架协议，凝聚起反洗钱合力。

现场检查与非现场监管有机结合，反洗钱监管的有效性和针对性大幅提升。金融机构履行反洗钱义务的自觉性和主动性大大增强，风险防范的意识和能力显著提高。

反洗钱案件调查工作成效明显。对4起涉嫌洗钱案件线索开展反洗钱调查22次，涉案金额超过1亿元，其中2起案件向自治区公安厅正式报案，对27起可疑交易线索开展反洗钱协查80多次，涉案金额超过2亿元。

（三）企业和个人征信系统建设和应用工作取得重要进展

2010年，内蒙古自治区征信管理和服务工作稳步推进，系统数据质量全面提升。到2010年第三季度，各地方性金融机构企业征信数据上报通过率平均达到98%，数据报送连续性达到96%，个人征信系统入库率达到99%。2010年，全区企业征信系统收录了全区13.1万户企业，月均查询1.8万次，个人系统为全区991万个自然人建立了信用档案，个人信用报告查询量大幅增长，月均查询量24.7万次。

系统防范信贷风险功能得到充分发挥。据对全区10个金融机构网点信息监督员问卷调查汇总，2010年第一至第四季度，通过查询企业和个人征信系统，被调查的10个金融机构网点共拒绝企业贷款397笔，金额56.5亿元；共拒绝个人贷款980笔，金额9 907万元。

信用报告应用范围不断扩大。区内各旗县支行开通了个人信用报告查询业务。企业和个人信用报告已广泛应用于资质认定、行政许可、招投标、诚信企业评比以及公务人员招聘考核等方面。社会大众的信用意识得到逐步提高，更多的人关心个人信用记录。

加大非银行数据采集力度，进一步提高已入库非银行信息数据质量。现已接入的公积金、环保、拖欠工资信息数据上报在持续性和连续性上基本得到了保障。住房公积金缴存账户、企业法院诉讼、企业拖欠工资、低保救助等信息的采集量稳步增加，企业环保信息采集工作取得突破。

（四）打击假币犯罪活动力度进一步加大，反假货币宣传活动高潮不断

2010 年，全区各金融机构和公安机关共收缴各类假人民币 8.18 万张，面额合计 627.83 万元，收缴张数和面额分别较上年减少 72.2% 和 71.59%。自治区各级公安机关破获假人民币案件 16 起，涉案面额合计 319.78 万元，抓获犯罪嫌疑人 33 人。全区城乡居民反假货币知晓率达到 80% 以上。2010 年，全区新增城市社区反假货币宣传站点 48 个、农村牧区反假货币宣传站点 756 个，新增反假货币义务宣传员 918 名。建立了打击假币犯罪协调联动机制，实现反假货币案件线索的信息共享，形成跨地区打击合力。4 月份与自治区公安厅联合开展了打击假人民币犯罪宣传咨询活动，最大限度地覆盖了少数民族和边远地区。城镇居民和农牧民群众的识假能力和反假意识明显提高，取得了较好的宣传效果。

七、总体评估

2007 年到 2010 年内蒙古自治区金融稳定综合评估值不断提高，表明区域金融稳定总体状况不断改善，总体趋势持续向好，区域经济继续保持健康快速发展态势，金融机构抵御风险能力逐步增强，全区金融基础设施建设稳步推进，金融生态环境持续优化，金融体系的内在协调性进一步提高。其中，宏观经济、银行业、保险业、金融生态环境四个方面的综合评估值连续四年上升，对区域金融稳定总体改善发挥了积极的作用。

2007—2010 年宏观经济综合评估值持续保持上升趋势。2008 年，地区经济的快速发展、投资的持续增长以及城镇居民可支配收入的增长对宏观经济的正向效应与房地产销售价格指数变动的负效应抵消后的宏观经济综合评估值略高于 2007 年；2009 年，除了全社会固定资产投资快速增长、城镇登记失业水平有所下降外，宏观经济模块中的各项经济指标增速均有所放缓，但经济发展的整体协调性进一步提高，综合评估值大幅增长 34%；2010 年，地区生产总值增速、第三产业增加值增速、全社会固定资产投资增速继续放缓①，城镇登记失业水平持续降低，城镇居民可支配收入和农牧民人均纯收入快速增长，经济发展速度与居民收入水平之间的匹配程度不断提高，宏观经济综合评价值较上年上升 23%。

金融机构综合评价值逐年提高，其中银行业评价指标中，反映资本充足状况、信贷资产质量、盈利能力、流动性和资产规模的各项指标在 2007—2010 年中不同程度地有所改善。证券业综合评价值则表现为逐年波动，2008 年受国际金融危机及其引发的复杂的国际国内经济金融环境的影响，证券业资产利润率下降导致综合评估值下降；2009 年随着经济金融形势的好转，证券业盈利能力和资

① 虽然原始指标数值降低，但参照上海总部《区域金融稳定定量评估方案》中的西部地区阈值标准对原始数据进行标准化处理后，其对宏观经济综合评价值的贡献是正向的，这是由于评估模型中阈值设定的标准存在最优范围，而不是单纯的越快越好。

产规模的大幅改善使其评估值也出现小幅上升，但仍低于2007年的分值；2010年资本市场受到国内宏观经济调控的影响，证券业利润下降使综合评价值大幅降低25%。2007—2009年保险业综合评估值稳中有升，2010年受保费收入增长、机构资产和数量不断增加等因素推动，综合评价值上升26%。

金融生态环境的综合评价值增幅连续三年均大于20%，保持了较快的增长趋势，法制环境、银行服务密度、征信数据库覆盖程度、地方财政收入在地区生产总值中的比重都不断加大，使得区域金融生态环境日趋优化和完善。

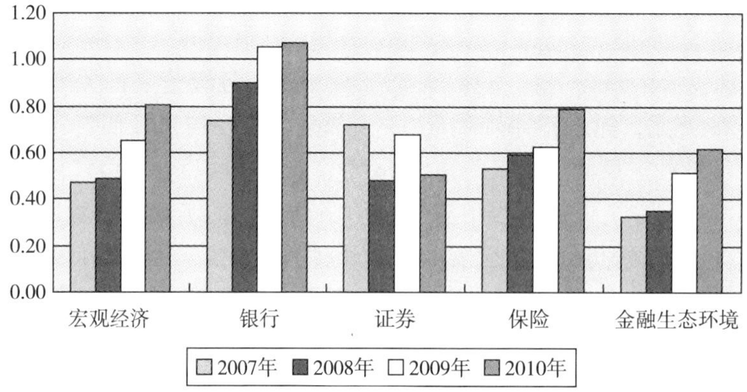

图5　2007—2010年内蒙古自治区金融稳定综合评估值

统　　稿：赵建国

执　　笔：乔海滨　郭　研　师月娟

辽宁省金融稳定报告摘要

2010年是“十一五”规划的收官之年，面对复杂多变的国内外经济形势，辽宁省深入贯彻落实科学发展观，加快经济发展方式转变，不断优化经济结构，经济社会发展进入快车道。金融业经营效益明显提升，金融市场运行平稳，金融服务效率和质量不断提高，为经济发展创造了良好的金融稳定环境。

一、经济运行与金融稳定

（一）辽宁省经济运行情况

1. 国民经济实现快速增长，经济增长的内生动力增强

2010年，辽宁省经济增长呈现快速回升企稳态势，实现GDP总量18 278亿元，连续两年位列全国第7位，同比增长14.1%。第一、第二、第三产业增加值同比分别增长5.8%、16.7%和12.2%，占GDP比重分别为9%、54%和37%。非国有经济工业获得了快速发展，其中，股份制企业、私营企业同比分别增长20.5%和30.1%，分别高于全省工业平均水平2.7个和12.3个百分点。装备制造业继续保持快速增长，增速为27%，高于全省工业平均水平9.2个百分点，对全省工业的拉动作用明显。

2. 投资保持高速增长，消费稳中有升，对外贸易大幅上升

2010年，辽宁省完成固定资产投资16 043亿元，同比增长30.5%，增速与2009年持平，高于全国6.7个百分点。2010年辽宁省名义社会消费品零售总额累计6 809.6亿元，同比增长18.6%，比上年同期提高0.4个百分点。2010年辽宁省对外贸易大幅上升，进出口总额806.7亿美元，比上年增长28.2%。全省出口431.2亿美元，同比增长28.9%，创历史新高；进口375.5亿元，同比增长27.2%。

3. 居民消费价格持续上涨，生产领域价格涨幅较大

2010年，辽宁省CPI月累计同比增速在2%以上区间运行，CPI累计同比涨幅达到3%，低于全国0.3个百分点。其中，食品价格涨幅较大，食品中的粮食价格累计同比上涨12.6%。受国际大宗商品价格影响，生产领域价格涨幅较大。工业品出厂价格上涨7.4%，其中，生产资料价格上涨8.2%，生活资料价格上涨3%；原材料、燃料、动力购进价格上涨8.6%。

4. 国际收支顺差增幅扩大，跨境人民币结算业务平稳开展

2010年，辽宁省实现顺差200.2亿美元，同比增长77.35%。利用外资、外债增长较快，全省外商直接投资外资外汇登记总额161亿美元，同比增长32.9%。全省登记外汇债务余额193亿美元，

同比增长25%。跨境人民币结算业务平稳开展。全省累计发生跨境人民币业务50.24亿元，其中，经常项下实收实付30.82亿元，应收应付4.66亿元；跨境人民币直接投资12.99亿元；跨境人民币担保1.77亿元。

5. 非金融部门收入增长较快，社会保障程度进一步提高

财政收入大幅增长。2010年，地方财政一般预算收入2 004.8亿元，同比增长26%；全年地方财政一般预算支出3 194.4亿元，同比增长19.1%。工业企业效益提高较快，全年规模以上工业企业实现主营业务收入36 821.8亿元，比上年增长33%；实现利润1 506.3亿元，增长59.9%。城乡居民收入快速增长，全年城镇居民人均可支配收入17 713元，比上年增长12.4%，扣除价格因素，实际增长9.3%；农村居民人均纯收入6 908元，比上年增长15.9%，扣除价格因素，实际增长11.5%。就业保持稳定，全年新增实名制就业115.6万人，城镇登记失业率为3.7%。社会保障程度提高，年末城镇职工基本养老保险参保人数1 498.3万人，比上年末增长2.8%；城镇居民基本医疗保险参保人数647.5万人，比上年末增长18.1%。

6. 房地产市场平稳运行，主要城市房价上涨较快

2010年，辽宁省实现房地产开发投资3 465.8亿元，在全国31个省市排第3位，同比增长31.3%。全省商品房销售额3 059.9亿元，同比增长41.1%，比全国平均水平高22.8个百分点。商品房销售面积6 798.2万平方米，同比增长26.5%，比全国平均水平高16.5个百分点。沈阳、大连等主要城市房价增速较快。12月份，沈阳市商品房销售价格指数同比增长8.3%，比全国70个大中城市平均增长高1.9个百分点。大连市商品房销售价格指数同比增长6.1%，比全国70个大中城市平均增长低0.3个百分点。

（二）区域经济运行中需要关注的问题

1. 外部经济环境有所改善，但仍面临较大的不稳定和不确定性

2010年，全球经济回暖，为辽宁经济增长提供了一个有利的外部环境，但世界经济复苏还存在着较大的不稳定性和不确定性。发达国家普遍面临巨额的财政赤字，经济复苏的步伐可能继续放缓。美国启动第二轮量化宽松货币政策，继续推高全球通胀预期，有利的外部环境能否持续还存在不确定性。由于辽宁的贸易伙伴主要集中于发达国家，一旦外部环境发生变化，辽宁经济运行的风险将会上升。

2. 城镇居民收入低于全国平均水平，城乡居民收入差距明显

2010年，农村居民收入增幅在“十一五”期间首次超过城镇居民收入，但是城镇居民可支配收入低于全国平均水平1 396元。城乡居民收入差距进一步扩大，达到10 805元。城乡居民的收入差距导致了城乡居民的消费差距。2010年，全省城镇实现社会消费品零售额6 280. 3亿元，比上年同期增长18.8%，占全省社会消费品零售总额的92.2%，乡村实现社会消费品零售额仅为529.3亿元，增长16.2%，低于城镇消费2.6个百分点。

3. 第三产业在三次产业中的比重下降，结构调整的任务依然艰巨

辽宁是老工业基地，第二产业具有显著的优势，但第一产业、第三产业发展不足。在第一产业中，生产方式落后，规模化、集约化和机械化程度不高，农产品附加值低，精深加工不足。在第二产业中，以资源消耗为主的石化、冶金仍然占据重要的地位，新兴产业还处于起步阶段。同时，传统产业的产业链条短，无法充分发挥产业集群的优势。第三产业增加值占GDP的比重为37.1%，比

全国低5.8个百分点，比2009年低1.6个百分点。

4. 通胀预期增强，物价继续上行的压力加大

2010年，辽宁CPI上涨主要集中于粮食和居住类商品上，食品价格上涨7.9%，居住价格上涨3.4%。CPI上涨虽然低于全国平均水平，但食品和住房这两类商品价格短期内难以改变上行趋势，物价继续上行的压力加大。

5. 房地产调控日趋严厉，房地产市场相关风险应引起关注

2010年，国家为抑制房价，出台了严厉的调控措施。辽宁房地产市场所隐含的风险不容忽视：一是房地产投资增速下降对辽宁省经济增速或产生负面影响；二是房地产开发商的资金链收紧，融资成本高企，与房地产市场相关的信贷风险不容忽视。

二、金融业与金融稳定

（一）银行业稳健性评估

1. 银行业运行状况

（1）资产负债规模稳健增长。2010年末，辽宁省银行业金融机构资产总额46 564.22亿元，比上年同期增长53.73%；负债总额45 257.05亿元，比上年同期增长53.19%。

（2）存贷款增速有所下降，现金投放大幅增加。2010年末，辽宁省金融机构本外币各项存款余额28 057亿元，同比增长20.2%，增幅比上年同期低4.7个百分点；本外币贷款余额19 622亿元，同比增长21%，增幅比上年同期下降10.8个百分点；金融机构现金收入47 611.5亿元，现金支出47 812亿元，收支相抵，实现净投放200.5亿元，投放量同比增长124.3%。

（3）贷款利率水平总体呈上升态势。2010年，人民银行连续6次上调准备金率，2次上调金融机构存贷款基准利率，紧缩性政策的累积效应逐步显现，银行体系流动性收紧，人民币贷款利率水平自6月份起上升幅度加大。12月，辽宁省人民币各期限贷款加权平均利率为7.12%，比年初上升了0.96个百分点，同比上升了0.86个百分点。

2. 银行机构的审慎性分析

（1）资产质量不断改善。2010年末，全省银行业金融机构继续保持不良贷款余额、不良贷款比率“双降”态势，不良贷款率3.61%，比年初下降1.47个百分点。

（2）盈利水平整体提高。2010年，辽宁省银行业金融机构实现盈利341.61亿元，同比增长39.32%。其中，城市商业银行盈利60.06亿元，同比增长55.71%；农村信用社盈利14.10亿元，同比增长15.12%。

（3）信贷投向持续优化。小企业贷款需求得到有效满足，贷款余额占全部企业贷款余额的56.74%，同比增长27.67%，增速超出全省贷款平均增速6.64个百分点。基础设施行业、老工业基地振兴得到重点支持，51.29%的新增贷款投放到制造业，水利、环境和公共设施管理业，交通运输、仓储和邮政业，房地产四大行业。“三农”贷款增长较快，年末涉农贷款余额2 990.2亿元，同比增长33%。“两高一剩”行业贷款得到有效压缩。

（4）地方法人金融机构稳步发展。2010年末，城市商业银行15家，比2009年末增加2家。盛京银行、大连银行、锦州银行已跨省设立分支机构，还有2家银行已申请并获批跨区域经营。新型

农村金融机构快速发展，截至2010年末，辽宁省共有村镇银行42家，比年初增加25家。从已经开展业务的村镇银行看，村镇银行正处于起步阶段，存贷款规模较小，流动性比较充足，资本充足率较高，经营状况良好。

3. 需要关注的问题

（1）银行业金融机构资金压力普遍加大。2010年末，中央经济工作会议提出实施稳健的货币政策，在此背景下，银行业金融机构的资金压力普遍加大。一方面，不断上调的存款准备金率冻结了大量资金，银行的可用资金减少；另一方面，银行获得资金的难度加大，融资成本更高。在稳健货币政策下，管理好流动性，防范流动性风险是金融机构的重要课题，对中小银行更是一个严峻考验。

（2）地方政府融资平台贷款风险不容忽视。地方政府融资平台贷款集中度高、金额较大、期限长，潜藏较大风险。地方政府融资平台运作不透明，资金流向监测难度较大；偿债资金主要来源于财政和土地收入，依靠自身盈利和投资收益等偿债的较少，偿债能力无法保障，无形当中增加了地方政府的隐性负债；三是融资平台的项目资金需求量较大，贷款金额较大，且多数资金使用周期相对较长，加大了金融机构的流动性风险。

（3）房地产市场相关贷款潜在风险应予关注。2010年，在房地产市场调控政策力度不断加大的背景下，辽宁省房地产开发贷款增速仍然维持高位，银行业金融机构房地产开发贷款同比增长38%，高于全省贷款平均增幅17个百分点。在房地产调控政策日趋严厉的情况下，房地产企业资金链维系压力巨大，部分房地产企业为缓解资金压力，通过基金募集、信托融资、企业间拆借等渠道融资，年息超过15%以上，一些实力较弱的开发商面临着资金链断裂的风险，与房地产市场相关的贷款风险应予关注。

（4）地方法人金融机构风险管理能力亟待提高。地方法人金融机构扩张迅速，但整体实力较弱，抗风险能力不足，风险监管指标平均达标水平仍较低，存在重规模、轻质量的问题。稳健货币政策的实施，将对地方法人金融机构的流动性和市场风险管理带来较大冲击和压力，其经营管理和抗风险能力需进一步提高。

（5）中长期贷款风险应重点防范。2010年，辽宁省金融机构人民币中长期贷款累计新增占人民币各项贷款新增量的90.2%，高于全国12.6个百分点。中长期贷款占比过高所引起的风险需重点防范。

（6）贷款集中度风险依然突出。2010年末，全省千万元以上贷款大客户9 490户，比年初增加2 029户；贷款余额比年初增加2 469.2亿元；大客户贷款占全部贷款余额的比例高达71.1%。过于依赖某一客户或某一行业往往导致银行被动地向这些客户和行业不断发放贷款，形成恶性循环。

（二）证券业稳健性评估①

1. 证券业经营情况

2010年末，辽宁共有境内上市公司36家，总股本279.6亿股，占全国上市公司总和的0.84%，总市值2 549.3亿元，同比下降15.6%，非限售股流通市值1 425亿元。2010年辽宁资产证券化率为19.84%，同比下降8.85个百分点，较全国平均水平低近47个百分点。

辽宁共有2家证券公司，1家证券投资咨询公司，4家证券分公司，3家基金分公司，1家证券

① 本部分内容不包含大连情况。

外资代表处，158 家证券营业部（含筹备 3 家）。证券网点占全国的 3.4%。2 家证券公司总资产 70.5 亿元，同比增长 4.5%；净资本 19 亿元，同比增长 39.4%；利润总额 0.8 亿元，同比下降 85.7%。

辽宁共有 3 家期货公司，26 家期货营业部（含筹备 1 家）。3 家期货公司资产总计 7.1 亿元，同比增长 15.5%；净资本 1.4 亿元，同比增长 13.8%；利润总额 0.04 亿元，同比下降 23.1%。

2. 证券业发展状况

（1）融资能力继续增强，并购重组进一步活跃。2010 年，辽宁有 2 家上市公司（奥克股份和大金重工）成功在深圳创业板和中小板上市，首发筹资 34.5 亿元，营口港发行 12 亿元公司债，曙光股份成功配股再融资 4.7 亿元，东北制药、沈阳机床拟公开发行和定向增发预案获股东大会通过，计划再融资近 50 亿元。辽宁上市公司市场化并购重组进一步活跃，松辽汽车等 4 家上市公司进行了收购兼并，大股东发生了变更，锦化氯碱等 3 家公司进行了“脱胎换骨”式的重组，走上了复苏发展之路。

（2）证券机构稳健经营，融资融券业务平稳开展。证券网点建设全面推进，网点布局逐步优化，新的竞争格局初步形成。中天证券和诚浩证券 2 家公司总资产 70.5 亿元，同比增长 4.5%；净资本 19.8 亿元，同比增长 39.4%。2010 年，共有 46 家证券营业部获准开展了融资融券业务，授信额度达到 6.3 亿元。

（3）期货市场快速发展，期货公司实力增强。2010 年，辽宁期货经纪业务的各项指标均达到历史最好水平。鞍山五环期货、汇鑫期货的注资重组已近完成，实力将明显增强。10 家期货营业部获准筹建，期货营业部从 16 家增至 26 家（1 家筹建中），同比增加了 56.3%。股指期货成功推出，市场总体运行平稳。

3. 证券业发展需要关注的问题

（1）关注宏观经济政策调整对证券市场的影响。2010 年，我国对宏观经济政策进行了调整，在稳健的货币政策背景下，证券市场参与主体的预期发生改变，市场深度调整，成交明显萎缩，给以经纪、自营等传统业务为主的证券行业带来一定压力，辽宁 155 家证券机构交易量和利润双双下降，证券交易额同比下降 10.8%，利润总额同比下降 35.9%，证券经纪业务佣金水平也在进一步下降。

（2）证券期货机构竞争力不强，资本市场发展任重道远。辽宁省内证券公司仍以经纪和自营业务为主，各项业务排名在全国 106 家证券公司中靠后。辽宁 3 家期货公司发展缓慢，资本金不到全国 163 家公司的 1‰，保证金规模、交易量不到 1%，市场竞争力不强。市场相关机构种类不全，业务单一。辽宁省没有基金公司和具有证券从业资格的会计师事务所，投资咨询公司没有实质开展业务，客观上制约了辽宁资本市场的发展。

（三）保险业稳健性评估①

1. 保险业经营情况

2010 年末，辽宁省保险业省级分公司为 47 家，全年累计实现原保险保费收入 453.8 亿元，同比增长 31.4%；共发生赔付支出 110.3 亿元，同比下降 6.2%。2010 年，辽宁省保险密度为 1 236 元，同比增长 15%；保险深度为 3.5%，同比增长 9%。

---

① 本部分内容不包含大连情况。所有保险业数据均为实行新会计准则前的老口径数据。

（1）产险保费收入增长较快，赔付支出稳中有降，承保业务扭亏为盈。辽宁省财产险公司共实现原保险保费收入122.4亿元，同比增长36.3%。全省应收保费余额3亿元，同比下降25.6%。全省财产险公司赔付累计支出57.8亿元，同比下降5.2%。受赔付成本和费用成本大幅下降的影响，全省财产险公司承保业务出现盈利，承保利润为5.7亿元，同比扭亏17.5亿元。承保利润率为5.8%，同比上升22.1个百分点。

（2）寿险保费收入实现正增长，赔款与给付小幅减少。2010年，辽宁省寿险公司业务发展较快，共实现原保险保费收入331.4亿元，同比增长29.6%。全省寿险公司共支付赔款与给付52.4亿元，同比下降7.2%；简单赔付率为15.7%，同比下降6.4个百分点。全省寿险公司退保支出有所下降，寿险公司共支付退保金37.2亿元，同比下降9.7%，低于全国同期17.5个百分点。

2. 保险业发展状况

（1）业务规模发展势头强劲。2010年，辽宁保险业新增省级分公司4家，共实现原保险保费收入453.8亿元，同比增长31.4%。其中，财产险公司原保险保费收入122.4亿元，同比增长36.3%；寿险公司原保险保费收入331.4亿元，同比增长29.6%。

（2）服务功能作用充分发挥。2010年，辽宁保险业全年为全省社会生产和人民生活提供7.2万亿元的风险保障。大田作物保险在全省各市全面铺开，种植业保险承保面积接近2 000万亩。森林保险、科技保险、环境污染责任保险三个试点项目在政策和业务上均取得实质性突破。

（3）产险市场经营管理趋于规范。2010年，辽宁产险市场持续多年的恶性价格竞争得到有效遏制，经营主体的经营管理行为趋于规范，显著提升了产险费率水平。全省财产险总费率水平为0.272%，同比上升7.5%，高于全国同期水平。

3. 保险业发展需要关注的问题

（1）销售误导影响行业发展，经营体制改革迫在眉睫。当前保险业销售误导问题较为严重，尤其在寿险领域。这归因于内控不严、消费者自我保护意识薄弱，但问题的最终解决需要保险营销体制的深入改革。销售误导会损害整个保险行业形象，亟须规范营销行为。

（2）新规影响保险公司业务规模，行业发展潜力有待挖掘。2010年，我国出台了商业银行代理保险业务合规销售与风险管理新规。新规定的出台造成银保产品销量下降，直接影响保费收入，导致银行更愿意选择大型保险机构，小型保险机构因竞争力不足而失去与银行合作的机会。我国保险业发展势头强劲，但其资产总额、规模、保险深度和保险密度指标都远低于西方同业，未来发展空间巨大，行业发展潜力有待挖掘。

三、金融市场运行与金融稳定

（一）金融市场运行状况

1. 同业拆借市场交易量增加，参与机构总体偏少

2010年，辽宁省同业拆借市场较为活跃，全年累计拆借资金2 456.37亿元，同比增长2.2倍。其中，在全国银行间市场累计拆借资金2 425.04亿元，同比增长2.17倍；网下拆借31.33亿元，增长14.4倍。参与机构数量总体偏少，主要集中在5家城市商业银行和1家外资银行，交易期限以一天为主。

2. 票据市场总体平稳，融资额增速放缓

截至2010年末，辽宁省内银行机构承兑商业汇票余额为2 286亿元。其中，对大型企业承兑余额1 024亿元，占比44.8%；对中型企业承兑余额758亿元，占比33.2%；对小型企业承兑余额504亿元，占比22%。

3. 债券市场交易活跃，国债发行量减少

2010年，辽宁债市全年交易总量62 281.2亿元，同比增加14.42%。其中，债券回购交易最为活跃，成交35 599.7亿元，同比上涨18.32%；现券买卖交易较为活跃，成交26 231.4亿元，同比上涨15.43%；债券远期交易大幅下滑，成交450亿元，同比下降72.17%。

4. 黄金价格高位震荡

2010年，辽宁省累计成交上海黄金交易所各黄金品种7.38吨、成交金额173.1亿元，同比分别增长69.3%和74.9%。受通胀预期的影响，商业银行场外品牌金业务增长迅速，共成交品牌金0.37吨、成交金额10.6亿元，同比分别增长110.3%和171.8%。账户金交易有所萎缩，本币金累计成交2.86吨，同比下降16.9%；美元金累计成交70 270盎司，同比下降37.9%。

5. 城市商业银行仍是外汇市场交易主体

2010年，受市场交易主体结售汇同比大幅增加的影响，即期交易同比增加47.8%，达66.8亿美元。"外币对"交易同比增长6.76倍，达29.6亿美元。无外汇远期交易和掉期交易。截至2010年末，辽宁省共有12家银行间外汇市场会员，其中，当年新增1家——阜新银行。

6. 民间融资进一步增长

抽样调查显示，52.1%的样本企业和个人参与了民间融资。截至2010年末，全省民间融资余额16.36亿元，同比增加9.86亿元。根据测算，2010年辽宁省民间融资总规模约为1 043亿元，同比增加334亿元。

（二）金融市场运行与发展中的问题

1. 票据尤其是银行承兑汇票潜在风险主要积聚在承兑行

就银行承兑汇票而言，其体现的是银行信用，一旦企业的资金链断裂，不能及时偿付承兑汇票款项，承兑行就会垫付款项，产生新的不良资产。票据的乘数效应放大了银行信用，使潜在风险积聚于承兑行。

2. 黄金市场监管资源分散

目前，我国黄金市场多头监管的格局容易导致监管重叠，同时又存在一些监管真空，这成为黄金市场稳定健康发展的制约因素。比如，目前我国在交易所场外不规范的OTC炒金现象极易引发投资纠纷或卷款事件，潜在社会稳定和金融稳定的隐患，同时也容易给不法分子提供洗钱渠道，滋生洗钱现象。

3. 民间融资相关法律缺失，没有统一规范的监测、分析机制

目前民间融资与非法集资的法律界限模糊，在司法上存在难以界定的灰色地带，民间融资某种程度上处于无序运作状态，趋利性、投机性较强，短期行为明显，又很难准确统计监测，出现了一些诸如利率过高、不符合国家经济政策和产业政策等违法违规行为，增加了国家宏观调控政策制定和执行的不确定性。

四、金融基础设施与金融稳定

（一）支付结算体系

1. 辽宁省支付结算体系现状

2010 年，辽宁省大额实时支付系统共处理业务 1 707. 95 万笔、金额 59. 61 万亿元，同比分别增长 19% 和 47%；小额批量支付系统共处理业务 1 644. 52 万笔、金额 2 838. 54 亿元，同比分别增长 69. 65% 和 7. 33%。支票影像交换系统共处理业务 58 902 笔、金额 47. 4 亿元，同比分别增长 13% 和 5%。

2. 支付结算体系建设中需要关注的问题

一是支付结算制度建设滞后。近年来我国支付清算系统逐步完善、支付方式不断创新，与之配套的支付结算法规制度却没有同步跟上，现有的制度体系不能适应支付结算业务发展的需要。二是对支付机构的监督管理有待加强。随着支付服务组织的不断扩大，从事支付服务的非金融机构越来越多，业务范围也越来越广泛，对这些机构的监管亟须规范和加强。

（二）法律环境

1. 辽宁省法律环境现状

2010 年，全省法律环境发展态势良好，立法机制不断健全，立法质量显著提高，立法工作取得新成效，全年提请省人大审议地方性法规草案和制定省政府规章 20 件，全年共受理行政复议案件 170 件，全省法院受理各类案件 509 648 件，审执结案件 483 580 件。全省检察机关依法履行批捕、起诉和参与综合治理职责和诉讼监督职责，全力维护社会和谐稳定，全年批准逮捕各类犯罪嫌疑人 35 573 人，提起公诉 54 195 人。

2. 法律环境建设需要关注的问题

一是为加强金融宏观调控，维护经济金融秩序，建议尽快完成《贷款通则》的修订工作。二是银行卡相关法律制度建设滞后、受理市场不规范，建议尽快研究制定《银行卡条例》。三是存款保险制度尚未建立，建议加快“存款保险条例”的制定进程。

（三）反洗钱工作

1. 辽宁省反洗钱工作现状

2010 年，辽宁省反洗钱监管工作稳步推进，成功运用反洗钱监管交互平台，开展非现场监管数据收集工作，实现了金融机构非现场监管信息的联网报送，促进了反洗钱监测分析能力的稳步提高。现场检查与非现场监管相结合，全年对 6 家金融机构开展了反洗钱现场检查，发现各类问题 100 余件。加大反洗钱知识宣传力度，通过组织知识竞赛等形式，收到很好的社会效果。强化区域合作，拓展合作机制。适应反洗钱和反恐融资的新形势和新要求，辽宁、黑龙江、吉林、河北、内蒙古五省区联合创立人民银行反洗钱合作机制，严厉查处了一批涉嫌洗钱、网络赌博违法犯罪的重大、特大案件，有力地打压了不法分子的嚣张气焰，维护了辖区的金融稳定与社会和谐。

2. 反洗钱工作需要关注的问题

一是反洗钱工作面临新挑战。当前，国际国内形势异常复杂，各种洗钱风险层出不穷。伴随着经济环境的变化，电子支付工具广泛应用，洗钱手段日趋复杂化、专业化，这对反洗钱工作的开展提出了更高的要求。二是金融机构反洗钱工作基础薄弱，辖区各类金融机构普遍存在对反洗钱工作重视程度不够的问题。

（四）征信体系

1. 辽宁省征信体系建设现状

征信系统逐步完善，数据质量进一步提升。截至2010年末，企业征信系统共征集全省30万户企业信用信息，开通查询用户6 696个，月均查询量8.4万次，比上年同期增长20%；个人征信系统共收录辽宁省1 153万人、2 572万户个人信贷账户，收录辽宁省2 872万个自然人的信用信息，开通查询用户11 411个，月均查询量达47.3万次，比上年同期增长56%。应收账款质押登记公示系统运行稳定，辽宁省累计开通用户80个，接受登记3 717笔，查询量达到5 289次，有效地维护了资金交易安全，拓宽了企业的融资渠道。中小企业信用体系建设成效突出。全省累计建立中小企业信用档案40 116户，比上年同期增长17%，通过利用中小企业信用档案库提供搭桥服务、开展小企业联保贷款等方式有效解决中小企业融资难问题，已有10 572户中小企业取得了金融机构授信意向，占入库总数的26%。信用体系建设向农村延伸，全省累计征集440万户农户信用档案，对已建立信用档案的341万农户累计发放贷款1 017亿元，农户贷款质量进一步提高。信用评级市场规范发展。2010年，全省信贷市场信用评级业务452笔；担保机构信用评级162笔，比上年同期增长15%，已连续五年实现增长。公众信用意识显著提高。2010年，辽宁省各级人民银行向社会提供信用报告查询服务超过12万次，同比增长80%，较前两年大幅增加。征信系统信息采集范围不断扩大，作用日益显著。

2. 征信体系建设中需要关注的问题

一是征信体系建设的相关法律法规滞后，严重制约了社会信用体系建设。二是各类信用信息尚未有效整合，守信激励和失信惩戒机制尚未充分建立，征信体系建设还滞后于经济社会发展的需要。三是信用评级市场的培育和监管尚需加强。

（五）金融生态环境

1. 辽宁省金融生态环境建设情况

2010年，辽宁省政府全面清理政府关联类不良贷款，曝光逃废银行债务等典型失信案件共3批20起，推行重点建设工程领域企业信用报告制度。深化东北地区区域信用合作，全省评选出105家诚信示范企业。开展“万家企业诚信联盟”活动，推进社会信用体系建设向纵深发展。完善政策环境，大力改善农村金融生态环境。积极推动地区经济发展方式转变和结构调整，制定《绿色信贷政策实施意见》。深入贯彻落实全省农村金融产品和服务方式创新工作经验交流会议精神，制定《辽宁省农村金融产品和服务方式创新工作效果评估制度》，促进全省农村金融产品和服务方式创新工作深入开展。

2. 金融生态环境建设中需要关注的问题

个别地方对金融生态环境建设工作重视程度不够，一些金融债权的维权难度较大、成本较高。政府关联类不良贷款清理工作需进一步加强。由于政府关联类不良贷款形成时间较长，成因复杂，涉及部门较多，致使债务主体及责任不够明晰，还款积极性不高。地方政府和有关部门虽然积极加强清理处置工作，但进展依然缓慢，成效不够明显。

五、金融稳定总体评估及政策建议

（一）总体评估

2010年，我们继续采用层次分析法和专家评价法相结合的多指标综合评价法，从宏观经济、金融机构和金融生态环境三方面对辽宁省的金融稳定状况进行定量评估。经过计算，2010年辽宁省金融稳定状况综合得分为77.4分，较上年的74.5分上升2.9分，稳定状况良好，属B类地区。辽宁省金融稳定状况出现好转的主要原因有：一是城镇居民可支配收入和农村居民人均纯收入增长较快；二是银行业金融机构不良贷款余额和不良贷款率继续实现双降，金融机构资产质量不断改善，抗风险能力有所提高；三是银行服务密度大幅增加，金融服务的效率和质量不断优化。

（二）政策建议

1. 加快转变经济增长方式，有效巩固经济增长基础

充分利用好中央进一步实施东北振兴战略、辽宁沿海经济带开发开放上升为国家战略以及沈阳经济区确定为综合配套改革试验区的优势，以加快经济发展方式转变和社会管理模式转型为主线，坚持增量带动结构优化，加快创新促进产业升级的步伐，巩固经济增长基础，坚持走可持续发展道路。提高消费对经济的贡献率，从最终消费需求入手，不断提高城乡居民收入水平，扩大社会保障的覆盖面，提高居民的社会保障水平。正确处理内需和外需的关系，做大做强重点出口企业，优化出口产品结构，在出口稳定增长的同时，继续实行扩大内需的刺激政策。

2. 加大稳定物价措施的力度，合理控制通货膨胀预期

积极落实国家各项宏观调控政策，加强与社会公众的沟通力度，引导公众建立合理的通货膨胀预期，打消市场的顾虑。采取切实有力措施稳定物价，加大对市场价格的监测和检查力度，严厉打击炒作、垄断、囤积等行为。采取多种有效手段调控房地产市场，建立房地产行业良性发展的长效机制，抑制房价过快上涨。

3. 强化金融机构风险监测，加大风险防控和管理力度

密切关注宏观经济政策对金融机构流动性的影响，严密监测流动性风险变化趋势，有效提升资产负债管理水平，以科学预测和分析为基础，不断完善风险预警处置机制，并定期开展流动性压力测试。增强金融机构风险管理意识，建立健全公司治理机制、内部控制机制和激励约束机制。积极推动金融机构深化经营管理体制改革，按照效率与公平兼顾、激励与约束平衡、发展与风控平衡的原则，建立科学的考核评价体系，促进金融机构健康稳步发展。

总　纂：李立君　薛　静
统　稿：王庆国　刘　涛
执　笔：刘　涛　谭福梅　许　胜　由　华　高　鹏　金庆鹏
其他参与写作人员（按姓氏笔画排序）：
王　勇　卢心慧　邢　宏　刘　萍　刘　澈　李士涛
李贵德　李冠楠　张冰莹　张次兰　张晓玲　张　莉
陈秀龙　陈庆海　苗丽光　郭宝华　程可心

吉林省金融稳定报告摘要

2010 年，吉林省深入贯彻科学发展观，加快转变经济发展方式，保持了经济社会良好的发展势头，经济平稳较快增长。金融业及时把握发展契机，在改革中稳健发展，支持经济能力不断加强，农村金融服务体系改革取得较大进展，股票及债券融资实现突破，保险保障功能有效发挥。金融机构盈利逐步增加，风险管理得到加强；金融市场迅速成长，金融基础设施建设进一步夯实，金融生态环境建设日益完善，为金融体系保持稳定运行提供了重要保障。

一、区域经济运行与金融稳定

2010 年，吉林省认真贯彻国家宏观调控政策，加快转变经济发展方式，战胜了百年不遇的洪涝灾害，实现了全省经济的持续健康发展，为“十二五”规划的良好开局创造了有利条件。吉林省全年实现地区生产总值 8 577. 1 亿元，同比增长 13. 7%，人均 GDP 实现 31 306 元。

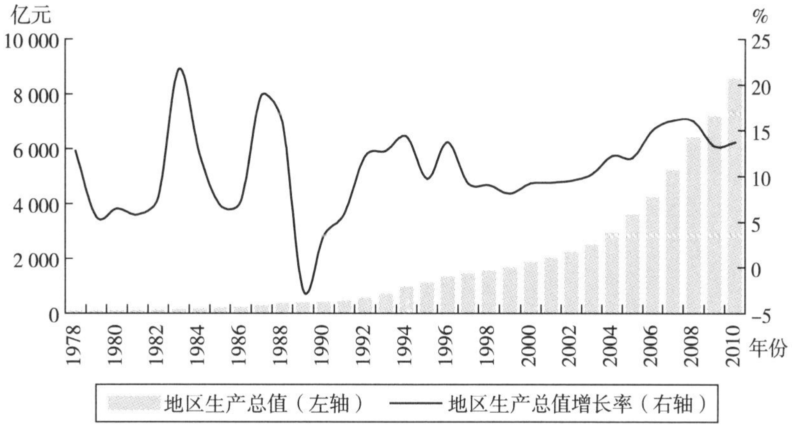

数据来源：吉林省统计局。

图 1　1978—2010 年吉林省地区生产总值及其增长率

（一）经济增长继续为金融稳定创造良好基础

1. 经济结构优化调整，产业结构发生显著变化，产业结构由 2009 年的 13. 5∶48. 6∶37. 9 调整为 12. 2∶51. 5∶36. 3，第二产业占 GDP 的比重上升了 2. 9 个百分点，突破 50%，振兴老工业基地的政策成效开始显现。

2. 在项目带动下，投资继续保持旺盛增长。2010 年，吉林省全社会固定资产投资完成 9 621. 8

亿元，增长32.5%；城镇固定资产投资完成7 925.7亿元，增长33%，增幅高于上年3.3个百分点，固定资产投资增速加快。第一、第二、第三产业投资分别增长64.1%、37.2%和26.1%，其中第一产业投资增速提高最多，比上年加快了36.4个百分点。

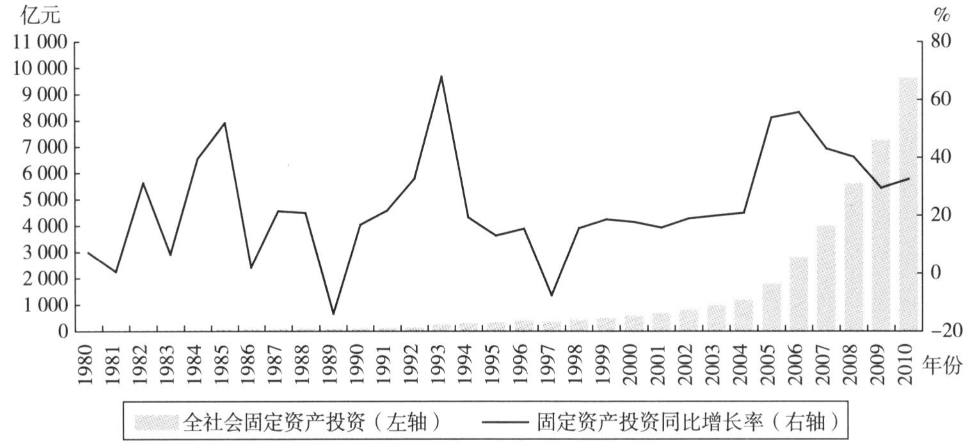

数据来源：吉林省统计局。

图2 1980—2010年吉林省全社会固定资产投资总额及其增长率

3. 社会消费需求稳定增长，促进经济增长方式转型。2010年，吉林省实现社会消费品零售总额3 501.8亿元，增长18.5%，高于全国平均增速，消费需求成为全省经济较快增长的又一支柱。其中，城乡消费需求基本实现同步增长，城镇消费和乡村消费分别增长18.6%和17.8%。

4. 外贸进出口恢复增长，利用域外资金规模实现新突破。2010年，吉林省外贸经济实现了高速增长，出口和进口的增长速度均超过40%，分别为43.2%和43.5%。全省实际利用外资规模达到41.65亿美元，增长16.8%。其中，外商直接投资12.8亿美元，增长12.3%。同时，实际利用外省资金规模达到2 209.75亿元，增长33.4%。实际利用外资和外省资金的双双快速增长，为加快吉林经济发展提供了强有力的项目和资金支持。

5. 财政收支投入民生力度不断加大，居民收入稳定增长。2010年，吉林省一般预算全口径财政收入实现1 206亿元，增长23.4%。地方级财政收入602.4亿元，增长23.7%；财政支出1 787.2亿元，增长20.8%。全年新增财力70%以上用于民生支持，教育、科技、社保和就业、医疗卫生、城乡社区、住房保障等民生支出得到重点保障。2010年全省城镇居民人均可支配收入达到15 411.47元，比上年增长10.0%；农村居民人均纯收入达到6 237.44元，增长18.4%。恩格尔系数城镇为32.3%，农村为36.73%。

6. 节能减排不断加强。2010年，全省化学需氧量（COD）排放量35.22万吨，比上年下降2.4%；二氧化硫（SO_2）排放量35.63万吨，下降1.9%，两项指标分别完成“十一五”削减任务的130.5%和142.8%。金融支持企业节能减排和环保产业力度进一步加大，信贷结构继续向“绿色信贷”方向优化。

（二）宏观经济运行中应关注的问题

当前，吉林经济处于重要的战略机遇期，发展的长期向好趋势没有改变，但经济发展中的不稳定因素仍然存在，并可能对金融稳定造成压力。一是国际资金流动性泛滥已经埋下全球性通货膨胀的隐患，国内物价上行压力仍然较大，通胀预期增强，未来仍需警惕通货膨胀预期增强造成的不利影响。二是服务业发展相对较慢，增加值占 GDP 比重下降，不利于提升经济发展软实力和提升产业层次。三是房地产市场在多重调控政策下热度不减，应注意防范泡沫风险以及相关的银行业房地产贷款风险。四是地方财政收支缺口不断加大，增加地方财政未来偿债压力。

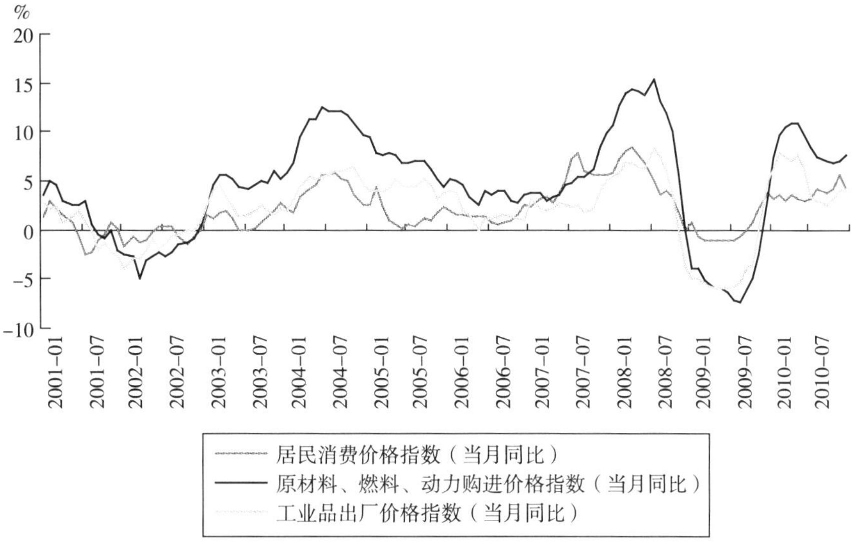

数据来源：吉林省统计局。

图 3　居民消费价格和生产者价格变动趋势

二、金融业与金融稳定

2010 年来，吉林省金融体系进一步健全，支持经济发展力度不断加大，各项改革稳步推进，盈利能力继续提高，应对风险能力增强。

（一）银行业分析

1. 银行业运行情况

（1）信贷合理适度增长，与经济发展契合度提高。2010 年，吉林省银行业机构各项存款余额 9 702. 6亿元，各项贷款余额 7 279. 6 亿元，比年初分别增长 15. 42% 和 15. 54%，增速同比分别回落 15. 24 个和 13. 28 个百分点。年末，吉林省区域生产总值增速和物价指数之和为 17. 4%，与贷款余额增速之间差距与上年同期相比缩小 10. 36 个百分点，贷款投放进度与项目进程、生产周期及季节性的契合度进一步提升。

（2）改革继续深入推进，涉农金融改革进入关键阶段。农业银行“三农”事业部制改革试点在吉林省全面推开，设立了 43 个“三农”事业部基础分部。新型农村金融机构不断发展。吉林省已有 12 家村镇银行、1 家贷款公司、4 家资金互助社获得批准开业。其中，2010 年新批准开业村镇银行 4 家，资金互助社 3 家。金融支持“三农”力度加大，1 ~ 12 月，全省银行业机构新增涉农贷款 159. 4 亿元，年末涉农贷款余额 2 103. 5 亿元，同比增长 24. 7%，高于各项贷款增速 9. 2 个百分点。

农村金融服务产品创新成果显著，吉林省作为农村金融产品和服务方式创新试点省份，积极开放新型涉农金融产品，小额信用贷款覆盖面扩大，新型贷款方式不断创新，农村金融服务不断加强。

（3）继续有力支持重点领域建设。一是加大项目贷款投放力度。全年新增固定资产贷款429.2亿元，同比增长21.5%，增量占人民币全部新增贷款的44.2%。二是积极支持中小企业发展。2010年，全省银行业机构新增中小企业贷款406亿元，增长24.49%，高于各项贷款增速8.95个百分点。其中，新增小企业贷款179.9亿元，增长20.82%，高于各项贷款增速5.28个百分点。三是积极支持民生建设发展。全省银行业机构新增棚户区、廉租房、农村泥草房改造等工程贷款59.2亿元。全年累计发放小额担保贷款10.1亿元，同比多发放2.5亿元，直接支持2.2万人，间接带动7.4万余人实现就业再就业。四是积极支持了消费领域的快速发展，个人消费贷款明显增加。2010年，全省银行业机构新增个人消费贷款216.6亿元，同比多增56亿元，增长34.87%，增量占全部贷款增量的22.12%。其中，住房和汽车贷款分别新增158.1亿元和26.2亿元，同比分别多增33.2亿元和9.3亿元。

（4）表外业务较快发展，推进服务多元化。近年来，吉林省银行业机构积极拓宽表外融资业务渠道，增加服务种类，表外业务稳步增长。截至2010年12月末，全省银行业机构承兑汇票余额260.4亿元，比年初增加58.7亿元，增长29.09%；跟单信用证余额167.8亿元，比年初增加72.3亿元，增长75.69%；金融衍生品余额314.5亿元，比年初增加124.8亿元，增长65.8%；承诺类余额621.5亿元，比年初增加47.3亿元，增长8.24%。各银行业机构主动对一汽集团、北车集团等优质重点及外向型企业进行承兑汇票、信用证等业务的营销，有力地支持了企业资金周转和地方经济的回升向好。

（5）业务收入稳步增长，盈利能力大面积提升。2010年，吉林省银行业机构实现账面利润63.37亿元。其中，国家开发银行、建设银行、中国银行、工商银行四家银行的吉林省分行以及吉林银行利润都超过11亿元。银行业利息净收入和中间业务收入水平提高拉动了利润的增加。2010年吉林省银行业机构利息净收入为310.4亿元，同比增加65亿元，增长26.49%；中间业务和手续费收入分别为36.1亿元和24.1亿元，同比分别增加13.2亿元和9.8亿元，分别增长57.62%和68.37%。

2. 银行业运行中需要关注的问题

（1）不良贷款压降难度增大。2010年末，吉林省银行业机构不良贷款率仅同比降低0.01个百分点，但不良贷款数额增加，并呈现向下迁徙的状况。同时，个别机构不良贷款出现反弹的情况，银行机构的不良贷款的处置和压降任务依然十分艰巨。

（2）存贷期限错配潜在的流动性风险隐患上升。2010年末，吉林省中长期贷款占比达到59.22%。近年来，吉林省银行业机构中长期贷款保持了较高的增长速度，在各项贷款中所占比例不断提高，从而使信贷资产的期限结构呈现长期化趋势。与此同时，银行业机构存款的短期化趋势也逐步显现，活期存款增速显著高于定期存款。信贷资产的中长期化倾向和资金来源的短期化趋势导致信贷资金的期限错配风险隐患加剧。

（3）贷款授信集中度风险问题仍然存在。从全年各月新增贷款投向上看，新增贷款在行业结构上向城市开发、交通等基本建设领域集中，在期限上向中长期贷款集中，在区域上向大城市集中，并向大客户集中的趋势并没有明显改变。特别是个别法人机构单户贷款和前十户贷款占比较大，超过风险监管标准。

（4）地方中小银行业机构面临的风险问题仍较突出。农村信用社历史包袱依然沉重，拨备覆盖率和资本金不足问题是当前中小法人金融机构提高抗风险能力需要解决的首要问题。

（二）证券业分析

2010 年，吉林省证券业总体保持平稳运行，证券机构经营，上市公司资产质量显著提升，首发上市取得突破性进展，资本市场融资功能大幅增强。

1. 证券业经营机构数量和从业人员稳步增加，资产规模小幅减少。吉林省有法人证券公司 2 家，即东北证券股份有限公司和恒泰长财证券有限责任公司；资产总额合计 202.89 亿元，同比减少 7.29 亿元；负债总额合计 164.76 亿元，同比减少 10.83 亿元；净资产总额 38.13 亿元，同比增加 3.54 亿元。受股票市场整体波动影响，法人证券公司营业收入同比减少 20.97%。

2. 证券交易规模小幅减少。2010 年，全省证券交易总额 9 129.45 亿元，同比减少 13.97%。其中，股票交易额（A 股、B 股）为 8 653.34 亿元，同比减少 13.2%；基金交易额为 38.74 亿元，同比减少 1.95%；债券交易额为 13.21 亿元，同比减少 9.64%；权证交易额为 127.32 亿元，同比减少 81.36%。全省共有境内上市公司 35 家，总市值为 2 291.09 亿元，累计募集资金 296.53 亿元，同比增加 22.8%。

3. 上市公司质量显著提升，盈利水平不断提高。通过并购重组，上市公司强化内部控制，积极调整产业、产品机构，股本结构和治理机制进一步优化，经营效益不断提高。上市公司资产重组和优化资源配置取得明显成效，全省 ST 类公司由最多时的 10 余家减少到 2 家。

4. 资本市场融资功能增强。2010 年，全省新增上市公司 3 家，分别是长春奥普光电、通化双龙化工和辽源利源铝业，首发募集资金 15.32 亿元。至此，吉林省在沪深主板、中小板以及创业板市场均有企业上市，多层次市场体系初见雏形。同时，启明信息、吉恩镍业、中科英华和紫鑫药业 4 家公司完成再融资，累计募集资金 28.44 亿元。

5. 债券市场业务稳步发展，融资结构进一步调整。2010 年，全省企业共计新发行短期融资券 22 亿元、中期票据 10 亿元、企业债 10 亿元，全省发债融资余额达到 172 亿元。

虽然国际金融危机造成的影响已经减弱，但市场稳定的基础仍不牢固。一是经济发展的前景尚不明朗，辖内上市公司总体经营状况虽然有较大改善，但是业绩仍然可能随经济周期发生大幅度波动。二是辖内融资总量仍然偏小，目前虽然企业融资、再融资工作取得一定成效，但如果横向比较，吉林省仍落后于发达地区的融资规模。三是吉林省证券机构规模仍然较小，业务结构比较单一，创新业务能力偏弱，亟须做大做强。四是当前证券期货业人才在数量和质量方面均无法保证市场快速健康发展的需要，亟须搭建人才培养平台，完善人才培养机制和储备。五是上市公司后备资源不足。能够达到上市标准的上市后备资源企业数量与全国其他省市相比仍显不足，无法满足吉林省证券市场持续发展的需要，制约资本市场融资的能力和规模。

（三）保险业分析

2010 年，吉林省保险业市场体系逐步完善，各项业务稳步发展，整体抗风险能力进一步提升，保险深度和密度不断提高，行业整体保持平稳健康发展的态势。

1. 经营规模稳步扩大，市场主体不断增加。2010 年，吉林省保险收入 239.25 亿元，同比增长 29.42%。其中，财产险保险收入 60.89 亿元，同比增长 50.49%；人身险保险收入 178.36 亿元，同比增长 23.51%。全年累计赔付支出 56.27 亿元，同比增长 0.33%。其中，财产险赔付支出 28.72 亿元，同比增长 5.31%；人身险赔付支出 27.55 亿元，同比下降 4.39%。

2. 资产规模稳步增长，保险深度和密度不断提高。2010 年，全省保险机构资产规模达到 584.45

亿元，同比增长27.7%。保险密度达到873元/人，同比增长29.33%；保险深度为2.79%，同比提高0.22个百分点。

3. 农业保险发展成效显著。全省农业保险继续保持规范健康发展，达到保费收入最多、参保农户最广和承保面积最大的历史新高。全年农业保险保费收入8.02亿元，同比增长36.03%；政策性农业保险收入为7.98亿元，同比增长36.7%，占全部农业保险收入的99.5%。农业保险支出4.09亿元，同比下降14.32%。全省共有57个县（市、区）参加农业保险，继续保持农业保险全覆盖。参保农户237.6万户，五大作物参保总面积达到266.8公顷，占五大作物二轮土地承包面积的69.1%。

在保险业快速发展的同时，也应关注几方面问题。吉林省保费规模虽然实现较快增长，但增速低于全国平均水平，整体水平仍然较低。保险业务结构比较单一，公司核心竞争力有待加强。农业保险虽然取得了明显成效，但仍然需要政策支持。

三、金融市场与金融稳定

2010年，吉林省金融机构流动性相对宽裕，金融市场继续平稳运行，各市场交易量活跃。

1. 同业拆借市场整体流动性相对充足。截至2010年末，吉林省银行间同业拆借市场累计成交363.87亿元，同比减少13%。受央行加大流动性回收力度、6次上调存款准备金率和加息等政策因素影响，市场流动性宽松的局面有所改变，带动利率水平持续提高。

2. 银行间债券市场发展回归常态。2010年吉林省现券市场呈现交易频次降低，成交量减少的特点。全年累计成交8 366笔，同比减少16.3%；交易金额1.28万亿元，同比减少2成。回购交易平稳发展，吉林省银行间回购市场累计交易金额12 284.35亿元，同比增长8.3个百分点，金融机构通过债券回购业务，累计净融入资金9 901.3亿元。部分市场成员开始尝试从事债券远期等衍生品业务，年度债券远期业务成交189笔，成交金额354.63亿元。

3. 票据承兑和贴现业务较快增长。2010年末，吉林省商业汇票余额254.68亿元，同比上升29.6%；累计签发商业汇票574.09亿元，同比上升14.09%。票据贴现全年累计贴现8 291.6亿元，同比增长1.33倍，在拓宽企业融资渠道、调整商业银行资产结构、增加收入、传导货币政策等方面发挥了十分重要的作用。

4. 外汇收支呈现较快增长态势。2010年，受经济回暖等因素影响，全年外汇收支形势整体呈现较快增长态势，银行代客跨境外汇收支、银行结售汇分别达到198.1亿美元和181.3亿美元，同比分别增长38.68%和39.84%，超过金融危机前水平。银行结售汇逆差76.9亿美元，同比增长57.2%，结售汇逆差幅度进一步增大。

四、金融基础设施与金融稳定

（一）支付体系建设

2010年，吉林省支付体系稳定高效运行，支付业务量继续保持增长势头。6月，电子商业汇票系统在吉林省正式上线运行，进一步丰富和完善了支付体系建设，填补了商业汇票业务电子化的空白，为企事业单位办理资金结算提供了多样化的选择。

银行卡交易及信用卡贷款快速增长，全省银行卡交易43 180.29万笔、金额38 574.8亿元，同比分别增长42.16%和69.41%，增速较上年同期分别加快30.16个百分点和50.21个百分点。年末，全省信用卡信贷总额201.83亿元，同比增长56.25%；期末应偿信贷总额26.53亿元，同比增长112.89%。年末信用卡逾期半年未偿信贷金额占银行卡期末应偿信贷总额的1.41%，与上年同期相比下降0.66个百分点，但是逾期半年未偿信贷总额与上年同期相比增长44.5%。银行机构在大力发展信用卡业务的同时，应注意加强对持卡人偿付能力的审核，防范坏账风险。

（二）金融法制环境建设

2010年，吉林省金融司法环境和监管体系建设进一步完善。司法部门强化能动司法理念，服务经济发展方式转变，不断优化司法资源配置，提高司法服务的针对性和有效性。人民银行等金融监管部门进一步加大合作力度，有效保障各项金融政策法规的贯彻落实，促进吉林省金融业健康发展。制定了吉林省金融机构执行人民银行政策及相关法律法规情况评价暂行办法，大力打击金融犯罪，协助公安部门成功破获“12·17”涉黑案和“1·07”网络赌博案；配合公安机关破获假币案件，收缴假币，维护人民币正常流通秩序；加强外商投资审核，甄别发现一起利用伪造文件骗取政府批文和营业执照的不法投资行为，堵截热钱流入。

（三）征信体系建设

征信系统覆盖面和信息采集量不断扩大。截至2010年末，全国企业、个人信用信息基础数据库收录吉林省企业13.5万户、自然人1 591万人，全省金融机构全年查询量超过270万次。金融业统一征信平台建设工作稳步推进，全年采集电信、公积金、社保、法院诉讼等十大类非银行信用信息300余万条，进一步丰富和完善了企业和个人的信用记录。大力推进中小企业和农村信用体系建设工作，为解决中小企业和农户融资难问题提供信息服务和支持，取得了良好成效。为全省4.3万户中小企业建立了信用档案，其中，8 707户中小企业取得银行授信意向，2 411户企业得到银行贷款，贷款余额907.7亿元，同比增长45%；为全省326万农户建立了信用档案，评定信用户131万户，252万农户得到银行贷款，贷款余额304.5亿元，同比增长9.3%。区域信用体系建设的不断加强，对提高社会信用意识，改善区域金融生态环境，促进地方经济健康快速发展发挥了积极作用。

（四）反洗钱体系建设

2010年，吉林省进一步完善反洗钱机制，制定了《吉林省金融机构反洗钱工作考核评估办法》，进一步加大反洗钱非现场监管力度。帮助公安司法部门协查可疑线索，提高案件查办效率，全年协助省公安厅、省检察院等单位开展反洗钱调查285次，协查账户500多个，涉案资金近4亿元。协助公安机关破获涉黑案件、网络赌博案件、走私毒品案件和职务犯罪案件。有力打击了洗钱犯罪活动，保证辖区金融运行正常稳定。

五、总体评估和政策建议

（一）总体评估

2010年，吉林省社会经济平稳较快发展，金融系统与实体经济的发展结合更为紧密，改革深入推进，融资中介功能进一步加强，金融产品和服务创新成效显著，金融机构经营能力不断提高，金融市场迅速发展，各方面因素有助于金融体系增强稳健性。经济金融整体形势有利于实现金融系统的稳健发展，各方面潜在风险逐渐受到控制和化解。

由于国际国内复杂多变的形势影响，吉林省经济金融业发展仍需密切关注各方面不稳定因素的发展变化。美国等发达国家为应对国际金融危机向市场注入大量的流动性给全球埋下通货膨胀隐患；国内房地产行业面临调整压力；区域金融系统目前存在结构性矛盾，规模较小，竞争力不足，部分机构内部风险控制不严等问题将会影响金融业继续健康发展的趋势，对系统稳定性造成不利影响。

（二）政策建议

1. 贯彻落实国家积极的财政政策和稳健的货币政策，加快实现经济转型和结构调整。发挥金融系统资源导向功能，优化金融资产配置，加大对服务业和高新技术产业发展的支持力度，严格控制对“两高”行业和产能过剩行业的融资。加强对长吉图开发开放先导区的金融支持；健全金融创新激励机制，有效缓解农户和小企业融资难问题；管理好通胀预期、稳定物价总水平，防范资产泡沫的出现；规范政府融资平台的运作和管理，及时掌握并防范风险的形成和传导，努力推动经济平稳持续健康发展。

2. 继续深化金融改革和创新，继续建立健全现代金融企业制度，提高金融系统的抗风险能力。稳步推进政策性银行商业化转型，进一步完善大型国有商业银行股份制改革，推动农业银行“三农”金融事业部改革顺利完成。提高辖区上市公司经营质量，加快构建多层次资本市场体系；充分发挥保险业保障功能，完善农业保险机制建设。鼓励辖内法人金融机构做大做强，增强法人机构资本金实力，树立审慎经营意识。

3. 构建宏观审慎监管框架，扩大风险监测的覆盖面。加强政府及监管部门之间的协调沟通，健全金融稳定协调机制，研究对潜在系统性风险的监测方法，注意防范信贷高速扩张可能积聚的风险，严格控制信贷资产受调控行业的投入规模。密切关注融资融券和股指期货运行状况。完善应急机制管理，做好风险应急预案，提升金融风险处置和应急管理水平。

4. 逐步完善金融生态环境和金融基础设施建设。加快完善农村抵押担保配套政策法规，建立金融支农风险补偿机制和创新激励机制，大力推进社会信用体系建设，积极建设农户和中小企业融资担保配套机制。提高支付结算效率，继续加强农村地区支付结算服务网络建设；依法维护金融系统正常运转秩序，加大打击非法金融活动的力度；建立全方位的反洗钱体系，严厉打击洗钱犯罪活动。

统　稿：王春生
执　笔：李柏秋　刘　健
其他参与撰写人员（按姓氏比画排序）：
于　江　于鲁宁　王宇光　王景瑞　石　磊
刘大为　刘立杰　刘　镇　任建春　李红梅
李　洁　吴　越　张永辉　孟繁博　赵　锋
赵新欣　唐　欣　袁春旺　高　歌　曹鲁峰
董凯军

黑龙江省金融稳定报告摘要

2010年，黑龙江省积极应对国际国内复杂的形势，以科学发展观为指导，认真贯彻落实中央宏观调控政策，全力推进省委提出的“八大经济区”和“十大工程”建设，经济进一步回升向好。全年地区生产总值首次突破万亿元，财政收入超千亿元。投资消费持续增长，对外贸易再创历史新高。农业保持良好的发展势头，粮食产量逾千亿斤大关，商品量稳居全国第一；金融业积极贯彻适度宽松的货币政策，银行业存贷款总量继续快速增长；资本市场有所突破，融资能力明显增强；保险市场平稳发展，经营质量显著提高。

一、经济运行与金融稳定

2010年，黑龙江省经济平稳较快发展。全省实现地区生产总值10 235亿元，同比增长12.6%，增幅比上年提高了1.5个百分点，创历史新高，为“十二五”规划的顺利实施奠定了坚实的基础。

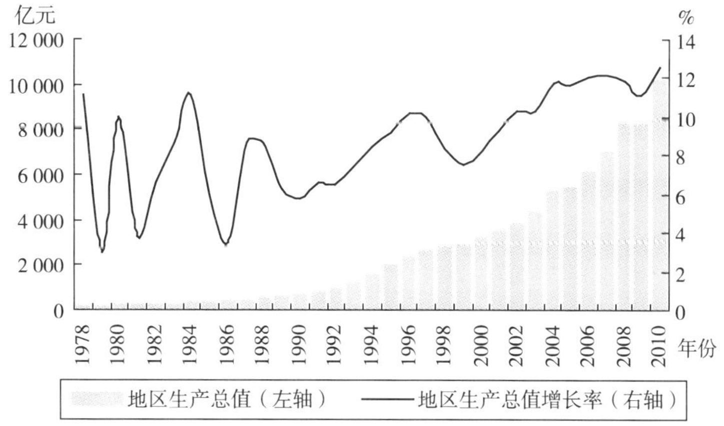

数据来源：《黑龙江统计年鉴》、《黑龙江统计月报》。

图1　1978—2010年黑龙江省地区生产总值及其增长率

（一）全省经济保持良好发展势头

1. 经济增长基础进一步巩固，产业结构调整取得积极进展。2010年，全省第一、第二、第三产业分别实现增加值1 302.3亿元、5 100.1亿元和3 832.6亿元，同比分别增长6.2%、14.4%和11.6%，三次产业构成为12.7:49.8:37.5。

农业和农村经济再上新台阶。2010年，全省粮食总产首次登上1 000亿斤新台阶，成为我国粮食生产第二个超千亿斤的省份；畜牧业稳步发展，实现产值965.8亿元。

工业生产增速加快。2010年，全省规模以上工业实现增加值4 003.5亿元，同比增长15.2%，增幅比上年同期提高3.1个百分点。装备、石化、能源和食品四大主导产业实现增加值3 510亿元，增长13.7%。新能源、新材料、高端装备制造、生物、电子信息、节能环保六大战略性新兴产业实现增加值308亿元，增长22%。"十一五"节能减排任务全面完成。

服务业稳步快速发展。黑龙江冰雪旅游产业以其独特的魅力吸引了广大中外游人，"十一五"期间旅游接待人数年均增长15%以上，旅游收入年均增长23%以上；软件、服务外包和展会经济也呈现良好的发展势头，全年实现收入140亿元，同比增长20%。

2. 固定资产投资高速增长，大项目拉动作用显著。2010年，黑龙江省紧紧抓住国家政策机遇，全力推进300个重点建设项目，全年完成全社会固定资产投资6 812.6亿元，增长35.5%。积极争取到国家96个专项、4 748个项目，获得中央预算内投资135亿元，地方政府各类配套资金达到185.2亿元，带动国有企业和民间投资超过900亿元。哈大齐客运专线、前进镇至抚远、宾西至成高子等铁路项目及哈西客站、大庆西客站全部按计划开工建设；伊春、大庆、鸡西机场相继建成并投入使用；尼尔基引嫩扩建一期工程、三江平原大型灌溉工程、西山、桃山二期重点水源等工程稳步推进。

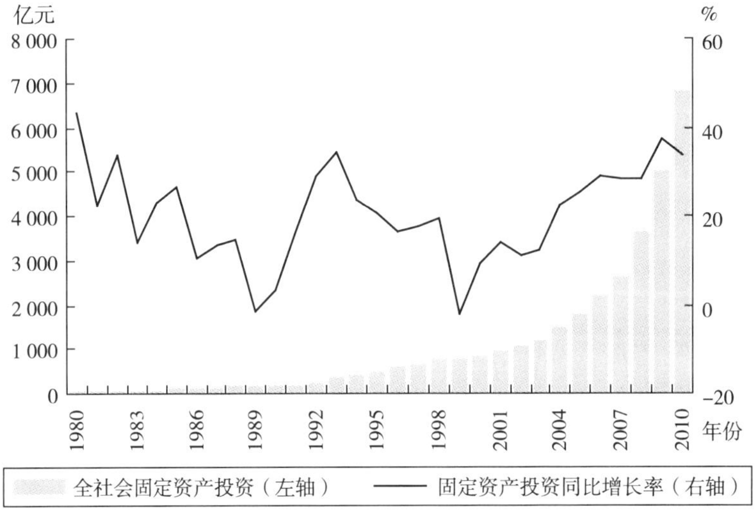

数据来源：黑龙江省统计局。

图2 1980—2010年黑龙江省固定资产投资及其增长率

3. 地方财政收入稳步增长，民生保障作用进一步增强。2010年，受工业经济稳步回升，资源性产品价格上涨和固定资产投资规模扩张等因素影响，全省主要税种收入增长平稳，实现地方财政收入1 073.3亿元，增长21.2%。其中，一般预算收入755.6亿元，增长17.8%；基金预算收入317.7亿元，增长30.2%。财政支出继续向经济结构调整、民生保障、支农惠农和公共投资等领域倾斜。全年完成地方财政支出2 540.6亿元，增长21.3%。其中，一般预算支出2 253.3亿元，增长20%；基金预算支出287.3亿元，增长32.5%。全省认真落实积极财政政策，努力优化财政支出结构，充分体现了"促发展、求实效、惠民生"的公共财政理念。

4. 对外贸易再创历史新高，实际利用外资额大幅增长。2010年，黑龙江省进出口总值255亿美元，比历史最高值多23.7亿美元，同比增长57.1%，高出同期全国进出口增速22.4个百分点。外商直接投资企业128家，合同利用外资12.5亿美元，实际利用外资9.4亿美元，同比增长85%。外资主要投向集中在食品制造业、畜牧业、农副产品加工业及房地产业。

5. 房地产快速上行，市场供销两旺。2010年，黑龙江省房地产市场出现量价齐升的趋势，商品房销售势头旺盛，房地产信贷投放大幅增长。全年完成房地产开发投资843.1亿元，同比增长49.5%，增速比2009年提高21.3个百分点。全年完成土地开发面积588.6万平方米，同比增长24.9%。房屋新开工面积5 018.4万平方米，同比增长67.5%。全年房屋竣工面积2 166.8万平方米，其中住宅竣工面积1 778.2万平方米。全年商品房销售面积2 718.1万平方米，同比增长34.8%。销售额1 010.1亿元，同比增长54.5%。

6. 装备制造业规模不断扩大，企业盈利能力逐渐提高。2010年，全省装备制造业规模以上企业工业总产值超过1 400亿元，产品出口交货值超过100亿元，利税总额超过120亿元，科技创新能力、重大装备研发制造不断取得新突破。

（二）经济发展面临的问题

2010年，黑龙江省经济社会实现了平稳较快发展，但经济社会发展还存在一些矛盾和问题：长期积累的体制机制性、结构性矛盾并没有从根本上解决，自身良性发展的内生动力尚未真正形成；工业经济资源型特征突出，新兴产业发展缓慢，大产业项目少，附加值低、效益和质量有待提高，非公有制经济和第三产业发展缓慢；农田水利设施建设相对滞后，成为制约农业发展、影响国家粮食安全的重要因素。

二、金融业与金融稳定

（一）银行业

2010年，全省银行业金融机构积极贯彻落实国家宏观调控政策，稳步扩大经营规模，适时调整信贷结构。

1. 信贷投放重点突出，经营效益持续提高。截至2010年末，全省银行业金融机构各项存款余额12 924.2亿元，增长16.3 %；各项贷款余额7 390.6亿元，增长20.3%，高于全国平均水平0.7个百分点。重点支持节能减排工程。严格控制高耗能、高污染和产能过剩行业的信贷投放。全省银行业金融机构总资产16 347.5亿元，比年初增加2 369.7亿元，同比增长17%；总负债16 009.5亿元，比年初增加2 323.9亿元，同比增长17%。全年累计实现税后净利润115.2亿元，纳税45亿元，同比增盈20.4亿元。

资产质量不断优化，案件防范工作取得成效。不良贷款率比2010年初下降2.3个百分点，首次下降到个位数；案件数量和涉案金额下降明显，全省银行业金融机构共发生案件3件，同比减少3件。

银行业改革继续推进，外埠银行相继落户龙江。2010年，龙江银行在省内设立分支机构，实现地方城市金融服务在全省地市全覆盖；哈尔滨银行在省内外增设分支机构及村镇银行；哈尔滨电气集团财务公司顺利开业。新型农村金融机构组建稳步推进，共有9家村镇银行和4家农村资金互助社正式开业，10家村镇银行获批筹建。2010年先后引进7家中外资银行，锦州银行哈尔滨分行、昆仓银行大庆分行相继开业；摩根大通银行（中国）哈尔滨代表处等5家银行类分支机构获批筹建。

2. 银行业发展需要关注的问题。在国家宏观调控政策要求和各商业银行总行全年信贷计划制约的影响下，全省信贷投放逐步缩减，但全省项目建设和产业振兴对信贷资金的需求仍保持在高位，使得信贷供求矛盾更加突出，金融机构资产质量和流动性管理的压力增大，短期内可能对系统性金融风险管控形成较大影响；国家加大对房地产市场的调控力度，房地产信贷风险进一步积聚，其潜在风险不容忽视。

（二）证券业

2010年，全省证券业发展向好，上市公司总市值、总资产大幅增加，经营业绩稳中有升，融资额创历史新高，公司股改进展顺利。

1. 证券业稳健运行。截至2010年末，全省共有境内上市公司30家；证券公司1家，证券营业部114家，证券投资咨询机构3家；期货公司3家，期货营业部13家；投资者账户数205.2万户，同比增长8.5%；证券交易额为1 199.4亿元，同比下降19.9 %；期货成交额15 703.6亿元，同比增长37.5%。

上市公司质量不断提升。截至2010年末，全省30家上市公司总资产1 295.2亿元，较上年同期增长50.2%；净资产581.6亿元，增长68.4%；主营业务收入495.9亿元，增长41.9%；净利润25.7亿元，增长13.5%。30家上市公司中，已有26家公司完成股改，1家公司公布了股改方案进入股改程序。

直接融资创历史新高。截至2010年末，全省上市公司累积从证券市场募集资金350.7亿元。九洲电气、中国一重、誉衡药业相继在创业板、主板、中小板成功上市，共募集资金137.4亿元，超过了黑龙江省以往首发募集资金的总和，实现了历史性突破。

证券机构经营能力增强。证券机构业务种类不断丰富，证券营业网点布局优化，法人治理结构进一步完善。全年证券投资者账户数同比增加16万户，增长8.5%。

2. 证券业发展需要关注的问题。企业依靠银行间接融资仍占主导，直接融资比重明显偏低；拟上市后备资源有待丰富，在数量和质量上与发达地区相比差距较大；上市公司核心竞争力需进一步增强；证券期货经营机构盈利模式单一，综合实力相对较弱；期货市场对全省经济的发展作用没有得到有效发挥；非法证券活动更加隐蔽复杂。

（三）保险业

1. 保险业平稳发展。截至2010年末，省级以上保险公司达到30家。其中，财产险公司15家（含法人机构1家），人身险公司15家。全省共实现原保险保费收入①343.2亿元，同比增长23.3%，高出黑龙江GDP增速10.7个百分点。

市场集中度略有下降。财产险公司市场份额前三位的公司分别为中国人保、阳光农业、平安财险，与上年相同，保费收入合计占全省财产险公司的65.7%，同比下降6.2个百分点；人身险公司市场份额前三位的公司分别为中国人寿、平安人寿、人民人寿，与上年相同，保费收入合计占全省人身险公司的58.6%，同比下降2.2个百分点。

① 原保险保费收入采用新会计准则实行后的老口径数据。

财产险公司经营指标明显好转。2010 年，全省 15 家财产险公司中 13 家盈利，实现承保利润 4.5 亿元，同比增长 168.9%。综合赔付率同比降低 16.7%，低于全国平均水平 0.2 个百分点，综合费用率同比降低 4 个百分点，低于全国平均水平 3.4 个百分点。

2. 保险业发展需要关注的问题。在关系民生领域的农业保险、农民养老保险、新型农村合作医疗保险、责任保险等渗透率还不高；产品类型和销售渠道还比较单一，产品类型过多地集中于分红险和万能险产品，业务结构调整存在压力；销售误导、理赔难等不诚信问题仍然存在。

三、金融市场与金融稳定

（一）金融市场发展概述

1. 直接融资比重上升。2010 年，黑龙江省直接融资总量为 162.1 亿元，同比增长 200%，增速创 2001 年以来的最高水平，直接融资占融资总量的比重同比上升 8.3 个百分点。其中，股票融资额为 137.4 亿元，同比增长 222%。中小企业融资状况有所改善，4 家企业成功发行 1.7 亿元中小企业集合票据，中小企业融资渠道进一步拓宽。

表 1　2001—2010 年黑龙江省非金融机构融资结构

年份	融资量（亿元人民币）	比重（%）		
		贷款	债券（含可转债）	股票
2001	214.8	100.0	0.0	0.0
2002	156.7	88.8	0.0	11.2
2003	264.1	100.0	0.0	0.0
2004	99.1	100.0	0.0	0.0
2005	138.3	82.6	17.4	0.0
2006	323.8	97.3	2.7	0.0
2007	339.0	89.4	8.3	2.3
2008	760.9	93.8	1.6	4.6
2009	1 619.4	96.7	3.0	0.3
2010	1 407.1	88.4	1.8	9.8

数据来源：中国人民银行哈尔滨中心支行。

2. 同业拆借交易量下降。截至 2010 年末，全省银行间同业拆借市场成员单位累计完成信用拆借 155.4 亿元，同比下降 24.6%。其中，拆入资金 36.6 亿元，拆出资金 118.8 亿元。省内市场成员主要采用隔夜拆借的方式融出资金，占全部拆借量的 75.5%。

3. 债券市场总体运行平稳。截至 2010 年末，全省债券市场成员在银行间债券市场共交易债券 36 900.7亿元，同比下降 10.7%。债券短期品种交易比较活跃，7 天以内的回购交易量为 9 592.3 亿元，占全部回购交易量的 86.4%，长期品种成交平淡。现券交易 24 315.5 亿元，同比下降 7.4%。

4. 票据融资规模缩减。2010 年，全省票据市场呈总量萎缩、价格上涨的变化特征，全年票据贴现余额逐月减少，贴现、转贴现利率振荡上行。各金融机构累计签发承兑汇票金额同比下降 14.3%，累计办理票据贴现金额同比下降 21.1%。全年票据贴现、转贴现加权平均利率分别小幅上升。

5. 民间借贷活跃。2010年，受宏观调控政策影响，全省金融机构不同程度收紧流动性，提高贷款发放门槛，导致民间借贷活跃。

6. 金融产品创新品种增加。2010年，集合证券信托计划208个，资产规模总计201.3亿元，包含了流通股股票、债券、基金、买入返售证券等持券类型。金融理财业务不断扩展，个人理财产品占据主导并趋于多样化。

（二）金融市场需要关注的问题

从市场结构看，仍然存在拆借主体地位不对等的情况，大银行从中小金融机构拆入资金容易，而中小金融机构从大银行拆入资金则相对困难。

从交易过程看，拆借市场成交的7天以内的拆借利率与SHIBOR基本相同，但成交7天以上的拆借业务利率要大大高于SHIBOR利率，而且资金拆出机构确定拆出利率时，中小金融机构在拆借利率定价方面缺乏自主权。

四、金融基础设施与金融稳定

（一）支付清算体系

截至2010年末，全省共有商业银行支付系统直接参与者22家，间接参与者2 434家，无户特许直接参与者1家，系统运行稳定，业务处理准确，资金清算无误。大额支付系统业务量稳步增长，共发生业务775.3万笔、金额19.1万亿元，同比分别增长15.2%和25.8%。小额支付系统业务量上升较快，共发生业务809万笔、金额1 263.7亿元，同比分别增长64.3%和27.9%。同城清算业务有所下降，共处理业务580.3万笔，同比下降7.4%；金额1.1万亿元，与上年同期基本持平。电子银行业务迅猛发展，各银行机构电子商务客户、其他单位客户和个人客户分别达到7.3万个、13.6万个和872.3万个，同比分别增长115.4%、331.2%和150.7%。电子银行交易笔数达1.8亿笔、金额5.1万亿元，同比分别增长59.1%和75.7%。

（二）征信体系

截至2010年末，企业征信系统收录全省14.2万户企业及其他组织的信息，个人征信系统收录全省2 130万自然人信息，征信系统覆盖范围不断扩大，全年各金融机构累计查询个人信用报告442万笔，日均查询1.8万笔。中小企业信用体系建设稳步推进，全省已采集入库中小企业信用档案3.9万户，其中，2 137户获得银行贷款，累计获得贷款917亿元。农村信用体系建设步伐进一步加快，全省涉农金融机构共为350万农户建立了信用档案，其中147万农户录入电子信用档案信息管理及评分系统，72万农户获得222亿元贷款支持。加强对金融机构信用评级工作指导，尝试内外部评级相结合。

（三）反洗钱工作

2010年，人民银行分支机构对141家银行业、证券期货业、保险业金融机构分支机构进行了全面检查，及时发现金融机构在开展反洗钱工作中存在的问题，督促金融机构合规高效开展反洗钱工作。协助公安机关破获5起网络赌博案、1起集资诈骗案。涉案金额共计108.68亿元人民币，收缴赃款252万元人民币及车辆、房产等大量资产，共抓获37名犯罪嫌疑人。

（四）金融法制环境建设

2010年，黑龙江省金融法制环境进一步改善，共审结执结各类案件281 779件，结案率98.1%，比上年同期上升0.8个百分点；一审服判息诉率93%，同比上升1.1个百分点。省法院审结执结各类案件6 307件，同比上升8.3%，审判质效进一步提高。但金融债权纠纷案件诉讼成本高、执行难、受偿率低的现象仍然存在。

（五）金融生态环境建设

在地方党政推动下，各相关职能部门通力合作，黑龙江省金融生态环境建设成效显著，“诚信龙江”建设进入实质阶段。经历了国际金融危机的严重冲击后，又面对通胀压力，全省金融生态环境经受住了考验。企业特别是许多中小企业信用等级不断上升，实现了与银行的良性对接。公众的诚信意识不断提升，恶意拖欠、逃废银行债务的问题得到了明显遏制。金融生态环境的不断优化也产生了良好的经济效益和社会效益。但发展不够均衡，个别地方仍存在企业信用缺失、恶意拖欠、逃废银行债务等问题。

五、总体评估与政策建议

（一）黑龙江省金融稳定状况总体评估

通过《黑龙江省金融稳定监测评估系统》运算分析评价，黑龙江省2000—2010年的经济金融运行态势比较平稳，其中，经济发展状况评价分值在29.9～60.1之间；金融资源评价分值在22.6～64.1之间，图中两条趋势线显示经济与金融波动状况并不明显。2010年全省经济继续保持企稳回升势头，经济发展总计曲线呈现一处下凹。经济发展总计6个准则层中，导致评价分值下降的因素有3个方面，分别是集约水平（工业经济效益）、经济总量和经济开放度（进出口），同比分别减少19.1分、19.5分和38.4分。根据各自所占权重，影响经济发展总计下降分值分别为2.9分、3.9分和3.8分，3个因素拉动经济发展下降合计10.6分。导致评价分值上升的因素有3个，分别是产业结构、可持续发展能力和居民生活水平，同比分别上升2.7分、17.7分和20.3分。根据各自所占权重，影响经济发展总计上升分值分别为0.4分、2.7分和5.1分，3个因素拉动经济发展上升合计8.1分。推动趋势线向上的主要指标是居民生活水平中的社会消费品零售总额增长率上升。金融稳定评估分值由2009年的58.5分升至2010年的61.3分，上升4.7%。其中，经济发展总计分值由52.9分升至60.1分，上升13.8%；金融资源总计分值62.4分升至64.1分，上升2.8%。按照总供给与总需求关系经验公式①衡量：2010年供需关系呈现供给小于需求13.9个百分点左右，金融稳定形势面临供给不足的潜在风险。

① 经验公式为：各项贷款余额增长率－（经济增长率＋通货膨胀率＋5个百分点）。

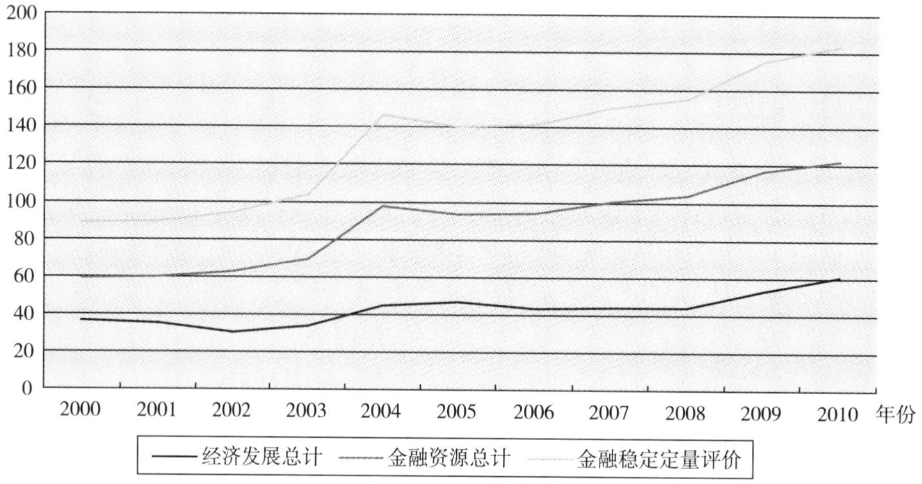

数据来源：黑龙江省金融稳定监测评估系统。

图3　2000—2010年黑龙江省金融稳定评价

（二）政策建议

1. 发挥金融支持作用，促进产业结构调整

金融机构要为新能源、新材料、生物、节能环保、高端装备制造等战略性新兴产业提供有力的金融支持，努力将黑龙江省打造成国家级先进装备制造基地、国家重要的能源基地、国家可靠的商品粮基地；从保障国家安全稳定的高度出发，加大对农业农村经济的信贷扶持力度。推进现代农业产业体系建设。

2. 采取有效措施，防范信贷风险

充分利用企业和个人信用信息基础数据库，降低金融风险、提高信贷投放质量，为创建良好的金融生态环境打好基础。同时，要加大不良贷款清收工作的力度，切实维护金融债权的合法权益，防止个别企业借机逃废银行债务，确保金融业安全稳健运行。逐步完善金融预警机制，密切关注货币政策由适度宽松调整为稳健后部分行业、企业风险状况，并有效防范跨行业、跨市场、跨国界的系统性金融风险，维护区域金融稳定。

3. 构建宏观审慎管理框架，扩大风险监测覆盖面

加强与地方政府、监管部门之间的协调沟通，健全金融稳定协调机制，研究构建逆周期宏观审慎管理框架和对潜在系统性金融风险的监测评估方法，从金融稳定的角度全面、准确、及时地评估金融机构的稳健性状况，扩大风险监测的覆盖面，提升金融风险处置和应急管理水平。

4. 完善金融基础设施建设，提升金融服务水平

改善城乡支付环境，推进二代支付系统建设，实现支付系统安全高效运行；加快征信体系立法工作进程，提高征信管理水平；继续完善反洗钱法律法规体系，努力构建反洗钱监管长效机制；不断完善应急体系预案，健全应急管理机制；进一步推进完善小企业金融服务，积极努力改善小企业金融服务环境；加大对薄弱环节的金融服务力度，为农村地区提供多元化的金融服务。

六、预测与展望

2011 年是“十二五”规划的开局之年，也是黑龙江省产业项目三年决战的起步之年，更是加快转变经济发展方式、调整产业结构的关键一年。黑龙江省将继续加快结构调整，推动自主创新，深化改革开放，确保社会稳定，推动全省经济社会更好更快发展。预计 2011 年全省地区生产总值同比增长 12%，CPI 涨幅控制在 4% 左右，地方财政收入增长 15%，全社会固定资产投资增长 30%，社会消费品零售总额增长 15%，外贸进出口总额增长 15% 以上，全省金融机构贷款增长 16%，经济回升向好的势头将进一步巩固。

总　　纂：刘希忠
统　　稿：关立群
执　　笔：梁　蒙
其他参与写作人员（按姓氏笔画排序）：
卢　刚　孙　磊　孙丽颖　刘　恕　刘　爽
别丹丹　杜志文　杨　冰　杨　捷　姜天怡
高　扬　窦凌蛟　蔡志力

上海市金融稳定报告摘要

2010年面对国际国内经济形势的变化，在党中央、国务院的正确领导下，上海市坚决贯彻落实中央各项宏观调控政策经济决策，以科学发展观为指导，紧紧围绕“五个确保”要求，保持了上海经济平稳较快发展。综合经济实力迈上新台阶，经济结构不断优化，对外贸易较快增长，上海国际中心建设深入推进，长三角金融协调发展。上海金融体系在发展中创新，运行质量和效益不断提高。金融基础设施进一步完善，金融系统抵御风险能力持续增强。与此同时，全球经济体复苏仍不均衡，主要发达经济体复苏缓慢，新兴市场经济体增长强劲但面临较大的资本流入及通胀压力。因此，应对影响上海金融稳定的因素予以关注：一是要关注通胀预期以及上海经济增长的稳定性对上海经济的影响；二是关注经济结构调整政府融资平台以及房地产信贷潜在的信贷风险；三是关注证券行业的信息安全；四是关注保险业资金投资渠道拓宽和收益率下降的问题。

一、经济与金融环境

（一）上海经济金融运行总体平稳

2010年，上海继续保持实体经济发展的基本平衡，积极拓展国际贸易，优化经济结构，大力促进新兴产业，提高自主创新能力，扩大内需。总体来看，上海经济保持了平稳发展态势，主要呈现以下特点：

1. 上海经济继续保持平稳增长，经济结构不断优化。2010年上海市实现地区生产总值（GDP）16 872.42亿元，按可比价格计算，同比增长9.9%，“十一五”期间年均增长11%左右。

2. 固定资产投资规模基本持平，非国有投资快速增长。2010年，上海市完成全社会固定资产投资总额5 317.67亿元，同比增长0.8%。从投资主体看，国有经济投资2 234.12亿元，同比下降14.7%，占全社会固定资产投资总额的比重为42%；非国有经济投资3 083.55亿元，增长16.2%。

3. 三大需求协调性增强，消费实现较快增长。“十一五”期间，上海市三大需求协调性进一步增强，生产总值结构更趋合理。世博会成功举办成为上海市经济增长的一大亮点。2010年，上海市社会消费品零售总额6 036.9亿元，名义同比增长17.5%，增速同比提高3.5个百分点，持续领先投资增速。

4. 对外贸易较快增长，开放水平进一步提高。2010年上海市进出口总额3 688.69亿美元，同比增长32.8%。利用外资结构质量继续优化，全年外商直接投资实际到位资金达到111.2亿美元，同比增长5.5%，累计实到外资突破1 000亿美元。

5. 财政和居民可支配收入不断增加。2010年上海市地方财政收入2 873.58亿元，同比增长

13.1%。全年地方财政支出3 302.89亿元，同比增长10.5%。地方财政支出结构优化。城乡居民收入保持平稳较快增长。据抽样调查，城市居民家庭人均年可支配收入31 838元，同比增长10.4%；农村居民家庭人均年可支配收入13 746元，同比增长11.5%。

6. 金融机构集聚进一步加强。2010年，上海市全年实现金融业增加值1 931.73亿元，同比增长4.9%，占GDP的比重为11.4%。截至2010年末，上海市有各类金融机构560家，全年新增各类金融机构116家。

7. 金融市场规模扩大，交易活跃。2010年上海证券市场筹资7 584.14亿元，比上年增长55.9%。上市公司资本市场直接融资1 184.2亿元（含H股融资183.5亿元、资产注入131.5亿元），同比增长20.7%。

（二）促进经济增长和金融稳定的重要举措

1. 房地产市场调控成效初步显现。2010年为了遏制部分城市房价过快上涨势头，满足人民群众的基本住房需求，国务院采取了一系列政策，落实房地产调控措施。在各项调控政策作用下，上海房地产市场需求总体受到较明显抑制，住房交易量接近2004年以来的历史低位。但由于CPI创新高后通胀预期显著增强，受增量房房产税开征在即传闻的刺激，住房交易量快速反弹，其中，12月份住房交易量创4月份调控以来新高。

2. 加快经济结构战略性调整。2010年，上海坚持把经济结构战略性调整作为加快转变经济发展方式及“保增长”的主攻方向，三产中服务业发展呈现新亮点。全年第三产业增加值同比增长5%左右，增加值占比57%。

3. 实施适度宽松的货币政策。2010年以来，上海各金融机构认真执行适度宽松的货币政策，货币信贷运行总体平稳，人民币汇率弹性增强。

4. 深入推进上海国际中心建设和长三角金融协调发展，上海市国际金融中心建设各项工作取得新突破。

（三）经济金融运行中需要关注的问题

1. 关注通胀预期保持物价稳定。2010年，主要由食品价格引发的居民消费价格不断上涨，全年CPI总水平同比上涨3.3%。通货膨胀压力明显，给经济的可持续性发展和金融稳定带来不利影响。

2. 关注第三产业增长的稳定性。2010年受股市房市波动影响，本市金融业增加值增速明显回落，金融业增加值同比增长4.9%，增速同比回落20个百分点；房地产业增加值同比下降22%，增速同比多降8个百分点。

3. 关注绿色经济。2010年，促进经济转型，推进高新技术产业化，加快新兴产业发展是经济工作的重大任务和主攻方向。

4. 关注“后世博”经济。在“后世博”时期，世博经济带来的区域辐射效应以及对金融、区域经济产生的种种影响值得关注。

二、银行业

2010年上海银行业金融机构业务规模稳步扩张，贷款结构稳中有变，盈利水平和盈利能力明显上升，不良贷款余额和比例继续双降，总体上保持了稳健的发展势头，抗风险能力不断提高，促进了地方经济的平稳发展。

（一）上海银行业发展运行情况

1. 资产负债规模稳步增长，资产总额逼近 7 万亿元，同比增长 10.98%。负债总额 6.73 万亿元，同比增长 10.67%，比年初增加 6 492.8 亿元。2010 年，各项存贷款继续稳步增长。本外币各项存款余额 49 922.44 亿元，同比增长 16.46%；各项贷款余额 33 939.07 亿元，同比增长 15.48%。

2. 银行业金融机构集聚上海，增强上海金融的全国辐射力。目前上海各类营运中心共计已达 59 家。目前，在沪非银行金融机构涵盖六大业态，机构数达 30 家（其中法人机构 28 家），上海也已成为全国范围内非银行金融机构业态种类最为齐全的城市。

3. 资产质量不断提升。2010 年上海银行业不良贷款余额及比例总体上延续了 2003 年以来“双降”的态势，在资产规模扩张的同时，资产质量持续改善。截至 2010 年末，全市金融机构不良贷款余额为 271.94 亿元，比年初减少 74.81 亿元；不良贷款率 0.83%，比年初下降 0.38 个百分点，不良贷款率创历史新低。不良贷款中，次级类贷款下降显著，比年初减少 52.36 亿元，余额同比下降 42.38%、次级类贷款率 0.21%，比年初下降 0.21 个百分点。

4. 拨备覆盖率大幅提高，风险抵补能力进一步增强。上海商业银行在提高贷款质量的同时，继续提高拨备覆盖率。截至 2010 年 12 月末，上海银行业金融机构拨备覆盖率达到 194.93%，比年初上升 45.21 个百分点，同比上升 69.62 个百分点，银行业金融机构整体风险抵御能力大幅提高。

5. 盈利水平大幅提高，结构有所改善。在经济持续回暖、企业融资需求扩大的背景下，商业银行贷款定价能力普遍提升，带动净息差触底反弹。截至 2010 年末，全市银行业金融机构累计实现净利润 797.75 亿元，同比增加 198.96 亿元，增长 33.87%，增幅同比提高 48.81 个百分点。

（二）上海银行业稳健性评估

1. 资本充足率和贷款损失准备充足率较为充足。2010 年上海法人商业银行通过多种渠道补充资本金。截至年末，上海中资法人商业银行平均资本充足率达 12.15%，外资法人银行平均资本充足率达 16.90%。中外资法人银行贷款损失准备金充足率 198.14%，同比增长 34.08 个百分点。

2. 资产质量保持稳定，但不良资产反弹压力较大。2010 年上海银行业资产质量持续好转。截至年末，上海银行业金融机构不良贷款余额和不良贷款率持续下降。近年来，新增贷款快速增长，有相当大比例投放到了地方政府融资平台项目、产能过剩企业及房地产市场，大规模信贷集中投放使得潜在风险隐患上升。从 2010 年次级类、可疑类贷款持续下降的趋势上看，目前尚未出现明显的贷款质量向下迁移风险。

3. 盈利结构有所改善。2010 年上海银行业经营效益提升较快，金融机构税前净利润同比增长 33.81%。从盈利结构看，银行利润的大幅增长主要源于银行传统业务利息净收入以及中间业务收入的大幅增长。在信贷规模控制下，银行积极开展资金业务，银行业投资迅速膨胀，截至 2010 年末，投资收益同比增加 21 亿元。

4. 银行流动性有所收紧，流动性总体适当。2010 年，尽管上海各商业银行在银行间市场资金流动性趋紧，备付金比例总体保持合适水平。各法人银行人民币备付率月度均值为 3.65%，标准差为 0.46%，贷存比与流动性比例季度波动性特征较为明显。

5. 银行信贷增长相对放缓，信贷资金各行业增长不均衡。中资银行新增贷款（不含票据融资）主要投向批发和零售业、租赁商务服务业、房地产业、交通仓储和邮政业，上述四个行业新增本外币贷款3 083亿元，同比少增563亿元，占中资银行本外币贷款增量的73%。

（三）上海银行业发展中应该关注的方面

1. 关注政府融资平台的信贷风险。近年来，上海城市基础设施建设增幅持续保持两位数增长，以政府为融资平台的贷款也随之增长。在实际操作中，政府往往通过多个融资平台公司从多家银行获得信贷，形成“多头融资、多头授信”的格局，银行对于融资平台的资金监管较为困难，银行信贷资金的安全应予以高度关注。

2. 关注房地产政策变化对行业贷款产生的影响。房地产贷款质量总体稳定，不良率继续下降。当前，房地产调控取得了初步成效，投资投机性需求受到一定抑制，房地产市场尚未因政策调整出现明显波动，但需密切关注政策累积效应。

3. 关注异地贷款的风险问题。目前，受地域、人力和时间的限制，办理异地贷款业务的银行难以及时、有效地获取异地企业真实的经营、财务等状况及其变化情况。贷款流入地监管部门按属地监管原则仅能监控到有哪些异地贷款流入，而对这些贷款分布、投向和风险状况难以掌握和监控。

4. 关注银行金融服务创新中的问题。2010年上海银行业积极推进金融产品和服务创新。银行在探索开发理财业务的同时，也存在着规避监管要求的倾向，潜藏着风险。

三、证券业

（一）上海证券业发展概况

1. 证券、期货行业平稳发展，机构实力增强。证券公司总资产同比减少，净资本稳步增加。截至2010年末，净资产、净资本分别达到1 294.5亿元和1 010.2亿元，同比分别增长5.8%和2.2%。从业务结构看，经纪、自营业务收入占比下降，承销业务收入占比明显提高。新基金发行加速，管理基金总净值有所下降。2010年，上海基金公司共发行新基金70只，创历史之最，占全国的47.3%。期货公司整体实力大幅提高，截至2010年末，上海期货公司总资产378.5亿元，同比增长84%；客户保证金余额320.4亿元，较年初增长88.2%。

2. 基础制度建设有序推进，行业规范进一步加强。证券经营机构的股权关系进一步理顺，公司治理不断完善。合规管理进一步深入，风控机制不断健全。行业自律管理功能进一步得到发挥。

3. 行业创新、开放取得新进展。上海积极推动上海券商拓展理财产品、资产证券化、融资融券、基金代销、期货IB、直接投资、银行间市场衍生品等创新业务领域。

4. 证券市场融资功能大幅增强。2010年，上海上市公司资本市场直接融资1 184.2亿元（含H股融资183.5亿元、资产注入131.5亿元），同比增长20.7%。其中，IPO融资116.8亿元，股票再融资1 054.6亿元，公司债融资12.8亿元。

（二）上海证券机构稳健性评估

2010年，上海证券公司盈利模式继续向多元化发展，其中证券承销、自营投资、资产管理业务贡献度有所变化。截至年末，上海16家证券公司实现总营业收入341.93亿元，同比减少18.97%。

1. 经纪业务收入明显下降，但仍是最主要的收入来源。2010年，上海证券公司经纪业务收入为205.13亿元，同比减少25.41%。从业务收入占比来看，经纪业务收入在总营业收入中占比达到59.99%，相对于2009年的65.08%有所下降，仍是证券公司最主要的收入来源。

2. 证券承销收入大幅增加，占总收入比重有所下降。截至2010年末，上海证券公司证券承销收入为41.48亿元，同比增长1.44倍。从业务收入占比来看，证券承销收入在总营业收入中占比达到12.13%，相对于2009年的5.18%明显上升，得益于2010年新股发行恢复正常。

3. 投资净收益与资产管理业务净收入两项合计占比同比下降。截至2010年末，上海证券公司自营业务收入42.30亿元，同比减少43.6%。资产管理业务收入为4.16亿元，同比下降16.8%。从业务收入占比来看，上述两项收入在总营业收入中占比达到13.59%，相对于2009年的18.68%明显下降。随着社会财富日益增加、投资者对财富保值增值需求日渐迫切，资产管理业务正在成为证券公司业绩增长的重要来源。但在总体上，多数证券公司的资产管理业务仍在起步阶段，集合理财产品创新难度较大，未来创新空间仍待拓展。

4. 净利润大幅减少，基本实现盈利。截至2010年末，上海16家证券公司实现净利润151.55亿元，同比减少28.18%。总体来看，经纪、自营业务收入占比下降，承销业务收入占比提高。

（三）上海证券业发展中需要关注的方面

1. 关注市场运行面临的新情况和新变化。关注国内宏观调控政策变化、美国量化宽松货币政策等外部因素对国内股票市场、债券市场、期货市场运行的影响。

2. 关注行业信息安全问题。目前证券期货市场的集中化趋势十分明显，同时行业软件系统供应商呈现垄断格局，信息系统的潜在风险凸显。

3. 关注监管套利和监管空白问题。对场外衍生品市场、对冲基金、私募基金等领域还存在监管漏洞或监管薄弱环节，需要加以研究。

4. 关注债券市场问题。加快公司债券市场发展，推进银行间债市与交易所债市的统一互联，进一步拓展直接融资的渠道。客观评价证券行业的发展现状，关注行业发展的不利因素。

四、保险业

2010年，上海保险业按照中国保监会年初提出的“转方式、调结构、防风险、促发展”的要求，围绕服从、服务于上海“两个中心”建设，稳健发展，规范自律，保障民生。

（一）上海保险业发展运行情况

1. 保费收入大幅增长，赔付支出略有增加。2010年，全年原保险保费收入累计883.86亿元，同比增加218.83亿元，增长32.89%，增速较2009年有较大提高；全年赔付支出累计194.54亿元，同比增加17.8亿元，增长10.07%。2010年，上海市保险深度为5.2%，保险密度为6 310元/人。

2. 市场主体数量继续增加，市场主体多样化明显。截至2010年末，上海共有110家保险公司，较2009年末增加10家，市场主体数量继续增加。法人注册地在上海的保险机构（不含保险中介机构）共有48家，涵盖了财产保险公司、人寿保险公司、养老保险公司、健康保险公司、再保险公司、保险集团公司、保险资产管理公司等各种类型的保险机构，市场主体多样化明显。

3. 保险业改革持续推进。配合上海“两个中心”建设工作，一是上海保监局积极配合落实上海市政府与保监会合作备忘录，与上海金融办一起制定了《上海保险业改革创新三年行动计划》。二是以服务民生为出发点，不断扩大保险覆盖面。三是配合上海航运中心建设，通过政策支持和制度指引，推动中国人民财产保险公司、太平洋财产保险公司在上海建立航运保险营运中心，上海成为我国首批航运保险运营中心。

4. 着力发挥保险风险保障、防灾防损作用，做好伊春“8·24”空难、上海“11·15”特大火灾等重大灾害理赔服务工作。截至2010年末，上海保险业为“11·15”特大火灾已累计赔付939.94万元。其中，产险公司累计赔付595.78万元，寿险公司累计赔付344.16万元。从各个环节入手提高车险理赔服务质量。商业银行投资保险公司股权试点进展顺利。

（二）上海保险机构稳健性运营情况

1. 总资产规模继续增长，盈利状况良好。截至2010年末，上海法人保险机构总资产共计2 816.96亿元，较2009年末增长30.8%。2010年，上海法人保险机构共实现净利润19.74亿元，较2009年增长78.6%。14家产险公司实现承保利润2.59亿元，与2009年相比多盈利3.98亿元，全面实现扭亏为盈。中资产险公司承保盈利有较大改善，6家公司2009年仅有2家承保盈利，2010年升至5家。而外资产险公司总体来说盈利状况较差，2010年承保亏损有所增加。

2. 分红险业务占比不断提高，产险业务结构较为稳定。2010年，上海法人保险公司共实现保费收入950.75亿元，较2009年增长34.1%。产险公司业务类型仍然较为稳定，中外资产险公司业务结构差异较大。中资产险公司车险保费收入占比80%左右；外资产险公司仍以货物运输险、责任险和财产险为主，这个险种的保费收入占产险保费收入的80%左右。

3. 保险资金运用余额增长，投资收益较上年同期下降。截至2010年末，上海法人保险机构保险资金运用余额2 257.1亿元，较2009年增长34.8%。2010年，受欧洲主权债务危机、国内房地产市场调控等因素的影响，股票市场一直处于震荡整理的走势，保险资金在股票投资和证券投资基金上的投入较2009年略有下降，固定权益投资中，债券投资的比例明显上升。

4. 偿付能力充足率情况整体良好

按照保监会《保险公司偿付能力管理规定》的划分标准，截至2010年末，上海14家产险保险公司和15家寿险保险公司偿付能力充足率情况整体良好，有24家保险公司偿付能力充足率高于150%，属于充足Ⅱ类公司。

5. 产险综合成本率有所降低

截至2010年末，上海14家法人产险公司平均综合成本率100.7%，较2009年末降低3个百分点。其中，费用率39.8%，降低6.2个百分点；赔付率则略有上升。

（三）保险业发展中应该关注的方面

1. 关注宏观形势变化对保险业的影响。虽然2010年保费收入增长迅速，保险业规模不断扩大，但是同时也应该看到，世界经济以及国际金融市场的动荡，不仅会影响我国经济运行的稳定性，也会给保险需求和资金运用带来更多不确定性。

2. 关注保险资金投资渠道拓宽和收益率下降的问题。2010年，受市场低利率和股市震荡的影响，保险公司投资收益率较2009年有所下降，保险资金在债券市场的投资明显增多。投资渠道的逐步拓宽会对保险公司防范投资风险提出更高的要求。

3. 关注银保新政对保险公司经营的影响。2010年11月，银监会下发《关于进一步加强商业银行代理保险业务合规销售与风险管理的通知》，对商业银行代理保险业务提出了多项规范性要求。对于一些自主销售能力较强，且代销保险产品手续费收入占比不高的银行来说，对其自身的银保业务影响不大，无形中进一步强化了银行的选择权。另外，由于保险公司通过银保渠道获得的保费收入占比较高，而银行销售人员对较复杂的保险产品销售能力不强，取消保险公司在银行的驻点人员会对期缴型产品销售产生较大影响。

4. 关注保险市场的竞争问题。近年来，随着保险市场主体的不断增加，市场竞争日益加剧，主要表现在：一是变相突破手续费支付标准。二是大幅降低费率以迅速扩大业务规模。三是以高薪挖取具有较高专业素质的保险人才。

（四）对上海保险业进一步发展的相关建议

1. 大力推进保险业务结构调整。围绕上海经济转型和国际航运中心建设，大力发展科技保险、航运保险等险种，推进环境污染责任保险，加强对低碳企业的保险服务。配合政府做好防灾减灾工作，大力推进责任保险、家财保险、人身意外伤害保险等险种的发展。积极为都市农业、观光农业、生态农业提供保险服务，为新市镇建设提供保险服务。为服务中小企业发展，积极推进出口信用保险、科技保险、保单融资保险。大力推进寿险结构调整，加快推进个税递延型养老保险的试点工作。

2. 进一步发挥同业公会作用。一是提高开展行业自律的水平，提升自律公约的约束力。二是在服务中提高管理水平。三是提高行业服务的水平。各家机构也要积极配合、主动参与同业公会的工作，为行业的发展营造良好的环境。

3. 加强银保渠道管理。加强银行导向管理，银保合作应充分体现保险的保障功能。保险公司通过银行平台宣传保险，银行通过开展代销业务增加中间业务收入，银行、保险应加强合作，资源共享，培养和发展长期有效的业务合作，而非只顾眼前短期的利益合作。

4. 加强行业自律，自觉维护市场秩序。严格遵守《保险从业人员行为准则》，规范保险公司市场行为；加强对销售人员的管理，促进保险市场规范有序发展。

五、基础设施建设

高效运作的金融基础设施是金融系统稳定的重要保障。2010年，上海支付清算建设不断完善，企业和个人征信系统建设稳步推进，反洗钱监管领域进一步扩大，积极促进了上海“两个中心”的建设进程。

（一）支付体系建设稳步推进

安全、高效、便捷的支付体系是金融稳定运行的基础保障。2010年，中国人民银行上海总部紧紧围绕国际金融中心建设和成功举办世博会的现实需要，在确保辖内主要支付清算系统安全、稳定运行的基础上，积极推进“长三角”支付结算协调发展、创新支付结算工具、加强银行卡业务管理、提高账户管理和服务水平。

（二）征信体系建设不断完善

2010 年，人民银行上海总部深入推进企业和个人征信系统建设，稳步推进中小企业和农村信用体系建设，拓展征信系统服务范围，深化评级市场的培育与管理，营造良好的世博信用环境，不断完善上海征信体系建设，优化上海金融生态环境，积极促进上海“两个中心”的建设进程。

（三）夯实反洗钱基础，突出反洗钱实效

按照总行 2010 年反洗钱工作会议的总体部署，上海总部反洗钱部门深入学习与实践科学发展观，积极贯彻落实以风险为本的反洗钱原则与方法，全面组织金融机构探索以自评估机制为手段稳步提高反洗钱能力与水平，大力推动反洗钱大额与可疑交易数据质量的持续提高，主动做好反恐融资工作确保上海世博会的安全顺利举办，反洗钱现场检查与非现场监管、行政调查等各项工作取得积极成效。

总　　纂：凌　涛
统　　稿：杜要忠　王新东
执　　笔：王新东　谢　斌　辛长虹　张雅楠　金　雁
参与写作人员（按姓氏笔画排序）：
马　强　方轶强　韦　伟　叶　芳　司　巍　刘琼瑜
朱松华　李冀申　李　倩　陈　晨　张　勇　张永江
金子寿　施一扬　唐振宇　崔　华　韩爱华　童士清
童文俊

江苏省金融稳定报告摘要

2010年以来，江苏省经济呈现出创新引领、增长较快、质量提升、结构优化、后劲增强、民生改善的良好态势，经济运行的质态持续改善，“十一五”规划确定的主要目标和任务全面完成。工业生产运行良好，企业效益大幅增长。固定资产投资增长较快，消费品市场稳步增长，对外贸易呈现恢复性增长态势并逐步迈上新台阶。财政收入增长较快，城乡居民收入持续增加。全省金融机构综合竞争力和影响力进一步扩大，经营效益和风险控制能力稳步提高。金融基础设施不断完善，金融生态环境创建工作继续深入推进，支付系统稳定运行，征信体系建设全面推向深入，反洗钱监管体制机制不断健全。金融服务实体经济的效率和安全性稳步增强，整个金融体系呈稳健运行态势。

一、宏观经济

为应对复杂多变的国内外经济金融形势，保持经济又好又快发展，国家制定并出台了一系列重要的经济金融政策和法律法规。这些政策和措施对江苏省当前和今后一段时期的经济金融稳定与发展产生深远影响。

2010年，江苏省经济“高开稳走”，持续向好，综合实力明显增强。初步核算，全年地区生产总值40 903.3亿元，比上年增长12.6%；先进制造业和现代服务业发展水平提升，全年实现高新技术产业产值30 354.8亿元，增长38.1%，占规模以上工业总产值比重达33%，比上年提高3个百分点；财政总收入突破1万亿元，其中地方一般预算收入4 079.9亿元，增长26.4%；全省全社会固定资产投资23 186.8亿元，比上年增长22.4%，实现社会消费品零售总额13 482.3亿元，比上年增长18.7%；全年进出口总额4 657.9亿美元，比上年增长37.5%，其中，出口2 705.5亿元，增长35.8%；实际利用外资285亿美元，增长12.5%；城镇居民人均可支配收入和农村居民人均纯收入分别达到22 944元和9 118元，分别增长11.6%和13.9%。

二、非金融部门

（一）企业

中国人民银行南京分行监测的590户工业企业财务数据显示，企业主营业务收入大幅增长，营运能力持续改善，偿债能力有所提高。

（二）居民

2010年，江苏省住户部门负债规模扩大，杠杆率提升，城镇居民对物价的满意度降低，投资意愿超储蓄意愿，住户部门总体贷款质量较好。

三、金融业

（一）银行业

2010年江苏省银行业呈稳健运行态势，信贷总量增势稳定，投放节奏更加均衡，金融机构利润增长势头良好，不良贷款保持双降。截至2010年末，全省金融机构人民币各项存款余额为58 984.14亿元，比年初增加10 134.26亿元，增长20.75%，增速较上年同期下降11.12个百分点，人民币各项贷款余额为42 121.04亿元，比年初增加6 824.31亿元，增长19.33%，增速较上年同期下降15.60个百分点；2010年全省银行业金融机构（不含外资银行）本外币业务共实现利润1 004.36亿元，同比增长20.43%；不良贷款余额比上年同期下降82.84亿元，不良贷款率比上年同期下降0.49个百分点。

（二）证券业

2010年，全省证券期货业继续保持稳定健康发展的态势。法人证券公司总资产、净资产和净资本同比大幅增加，整体实力有了进一步提升，5家法人证券公司资产总额1 445.34亿元，净资产450.88亿元，净资本330.52亿元。期货行业在坚持风险防范的基础上稳步发展，11家法人期货公司资产总额106.97亿元，净资本12.80亿元，利润总额2.34亿元，同比分别增长31%、29%和36%。在经营业绩不断提升的同时，各期货经营机构的风险控制能力与合规经营水平有了进一步提升。直接融资水平再创历史最好水平，上市公司经营状况总体良好。2010年，全省新增境内上市公司41家，首发融资470.68亿元，再融资297.47亿元。根据已披露的第三季度报告来看，全省上市公司实现营业收入、净利润和净资产总额同比均有较大幅度增长。

（三）保险业

2010年来江苏省保险业继续保持良好的发展势头，行业实力不断增强。2010年全省实现保费收入1 162.67亿元，同比增长28.09%，列全国各省区市第二。其中，财产险保费收入311.91亿元，同比增长36.57%；人身险保费收入850.76亿元，同比增长25.23%。江苏产险公司全年累计承保盈利17.35亿元，比上年同期增加了21.55亿元，承保利润继续排名全国第一。全省法人保险公司总资产、净资产、保费收入分别为18.33亿元、10.78亿元和6.52亿元。

四、金融改革与创新

（一）银行业

银行业机构组织体系进一步完善。截至2010年末，全省政策性银行一级分行2家，二级分行13

家；大型银行一级分行10家，二级分行58家；股份制银行一级分行21家，二级分行28家；城市商业银行法人3家，分行27家；邮政储蓄银行一级分行1家，二级分行13家；外资银行法人1家，分行21家；农村银行机构41家，农村信用联社27家，村镇银行25家。

大型银行经营管理改革积极推进。一是积极推进组织机构改革，满足经营发展需要。其中，农业银行江苏省分行继续深入推进“三农”事业部制改革工作，着重围绕完善“三农”金融事业分部的五大中心功能，强化内部管理能力建设；组建二级分行内控合规部，推进组织结构优化，完善内控合规体系。二是强化内控管理，积极防范风险。三是加快结构调整，深化业务转型。四是大力推进中间业务发展，不断优化收入结构。

政策性银行改革创新稳步推进。进出口银行南京分行大力提高经营管理水平，各项业务快速发展，不断加大金融创新力度，在营销管理模式、创新业务品种等多个领域都实现了突破。农业发展银行江苏省分行进一步健全绩效激励约束机制，强化内控和风险管理，开展业务营销和优化转型。新型商业性业务大幅增长，有力地支持了新农村建设。中间业务收入来源渠道拓宽，资信业务、银团安排与承销、其他咨询顾问业务成为新的中间业务收入来源。

（二）证券业

一是直接融资规模持续扩大。2010年，全省新增境内上市公司41家，其中主板3家，中小板33家，创业板5家。全省上市公司首发融资达到470.68亿元，其中主板177.16亿元，中小板256.2亿元，创业板37.32亿元。另外，有22家上市公司实现再融资297.47亿元。截至12月末，全省境内上市公司总量达到169家，IPO融资突破1 000亿元。在上市公司总量和直接融资取得新突破的同时，全省上市公司后备资源不断扩大，共有拟上市企业153家。二是证券行业发展迈上新的台阶。以华泰证券上市为标志，全省证券公司整体实力有了进一步提升，竞争能力明显提高，风险控制能力显著增强。同时积极拓展融资融券、股指期货等新业务。三是期货业步入快速发展期。江苏期货公司规模不断提高，经营业绩不断提升。同时，各期货经营机构的风险控制能力与合规经营水平进一步提升，在证监会开展的第二次分类评价中，辖区11家期货公司评级有了全面提升，其中A类1家、B类4家、C类6家，有5家提高了类别，2家提高了级别，消除了D类。

（三）保险业

全省保险业服务创新加快推进。一是大多数保险公司推出提升理赔效率的新举措，普遍承诺千元案件及时结案、小额赔付立等可取。二是“江阴新农合”管理模式不断创新，成功开办新农合补充保险，并开发了“重疾远程会诊评估服务”、“重疾本地定点医师服务”等系统，有效推动解决异地看病难问题。三是太平洋产险和东吴保险经纪公司在全国首创居家养老护理责任险，得到全国老龄办的高度评价。四是在继续发挥传统销售渠道优势的基础上，不断创新服务模式，电话销售、网络销售等新兴销售方式快速发展。

五、金融基础设施

（一）金融生态环境

2010年，江苏省金融生态县创建工作继续深入推进，各地创建热情高涨，组织有序，措施得力，成效显著，达到了预期效果。各创建县逃废金融债务落实率均为100%，没有发生新的逃废债行为。各地信用农户覆盖率普遍达到80%以上，不少地区的覆盖率甚至达到100%。2010年申报金融生态达标县的24个县中，金融机构案件执结率在90%以上的有20家，占83%，其中有两家达到100%。金融机构执行案件标的额兑现率在50%以上的有22家，占92%，其中最高的县达到99%。

通过各项创建活动，全省金融生态环境进一步优化：一是政府观念明显转变。各创建县政府把金融生态县创建作为政府重点工作内容，纳入政府目标考核，主动开展创建工作。二是信用意识显著增强。各创建县政府带头倡导诚信，大力推进诚信建设，切实帮助金融机构维护债权。企业信用意识明显增强，创建县金融机构不良贷款及不良贷款率基本保持双降。三是法制环境明显好转。各创建县坚持“优先审理、优先执行”的原则对待金融涉诉案件，开启绿色通道，有力地维护了金融债权。四是银企关系明显优化。各创建县银企之间加强合作，建立相互信任、共同发展的“鱼水”关系，金融机构主动营销信贷产品，企业对金融的满意度均处于较高水平。五是县域金融服务功能明显增强。各创建县一方面融入地方经济发展大局，充分发挥金融对经济发展的重要支撑作用；另一方面，加强信贷结构调整，大力发展民生金融，限制落后、淘汰产业，促进经济结构调整。

（二）支付体系

以建立安全高效的支付体系为目标，深入推进改善农村地区支付结算环境建设，大力推广非现金支付工具，着力促进银行卡安全健康发展，加强支付清算系统建设，强化支付清算监管，防范各类支付风险，全面提升辖区支付清算服务水平。一是坚持打防并重，进一步提升银行卡管理效率，积极发挥联合打击银行卡犯罪长效机制的作用，切实防范银行卡风险。开展银行卡业务专项检查，促进银行卡市场秩序规范发展，积极探索银行卡领域金融消费者权益保护工作。二是统筹规划部署，切实落实世博支付环境建设工作要求，配合上海做好世博会支付环境建设工作，为世博会提供优质的金融服务和安全的支付环境，全面实现世博支付“零投诉”。三是以“城乡一体化”为目标，深入推进江苏省农村支付结算“快通工程”建设。积极推广非现金支付工具在农村地区的使用，深入开展农村地区支付结算业务创新，农村支付结算服务水平进一步提升。四是坚持服务与监管并重，不断加强支付系统建设，支付系统运行管理水平日臻完善。五是开展个人账户真实性核实试点，创新账户管理手段，账户管理水平再上新台阶。六是以总行《非金融机构支付服务管理办法》为指导，初步建立江苏省非金融支付服务机构管理制度。

（三）征信体系

以征信市场管理、征信系统建设和推进社会信用体系建设为主线，不断开拓履职空间、提升履职效能，有效发挥了征信管理服务地方经济发展，改善地方信用环境的积极作用。一是以完善信用信息服务为基础，强力推进中小企业信用体系建设。制定并印发了《江苏省中小企业信用体系试验区建设实施方案》，组织研发了全省统一模式的“江苏省中小企业信用信息辅助管理系统”，目前该系统已经在13个地市中心支行上线试运行。继续推动常州、南通两地加快信用体系建设成果转化，进一步加大对中小企业的信贷支持。二是以农村青年信用示范户创建为抓手，全面推动江苏省农村信用体系建设工作。设计、完善了具有江苏特色的农户及农村合作经济组织信用档案，联合农信社、团组织、村委会多方力量采集农户信用信息，至12月底全省已建立农户信用档案875万户，建档面达65.84%。三是以担保机构信用评级为着力点，强化信息披露，助推银保合作。印发《江苏省担保机构信用评级工作指引》，对担保机构信用评级工作系列制度进行了进一步的规范与完善，并规定了评级机构、金融机构、担保机构、人民银行和担保机构管理部门的权利、义务和工作要求，使江苏省担保机构信用评级工作正式步入制度化、规范化、科学化轨道。四是依托人民银行应收账款质押登记公示系统，不断推动江苏应收账款质押融资业务的发展，拓宽中小企业融资渠道。五是以保护征信消费者权益为核心，进一步规范个人征信系统使用管理和异议处理的流程和操作，建立异议处理跟踪管理及季度通报机制，督促金融机构切实重视金融消费者权益保护。六是以促进商票流通为出发点，稳步启动商业承兑汇票信用评级试点工作，建立健全商业承兑汇票风险防控机制，促进商业承兑汇票业务发展。

（四）反洗钱体系

积极适应新形势下反洗钱工作的需要，以强化反洗钱监管、预防和打击洗钱犯罪为工作重点，不断完善体制机制建设，严格依法履行监管职责，切实加强资金监测和反洗钱调查工作，进一步彰显反洗钱工作在预防、打击犯罪，维护公平正义，促进和谐社会建设中的作用。一是坚持风险为本的监管原则，进一步加强反洗钱监管工作。全面强化反洗钱现场检查，进一步探索和完善反洗钱非现场监管体系，认真做好大额现金监测工作，拓宽反洗钱工作领域，全面推动支付清算组织反洗钱工作。二是加强反洗钱调查和案件协查工作，进一步彰显反洗钱工作有效性。加强监测分析，夯实反洗钱调查基础，积极组织开展集中整治和打击网络赌博违法犯罪活动专项行动。三是深入组织开展形式多样的反洗钱宣传和培训活动，反洗钱工作的社会影响日益扩大。

总　　纂：刘兴亚
统　　稿：崔　健　刘　念
执　　笔：刘　玄　马军伟　宋　磊　周晓刚　卜建明
其他参与写作人员：许朝霞　严仕锋　谢　宁　陈　实
王海慧　倪海鹭　周晨阳

浙江省金融稳定报告摘要

2010年，浙江省经济增长势头良好，为区域金融稳定创造了良好的经济环境。金融业改革发展继续推进，银行业信贷结构优化，资产质量持续提高，盈利结构有所改善；证券期货机构稳健发展，上市公司整体经营状况良好，已基本恢复金融危机前水平；保险业充分发挥补偿功能，业务持续较快增长，业务结构进一步优化，保障了社会经济平稳发展。金融市场运行平稳，金融基础设施不断完善，金融生态环境持续优化。总体看，2010年浙江省金融稳定状况良好。

一、区域经济运行与金融稳定

2010年，浙江经济保持平稳较快的增长态势，各项经济指标持续向好，经济复苏势头进一步巩固。全年实现地区生产总值27 226.8亿元，同比增长11.8%；人均地区生产总值51 800元，比上年增长10.1%。

（一）浙江省经济运行概况

1. 三大产业结构稳定协调。三次产业结构由上年的5.1:51.8:43.1调整为5.0:51.9:43.1，产业结构保持协调。一是农业生产稳定增长，农林牧渔业总产值比上年增长2.9%。农业产业化经营加快推进，各类农业产业化经营组织比上年增长15%。二是工业经济较快增长，规模以上工业增加值比上年增长16.2%，月增速在年初迅速走高，4月份达到19.8%，随后在节能减排、转型升级等政策调控下逐步趋缓回稳。三是服务业快速增长，服务业增加值首次突破万亿元，位居全国第四，比上年增长12.1%，对GDP增长的贡献为5.2个百分点，贡献率43.7%。

2. 三大需求结构良性调整。一是投资增长平稳，全社会固定资产投资比上年增长16.3%，扣除价格因素实际增长11.1%，限额以上固定资产投资比上年增长16.7%，房地产开发投资比上年增长34.4%。二是消费增长较快，社会消费品零售总额比上年增长19%，扣除价格因素实际增长14.5%，增速与上年基本持平。三是出口实现恢复性增长，出口总额比上年增长35.7%，增幅高于全国4.4个百分点，位居全国第二，全年月均出口150.4亿美元，已超过2008年金融危机前水平。

3. 价格指数持续走高。居民消费价格比上年上涨3.8%，自7月份开始连续6个月出现环比上涨，其中11月同比上涨5.5%，涨幅创2008年8月以来新高；食品、居住、医疗保健类价格涨幅较高，分别比上年上涨7.3%、6%和5.4%。工业品出厂价格和原材料购进价格分别比上年上涨6.2%和12%，进出涨幅差为5.8个百分点。石油、冶金、有色金属类和燃料动力价格涨幅较高，分别比上年上涨19.7%、15%、25.2%和13.9%。

（二）经济运行中值得关注的问题

一是国际环境变化的不确定性因素加大。全球扩张性政策的刺激效果逐步减弱，世界主要经济体经济增长前景仍不明朗，对出口造成较大影响。二是企业生产经营压力增加。一方面，原料价格持续上涨，购销价格“倒挂”，劳动力要素成本持续上升，规模以上工业企业从业人员劳动报酬同比增长 27.6%，企业生产成本上升较快；另一方面，企业融资环境趋于紧张，全年规模以上工业企业利息支出比上年增长 23.6%，资金拖欠现象增多。三是居民消费价格涨幅较快。全年居民消费价格除 1 月外已连续 11 个月超过 3%，食品价格上涨是拉动 CPI 上涨的首要因素。PPI 的上涨也将逐渐传导到 CPI 上，公共基础商品也面临价格上调压力，对下一阶段的 CPI 走势都将产生影响。

二、金融业与金融稳定

（一）银行业稳健性评估

1. 浙江省银行业运行情况

（1）资产规模不断扩大，存贷款保持快速增长。2010 年末，浙江省银行业金融机构资产总额 63 992.54亿元，比上年增长 17.38%；负债总额 61 898.2 亿元，比上年增长 18.74%。本外币各项存款余额 54 478.09 亿元，比上年增长 20.76%，同比下降 6.64 个百分点；各项贷款余额 46 938.54 亿元，同比增长 19.67%，比上年下降 12.76 个百分点。

（2）法人机构资本充足水平较高，抗风险能力较强。2010 年，浙江省法人银行业金融机构加权资本充足率 13.18%，比上年提高 1.48 个百分点。贷款损失专项准备金充足率 272.26%，比年初上升 72.43 个百分点。中小法人机构拨备覆盖率 260.51%，比年初提高 83.21 个百分点，远远超过 150% 的监管要求。

（3）资产质量持续提高，不良贷款实现“双降”。2010 年，浙江省银行业金融机构不良贷款余额和比例实现“双降”，资产质量在全国处于领先位置。年末五级分类不良贷款余额 445.86 亿元，比年初减少 58.78 亿元；不良贷款率 0.95%，比年初下降 0.34 个百分点。

（4）收入结构有所改善，盈利水平稳步提高。2010 年，浙江省银行业金融机构实现税后利润 1 053.62亿元；资产利润率 1.79%，比年初提升 0.22 个百分点；成本收入比 29.21%，比年初下降 1.81 个百分点。收入来源结构持续改善，中间业务收入率达到 14.38%，比年初上升 1.69 个百分点。

（5）流动性指标保持合理水平，法人机构流动性有所趋紧。2010 年末，全省银行业金融机构余额存贷比 85.69%，比上年下降 1.27 个百分点；中长期贷款占比 40.05%，比上年提高 0.67 个百分点。法人银行业金融机构流动性比例 54.21%，比上年下降 0.54 个百分点，流动性水平较上年有所趋紧。

（6）改革创新持续推进，管理水平进一步完善。各机构对产品创新重视程度进一步提高，加大服务、产品创新力度，推进小企业金融服务专营机构建设，改善小企业金融服务。农村金融改革取得新成果，实现全省 159 个空白乡镇金融网点与服务延伸。全年共有 9 家村镇银行获准开业，8 家获准筹建。

2. 浙江省银行业运行中需要关注的主要问题

一是流动性管理难度加大。全省中小法人机构总体流动性水平下滑，年末流动性比例同比下降

0.54个百分点。其中，第三季度末的90天流动性缺口率达到－24.24%，大大低于－10%的监管标准。银行同业竞争加剧，月末、季末高价买存款，中介变相返点等不规范行为时有发生，严重影响存款市场的正常运行。

二是房地产贷款风险突出。截至2010年末，全省共有23.32亿元个人住房贷款逾期，比上年大幅提高75.08%；以房地产为抵押品的贷款余额为20 678.12亿元，占全部贷款余额的44.05%，如果房地产价格大幅下降，将直接导致个人还款意愿下降，抵押品价值缩水，按揭贷款和房地产抵押贷款面临的违约风险上升。

三是信用风险控制压力凸显。一方面，由于宏观经济形势不确定，企业经营环境恶化，偿债能力下降。据调查，如果人民币累计升值3%～5%，约57%的中小型出口企业将处于微利及亏损状态；另一方面，银行信贷资金面趋紧，一些中小企业转向民间借贷，部分企业在高额民间融资成本压力下，正常经营难以为继，采取逃逸方式悬空银行贷款，影响信贷资金安全。

四是传统经营模式亟待转型。银行业整体创新水平不高，盈利结构单一，盈利模式仍然以存贷利差为主。银行贷款增速持续下降，传统信贷增长点将受到抑制，经营模式亟待转变。

五是案件防控形势面临挑战。全年浙江省（不含宁波）共上报案件4起，其中，一类案件3起，二类案件1起。基层网点、信贷业务仍是案件高发部位，需特别警惕骗贷风险和个别银行员工从事社会融资活动造成的风险。

（二）证券业稳健性评估

1. 浙江省证券业运行情况

（1）证券、期货市场交易规模继续增长。2010年，浙江省358家证券营业部代理交易额12.38万亿元，同比增长1.89%。证券经营机构托管市值7 787.68亿元，同比增长33.7%；客户结算资金余额951.84亿元，同比减少6.38%。期货市场交易规模快速增长，全年102家期货经营机构代理交易额43.54万亿元，同比大幅增长97.91%；期货市场保证金余额231.89亿元，同比增长54.49%。

（2）证券公司多元化发展初见成效。全年证券经营机构共实现手续费收入103.65亿元，比上年减少23.76%；利润55.15亿元，比上年减少38%。面对经营业绩下滑，证券公司积极谋求业务多元化发展，逐渐摆脱了单纯依靠经纪业务的发展模式。期货经营机构全年实现手续费收入20.55亿元，比上年增长97.91%；利润6.52亿元，比上年增长17.27%。基金管理公司顺利筹建开业，浙商基金管理公司正式开业运行，财通基金管理公司筹建工作也进展顺利。

（3）上市盈利能力恢复金融危机前水平。全省新增境内上市公司45家，比上年多增34家，累计融资额718.6亿元，比上年增长135.82%。上市公司盈利状况基本恢复到金融危机前水平，亏损企业家数大幅减少，除4家公司出现亏损外，其余上市公司均实现盈利，75%以上的上市公司盈利水平较上年均有不同幅度增长，3成公司的盈利增长幅度在50%以上。

2. 浙江省证券业运行需关注的主要问题

一是法人证券公司整体实力偏弱，竞争能力不强，与国内一流券商还存在较大差距，高度依赖经纪业务的发展格局没有得到根本改变。二是低价竞争和违规营销行为仍然存在，2010年全省证券市场的平均佣金率在全国各省市中处于最低水平，部分经纪人在开展营销过程中采用开户送礼等违规手段。三是上市公司违规行为时有发生，部分上市公司在信息披露和并购重组过程中存在年报出现重大差错或收购重组时隐瞒一致行动人等现象，个别上市公司仍有高管及其亲属存在违规买卖股票行为。四是随着股指期货的推出，券商系期货公司的股东优势显著体现，浙江期货公司和期货市场优势地位面临巨大挑战。五是非法证券期货活动手段不断翻新，省内的部分非法机构利用省外媒体开展非法证券投资咨询活动，诱使投资者受骗上当。

（三）保险业稳健性评估

1. 浙江省保险业运行情况

2010 年，浙江省共有保险市场主体 61 家，比上年增加 5 家，各类保险机构 3 619 家。利宝保险有限公司浙江分公司获准开业，填补了外资财产保险公司的空缺。保险公司资产总额达到 1 450.7 亿元，较年初增加 260.7 亿元。保险深度 3.1%，保险密度 1 612.3 元/人。

（1）保险业务规模扩大，“三农”和养老保险受益面扩大。全年实现保险保费收入 834.4 亿元，排名全国第六，同比增长 29.3%。赔付支出 216.1 亿元，同比下降 1.8%。政策性农业保险保费收入 1.73 亿元，参保率 86.05%；政策性农房保险保费收入达到 1.03 亿元，参保率 98.55%。养老保险业务积极推进，全年共为 60 多万人提供商业养老保险保障。

（2）加强公司内部管理，经营效益稳步提升。全省财产险公司实现利润总额 17.6 亿元，居全国第 2 位。其中，车险业务承保利润 9.6 亿元，排名全国第三；商业车险业务承保利润 24.9 亿元，排名全国第二。寿险公司退保风险基本可控，退保金同比下降 5.9 个百分点，全年未发生一起群访群诉或其他重大突发事件。

（3）产品创新步伐加快，保险功能更好发挥。全面开展创新试点，推动林木保险纳入中央财政补贴范围，加快推广水稻气象理赔指数应用等试点工作，启动环境污染责任保险试点。建立覆盖全省的医疗责任保险制度，开展城镇职工重大疾病补充医疗保险。全年共提供风险保障 17 万亿元，积累养老和医疗保障金 1 700 亿元，赔款支出在自然灾害经济损失中占比达到 8%。

2. 浙江省保险业运行中需关注的主要问题

一是经营理念尚未根本转变，同质化竞争依然存在，保险行业创新能力不强，产品和服务严重雷同，缺乏新的业务增长点；市场秩序仍不规范，效益目标仍需强化和约束。二是部分险种面临较大风险。巨灾保险机制缺位，财产险公司稳健经营面临较大压力；交强险面临严重亏损。三是保险从业人员素质参差不齐，流动性大，保险公司难以招募到高素质的优秀人才。部分业务员专业知识缺乏，诚信度较差，影响保险行业的社会形象和认同程度。

三、金融市场与金融稳定

（一）浙江金融市场总体情况

2010 年末，浙江共有全国银行间债券市场成员（金融机构类）97 家，银行间同业拆借市场成员 51 家，银行间外汇市场成员 39 家，上海黄金交易所综合类会员 3 家，有 11 家商业银行开办了各类黄金交易业务。

1. 同业拆借市场交易继续放量。全年累计实现同业拆借交易量 10 415.1 亿元，同比增长 19.2%。浙江省市场成员在拆借市场上以融入资金为主，继续呈资金“洼地效应”。全年累计拆入资金 8 591.5 亿元，拆出资金 1 823.6 亿元，净拆入资金 6 767.9 亿元，同比增长 14.5%。

2. 票据承兑业务稳定增长。全省银行承兑汇票余额9 743.12亿元，增幅25.5%。全年累计签发承兑汇票20 356.24亿元，同比增加2 033.37亿元。票据贴现余额呈逐月回落态势，贴现规模持续缩减，全年银行承兑汇票累计贴现9 147.66亿元，同比减少1 802.86亿元。

3. 债券交易保持活跃。全年共有35家企业共计发行债务融资工具275.25亿元，同比增加120.25亿元，债务融资工具发行企业家数、发行金额均创2005年以来新高。全年市场成员累计现券交易金额68 580.8亿元，同比增长87.3%。

4. 银行间外汇交易保持增长。全年浙江省市场成员在银行间即期外汇市场交易额同比增长9.3%，从交易方向看，净卖出金额同比增长1.7%。外汇衍生产品交易累计交易额460.1亿美元，同比增长10.7%，从交易方式看，询价制仍为主要交易方式，占99%以上。

5. 黄金业务产品日益丰富。全年商业银行黄金业务交易量221 711公斤，比上年增长2.3%，其中个人账户占全部交易量的63%。全省三家上海黄金交易所的成员单位累计交易黄金80 088公斤。

6. 货币市场利率震荡上行。全年受货币政策工具调控、股市债市融资及银行自身营运周期等多种因素影响，全省货币市场利率呈现震荡上行态势。其中，12月份同业拆借利率和回购利率分别达到3.24%和2.92%，环比分别上涨146个基点和117个基点。

（二）浙江金融市场发展中存在的问题

一是目前浙江省有多家商业银行有承销中小企业集合票据的意向，但由于中小企业自身及社会信用担保体制方面的制约，信用增级和不动产抵押方面存在诸多难点。二是除同业拆借和债券交易业务外，各分支行的金融市场监测主要依靠手工统计，利率互换、远期交易、掉期等金融衍生产品的监测体系尚未有效建立，金融市场业务监测范围与效率有待提高。

四、外汇资金活动与金融稳定

（一）外汇资金活动整体情况

2010年，全省跨境外汇收支总额3 261.26亿美元，顺差1 429.16亿美元，分别比上年增长31.73%和45.08%；结售汇总额2 607.31亿美元、顺差1 482.89亿美元，分别比上年增长31.90%和35.61%。

1. 货物贸易结售汇顺差大幅增长。2010年，全省货物贸易进出口比上年增长37.29%，外汇收支比上年增长53.61%，结售汇顺差比上年增长37.31%，全年贸易项下货物流与资金流的背离呈现“先降后升”趋势。

2. 服务贸易净结汇持续逆差。2010年，服务贸易外汇收支逆差2.98亿美元，上年同期为顺差23.05亿美元；结售汇逆差18.4亿美元，上年同期为逆差6.12亿美元，其中，旅游项目结售汇逆差是造成服务贸易结售汇逆差的主要原因。

3. 外商投资资本金结汇大幅增长。2010年，全省资本与金融项目外汇收支顺差94.42亿美元，同比增长19.47%；结售汇顺差42.87亿美元，而上年同期为逆差13.14亿美元。外商直接投资资本金流入和结汇同比分别增长50.63%和74.67%，基本恢复到金融危机前水平。

4. 境外直接投资日趋活跃。2010年，境外直接投资外汇登记中方投资总额16.91亿美元，同比增长46.73%；实际汇出资金8.44亿美元，同比增长107.66%，境外投资已涉及五大洲85个国家和地区。

5. 外债规模快速增长。截至2010年末，全省外债余额179.52亿美元，比上年增长47.61%。企业举借外债的意愿明显增强，负债短期化倾向有所加剧，银行向境外拆借资金套取利差的动机愈加强烈。

（二）需关注的主要问题

一是异常跨境资金流入。企业负债“外币化”趋势显现，预收货款和远期信用证承兑余额较快增长，国际收支不平衡趋势加剧，银行结售汇顺差放大，外汇供求失衡的压力增加。二是房地产业外资流入较多。2010年全年浙江省实际外资流入27.10亿美元，占全省实际外资流入的22.62%。11月份开始，房地产领域的外资流入出现爆发性增长，一旦房地产价格出现下降，可能出现大量撤资情况。三是目前企业“走出去”主要通过境内银行直接贷款、境外银行直接贷款、母公司直接境外放款三个渠道获取资金支持，但实际操作过程中，三个渠道都存在制约因素。

五、金融基础设施建设与金融稳定

（一）支付体系稳健型评估

一是农村地区支付体系覆盖面扩大。支付清算系统和非现金支付工具向农村基层延伸，支付系统覆盖到除邮储银行对私网点外的所有银行网点，农村地区资金汇划进一步畅通。二是本外币银行卡受理环境继续完善。全省ATM受理外卡功能全面开通，银行卡在医院、交通、景区等重难点领域的应用取得突破性进展。三是支付体系监督管理持续推进。对银行机构支付结算业务开展综合评价，出台银行卡收单业务管理办法，深化特定非金融机构管理。四是支付结算服务不断改进。电子商业汇票业务应用进一步推进，网上支付跨行清算系统业务应用面扩大，公务卡应用取得新进展。当前支付体系仍然存在农村地区支付服务环境需进一步改善，支付结算监督管理有待继续加强以及非金融机构支付服务需要加强规范等问题。

（二）征信体系稳健性评估

一是征信系统服务领域进一步扩大。征信系统在全省司法、财政、经信委、金融监管机构等部门开展办案、调研、风险防范与处置等工作中提供了大量信用信息支持，并成为金融机构防范信贷风险的重要工具。二是征信数据覆盖面全面提升。征信系统已覆盖浙江省企业48.7万户，为3 305万自然人建立了信用档案。来自电信、法院、交通等部门的相关信用信息逐渐进入征信系统，非银行信用信息逐步增多。三是征信服务市场规范发展。涵盖信用登记、信用评级、信用调查和信用咨询四类机构，服务齐全、竞争有序的征信市场初步形成。四是中小企业和农村信用体系建设走向深入。涌现出“丽水模式”等全国性的样板工程，截至2010年末累计为531万户农户建立信用档案，其中211万户农户累计获得银行贷款5 390亿元。目前征信法律制度框架尚待改善，征信市场发展还不成熟，部门间协调合作亟待加强。

（三）反洗钱体系稳健性评估

一是反洗钱监管效果明显提升。对金融机构的非现场监管力度加强，通过综合运用实地走访、约见高管、非现场监管提示函等手段，了解金融机构反洗钱工作开展情况，传达反洗钱监管政策。二是反恐融资工作全面推进。进一步完善与反恐部门的合作机制，加强对金融机构重点可疑交易报告工作的检查指导和培训力度，督促商业银行有效履行反洗钱和反恐融资义务。三是反洗钱合作成效显著。加强与公安、海关、检察等执法部门的合作力度，开展反洗钱调查72次，移送重点可疑交易线索26起，配合公安机关破获特大网络赌博案2起。当前面临的主要困难在于反洗钱法规制度有待进一步完善，反洗钱力量配置落后于发展要求，反洗钱工作协调机制有待改进等。

（四）货币发行体系稳健性评估

一是保障现金供应能力全面提升。监测数据采集和汇总的时效性、准确性明显提高，把握现金收支区域性、季节性特征的能力提升。完善发行基金调拨网络，加大现金供应券别结构调整力度，流通中现金券别结构继续优化。二是反假货币长效机制进一步深化。城乡反假货币网络建设日趋完善，全面开展多形式反假货币宣传，并将反假货币知识纳入浙江省中小学课程，实现反假货币宣传在中小学的固定化、长期化。当前货币发行工作中存在的困难主要是现有的货币发行业务能力已不能很好地适应不断增长的发行业务要求，反假货币工作形势日趋严峻等。

六、总体评估与政策建议

（一）总体评估

2010年，浙江省经济保持平稳增长，为区域金融稳定创造了良好的经济环境。金融业总量持续快速增长、金融改革开放不断深化、金融创新积极活跃，形成了结构较为合理、功能相对完善的金融机构体系和金融市场体系，使浙江成为全国金融业务增长最快、金融机构类别最全、金融运行质量和效益最好、金融生态环境最佳的省份之一。

（二）政策建议

1. 优化社会融资结构，促进经济转型升级。一是优化信贷结构推进转型升级，加强信贷政策与产业政策的协调配合，提高金融资源配置效率。积极创新融资产品和服务方式，大力支持企业技术改造、自主创新、节能减排和兼并重组，使结构优化迈出实质性步伐。二是以新型金融业务支持转型升级。重点发展与浙江结构转型联系密切的新兴金融领域。探索有利于浙江产业集群发展的金融支持模式，鼓励金融机构积极支持新农村建设、保障性住房以及低碳环保等社会瓶颈领域的发展。三是引导企业通过资本市场实现转型升级。积极推动省内有条件的大型国有企业通过资本市场整体上市，大力发展地方债券市场，鼓励金融机构开发新型债券产品，推动商品期货市场和物流金融发展，鼓励生产和流通企业通过期货市场管理经营风险。

2. 加强宏观审慎管理，提高防范系统性风险能力。一要充分发挥差别准备金动态调整这一政策工具的引导作用。将差别准备金动态调整作为实施稳健性货币政策和构建逆周期宏观审慎管理政策框架的重要措施，引导金融机构按照宏观审慎的要求充实资本、管理风险资产、合理安排贷款投放进度。二要加强流动性管理。推动银行机构特别是中小法人机构增强流动性风险管理，综合运用头寸管理、缺口管理、流动性资产组合管理等手段，保证流动性保持在合理水平。充分运用压力测试、风险计量等方式，提高资产安排的前瞻性和准确性。三要密切关注中小法人金融机构跨区域扩张风险。全面评估当前机构跨区域扩张累积的潜在风险及其性质，逐步建立覆盖所有跨区域分支机构的风险管理体系，支持符合要求的中小法人机构稳步、有序地推动跨区域经营等改革发展措施，适度约束条件欠缺的机构过快扩张。四要加强民间融资风险防范。尽快出台地方性的民间金融管理法规，规范民间金融运行，推进民间金融阳光化工程。完善民间融资主体制度，拓宽民间资本进入金融市场的渠道，加强管理，防止非法社会金融活动风险转移。

3. 推进金融业改革发展，提升金融机构竞争力。一是深化银行业机构体制改革。继续推进已改制大型商业银行继续深化改革，推进农业银行“三农”金融事业部制改革，继续研究和推进政策性金融机构改革，加快推进新型农村金融组织发展，鼓励和支持金融机构创新金融产品，改进金融服务。二是大力推进各类非银行金融机构和金融中介机构发展。积极鼓励、支持地方证券公司、期货公司做优做强，稳步引进大型优质证券公司、期货公司到浙江设立分支机构，积极培育地方保险市场主体，支持和促进各类金融服务中介组织规范发展，构建具有浙江特色的金融组织体系。三是完善地方金融市场体系和金融市场功能。积极推进多层次的地方资本市场建设，积极推进区域性产权交易平台的规范发展和创新发展。大力发展保险市场，构建多层次的风险保障体系，完善融资担保市场建设。四是加快推进金融集聚区建设。把浙江打造成中小企业专营机构总部、各类股权投资机构、财富管理机构、金融服务外包等集聚区。全面推进金融创新示范区创建，加大金融机构布局和规划力度。

4. 改善金融基础设施，提升金融服务水平。一是完善支付体系建设。加大支付信息采集范围，完善支付信息管理制度；深入实施浙江省“便农支付工程”，扩大支付体系覆盖面；加强第三方支付的沉淀资金管理；强化结算账户的流动性管理，将支付体系流动性管理纳入到宏观流动性监测体系中。二是推进征信体系建设。加快征信立法进程，将中小企业信用体系建设作为征信建设的突破口，从满足中小企业融资、防范信贷风险和促进社会诚信建设角度出发，拓展征信信息采集范围，允许省级分中心结合地方实际发展符合地方需要的征信产品和服务。三是提高反洗钱监管有效性。完善反洗钱法及配套规章制度，全面推广反洗钱量化工作体系，进一步明确证券、保险业反洗钱监管要求，将可识别的潜在风险纳入到量化风险管理体系之下，提高反洗钱工作水平。四是提升货币发行管理水平。加强分析预测，从经济、金融层面把握和分析影响现金投放回笼的基本因素，结合 GDP 增长、物价水平、居民收入水平、信贷资金投放、货币供应量及政策性因素等指标科学预测现金收支规律，更好地满足经济和社会发展对现金的需求。

总　纂：赵　军
统　稿：胡卫华　吴　云
执　笔（按姓氏笔画排序）：
王　婷　刘占稳　吴　云　张晓霞　李云峰
汪　雨　周宇晨　施向华　赵　勇　唐照宇
徐　晶　翁　磊　曹世文

安徽省金融稳定报告摘要

2010年，安徽省经济发展向好势头进一步巩固，经济结构调整和承接产业转移力度加大，投资、消费保持较快增长，外部需求持续恢复，财政收入保持增长，企业效益水平大幅提升，金融业稳健运行的宏观经济环境渐趋改善。银行业市场体系进一步完善，机构资产规模继续扩张，经营业绩较快增长，流动性总体充足，整体风险水平稳定可控。资本市场保持稳健，证券期货机构的业务收入结构有所改善，抗风险能力持续增强；上市公司经营业绩明显提升，直接融资方式渐趋多元化，市场基础制度性建设得到夯实。保险业总体保持平稳较快增长态势，保险市场成熟程度逐步提高，保险服务经济社会能力增强。值得关注的是，经济平稳较快发展的基础仍不稳固，发展不平衡、不协调问题依然突出，一定程度上削弱了经济金融的良性互动，加大了金融资源非均衡配置和风险集中。

一、经济运行与金融稳定

在实施中部崛起战略背景下，皖江城市带承接产业转移示范区①建设步伐加快，合肥经济圈的辐射作用增强，合芜蚌自主创新试验区建设稳步推进，经济结构调整与发展方式转变取得积极成效，经济发展向好势头进一步巩固。2010年1—12月份，全省地区生产总值12 263.4亿元，按可比价格计算比上年增长14.5%，增幅同比提高1.6个百分点，高于全国同期水平4.2个百分点。

（一）经济保持较快增长，金融运行的宏观经济环境渐趋改善

1. 消费和投资需求稳步增长，涉外经济快速复苏，经济发展的协同性增强。2010年，全省社会消费品零售总额同比增长19.2%，增幅同比提高3.4个百分点；全社会固定资产投资同比增长33.6%，增幅同比回落3.3个百分点。内需转强带动进口快速增长，全年进出口总额同比增长54.8%，其中进口额同比增长74.6%。

2. 经济结构调整稳步推进，经济增长的活力增强。2010年，全省第一、第二、第三产业增加值分别增长4.5%、20.7%和10%，工业增加值占GDP的比重为43.7%，比上年提高3.3个百分点。皖北地区和县域经济发展提速，区域经济协调性改善。全年皖北六市②工业增加值、固定资产投资、财政收入增速分别比全省平均水平快23.26个、7.84个和13.9个百分点。县域经济发展加速，县域工业增加值、固定资产投资、出口额增速均高于全省平均水平，县域经济正由农业主导向工业主导转型。

---

① 皖江城市带包括合肥、芜湖、马鞍山、铜陵、安庆、池州、巢湖、滁州和宣城九市，以及六安市的金安区和舒城县。

② 皖北六市包括淮北、亳州、宿州、蚌埠、阜阳和淮南。

3. 物价呈前低后高态势，未来物价上行压力较大。2010年，全省居民消费价格指数累计上涨3.1%，低于全国平均水平0.2个百分点。受固定资产投资大幅增长、工业生产回暖、国际大宗商品期货价格反弹等因素影响，生产价格呈现走高态势，全年原材料燃料动力购进价格、工业品出厂价格指数分别上涨11.8%和9%。

（二）经济运行中需关注的问题

1. 外部环境仍较复杂，外部需求存在较大不确定性。发达经济体经济回升基础仍不稳固，失业率居高不下，新兴经济体饱受通胀问题困扰，主要经济体的政府债务负担沉重，贸易壁垒和贸易摩擦显著增加，特别是随着危机后库存回补等因素消失，国际贸易增长形势不明朗。危机后，人民币升值预期增强，汇率波动幅度增大，对出口企业产生不利影响。

2. 经济加快发展和资本可获得性难度增加的矛盾可能逐步显现。安徽省资本存量相对较低，信贷间接融资仍占主导地位，稳健性货币政策下企业融资形势趋于紧张。信贷政策回归常态对安徽省经济“追赶式发展”的影响已经显现，部分行业贷款审批条件有所收紧。经济较快增长势头和信贷增速放缓的矛盾可能显现，特别是在直接融资基础较弱的县域和辖内经济欠发达地区。

3. 宏观调控措施的滞后效应将逐渐显现。2010年出台的一系列调控措施，如房地产市场调控、清理地方政府融资平台、治理产能过剩等存在逐步落实实施的过程，对经济增长的影响有一定滞后期。一是房地产市场降温的关联影响显现。2010年，全省商品房销售面积、销售额同比增幅较分别下降43.4个和42.1个百分点。二是融资平台规范清理政策增强了地方政府财政稳健性，硬化了商业银行融资平台类贷款投放的条件，弱化地方政府资金运用于基础设施建设水平。三是部分鼓励消费政策变化或效应递减，后续消费空间拓宽可能受限。

4. 通货膨胀压力增加、资金使用成本上升和人口红利效应减弱使企业运营难度加大。一是通货膨胀压力增大使得企业经营成本加大。二是融资成本显著上升，企业普遍感受到货币政策由适度宽松转向稳健对资金成本的影响。三是劳动力成本呈上升态势。随着城镇化加速推进、皖江城市带承接产业转移示范区建设步伐加快，用工需求将急剧增加，最低工资标准逐渐提升。人口红利效应逐渐减弱，未来劳动力价格将进一步上涨，企业用工成本增加。

5. 经济增长面临国内产业结构调整与节能减排的双重约束。一方面，安徽省工业发展虽然速度快但起步晚，工业基础相对薄弱，对“两高一资型”产业的依赖短期内难以改变，处于工业化发展初期的重工业化阶段；另一方面，我国经济发展已由重视增长速度向重视增长质量转变，国内资源环境约束将进一步增强。预计“十二五”时期，国家将实行更加严格的土地使用政策和节能降耗标准，对部分地区的经济发展速度和排放空间形成约束。

二、非金融企业部门财务分析

（一）地方财政收入较快增长，但地方财政运行稳健性需密切关注

2010年，全省地方财政收入共完成1 149.4亿元，同比增长33.0%，增幅比上年同期提高13.8个百分点；财政支出2 583.5亿元，同比增长20.6%，地方财政收支缺口达1 434.1亿元。地方财政收入持续较快增长的不确定性因素较多，财政刚性支出和隐性支出的增速较快，地方财政运行稳健

性需密切关注。

（二）非金融企业效益水平普遍提升，但生产成本上升等因素使部分企业财务稳健性趋弱

2010 年，全省规模以上工业实现增加值同比增长 23.6%，增幅比上年同期提高 1 个百分点；工业产品销售情况总体较好，产销率累计为 97.6%，较上年同期提升 0.4 个百分点。全省规模以上工业企业经济效益综合指数同比提高 38 个百分点，实现利润同比增长 62.7%，高于上年 12.6 个百分点。企业生产成本上升压力较大，全年规模以上工业主营业务生产成本增长 47.3%，比同期主营业务收入高 1.4 个百分点。企业应收账款和产成品存货增速较快，加剧企业流动资金困难。11 月末，全省规模以上工业企业两项资金占用同比增长 22.8%，其中应收账款同比增长 31.4%，增幅比上年同期提高 6.66 个百分点。

（三）城乡居民收入较快增长，但住户部门债务水平持续增加

2010 年，全省城镇居民可支配收入和农民人均纯收入同比分别增长 12.1% 和 17.3%，增速比上年同期分别提高 3.7 个和 10.1 个百分点。个人消费类贷款增速高于城镇居民可支配收入增速，住户部门应对外部冲击的能力削弱。12 月末，全省个人消费贷款余额同比增长 50.1%，高于城镇居民可支配收入增速 38 个百分点。居民债务水平持续走高加大了其应对经济和金融市场冲击的脆弱性，并将削弱其对外偿付能力。

三、银行业与金融稳定

2010 年，安徽省经济保持平稳较快增长，银行业机构运行的外部环境改善，整体风险水平稳步下降。截至 12 月末，全省银行业机构资产总额 20 370.18 亿元、所有者权益 598.35 亿元、利润 227.61 亿元，同比分别增长 23.59%、19.55% 和 40.88%。

（一）发展基本态势

1. 银行业机构改革稳步推进，稳健运行的微观基础增强。政策性银行分支机构改革有序展开，农业银行“三农”金融事业部制改革稳步推进，省外银行网点布局势头强劲，商业银行在合肥设立区域性服务中心步伐加快。地方银行业法人机构改革快速推进。城市商业银行资产规模、网点布局获得快速扩张，农村合作金融机构产权改革稳步推进，新型农村金融机构组建进展较快。

2. 储蓄存款增速加快，企业存款活期化趋向加强。年末全省金融机构本外币存款余额同比增长 22.9%，增幅比上年同期下降 6.1 个百分点。从存款类别分析，储蓄存款增加较多，企业存款增速下降，资金来源波动性趋增。从存款期限分析，存款活期化趋势持续增强，存款稳定性趋弱。年末各项存款中活期存款占比 41.91%，较上年同期提高 0.41 个百分点。

3. 各项贷款增速高位回稳，信贷投放结构变化明显。2010 年末，全省金融机构本外币贷款余额同比增长 24.3%，比上年同期回落 9.9 个百分点。从贷款期限结构分析，中长期贷款增势回落，年末中长期贷款余额同比增长 34.1%，增幅比上年末下降 11.9 个百分点。从贷款需求主体类型分析，重点领域与薄弱环节信贷支持力度显著加大，金融支持经济结构调整效应明显。12 月末，皖江城市带承接产业转移示范区人民币各项贷款余额同比增长 20.0%，高于全省各项贷款 1.8 个百分点；全省中小企业人民币贷款余额同比增长37.5%，高于全省各项贷款增速14.2个百分点。

4. 流动性水平总体充足，有力支撑了信贷投放的较快增长。截至12月末，全省银行业机构备付率为6.24%，较上年末下降0.2个百分点；人民币存贷比70%，较上年末上升0.2个百分点。地方银行业法人机构人民币存贷比71%，较上年末略升0.43%；超额准备金率1.96%，较上年末下降5.18%；平均备付金率3.04%，较上年末下降5.12%。

5. 盈利水平大幅提升，资产质量继续改善。2010年，全省银行业机构信贷投放较快增长，中间业务快速发展，经营业绩持续改善。全年银行业机构总体盈利227.61亿元，同比增长44.1%。年末，全省银行业机构"五级分类"口径不良贷款余额比年初减少46.31亿元；不良贷款率比年初下降1.38个百分点；贷款损失准备充足率和拨备覆盖率分别比上年同期提升5.8个和9.19个百分点。

（二）银行业稳健性评估

1. 宏观经济形势变化、政策调整等因素叠加影响，银行业发展面临转型压力。安徽省工业经济结构中资源型产业比重较高，银行信贷主要集中于煤炭、钢铁、水泥、化工等宏观调控行业。在货币政策回归常态、银行资本约束和风险管控面临更严格监管的背景下，一方面，银行业机构依靠对大客户、大项目的大规模信贷投放来支撑利差快速增长的传统银行盈利模式将难以为继；另一方面，政府融资平台、房地产和"两高一剩"行业等领域的存量信贷风险防控压力增加。

2. 银行业"贷长、贷大、贷集中"现象仍较突出，信贷资产结构有待优化调整。（1）银行业机构资产负债期限结构性失衡的矛盾持续存在。全年中长期贷款累计增加1 803.1亿元，占全部贷款增量的83.3%。（2）信用风险向少数大集团、大客户[①]集中。2010年12月末，全省最大10家的集团客户、最大10家的单一客户贷款余额分别占总贷款余额的20.48%和19.17%。（3）地方政府融资平台清理规范过程中，平台公司存量贷款风险变化趋势需密切关注。12月末，全省平台公司关注类贷款余额占全省关注类贷款总额的38.2%；关注类贷款率9.36%，高于全省平均水平4.31个百分点。（4）房地产市场调控效应逐步显现，二三线城市房地产信贷风险积累。12月末，全省房地产贷款余额同比增长43.88%，高出各项贷款增速20.58个百分点。

3. 银行面临的利率与汇率等市场风险有增加倾向。（1）利率市场化背景下商业银行的市场风险增加。商业银行不断增加的、与利差敏感度较高的资金业务和理财业务面临较大的市场风险。（2）随着美元存在持续走低的压力、人民币国际化的推进，银行业市场风险增加。2010年12月末，全省银行业外汇余额存贷比由年初的152.5%上升至254.9%，全年增量存贷比达841.3%。

4. 银行业盈利能力变化趋势需密切关注。银行业机构盈利模式相对单一，主要依赖于净息差收入，资产利润率虽有较大程度改善，但总体水平相对较低；市场对优质客户的竞争加剧，大型优质客户议价能力下降，拉低了生息资产的整体收益率；银行机构加大了对风险拨备提取力度，将增加银行经营成本。

5. 农村法人金融机构风险资产扩张较快，经营压力增大。资本动态补充机制尚未建立，部分农村信用社资本充足水平较低，短期内通过自身积累补充资本并达到监管要求的难度较大；地方银行业法人机构的流动性水平有所收紧，对高风险农村信用社的流动性变化趋势需密切关注；部分农村合作金融机构的不良贷款反弹压力较大，农村信用社主要风险抵补指标仍维持较低水平。

---

① 大客户为授信额度或贷款余额在5 000万元以上（含5 000万元）的客户。

四、证券业与金融稳定

2010年，安徽省资本市场总体保持稳健，证券期货机构抗风险能力增强；上市公司经营业绩显著提升，融资方式渐趋多元化，直接融资规模增长较快。

（一）发展基本态势

截至2010年末，全省共有2家证券法人公司（国元证券和华安证券）、130家证券营业部、2家证券咨询机构；3家期货法人公司（徽商期货、华安期货和安粮期货）、18家期货公司营业部；证券期货从业人数合计达3 090人。

1. 证券投资者信心不足，交易量有所萎缩。2010年末，全省证券投资者开户数172.08万户，同比增长8.18%；证券营业部机构客户保证金余额和证券累计交易额同比分别下降27.27%和5.37%。期货市场交易增速高位回落，市场活跃度有所下降。2010年末，全省期货投资者开户数和客户权益资金总额同比分别增长41.59%和51.23%；期货经营机构累计代理交易额同比增长83.61%，增幅比上年同期下降136.39个百分点。

2. 证券、期货公司的资产规模和所有者权益增速同步放缓，盈利水平下降。2010年末，两家证券法人公司总资产和所有者权益同比分别下降18.27%和0.88%，净利润同比下降20.24%；三家法人期货公司总资产和所有者权益同比分别增长18.12%和15.28%，净利润同比下降32.93%。

3. 企业上市步伐加快，直接融资规模稳步扩大。2010年，全省共有7家公司首发上市，年末上市公司总数为67家①，其中主板45家、中小企业板16家、创业板4家。全省直接融资总额500.3亿元，比上年增加103.3亿元，同比增长26.0%。其中，股票融资171.3亿元，同比增长5.12%；债券融资329亿元，同比增长40.6%。

（二）证券期货业稳健性评估

1. 证券法人公司的抗风险能力持续增加、业务收入结构有所改善，但综合竞争能力和市场风险管理能力仍需加强。证券法人公司各项风险控制指标变化均符合监管标准，持续发展能力进一步增强。2010年，两家法人公司的经纪业务收入占比为70.97%，较上年下降10.04个百分点。由于传统业务在证券公司收入结构中的比重仍然较高，经营业绩受证券市场周期影响较大，使得证券公司盈利水平较2009年有所下滑。

2. 期货法人公司风险总体平稳可控，但业务结构单一、盈利能力较弱与风险管理手段不足等问题依然存在。期货公司的负债增长较快，杠杆比率有所上升，对其高杠杆经营的风险控制能力需保持关注；盈利结构单一，经营管理效率有待提升，受市场波动影响较大；期货经营机构规模较小，金融创新能力相对较弱。

3. 投资者风险教育工作亟待进一步提升。投资者结构不合理，机构投资者规模偏小；创业板市场规模相对较小，创业板市场的投资者面临较大风险；融资融券和股指期货业务具有较高的杠杆效应，散户投资者因缺乏相应专业知识，存在不同程度的操作风险和市场风险。

---

① 天大石油管材、现代牧业在香港联交所上市。

五、保险业与金融稳定

2010年，安徽省保险业总体保持平稳较快的增长态势，保险市场成熟程度逐步提高，保险服务经济社会能力进一步增强。

（一）发展基本态势

1. 保险业保持平稳较快发展。2010年，全省实现保费收入438.25亿元，同比增长22.69%，增速较上年同期提升2.19个百分点；累计赔付支出104.63亿元，同比增长17.14%，增速较上年提高9.63个百分点。农业保险快速发展，服务"三农"成效显现，全年政策性农业保险保费收入12.46亿元，累计赔付9.86亿元；外汇保险支持进出口企业的力度不断加大，全年实现外汇保费收入1 796.14万美元，同比增长118.58%。年末，保险深度和保险密度分别为3.57%和713.99元/人，保险普及程度逐年提升，保险渗透力进一步增强。

2. 产品结构调整稳步推进。财产险方面，2010年保证险、信用险、工程险等业务增幅均高于车险增幅，同比分别增长175.46%、78.3%、53.69%和35.59%；人身险方面，健康险和意外险业务收入同比增长28.92%和25.22%，分别高于人身险平均增速10.74个和7.04个百分点；缴费方式方面，新单期缴业务增速高出趸缴业务增速5.34个百分点，新单期缴业务占比较上年同期提高3.88个百分点。

3. 经营效益和风险防范能力实现双提升。2010年，全行业实现承保利润5.17亿元，综合成本率为94.97%，较上年同期下降18.62个百分点，实现扭亏为盈。截至2010年末，财产险应收保费率2.26%，较上年下降1.47个百分点；寿险退保率3.24%，处于正常波动区间。

（二）保险业稳健性评估

1. 受宏观政策调整和保险业监管改革措施不断出台等因素影响，保险业市场保持较快发展的不确定性增大。新会计准则实施对寿险产品结构和经营活动影响较大，万能险、投连险产品投资账户下的资金不再确认为保费，导致这两类产品销售有所回落；货币政策逐步转向稳健，对承保业务影响较大，一年期存款基准利率高于传统寿险的预定利率上限，传统寿险销售压力较大，万能险、分红险等保单资金成本进一步提高，退保率有所上升；银保合作等监管新规调整短期影响不容忽视。

2. 保险业产品结构调整力度仍需加强。财产险方面，各险种结构发展不均衡，车险业务占比依然较高，信用险、保证险等其他险种占比过小。寿险业方面，投资型业务占比过高，弱化了寿险的保障功能。由于投资型业务主要依赖投资收益，受资本市场影响较大，寿险业务保障功能的发挥受到一定制约。

3. 产品销售渠道不平衡现象依然存在。银邮代理渠道集中化程度依然较高，2010年末，银邮代理渠道占比仍高达54.9%。电话销售、网络销售等新型营销渠道发展缓慢，优势有待进一步体现。

4. 保险市场秩序需进一步规范。一是保险市场监管组织体系不完善，监管有待加强。地市保险行业协会在省级保险监管部门授权下进行代理专项检查，对违规行为管控查处存在不足。二是保险市场秩序不规范现象短期内仍难以根除。主要表现在：财产险方面，存在中介业务虚挂、农业保险虚假承保、保险机构拒保交强险、保险条款费率报备与执行不一致等问题；人身险方面，部分保险机构夸大产品收益，隐瞒告知事项等销售误导行为。

六、金融市场与金融稳定

2010 年，安徽省经济主体积极主动参与金融市场，金融市场规模不断拓展和扩大，呈现出快速稳健发展的态势，服务地方经济的作用明显增强。

（一）运行基本态势

1. 货币市场交易活跃，市场利率震荡上行。2010 年，全省金融机构在全国银行间债券市场累计完成回购交易 18 210.3 亿元，增长 77.8%；累计完成同业拆借交易 1 658.1 亿元，同比增长 662.3%，品种以隔夜拆借为主，交易机构主要为城商行和信托公司，交易量分别占拆借总量的 99.08% 和 0.92%。货币市场流动性逐步收紧且波动性较大，回购利率处于震荡上行趋势。

2. 债券融资快速增长，金融机构参与债券交易活跃。2010 年，安徽省企业通过短期融资券、中期票据、企业债从银行间债券市场累计融资达 329 亿元，同比增长 41%；全省金融机构在全国银行间债券市场累计完成现券交易额 21 073.75 亿元，同比增长 9.63%。

3. 外汇市场交易平稳增长，银行结售汇顺差大幅减少。2010 年，安徽省即期结售汇交易平盘量为 101 031.09 万美元，其中买入交易量占 57.17%；银行结售汇总额 222 亿美元，同比增加 55.8%。其中，银行结汇 123 亿美元，同比上涨 42.77%；售汇 98.98 亿美元，同比上涨 75.74%。结售汇保持顺差，但差额较上年减少 19.46%。

4. 民间借贷市场成为正规金融体系的有益补充。全省 1 953 个民间借贷监测样本点显示，2010 年民间借贷金额同比增长 9.43%；加权平均利率为 10.79%，较上年提高 0.65 个百分点。民间借贷的资金主要用于解决生产经营过程中的资金周转不足，生产、经营性借贷继续占主导，生产经营性借贷总量占比达 82.84%；民间借贷的关系主要为企业从个人、个人从个人，共占 84.67%，较上年下降 0.93 个百分点。

（二）应予以关注的问题

1. 中小企业集合票据的制度设计有待改进。中小企业集合票据与短期融资券和中期票据相比，增加了交易成本。一方面，集合票据的发行主体是多家中小企业的集合，集合中的任何一家企业均需要等待同集合的其他企业完成所有必要程序后才能继续向前推进，等待时间较长，机会成本较大；另一方面，中小企业集合票据的发行不是纯信用融资，需要担保和反担保，增加了企业的融资成本，加重了企业负担。

2. 债券市场利率风险不容忽视。货币政策由适度宽松转向稳健，未来一段时间贷款基准利率继续上调的可能性较大，一定程度上会增加债券投资的压力，债券市场不确定性因素增加，存量债券的期限越长利率风险越大，金融机构持有债券所面临的利率风险值得关注。

3. 民间融资处于金融体制之外，容易与国家宏观政策和国家产业政策相背离，一定程度上增加了宏观调控的难度；民间借贷基本上是一个卖方市场，利率水平通常比银行同期利率高，加重经营者负担，加剧贫富两级分化，并影响国家利率政策的全面贯彻实施；缺乏必要管理和法律支持，容易引发经济纠纷，不利于社会稳定。

七、金融基础设施与金融稳定

（一）支付结算体系稳健运行快速发展

2010 年，支付清算网络体系①共处理支付业务 20 211.39 万笔、金额 323 420.90 亿元，同比分别增长 13.76% 和 49.03%。非现金支付工具进一步推广应用。2010 年，安徽省使用非现金支付工具办理的支付业务 62 402.73 万笔、185 131.17 亿元，同比分别增长 42.37% 和 42.84%。“农汇通工程”建设深入推进，农村支付服务环境明显改善。2010 年末，全省农村地区银行结算账户达 4 080.29 万户，同比增长 23.1%；银行卡发卡量达 2 159.08 万张，同比增长 31.9%。需重点关注的是农村地区经济发展水平比较落后、支付服务基础设施滞后、非现金结算意识不足、支付服务收费优惠政策缺乏等因素影响，农村支付服务环境建设的改善将是一个长期过程；银行卡风险问题日益突出，银行卡市场整顿力度有待持续加强；村镇银行等新型农村金融机构支付系统有待完善，业务开展面临挑战。

（二）征信体系建设进一步完善

2010 年，继续推进征信体系建设，企业和个人征信系统的管理与应用不断加强，征信系统数据质量显著提升，非银行信息采集工作进一步推进，金融生态环境建设加强和社会信用意识提高。2010 年末，全省已有 36 家金融机构接入企业征信系统。中小企业信用体系建设持续推进。2010 年末，全省累计收集中小企业信用档案表 40 867 户，已累计录入企业信用信息基础数据库 38 549 户，同比分别增长 7.76% 和 7.57%。农村信用体系建设稳步发展。全省农民专业合作社建档和评价工作稳步推进，农村青年示范户试点持续开展，企业与个人征信系统在农村地区的覆盖面逐步扩大。需重点关注的问题是征信管理相关立法相对滞后，在一定程度上阻碍了征信系统的建设和应用；地方性金融机构提交数据质量和及时性有待进一步提高；类金融机构对征信系统使用有待拓展。

（三）反洗钱工作深入推进

2010 年，通过构建风险为本的监管体系建设，反洗钱网络的风险预警能力和风险管理能力得到显著提升，预防和打击犯罪效果不断显现，反洗钱工作向纵深推进。2010 年，全省共对 137 家金融机构实施了现场检查，其中银行业金融机构 97 家，保险业金融机构 33 家，证券期货业金融机构 7 家。对 123 家金融机构下发了行政处罚意见，对 12 家金融机构实施了经济处罚。需重点关注的问题是银行业务拓展、科技手段运用给反洗钱工作带来新的挑战；对新型准金融机构缺乏有效监管。

（四）反假货币工作成效显著

2010 年，反假货币工作继续坚持“打防并举，标本兼治”指导思想，严厉打击假币违法犯罪活

① 支付清算网络体系以大、小额支付系统为核心，银行业金融机构行内支付系统为基础，全国支票影像系统、同城清算系统、电子商业汇票系统、银行卡支付系统、城市商业银行汇票处理系统、农信银资金清算系统等为重要组成部分。

动，加强宣传教育工作，反假工作取得显著成效。2010 年，全省假币收缴额同比减少 70.25%，较上年大幅回落。反假联席会议机制作用持续发挥，监管强度进一步提升，宣传力度不断加大，反假货币网络建设继续推进。

八、总体评估与政策建议

2010 年，在经济回升向好背景下，安徽省金融体系整体稳健。银行业资产规模和盈利水平较快增长，不良贷款实现双降；证券期货业保持平稳发展态势，上市公司经营业绩明显改善；保险市场、销售渠道以及产品结构的调整取得较大进展，保险风险保障的广度与深度扩大。同时，受经济运行的复杂性增加、宏观调控政策变化等因素影响，2011 年全省金融业快速增长势头可能放缓，金融稳健运行中的不确定、不稳定因素增多。

宏观经济方面。经济平稳较快发展的基础仍不稳固，发展不平衡、不协调问题依然突出。经济发展面临国内产业结构调整与节能减排的双重约束，经济加快发展和资本可获得性难度增加的矛盾逐步显现；地方财政收入持续较快增长的不确定因素较多，财政刚性支出和隐性支出基数大、增速快，地方财政运行稳健性需密切关注；通货膨胀压力增加、资金使用成本上升和人口红利效应减弱，企业稳健运营难度趋增；住户部门债务水平呈较快增长态势，应对外部冲击的能力有待提高。这些不利因素在一定程度上削弱了经济金融的良性互动，加大了金融资源非均衡配置和风险集中。

金融业方面。随着宏观经济形势变化、政策调整等因素叠加影响，银行业机构发展面临转型压力；银行信用风险“双控”压力加大，信贷集中风险较为突出，资产负债管理难度增加；受利率、汇率、价格和国际市场变化等因素影响，银行业机构面临的市场风险增加。证券期货经营机构抗市场风险能力和业务创新能力总体偏弱，盈利水平被动跟随市场波动的局面仍然是风险主要来源。保险业务非均衡发展问题仍然突出，部分险种业务增长波动性和赔付压力较大，市场秩序建设和业务规范性发展仍需要较长的时间过程。非法集资、非法证券、假保单、假币等影响金融运行秩序活动可能更具有隐蔽性和欺骗性，金融生态环境建设合力有待加强。

根据区域经济金融发展现状和综合评估结构，提出以下建议：

一是妥善处理产业转型与经济增长的关系，在巩固经济回升向好态势的同时，加快转变经济发展方式和结构调整，促进内生性经济增长机制形成。二是以皖江城市带承接产业转移示范区建设为契机，加快承接产业转移，推动区域协调发展。优化区域金融生态环境，放宽金融市场准入政策，推进金融产业合作，建立体系完整、活跃度高的区域性金融市场，加大金融支持产业转移力度。三是优化财政收支结构，提高国库资金使用效益，促进经济发展方式转变。四是贯彻国家宏观调控政策，优化信贷结构，促进地方经济发展。合理布局信贷投放的期限结构、客户结构，妥善解决信贷集中度过高等问题，增强金融支持经济发展的可持续性。强化信贷风险防控管理，加强金融风险的防范与监测工作。五是完善证券期货经营机构的公司治理结构，加快推进业务转型，加强风险控制能力建设。推动证券期货经营机构与其他金融机构的合作，共享客户和网络资源，拓展业务空间、培育新的利润增长点，增强证券期货公司的盈利能力，有效分散和降低经营风险，提高运营效率，构筑比较竞争优势，提升核心竞争力。扩大直接融资规模，充分利用资本市场优化资源配置。六是继续推进保险业转型发展，加快保险业务结构调整和产品服务创新，提升服务经济社会能力。

总　　纂：陶　诚
统　　稿：张　燕　吴丹果　郭莉莉　梁　斌
执　　笔：季　军　鲁玉祥　王　亮　孙　韦
其他参与写作人员：方锡华　沈　祥　陈海波　张晓萍　丁成林　许　焱
王　娟　吴文斌　刘　燕　王祥峰

福建省金融稳定报告摘要

2010年，面对复杂多变的经济金融环境，福建省深入贯彻落实科学发展观，认真实施国务院《关于支持福建省加快建设海峡西岸经济区的若干意见》，坚持“先行先试、加快转变、民生优先、党建科学”，扎实推进海峡西岸经济区建设，全力推动科学发展、跨越发展，深化闽台经济金融交流合作，把发展经济与改善民生有效结合起来，经济运行质量持续提升，三大需求拉动明显增强，产业结构持续调整，外商投资稳步增长，财政实力进一步增强，保持了经济平稳较快发展的良好势头，各项经济指标大都恢复到甚至超过国际金融危机前的水平。全省金融业整体运行稳健，金融市场继续保持平稳运行，有力地促进了经济发展；支付体系建设加速推进，反洗钱工作继续取得突破，征信系统建设持续推进，金融宣传方式不断创新，社会法制意识不断增强，为构建和谐金融生态环境和维护区域金融稳定运行发挥重要作用。

一、区域经济运行与金融稳定

（一）区域经济运行总体情况

1. 产业结构持续调整。初步统计，2010年，全省地区生产总值14 357.12亿元，增长13.8%，比全国平均水平高3.6个百分点，保持高于全国平均水平的势头。第一产业增加值1 363.67亿元，

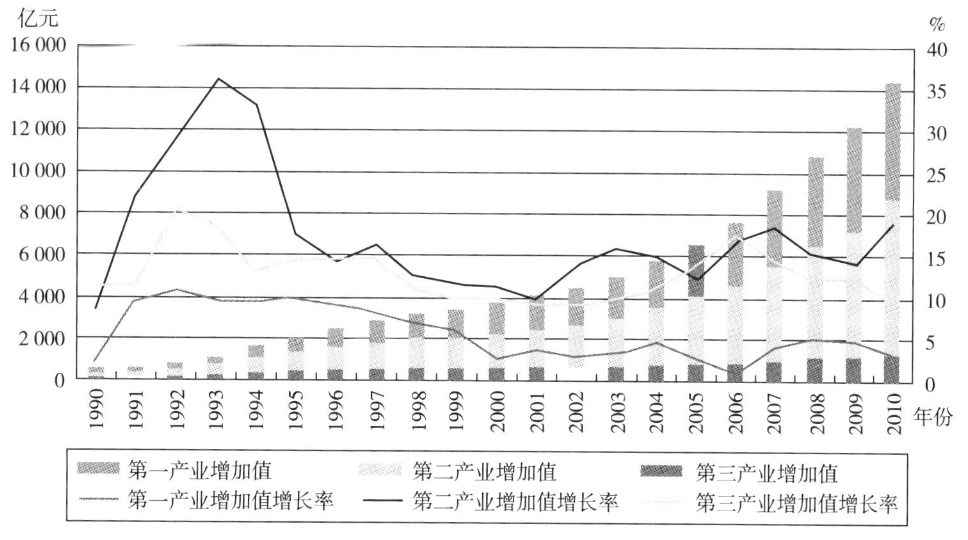

图1 福建省三次产业结构走势

增长3.3%，农业平稳发展，农林牧渔业总产值2 307.06亿元，增长3.5%；第二产业增加值7 365.46亿元，增长18.5%，工业加快发展，工业增加值6 242.33亿元，增长18.4%，规模以上工业企业利润1 231.33亿元，增长55.6%，民营经济活力增强，规模以上民营工业增加值占全省规模以上工业增加值比重接近60%；第三产业增加值5 627.99亿元，增长9.7%。全省三次产业结构由2009年的9.9:48.6:41.5调整为9.5:51.3:39.2。

2. 固定资产投资快速增长。2010年，在重点项目建设、新增长区域、城市建设、小城镇改革发展、民生工程“五大战役”的带动下，福建省投资持续加速，全社会固定资产投资8 273.42亿元，增长30%，比全国平均水平高出6.2个百分点，“十一五”期间全社会固定资产投资年增长28.7%，高于“十五”年均增幅12个百分点。分城乡看，2010年城镇固定资产投资7 460.07亿元，农村投资813.34亿元，同比分别增长19.2%和31.4%。在城镇投资中，城镇建设项目投资5 641.22亿元，增长24.2%；房地产开发投资1 818.86亿元，增长60.1%。民间投资比重持续提升，全年全社会民间投资4 533.8亿元，增长38.8%，占全社会投资的54.8%，比上年提高3.5个百分点。

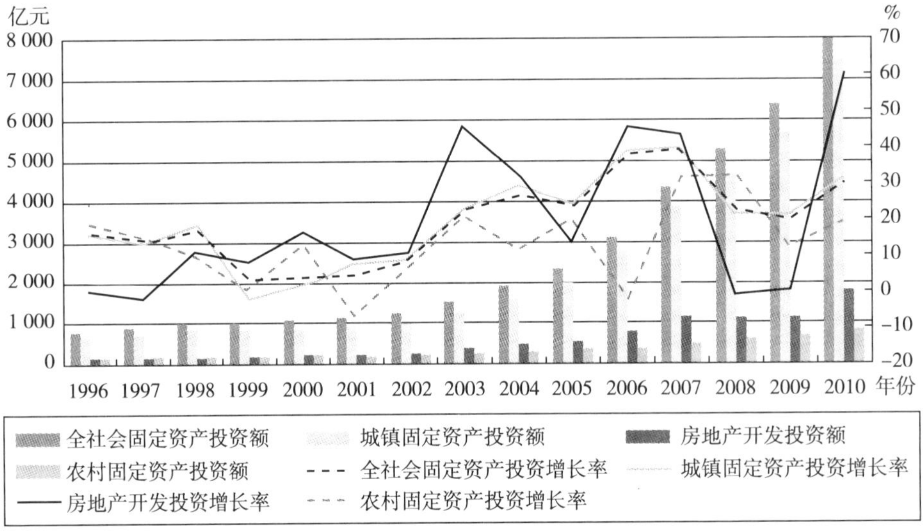

图2 福建省固定资产投资情况

3. 消费需求保持旺盛。2010年，全省实现社会消费品零售总额5 310.01亿元，增长18.5%，比全国平均水平高出0.2个百分点；“十一五”期间消费年均增长17.7%，高于“十五”年均增幅5.5个百分点。分地域看，城镇消费品零售额4 725.87亿元，增长19.6%；乡村消费品零售额584.14亿元，增长10.2%。在限额以上批发零售业零售额中，家具类比上年增长65.3%，家用电器和音响器材类增长50.2%，金银珠宝类增长40.8%，汽车类增长36.0%，石油及制品类增长34.7%，通讯器材类增长31.7%，服装鞋帽针纺织品类增长30.5%，食品饮料烟酒类增长27.1%，体育、娱乐用品类增长8.3%。

4. 对外经贸快速回升。2010年，福建省进一步采取有效措施，推动外贸发展方式转变，对外经贸快速回升，各项指标全面恢复并超越2008年金融危机前的水平，达到历史最好水平。全年外贸进出口总值突破千亿美元，达1 087.82亿美元，增长36.6%，比全国平均水平高1.9个百分点。其中，出口714.97亿美元，增长34.1%，比全国平均水平高2.8个百分点；进口372.86亿美元，增长41.6%，比全国平均水平高2.9个百分点。人民币跨境业务试点工作积极稳妥有序开展，取得成效。

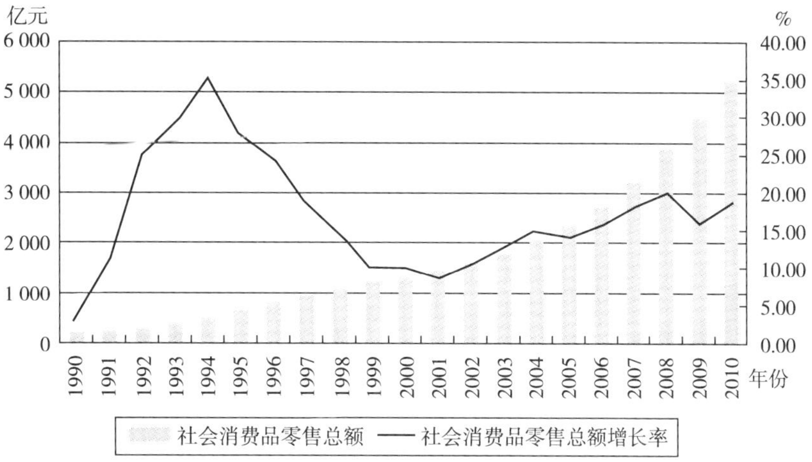

图3　福建省社会消费品零售额波动

截至年末，全省共有19家银行为158家企业和机构共办理人民币跨境业务529笔，累计金额达136.25亿元。其中，跨境人民币业务量占同期全省进出口货物贸易总量的比重为3.49%，比全国平均水平高0.99个百分点；全省跨境贸易人民币结算业务总量在全国试点省份中位居第10。利用外资稳步增长，按历史可比口径统计全年实际利用外商直接投资103.16亿美元，增长2.5%；新批外商投资项目1 139项；按可比口径合同利用台资16.6亿美元，增长143.8 %；实际利用港澳资金55.1亿美元，增长15.8%。

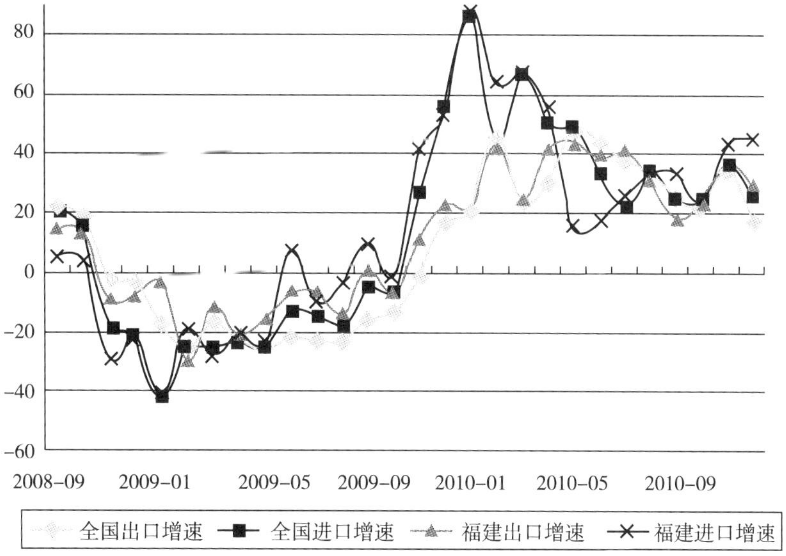

图4　福建省进出口增速与全国比较

5. 财政实力进一步增强。2010年，全省实现财政总收入2 056.01亿元，增长21.3%，其中，地方级收入1 151.49亿元，增长23.5%。全省财政总收入和地方级财政收入分别突破2 000亿元和1 000亿元大关。全省财政支出1 678.71亿元，增长18.9%。重点支出保障有力，安排预算内外资金149.49亿元支持铁路、公路等重点基础设施建设；支出15.26亿元改造提升传统产业，推进产业转型升级；支出结构进一步优化，与民生直接相关的支出共计1 071.08亿元，增长19.1%。

6. 民生保障水平提高。2010年，全省农村居民人均纯收入7 426.86元，增长11.2%，扣除物价因素实际增长7.5%，全省农村居民人均生活消费支出5 498.33元，增长9.6%；全省城镇居民人均可支配收入21 781.31元，增长11.3%，扣除物价因素实际增长8.0%，全省城镇居民人均消费支出14 750.01元，增长9.7%。全省城镇新增就业65.5万人，下岗失业人员再就业12.6万人，城镇登记失业率3.77%。城镇职工基本养老保险和失业保险参保人数分别为521.4万人和374.2万人，新型农村社会养老保险试点县达33个。城镇基本医疗保险参保率达95%，新型农村合作医疗参合率达98.1%。

7. 物价上行压力加大。2010年，全省居民消费价格上行，全年上涨3.2%；按用途分，食品类价格上涨7.8%，烟酒及用品类上涨1.4%，衣着类下降4.3%，家庭设备用品及维修服务类下降0.8%，医疗保健和个人用品类上涨3.1%，交通和通讯类下降0.5%，娱乐教育文化用品及服务类上涨0.2%，居住类上涨5.4%。工业品出厂价格波动上涨，第一季度冲高后持续回落，9月后重新走高，2010年以来福建PPI持续低于全国，全年上涨3.2%。全省原材料燃料动力购进价格高位运行，2010年福建购进价格上涨7.7%，分月看，前9个月福建购进价格均低于全国，但10月份后开始加速上涨并高于全国。

8. 闽台金融合作力度加大。台湾元富证券子公司——元富证券（香港）有限公司获批设立厦门代表处；国泰财产保险有限责任公司福建分公司获批开业；富邦财产保险有限公司在厦门成立，是福建省首家法人产险机构，也是大陆第二家台资全资产险机构。新台币现钞兑换业务扩大到全省多家银行，新台币兑换业务稳步增长，2010年全年累计兑入和兑出新台币分别为2.31亿元和2.24亿元，分别增长39.09%和112.78%。闽台合作设立产业投资基金，我国首个海峡两岸合资的产业投资基金管理公司——海峡汇富产业投资基金管理有限公司在福州成立。

（二）区域经济运行中值得关注的方面

总体上看，2010年福建省经济回升向好的基础进一步得到巩固，经济发展的质量和效益有了新的提高，但在经济运行中还存在一些不确定的因素。一是经济环境变化，金融业风险管理难度加大。从外部看，全球经济复苏仍存在不确定性，金融体系依然脆弱；从内部看，人民币升值压力持续加大，国内物价和劳动力成本上升。经济环境的变化，增加了金融业风险管理的难度，加大了不良贷款反弹的压力。二是宏观调控政策叠加，政策效应将逐渐显现。随着“两高一剩”和房地产市场调控力度加大以及货币政策回归稳健，相关行业企业获得贷款的成本上升，企业的经营风险明显增大，金融机构在相关行业的信贷风险应引起高度关注。三是社会融资结构不协调，金融风险集中。2010年，全国非金融企业直接融资占全部融资总额的17.6%，福建省仅占12.2%，而同期全省人民币新增贷款占全国的3.6%，高于年初福建贷款余额占全国比重的3.1%，这种融资结构使金融风险高度集中在银行业。

二、金融业与金融稳定

（一）银行业稳定评估

1. 银行业运行情况

（1）机构实力持续增强。2010年末，全省银行业机构总资产28 637.37亿元，总负债27 257.16

亿元，分别增长 27. 16% 和 26. 17% 。本外币各项贷款余额 15 920. 84 亿元，增长 23. 36% ，高于全国平均水平 3. 66 个百分点；本外币各项存款余额 18 753. 23 亿元，增长 24. 23% ，高于全国平均水平 4. 43 个百分点。银行业机构体系不断健全，年末全省共有法人银行业机构 81 家，其中，股份制商业银行 1 家，城市商业银行 3 家，外资银行 2 家，农村合作金融机构 68 家，村镇银行 4 家，信托公司 2 家，财务公司 1 家。

（2）信贷结构调整优化。2010 年，全省各银行业机构不断调整信贷结构，将有限信贷资源倾斜支持实体经济、新兴产业和薄弱领域。全年全省银行业批发零售业、制造业、交通运输仓储业三大行业贷款新增量合计占全部贷款增量的 64. 53% ，比上年多增 814. 09 亿元。小企业贷款新增 1 154. 5 亿元，增量位居全国第 5，年末余额比年初增长 40. 9% ，高于全部企业贷款增幅 15. 7 个百分点。辖内（不含厦门，下同）中资银行业机构新兴产业小企业贷款新增 47. 61 亿元，增幅达 54. 41% ；中资银行业机构累计退出高耗能、高污染行业贷款 188. 9 亿元。

（3）支农力度逐步加大。2010 年，全省涉农贷款新增 1 083. 7 亿元，比上年多增 206. 6 亿元。年末全省农村合作金融机构涉农贷款余额 909. 29 亿元，增长 29. 04% ；涉农贷款余额占各项贷款比重 84. 63% ，比年初增加 2. 42 个百分点；涉农贷款增量 204. 63 亿元，比上年多增 111. 16 亿元。新增贷款主要投向农林牧渔业、批发零售业及制造业，分别占贷款增量的 57. 86% 、32. 59% 和 29. 16% 。年末全省有贷款余额的农户数为 190. 55 万户，贷款面 28. 02% ；涉农贷款户均余额 4. 77 万元，比年初增加 1. 32 万元。

（4）风险抵补能力显著提高。2010 年，全省银行业机构实现税后利润 300. 72 亿元，增长 37. 67% ，资产利润率为 1. 18% ，比上年提高 0. 06 个百分点；年末全省银行业机构贷款损失准备充足率和拨备覆盖率分别为 239. 49% 和 217. 27% ，远高于监管要求；不良贷款余额 133. 24 亿元，比年初减少 40. 27 亿元；不良贷款率 0. 84% ，比年初下降 0. 5 个百分点，首次降到 1% 以下，不良贷款保持“双降”。信贷资产质量的不断提高，盈利水平的持续增长以及贷款损失准备的不断增加，进一步提升了银行业的风险抵御能力。

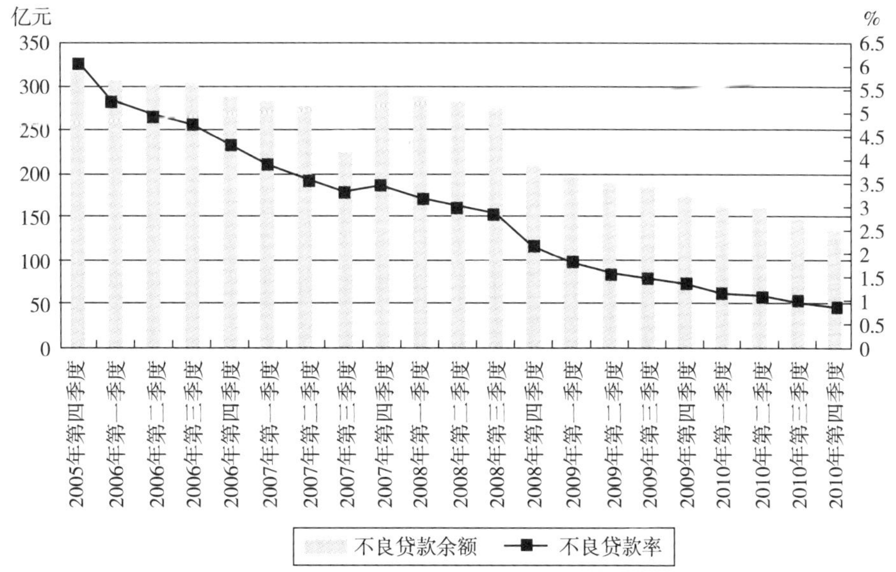

图5 福建省不良贷款变动图

（5）改革创新稳步推进。农业银行福建省分行“三农”金融事业部制改革试点持续深入，在组织架构、独立核算、资源配置、绩效考核、信贷制度等方面探索商业化服务“三农”长效机制，并在全国农业银行系统首次推出农村土地经营权抵押贷款，相继创新推出多项“三农”特色产品，探索创新了台企、台农租赁土地使用权抵押等多种担保方式，缓解了农户和台企、台农的融资担保难题。全省新增加进出口银行省分行（由代表处升格），恒丰银行、厦门银行、浙江稠州银行福州分行，漳平民泰村镇银行、福鼎恒兴村镇银行等机构；福建海峡银行迈出跨省经营第一步；联华国际信托有限公司成功入股广发华福证券有限责任公司。

2. 银行业运行需要关注的问题

一是银行业粗放经营潜藏的风险逐渐显现。在信贷高投放的状况下，部分银行业机构重业务拓展、轻风险管理的经营取向有所抬头，潜藏的信贷风险逐渐显现，全年全省银行业机构关注类贷款共新增77.08亿元，呈现逐季持续上升态势。二是整贷整还偿还方式下的信贷风险不断积聚。近年来福建省银行业机构中长期贷款业务发展迅速，其中公司类中长期贷款余额在各项贷款余额的占比已超过三成，成为各类贷款中占比最高的品种。2010年新发放的1 000万元以上公司类中长期贷款中，采用整贷整还的中长期贷款占14.33%，其中有144亿元的整贷整还中长期贷款将在第三年集中到期，易造成信贷风险的积聚。三是部分政府融资平台贷款质量下滑。全年辖内银行业机构共有44.18亿元政府融资平台贷款质量出现向下迁徙。四是信贷资产不合规转让潜在风险上升。由于面临着信贷规模紧张和信贷总量考核压力，信贷资产转让出现了大幅反弹，2010年第四季度辖内中资银行业机构新发生的一般性贷款对外转让金额占全年新发生的对外转让总额的25.18%，分别比第二、第三季度提高10.47个和12.74个百分点，对其中不合规转让潜藏的信贷风险应予关注。

（二）证券业稳定评估

1. 证券业运行情况

（1）证券市场运行平稳。截至2010年末，省内共有3家法人证券公司，136家证券营业部，法人券商总资产438.72亿元、总负债331.44亿元，同比分别增长11.44%和0.31%，净资本88.11亿元，下降3.82%，实现净利润11.78亿元，下降32.77%。2010年各券商通过完善以净资本为核心的风控指标动态监控系统，开展净资本等风险控制指标的敏感性分析和压力测试，制定以防范利益冲突为基本目标的信息隔离墙制度，完善信息报送和信息披露制度，健全内控机制，强化客户账户管理等举措不断夯实推动证券公司可持续发展的基础性制度。

（2）期货市场规模不断扩大。截至2010年末，省内有4家期货法人公司，同比增加1家；58家期货营业部，期货投资者账户数9.21万户，增长38.08%；期货交易总额108 978.63亿元，增长142.18%；营业收入3.76亿元，增长69.46%。

（3）多层次资本市场体系建设持续推进。全省资本市场发挥集聚社会资金功能，为推动福建科学发展、跨越发展提供资金支持。截至2010年末，全省73家境内上市公司总市值6 568.78亿元，证券化率45.75%。一是加大上市后备资源培育力度，推动优质企业进入资本市场，全年共有16家公司在A股发行上市，募集资金142.68亿元，IPO金额创历史新高。二是积极支持兴业银行等上市公司通过定向增发、配股等方式实现再融资255.97亿元，提高公司资产质量和经营能力。

（4）上市公司质量持续提升。截至2010年9月末，66家省内上市公司总股本488.11亿股，总资产20 862.02亿元，净资产1 903.81亿元，分别比上年同期增长18.76%、42.09%和51.45%；平均每股收益、净资产收益率分别为0.55元和13.13%，分别为全国平均水平的1.38倍和1.17倍。

（5）证券业运行环境不断改善。福建省各级政府与相关职能部门进一步加大沟通协调力度，强化打非联席会议机制的作用，突出联合执法，保持对各类非法证券活动的高压态势，证券业运行环境进一步得到净化。全年共处查处取缔非法机构9家，关闭非法网站16个，以“黑名单”方式曝光180个不法机构及网点名称，破获“恒润雄方”非法发行股票案和“汇金投资公司”、“东方财经”非法证券投资咨询案，涉案金额2亿多元。各类违法违规案件的查处，打击了非法证券活动的嚣张气焰，涉非信访投诉下降74.6%。

2. 证券业运行需要关注的问题

一是上市公司盈利压力增大。福建省上市公司规模偏小，持续盈利能力较差，2011年影响上市公司盈利持续快速增长的因素增多，上市公司做大做强的压力增大。二是证券公司管理制度有待健全。随着融资融券、股指期货等新业务、新产品的不断推出，影响证券公司发展的因素更加复杂，因此包括信息隔离墙、合规管理有效性评估在内的证券公司合规管理制度有待进一步健全。三是期货公司发展后劲偏弱。期货营业部数量偏多，呈饱和状态，市场竞争激烈，业务同质化明显，佣金率成为主要竞争手段，导致交易手续费下降，近三分之一的期货营业部处于亏损或微利状态。

（三）保险业稳定评估

1. 保险业运行情况

（1）保险业运行平稳。全省保险业累计实现保费收入423.6亿元，保费规模居全国第14位，增长28.1%。其中，财产险保费128.1亿元，增长39.1%；人身险保费295.5亿元，增长23.9%。保险主体增长平稳，全省保险公司主体数量达到44家，比年初增加3家，其中外资保险公司8家，比年初增加2家；保险专业中介机构主体95家，比年初增加1家。资产规模逐步壮大，全省保险业总资产达到840亿元，增长25.5%。其中，保险公司总资产837.8亿元，增长25.4%；保险专业中介机构总资产2.2亿元，增长63.2%。

（2）保险市场发展势头良好。一是财产险业务快速增长。在自然灾害频发导致赔款支出快速上扬的情况下，财产险公司（不含厦门）结束了自2007年以来持续亏损的局面，承保利润率为3.8%。经营管控能力有所增强，应收保费率2%，综合赔付率65.8%，综合费用率30.4%，分别下降0.2个、1.3个和3.5个百分点。车险业务与非车险业务保费收入分别增长38.9%和32.6%。受灾害影响，企财险、家财险、农业保险等赔款支出分别增长1.2倍、2.2倍和78%。二是人身险市场增长平稳。寿险保费收入增长24.3%，与全国差距缩至5.5个百分点。新单结构持续优化，新单期缴率为34.5%，比上年上升2.6个百分点，10年期及以上期缴业务发展好于全国，续期业务保费收入增长25.8%。分红寿险较快增长，投连保险增速较缓，万能保险有所回升，分别实现保费收入增长27.9%、8.8%和39.1%；普通寿险下降0.9%。个代、银邮渠道业务稳步增长，直销业务扭转了近年持续负增长态势，分别增长21.9%、25.6%和39.3%。健康险、意外险业务平稳增长，分别增长16.4%和17.6%。

（3）助推经济的作用持续发挥。一是对社会经济生活的渗透率不断提高。2010年，全省保险深度2.95%，上升0.18个百分点；保险密度1 159元/人，增长27.1%；人均保险消费支出占城镇居民可支配收入的5.4%，上升0.7个百分点。二是积极支持重点项目建设。大力发展与经济关系密切的保证保险、工程险、船舶险、货运险、企财险，分别增长3.1倍、53.7%、27%、26.4%和24%，促进全省市场化灾害事故补偿机制逐步建立。70多家保险机构入驻全省21个试点小城镇，支持小城镇各项建设。三是促进对外贸易增长。出口信用险把业务网点延伸到辖区内所有设区市，全年累计实现保费收入2.2亿元，增长75.9%，为53亿美元的出口贸易提供了收汇保障，累计赔款支出1.2亿元，增长75.7%。

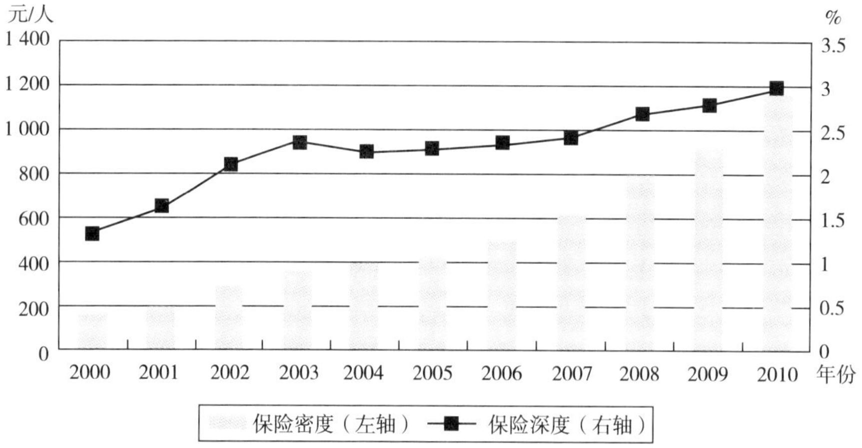

图6 福建省保险密度、保险深度变动趋势

（4）民生保障功能不断增强。一是总体保障水平提高。2010年全年累计为社会承担风险保障总额11.6万亿元，累计赔付支出102.9亿元，增长8.62%。二是积极支持防灾救灾工作。2010年福建省先后发生多次重大自然灾害，全年保险业重大灾害赔款超过7亿元。三是服务和支持“三农”发展。政策性保险业务实现保费收入2.8亿元，提供风险保障超过1 100亿元，累计赔款支出2.8亿元，比上年翻一番，是福建省农险试点工作启动以来赔付最多的一年。四是支持社会保障体系建设。推动商业养老保险及健康保险发展，累计寿险责任准备金924亿元，增长25.5%，超过全省社会养老保险基金结余3倍；普通寿险和健康保险业务累计赔付支出20亿元，增长8.7%。“新农合”受托管理工作稳步推进，为700万名农民提供健康保障，参合率达到97.8%。推动安全生产责任保险试点，完善交强险制度，全省责任保险实现保费收入4.2亿元，增长22.6%，保险金额达1.9万亿元。

2. 保险业运行需要关注的问题

一是财产险市场部分领域效益仍然不佳。20家财产险公司中，承保亏损的公司虽然大幅减少（6家扭亏为盈），但仍有10家出现亏损，其中绝大部分为中小公司；交强险业务综合赔付率达80.6%，上升7.4个百分点，综合成本率111.5%，上升11.3个百分点，承保利润为亏损1.7亿元。二是人身险公司结构调整基础仍需进一步巩固。部分公司银保业务比重过大，10家人身险公司银保业务占比超过50%，易受到资本市场等宏观经济环境的影响；寿险业务退保明显反弹，退保金达26.6亿元，增长36.4%，综合退保率为3.1%。三是市场行为不规范问题仍较为突出。如返佣问题仍比较突出，赠送险种、给予合同以外利益的行为屡禁不止，支付高额手续费进行恶性竞争，理赔难、销售误导问题社会反映还比较集中。

三、金融市场运行与金融稳定

（一）金融市场运行状况

1. 货币市场交易活跃。2010 年，全省同业拆借、债券回购、现券交易三项成交总额 75 474. 88 亿元，增长 30. 51%。全年拆借、债券市场净融入资金 27 492. 92 亿元，交易以短期融通为主，7 天以内拆借品种占拆借成交总量的 95. 15%，7 天以内质押式债券回购占质押式债券回购成交总额 91. 53%。票据融资总量增速平稳，年末融资余额（含承兑、贴现、转贴现）2 445. 89 亿元，增长 20. 08%。企业债务融资工具（包括短期融资券、中期票据）发行迅速发展，新发行企业 6 家，全年 12 家企业发行 15 期，发行金额 95. 45 亿元，占 2005 年以来累计发行金额的 35. 08%。衍生品市场交易品种较少，主要有人民币利率互换和人民币远期利率协议，交易额分别为 3 036. 34 亿元和 23 亿元。

表 1 **2010 年福建省金融市场基本情况** 单位：亿元、亿美元、%

类型 \ 项目	成交额	增长
货币市场		
1. 同业拆借	23 660. 77	8. 46
2. 债券回购	30 513. 71	64. 68
3. 现券交易	21 300. 39	21. 8
4. 票据市场	10 298. 6	30. 01
资本市场①		
1. 股票交易	48 483. 09	11. 83
2. 基金交易	1 179. 95	-32. 25
3. 权证交易	1 770. 02	-69. 91
外汇市场		
1. 结汇	704. 93	36. 11
2. 售汇	303. 20	28. 37
3. 净结汇	401. 73	42. 60
黄金市场		
商业银行纸黄金交易	174. 13	11. 06

数据来源：《2010 年福建省金融市场运行情况报告》、《2010 年福建省金融运行报告》、《2010 年福建省经济金融运行报告》。

2. 外汇市场总体平稳。结售汇规模增长迅速，2010 年全年银行结售汇总额增长 33. 68%，净结汇增长 42. 6%。企业购汇意愿减弱，以外汇贷款替代进口支付的规模逐步扩张，并倾向采取提前或抓紧收汇、见汇即结的方式规避风险。购汇偿还外汇贷款规模增长，进一步加大了资本与金融结售汇逆差，全年贸易净结汇增长 44. 41%，而资本与金融项目净售汇增长 64. 34%。远期结汇履约增长

① 数据来源：上海证券交易所和深圳证券交易所网站公布数据，各项数据为二者相关数据累加推算所得。

显著，企业通过远期结售汇业务锁定汇率风险的积极性增强，全年远期净结汇 75.3 亿美元，增长近 3 倍。境内外汇贷存比不断攀升，外债余额大幅增长，银行短期外债也大幅增长，负债“外币化”趋势明显增强。全年外债累计提款增长 150%，累计还本付息增长 33.3%。外汇收支总体上和实体经济运行情况基本一致。

3. 黄金市场继续保持增长态势。2010 年全年省内 4 家会员单位①在上海黄金交易所成交总量 809 017.7 公斤，增长 38.39%，其中，自营量下降 18.78%，代理量增长 68.21%。省内开办纸黄金交易的工行、中行、建行等金融机构共办理个人纸黄金交易 174.13 亿元，增长 11.06%。辖内工行、农行、中行、建行共销售实物黄金 19.23 亿元，为上年的 2.19 倍；招商银行、华夏银行、浦发银行等股份制银行销售实物黄金 2.22 亿元，比上年增加 1.61 亿元。

4. 民间借贷市场更趋活跃。调查显示，2010 年全年全省监测样本民间借贷发生额 28.2 亿元，增长 33.7%。民间借贷利率水平有所上升，第四季度监测样本民间借贷加权平均利率 18.37%，比第一季度上升 0.59 个百分点。借贷以短期为主，资金用途较单一，民间借贷担保程度不断提高，由传统的口头协议和书面协议的信用借款逐渐向质押、抵押、中介担保等方式转变。

（二）金融市场运行应关注的问题

1. 金融风险跨市场传染性增强。随着我国对国际市场的依赖程度加深，石油、大豆、金融等期货市场价格的波动对国内相关产品的价格影响越来越大，同时社会资金在市场间的流动使得各金融要素市场间的关联性增强，金融市场风险传染的可能性加大，市场风险监测、防范等工作复杂性增加。

2. 外汇市场管理难度加大。在利差和汇率升值双重收益的诱导下，外汇收支失衡压力加大。境内外人民币购汇价格的差异导致境内售汇规模被分流，加剧净结汇的增长，加大跨境资金流入压力。同时由于本外币利差和即远期售汇价之间存在套利空间，部分企业倾向于保留本币资产，增加外币负债，以人民币质押办理外汇贷款、海外代付等业务，从而延期购付汇，加大了国内流动性压力。此外，异常资金以“蚂蚁搬家”方式渗入的新案例、新情况，不同项目相互借道、利用分拆规避监管的问题较突出。

3. 民间非正规金融潜在风险。在福建省部分地区，一些基于民间借贷关系的投资仅以“汇款单”或“收款证明”作为投资凭据，没有规范的投资凭据，加大了民间借贷的风险隐患。同时，利益分配制度的匮乏、监督机制的不完善，易导致收益分配严重不均、挪用侵占参股资金等问题。

四、金融基础设施与金融稳定

（一）支付体系

2010 年，福建省支付体系建设快速推进，支付服务效率和质量进一步提升，城乡一体的支付服务网络不断完善，支付环境不断优化，对区域金融稳定运行起到积极促进作用。一是成功上线运行福建省公民身份信息核实系统，解决近百万身份信息再核实业务，率先在全国解决联网核查疑义信

① 包括兴业银行、紫金矿业集团股份有限公司、福州福辉珠宝有限公司、厦门商业银行。

息再核实问题上取得重大突破。二是成功上线电子商业汇票系统和网上支付跨行清算系统，对降低票据业务风险和成本、便利中小企业融资、有效防范变造伪造票据、突破金融服务空间和时间限制起到积极的促进作用。三是金融 IC 卡产业跨越发展，全省共发行金融 IC 卡 1 000 多万张，发卡量位居全国第一；应用领域和受理环境不断优化，实现金融 IC 卡发行市场和受理市场的良性互动和银行卡安全技术的革新。四是农村支付环境建设步入良性循环，全省 ATM 乡镇覆盖率为 46.97%，农村地区固话支付终端布放增长 83.26%，农村网上银行用户数达 280 万户，自助设备覆盖全省 63% 的县（市）、70% 的行政村，并率先在 25 个县（市）开展农村地区特约商户小额取现业务试点，解决未设金融网点农村地区的现金支取难题，让农民享受到"足不出村的金融服务"。五是打击银行卡犯罪成果显著，全省共破获银行卡案件 3 194 起，挽回经济损失 3 507 万元。

（二）反洗钱

2010 年，全省各级人民银行积极推行"风险为本"监管原则，有效促进义务主体不断提高履行反洗钱义务自觉性，在挖掘有价值可疑交易线索和协助调查涉嫌洗钱及其相关犯罪、维护百姓合法权益等方面取得突破，为构建和谐金融生态环境和维护社会经济金融稳定发挥了作用。建立"以县为块"的反洗钱资金监测"情报网"，促进义务主体加强监测分析。全年全省可疑交易线索收集数、报案数、立案数分别增长 205%、215% 和 600%。全面落实"差异化"监管，全年全省在现场检查中发现重点可疑交易线索数和报案数，分别增长 480% 和 250%。同时，加强与侦查、司法机关的案件协作。全年全省组织开展反洗钱行政调查 191 次，协助侦查机关破案 41 起，推动洗钱及相关犯罪案件判决 17 起。探索开展风险警示教育，切实维护百姓权益和社会稳定。针对"警察查洗钱"名义等虚假信息诈骗案件高发的态势，连续发出两份风险警示文件，要求银行立即采取措施，升级网银系统，改进业务流程，加强网点柜面风险提示，及时开展金融产品自查自纠，加强客户身份识别工作，防患于未然，并在全社会广泛开展反洗钱公民配合义务和防诈识骗知识的社会宣传，使犯罪分子无机可乘。在风险提示发出后两个月，成功堵截该类案件 19 起。

（三）信用环境

2010 年，福建省全面推进企业和个人征信系统的建设，努力营造海西经济区良好的社会信用和金融生态环境。一是企业和个人征信系统建设取得成效。年末福建省进入企业征信系统联网的金融机构网点 2 697 家，收集各类企业 23.17 万户，涉及人民币各项贷款余额 10 299.25 亿元。全省开通个人征信系统用户数 1.81 万个，涉及人民币个人信贷余额 5 344.29 亿元；已采集电信、环保、社保、法院等 16 项非银行信息。二是中小企业信用体系建设得到拓展。截至 2010 年末，全省建立中小企业信用档案 78 582 户，其中 7 390 户企业获得银行授信意向，7 120 户企业获得银行融资。三是农村信用体系建设成效显现。年末全省已建信用档案的农户达 196.2 万户，占辖内农户总数的 29.7%，农信社对已建档案的 127.6 万户农户累计发放贷款 1 607 亿元。四是海峡两岸企业征信信息共享促进对台资企业授信。自 2009 年 5 月，厦门市商业银行成立了台商业务部以来，大陆银行对台商企业授信业务不断增加。截至年末，台商部的开户数 143 户，人民币存款 69 172 万元，通过核准的授信金额为人民币 14 8569 万元，表内动拨金额为人民币 45 511 万元，表外动拨金额为人民币 9 872 万元。

（四）司法环境

2010年，福建省金融司法环境不断彰显海峡西岸特色。制定实施《福建省实施〈中华人民共和国台湾同胞投资保护法〉办法》，鼓励台湾投资者依法在福建省设立银行、保险、证券等金融机构或者参股福建省金融机构，推动两岸区域性金融服务中心建设。全省各级法院制定下发加强涉台审判工作意见，审结涉台案件2 041件，办理涉台司法互助案件2 914件，并与浙江、广东、江西省高级人民法院联合签署《海峡西岸经济区法院涉台司法事务合作协议》，构筑两岸司法交流合作的前沿平台。以机制创新为动力，继续深入推进执行工作持续发展。采取被执行人信息公示、媒体曝光、限制出境等措施，健全执行机制，多方查控被执行人财产，对赖账企业和个人依法强制执行，共执结各类案件120 707件、标的156.11亿元。

（五）金融宣传

2010年，人民银行福州中心支行围绕中心工作，以“创新宣传方式、普及金融知识、营造良好舆论环境、突出海西区域特色、树立央行维稳形象”为立足点，精心策划组织了“央行助推福建经济跨越发展”、“构建安全用卡环境　服务海西跨越发展”、“防诈骗、惠民生，打击洗钱、和谐海西”反洗钱宣传、外汇诚信兴商等特色金融宣传活动。持续动员各方面力量，深入基层、深入乡村和非法金融活动高发地区，与社会公众“零距离”沟通，切实增强民众的非法金融活动识别和防范能力。结合海西区域特色开展“改善海西金融服务环境　支持福建经济跨越发展”宣传活动，将新服务、新产品、新政策送进闽台经贸集散地福州保税区、闽西革命老区龙岩古田镇、民营企业区泉州南安市，将宣讲推介与展位宣传相结合，通过银企互动，为企业和社会公众量身打造个性化、专业化的特色服务方案和多层次服务体系，构建全面化的产品超市，服务地方经济跨越发展。据不完全统计，全年福建省各级人民银行共组织开展专题宣传活动2 072场次，发放各类宣传材料130余万份。

五、总体评估与政策建议

（一）总体评估

2010年，福建省深入贯彻落实科学发展观，认真实施国务院《关于支持福建省加快建设海峡西岸经济区的若干意见》，坚持“先行先试、加快转变”，区域经济发展取得新的成效：发展方式加快转变、经济结构不断调整、创新能力逐步增强、闽台合作纵深拓展，区域经济发展状况为金融稳健运行创造了良好的外部环境。放眼2011年，世界经济步入缓慢复苏的进程，我国经济率先回升向好，但经济回升基础还不牢固，新老矛盾和问题相互交织，推动经济发展方式转变和经济结构调整的难度较大，福建省金融发展面临着较复杂的国内外、省内外经济环境和较多的不确定性因素，维护辖区金融稳定的难度仍然较大。

表 2　　**2010 年福建省金融稳定评价指标及变动情况**

	指标分类	评价指标	变动情况		
			上升	稳定	下降
区域金融稳定状况	宏观经济	GDP 增长率	√		
		全社会固定资产增长率	√		
		进出口额增长率	√		
		社会消费品零售总额增长率	√		
		实际利用外资增长率	√		
		城镇居民可支配收入增长率	√		
		城镇登记失业率		√	
		征信数据库覆盖率	√		
		地方财政收入/GDP	√		
	银行业指标分类	不良贷款率			√
		核心资本充足率	√		
		流动比率			√
		资产利润率		√	
	证券业	净资本充足率	√		
		净资本负债率	√		
		资产利润率		√	
	保险业	保费收入增长率	√		
		赔款和给付支出增长率	√		
		财险公司应收保费率			√
		寿险公司退保率	√		

基于评价指标可比性及可得性，从区域宏观经济运行、银行业、证券业、保险业四个方面遴选了 20 个量化指标，构建福建省金融稳定评价指标体系（Financial Soundness Lndicators，FSIs），并对指标进行标准化和同向化处理，通过层次分析法和主成分分析法相结合的方法来确定指标权重，进而对区域金融稳定状况进行量化评价（计算步骤详见《2006 年度福建省金融稳定报告》专栏 4）。经过计算得出福建省 2006—2010 年宏观经济环境、银行业、证券业、保险业及 FSIs 综合评价值。从图 7 可以看出自 2006 年以来银行、证券和保险业三个子系统的 FSIs 评价值虽有所波动但整体比较稳定。而宏观经济环境评价值波动较大，在 2008 年和 2009 年度呈下降趋势，2010 年出现企稳回升，主要原因是福建省经济外向度较高，易受外部环境的影响。从综合评价值看，福建省整体金融稳健程度处在一个比较稳定的水平。

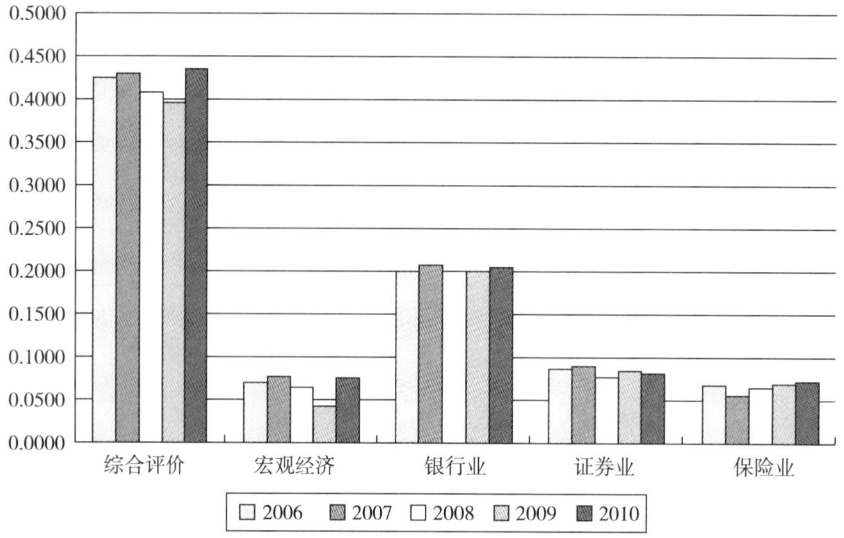

图7 2006—2010年福建省FSIs子系统及综合评价指数的变化①

（二）政策建议

1. 加强金融服务功能，持续推进经济结构调整与发展方式转变。大力加强金融服务创新，开展中间业务创新，提升金融服务的层次和水平。拓展金融同业合作，增强综合服务能力，并科学发展金融衍生产品，满足市场避险需求。认真贯彻落实稳健的货币政策，坚持“区别对待、有扶有控”原则，加强信贷政策引导，加快信贷结构调整步伐，引导银行业金融机构优化信贷投向，促进产业结构优化，创新信贷方式，满足多元化社会融资需求。继续推进跨境贸易人民币结算试点工作，促进企业贸易便利化。

2. 抓住ECFA签订与生效的契机，探索闽台交流合作新途径。推动落实两岸经济合作框架协议，积极实施货物贸易早期收获计划，扩大福建优势产品出口，增加对台湾产品进口，争取服务贸易合作先行先试，开展口岸业务电子商务合作，争取不同阶段的闽台合作先行先试内容列入ECFA后续协议。推动闽台金融机构双向互设和业务合作，建设福州、厦门两岸区域性金融服务中心，强化平潭在两岸交流合作中的特殊地位，争取平潭在两岸金融合作方面先行先试。

3. 加快多层次市场体系建设，提高直接融资比重。完善社会融资结构，扩大股权融资规模，持续推动各类企业上市融资，积极引导上市公司再融资，提高市场竞争力。进一步推进市场化并购重组，创新并购管理重组方式，支持符合条件的上市公司将资产重组与融资同步进行，引导上市公司通过并购重组实现整体上市。着力发展债券市场，建立健全福建省债券市场发展的合作机制，促进债券产品创新，显著增加债券融资规模。加快场外市场建设，为福建省非上市公司股份提供必要的转让和流通渠道。

4. 稳步推进金融体制改革，增强金融机构抵御风险能力。积极推进已改制大型商业银行完善现代企业制度，重点推动农业银行“三农”金融事业部改革。支持村镇银行、小额贷款公司的设立与

---

① 由于系统值是通过分别研究FSIs变量在不同年份的变化得到的，计算结果只能够用于分析宏观经济环境、银行业、证券业和保险业的发展情况，而不能用于横向比较不同子系统的稳健性差异。

发展，促进创新型农村金融组织可持续发展。推动证券业机构改革，规范融资融券等创新业务开展，逐步提高法人证券机构整体实力与市场竞争力。扩大保险覆盖范围，大力发展农村政策性和商业性保险业务。不断完善地方中小法人金融机构的法人治理结构，真正形成决策、执行、监督互相制衡的治理结构。

总　　纂：吴国培
统　　稿：吴成居
执　　笔：赖永文　杨　敏　陈　榕　沈理明　郑　平　林路曦
黄　静

江西省金融稳定报告摘要

一、综述

2010年是江西省经济发展极不平凡的一年。面对极为复杂的经济社会发展环境和历史罕见的特大洪涝灾害，全省上下坚持以科学发展观为指导，围绕科学发展、进位赶超、绿色崛起的奋斗目标，紧紧抓住鄱阳湖生态经济区建设的历史机遇，齐心协力，顽强拼搏，全省经济社会发展取得显著成就，主要经济指标增长高于全国平均水平。金融业保持稳健运行，银行存贷规模继续扩大，资本市场发展取得新突破，保险业服务社会功能有效发挥。经济金融的健康发展，为全省“十二五”的良好开局奠定了坚实基础。

2010年全省地区生产总值9 435.01亿元，增长14%；人均地区生产总值跨越3 000美元大关。农业生产稳步增长，大灾之年仍获丰收；规模以上工业增加值、主营业务收入和利税三大指标实现历史性突破。全社会固定资产投资、社会消费品零售总额、出口总额均创历史新高，增速均居中部地区首位。

全省银行业金融机构存款余额突破万亿元大关，存款增速中部六省排名第1位、全国排名第4位；贷款增速中部六省排名第3位、全国排名第13位。全省银行业改革创新工作迈出新的步伐，资产质量切实提升，抵御风险实力进一步增强。证券交投增长平稳，期货代理交易量快速增长，证券期货经营机构健康发展。上市公司直接融资总额、企业首发上市家数、再融资公司数量均创近10年新高。全省保费收入增速居全国第6位。财产险、农业保险和出口信用保险快速发展，增速均居全国第1位。保险业经济助推器和社会稳定器的作用有效发挥，有力支持了灾区恢复重建。

根据江西省金融稳定状况评价办法，运用综合评价模型进行定量评估分析，2010年全省金融稳定综合评价得分83.44分，比上年增加4.91分，基本符合上述金融稳定状况的定性分析结论，全省金融稳定状况处于稳定的安全区域。

二、区域经济运行

2010年，全省完成地区生产总值9 435.01亿元，增长14%，增幅创1993年以来最高。人均地区生产总值2.14万元，增长25.15%。全省三次产业协调增长，三次产业增加值比重由上年的14.5:51.2:34.3调整为12.8:55:32.2，第二产业比重上升。

（一）“三驾马车”共同给力，推动经济快速发展

1. 投资需求保持旺盛，社会投资迅速增长。2010年，全年全社会固定资产投资完成8 775.5亿

元，增长32.1%，增速高于全国水平8.3个百分点，居中部地区首位。投资结构更趋优化，民间投资持续活跃，非国有投资6 291.6亿元，增长35.7%。

2. 消费需求继续扩大，消费结构升级加快。2010年，全年社会消费品零售总额2 932.9亿元，增长19.2%，增速比全国高0.8个百分点，中部排名第1位。城镇市场实现社会消费品零售额2 442.6亿元，增长19.3%；乡村市场实现社会消费品零售额490.2亿元，增长18.5%。

3. 进出口增速创历史新高，外汇收支大幅增长。2010年，全年进出口总额214.53亿美元，增长67.9%，同比提高74.1个百分点，增速比全国水平高33.2个百分点。净出口总额53.79亿美元，增长175.14%。全省利用外资保持较快增长，合同利用外资74.94亿美元，增长52.8%；实际利用外商直接投资51.01亿美元，增长26.8%，利用外资规模居中部地区首位。

（二）供给能力不断增强，产业支撑效果明显

1. 农业生产稳步增长，大灾之年仍获丰收。2010年，全年粮食作物播种面积5 458.7万亩，增长1%；粮食总产390.94亿斤，连续三年保持在390亿斤以上。全年生猪出栏2 847.2万头，增长1.2%；水产品产量215.34万吨，增长4.7%。

2. 工业生产高位稳健运行，工业结构进一步优化。2010年全年全省工业实现增加值4 359.2亿元，增长20%。非公有制工业实现增加值2 237.3亿元，增长24.9%，对规模以上工业增长的贡献率为80.3%。

3. 服务业保持稳定增长，旅游经济较快发展。2010年全省服务业实现增加值3 034.4亿元，增长10.8%，同比提高0.1个百分点。旅游经济保持了较快的发展势头，国内旅游接待人数突破1亿人次，旅游总收入818亿元，分别增长15.1%和21.1%。

4. 鄱阳湖生态经济区建设取得成效，经济发展增势强劲。2010年鄱阳湖生态经济区39个工业园区招商签约资金1 910.4亿元，增长27.8%；实际到位资金1 151亿元，增长51.2%。区内全年累计完成基础设施建设投入155.40亿元，增长58.3%。园区完成工业增加值1 326.81亿元，增长21.3%；实现利税516.49亿元，增长48.9%。

（三）经济运行质量提高，民生工程扎实推进

1. 财政收入快速增长，城乡居民收入水平提高。2010年，全省实现财政总收入1 226亿元，增长32%，创1994年分税制改革以来的最高增幅。城镇居民可支配收入15 481元，增长10.4%；农民人均纯收入5 789元，增长14.1%。

2. 企业效益大幅提升，景气指数显著提高。2010年，全省规模以上工业企业实现主营业务收入14 196.7亿元，增长43.8%，同比提高27.5个百分点；利税总额1 446亿元，增长52.9%，同比提高18.9个百分点。据江西省统计局数据显示，第四季度企业景气指数达到138.9，创2008年以来的新高。

3. 财政支出倾向民生，社会保障更加有力。2010年，全省用于教育、住房保障、农林水事务、医疗卫生、社会保障与就业、环境保护等民生领域资金达1 064亿元，占财政支出的55.7%。全年新增城镇就业人数50.56万人，完成计划目标的112.36%。企业退休人员基本养老金水平和城乡居民最低生活保障标准相应提高，新型农村社会养老保险试点工作进展顺利。

（四）房产价格持续上扬，保障住房建设加快

1. 房地产价格继续上扬，商品房销售增速总体回落。据国家统计局数据显示，2010 年 12 月南昌市房屋销售价格同比上涨 6.1%。据江西省统计局数据显示，2010 年全省商品房销售价格同比上涨 18.95%，涨幅明显。随着房地产调控政策的逐步趋紧，全年商品房累计销售额同比增速较上年回落 34.6 个百分点。全年商品房销售面积仅增长 8.3%，较 2009 年同期回落 23.7 个百分点。

2. 政府投入力度加大，保障性住房建设加快推进。2010 年，全省已开工建设保障性住房 7.29 万套，完成投资 34.82 亿元；城市棚户区改造完成投资 350.9 亿元，改造各类棚户区 24.8 万户，累计解决 64 万余户城镇低收入家庭住房困难问题，惠及人口 200 余万人。

（五）需要关注的方面

1. 物价上涨压力加大，通胀预期仍然强烈。全年消费价格涨幅持续攀升，食品类和居住类价格上涨最快。从短期看，国际粮食价格大幅上涨对我国粮食价格产生了一定影响，粮食等主要农产品价格延续惯性上涨的可能性较大。从长期看，随着美国量化宽松货币政策的实施，美元疲软带动国际市场初级产品价格震荡走高，相应地抬高国内产品价格，物价上涨压力明显加大。

2. 高耗能产业占比仍高，产业结构调整任重道远。2010 年，全省六大高耗能行业完成工业增加值 1 342.5 亿元，增长 17%，占规模以上工业增加值比重达 43.49%。深化产业结构调整是全省经济发展和节能降耗的首要任务，但工业经济尚未完全走出粗放式增长格局，产业结构调整的任务仍十分艰巨。

3. 房地产投资增速持续回落，房地产开发后劲不足。随着国家房地产调控政策的陆续出台和调控力度的不断加大，从 2010 年 5 月份开始房地产开发投资增速连续 7 个月出现回落。房地产贷款增量逐季减少，目前处于近 8 个季度以来的最低点。受政策调控影响，房地产销售量出现下降，导致全省房地产施工、新开工、竣工面积等先行指标低速增长甚至下降。

三、金融业发展

（一）银行业

1. 存款保持较快增长，增长结构更趋合理。2010 年末，全省银行业金融机构本外币各项存款余额 11 907.8 亿元，同比增长 27.32%。当年新增存款 2 554.99 亿元，创历史新高。企业存款增速放缓，2010 年末，全省银行业金融机构人民币企业存款余额 3 083.02 亿元，同比少增 124.9 亿元，增速同比放缓 22.1 个百分点。储蓄存款平稳增长，2010 年末，全省银行业金融机构人民币储蓄存款余额6 113.24亿元，同比多增 94.44 亿元。

2. 贷款增量保持平稳，信贷投向不断优化。2010 年末，全省银行业金融机构本外币各项贷款余额 7 843.28 亿元，同比增长 22.2%，分别高出全国和中部六省平均增速 2.57 个和 0.94 个百分点。贷款余额占全国贷款余额的 1.54%，同比上升 0.03 个百分点。全年信贷投向“有扶有控”。全省制造业，交通运输、仓储及邮政业，批发和零售业，水利、环境和公共设施管理业等行业新增贷款 616.1 亿元，占全部新增贷款的 39.97%。“两高一资”和产能过剩行业贷款占比有所下降。涉农贷款、中小企业贷款余额和新增额均超过全省贷款余额和新增额的1/3。民生信贷支持力度加大，全省小额担保贷款余额56.47亿元，比上年增加3.84亿元，占全国小额担保贷款余额1/5，连续8年稳居全国首位。

3. 资产规模不断扩大，资产质量逐步提高。2010年末，全省银行业金融机构资产总额14 838.99亿元，同比增长30.85%。不良贷款余额287.74亿元，比年初减少37.19亿元；不良贷款率3.67%，比年初下降1.39个百分点。实现利润160.94亿元，较上年增长49.12%，增幅比上年提高39.2个百分点。

4. 银行改革不断深入，案防工作有效推进。2010年，引进了光大银行、北京银行在省内设立分支机构。城市商业银行获准筹建省内分行7家、县支行15家。全年批准村镇银行开业9家，筹建2家；批准注册小额贷款公司26家，已正式开业24家；新设融资性担保机构13家，全省担保机构数已达351家。积极创新信贷工具，大力发展表外信贷类业务，全省银行业金融机构表外信贷类业务余额1 545.3亿元，同比增长121.8%，占表内贷款规模的19.9%。开发了土地承包经营权抵押贷款、农民住房贷款、林权抵押贷款等一大批金融创新产品，全省林权抵押贷款余额22.40亿元，占全国三分之一，比年初增加6.64亿元。全年仅发生一类案件1起，涉案金额84.43万元，分别同比下降66.7%和85.7%，并成功堵截多起案件。

5. 需要关注的方面。城市法人银行机构快速扩张潜在风险需要关注。随着机构管理半径的不断延伸，城市商业银行总行与分行的授权管理、风险控制、人才缺乏、地区薪酬差异等问题将逐步显现，在目前城市商业银行中间业务发展相对滞后、盈利主要依赖利差收益的情况下，如果存款增长缓慢、贷款规模过小、贷款质量不高，异地分行可能面临经营失败的风险。

存贷款期限错配加深问题需要关注。2010年全年新增本外币中长期贷款1 000.3亿元，占全部新增贷款的70.2%，较2009年上升11.6个百分点。与此同时，全年新增本外币企业定期存款和居民定期储蓄存款567.03亿元，占全部新增存款的22.2%，较2009年下降9.9个百分点。存贷款期限错配问题的进一步加深，一定程度上增大了银行业金融机构流动性风险管理的难度。

地方政府融资平台潜在风险需要关注。2010年末，地市级和县级政府融资平台家数占全省地方政府融资平台总量的98.12%，集中程度明显。这些中小平台资产盈利性较差，经营活动产生现金流不足。同时平台贷款第二还款来源有效性不足，导致银行信贷资金安全存在隐患。

房地产行业贷款风险隐患需要关注。2010年以来国家出台限购限贷等房地产调控政策，影响商品房销售和房地产资金回笼。同时，2011年货币政策转向稳健，信贷规模受到控制，并进入加息通道，如果出现连续性加息，房地产企业将面临融资成本增加和资金链断裂的困境，个人按揭还贷月供也将明显增加。为此，银行房地产行业贷款可能引发坏账风险。

（二）证券期货业

1. 股票市场保持平稳，期货市场加速发展。2010年，全省证券交易总额17 548亿元，同比增长4%。证券投资者资金账户数达205万户，同比增长12%；客户交易保证金161亿元，同比下降14%。全省期货投资者开户数1.69万户，同比增长28%；累计代理交易1 994.93万手，代理交易额18 400亿元，同比分别增长67%和157%。

2. 证券公司平稳运行，盈利水平出现下滑。2010年，全省62家证券服务部规范为证券营业部，证券营业部总数达122家。全省证券营业部实现营业收入20.94亿元、净利润10.33亿元，同比分别下降27%和43%。两家法人证券公司资产总额123.22亿元，同比下降5%；负债总额94.76亿元，同比下降10%；实现营业收入12.9亿元、净利润3.99亿元，同比分别下降9%和36%。

3. 期货公司快速发展，经营效益不断提升。2010年，全省期货营业部达19家，同比增加3家。全省期货机构实现营业收入1.02亿元、净利润0.19亿元，同比分别增长45.71%和29%。法人期货机构瑞奇期货公司资产总额4.99亿元，同比增长25.69%；负债总额4.21亿元，同比增长30.75%；实现营业收入0.64亿元、净利润0.11亿元，同比分别增长33.33%和18.03%。

4. 上市公司业绩良好，后备资源梯次发展。2010年第三季度末，全省30家上市公司共实现营业收入1 529.46亿元，同比增长47.3%。实现归属于母公司净利润73亿元，同比增长59.19%。全省拟上市企业呈现梯次发展，上市公司后备资源不断增加。6家企业在证监会待审，16家企业在证监局辅导备案，120多家企业列入上市后备“资源”。

5. 直接融资取得突破，并购重组稳步推进。2010年，全省企业上市家数、再融资公司数量和直接融资总额均创近10年新高。首发上市企业4家，再融资企业7家，全年上市公司货币融资129.37亿元，实物融资28.7亿元。此外，中航电子、方大特钢积极推进相关业务整体上市，鑫新股份、安源股份完成重组，省出版集团和省煤炭集团实现整体上市。

6. 需要关注的方面。地方法人公司规模较小，总体实力较弱。相对于国内大型综合类券商，省内两家法人证券公司仍存在规模小、盈利渠道单一和抗风险能力弱等问题。唯一一家地方法人期货公司也仅在省内占主体地位，资本实力较弱，创新能力不足，发展规模有待扩大。

上市公司数量相对较少，质量需进一步提高。全省上市公司数量仍然不多，占全国上市公司总量比例偏小，直接融资总量也依然较小。同时，省内上市公司在全国有较大影响的不多，整体素质和综合实力有待增强。

（三）保险业

1. 保险市场旺势发展，保障功能充分发挥。2010年，全省保险市场主体28家，新增寿险公司2家。全省保险业资产总额458.82亿元，同比增长26.4%。全省累计实现保费收入253.26亿元，同比增长35.3%，增速居全国第6位。全省保险密度达到562.80元/人，同比增长139.04元/人；保险深度达到2.8%，同比上升0.33个百分点。全年累计赔付支出61.91亿元，同比增长11%。其中因遭受特大洪涝灾害累计赔付1.6亿元，促进了灾区经济迅速恢复。

2. 产险规模快速扩大，农业保险持续发展。2010年，全省产险公司总资产26.14亿元，同比增长22.3%；累计实现保费收入71.78亿元，同比增长55.8%，增速全国排名第1位。机车险引领产险业务强劲增长，累计实现保费收入56.96亿元，同比增长58.9%。农业保险再创新高，实现保费收入3.61亿元，是2009年的1.8倍，增速居全国第1位。出口信用保险加速发展，实现保费收入3 557万元，同比增长86.2%，增速居全国第1位。

3. 寿险业务保持上扬，业务结构不断优化。2010年，全省寿险公司总资产432.68亿元，同比增长26.7%；累计实现保费收入181.48亿元，同比增长28.7%。全省绝大部分寿险公司保费收入实现两位数增长。新单期缴业务、体现寿险核心竞争力的个人代理业务以及保障程度相对较高的险种均明显增长，业务结构不断优化。

4. 经营风险有所降低，经营效益持续改善。产险公司应收保费1.23亿元，同比下降15.6%。行业现金流比较充足，产险业和寿险业经营性现金净流入分别为15.77亿元、56.35亿元，同比分别增长25.26%和27.4%。产险业务扭亏为盈，全省产险业仍实现利润1.35亿元，盈利公司由4家增加到8家。

5. 需要关注的方面。保险覆盖面不够宽，市场环境有待完善。2010年全省保险深度2.8%，保险密度562.80元/人，相对于全国保险深度3.6%、保险密度1 085.24元/人还有较大差距。同时，保险市场仍然存在的销售误导、理赔难、弄虚作假、个别公司恶性竞争等现象也需要关注。

产险品种发展不均，寿险销售渠道相对集中。产险市场中，保费收入对车险的依赖度不断提高。寿险市场中，销售渠道相对集中问题仍然存在，银行相关政策的调整影响着部分公司的业务发展。

四、金融市场运行

（一）债券发行快速增加，中期票据首次发行

2010年，全省企业在银行间债券市场累计发行债券111亿元，同比增长73.44%。江西铜业成功发行中期票据20亿元，实现江西中期票据发行零的突破。

（二）银行间市场规模扩大，成员交易量排名前移

2010年，全省金融机构在银行间市场累计交易量31 805.03亿元，是上年交易量的2.46倍。全省债券交易量在全国排名第15位，同比上升7位。

（三）票据业务稳步发展，中小银行业务迅猛增长

2010年，全省票据市场累计签发银行承兑汇票1 998.1亿元，同比增长49.29%。全省金融机构累计办理票据贴现1 858.3亿元，同比增长2.91%。股份制商业银行、城市商业银行及农村信用社等中小银行出现迅猛增长，同比分别增长186.92%、375.79%和430.42%。

（四）银行结售汇快速增长，外汇管理能力提升

2010年，全省银行结售汇总额174.26亿美元，同比增长51.3%；银行间外汇交易总额折算美元为1.61亿美元，同比增长84.95%。全省外汇管理部门积极创新外汇管理方式，推进外汇管理主体监管试点，监管和服务效率进一步提高。

（五）黄金投资持续升温，黄金产销基本稳定

2010年，全省商业银行黄金业务累计交易量36.09吨，同比增长53.26%。代理黄金交易所黄金现货交易量0.42吨，同比增长85.96%；代理黄金交易所黄金延期交易量7.7吨，同比增长66.15%。

（六）需要关注的方面

1. 中小金融机构票据业务增长过快带来的问题值得关注。2010年，全省中小金融机构票据业务在票据业务快速增长的同时，票据签发和贴现业务均出现了虚构贸易背景、违规套利、存贷款虚增等问题，对于票据过快增长带来的问题和风险隐患值得关注。

2. 市场新产品运用力度有待加强。全省金融市场参与方创新意识不强，金融市场业务局限于现券买卖、回购、外汇即期交易等传统业务。新业务、新产品未能得到有效拓展，运用能力有待提高。

3. 黄金投资者合法维权意识有待加强。省内部分黄金投资者专业知识相对缺乏，追求利益心理迫切，被少数不法分子利用其弱点违规代理个人黄金投资业务，扰乱正常的黄金投资市场秩序。

五、金融基础设施

（一）支付清算体系建设状况

支付清算系统建设稳步推进，集中代收付业务处理系统、电子商业汇票系统和网上支付跨行清算系统先后顺利接入支付系统或上线运行。2010 年末，全省 POS 机存量达 7.31 万台，ATM 存量达 5 728台，同比分别增长 48.07% 和 26.5%；银行卡特约商户存量达 6.43 万户，较上年净增 1.44 万户；跨行 POS 交易笔数达 10 210 万笔，交易金额达 1 506.6 亿元，同比分别增长 21.89% 和 56.48%。

（二）征信体系建设状况

金融生态环境建设制度进一步完善，省政府出台《关于进一步建设良好金融生态环境的若干试行意见》，将对设区市、县金融生态环境建设工作纳入政府政绩考核；下发《关于进一步做好打击和处置非法集资工作的通知》，健全了相关工作长效机制。中小企业信用体系试验区建设在部分条件较好的市、县顺利启动；农村信用体系建设取得有效突破；信用评级试点工作稳步推进。

（三）反洗钱体系建设状况

积极创新反洗钱监管手段，相继出台了《金融机构反洗钱从业人员考核评价管理办法（试行）》等反洗钱监管制度，开展反洗钱非现场监管评估工作。严厉打击洗钱及相关犯罪活动，公安部重点督办的一起网络赌博案件在江西省成功破获。成功举办全国首例金融机构反恐融资应急演练活动，有效检验了金融机构反恐融资应急管理机制。

（四）货币流通体系建设状况

现金调剂中心搭建试点工作进展顺利，萍乡市等三个试点市（县）分别成功搭建了“零钞兑换中心”及“现金调剂中心”。人民币管理长效机制稳步构建，《江西省银行业金融机构现金服务及人民币管理量化考核综合评价办法》正式实施。人民币反假基础工作进一步强化，全省银行业金融机构反假货币信息系统的测试、推广及运行工作进展顺利。人民银行南昌中支改革发行基金守押模式，专门设立“守押中心”，使得发行基金调运工作更具专业性、安全性和效率性。

（五）金融稳定制度建设状况

金融管理制度建设稳步推进，人民银行南昌中支制定并印发了《中国人民银行南昌中心支行新设银行业金融机构金融服务与管理指引（试行）》、《江西省金融业重大事项报告制度（试行）》和《江西省金融机构执行人民银行政策和管理规定综合评价办法（试行）》，全省各地人民银行也相继出台相关的金融管理办法，夯实维护区域金融稳定制度基础。金融风险监测评估体系进一步完善，针对地方法人金融机构以及高风险机构的风险监测评估工作有效开展。高风险机构资产处置工作进展顺利，抚州市振兴等4家城市信用社资产处置工作成效显著。金融突发事件应急管理长效机制建设成效明显，全省应急预案管理体系进一步健全。

六、政策建议

（一）切实转变经济增长方式，推动经济又好又快发展

一是继续推动鄱阳湖生态经济区建设，注重生态环境保护，着力保护林业资源，提高森林覆盖率，抓好重大项目建设和产业升级。二是切实抓好物价调控和市场监管。三是完善房地产供给结构，整顿和规范房地产市场秩序。

（二）贯彻落实稳健货币政策，不断深化金融改革创新

一是综合运用市场化调控手段，引导金融机构准确把握稳健货币政策内涵，做到信贷投放合理、适度、平稳。二是按照宏观审慎管理要求，推进辖内金融体制改革。三是引导和促进信贷结构优化，推动县域经济和中小企业发展。

（三）增强金融风险防控能力，有效维护区域金融稳定

一是防范信贷高速投放后潜在的风险隐患，注重强化风险管控能力。二是强化辖内地方法人银行公司治理制度建设，根据自身资本实力和内部控制能力稳步开拓金融市场，切实防范因快速扩张可能导致的风险隐患。三是切实做好辖内金融风险监测评估工作。

（四）提高资本市场融资水平，继续推进直接融资发展

一是加快企业上市步伐，做大做强“鄱阳湖板块”。二是继续加快省内法人证券公司增资扩股步伐，切实摆脱净资本监管下规模小、资本实力不足对业务拓展的制约。三是巩固证券公司综合治理成果，加强证券公司合规管理建设，形成制度约束风险、制度规范经营的良好局面。

（五）加快发展政策性保险业务，促进保险市场规范发展

一是推动政策性农业保险快速发展，扩大商品林、油菜、花生和棉花等标的保险覆盖面。推进农村小额人身保险发展，适时开展全省政策性农房保险，满足农民风险保障需求。二是积极探索银保互动、合作共赢的有效机制，实现各类保险业务均衡发展。三是规范保险公司中介内控管理和经营活动，严厉打击保险公司利用中介机构套取费用的行为，从严惩处与非法中介机构发生业务往来的违法机构和人员。

（六）不断提升金融服务水平，大力优化金融生态环境

一是加快支付清算系统建设，保障支付清算系统安全稳定高效运行。二是继续推进社会信用体系建设，不断改善全省金融生态环境。三是依法履行反洗钱监管职责，强化现场检查，完善非现场监管机制，督促金融机构认真履行反洗钱义务。四是加强货币发行管理，提升钞票处理工作水平。

五是切实履行好金融服务管理职责，将风险防范的手段延伸到金融机构经营管理、重大事项变更等各个领域，切实防范金融风险，维护区域金融稳定。

总　　纂：吴豪声
统　　稿：赵峰林　刘向东　施玉兰
执　　笔：罗贺飞　曹军新　乐林平　丁小红　孙　静　丁林江
参与写作人员：孙　砺　朱　锦　林　容　袁晋华　杨文悦　黄　昕
欧阳坚　熊卫东　吴　琼　贾　健　葛正灿　黄　晖
黄春华　王晓峰　刘　强

山东省金融稳定报告摘要

2010年，山东省区域经济稳定较快发展，结构调整取得积极成效，运行协调性不断增强，质量和效益进一步提升。金融业通过支持需求结构转换和产业结构升级，自身效益显著提高。金融基础设施不断完善，金融机构组织体系进一步健全，业务规模较快扩展，融资结构持续优化，服务密度和深度有效提升。但经济金融运行面临的不确定因素较多，金融业发展模式转换相对滞缓，银根趋紧背景下，各类金融风险和案件防控形势严峻。今后一段时期，维护金融稳定应把握科学发展主题，以宏观审慎管理弱化系统性风险，以深化金融改革促进稳健经营，以优化信贷结构助推经济转型，以强化监管履职促进风险管控，切实增强各区域和金融行业的风险防范与处置能力。

一、宏观经济与金融稳定

（一）经济运行基本情况

1. 经济实现平稳较快增长。山东省 GDP 增速持续高于全国平均水平，2010 年增速较上年加快 0.3 个百分点。其中，第一季度增速为全年峰值，此后逐季回落，符合宏观调控意图。

2. 转方式、调结构取得积极成效。2010 年，山东省第三产业占比连续 8 年上升，对经济增长贡献率较上年提高 3.7 个百分点。第二产业趋稳向好，贡献率提高 2.4 个百分点；先进装备制造业、高新技术产业增速分别高出规模以上工业 8.1 个和 13.9 个百分点。节能减排取得明显成效，万元 GDP 能耗降低率完成“十一五”目标任务，化学需氧量和二氧化硫排放总量分别较上年下降 4.09% 和 3.3%。

3. 内需拉动作用突出。消费需求增长较快。社会消费品零售总额增速高出 GDP 6.1 个百分点，同比提高 2.6 个百分点。农村消费增势加快，城乡消费增长率差距缩小 1.2 个百分点。固定资产投资增速回落、结构改善。全年规模以上固定资产投资增幅回落 1 个百分点。高新技术产业投资增速高于全社会水平 11.6 个百分点。净出口依赖度下降。进出口总额增速提高 48.3 个百分点，净出口额连续两年下降，累计降幅 30.71%，贸易顺差同比下降 4.7%。

4. 发展质量进一步提升。一是居民收入持续增长。2010 年，城镇新增就业 115.3 万人，转移农村劳动力 129.4 万人，城镇登记失业率降低 0.04 个百分点。城镇居民人均可支配收入、农民人均纯收入分别同比分别多增 2.8 个和 5.7 个百分点，农民收入增幅首次超过城镇居民。二是企业效益大幅提升。工业企业经济效益综合指数同比提高 41.4 个百分点，利税总额增长 34.1%。三是财政收支状况改善。地方财政一般预算收入增长 25.1%，增速提高 12.8 个百分点。

5. 重点区域带动作用明显。2010 年，山东半岛蓝色经济区、黄河三角洲高效生态经济区、胶东

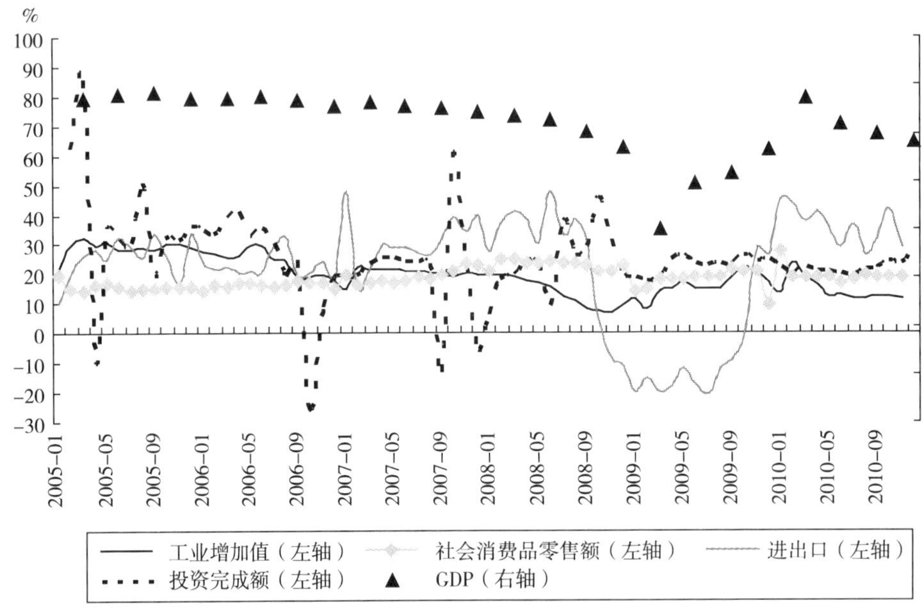

数据来源：山东省统计局。

图1　2005—2010年主要经济指标月度增速变化

半岛高端产业聚集区、省会城市群经济圈、鲁南经济带实现GDP分别增长13.3%、13.6%、13.3%、13.2%和13%，均高于全省增速。县域经济实力进一步壮大。全省50%的县（市、区）地方财政收入过10亿元，7.86%超过30亿元。

（二）面临的突出问题

2002年以来经济质量因子分析显示，2010年全省经济增长质量较上年明显回升，整体水平超过了金融危机影响前的2008年。但反映经济可持续发展的因子未同步修复，连续两年下降。产业结构不协调、产业层次偏低以及经济自主增长动力偏弱，使经济的可持续发展面临严峻挑战。

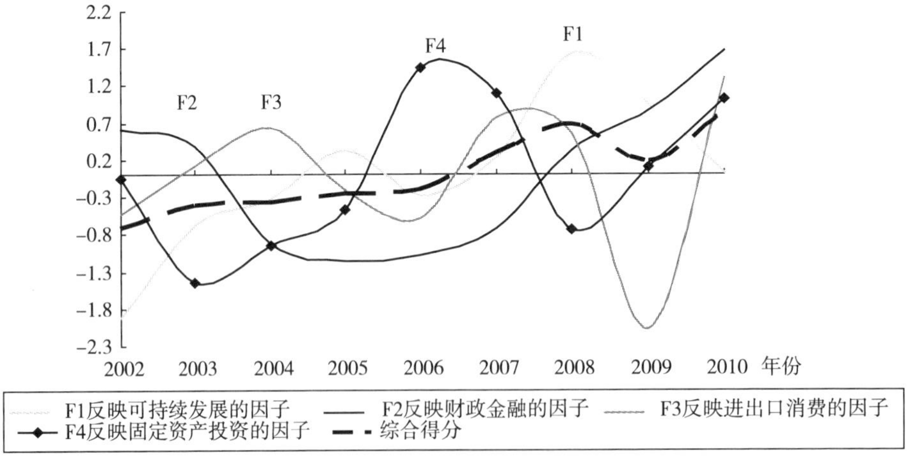

数据来源：山东省统计局。

图2　经济增长因子分析

经济运行面临的突出问题是：

1. 物价上涨压力仍然较大。CPI 逐季走高，PPI、MPI 之间差距不断扩大，11 月末达到 2.8% 的近两年最高点，折射出未来价格上行传导压力较大。据调查，居民当期物价满意指数 13.8%，未来物价预期指数 81.7%，分别为 1999 年第四季度以来的最低值和最高点，通胀预期偏高。

2. 外贸出口面临多重困难。外贸出口虽取得恢复性增长，但受世界经济增长动力不足，贸易保护主义、人民币升值等因素影响，出口产品利润率水平走低。企业对外贸易信心继续减弱。第四季度，企业家产品出口订单下季预期指数为 57.4%，比上季度下滑 1.8 个百分点。

3. 结构调整任务艰巨。一是农业投入相对不足。第一产业投资增速连续两年低于总体水平，2010 年占投资总量的比重创三年来新低，制约农业增产和农民增收。二是传统产业升级缓慢。2010 年全省 45% 的主营业务收入和 48% 的利税来源于十大高耗能行业。三是服务业发展长期滞后。2006 年以来全省服务业对 GDP 增长贡献率分别低于全国 10.3 个、9.6 个、5.8 个、11.3 个和 14.9 个百分点，整体呈差距拉大态势。四是科技创新能力不足。2010 年全省研究与试验发展经费支出占 GDP 低于全国 0.27 个百分点。

表 1　　2006—2010 年全国及部分省份服务业产值占 GDP 比重　　单位：%

年度	全国	山东	江苏	浙江	广东
2006	40	32.6	36.3	40.1	42.7
2007	40.4	33.4	37.4	40.7	43.3
2008	40.1	33.4	38.1	41	42.9
2009	42.6	34.1	39.5	43	45.6
2010	43	36.6	40.6	43.1	44.6

数据来源：山东省统计局。

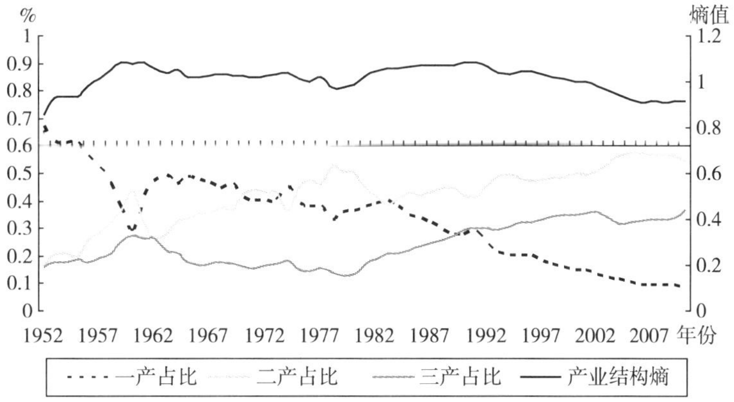

数据来源：山东省统计局。

图 3　山东省三次产业结构[①]演进

① 产业结构熵的计算公式是 $H = -\sum_{i=1}^{n} P_i \times \ln P_i$，其中，$P_i$ 表示第 i 种产业的比重，n 为产业类型数。熵值越大说明不确定性、无序程度或指标的离散程度越大。

4. 地方财政对土地收入依赖过重。2010 年，全省地方财政一般预算收支缺口较 2008 年和 2009 年分别扩大 86.8% 和 30.6%，土地收入成为弥补缺口的主要渠道。四种土地相关税收占一般预算收入的比重为 19.6%，上升 1.5 个百分点。受经济调控因素及部分税种改革影响，财政部预测 2011 年全国一般预算收入增幅将比上年回落，土地出让金预算降幅高达 32.2%，势必加大地方财政收支平衡难度，特别是政府融资平台还贷压力。

（三）经济运行对金融稳定的影响

总体上看，2010 年全省经济运行质量改善，促进金融稳定的积极因素增多。但长期以来存在的不平衡、不协调和不可持续问题尚未根本改观，随着宏观调控措施强化，一些短期风险因素开始显现，加大了维护金融稳定的复杂性。回收市场流动性，资金价格上行，使实体经济外源性融资的难度和成本增加，一些高负债企业生存压力加大，特别是"两高一剩"行业资金链断裂风险凸显。房地产价格波动性增加，使各类与土地和房产有关的融资风险隐患上升。受人民币升值等因素影响，一些产品附加值低、竞争能力较弱的企业，可能出现经营风险。在经济转型和环境趋紧背景下，证券、保险市场拓展将受到一定程度的抑制，提升金融运作效率面临挑战。

二、金融业与金融稳定

2010 年，全省金融业保持较快增势，服务功能提升，金融深化继续推进，社会融资结构优化，与经济运行的协调性增强。但部分领域和部分金融机构风险有所显现。

表 2　　山东省金融机构业务发展状况　　单位：亿元、%

	第一季度	同比	第二季度	同比	第三季度	同比	第四季度	同比	合计	同比
各项存款新增额	2 503.74	-45.63	1 720.63	-24.12	1 446.61	-5 966.22	736.31	-20.78	6 407.29	-17.61
各项贷款新增额	1 647.59	-46.8	1 139.39	-26.61	1 082.48	44.27	891.85	73.97	4 761.31	-19.47
股票基金交易额	9 176.34	25.37	8 726.41	63.7	9 714.46	-28.02	15 079.73	22.93	42 696.94	1.82
期货交易额	8 562.43	51.49	25 708.38	203.38	-34 267.6	-364.07	73 002.72	348	73 005.89	50.93
保费收入	287.92	38.46	259.03	24.89	244.39	25.58	238.73	30.52	1 030.07	30.14
保险赔付	51.12	-5.6	51.36	5.87	48.54	-7.3	58.41	-10.05	209.43	-0.6

数据来源：中国人民银行济南分行、山东证监局、山东保监局。

表 3　　山东省金融业服务可得性及服务效能　　单位：个、万人、万元/人、%

	机构数量	同比	从业人员	同比	服务密度[1]	同比	服务深度[2]	同比	服务效能[3]	同比
银行业	4 519	3.27	19.21	5.61	2.9	0.7	83.42	2.41	3	0.2
证券业	249	8.26	0.79	9.72	4.5	-0.7	108	-15.72	1.73	0.36
保险业	90	3.45	34.93	4.52	0.12	0.04	2.64	0.29	4.29	-0.23

注：1. 银/证/保服务密度分别以贷款/总人口、证券交易量/总人口和保费收入/总人口衡量；

2. 服务深度以贷款总量/GDP×100%、证券交易量/GDP×100%、保费收入/GDP×100% 衡量；

3. 服务效能以营业净收入/营业费用衡量。

数据来源：中国人民银行济南分行、山东银监局、山东证监局，山东保监局。

（一）银行业

1. 总体发展状况

2010 年，山东省银行业机构资产、负债分别较上年增长 16.83% 和 16.62%。本外币存、贷款增速分别回落 9.1 个和 11.59 个百分点。全年共处置不良贷款 415.3 亿元，不良率下降 1.44 个百分点，农村金融机构处置力度较大。全省法人银行机构资本净额增长 60.88%，资本充足率提高 2.53 个百分点；流动性保持合理水平，核心负债率和备付率分别提高 1.79 个和 0.5 个百分点。全省银行业净利润增长 35.45%，调整后资产利润率 1.38%，提高 0.31 个百分点；贷款损失准备充足率和拨备覆盖率分别提高 32.35 个和 30.94 个百分点。

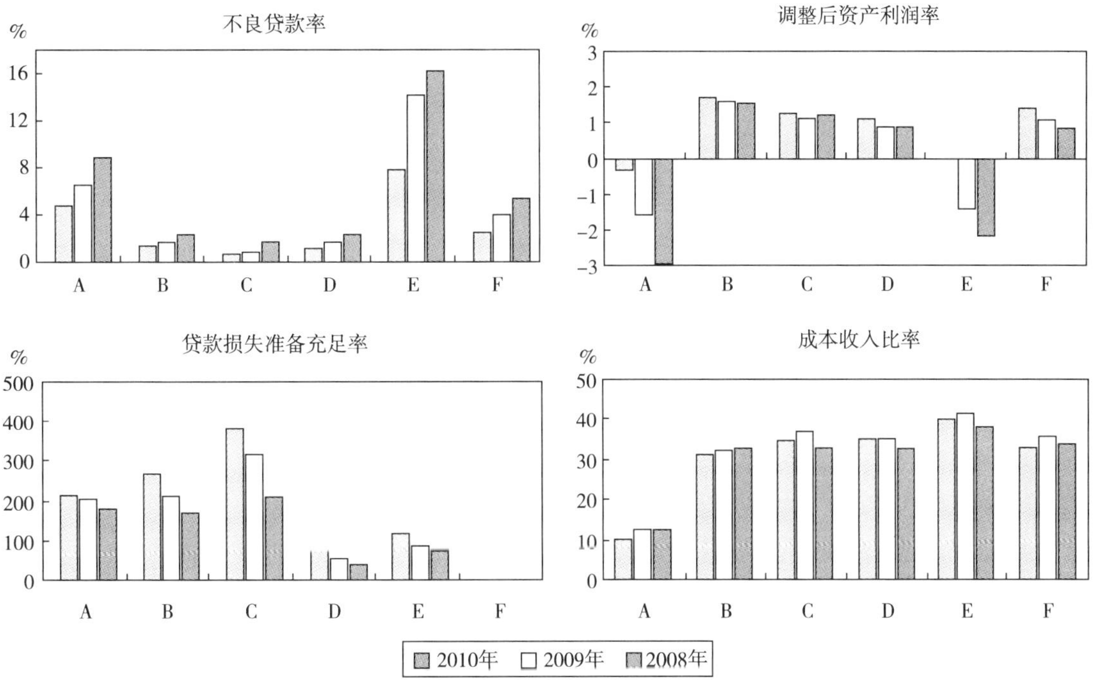

注：A 为政策性银行，B 为国有商业银行，C 为股份制商业银行，D 为城市商业银行，E 为农村合作金融机构，F 为银行业机构。
数据来源：山东银监局。

图 4　2008—2010 年银行业主要评价指标状况

2. 改革进展与成效

银行业机构改革有序推进。政策性银行继续推进商业化转型，5 家已改制上市国有商业银行资产管理更趋精细化，农业银行建立起“三农”事业部架构。股份制银行新增二级分行 10 家，支行 25 家，城市商业银行县域覆盖面 71.4%，提高 20.2 个百分点。村镇银行增至 10 家，农村资金互助社设立 2 家，审批成立小额贷款公司 150 家。新型机构的资本和贷款总额分别增长 3.03 倍和 2.57 倍。

金融产品创新活跃。个人信贷产品不断丰富，个人消费贷款占全部新增贷款的 21.8%，同比提高 5.6 个百分点。担保方式创新点多面广，应收账款质押业务增长 31.19%。金融支持集体林权改革取得进展，12 个县（市）探索开展农村土地承包经营权和宅基地使用权抵押贷款业务。外汇衍生业务快速发展。

支持经济发展与结构调整成效明显。全年信贷增量中投入实体经济的比重提高了 17.49 个百分点；小企业贷款增长 33.46%，高出大中型企业贷款增幅 14.52 个百分点；涉农贷款市场份额提高 3 个百分点；“两高”行业新增贷款占比下降 1.2 个百分点；黄河三角洲高效生态经济区新增贷款占比提高 2.9 个百分点，县域新增贷款占比提高 2.1 个百分点。

3. 主要问题与风险点

（1）资本补充机制不完善，支撑经营的可持续性弱。法人银行机构加权风险资产增长 23.33%，按 8% 的比例计算共增加资本金消耗 131.93 亿元。过快规模扩张倒逼资本增加，增资扩股难以满足风险资产快速增长的需要。年末仍有 41.48% 的法人机构资本充足率低于 8%。

（2）资产负债期限错配加重，部分机构隐含流动性风险。企业定期存款和储蓄存款增量占比仍相对较低，中长期贷款增量占比高达 67.39%，期限错配风险积累。部分机构存贷比或备付率长期处于警戒区间。42.1% 的农信机构存贷比超标；约 1/5 的农信机构备付率长期偏低。

（3）资产质量总体向下迁徙，潜在风险因素较多。全年贷款向下迁徙率为 3.18%，部分机构贷款分类偏离度较高。全年主要商业银行共对 214 个大客户发出风险预警。部分融资平台贷款展期可能性较大，少数县市政府债务率（政府性债务余额/当年可支配财力）超过 100%。房地产贷款高于全部贷款增速 16.63 个百分点，行业贷款集中度提高 1.98 个百分点。“转方式、调结构”短期内会对银行业产生压力。

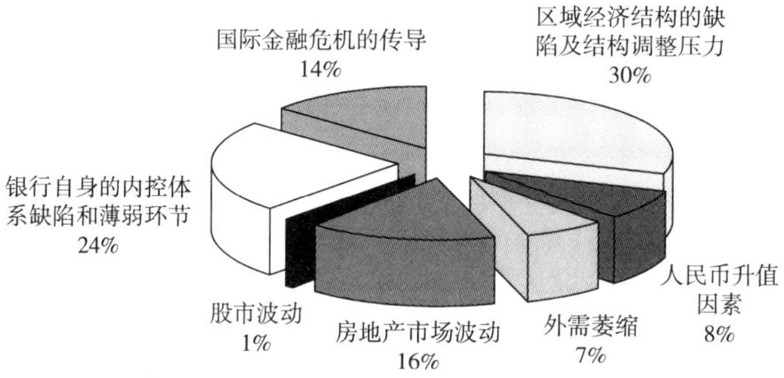

数据来源：中国人民银行济南分行。

图 5　商业银行对自身面临主要风险来源的判断

（4）盈利结构不合理，利率重新定价风险显现。2010 年，银行业净利息收入占比高达 88.16%，比上年提高 0.14 个百分点；手续费及佣金收入低于净利息收入增长 3.15 个百分点。在加息条件下，各类法人机构均面临利率重定价风险。

（5）机构扩张步伐加快，风险管控面临挑战。中小银行过度扩张，对内部控制提出了严峻挑战。新设机构普遍急于做大规模，无原则地营销大客户，加剧了同质竞争。据调查，42.86% 的股份制银行绩效考核指标主要立足于规模扩张和业绩增长，而非风险防控。

（6）风险管理存在薄弱环节，案件治理成效不明显。2010 年，中小银行资产分类管理精细化不足，各类信贷监控、管理系统的功能有待加强。2010 年，全省发生各类案件 23 起，其中年末济南市发生涉及多家机构的巨额伪造金融票证案（“12·06”案件，正在侦破阶段，具体情况和不良影响尚未披露）。

（二）证券期货业

1. 总体发展状况

（1）市场规模扩展，机构运营平稳。全省新增证券营业部 52 家，股票交易金额、投资者开户数和证券托管市值同比分别提高1.82个、8.5个和18.2个百分点。法人证券机构各项风控指标均远好于预警和监管标准。

表4　　2010年山东法人证券机构净资本核心风险监控指标　　单位：亿元、%

项　目	齐鲁证券	中信万通	预警标准	监管标准
净资本	75.39	23	>2.4	>2
净资本/各项风险资本准备之和	425.20	494.01	>120	>100
净资本/净资产	71.09	88.02	>48	>40
净资本/负债	662.65	23.96	>9.6	>8
净资产/负债	932.08	27.18	>24	>20
自营权益类证券及证券衍生品/净资本	16.04	0.57	<80	<100
自营固定收益类证券/净资本	33.81	75.70	<400	<500

数据来源：山东证监局。

（2）市场融资倍增，促进经济调整作用明显。年内52家企业实现境内外股权融资418亿元，同比增长1.4倍。其中，11个地市的26家企业境内首发融资252.52亿元，同比增长7.8倍。当年境内股票筹资相当于银行贷款增加额的6.9%，同比上升1.5倍。

（3）上市公司盈利增加，并购重组继续推进。第三季报显示，全省上市公司营业收入和净利润同比分别增长61.28%和67.06%，分别高于全国平均水平23.88个和31.81个百分点。5家公司完成并购重组，纳入优质资产34.6亿元。

（4）期货市场稳步发展，机构继续增盈。期货经营机构代理交易创出新高，2010年全年交易额增长50.9%。投资者开户数新增1.9万户，客户保证金余额增长47.2%。3家期货公司增资扩股3.65亿元，增长58%，总资产、净资产、净资本分别增长59.4%、81.4%和79.5%，净利润增长35.1%。

2. 主要问题与风险点

（1）竞争加剧导致券商盈利下降，传统与创新业务同步受阻。2010年，A股指数波动收敛，机构竞争强度加大。辖区平均佣金费率同比下降9.1%，2家法人券商经纪业务手续费收入同比下降13.72%，营业收入和净利润同比分别下降7.86%和19.5%。

（2）上市公司非主营投资增速过快，蕴含投机风险。山东上市公司各类非主营投资业务同比大幅增长。70.2%的上市公司拥有长期股权投资，包括青岛海尔、山东高速等34家企业进入投资性地产领域。非主营投资的过快增长一方面影响主营业务，另一方面助推资产泡沫，其盈利水平随资产价格的波动具有不可持续性。

（3）证券期货业资源总量不足，发展相对滞后。2010年，山东上市公司总市值、券商资产规模、股票基金交易量分别占全国的4.18%、2.78%和7.64%，证券化率32.4%，低于全国水平40.6个百分点。上市公司总数占全省企业不足2‰，2家法人券商在山东IPO项目为零，拟上市企业IPO过会率仅为65.5%，低于全国平均水平19.6个百分点。辖区期货品种交割库设置滞后，缺乏大宗商品电子交易市场。

（4）非法与违规案件频发，存在安全稳定隐患。有的集团公司非法挪用上市公司资金，遭上交所公开谴责。部分上市公司出现虚假重组、关联交易等违规问题。ST公司仍有7家，6家公司连续3年亏损被暂停上市或被实施退市风险警示。

（三）保险业

1. 总体发展状况

（1）市场体系更趋完整。2010 年新增保险公司 6 家，总量达 63 家。全省首家法人保险机构——泰山保险公司获准开业，省国有资产投资控股公司与德国安顾保险集团签署了合资设立寿险公司的协议。专业中介法人机构达 183 家，兼业代理机构 10 453 家。

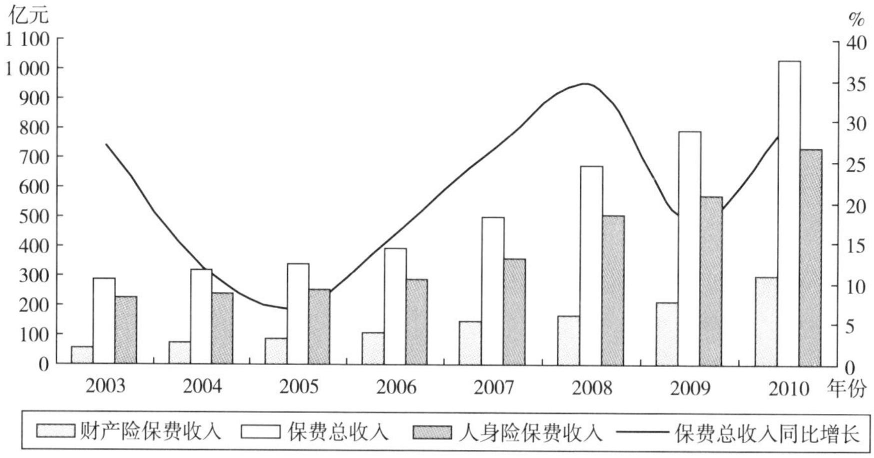

数据来源：山东保监局。

图 6　2003—2010 年山东省保费收入增长状况

（2）保费规模实现跨越式突破。2010 年，全年实现保费收入 1 030. 07 亿元，同比增长 29. 91%，山东成为继广东、江苏之后第三个保费过亿元的省份。其中，财险收入增长 38. 22%，增幅提高 1. 85 个百分点。保险密度 1 088 元，增长 29. 99%；保险深度 2. 61%，提高 0. 27 个百分点。

（4）经营质量稳步提高。2010 年，全年综合赔付率同比下降 8. 37 个百分点，承保利润率同比提高 4. 88 个百分点。人身险公司业务质量保持全国领先，内涵价值较大的个人代理业务占比高于全国 8. 23 个百分点。

（5）市场集中度逐渐降低。2010 年末，人身险和财产险市场的 $CR_4$①分别为 65% 和 67%，较上年分别下降 5. 3 个和 3. 8 个百分点，反映出市场垄断程度有所下降。

（6）服务经济社会的能力增强。2010 年，全行业为经济社会承担各类风险责任 14. 86 万亿元，同比增长 17. 47%，保险赔付增长 1. 17%。出口信用保险支持外贸出口 904. 55 亿元。全省政策性农业保险试点县达到 60 个。交强险金额增长 25. 48%，支付赔款增长 33. 78%。

2. 主要问题与风险点

（1）业务发展不均衡性加剧。一是财产险发展过于依靠车险业务。2010 年，车险保费收入占比 83. 37%，同比提高 2. 6 个百分点。二是人身险保障型产品发展缓慢。普通寿险销量同比减少 4. 7%，其中，新单业务下降 49. 93%。而分红寿险业务发展较快，增长 34. 48%；投连险销量大幅上升 56. 67%。

（2）保险销售渠道结构有待优化。2010 年，全省保险销售以营销员渠道和银邮代理渠道为主，

① 最大 4 家机构市场占比之和，用以衡量市场竞争状况。

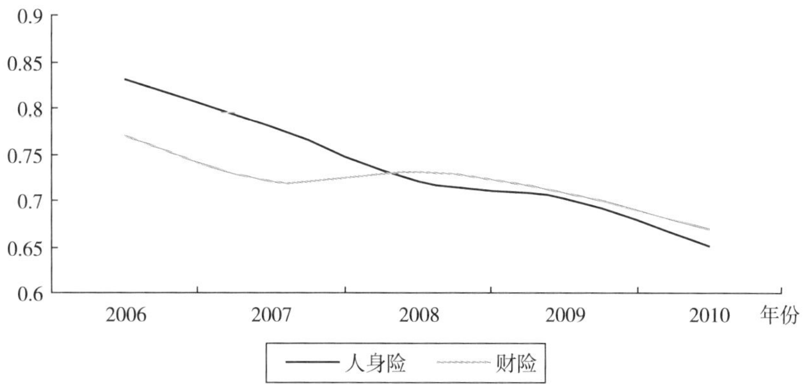

数据来源：山东保监局。

图7 2006—2010 年人身险、财险市场集中度（CR4）变动状况

两大主渠道保费收入占比 91.41%。专业保险中介和公司直销等渠道占比分别仅为 0.67% 和 7.21%。

（3）政策性业务发展滞缓。2010 年，全省农业保险的保费收入、赔付支出分别大幅下滑 41.15% 和 38.73%。交强险业务增速持续回落，增速同比降低 9.13 个百分点，较 2009 年降低 92.6 个百分点。

（4）非理性竞争较为突出。部分保险机构简单采取高手续费、高返还方式抢占市场，对盈利稳定性及改善行业形象带来挑战。如上半年车险恶性竞争加剧，部分地区的手续费由 25% 左右增至 40%，综合成本达到 118%。

（5）服务质量和水平亟待提高。销售误导和理赔难等问题仍较突出。据调查，56.42% 的投保人认为保险公司在案件处理时赔付不及时，70.38% 的投保人认为手续烦琐，并存在赔付金额不合理及服务态度不好等问题。

（6）内控机制建设存在薄弱环节。个别保险公司和中介机构发生冒领保险金、冒名退保或利用保险进行非法集资、诈骗等问题。

（四）金融业综合经营

1. 金融控股公司

（1）总体发展状况

山东辖内有省国际信托有限公司（以下简称省国托）和莱芜钢铁集团有限公司（以下简称莱钢集团）两家金融控股公司。2010 年，两家公司继续保持良好发展势头，省国托推进多元化经营转型，净利润增幅提高 55.14 个百分点；莱钢集团营业收入增幅同比提高 36.88 个百分点，主营业务减亏 10.5 亿元。

表 5　　金融控股公司经营情况　　单位：亿元、%

项目	省国托		莱钢集团	
	2010 年	同比增幅	2010 年	同比增幅
资产	20.7	8.55	669.14	1.15
负债	1.28	4.07	468.17	1.31
所有者权益	19.42	8.86	200.97	0.8

续表

项目	省国托		莱钢集团	
	2010 年	同比增幅	2010 年	同比增幅
营业收入	4. 78	26. 68	668. 43	20. 67
投资收益	1. 39	61. 38	10. 4	58. 3
净利润	3. 42	74. 97	20. 37	-16. 86
资产利润率	13. 87	30. 37	3. 04	-0. 66

数据来源：中国人民银行济南分行。

（2）存在的问题

一是政策风险。国家抑制钢铁行业产能过剩的政策导向和危机以来“一揽子”刺激政策效应的减退，使莱钢集团主业面临的不确定、不稳定因素增多。

二是业务创新不足。信托公司自身业务与银行业务高度趋同，缺少对新投资领域的研究及产品创新。银信合作业务报酬率普遍较低，随着银监会 2010 年 9 月颁布《信托公司净资本管理办法》，该业务将进一步受到限制。

2. 交叉性金融业务

（1）总体发展状况

2010 年，金融交易创新和金融综合经营快速发展，576 家样本金融机构（包括银行、证券、保险、信托业）开办的跨市场交叉性金融工具业务量同比增长 56. 6%。

表 6　山东省交叉性金融工具调查　单位：万元、%

分　类	工 具 名 称	业务量	同比%（+/-）
各类投资理财类产品	人民币理财、外币理财、万能保险、分红保险、投资连结保险、证券公司理财、信托投资产品	6 945. 1	54. 62
金融机构间跨市场融资	银行间市场同业拆借、回购、股票质押贷款、保单抵押贷款	366. 2	71. 52
跨行业资金托管	证券交易结算资金第三方存管、基金托管	4 266. 2	73. 24
金融机构间合作代理	银基通、银保通、住房贷款配套保险、汽车履约保险、个人贷款附加意外伤害险	1 353. 4	29. 61
跨市场综合类工具	企业年金、外汇衍生工具、银行资产证券化	231. 2	20. 10

数据来源：中国人民银行济南分行。

（2）存在的问题

由于交叉领域监管长期缺失，跨市场的信用工具创造和资金流动给信贷调控和金融监管带来双重挑战，存在风险隐患。一是房地产行业风险可能通过信托产品向投资者转移。信托产品投资中，房地产项目占 11. 42%，同比增加 3. 3 个百分点，其中直接以贷款形式发放的占 50% 以上，成为房地产市场的重要融资渠道。房地产信托属非保本浮动性产品，投资期限长，在持续强化的政策调控下，房地产市场发展的潜在风险可能向投资者转移。二是银信理财快速发展加大信贷调控难度。银行机构发行的各类理财产品中，信托类占 46. 7%。信托理财具有存款替代效应，但不在准备金缴存范围内，不断增长的信贷类信托产品增加了货币监测的难度，削弱了数量型政策工具效用，可能弱化总量调控政策效应。

（五）金融业管理

（1）总体发展状况

人民银行履职效能不断提升。制定下发20余项指导性文件和专项金融支持政策，召开13次银政企合作促进会；连续五年出台支持涉外经济平稳较快发展的指导意见，推出17条促进贸易投资便利化措施，制定了《外汇主体监管试点管理办法》；建立银行业金融机构开业报告制度、综合评价制度，提高金融服务执法效能。

专业监管力度进一步加大。银行业监管机构全年完成各类机构审批2 274件，高管人员审查1 999件；证券监管部门共检查上市公司30家，对7家机构作出处理；保险监管全年对53家机构作出行政处罚，责令撤换高管或撤销任职资格13人次，对机构和个人罚款347.5万元。

地方金融管理体系不断改进。印发了《山东省金融突发事件应急预案》和《关于进一步做好金融稳定工作促进金融业健康发展的意见》，建立了金融稳定工作联系会议制度和金融风险应急处置机制。17市政府均成立了金融工作部门，出台了金融业发展规划。全年新批小额贷款公司101家，县域覆盖率68%。加强融资性担保公司的整顿规范，重新确认和审批新设76家机构。

（2）监管存在的突出问题

一是监管体系滞后于市场发展。证券、保险业监管延伸遭遇管理资源瓶颈约束。各地市均未成立证券行业协会，自律组织缺失。

二是银行业监管重点不突出。对法人机构累积投入检查工作量比重下降28.18个百分点，未突出“管法人”工作重点。对县以下机构检查覆盖面仅为12.19%，低于全部机构8.13个百分点。

三是对准金融机构的监管薄弱。对小额贷款公司的监管难以适应机构、业务的快速扩张，核心监管指标和非现场监管体系仍需完善。对融资性担保公司、典当行的监管缺乏专业性和针对性，监管效力有待提高。

四是突发事件应急机制亟待健全。在应对风险事件过程中，存在信息共享不充分，各行其是等问题，应急处置机制有待进一步完善。

三、金融市场与金融稳定

2010年，金融市场平稳运行，市场利率整体上扬。金融机构流动性管理需求增大，各类交易快速增长。

（一）货币市场交易活跃，成交利率上行

全省银行间市场交易同比增长32.41%。全省新增2家买断式回购参与机构，交易增长153%。现券买卖实现资金净回笼增长168.4%，2010年末全省持债余额下降3.19%。

部分市场成员大幅增加交易量，易造成无真实资金需求交易被放大。个别中小机构频繁通过市场交易调节经营头寸，在利率上行和总量调控情况下，需密切关注流动性风险。

（二）债券发行稳步增加，融资结构持续改善

17家企业发行短期融资券218亿元，13家企业发行中期票据181亿元，融资额均居全国前列。

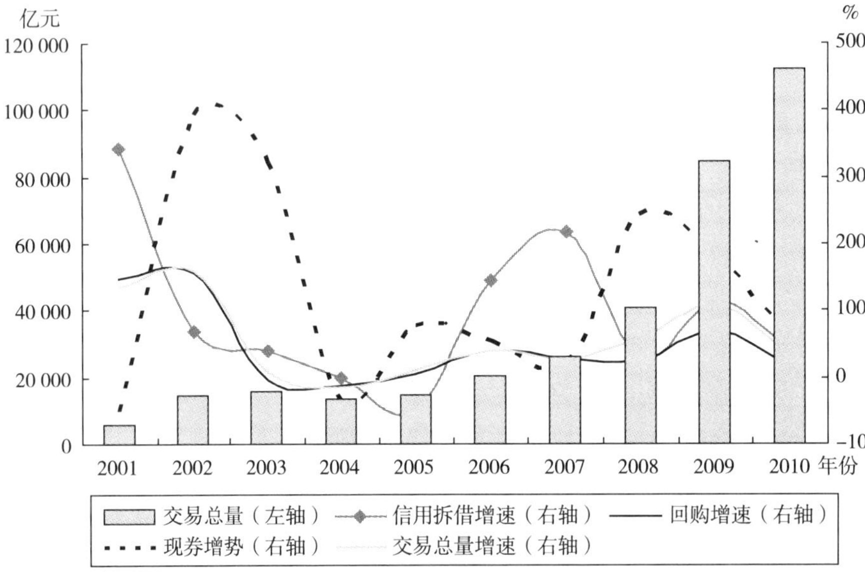

数据来源：中国人民银行济南分行。

图8 2001—2010 年货币市场成员交易量变动状况

新增发行中小企业集合票据两单 12.9 亿元，融资总量占全国的 38.7%。威海市商业银行成功发行 6 亿元次级债。

（三）票据市场价升量减，融资额萎缩

全年各季票据融资均为负增长，余额下降 35.9%。银行承兑汇票签发量增长 26.8%。再贴现余额较年初增长 12 倍。利率震荡上行，3 ~ 6 个月直贴和买断式转贴利率较年初分别提高 3.16 个和 2.94 个百分点。

（四）黄金市场交投活跃，金价大幅攀升

全省共有上海黄金交易所会员 11 家，全年成交 411.8 吨，同比增长 14.9%。商业银行纸黄金平均成交价格上涨 21.3%，成交金额增长 19%。14 家监测企业矿产金产量和成品金加工分别增长 12.3% 和 9.3%；成品金销量下降 39.7%，销售额增长 31.7%，利润增长 30.2%。

（五）民间借贷需求增多，资金价格上行

民间融资需求有所扩大，资金价格走高，据监测，加权平均利率同比上升 0.8 个百分点，高于一般利率水平 4.9 个百分点。中小企业是融资主体，占 97.5%。部分民间借贷中介机构超范围经营或从事非法集资和高利贷活动，成为社会治安问题和恶性刑事案件的诱因。

四、金融基础设施与金融稳定

2010 年，山东省金融基础设施建设进一步完善，金融生态环境持续优化，促进了金融体系稳健运行。

（一）金融法治基础增强

据对省内294家金融机构1 180位高管人员调查，全年法治环境综合评分9.51分（10分制），升幅为2.7%，金融法治环境持续优化。规范了农村金融、贷款管理及利息确认、融资性担保公司、会计准则国际趋同、非金融机构支付服务、地方政府融资平台、中小企业金融服务、银保及银信合作等多方面的业务活动。

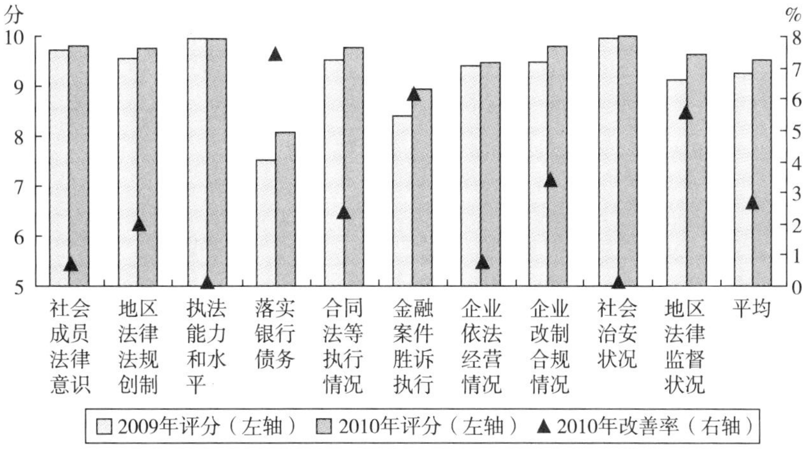

数据来源：中国人民银行济南分行。

图9 山东省法制环境综合评价调查情况

（二）支付体系稳健发展

电子商业汇票系统全面上线运行，银联接入小额支付系统，10家地方法人银行机构接入网上支付跨行清算系统，6个地市试点开展集中代收付业务。全面更换了同城清算系统版本，增强了系统稳定性。全省农村地区支付系统覆盖率增长8.7%，网银开通数量增长80.5%，ATM、普通POS机、电话POS机布放量分别增长40.2%、70.5%和91.2%，银行卡发卡量增长61.6%。

表7 2008—2010年山东省支付体系运行状况 单位：万笔、亿元

系统名称	日均结算笔数			日均结算金额		
	2008年	2009年	2010年	2008年	2009年	2010年
大额支付系统	6.5	11.05	14.24	978	2 164.67	3 008.65
小额支付系统	3.63	8.07	11.99	5.7	16.12	24.78
同城票据交换系统	8.3	8	7.7	174.96	210.64	223.8
商业银行行内汇兑系统	39.48	37.18	53.18	358.99	428.38	592.4
银行卡跨行信息交换系统	59.26	74.09	84.34	8.77	11.88	15.18
支票影像交换系统	0.07	0.12	0.13	0.40	0.66	0.79

数据来源：中国人民银行济南分行。

（三）金融机构内部治理状况整体改进

据对143家法人机构528位高管和风控人员、518位银监系统和人民银行负责人员调查，“银行

业法人机构公司治理”综合评分 8.88 分（10 分制），改善率 1.3%，金融机构公司治理水平提升。

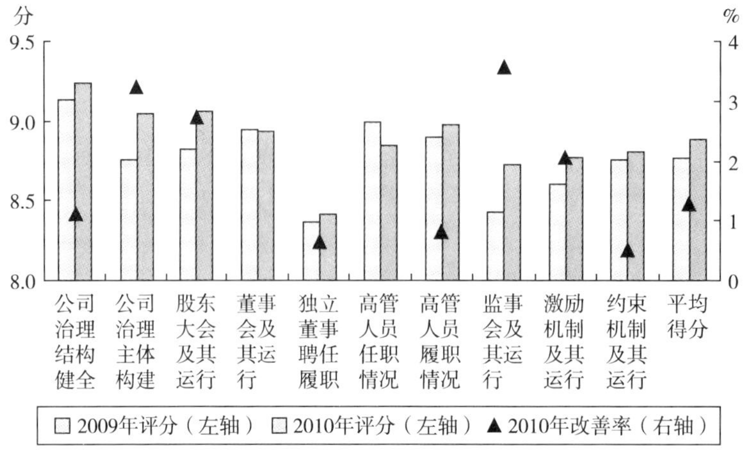

数据来源：中国人民银行济南分行。

图 10　2009—2010 年山东省银行业法人机构公司治理综合评价情况

（四）信用体系建设强力推进

全国唯一在省内所有地市建立了信用体系建设联席会议制度。累计采集公积金、社保缴存和电信缴费等信息 529 万户、328 万户和 9 895 户，实现了与法院、质监等部门的信息共享合作。建立了 6 个中小企业信用体系建设试验区，全年新增申请评级企业、评级协议数分别增长 94.5% 和 106%。2010 年，企业和个人征信系统借款企业和个人收录量增长 8.5% 和 33.6%，日均查询分别增长 34.3% 和 9.1%。依法受理个人信用报告查询和异议处理申请 9.1 万次和 196 笔。

表 8　　2009—2010 年山东省征信系统基本状况　　单位：万户、亿元、万笔

项目	年份	入库户数	贷款金额	日均查询笔数
企业信用信息系统	2009	49.6	21 021.62	1.46
	2010	53.81	24 852.2	1.96
个人信用信息系统	2009	3 916	5 864	5.96
	2010	5 230	7 685	6.5

数据来源：中国人民银行济南分行。

（五）反洗钱工作力度进一步加大

制定了对金融机构履行反洗钱义务的现场督导办法，建立了非现场监管机制，实现了反洗钱监管对省内各类金融机构的全面覆盖。对 79 家县级以上金融机构进行了现场检查。辖区金融机构共报送可疑交易报告 390 万份，与公安等执法部门举行情报会商 118 次，主动移交案件线索增加 45 个，协助侦破案件增加 16 起。推动宣判洗钱罪 1 起，掩饰隐瞒犯罪所得 5 起；协助公安机关破获银行卡案件 14 起，破获网络赌博大案 20 余起。

表 9　2009—2010 年山东省反洗钱监管部门调查和协查案件情况　单位：笔、亿元

工作项目		2009 年	2010 年
反洗钱调查工作情况	发现或接收线索个数	442	448
	调查线索个数	64	23
	调查次数	304	241
	向侦查机关报案数	44	89
	报案涉及金额	105.57	70.8
	侦查机关立案数	26	32
洗钱案件协查工作情况	协查案件数	61	76
	协查次数	269	262
	涉及金额	25.43	58.86
	协助破获案件数	27	43
	破案涉及金额	2.7	1 020.6

数据来源：中国人民银行济南分行。

（六）货币流通管理水平不断提高

反假币治本效果初显。反假工作站点增长 7.4%，义务宣传员数量增长 9.8%。累计认定鉴别师和识别师分别增长 74.6% 和 52.1%。全省收缴假币同比减少 38.7%，公安机关破获假币案件下降 67.05%。设立分行辖属调拨互助区域，建立分券别储备机制，探索调拨管理效率综合评价指标体系，现金供应保障能力不断提升。金融机构监测网点对各券别满足率、市场整洁度认可率分别达 88.06% 和 87.17%，同比分别上升 2.01 个和 2.14 个百分点。

表 10　2009—2010 年山东省收缴假币情况　单位：万元

年份	收缴假币总额	其中：金融机构收缴额	其中：公安部门收缴额
2009	3 787.4	1 900.1	1 887.2
2010	2 322.7	1 507.7	778.9

数据来源：中国人民银行济南分行。

（七）金融知识宣传培训和投资者风险教育工作继续推进

全年开展征信、反洗钱、反假币宣传逾 5 000 场次，受众超过 100 万人次，发放宣传资料近 500 万份，提供咨询近 100 万人次，开展专业培训近 5 000 次，培训人数逾 30 万人次。成功举办 5 站“金融知识进万家巡回展”，受众 15.6 万人次；开展“银行业 2010 年公众教育服务日”活动，提高了公众识别和防范金融风险的能力。在全国率先对全省分管金融工作的副市长、金融办主任进行了金融稳定专项培训。

（八）问题与建议

金融法律制度建设需进一步推进。尽快修改《中华人民共和国票据法》，适度放开票据的融资功能，将电子票据纳入《票据法》规范和调整的范畴。完善金融消费者权益保护相关立法。推进存款保险制度及金融机构破产法律制度设计，完善我国问题金融机构市场退出机制。加快民间借贷立法，

引导和规范民间借贷行为。尽快出台《征信管理条例》，切实保护征信主体权益。

支付系统建设与风险管理需进一步完善。尽快完善支付指令的有效性、结算最终性和轧差安排等相关规定的法律支持。进一步夯实票据业务风险管理制度。对不符合资质的第三方机构，需高度关注其有序退出问题。

新会计准则执行中仍存障碍。对新会计准则的执行仅停留在报表合规层面，核心理念尚未完全贯彻。部分中小银行在硬件环境建设、内部流程管理、会计人员整体素质等方面尚有较大差距。信息披露尚无法达到新会计准则要求。

金融机构反洗钱责任意识需进一步强化。部分金融机构对反洗钱内控制度的有效实施缺乏监督和管理；对可疑交易的人工识别不足，可疑交易报告可利用价值较低。相关人员的责任追究有待加强。

反假货币与残币兑换工作不可松懈。应通过有效途径从量刑标准、罚款金额等方面加大对制贩假币犯罪分子的打击力度。县域地区辅币供应不足的矛盾仍然存在，小面额票币整洁度较城市地区仍然较低，需加大供应和兑换力度。

五、总体评估与政策建议

按照统一的层析分析模型和权重，对山东金融稳定状况定量评估显示：2010 年综合评分 79.14 分，同比提高 2.99 分。其中，银行业、保险业、金融生态环境分别提高 0.33 分、0.33 分和 0.24 分，证券业同比略降 0.02 分，总体保持稳定。宏观经济的健康平稳运行为区域金融稳定提供了坚实基础和强劲支撑，得分同比提高 2.09 分，对综合评分的贡献率高达 70%。

2011 年是“十二五”规划的开局之年，经济金融发展既处于重要的战略机遇期，又面临多方面的困难和更加复杂的局面。一方面，政府主动下调经济增长速度，更加注重发展方式和质量，促进经济的协调、持续、平稳发展，对金融稳定具有长期重要意义；另一方面，短期内的调控以及外部环境制约使习惯于高增长宽松条件下运行的实体经济和金融机构面临更多挑战。基于外部环境变化和金融业内在脆弱性，实体经济风险必然通过多渠道向金融体系传递，维护金融稳定仍将面对艰巨任务。做好金融稳定工作必须高度关注环境变化、政策调整对金融运行的影响，切实加强对当前有利条件和不利因素的分析研判，增强风险预见能力和应对水平，进一步引导金融机构审慎经营。在更好地服务于经济“转方式、调结构”的进程中实现稳健发展。

具体应着力抓好如下工作：

1. 贯彻落实宏观审慎管理要求。进一步健全对金融机构落实稳健货币政策的监测、评估，认真执行差别存款准备金动态调整措施，不断完善逆周期调控的工具和手段，引导金融机构逐步建立主动调节信贷投向、自我约束风险的长效机制。

2. 继续深化改革与服务创新。督促各金融机构深刻吸取风险教训，围绕转换经营机制、强化风险防控，继续推进体制机制改革，全面提升风险管理和内部控制水平。引导各金融机构围绕“三农”、中小企业、经济转调和重点区域带动战略等领域细分市场需求，加快产品和服务创新，优化金融资源配置。督促农业银行推进“三农”金融事业部改革，不断加强和改进“三农”金融服务。

3. 强化重要领域的风险防控。进一步完善金融稳定联席会议制度，建立健全风险预警监测管理体系，发挥各有关部门合力，切实防范脆弱性机构流动性风险、融资平台风险、上市公司运作风险和经济转调过程中企业资金链断裂风险；加强对跨市场金融业务、新型农村金融机构的监管；着手研究第三方支付机构市场退出管理方案，防范新形式的风险。

4. 提升金融突发事件应对处置能力。进一步完善《金融机构突发事件应急预案》，本着“以练为主、重在实战”的原则，积极协调相关部门，联合地方政府和金融机构，认真组织应急预案演练，切实增强防范和化解金融风险的实战能力。

总　　纂：谢　伟
统　　稿：刘云昭　李秀杰
执　　笔：于明星　付　刚　居　立　孔　哲　王成昆　杨　猛
张　宁　王朝阳　刘双喜
其他参与写作人员：黄启龙　杨晓莉　王　冠

河南省金融稳定报告摘要

2010年，在输入型通胀和流动性过剩的双重夹击下，中国国内全面通胀压力剧增，货币政策逐步由宽松回归稳健，经济结构战略转型和节能降耗步伐逐渐加快。在“保增长、调结构、控通胀”的宏观调控背景下，河南省经济运行基本平稳，经济结构调整步伐加快，省委、省政府适时提出了建设中原经济区、加快中原崛起和河南振兴总体战略，经济在非常困难的运行环境中保持了平稳健康的增长态势。但未来经济增长不确定因素增多，河南省节能降耗、控制物价与保增长面临两难处境，经济回升动力有待进一步增强。

金融业总体保持了健康平稳发展。金融机构整体实力进一步增强，经济金融呈现良性互动局面。银行业继续保持良好运行趋势，存贷款均实现较快增长，不良贷款持续“双降”，盈利能力不断增强，服务水平和竞争力进一步提升，防范和化解风险能力进一步增强。证券业呈现加快发展态势，市场规模不断扩大，市场经营主体数量快速增加，上市公司质量显著提高，合规意识明显增强。保险业市场运行安全稳健，保费规模快速增长，发展方式积极转变，经营效益明显改善，市场秩序持续向好，保险需求满足程度不断提高。金融市场运行总体平稳，货币市场业务稳步发展，其中信用拆借同比大幅增加、回购业务同比增加，现券交易持续增加，票据业务快速增长，外汇收支增势明显，黄金和期货业务平稳发展。金融服务基础设施建设稳步开展，支付体系平稳运行，征信体系建设加快推进，反洗钱工作成效显著，反假币形势明显好转，金融生态环境建设长效机制进一步确立，为促进河南经济金融健康发展、维护区域金融稳定提供了重要保障。

然而，辖区金融业稳定运行面临的困难和挑战仍然较多，经济稳定增长的压力依然较大，经济发展方式转变和结构调整压力更为突出，尤其在宏观调控政策效应进一步释放、流动性趋紧、不确定因素增多的情况下，金融运行中的新旧问题和潜在风险应引起足够重视。

一、宏观经济运行与金融稳定

（一）经济运行情况

2010年，河南省经济规模逐步增大，经济效益稳步提高，经济增长呈现“前高后低并逐步走向平稳”态势，经济结构调整步伐加快，节能减排取得一定成效。

2010年，河南省实现地区生产总值22 942.7亿元，增长12.2%，同比提高1.5个百分点。全年GDP增速呈现逐步回落态势，但高出全国平均增速1.9个百分点，比2001—2009年平均增速高0.2个百分点，仍为历史时期较高增速。其中，第一产业实现增加值3 263.2亿元，增长4.5%，同比提高0.3个百分点；第二产业实现增加值13 226.8亿元，增长14.8%，同比提高2.6个百分点；第三产业实现增加值 6 452.6 亿元，增长 10.5%，同比回落 0.4 个百分点。2010 年，三大产业比重为 14.2:57.7:28.1。

1. 农业生产保持稳定，粮食产量再创新高。2010 年，河南省启动粮食生产核心区建设，实施“粮食稳产保收行动计划”，克服持续低温、暴雨沥涝等不利因素，粮食综合生产能力稳步提升，粮食总产量为 1 087.4 亿斤，较上年增产 9.6 亿斤，增幅为 0.9%，连续 5 年超千亿斤，连续 7 年创历史新高。在全球粮食大幅减产、价格大幅上涨的背景下，河南省为保障国家粮食安全、稳定全国经济运行作出了积极的贡献。

2. 工业生产探底回升，工业利润稳步增长。2010 年，河南省工业生产经历了前高后低的态势，总体保持了较快增长势头，在外部需求好转的情况下，生产能力较快恢复。自 3 月份以来，全省规模以上工业增加值同比增速持续回落，11 月份触底反弹后连续两个月回升。全年规模以上工业增加值累计增速为 19%，同比提高 4.4 个百分点，比全国平均水平高 3.3 个百分点。全省规模以上工业主营业务收入、利润总额分别增长 29.3% 和 35.9%，同比分别提高 17.2 个和 30.4 个百分点。

3. 服务业占比略有下降，整体发展水平相对滞后。2010 年，河南省服务业的比重为 28.1%，与 2009 年相比下降 1.2 个百分点，文化、旅游等现代服务业加快发展，但服务业整体发展水平仍相对滞后。除了房地产业，其他服务行业供给的质量和数量都有待于进一步提高。2010 年，郑州商品交易所交易额突破 60 万亿元，全省专利授权量增长 40%。

4. 固定资产投资增速回稳趋升，投资结构趋于合理。2010 年，河南省固定资产投资增速呈现高位回落趋势，至 10 月份以来小幅回升，全社会固定资产投资完成 16 585.9 亿元，增长 21%；城镇固定资产投资完成 13 934.8 亿元，增长 21.6%，较上年同期下降 9.7%，低于全国平均水平 2.9 个百分点。投资结构趋于合理。投资占比方面，第一、第二产业略有下降，第三产业略有提高，占比分别为 2.2%、54.2% 和 43.5%。投资结构方面，工业投资需求仍是最主要的方面，其中比重较大的依次为机械、建材、化工、食品和冶金等行业；服务业中的房地产投资仍是服务业最主要的投资需求方向。

5. 居民消费需求平稳增长，外部需求持续恢复性增长。2010 年，河南省社会消费品零售总额保持在 18.5% 左右的稳定增长，各月社会消费品零售总额同比增速变化不大。全年社会消费品零售总额为 7 893.46 亿元，同比增长 19%，较上年回落 0.1 个百分点。2010 年，河南省对外贸易持续恢复增长，进出口总值已基本恢复至 2008 年同期水平，出口形势好于进口。全年进出口总值 177.9 亿美元，增长 32%，同比提高 55.1 个百分点。其中，出口总值 105.3 亿美元，增长 43.4%，同比提高 74.9 个百分点。

6. 物价水平逐步走高，通胀态势显现。2010 年，在国际、国内货币环境较为宽松，国际粮价大幅上涨以及肉蛋、蔬菜价格持续走高因素带动下，食品价格不断攀升，带动全省物价持续上涨。10 月份，物价运行景气指数转入黄灯区，达到金融危机以来最高水平，并且持续高于全国水平，通胀态势显现。

7. 居民收入持续增长，就业形势保持平稳。2010 年，全省城镇居民人均可支配收入为 15 930.3 元，农民人均纯收入 5 523.7 元，扣除物价因素后，分别实际增长 7.2% 和 11%。社会保障不断完善，就业形势保持平稳。全省城镇新增就业人员 132.1 万人，失业人员再就业 38.2 万人，帮助困难人员就业 17.6 万人，城镇登记失业率 3.4%，农村劳动力转移就业 105 万人。出台了城镇企业职工基本养老保险、流动就业人员基本医疗保障转移接续办法，开展城镇医保市级统筹和门诊统筹试点，解决了79万名关闭破产企业退休人员和困难职工的医疗保障问题，全面实现工伤保障市级统筹。

8. 财政收支持续增长，民生保障重点突出。2010年，河南省地方财政收支仍保持较快增长，居于全国第9位，中部第1位。其中，地方财政一般预算收入1 381亿元，增长22.6%，较上年同期提高11个百分点；一般预算支出3 413.2亿元，增长17.5%，较上年同期回落9.7个百分点，支出的均衡性有待加强。民生支出保障较好，公共服务、教育、社会保障和就业、医疗卫生、城乡社区等方面的民生支出占到一般预算支出的70%以上，科学技术、社会保障和就业、医疗卫生等涉及民生的支出增长均快于一般预算支出增长。

9. 房地产市场略有回调，调控效应有所显现。2010年，全省房地产开发完成投资2 114.08亿元，居全国第10位，居中部第2位；同比增长36.1%，全国居第12位，中部居第1位；全省商品房销售面积为5 452.23万平方米，居全国第六，同比增长25.8%；全省商品房销售额1 658.79亿元，同比增长43.5%；全省商品房销售均价3 042元/平方米，同比上涨14.1%。河南省房地产市场开发投资全年继续保持快速增长，虽然成交量随着房产新政的实施以及第四季度以来央行加息节奏的加快下降明显，但同时也出现了房价持续上涨局面。住房贷款新增425.9亿元，同比增长51.6%。但与房地产调控政策出台前相比，住房贷款增速均呈现大幅回落趋势，12月末增速低于4月末19个百分点，房地产市场变化明显，调控效应有所显现。

10. 产业集聚区生机蓬勃，产业转移步伐加快。2010年，河南省持续开展“大招商、招大商”活动、产业集聚区建设效应相互叠加，使得河南经济社会跨越式发展的内在动能有效累积。在激烈竞争中成功引进富士康等一批龙头企业和重大产业项目，明显提升了河南承接产业转移的影响力和吸引力。又与13家央企签订了战略合作协议，加强与央企战略合作。全年实际利用外商直接投资62.4亿美元，增长30.2%；实际利用省外资金2 743.4亿元，增长24.6%，产业集聚区也展现蓬勃生机，综合带动作用更加凸显。郑州新郑综合保税区获得国家批准，成为中部地区首个综合保税区。漯河、鹤壁、开封、许昌经济技术开发区升格为国家级经济技术开发区。

（二）需要关注的问题

1. 产业结构不尽合理，未来工业生产下行压力依然较大。河南省经济对传统产业依赖性依然较强，全省工业增长受传统行业特别是六大高耗能行业影响较大，制约河南经济发展的结构性问题与深层次矛盾仍非常突出。从总供给整体上看，传统优势行业供给相对充足，电子、汽车等消费热点和趋势性行业供给能力不足，而高新技术、部分轻工业以及汽车等工业虽发展较快，但比重仍然较小；高耗能行业虽发展有所趋缓，但所占比重依然较大，2010年其占工业比重仍高达41.2%，在国家工信部公告的18个工业行业淘汰落后产能的2 087家企业名单中，河南涉及15个行业230家企业，涉及企业数占全国总数的1/9，列全国第一，未来工业生产下行压力依然较大。

2. 宏观调控政策叠加下，未来信贷投放将面临更大压力。货币政策回归常态已经成为市场各方共识，货币政策在转向稳健的同时，将更加注重动态微调和精确制导，以促进经济结构的优化升级和内生性、自主型经济增长机制的形成。产业结构不合理，一直是制约河南省信贷投放的重要因素。进入2010年，因产业结构和能源原材料占比较大等原因，高耗能行业贷款难度进一步增加，河南省贷款增速出现明显回落，从2009年最高点的29.6%回落到12月末的18.1%，信贷风险逐步积累。在产业结构问题短期内难以根本解决的情况下，河南省贷款投放将面临更大压力。

3. 部分行业和领域的贷款风险隐患增加。2010年，随着国家调控的日益趋严，商业银行对房地产、投融资平台等领域均实行了名单制管理。房地产市场走势不太明朗，未来伴随调控力度的加强和效果的显现可能导致部分房地产商资金链条紧张，风险隐患增强。投融资平台贷款风险受关注程度提高，部分平台项目资金受到较大影响，如郑州市预算外资金管理局提前归还6笔未到期的贷款共计6.6亿元。此外，国务院要求“适当提高融资平台贷款的风险权重，按照不同情况严格进行贷款质量分类”，在实行新的分类标准后，融资平台贷款的不良率、拨备覆盖率将增加，银行盈利可能受到影响。

4. 物价上涨过快，对经济发展负面影响加深。2010年，河南省经济尚处在调整复苏之时，CPI出现了较快上涨势头。11月份，全省居民消费价格比上年同期上涨6.5%，创两年来新高，连续5个月上涨，涨幅连续4个月超全国平均水平，虽12月份略有回调，但仍处于较高水平。短期内物价上涨促进生产增加，但持续通胀压力和通胀预期导致生产成本、生活成本上升，不利于经济健康运行。2010年，河南省生产者价格涨幅高出居民消费价格涨幅2.3个百分点，生产者的成本增加速度明显超过了终端消费品的提价速度，持续的原材料价格上涨和供应紧张，对企业经营成本造成较大冲击，致使企业盈利空间缩小，经济效益下滑。CPI的升高使得实际利率水平不断降低，居民实际购买力水平不断下降，而居民工资和收入没有显著上升，对于大多数工薪族居民影响较大。同时，物价上涨大大降低了居民储蓄倾向，部分居民将存款向股市、楼市、黄金等投资渠道转移，这直接影响到金融机构负债业务的稳定性，一定程度上会造成金融机构可贷资金减少，对经济发展的支持作用减弱。

二、金融业与金融稳定

2010年，面对复杂多变的经济金融形势，河南省金融业认真贯彻落实国家宏观调控政策，积极推进银行改革重组，加快经营管理体制转变，资产规模稳步增长，资产质量持续改善，经营效益不断提高，应对风险能力逐步增强。

（一）银行业

2010年，河南省银行业继续加大信贷投放总量，加快结构调整，资产质量不断提高，盈利能力进一步改善，整体运行态势平稳，但也存在着影响金融稳定的不确定性因素。

1. 各项存款快速增长，活期化趋势进一步增强。截至2010年12月末，河南省银行业金融机构本外币各项存款余额23 246.74亿元，比年初增加3 957.92亿元，同比多增10.7亿元，同比增长20.52%，增速快于全国平均水平0.69个百分点，但较上年同期下降5.21个百分点。各项存款增量逐季下降，第四季度存款负增长，主要原因是基金、理财产品、房地产市场对储蓄存款造成分流以及票据规模压缩导致保证金存款下降；在物价持续上涨，通胀预期较强，而存款实际利率为负的背景下，居民储蓄意愿下降，且活期化趋势不断增强。截至2010年12月末，储蓄存款同比增长15%，较上年同期回落2.8个百分点；较年初增加1 676.3亿元，同比少增14.5亿元；活期储蓄余额占比由年初的36.28%升至39.58%。与此同时，各类担保及投融资公司迅速膨胀，也以高息吸引大量社会资金和储蓄资金流入。

2. 各项贷款增势趋缓回稳，结构调整步伐加快。截至2010年12月末，河南省银行业本外币各项贷款余额16 006.52亿元，较年初增加2 447.68亿元，同比少增670.98亿元，增速较上年同期回落11.82个百分点，低于全国平均水平1.58个百分点，增势趋缓。2010年，河南省银行业加快了信贷结构调整步伐，从投向结构看，对中小企业、农业的信贷支持不断加强。截至2010年12月末，全省小型企业贷款（扣除票据融资）余额2 020.4亿元，较年初增加389.2亿元，同比增长23.9%，高于各项贷款增速5.4个百分点。12月末，全省涉农贷款（扣除票据融资）余额5 932.65亿元，较年初增加1 233.61亿元，增幅为26.25%，高于各项贷款增速8.2个百分点。

3. 资产质量不断提高，抗风险能力逐步增强。截至2010年12月末，河南省银行业不良贷款余额比年初减少102.03亿元，不良率比年初下降1.75个百分点，不良率与全国的差距缩小至3.18个百分点。2010年，全省银行业在信贷同比少增的情况下，盈利实现同比多增，累计实现盈利297.85亿元，同比增盈86.37亿元。盈利能力进一步增强的主要原因是：生息资产基数增大，净息差上升，以及金融机构往来收入增加，理财业务快速增长。

4. 利率市场化稳步推进。伴随利率市场化推进速度的加快，金融机构实行基准利率的贷款占比呈现下降趋势，基准利率贷款占比从2008年的37.8%左右降至2010年的27.1%左右；上浮利率贷款占比从2008年的45.4%左右升至2010年的53%左右。利率市场化有效调动了商业银行灵活开展业务的积极性，促进了其收益率的提高；在引导贷款投向中发挥了重要作用，节约了优质贷款客户的资金成本，有效降低小企业等弱势群体的贷款门槛。

5. 同业竞争压力逐渐增大。2010年，全国性商业银行都不约而同地加快了在河南省内的网点建设速度。截至2010年末，交通银行已在南阳、许昌、安阳、焦作、平顶山5个城市开设分支机构；中信银行已在洛阳、焦作、南阳、安阳开设分支机构；浦发银行已在新乡、洛阳、许昌、开封开设分支机构；民生银行已在洛阳、南阳开设分支机构；广发银行已在安阳、新乡、平顶山开设分支机构；兴业银行已在洛阳、平顶山开设分支机构；招商银行已在洛阳、安阳开设分支机构等。与此同时，河南省内的各城商行也纷纷更名并设立异地分支机构，目前，洛阳银行、开封市商业银行、平顶山银行已在郑州设立分支行，郑州银行已在南阳设立分行，河南银行业之间的竞争将进一步升级。

6. 地方法人实力增强，农村合作金融机构资本充足率指标实现历史突破。截至2010年12月末，河南省辖区地方法人银行类金融机构共有177家，其中，城市商业银行17家，农村商业银行11家，农村合作银行2家，农村信用社130家，村镇银行17家。从全年情况来看，辖区地方法人银行类金融机构总体运行平稳，资产负债规模稳步增长，资产质量持续向好，实际盈利能力逐步提高，各机构流动性充裕，备付金充足。12月末，全省17家城市商业银行平均资本充足率较年初上升1.01个百分点，拨备覆盖率较年初上升104个百分点，贷款损失准备充足率较年初上升154个百分点，各项监管指标均高于监管要求。全省农村合作金融机构资本充足率首次转正，较年初上升3.74个百分点，不良贷款持续“双降”，不良贷款余额较年初下降66.33亿元，不良贷款占比下降5.34个百分点，信贷资产质量进一步提高。

7. 银行业发展需要关注的问题。一是影响信贷增长的不确定因素进一步增加。随着国内外经济金融形势的复杂变化，影响河南省信贷投放的不确定因素进一步增强，河南省农业产业化、专业化程度不高、附加值低，影响信贷资金的需求，第三产业比例低于全国平均水平14.1个百分点，吸纳信贷资金的能力不强。河南省经济增长方式粗放、产业科技含量不高、“两高一剩”产业比重大，信贷审批受限；在国家发展战略中，长期被边缘化，企业、民营企业占比持续处于低位，低效投资和结构失衡明显。二是政府融资平台贷款后续处置亟待加强。河南省政府融资平台贷款总量少，整体系统性风险不大，但财政偿债压力不容忽视；在政府融资平台贷款全面收缩背景下，部分由平台公司承担的公益、准公益贷款偿还面临困境，地方政府面临融资瓶颈，资金链断裂可能引发或放大金融风险。三是金融机构尤其是中小银行和地方法人金融机构流动性趋紧。伴随着存款增势放缓、存款准备金率上调、公开市场操作力度加大和利率提高等，多数金融机构上存资金呈下降趋势，尤其是9月份以来降势明显。第四季度河南省银行家问卷调查显示，本期银行资金头寸景气指数为54.7%，较上季度低1.8个百分点；预期资金头寸景气指数较上期低2.5个百分点。而银行间市场拆借利率持续走高，隔夜活期拆借利率一度达到了8%以上，对于中小股份制银行来说，流动性风险日益凸显，亟需扩宽融资渠道，确保流动性安全。四是地方法人金融机构的风险不容忽视。城市商业银行贷款集中度偏离较高，地方政府及平台公司持股比例偏高，村镇银行一些指标不符合监管要求，流动性风险大，运营成本较高，竞争力不足。农村信用社的风险问题较为突出，不良贷款余额大、占比高，整体资本充足率、拨备覆盖率较低，贷款损失专项准备缺口较大，不良贷款、不良贷款占比、历年亏损挂账三项指标在全国农信系统位次靠后。

（二）证券期货业

2010年，面对各种矛盾相互交织的市场形势，河南省辖区资本市场呈现出加快发展的态势，市场经营主体数量快速增加，公司质量显著提高，合规意识明显增强，市场运行健康稳定，但上市公司数量较少、期货市场结构不尽合理等问题值得关注。

1. 市场规模不断扩大，市场整体风险水平持续降低。目前，河南共有境内上市公司53家，证券经营机构140家，期货经营机构71家，证券期货投资者360万户，证券期货经营机构利润总额近20亿元。辖区资本市场经营主体数量、证券期货投资者开户数、客户总资产、证券期货经营机构利润总额等多项指标均居中西部前列。在市场规模持续扩大的同时，市场经营主体质量也明显提高，规范化运作水平显著提升，市场整体风险水平持续降低。

2. 上市工作成效显著，上市公司队伍日益壮大。2010年，在宏观经济形势较为复杂的背景下，辖区企业发行上市工作仍然取得了突出成绩，全年共有13家公司通过发审委审核，10家公司挂牌上市，募集资金合计106.81亿元，“河南板块”在全国资本市场的影响逐步凸显，上市公司数量及募集资金数额均创历年新高。

3. 上市公司积极谋划，并购重组和再融资持续活跃。2010年，辖区上市公司大股东、实际控制人以上市公司为平台，以产业整合和做大做强为目标，积极谋划，推动上市公司并购重组。洛阳玻璃、风神股份、神马股份、平煤股份等公司实现控股股东变更；许继电气、平高电气实现控制权转移；5家公司完成再融资，募集资金23亿元，另有3家公司再融资申请已获得批准，预计可募集资金40.15亿元；豫能控股通过实施重大资产置换暨发行股份，置出不良资产4亿元，置入优质资产12亿元。濮耐股份通过市场化运作，发行股份收购了2.47亿元外部资产业务。

4. 证券期货经营机构数量快速增加，规范化水平不断提高。2010年，河南经济平稳较快增长的势头，吸引了国内众多证券期货经营机构争相设立分支机构，全年共新增证券和期货经营机构31家，新增证券期货经营机构数量创历年之最。股指期货、融资融券、IB业务等创新业务成功推出，运行平稳。通过全面开展现场和非现场检查，有力促进了证券期货经营机构合规意识不断增强，合规水平不断提高，中原证券和万达期货第一次被评为A类公司。

5. 风险化解工作稳步推进，市场环境进一步规范。2010年，在监管部门、司法机关、自律组织、中介机构等共同努力下，市场各类违法违规活动得到有效遏制。全年共完成各类稽查案件23

起，其中，正式立案查处辖区上市公司重大违法违规行为1起，非正式调查3起，协查19起。另外，对辖区11家上市公司和证券期货经营机构采取了行政监管措施。配合公安部门成功取缔了非法从事证券投资咨询活动的郑州鑫利和投资咨询公司、银安、中原私募等非法机构。辖区上市公司风险整体下降并始终处于可控状态，尤其是焦作鑫安经过破产重整暨中原出版传媒集团借壳上市，不仅彻底化解公司破产退市风险，也最终为辖区上市公司股改画上圆满句号。

6. 证券期货业发展需要关注的问题。一是企业上市数量依然较少。目前，辖区境内上市公司总数只有53家，低于同属中部地区的湖北、安徽、湖南，仅高于山西和江西，在中部六省仍然处于相对落后的位置。二是持续经营能力面临挑战。总地来看，辖区上市公司整体盈利能力仍低于全国平均水平，特别是有些上市公司持续经营能力明显不足，缺乏核心竞争力，不同程度地存在暂停上市或退市风险。三是证券机构亟需业务转型。近几年，市场竞争日益加剧，佣金价格战等恶性竞争问题比较突出，以通道服务为主的同质化经纪业务运作模式已不能适应市场和投资者的需要。四是期货市场结构不尽合理。综合实力不强，高层次人才匮乏，盈利能力较低。投资者结构也不合理，机构投资者比例低，现货企业参与度不高，影响期货市场服务产业客户和实体经济功能的有效发挥。

（三）保险业

2010年，河南保险业围绕“转方式、调结构、防风险、促发展”总体要求，着力加强监管，狠抓风险防范，保持平稳健康运行。整体来看，保险市场竞争更加充分，保险产品不断增加，市场供给更加丰富，保险需求满足的程度不断提高。但是市场违规经营问题突出，行业服务经济、社会能力不强等问题值得关注。

1. 保费规模快速增长，市场体系进一步完善。截至2010年12月末，全省共有省级保险分公司47家，地市及以下分支机构5 445家，专业中介机构323家，兼业代理机构6 835家，从业人员24.6万人，其中保险营销员20.58万人。2010年，全省保险市场实现保费收入793.28亿元，同比增长40.31%，居全国第五，中部第一。其中，财产险业务保费收入134.72亿元，同比增长37.84%，人身险业务保费收入658.56亿元，同比增长40.82%。全年保险业为河南省经济社会发展提供经济补偿153.91亿元，同比增长3.83%，为促进经济社会发展发挥了积极作用。

2. 结构调整稳步推进，发展方式积极转变。在监管政策引导推动下，公司靠盲目铺设机构发展业务的现象有所改观，新批设机构较上年减少731家，撤并机构63家。2010年，企财险、工程险、保证险等非车险业务得到较快发展，分别增长22%、71.5%和10.45倍；商业车险在车险中的占比为63.29%，同比提高2.54个百分点。人身险公司银保业务转型加快，银保新单期缴同比增长63.66%，比银保业务增速高5.6个百分点；银保业务中投连险、万能险同比下降69.6%，占比1.41%，下降了5.9个百分点。

3. 经营效益明显改善，市场风险有效控制。针对年初保险业务高速增长的情况，河南保监局充分发挥监管政策的导向作用，及时提示市场风险，保险业风险防范化解能力明显提高，没有出现大的群体性事件和系统性风险，保险市场保持了安全稳健运行。财产险方面，建立资金支付“零现金”制度，全面实行非车险业务“见费出单、见费录单、见费批退”制度，防范虚假应收和资金风险；人身险方面，加强对销售误导行为的综合治理，强化退保分析监测。2010年，财产险市场亏损0.21亿元，较上年同期减亏1.59亿元，承保盈利的公司由6家增加到16家。其中车险盈利4.24亿元，同比增加7.32亿元，承保利润率4.27%。人身险公司加强费用管控，降低经营成本，业务及管理费增速低于保费增速8.21个百分点，业务及管理费率同比下降0.38个百分点。

4. 市场秩序持续向好，市场运行安全稳健。2010年，河南保监局共派出147个检查组497人次，实施现场检查147家次，保险机构检查覆盖率2.71%，比上年提高0.57个百分点，比全国平均水平高1.03个百分点。财产险方面，虚假批单退费明显减少，2010年，保费批退率1.66%，同比下降2.42个百分点；虚假应收问题基本得到解决，平均应收保费率1.03%，同比下降0.25个百分点；违规降费和市场贴费问题明显改善，业务及管理费率、手续费率分别下降2.92个和1.79个百分点；执行条款费率情况有所好转，车险平均折扣率91.59%，同比上升13.09个百分点，比全国平均水平高7.29个百分点。人身险方面，销售误导、虚假宣传等违规问题得到一定缓解，业务品质不断提高，2010年末，退保率1.49%，同比下降2.4个百分点，比全国平均水平低0.06个百分点。

5. 服务能力不断提升，消费者权益有效保护。2010年，累计赔款和给付153.91亿元。农业保险承保范围进一步扩大，承保品种达到13个；服务高速公路、轨道交通等重大基础设施建设，提供保险保障105.93亿元；出口信用保险为200多家企业提供18.1亿美元的出口贸易收汇保障，同比增长1.34倍。管理型经办业务服务人群增加到845万人，新增托管资金近9亿元。企业年金托管资金余额8.19亿元，服务企业职工4.78万人。通过开展销售误导专项治理，有效遏制了销售误导问题蔓延，全省信访投诉量十年来首次大幅下降，保险消费者利益得到有效保护。

6. 保险业发展需要关注的问题。一是可持续发展能力值得关注。发展稳健性不强，结构性问题没有根本改观。从“十一五”发展总体情况看，业务增速波动较大，增速最高的2008年达到60.38%；增速最低的2009年仅为8.95%。2010年，在车险业务中，交强险占比达36.27%，比全国平均水平高8.35个百分点。在人身险方面，银保渠道保费收入占比60.33%，比全国高出10.04个百分点，一些公司90%以上保费来自银保渠道。二是违规经营问题仍没有得到根本解决。业务、财务数据不真实问题比较突出，侵害被保险人利益问题时有发生，一些保险机构非法设立乡镇营销网点，一些公司未经许可，擅自变更营业地址和任命高管人员。三是内控管理不严问题仍然突出。单证管理不严，一些公司没有建立单证管理领用台账，单证入库与发放不相符，领用不规范，代签名、不签名现象比较突出，与中介机构单证交接手续不完备。理赔管理不到位，理赔难、理赔慢、理赔烦的问题比较突出，全省平均车险报案结案率为80.62%、结案周期27.71天，个别基层公司结案率不到70%，结案周期长达139天。理赔环节“跑、冒、滴、漏”现象仍较普遍，内部监督形同虚设，内部监督部门没有发挥应有作用。四是行业服务社会能力仍然不强。保险覆盖面不宽。机动车交强险承保率为24.51%，比全国低20.59个百分点。农业保险承保面积989.8万亩，保费收入1.79亿元，全国排名第17位，中部六省排名第5位，与全省农作物播种面积全国第一、农业生产总值全国第二的位次不相适应。与社会生产生活密切相关的责任险占比为2.44%，比全国和中部六省平均水平分别低0.54个和0.3个百分点；健康险和意外险占比仅为5.07%，比全国和中部六省平均水平分别低1.49个和0.63个百分点；保险渗透度较低。全省人均保费为791.7元，比全国平均水平低286元。财产险人均保费仅为137.14元，比全国水平低151.85元；保险保障作用发挥不充分。2010年，全省个人负担医疗费用在360亿元左右，而各类商业健康保险给付金额仅为11亿元，占比不足4%；在洪涝灾害中，全省农业直接经济损失为37.23亿元，种植险赔付支出占比不足1%。

三、金融市场与金融稳定

2010年，河南省金融市场运行总体平稳，货币市场业务稳步发展。其中，同业拆借业务同比大幅增加、回购业务和现券交易持续增加，票据业务快速增长，外汇收支增势明显，黄金和期货业务平稳发展。

（一）金融市场运行情况

1. 货币市场

2010 年，河南省新增 1 家全国银行间同业拆借市场成员和 16 家全国银行间债券市场成员。截至 2010 年末，河南省全国银行间同业拆借市场成员有 16 家，银行间债券市场成员达 98 家。2010 年，同业拆出资金 36.85 亿元，拆入资金 290.05 亿元，累计成交金额 326.9 亿元，比上年同期增加 303.3 亿元。债券质押式回购累计交易金额 20 925.73 亿元，同比增加 9 590.73 亿元，增长 85%。截至 2010 年末，河南省累计发行企业短期融资券 30 只、金额 185.8 亿元，累计发行中期票据 58 亿元。

2. 债券市场

2010 年，现券累计交易金额 17 089.29 亿元，同比增加 4 970 亿元，增长 41%，其中政策性金融债、国债、中期票据以其信誉度高、流动性强的特点，处于交易量前列，城市商业银行为债券交易的主力。

3. 票据市场

2010 年，河南省金融机构累计签发汇票 4 369 亿元，较年初增加 3 171 亿元，增长 72.6%，全部为银行承兑汇票。累计办理票据贴现 64 908 亿元，同比增加 33 003 亿元，增长 51%。其中，票据直贴 36 664 亿元，同比增长 52%；买断式转贴 28 177 亿元，同比增长 45%。累计办理票据再贴现 646 454万元。

4. 外汇市场

2010 年，人民币汇率形成机制改革重启，升值预期明显增强，河南省外汇收支增势明显，其中，经常项目收结汇高速增长，付售汇增幅相对较小；资本与金融项目收结汇增势迅猛，付售汇增势较弱，由此均形成较大规模顺差。跨境资金流动规模创历史新高，银行结售汇总量和进出口总值回升到国际金融危机爆发前 2008 年的水平。全省全年跨境外汇收支总额 240.03 亿美元，同比增长 46.64%；银行累计结售汇 190.13 亿美元，同比增长 35.47%；进出口总值 177.92 亿美元，同比增长 32.0%。

5. 黄金市场

目前，河南省黄金储量 195 吨，1975—2010 年累计生产黄金 448.79 吨，年均增长 15.36%，已连续 26 年在全国排名第二，共有各类黄金企业 24 家。2010 年，河南省黄金产量达 28 吨，完成工业总产值 412 亿元，实现工业增加值 33 亿元，同比分别增加 20.79% 和 25.66%。但是，由于黄金价格位于高位，而波动幅度小于 2009 年，以及投资者进入交易所的交易渠道受到限制，影响了黄金业务的交易量。2010 年，河南省上海黄金交易所会员（不含中金公司）累计买卖黄金 189 吨，同比减少 63 吨，减幅为 25%；黄金代理量 83.45 吨，同比减少 51.56 吨，减幅为 38%。

6. 期货市场

2010 年，郑州商品交易所商品期货累计成交量和交易额分别为 99 181 万手、617 998 亿元，同比分别增长 118% 和 223%。不论是交易量还是交易金额，白糖仍是郑州商品交易所交易规模最大的品种，全年累计交易量 61 061 万手、交易金额 335 962 亿元，同比分别增长 109% 和 162%，占郑州商品交易所全部交易品种总交易量的 61%、总交易金额的 54%。但从增长速度看，一号棉已经取代

2009年的PTA，成为2010年郑州商品交易所增长最快的交易品种，全年交易额同比增长1 488%，位居各交易品种之首。2010年郑州商品交易所在交易量同比增长118%的情况下，交易金额的同比增长达到223%，按照期货的价格发现原理，交易价格大幅增长说明了社会商品价格存在上行趋势。

（二）需关注的问题

一是市场成员债券业务操作管理水平有待进一步提升。地方中小金融机构是河南省货币市场的主要成员，缺乏完善而系统的制度体系和落实风险控制的措施，容易形成一定的操作风险隐患。二是短期融资券和中期票据的作用有待进一步挖掘。短期融资券和中期票据是在银行间市场发行的重要债务融资工具，不但可以改善目前企业融资过于依赖银行信用的状况，而且无须抵押或担保，能有效降低融资成本，是企业融资的重要途径。2010年，河南省共获准发行短期融资券11只、金额62亿元，占全国发行总金额的0.9%，且比2009年略有下降；发行中期票据4期、发行金额33亿元，仅占全国发行总金额的0.67%。与河南省的经济总量以及周边省份的发行量相比，河南省短期融资券和中期票据的发行量偏小。三是商业银行黄金业务的风险防范有待进一步强化。目前，各商业银行不断加大对个人黄金业务的开发，市场竞争日益激烈，为招揽客户，个别商业银行甚至采取违规经营行为，增大了黄金业务的风险。同时，部分商业银行黄金从业人员的专业素质相对不高，不能对客户提供科学有效的投资指导。

四、金融服务基础设施

2010年，河南省金融服务基础设施建设稳步开展，支付体系平稳运行，征信体系建设加快推进，反洗钱工作成效显著，反假币形势明显好转，金融生态环境建设长效机制进一步确立，为促进河南经济金融健康发展、维护区域金融稳定提供了重要保障。

（一）支付体系平稳运行

2010年，河南省支付体系平稳运行，支付业务量稳步增长，支付清算系统建设取得新进展，农村地区支付服务环境进一步改善。一是支付结算业务稳步增长。2010年，全省大小额支付系统共处理支付（往账）业务3 374.2万笔、金额53.84万亿元，同比分别增长44.2%和66.3%；使用非现金支付工具办理支付业务10.2亿笔、金额27.9万亿元，同比分别增长30.7%和28.7%。二是支付清算系统建设取得新进展。网上支付清算系统上线运行，全省11家全国性银行省级机构首批顺利接入该系统，大大提高了网上支付等新型电子支付业务跨行清算的处理效率。电子商业汇票系统顺利在全省推广，对银行票据业务的发展起到了巨大的推动作用。三是严格支付清算资格准入。建立支付清算系统参与者约见谈话制度，完善银行业金融机构支付结算业务考评机制，切实加强支付清算业务监督管理。四是开展打击银行卡犯罪专项行动。2010年，人民银行郑州中心支行会同省公安厅，制定《河南省打击银行卡犯罪专项行动协作规定》，确立4项警银协助工作机制，开展打击银行卡犯罪专项行动，取得全国公安部门第六、19个非重点地区第一的成绩，受到人民银行总行和公安部的联合表彰。五是改善农村地区支付服务环境工作。2010年，在21个示范县成功示范推动的基础上，全省108个县（市）全面推进农村地区支付服务环境建设工作。农民工银行卡交易笔数达176.4万笔、金额达22.8亿元，同比分别增长41.8%和44.3%，交易笔数和金额连续三年居全国第一。

（二）征信体系建设加快推进

2010 年，河南省征信体系建设在全省各级金融机构共同配合努力下，工作协调机制进一步健全完善，沟通协调更加紧密，督促检查有效加强，确保了全国统一的企业和个人征信系统在河南省的平稳运行。一是企业和个人征信系统平稳运行。截至 2010 年末，河南省收录企业和其他组织达到 61.6 万户，其中借款企业达 37.9 万户；个人征信系统收录自然人 1 318 万人，其中有信贷记录的 1 184万人。企业和个人征信系统的稳健运行为河南省经济的健康发展起到重要促进作用。二是建立信息交流制度和会议制度。在人民银行各市中心支行的宣传、推动下，全省已有 13 个地市建立了市级地方社会信用体系建设工作机制。三是加强宣传并推广地方好的经验。加强对中小企业及农民征信及相关金融知识的宣传，积极营造“守信光荣”的良好社会氛围。四是正式启动中小企业信用体系试验区建设。依据《中国人民银行关于印发〈中小企业信用体系实验区建设指导意见〉的通知》要求，经过认真筛选、严格把关、考核论证，确定安阳市汤阴县为“河南省中小企业信用体系建设试验区”。五是稳步推进中小企业信用信息征集、农户电子信用档案建设和评价工作。截至 2010 年末，全省纳入中小企业档案库的中小企业 86 343 户，为中小企业办理贷款卡 16 107 户，其中 6 051 户取得银行授信意向。全省已有 155 个县（市、区）开展了农户信用档案建设工作，153 个县（市、区）已建立了农户信用评价体系。全省涉农金融机构共为 589 万农户建立了信用档案，并对其中 356 万农户进行了信用评定。

（三）反洗钱监管成效显著

2010 年，河南省反洗钱工作多策并举，加强现场检查和非现场监管分析，加大案件协查力度，反洗钱工作成效显著。一是加大现场检查力度。2010 年，河南省人民银行系统共对 332 家金融机构进行了反洗钱现场检查，依法从严处理违规机构，首次实行双罚制。二是加强非现场监管分析和各金融机构存在的洗钱风险评估。积极开展非银行金融机构反洗钱网络建设，利用科技手段加强交流，加强对金融机构各业务领域存在的洗钱风险进行评估。2010 年，对辖区 445 家金融机构的反洗钱工作开展了评价，其中银行业 137 家，非银行业 308 家。三是建立反洗钱监管工作机制。采取约见金融机构高管谈话措施，探索建立监管部门与金融机构良性互动、公开透明的反洗钱监管工作机制。2010 年，共对辖区 46 家金融机构高级管理人员进行诫勉谈话，以提示风险。四是加大监测分析、调查和案件协查力度。积极配合公安部门成功侦破“9・18”非法从事资金支付结算业务经营案，获得人民银行总行“9・18”特大地下钱庄案突出贡献奖，并得到国务委员、公安部部长和总行副行长等领导的重要批示。五是积极探索新形势下金融机构反恐融资防范工作机制。先后 5 次与省反恐办召开情报会商会议，推动与反恐部门建立“反恐情报会商工作机制”。

（四）反假币形势明显好转

2010 年，河南省反假货币斗争形势明显好转，有力促进了全省社会经济金融秩序稳定。全年全省共收缴假人民币 3 317.5 万元，与 2009 年同比减少 59.3%。其中，公安机关破案收缴假币 2 075 万元，占全省收缴量的 62.5%；银行业金融机构发现收缴假币 1 242.5 万元，占全省收缴量的 37.5%。一是省政府高度重视反假币工作。2010 年 12 月 9 日，河南省政府组织召开河南省第六次反假币工作联席会议，总结了当前全省反假币工作情况，并结合当前形势，对以后的反假币工作进行了具体部署安排。二是继续保持打击假币犯罪的高压态势。人民银行郑州中心支行积极配合公安机关，加强信息交流工作，为公安机关开展打击假币犯罪和考核工作提供有力依据。三是积极开展宣传活动，营造反假货币群防群治社会基础。2010年，人民银行郑州中心支行印发了《关于进一步做好2010年反假货币宣传工作的通知》和《2010年省会郑州市重点区域反假货币宣传活动实施方案》，加大了重点地区、重点区域反假货币宣传工作力度，提高了反假货币宣传的社会效果。四是积极开展反假货币培训工作，提升反假货币业务水平。2010年，河南省人民银行系统组织举办反假货币知识培训班38次、参训人员7 260人；全省银行业金融机构举办反假货币知识培训班289次，培训营业机构工作人员20 640余名。同时，全省银行业金融机构对行政、事业、企业、工商户等开户单位财会人员举办反假货币培训班105次，培训财会人员8 600余名，强化了反假货币骨干队伍建设。五是加强管理工作，促进人民币收付业务质量安全。2008年以来，银行业金融机构缴入人民银行发行库的款项，经清分发现假币金额分别为96 300元、85 600元和62 200元。

五、总体评估与政策建议

（一）总体评估

2010年，面对复杂多变的经济环境和宏观调控措施，河南省金融业运行稳健，发展态势良好，各项金融改革稳步推进，防范和化解风险的能力增强，服务水平和竞争力进一步提升，为经济健康平稳运行和维护金融稳定奠定了扎实的基础。其中，银行业继续保持良好运行趋势，在增加信贷投放同时加快结构调整，资产质量不断提高，盈利能力进一步改善；证券期货经营机构合规经营和风险控制能力得到进一步提升；保险业整体实力显著增强，市场运行的规范性明显提高。金融基础设施不断完善，社会信用体系建设取得新成效，金融生态环境不断优化，总体上实现了经济金融协调健康发展。

在区域金融整体稳定的同时，河南省还存在一些影响金融稳定的潜在风险因素。一是信贷增长受到多种因素影响；二是融资平台贷款后续处置亟待加强；三是部分中小金融机构流动性趋紧；四是地方法人金融机构风险不容忽视；五是证券期货、保险业仍需进一步规范发展，做大做强。

（二）政策建议

一是科学贯彻国家宏观调控政策，继续加大有效信贷投放。辖区金融机构要科学贯彻国家宏观调控政策，保持信贷平稳增长，信贷投放要围绕全省经济发展目标以及大招商、产业聚集区、中原经济区建设等及时跟进。此外，经济增长的内生机制尚未完善，对政府大型项目投资推动的依赖性仍然较强，在信贷规模压缩、结构调整的同时，要保证大型项目建设的合理资金需求。二是顺应河南经济转型升级需要，进一步加快信贷结构调整步伐。加大对先进制造业、现代服务业、企业自主创新及地区产业转移优质项目等的信贷支持力度，支持过剩行业有序转移，限制对“两高”行业的贷款，推动产业优化升级。三是继续加大对中小企业和“三农”等弱势领域的金融支持力度。继续创新“三农”领域、中小企业信贷产品和金融服务模式，提高县域新增存款用于当地贷款的比例，定期召开针对小企业的银企洽谈会，促使小企业成为河南省重要的贷款增长点。四是推动投融资体系多元化建设，优化市场融资结构，降低银行业风险。加大直接融资比重，加快发展资本市场；扩大债券融资品种和规模，满足社会多样化投融资需求；引导民间资本合理流动，规范担保公司、小额贷款公司等新型机构健康发展。

总　　纂：张正杰
统　　稿：王树生　郑留安　戚兴如　王　华
执　　笔：尹志刚　余雪扬
其他参与写作人员（按姓氏笔画排序）：
王乐平　王　萍　仇惠敏　吕彦威　刘　磊　吴成荫
肖　云　郑慧霞　武松会　赵庆光　祝新伟　郜丽敏
琚亚利

湖北省金融稳定报告摘要

一、综述

2010年，面对复杂多变的国际国内经济金融形势，湖北省顺势而为，积极应对，经济金融事业呈现出稳健发展、协调互促的良好态势，区域金融体系保持整体稳定。

国民经济继续回升向好，保持平稳较快增长。湖北省坚决贯彻落实积极的财政政策和逐步趋稳的货币政策，宏观经济呈现从高开到稳健的基本运行态势，主要指标恢复性增长明显。全年地区生产总值实现较快增长，投资与消费需求持续旺盛，对外经济日趋繁荣，财政收入增速大幅提高，城乡居民收入稳步增长，物价水平持续上扬，房地产价格走势平稳。

金融业全面协调发展，金融体系稳定性显著提高。银行业改革取得突破性进展，组织体系进一步完善；银行信贷结构不断优化，资产质量持续改善，经营效益稳步提高，盈利水平居中部六省之首，风险管理能力和创新服务水平也有所增强；证券业自身实力和服务实体经济能力稳步提升，上市公司质量显著提高，融资规模大幅增长，证券期货业机构综合实力不断增强，市场功能有效发挥；保险业市场体系不断健全，资产规模快速增长，机构经营效益明显好转，保险覆盖面不断拓宽，社会保障功能进一步健全。金融市场总体运行平稳有序，市场机制与结构日渐完善，交易深度与广度持续增强；金融基础设施建设进一步加强，区域金融生态环境不断优化。

武汉城市圈金融改革创新力度逐步加强，信贷市场、票据市场、支付清算、金融信息、外汇服务五个金融一体化进程建设取得阶段性成效。武汉区域金融中心建设有序推进，金融机构类别日益丰富，多家机构已入驻或签约在汉建设金融后台服务中心，武汉区域金融中心的影响力正不断彰显。

同时，长期制约湖北省经济金融发展的因素依然存在，金融体系潜在风险与不确定性不容忽视，维护区域金融稳定工作仍面临挑战。

投资与消费持续增长压力加大，经济结构调整难度增加，通胀预期有所加强，金融机构流动性趋紧、盈利结构亟需改善、资本补充机制有待强化。下一阶段，随着国内外经济金融复杂性和国家宏观调控政策效应的进一步显现，妥善解决好以上问题，将成为湖北省继续保持经济金融平稳运行的关键。

二、经济与金融稳定

（一）2010年湖北省经济金融运行特点

宏观经济总量持续增长，经济发展平稳向好。2010年，全省完成地区生产总值15 806.1亿元，同比增长 14. 8%。其中，第一产业增加值 2 147 亿元，增长 4. 6%；第二产业增加值 7 764. 7 亿元，增长 21. 1%；第三产业增加值 5 894. 4 亿元，增长 10. 1%。三次产业结构有所优化，调整为 13. 6∶49. 1∶37. 3，工业主导地位凸显。

产出增长加快，产业结构调整渐趋优化。一是农业产业化步伐加快。2010 年，湖北省农民专业合作社增长 82. 5%，规模以上农业产业化龙头企业超过 4 000 家，农产品加工产值与农业总产值之比超过 1. 3∶1。二是工业增长回稳。2010 年，湖北省第一季度、上半年和前三个季度工业增长分别为 30. 3%、27. 8% 和 24%，逐季回稳态势明显。三是第三产业平稳较快发展。全年全省第三产业增长率高于全国 0. 6 个百分点。

财政、城乡居民收入保持较快增长。2010 年，湖北省财政总收入 1 918. 94 亿元，增长 25. 1%，同比多增 10. 5 个百分点。同期，湖北省城镇居民人均可支配收入 16 058 元，增长 11. 8%，同比多增 2. 6 个百分点；农民人均纯收入 5 831. 8 元，增长 15. 8%，同比多增 7. 7 个百分点。

投资、消费需求增势平稳，协同拉动作用增强。一是投资增速下降，民间投资成为主要力量。2010 年，湖北省固定资产投资增长 31. 6%，增速同比下降 10 个百分点。其中，民间投资增长 43%，占全省投资比重的 53. 2%，成为投资的重要力量。二是消费品市场快速增长，企业成为促增长主力。2010 年，湖北省社会消费品零售总额首次突破 6 000 亿元大关，同比增长 19%，增幅高于全国 0. 6 个百分点。限额以上企业对社会消费品零售总额的贡献率达 69%，拉动社会消费品零售总额增长 13%，主力作用明显。

进出口恢复增长，资金净流入态势增强。2010 年，湖北省累计进出口 259. 1 亿美元，同比增长 50. 2%，高出同期全国平均增幅 15. 5 个百分点，贸易顺差同比增长 9. 1%，对外贸易形势进一步好转。全年跨境收入月均环比增长 5. 9%，外资投资明显增加，资金流入总量约为流出总量的 2 倍。外汇资金进入房地产市场速度加快，全年净流入 1. 5 亿美元，占资本和金融项目顺差的 23. 6%。

房地产开发投资增速放缓，差别化住房信贷政策效应显现。2010 年，湖北省房地产开发投资同比增长 34. 8%，分别比第一季度和上半年下降 28 个和 9. 1 个百分点；房地产销售面积同比增长 29. 3%，分别比第一季度和上半年回落 43. 7 个和 16. 2 个百分点。

节能减排力度加大，逐步向环境友好型、资源节约型转变。2010 年，湖北省化学需氧量和二氧化硫排放量分别下降 1. 16% 和 1. 75%，超额完成“十一五”和年度节能减排目标。六个县（市）获得“国家首批绿色能源示范县”称号，总数居全国第二。

（二）经济运行中需要关注的方面

2010 年，湖北省经济持续回升向好，但经济发展不确定性因素增加，形势依然不容乐观。一是受国家控制新开工项目、实施房地产新政、清理地方政府投融资平台、淘汰落后产能、稳健货币政策等一系列措施影响，经济持续增长压力加大。二是物价结构性上涨压力增大，通货膨胀预期增强。三是房地产调控政策频出，房地产开发企业资金链断裂风险加大，需谨防银行信贷风险。四是实现节能减排目标与控制通胀预期需要全面、均衡考虑。要确保节能减排目标如期完成，最直接有效的途径就是大幅度提高资源、能源类产品价格，如此则加剧通胀压力。

三、银行业与金融稳定

（一）运行状况

资产规模持续快速增长。截至2010年末，湖北省银行机构资产总额25 485.29亿元，同比增长21.15%；负债总额24 815.10亿元，同比增长20.86%。银行业存款余额21 769亿元，同比增长23.1%；贷款余额14 648亿元，同比增长21.5%，增加额居中部第一。

资产质量稳步提升。不良贷款持续“双降”，截至2010年末，湖北省银行业不良贷款余额比年初下降62亿元，不良贷款率比年初下降1.2个百分点。地方法人银行机构贷款损失准备充足率大幅提高。农村合作金融机构贷款损失准备充足率比上年提高36.1个百分点，拨备覆盖率比上年提高36.6个百分点；城商行贷款损失准备充足率比上年提高26个百分点。

法人机构资本充足，盈利能力良性提升。2010年末，湖北省法人银行机构核心资本充足率同比提高1.49个百分点。全年银行业实现税后利润309亿元，增长47.6%，同比增盈100亿元，盈利水平居中部之首。收入结构有所优化，第三季度末，中间业务收入率同比上升1.85个百分点，成本收入比同比下降5个百分点。

金融市场交易活跃，融资结构趋多元化。一是同业拆借交易活跃，利率震荡上行。同业拆借交易大幅增长，累计成交额同比增长33%。利率在12月份创出新高，拆入加权平均利率较11月上升2.68个百分点。二是银行间债券市场交易稳步增长。银行间债券市场质押式回购和现券交易累计成交额同比分别增长9%和6%。三是外汇、黄金市场发展迅速。2010年，外汇交易中心武汉分中心累计成交金额为上年同期的2倍多，省内5家上海黄金交易所会员企业黄金净买入1 471公斤，商业银行黄金业务全年累计交易金额同比增长44%。四是债务融资工具发展步伐加快，企业融资结构有所改善。股票和债券融资占比大幅上升，分别较上年上升3.5个和10.2个百分点，融资额均为上年的两倍多；债务融资工具同比增长130%，占企业直接债务融资产品发行额的92%。

（二）改革进展与成效

机构改革进展顺利，金融体系不断完善。一是城商行改革取得新的突破。汉口银行重庆分行、宜昌分行相继开业，成功引入联想控股、武钢集团等战略投资者；2010年12月24日，5家城商行（宜昌、荆州、襄樊、黄石、孝感）改革重组的湖北银行获批筹建。二是8家农信社成功改制为农村合作银行，1家获批筹建。三是村镇银行发展加速。2010年共批建8家村镇银行筹建和开业，全国首批筹建的总分行制村镇银行之一——恩施州常农商村镇银行挂牌开业。四是外资银行增多，银行业开放从城市向农村渗透。渣打银行武汉分行获准开业，这是湖北省引入的第5家外资银行分行，数量居中部六省之首；2010年9月，汇丰银行在湖北省开办的第二家村镇银行——湖北天门汇丰村镇银行开业。

跨境贸易人民币结算业务迅速增长，人民币走出去步伐加快。截至2010年末，湖北省共有13家商业银行为企业办理跨境贸易人民币业务228笔，金额达25.1亿元。2010年10月，中粮粮油工业（黄冈）有限公司首家办理了跨境人民币资本金结算业务，实现了资本项下跨境人民币结算在湖北省的突破。

农行“三农”金融事业部改革全面铺开，服务“三农”能力稳步增强。湖北省农行“三农”金融事业部组织架构基本形成，服务“三农”能力稳步提高。截至2010年末，69个县域支行存款余额和比年初净增额分别占全行的45.95%和44.81%；各项贷款余额和比年初增加额分别占全行的29%和51%；新增存贷比63%，高于全行7.42个百分点。

小额贷款公司良性发展，支持农户和小企业融资效果明显。截至2010年末，湖北省申报小额贷款公司共90家，74家获批，资本金总额33.9亿元。已开业63家小额贷款公司累计发放贷款92.49亿元，贷款余额32.78亿元。

（三）银行业需要关注的方面

2010年，湖北省银行业积极贯彻落实国家宏观调控措施，调整信贷结构，加大改革开放力度，银行业整体实力、抗风险能力持续增强，但潜在风险因素仍不容忽视：一是法人银行机构资本状况有所好转，但部分农村信用社仍不容乐观。二是资产质量继续改善，但不良贷款反弹压力有所加大。三是融资平台贷款清理整改取得一定成效，信贷风险仍须关注。四是存贷款期限错配加剧，流动性风险加大。五是银行贷款集中度偏高，信贷结构有待进一步优化。六是银行违规时有发生，操作风险仍须重视。

四、证券业与金融稳定

（一）运行状况

上市工作有效推进，融资总额大幅增加。截至2010年末，湖北省共有上市公司73家，比上年增加5家，其中创业板4家。全年股票（A股）境内市场融资217.8亿元，创近年来的新高。其中，通过IPO募集资金68.6亿元、增发募集资金149.2亿元，创业板公司融资10亿元。

上市公司质量明显改善。2010年前三个季度，湖北省72家上市公司共实现营业总收入1 944.87亿元，比上年同期增加456.77亿元，增幅为30.69%。上市公司累计实现归属于母公司股东的净利润89.86亿元，比上年同期增加18.89亿元，增幅为26.62%。

证券机构实力进一步提升。截至2010年末，湖北省共有2家法人证券公司，证券营业部160家，湖北辖区证券营业部数量在全国排第8位，占全国营业部总数的3.39%。法人证券机构实力进一步提升：两家法人证券公司资产总额为363.3亿元，同比增长0.37%；净资产为98.76亿元，同比增长4.28%。全省证券市场交易额2.98万亿元，同比增长3.58%，投资者账户数为377.84万户，同比增长18.96%。

期货市场规模持续扩大，综合实力不断增强。一是辖区期货市场规模持续扩大。截至2010年末，全省期货市场客户权益合计24.85亿元，同比增长55.3%；全年累计代理交易额57 671.96亿元，同比增长184.75%。二是期货公司综合实力不断增强。截至2010年末，辖区3家期货公司净资本4.47亿元，同比增长46.82%；全年实现手续费收入2.24亿元，同比增长65.43%；净利润5 559.4万元，同比增长22.02%。

（二）改革进展与成效

全面完成武汉证券风险处置收尾工作。2010年，证券监管部门督促武汉证券清算组积极配合破产法院做好司法破产后续工作，协调破产法院妥善处置了武汉证券富裕外币保证金弥补客户交易结算资金问题，依法依规进行了澳门资产清收；指导清算组做好武汉证券相关账户管理收口工作，完成了行政清理相关档案的移交工作；组织清算组做好武汉证券行政清理收尾自查工作并通过现场检查验收，行政清理全面完成；继续积极协调地方政府做好辖区处置证券机构个人债权收购兑付收尾工作，最后一批个人债权收购工作基本完成。

监管制度日渐完善，监管水平不断提升。一是强化上市公司日常监管。2010 年湖北省证券监管部门不断强化差异化监管措施，切实加强上市公司年报审核，认真做好上市公司检查，共对 20 家上市公司进行了现场检查；加强上市公司年报审核，积极实施事前指导、事中监督、事后总结，提高信息披露水平，并通过年报进一步加强了中介机构监管。二是强化证券机构合规监管。督促长江证券和天风证券进一步完善以净资本为核心的风险监管机制，完善动态监控工作流程，改进增强动态监控系统的监测和预警功能；建立与合规总监的日常沟通机制，督导证券公司做好合规管理制度建设。三是强化期货公司分类监管。按时完成了 3 家期货公司的分类监管自评督导与初审工作，促使辖内期货公司评价类别逐年上调；突出风险防范，召开辖区规范与发展座谈会和首席风险官例会，切实加强期货经营机构日常监管和合规监管。

（三）证券业需要关注的方面

2010 年，湖北省证券市场保持了稳定健康运行态势，市场规模、效益和服务经济社会发展能力均大幅提升，但潜在风险因素不容忽视。一是融资融券业务一定程度放大了证券市场风险，且证券公司承担的市场和信用风险加大。二是股票承销保荐业务快速发展，而债券承销业务有所下滑。三是券商佣金价格竞争激烈，证券营业部平均佣金水平快速下滑。四是法人证券公司资本充足率有所下降。

五、保险业与金融稳定

（一）运行状况

市场体系不断健全，保险覆盖面持续拓宽。截至 2010 年末，全省共有保险总公司 1 家，保险一级分公司 45 家，正式机构及营销服务部共 3 194 家，是 2005 年的 1.5 倍。其中，财产险一级分公司 21 家，分支机构 1 091 家；人身险总公司 1 家，一级分公司 24 家，分支机构 2 103 家。保险深度达 3.37%，同比增加 0.47 个百分点；保险密度为 875 元/人，同比增加 223 元/人；保险业覆盖人群达到 3 900 万人，占全省总人口的 70%。

资产规模进一步增长。截至 2010 年末，全省全年保险业累计实现保费收入 500.33 亿元，同比增长 34.34%。保险公司各项赔款及给付 87.02 亿元，同比增长 5.31%。全省保险公司总资产 835.44 亿元，比年初增加 220.7 亿元。全省财产险保费收入累计 102.64 亿元，同比增长 41.07%。其中，车险业务实现保费收入 76.41 亿元，同比增长 45.73%，占财产险市场份额的 74.44%。全省财产险公司累计支付赔款 47.14 亿元，同比增长 3.33%。全省人身险公司全年累计实现保费收入 397.68 亿元，同比增长 32.71%；人身险公司赔款及给付支出 39.88 亿元，同比增长 7.75%。

（二）改革进展与成效

不断拓宽“三农”保险范围，大力支持构建和谐社会。政策性“三农”保险实现签单保费5.18亿元，实收保费4.86亿元，取得中央财政补贴2.08亿元，赔付达到3.55亿元，是农民所缴保费的2.9倍。棉花保险承保面积达到64万亩，油菜保险承保面积达到117万亩。农村小额人身保险业务共为231万名低收入农民提供保障服务，保费收入8 782万元。仙洪试验区水稻小额保险承保突破23万户，户均覆盖率达到102.6%。

积极创新保险业务模式，不断健全保障功能。一是把政策补贴业务与商业保险业务紧密结合起来。截至2010年末，有政策补贴的“两属两户”农民和水稻、奶牛、能繁母猪等主要支农险种，在全省多数地区的承保覆盖率达到了100%。二是把传统险种和创新险种紧密结合起来。全省积极推进医务人员责任保险，有效缓解了医患矛盾。三是把保险的保障功能与融资功能紧密结合起来。试点发展了农村小额贷款保险，既保证了贷款资金安全，又促进了农村金融发展。四是把保险的补偿功能与社会管理功能紧密结合起来。试点推行理赔查勘员与交警联动，对事故车辆及时查勘定损并现场赔付，既提高了保险服务效率，又加深了保险参与社会管理的程度。

监管部门认真履责，营造保险业发展外部环境。一是坚持市场规范工作，全面落实监管促发展。2010年，监管部门通过专项检查、重点检查、综合检查、自律检查等方式，对113家次保险机构开展检查，对68家次机构及个人实施了处罚，对37家机构予以205万元罚款，责令撤换高管人员6人。二是着力建立规范发展机制。建立完善了与公检法部门共同参与的综合监管机制、保险合同纠纷快速处理机制，改进了行政审批机制，建设了理赔集中管控系统、大额交易监测系统和保险诈骗监测预警系统，大力推进行业协会秘书长专职化建设，高起点规范发展基层保险市场。三是突出加强队伍建设。加大高管人员培训力度，组织开办了15期高管人员培训班，培训高管超过3 000人次。四是搭建了保险业与大中型企业的合作平台，完善了武汉市新车超市功能，积极争取了一系列责任保险、健康保险、科技保险发展的政策，大力改善舆论氛围，开展了先进典型宣传，为保险业发展营造了良好环境。

（三）保险业需要关注的方面

2010年，湖北保险业平稳发展，市场主体稳步增加，“三农”保险快速发展，保险保障范围不断拓展，有效发挥了保险社会管理与维护社会经济稳定的作用，但保险业基础较薄弱，潜在风险不容忽视。一是部分保险产品结构得以改善，但整体业务发展仍不均衡。二是保险销售渠道有所优化，但受银保新规影响，保费收入可能会下降。三是保险覆盖面不够宽。四是发展质量有待提高。五是保险队伍素质不高。

六、金融基础设施建设与金融稳定

2010年，湖北省金融生态环境建设稳步推进，支付体系高效运行，法律环境进一步完善，征信体系不断健全，反洗钱和反假币取得新进展，为金融业平稳健康发展奠定了坚实的基础。

（一）金融生态环境建设稳步推进

搭建政、银、企合作平台，推动金融机构支持地方经济发展。在人行武汉分行的推动下，孝感、鄂州、黄冈、随州各地相继举办银企信贷签约仪式，重点扶持符合国家产业调整政策的中小企业、支柱产业，强化政、银、企三方沟通机制和风险防范机制，及时化解信贷风险。截至2010年末，湖北省各金融机构与各地政府签订银政协议971.27亿元，与5 656家企业签订授信协议2 023.22亿元，到位资金1 859.52亿元，贷款履约率达91.9%。

四大信用工程创建质量提升，金融扶弱能力显著增强。一是依托“信用社区”创建平台，大力支持民生工程。截至2010年末，湖北省下岗失业人员小额贷款余额20.8亿元，生源地助学贷款余额33.1亿元，同比分别增长28.40%和12.97%。二是加大“A级信用企业”培植力度，大力支持中小企业融资。截至年末，湖北省贷款企业中，A级以上占比71.85%；中小企业贷款余额4 635.11亿元，同比增长27.03%。三是深化“农村信用工程”建设，大力支持涉农贷款发放。截至年末，湖北省创建信用乡镇、信用村组和信用农户分别占乡镇总数、村组总数和农户总数的86.57%、62.44%和63.01%；涉农贷款余额2 985.11亿元，同比增长33.14%。四是推动信用区域创建工作，促进区域发展核心竞争力提升。17个市州、38个县（市、区）被评为“2009年度湖北省金融信用市（州、县)”。

完善《湖北省金融生态环境监测评价系统》，积极转化监测成果。继成功开发《湖北省金融生态环境监测评价系统》并正式挂网运行后，人行武汉分行又对该系统进行了指标体系修订和功能升级，使系统不断完善；同时，依托系统平台，及时针对各地金融生态建设的薄弱环节开展检查督办，对“争创金融信用市州县，力促地方经济大发展”竞赛活动进行实时监控；组织金融部门对信用创建优质区域给予信贷倾斜，将评价成果积极运用到实际建设中。

（二）支付体系继续平稳高效运行

支付清算基础设施建设取得新进展。一是电子商业汇票系统成功推广。截至2010年末，系统共处理业务23 062笔，金额444.71亿元，承兑和贴现业务量均居全国前列。二是地方性银行机构积极做好网上支付跨行清算系统接入准备，支持全国性银行机构加入系统办理业务。三是湖北省同城电子支付系统停运工作稳步推进。孝感、咸宁等7个地市完成同城停运，推动城市圈支付清算一体化，同城清算网络进一步完善。

非现金支付工具快速推广。2010年，银行卡发卡量持续较快增长。截至年末，湖北省累计发行银行卡9 719.59万张，同比增长19.8%，增速较上年同期提高2.5个百分点。全年共发生票据业务2 772.98万笔，金额60 214.34亿元。

支付结算监管实现新突破。2010年，湖北省银行结算账户数量平稳增长，各类经济实体账户开立需求日益旺盛。截至年末，湖北省共有单位银行结算账户73.24万户，同比增长17%。其中，与经济实体数量最具关联性的基本存款账户数量同比增长16.9%，超过湖北省经济增长速度；个人银行账户9 672.84万户，同比增长3.8%。

农村支付服务环境得到新改善。2010年，湖北省深入开展农村支付服务环境建设示范县创建活动，积极推动支付系统向农村地区银行网点延伸，广泛推广“助农银行卡取款业务”，深化农民工银行卡特色服务，全面谋划农村支付服务全覆盖，开展农村支付服务站建设，农村支付服务环境得到改善。截至年末，1 350家农村地区银行机构网点加入现代化支付系统，同比增加262家，增长24.08%；农村地区人均持卡0.8张，ATM、POS机乡镇覆盖面分别达87.70%和79.13%。

（三）金融法律环境日趋完善

银行服务和操作日益规范，金融犯罪活动打击力度增强。2010 年，人行武汉分行先后制定《湖北省商业银行个人客户信用风险提示服务指引》、《湖北省征信系统准入与管理操作指引》、《人民银行武汉分行关于设立银行业金融机构金融服务与管理规定（试行）》、《湖北省跨境贸易人民币结算试点操作规程（试行）》、《湖北省银行业金融机构开展跨境贸易人民币结算试点业务备案流程》、《金融消费者权益保护办法（试行）》等规范性文件，有效提升区域金融服务整体水平，保护金融消费者合法权益，促进区域金融健康可持续发展。同时，各金融机构配合司法部门做好案件执行工作，积极参与打击银行卡犯罪、打击政治网络赌博违法犯罪等金融犯罪活动，金融风险防范和案件处置力度进一步加大，成效显著。

（四）征信体系建设不断完善

征信管理制度建设不断完善。2010 年，《湖北省商业银行个人客户信用风险提示服务指引》与《湖北省征信系统准入与管理操作指引》出台，对指导商业银行加强征信系统准入管理、维护金融消费者权益有着重要意义。

企业和个人信用信息基础数据库建设稳步推进，中小企业信用体系建设成果显著。截至 2010 年末，信用信息基础数据库录入湖北省企业户数 30 万户，全年新发放企业贷款卡 11 875 户，各项贷款余额 13 904 亿元，同比增长 46.84%；收录自然人数 3 273 万人，个人信贷账户数 1 940 万户，同比增长 33.75%，个人贷款余额 2 883 亿元，同比增长 52.86%。建立中小企业信用档案 101 777 户，累计完成采集任务的 110.2%；累计 6 560 户取得了银行信贷支持，累计信贷支持金额 1 106.9 亿元。东湖国家自主创新示范区中小企业信用体系试验区建设工作启动实施。

农村信用体系建设稳步推进。2010 年，农村青年信用示范户创建工作在湖北省 30 多个县市区开展试点。农户信用评价系统在辖内推广顺利，成为涉农机构信贷审批的必要环节，风险防范和信用激励机制初步建立。截至年末，800 万户农户建立了信用档案，620.6 万户农户参与了信用评价，其中 274 万户获信贷支持，信贷总额 605.8 亿元，余额 347.7 亿元。

（五）反洗钱体系建设取得新进展

扩展信息沟通渠道，完善湖北省反洗钱协作机制。2010 年，人行武汉分行制定了《湖北省反洗钱工作联席会议金融监管小组工作实施细则》，加强与银、证、保金融监管部门之间的合作，规范信息交流、情况通报流程；制定《湖北省反洗钱协作工作指引》，将经侦、刑侦、打黑、禁毒、反恐、缉私等职能部门纳入联合作战范畴，与省、市检察机关相关职能部门达成反洗钱协作共识，在打击受贿资金通过受贿人以外的单位和个人进行资金转移方面展开合作。

依法开展现场检查，督促金融机构认真履行义务。2010 年，人民银行武汉分行反洗钱部门共对 78 家机构开展反洗钱现场检查。其中，银行机构 43 家，证券机构 8 家，保险业机构 27 家。参加对中信银行武汉分行的综合执法检查，对其下属营业部及武汉市区 17 家支行客户身份识别和交易记录保存情况实施专项检查。对湖北省存在严重违法违规问题的机构实施行政处罚金额共计 50 余万元。

提升数据分析质量，实现反洗钱调查突破性进展。2010 年，人民银行武汉分行反洗钱部门共立项调查可疑线索 33 起，组织实施反洗钱调查 485 次，其中现场调查 17 次；接受公安、海关、纪委等部门来函查询67次，对772个单位和个人的交易情况进行协查，涉及可疑账户2 722个；与公安机关、检察部门召开情报会商会议13次，向公安机关移交可疑交易线索10起；协助公安机关破获案件10起，涉案金额5.4亿元。辖内殷某洗钱案成功宣判，认定殷某犯洗钱罪，实现了湖北省洗钱罪定罪从无到有的突破。

（六）反假货币工作成效显著

由于反假货币宣传的深入持久开展、公众反假防假意识的提高和公安机关对假币犯罪的有效打击，2010年湖北省假人民币收缴量较2009年总体大幅减少。全年累计收缴假人民币面额总计1 016.2万元，同比下降40.4%。其中，金融机构柜面收缴面额总计583.1万元，同比下降33%；公安机关收缴面额总计424.1万元，同比下降46.8%。

七、区域金融定量评估与对策建议

我们尝试以区域金融稳定的影响因素为主线，结合宏观经济和金融生态发展状况，通过综合分析法、压力测试量化评估区域金融部门和金融资产的风险程度。

（一）湖北省金融稳定性量化评估

表1 2007—2010年湖北省金融稳定性得分 单位：分

年份	宏观经济	银行业	证券业	保险业	金融生态环境	总分
2007	82.60	64.18	97.73	33.08	47.57	67.57
2008	75.92	64.18	75.15	52.14	62.57	66.94
2009	76.31	67.38	56.48	72.90	88.10	71.40
2010	74.43	73.26	55.42	78.06	85.58	73.11

1. 总体评估

2007—2010年，湖北省金融稳定性得分分别为67.57分、66.94分、71.40分、73.11分，对应评级为一般+、一般+、较好-、较好-，金融稳定性状况总体上逐步向好。其中，2008年国际金融危机对湖北省宏观经济造成的冲击，导致当年湖北省金融稳定性出现小幅下降；2009年开始，银行业的稳定发展为湖北省较高的金融稳定性奠定了基础，同时，金融生态环境的大幅改善和保险业务发展质量的快速提高成为带动近两年总分增长的主要因素。

2. 分项评估

宏观经济方面，2008年，受国际金融危机影响，湖北省实体经济增速有所放缓，宏观经济类得分由上年的82.60分下降至75.92分；2009年，随着国际经济环境的逐步回暖，在中央继续实施适度宽松货币政策和积极财政政策的刺激下，湖北省实体经济状况有所好转，宏观经济类得分回升至76.31分；2010年，CPI同比上涨2.9个百分点，通胀预期有所加强，宏观经济类得分下滑至74.43分。

近年来，湖北省银行业综合实力不断增强，2008—2010年得分分别为64.18分、67.38分、74.26分。从所选指标分析，不良贷款持续双降，资产质量的不断改善，是湖北省银行业得分稳中有升的主要原因。证券业存在波动性较大的行业特性，加上国际金融危机的影响，2008年、2009年得分变化幅度较大，均在10分以上，其中，2009年降幅较大主要是盈利性指标出现严重下滑所致。保

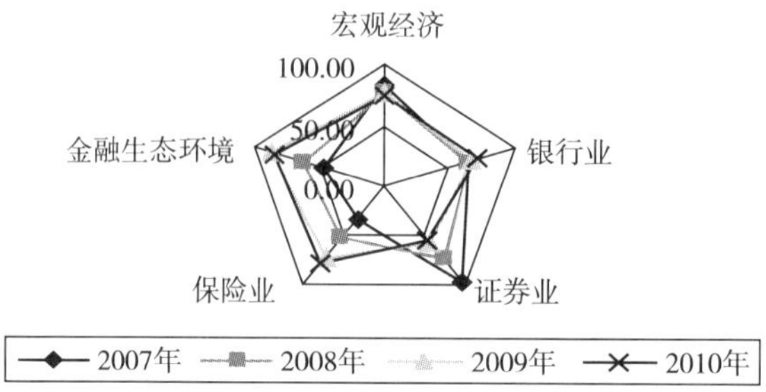

图1　2007—2010 年湖北省金融稳定性五类指标对比

险业方面，市场秩序日趋良好，市场功能逐步完善，寿险公司退保率和财险公司应收保费率等指标持续下降，保险业得分随之逐年提高，成为近三年湖北省综合得分稳步提高的重要动力。

金融生态环境方面，近年来，湖北省大力开展四大信用工程建设，稳步推进征信体系建设，进一步完善金融生态环境监测评价系统，金融生态环境得到不断优化。从指标上看，金融债权执结率的稳步提高和企业贷款违约率的持续下降，是推动金融生态环境得分大幅升高的主要因素。

（二）区域经济对金融稳定的影响分析

为研究区域金融稳定状况，分析区域经济发展风险，以湖北省金融机构为例，运用压力测试方法，建立数量模型，从定量角度分析经济对金融稳定传导的影响程度。

考虑湖北省 2008—2010 年贷款利率（I）、预期通货膨胀率（EP）、国内生产总值增长率（DGDP）、房地产业增长速度（DCRB）等经济指标变化对金融机构不良贷款率（NPL）的影响，从而判断经济变化传导至金融的影响程度。

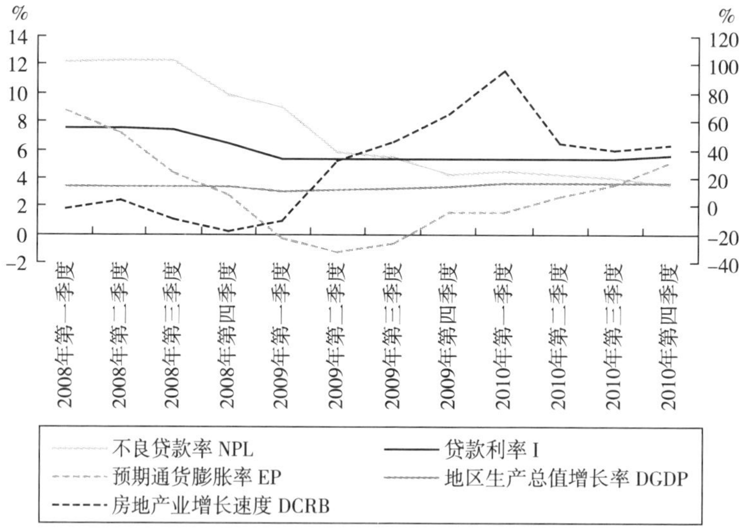

图2　2008—2010 年经济金融指标变化趋势图①

① 不良贷款率依据《人民银行征信系统湖北省统计分析月报》数据计算；贷款利率来自中国人民银行网站，某季度内出现调息时以加权平均值代替当季利率；预期通货膨胀率、房地产业增长速度根据湖北省统计局网站公布的消费价格指数、商品房销售额增长速度计算；地区生产总值增长率来自湖北省统计局网站。

图2反映出各指标之间具有明显的线性关系，使用SPSS统计软件，进行线性回归分析，得到不良贷款率的计量方程如下：

$$NPL = -7.37 + 3.478 \times I - 0.221 \times EP - 0.353 \times DGDP - 0.021 \times DCRB$$

回归方程的拟合检验结果：$R^2 = 0.964$，接近于1，$Sig = 0.000 < 0.05$，说明模型与数据拟合程度高，线性关系显著，采用该模型推测指标预测值是有效的。从统计结果分析，I和NPL之间的影响显著大于EP、DGDP、DCRB和NPL之间的影响，同时I的经济显著性也最强。由此可见，利率水平是影响区域金融机构稳健经营的重要指标。

依据上式对区域经济金融情况进行压力测试，压力情景根据湖北省宏观经济运行实际估测设置，构造的冲击情景及测试结果如下。

表2　　不良贷款率压力测试结果

经济金融变量冲击	压力情景一	压力情景二	压力情景三
贷款利率	上升25个基点	上升50个基点	上升75个基点
预期通货膨胀率	上升2%	上升3%	上升5%
国内生产总值增长率	下降1%	下降2%	下降3%
房地产业增长速度	下降10%	下降15%	下降20%
不良贷款率	上升0.99%	上升2.1%	上升2.98%

在估计未来贷款利率、通货膨胀逐步增加，国内生产总值继续上扬，房地产销售下滑的情景下，不良贷款率融机构潜在风险加大，一旦引起连锁效应，极易引发区域系统性金融风险。

（三）进一步提高湖北省区域金融稳定性的建议

多措并举，共促经济平稳较快发展。一是增强内生动力，加快推进湖北省经济发展方式的转变。二是推进新型工业化，调整优化经济结构。三是强力推进节能减排和淘汰落后产能，大力发展循环经济和低碳产业。四是加快发展服务业。五是保持价格总水平基本稳定，正确引导通胀预期。

贯彻落实稳健型货币政策，加强信贷结构调整。一是保持信贷稳定均衡增长，同时，确保重点项目合理资金需要。二是是加大对县域经济和“三农”、中小企业、高新技术产业和新兴产业的支持力度。三是银行业机构应加快调整信贷期限结构，拓宽中长期负债渠道，有效改善资产负债结构错配问题，谨防流动性风险。

充分利用和发展资本市场，有效提高直接融资比重。一是加大上市资源培育力度。二是有序推进上市公司再融资和并购重组。三是利用债券市场扩大直接融资。四是大力推动期货业快速发展。

稳步推进保险业发展，充分发挥保险的保障功能。一是完善保险市场体系，优化保险市场结构。二是不断推进业务创新，努力拓宽保险服务领域。三是加快保险服务创新，建立方便快捷的服务体系。

进一步完善金融业组织体系。一是健全银行业组织体系。二是扩大证券与保险机构覆盖面，完善其服务体系。三是深化政府与金融机构战略性合作。

继续推进社会信用体系和金融生态环境建设。一是健全社会信用体系，不断提升征信服务覆盖面和服务水平。二是优化金融生态环境，加强预防和打击非法集资工作力度，严厉打击各种金融诈骗行为，切实维护金融消费者及金融机构的合法权益。

执　　笔：周永胜　王鹏程　姚　熹　贺　杰　计惠龄　彭　慧

其他参与写作的人员（按姓氏笔画排序）：

王晓羽　刘　军　刘威林　刘汉波　刘鸿伟　李　亮　李　辉　李为为　陈　娟　肖慧敏　徐　冰　徐晓莉　聂文斌　韩冬芳　熊川伟

湖南省金融稳定报告摘要

2010年，湖南省经济进一步向好，增速平稳较快，结构调整力度加大，投资、消费快速增长，涉外经济恢复明显，财政收入稳步增加，企业效益大幅提升，为金融业稳健运行奠定了良好基础。银行业改革继续深化，资产规模持续扩张，盈利能力稳步提高，流动性总体充裕，抗风险能力增强。证券期货业实力不断壮大，分类评级水平全面提升。保险业市场秩序有所好转，服务领域继续拓宽，保障功能进一步发挥。金融基础设施建设稳步推进，区域信用环境不断优化。总体来看，2010年湖南省经济金融保持了持续稳健运行的良好态势。

一、区域经济运行与金融稳定

2010年，湖南省经济继续保持良好回升势头，增速平稳较快，工业增长强劲，投资稳步增长，消费持续活跃，出口下滑势头得到遏制，经济效益明显提升，经济呈现良好发展态势。

（一）宏观经济持续良好运行

1. 经济增长平稳较快，工业推动力持续提升。2010年，全省地区生产总值达15 902.12亿元，增长14.5%，同比提高0.8个百分点。其中，第一产业增加值为2 339.44亿元，第二产业增加值为7 313.56亿元，第三产业增加值为6 249.12亿元，同比分别增长4.3%、20.2%和11.5%。第一、第二、第三次产业增加值对经济增长的贡献率分别为3.5%、62.3%和34.2%。三次产业结构由上年度的15.1∶43.5∶41.4调整为14.7∶46.0∶39.3。其中，工业增加值占地区生产总值的比重提高到39.5%，对经济增长的贡献率提高到56.1%。

2. 投资、消费和进出口稳步增长，需求拉动趋向协调。2010年，全省全社会固定资产投资9 821.06亿元，增长27.6%。在国家系列优惠政策的刺激和推动下，全省消费市场持续旺盛，全年实现社会消费品零售总额5 775.26亿元，增长19.1%，增速高于全国0.7个百分点。进出口呈现快速恢复性增长态势，全年进出口总额146.9亿美元，增长44.7%，高于全国10个百分点。投资、消费、净出口对全省经济增长的贡献率分别由上年的64.0%、40.2%和-4.2%转变为56.8%、46.3%和-3.1%。

3. 各项收入持续增长，经济效益继续向好。一是财政收入增势较好。2010年，全省财政总收入1 862.88亿元，增长23.3%，同比提高8.6个百分点。其中，地方财政收入1 065.96亿元，增长25.8%，同比提高8.5个百分点。二是企业效益大幅提升。全省规模工业企业主营业务收入18 104.44亿元，增长40.0%，同比提高21.3个百分点；盈亏相抵后实现利润855.49亿元，增长46.1%。三是居民收入明显提高。全省城镇居民人均可支配收入16 566元，增长9.8%；农民人均纯收入 5 622 元，增长 14.5%，扣除物价因素，实际增长 10.8%，为 1983 年以来实际最高增幅。

4. 物价上涨较快，结构性变化明显。2010 年，全省 CPI（居民消费价格指数）同比上涨 3.1%，当月 CPI 涨幅第二季度以来呈现加速上涨态势，年内在 11 月份触顶达 4.8%，创 28 个月以来新高。12 月份当月 CPI 上涨 4.6 个百分点，比上月回落 0.2 个百分点。分八大类看，继续呈现全面上涨态势，其中食品和居住类价格涨幅最大，全年分别上涨 5.4% 和 5.1%，两者合计拉动 CPI 上涨约 2.6 个百分点，贡献率达 84%。全省 PPI 累计上涨 6.9%，高于全国平均水平 1.4 个百分点；原材料、燃料、动力购进价格全年累计上涨 10%，12 月上涨 12.6%，当月已连续 13 个月上涨。

（二）宏观经济运行中需要关注的问题

1. 经济结构仍需优化。湖南省由于历史和资源的原因，高耗能行业在经济结构中的占比较高。2010 年，全省规模工业中电力热力的生产和供应业、黑色金属冶炼及压延加工业、非金属矿物制品业、化学原料及化学制品制造业、有色金属冶炼及压延加工业和石油加工炼焦及核燃料加工业六大高耗能行业增加值占规模工业增加值的比重达 34.9%。而高新技术含量较高的医药制造业，通信设备、计算机及其他电子设备制造业所占比重分别仅为 1.9% 和 1.7%。高耗能行业比重较高，增加了全省节能降耗的压力。

2. 物价上涨压力增大。全省 CPI 月同比自 2010 年 2 月份以来已连续 11 个月上涨。第四季度全省城镇储户问卷调查和银行家问卷调查显示，居民对未来物价的预期指数上升至 88.9%，比上季度提高 13.2 个百分点，是 1999 年第四季度开展此项调查以来的最高值；银行家对未来物价的预期指数为 75%，比上季度提高 8.9 个百分点，也是 2004 年开展调查以来的最高值。受流动性充裕、通胀预期强化，以及成本上升等多重因素的影响，可能诱发潜在通胀向现实转化。

3. 房地产市场调控难度较大。自 2010 年 4 月 17 日房地产市场新政实施以来，国家密集出台多轮调控政策。受此影响，全省房地产市场投资及购房贷款增速均有所回落，房地产市场调控成效有所显现。但总体来看，全省房地产市场受宏观调控政策影响不明显，12 月份全省商品房均价达 3 144.5元，同比上涨 24.2%。虽然湖南省房地产市场快速发展有其必然性，但在国家房地产调控政策持续加强的背景下，应避免开发建设投资需求和投机性购房需求过度膨胀以及房价过快上涨，防止产生类似于一线城市的市场泡沫。

二、银行业与金融稳定

2010 年，湖南省银行业积极贯彻国家宏观调控政策，机构改革继续深化，资产规模稳步扩张，资产质量不断提高，风险管理能力持续增强，整体保持稳健运行。

（一）运行情况

1. 资产规模持续扩张。截至 2010 年末，全省银行业资产总额突破 2 万亿元，达到 20 421.8 亿元，同比增长 16.8%；负债总额 19 983.0 亿元，同比增长 16.7%。各项存款余额 16 643.27 亿元，同比增长 18.64%；各项贷款余额 11 521.67 亿元，同比增长 21.02%。

2. 资产质量整体提升。2010 年，全省银行业金融机构不良贷款同比减少 64.48 亿元，不良贷款率同比下降 1.76 个百分点。分机构看，不良贷款主要集中在农发行和农村合作金融机构；分行业看，不良贷款主要集中在批发与零售业、农林牧渔业、制造业和个人贷款行业。

3. 资本充足率和拨备覆盖率提高较快。截至2010年底，全省法人银行金融机构资本充足率6.5%，同比提高3.96个百分点。到2010年底，全省银行业金融机构拨备覆盖率比年初提高13.12个百分点。其中，农村合作金融机构比年初提高16.07个百分点。

4. 盈利能力不断增强。2010年，全省银行业金融机构实现经营利润223.08亿元，同比增盈40.5亿元。银行盈利主要来源于净利息收入、手续费及佣金净收入、投资收益，分别占营业净收入的85.5%、10.1%和3.4%。

（二）银行业改革进展及成效

1. 新的金融机构增设较多。2010年，东莞银行、湛江银行和渤海银行长沙分行相继成立；花旗银行长沙分行、新韩银行长沙分行获准筹建；湘西长行村镇银行、宜章长行村镇银行、汨罗国开村镇银行和平江汇丰村镇银行对外营业；三一汽车金融公司开业，湖南高速集团财务公司也在积极筹建之中。新的金融机构和新的分支机构的设立，有力支持了湖南经济发展。

2. 中小企业融资状况继续改善。各银行机构落实支持中小企业融资的政策措施，建立小企业金融服务中心，改善中小企业融资环境。2010年末，全省小企业贷款余额1 398亿元，同比增长34.7%，高于全部贷款增速13.7个百分点，全年新增355亿元，同比多增171亿元。

3. 农村金融服务不断加强。一是新设新型农村金融机构增多。到2010年末，全省共设立村镇银行9家，小额贷款公司44家。二是积极创新农村金融产品和服务方式，全省共有83个县（市）进行创新试点。三是农村信用社产权制度改革和治理结构完善取得进展。截至2010年末，全省法人农村合作金融机构由改革前的1 987个减少到121个。其中，农村商业银行新开业4家，农村合作银行7家。经多方努力，2010年全省新增县域贷款472亿元，占全省新增贷款的23.5%，同比提高3.4个百分点；农户贷款新增200亿元，增长23%，高于全部贷款增速2个百分点。

4. 城市商业银行改革取得积极进展。通过引入战略投资者，在“四行一社”基础上重组设立的华融湘江银行顺利开业，股本结构优化，资本实力壮大，服务区域经济发展功能明显增强。长沙银行跨区域设立分支机构取得突破，已进入实质性操作阶段。

（三）银行业发展中需关注的问题

1. 部分领域潜在信用风险值得关注。一是地方政府融资平台风险。自2010年初以来，经多次清理，地方政府融资平台贷款规范程度有了很大提高，但仍存在部分平台公司还款责任和还款来源难落实等问题。二是随着经济结构调整的深入，部分高污染、高能耗的企业和项目，将面临市场的淘汰，其贷款可能面临损失。三是在国家调控政策逐步趋紧的情况下，部分中小房地产开发企业可能出现资金紧张现象，房地产贷款风险上升。

2. 流动性风险不容忽视。2010年，全省银行体系流动性总体保持稳定，但资产负债期限错配现象仍未缓解。全年新增中长期贷款占比85.7%，新增定期存款占比30.4%，年末中长期贷款余额与定期存款比值达127.2%，比年初提高18.3个百分点。

3. 后续盈利增长面临压力。2010年，受宏观调控影响，银行信贷增速将有所放缓，从而压缩银行后续盈利空间。同时，部分农村信用社历史包袱较重，在依靠自身力量消化历史包袱过程中，将持续影响银行业整体盈利水平。

4. 非法集资风险上升。2010 年，货币政策逐步由适度宽松转为稳健，信贷供给明显趋紧，而企业对资金的需求仍较旺盛。在资金需求难以有效满足的情况下，部分企业转向民间借贷市场寻求资金，导致民间借贷的规模和利率呈上行趋势，非法集资风险可能抬头。

三、证券业与金融稳定

2010 年，湖南证券业大力发展直接融资，积极推进上市公司并购重组，不断规范业务发展秩序，证券服务实体经济能力明显增强。

（一）证券业运行情况

1. 市场活跃度有所降低。2010 年，全省证券市场共计实现交易量 2.4 万亿元，同比下降 16.42%。截至 2010 年末，全省证券投资者账户数共 308.95 万户，托管的客户资产总额 1 938.14 亿元，同比分别增长 10.52% 和 2.95%；客户交易结算资金余额 253.11 亿元，同比下降 21.44 亿元。

2. 证券机构综合实力增强。2010 年，财富证券、方正证券先后获批发行集合资产管理计划产品 3 只，合计募集资金 34 亿元。同时，方正证券还获批融资融券业务资格。在分类评级水平上，方正证券由 B 类 BBB 级上升到 A 类 A 级，财富证券由 C 类 CCC 级上升至 B 类 BB 级，湘财证券由 C 类 CCC 级上升至 B 类 B 级。

3. 期货公司运作逐步规范。2010 年，全省 4 家法人期货公司全面落实开户实名制和统一开户制度，加强对从业人员职业行为管理，机构规范运作水平有了很大提高，同时促进了期货公司实力快速扩张。截至 2010 年底，4 家公司合计净资产 65 021.91 万元，同比增长 25.06%；合计净资本 60 448.92万元，同比增长 30.67%；合计净利润 5 637.76 万元，同比增长 59.35%。

4. 上市公司质量稳步提高。2010 年，湖南省一批上市公司利用资金、技术、管理、品牌等优势，积极进行并购重组，开展行业整合和产业升级，实力和质量稳步提高。截至 2010 年第三季度，湖南 58 家 A 股上市公司平均总资产 53.1 亿元，同比增长 17.45%；平均净利润 1.7 亿元，同比增长 83%；平均每股收益 0.21 元，同比增长 50%。

5. 直接融资取得新突破。2010 年，全省共有 16 家公司首发上市，其中境内 14 家、境外 2 家，共募集资金 245.45 亿元；另有 9 家上市公司进行再融资，共募集资金 84.02 亿元。无论是发行家数还是募集资金额都大大超过了历史最好水平，为支持全省经济发展及企业转型提供了有力的资金支持。

（二）证券业改革进展和成效

1. 规范证券创新业务。通过建立信息日报告制度，及时了解股指期货开户和资金动态，实时掌握股指期货交易情况。同时，建立了股指期货 IB 业务诚信档案和“黑名单”制度，不定期公布违法违规事件，对违反监管规定的单位或个人从严追究责任。到 2010 年底，全省共有 20 家证券营业部通过股指期货 IB 业务开业验收。在融资融券业务试点过程中，重点关注开户数量、融资金额、融券金额、前 10 大客户等情况，有效防止了异常风险的出现。截至 2010 年底，全省共有 10 家证券营业部开立融资融券户 254 户，融资金额 1.56 亿元，融券金额 62.3 万元，未出现一起客户强制平仓事件。

2. 完善上市公司治理。以“解决同业竞争，减少关联交易”为重点，进一步巩固和扩大上市公司的公司治理成果。截至2010年底，金德发展、嘉瑞新材彻底解决了关联交易问题；三一重工、岳阳纸业通过收购大股东相关资产，关联交易金额同比减少50%以上；华天酒店、南方建材、湘潭电化等6家公司已形成关联交易解决方案。

3. 严厉打击违法违规行为。2010年共完成未及时披露信息、财务虚假等正式案件调查2起，股价异动等非正式调查4起，协查案件12起，发现并移交公安部门重大违法线索10起；关闭非法证券网站9个，移交公安部门侦查10起。

（三）证券业发展中需关注的问题

1. 上市公司整体质量有待进一步提高。近年来，通过一系列改革重组，湖南上市公司质量有了明显提高，但由于基础较差、管理水平不高等原因，部分上市公司在公司治理、信息披露、募集资金使用等方面存在较多问题，一批老上市公司没有很好地利用资本市场的创新工具化解历史风险，公司主业和业绩一直在低位徘徊；特别是一批停牌公司长达三年都不能完成重组。

2. 上市公司后备资源不足。近年来，上市重点逐渐转向中小企业和创新成长性企业，但湖南省优质企业不足，真正达到上市条件的企业偏少。一是高新技术企业、创新型企业数量偏少；二是产业结构不尽合理，煤炭、钢铁、水泥等“两高一资”行业比重较大，而国家对“两高一资”型企业的直接融资上市审批标准渐趋严格；三是地区分布不均衡，上市公司主要集中在省会及经济较发达城市，在2010年境内首发上市的14家公司中，长沙、岳阳、株洲三地就占了10家。

3. 证券机构盈利模式单一。3家证券法人公司盈利模式严重依赖市场经纪业务收入。2010年，湘财、财富、方正证券公司的经纪业务收入占营业总收入的比重分别为93.88%、67.4%和69.67%。从盈利能力分析，3家证券公司的资产利润率分别为2.67%、2.08%和4.47%，分别比上年同期下降3.48个、0.65个和0.43个百分点。

四、保险业与金融稳定

2010年，湖南省保险业大力整顿市场秩序，深入推进结构调整，着力转变发展方式，行业内在发展动力不断增强，全省保险市场平稳运行。

（一）保险业运行情况

1. 市场主体不断增多。2010年，全省共新增3家省级保险分公司。到年底，全省共有省级保险分公司39家（含筹建），其中财产险20家，人身险19家。截至2010年末，全省保险公司资产总额881.40亿元，较年初增长27.06%；保险深度2.88%，比上年提高0.19个百分点；保险密度626元/人，比上年增加117元/人。

2. 经营收入快速增长。2010年，全省保险业实现保费收入438.53亿元（按原口径计算），同比增长25.85%。其中，财产险公司实现原保费收入105.81亿元，同比增长33.10%，占全省总保费的24.13%；人身险公司实现原保费收入332.72亿元，同比增长23.71%，占比75.87%。从全国情况看，湖南保费收入规模列全国第11位，其中财产险收入列第13位，人身险收入列第11位；在中部六省中列第3位，其中财产险规模列第3位，人身险规模列第3位。

3. 赔付支出有所下降。2010年，全省赔付支出82.93亿元，同比下降4.25%。其中，财产险赔付支出43.87亿元，同比下降1.67%；寿险赔付支出31.24亿元，同比下降7.15%；健康险赔付支出5.57亿元，同比下降7.76%；意外险赔付支出2.26亿元，同比下降2.75%。

4. 产险盈利能力显著提升。一是盈利水平大幅上升。2010年，产险业实现盈利6.07亿元，同比增加10.59亿元。二是综合成本率明显下降。2010年，全省产险业综合赔付率61.38%，同比下降10.57个百分点，高出全国降幅7.38个百分点；综合费用率32.12%，同比下降3.95个百分点；综合成本率为93.49%，同比下降14.52个百分点，高出全国降幅7.39个百分点。三是保费充足率显著提升。产险公司经营性现金净流入27.4亿元，同比增加22.55亿元。

（二）保险业改革进展及成效

1. 服务领域继续拓宽。一是积极服务“三农”。全省农险种养两业共承保7 231.6万亩粮、油、棉等农作物和203.44万头牲畜，为1 983.14万户参保农户提供了211.7亿元的风险保障。二是责任险试点范围不断扩大。责任保险覆盖到环境污染责任、医疗责任、高危行业安全生产责任等多个领域，提供风险保障3 720亿元，赔款支出1.25亿元。三是为重点工程项目保驾护航。全省产险业为850亿元的高速公路、地铁等重点项目建设提供了工程保险保障服务，全年工程险支付赔款0.54亿元。

2. 市场秩序不断好转。一是虚假批单退费持续减少。2010年，全省产险批退率为3.25%，比上年下降0.33个百分点。二是虚假应收保费大幅下降。全省产险公司应收保费率2.05%，比上年下降0.46个百分点。三是虚假赔案明显减少。2010年，机动车承保数量同比净增119.4万台，但车损险案件数量同比减少5.86万件，车损险事故率为50.62%，同比下降23.76个百分点。四是理赔难问题明显改善。2010年受理关于车险理赔有效投诉件数26件，较2009年度下降8件，同比下降23.53%。

3. 公司经营日趋稳健。一是退保风险稳定可控。全省人身险公司退保率较上年同期下降1.18个百分点，全年没有出现非正常集中退保事件。二是行业现金流充足。人身险公司期末现金及现金等价物同比增加7.62亿元，流动性风险较低。三是保单继续率状况较好。全省人身险公司个人期缴业务13个月保费继续率、25个月保费继续率分别为80.07%和72.16%，其中6家公司13个月保费继续率超过85%，且25个月保费继续率超过75%。

4. 农业保险逐步规范。监管部门下发了《关于进一步规范我省农业保险工作有关事项的通知》，突出农业保险赔款必须转账直赔到户，严禁代垫保费、理赔不直接转账、虚假赔案，进一步夯实了农业保险管理制度基础，有效防范化解了农业保险操作风险。

（三）保险业发展中值得关注的问题

1. 产品结构调整力度有待继续强化。财产险对车险业务的依赖程度依然较高。2010年，非车险业务中的保证保险、船舶保险及农业保险等社会效益或经济效益较好的险种增速降低甚至为负。人身险中，保费增量的贡献度最大的险种是分红险、健康险和万能险，贡献度分别为75.58%、9.21%和7.32%。

2. 市场秩序需进一步规范。部分公司夸大产品收益、隐瞒告知事项、与其他金融产品混淆推荐等销售误导行为时有发生；部分公司在收付费、核保核赔等关键业务环节管控不力，存在制造假赔案、侵占保费和套取费用的漏洞，干扰了保险市场的正常秩序，损害了保险行业的信誉和保险当事人的合法权益。

五、金融市场与金融稳定

2010 年，湖南省金融机构积极参与银行间市场业务，全省金融市场在调整中实现了平稳发展。

（一）金融市场运行情况

1. 债券市场交易小幅回落。2010 年，全省金融机构在银行间债券市场成交金额 30 218 亿元，同比减少 4. 8%。其中，累计融入资金 20 357 亿元，同比减少 10. 7%；累计融出资金 9 861 亿元，同比增长 10. 4%。分机构看，城市商业银行、农信合作机构、财务公司分别成交 21 536 亿元、8 265 亿元和 396 亿元，分别占交易总量的 71. 3%、27. 3% 和 1. 3%。

2. 同业拆借成交量较快回落。2010 年，全省金融机构累计发生同业拆借业务 89 笔，成交 118 亿元，较上年下降 65%。从交易方向看，累计拆入资金 94 亿元，同比减少 229 亿元，累计拆出资金 24 亿元，同比增加 9 亿元；分机构看，财务公司、城市商业银行和农信社分别成交 71 亿元、24 亿元和 23 亿元，分别占交易总量的 60. 2%、20. 3% 和 19. 5%；从交易品种看，1 天期产品交易量大幅减少，成交金额 4 亿元，同比下降 272 亿元；从交易利率看，同业拆借加权成交利率 2. 2285%，同比增加 100. 5 个基点。

3. 票据融资大幅萎缩。2010 年以来，全省金融机构票据融资规模持续减少，一方面是由于票据市场利率不断上涨，贴现成本增加，企业贴现积极性下降；另一方面是在信贷政策趋紧、信贷投放严控背景下，为满足高收益的中长期贷款需求，降低了票据融资资产占比。截至 2010 年末，全省金融机构票据融资余额 198. 5 万元，达 28 个月来最低水平，全年票据融资额下降 195. 6 亿元，同比少增 294. 4 亿元；票据融资平均利率为 3. 43%，较 2009 年第四季度大幅上升 1. 27 个百分点。

4. 银行间外汇市场交易显著增长。2010 年，长沙银行在银行间外汇市场累计参与询价交易 789 笔，折合 57 842 万美元，同比增长 1. 65 倍。分交易类型看，即期结售汇交易成交 465 笔，成交金额 31 048 万美元，同比增长 47. 2%。从交易方向看，外汇买入 20 502 万美元，同比增加 15 729 万美元；外汇卖出 37 340 万美元，同比增加 20 277 万美元。

5. 纸黄金交易明显回落。截至 2010 年末，湖南省辖内有中行、工行、建行和中信银行 4 家机构开办了纸黄金业务，以建行和中行为例，2010 年，两家机构纸黄金成交金额合计 13. 7 亿元，同比大幅减少 43. 3%，成交量 5 161. 4 千克，同比减少 6 302. 4 千克。

（二）金融市场发展中需关注的问题

1. 部分业务发展缓慢。分市场看，债券回购和现券买卖交易占主导地位，2010 年两者占全省交易总量的 98. 8% 以上；而同业拆借、外汇等子市场交易金额相对较少，分别成交 118 亿元和 5. 8 亿美元；创新业务发展较为缓慢，债券远期成交 86 笔，成交金额 259 亿元，同比微增 2. 4%。在债券回购业务中，质押式回购业务发展较快，而买断式回购发展缓慢，仅占回购总量的 3. 6%。

2. 业务发展不平衡。2010 年，开展银行间市场业务交易的地区有 11 个市，较上年新增了吉首、郴州、益阳、怀化 4 个市（州），但业务仍主要集中在长沙地区；分机构来看，市场业务主要集中在城市商业银行和农信社，二者交易量占全省交易总量的 98. 4%。

六、金融基础设施与金融稳定

2010 年，湖南省金融基础设施建设稳步推进，支付体系平稳运行，征信体系不断完善，区域信用环境进一步优化，反洗钱、反假货币工作成效明显。

1. 支付体系进一步健全，支付环境持续优化。推进金融标准长沙市民卡应用试点，4 家银行成功发卡 20 多万张。截至 2010 年底，湖南省全部银行机构加入电子商业汇票系统，极大便利了公众支付。2010 年，全省各类支付系统共处理业务 3.17 亿笔，金额 35.45 万亿元，同比分别增长 34.9% 和 26.0%。

2. 信用体系建设向纵深推进，社会信用意识不断提高。中小企业和农村信用体系建设，宁乡国家级中小企业信用体系示范园区建设加快，确定了岳阳汨罗工业园、怀化工业园等 7 个工业园区为“中小企业信用体系试验区建设试点单位”；省内农村信用社、农业银行等涉农金融机构全面开展了农户信用档案建设工作，截至 2010 年末，已建立农户信用档案 546 万户。

3. 反洗钱制度建设不断增强，监管水平继续提升。2010 年，监管范围延伸至支付清算组织、资产管理公司等机构，全省共有 541 家机构纳入反洗钱非现场监管范围；人民银行系统依法开展反洗钱行政调查 36 次；协查案件 8 起，协查金额 466 亿元。

4. 反假货币管理持续加强，货币流通环境进一步改善。2010 年，反假货币信息系统在全省上线运行，全省各银行业金融机构均加入了该系统，实现了反假货币信息共享，全年金融机构共收缴假人民币 1 487.1 万元；公安部门反假货币工作成效明显，累计破获制造贩卖假币案件 18 起，抓获犯罪嫌疑人 28 人，收缴假人民币 537.1 万元，假外币 1 181 万元，制贩假币案件和收缴假币数量比上年大幅下降。

七、总体评估与政策建议

（一）总体评估

2010 年，国际金融危机的深层次影响仍未完全消除。面对复杂多变的外部形势，湖南省经济继续保持良好回升势头，经济增长速度平稳较快，经济发展质量逐步提高。经济的持续向好为金融业发展提供了良好机遇。各金融机构抓住有利时机，不断深化改革，积极拓展业务，在做好风险防范的同时，实现了规模扩张和效益改善，抗风险能力同步增强。总体来看，2010 年湖南省金融业运行平稳，但在通货膨胀预期增强、调整优化经济结构力度加大背景下，2011 年，金融运行中出现的一些新情况和新问题可能对全省金融稳定带来一定负面影响，各方需高度重视，并积极采取有效措施进行防范和控制。

（二）政策建议

1. 积极落实稳健货币政策，调整优化信贷结构。密切关注经济金融形势的变化，按照“总量合理、结构优化、节奏均衡”的总体要求，合理安排全年信贷投放规模、节奏，保持信贷适度均衡增长；加强信贷引导，严格控制“两高一剩”行业新增贷款和授信，围绕满足重点行业和重点企业的信贷资金需求，引导金融机构调整优化信贷结构，保持对全省优势产业集群、重大基础设施建设、重点项目的支持力度，推进“四化两型”战略。

2. 深入推动金融改革，提升金融机构竞争力。继续推动中小法人金融机构深化改革，不断完善公司治理，强化内控制度建设；以市场为导向，规范农村信用社发展，逐步优化产权结构；积极引导证券公司开展资源整合和并购重组，推动和支持证券公司上市；继续扩大“三农”保险覆盖面，引导保险公司大力发展保障型、长期型等保险产品，控制投资型业务的占比，增强保险保障功能。

3. 加快金融基础设施建设，优化金融生态环境。一是进一步完善支付体系，扩大支付系统在农村地区的覆盖面，加强对非银行支付机构的管理；二是深化信用体系建设，扩大信用信息使用范围，推进评级报告和信用报告的应用；三是加强金融机构反洗钱监管协作，建立以风险管理为基础的可疑交易报告工作机制；四是建立反假币工作长效机制，深化反假币网络建设，提高反假币工作效率。

4. 密切关注价格变化，谨防通胀风险。为确保全省物价平稳运行，防范通货膨胀风险，一是采取有力措施，增加生活必需品的有效供给，抑制过热需求；二是对资金流向加强监控，防止大量资金涌入资产市场；三是严格执行房地产调控政策，控制房价过快上涨；四是建立监测预警机制，强化市场物价监控；五是加强宣传教育，合理引导公众对通货膨胀的预期。

5. 大力推进新型工业化，促进产业结构优化升级。一是突破资源型产业的发展约束，重点培育和发展先进装备制造、新材料、文化创意、生物、新能源、信息、节能环保等战略性新兴产业；二是优化重化工业结构，继续降低高能耗、高污染行业的比重；三是加大技术改造投入力度，提质升级传统产业。四是优化工业产业组织结构，加强企业和银行之间的合作，加强本省企业与央企的对接，提升企业竞争力。

总　　纂：周晓强　张瑞怀
统　　稿：尹　侠
执　　笔：刘孟飞　胡丕吉
参与写作的人员（以姓氏笔画为序）：
邓　婷　许均平　刘　玫　张　娟　姜　超　赵　晶
殷南明　曹争鸣　覃兆勇　彭敦良　熊　靖

广东省金融稳定报告摘要

2010年，面对复杂的国内外经济金融环境，广东省委、省政府深入贯彻落实科学发展观，认真执行中央各项决策部署，积极实施《珠江三角洲地区改革发展规划纲要（2008—2020年）》，不断加快转型升级步伐，全面建设幸福广东。在中央和地方各项政策措施的综合作用下，广东成功走出国际金融危机的阴影，经济形势稳中趋好，金融业运行稳健。与此同时，影响金融稳定的诸多潜在风险和不确定性因素继续存在，维护区域金融稳定的工作任务仍然十分艰巨，有关各方需密切配合，共同防范和化解各类金融风险，推动广东经济金融持续、平稳、健康发展。

一、金融业发展环境

（一）区域经济环境

1. 经济增速恢复至正常水平。2010年，广东实现地区生产总值45 472.83亿元，增长12.2%，增速比上年快2.7个百分点，比全国快1.9个百分点。其中，第一至第四季度分别增长12.5%、10.2%、12.3%和13.4%，经济增速已恢复至金融危机前水平。

2. 内需强劲增长，外需稳步回升。消费继续保持较快增长。社会消费品零售总额名义增长17.3%，比上年加快1个百分点。剔除物价因素后，实际增长13.4%，比上年放缓6.7个百分点。投资增速进一步提高。全社会固定资产投资16 113亿元，增长20.7%，比上年加快1.2个百分点，为2003年以来最高水平，但比全国低3.1个百分点。进出口稳步回升。2010年，广东进出口总额7 846亿美元，增长28.4%。其中，出口4 532亿美元，增长26.3%；进口3 314亿美元，增长31.5%。实现贸易顺差1 217亿美元，增加150亿美元，顺差额占全国的66.5%。分月度看，下半年以来广东月度出口规模连续创下新高，12月份达到471亿美元，当月同比增长17.9%。

3. 产业结构进一步优化。2010年，广东产业结构继续得到优化。第一产业增加值2 286.86亿元，增长4.4%，对GDP增长的贡献率为1.7%；第二产业增加值22 918.07亿元，增长14.5%，对GDP增长的贡献率为62.9%；第三产业增加值20 267.90亿元，增长10.1%，对GDP增长的贡献率为35.4%。三次产业结构为5.0:50.4:44.6。在现代产业中，先进制造业增加值9 466.35亿元，增长16.9%；现代服务业增加值11 102.80亿元，增长7.8%。在第三产业中，批发和零售业增长14.1%，住宿和餐饮业增长9.1%，金融业增长6.0%，房地产业增长2.1%。

4. 就业形势基本稳定，市场工资水平持续上涨。就业人数增加，登记失业率下降。2010年1～11月，全省城镇新增就业169.6万人，同比增长8.9%。第三季度末城镇登记失业率2.42%，同比下降0.22个百分点，比第一、第二季度末分别下降0.12个和0.09个百分点。广东省劳动部门对广州、深圳和佛山88家企业失业动态重点监测显示，被监测企业在岗人数自3月份以来连续9个月上升，11月末环比增加0.09%，与2月末相比累计增幅为8.2%。广东省统计局对全省600家企业的定点监测显示，第三季度末被监测企业在岗员工人数环比上季末增长1.2%。市场工资水平持续上涨。2010年前三个季度，全省城镇单位从业人员月平均劳动报酬3 168元，同比增长10.8%，比上半年增长2.4%。广东省劳动部门对全省501户企业定点监测结果显示，第三季度珠三角地区普工和技工月工资中位数比上年同期分别上涨18.4%和20%。

5. 经济效益稳中趋好。企业利润大幅增长。2010年1~11月，全省规模以上工业企业实现利润3 713.73亿元，同比增长36.5%，比上年同期提高8.8个百分点。企业亏损面16.7%，比1~8月下降2.8个百分点，比上年同期下降8.7个百分点。财政收入增长较快。地方财政一般预算收入4 515亿元，同比增长23.8%，比上年加快13.5个百分点。其中，税收收入3 802亿元，增长21.5%；非税收入713亿元，增长37.4%。城乡居民收入平稳增长。城镇居民人均可支配收入23 898元，农村居民人均纯收入7 890元，同比分别增长10.8%和14.2%，比上年分别加快1.5个和6.3个百分点。剔除物价因素后，实际分别增长7.5%和10.7%，比上年分别放缓4.5个百分点和加快0.2个百分点。

6. 物价涨幅有所扩大，但处于可控水平。居民消费价格指数（CPI）和工业品出厂价格指数（PPI）温和上涨。2010年广东居民消费价格总水平上涨3.1%，比年初设定目标高出0.1个百分点，但比全国低0.2个百分点。分类来看，食品类价格上涨5.9%，居住类价格上涨4.8%，共同拉动CPI上涨约2.7个百分点，对CPI上涨的贡献率为86%。2010年广东工业品出厂价格上涨3.2%，其中轻工业上涨1.7%，重工业上涨5.7%；生产资料上涨4.1%，生活资料上涨1.4%。原材料、燃料、动力购进价格和农产品生产价格涨幅较高。2010年广东原材料、燃料、动力购进价格上涨7.3%，其中燃料动力类上涨7.8%，黑色金属材料类上涨6.6%，有色金属材料和电线类上涨17.8%，化工原料类上涨9.4%。2010年广东农产品生产价格上涨7.9%，其中，谷物上涨7.8%，蔬菜上涨15.6%，水果上涨14.6%，油料上涨14.4%，畜产品下降0.8%。

（二）重点行业

1. 房地产行业。房地产销售和投资两旺。2010年，广东省商品房销售面积7 322.01万平方米，同比增长4.1%；商品房平均销售价格7 479元/平方米，同比增长14.8%；完成房地产开发投资额3 659.69亿元，同比增长23.6%，增幅比上年同期提高23.2个百分点。房地产金融运行平稳。2010年末，广东省房地产贷款余额14 301.26亿元，同比增长20.18%。2010年新增房地产开发贷款718.26亿元，比上年多增294.33亿元；新增个人住房贷款1 582.65亿元，比上年少增822.57亿元。与此同时，房地产调控政策趋紧可能引发风险。比如，部分地区商业银行在执行个人住房贷款新政策过程中未能做好衔接工作，与客户之间形成纠纷，引发群体性事件，影响金融和社会稳定。

2. 外贸行业。外贸行业企稳特征明显。人民银行广州分行涉外企业风险监测系统显示，从主营业务收入看，2010年样本企业主营业务收入2 161.43亿元，同比增长40.64%；从利润看，2010年样本企业实现净利润66.96亿元，同比增长11.28%；从企业在册的员工数看，2010年末与上年末基本持平，就业人数较为稳定。问卷调查显示，在预计2011年第一季度企业出口销售收入变化时，10家企业选择“不变”，10家企业选择“上升”，占样本企业的比例为80%，表明样本企业对2011年1季度的出口形势比较乐观。

3. 地方政府融资平台。地方政府融资平台贷款保持较快增长，贷款质量总体控制较好。根据人民银行广州分行的调查，截至2010年末，广东省地方政府融资平台571家，贷款余额5 736.98亿元，同比增长23.85%。从级次看，省级和地市级融资平台贷款余额占比分别为17.77%和52.87%；从贷款方式看，抵质押贷款和信用贷款占比分别为25.97%和62.22%；从贷款质量看，不良贷款比率为0.20%，处于较低水平。地方政府融资平台潜在风险需引起关注。一是贷款主体不够规范，自身偿债能力较弱。二是收费权质押缺乏完备的法律依据，收费权项目收入存在风险。三是地方政府信用保证不足。

（三）金融基础设施

1. 司法环境。多元化金融纠纷解决机制建设取得进展。一是人民银行广州分行在组织各方对金融消费者权益保护和金融纠纷非诉解决机制问题进行深入研究的基础上，于2010年12月在东莞召开金融消费者权益保护暨金融纠纷非诉解决机制研讨会，该会议的召开促进了社会各界正确认识金融消费者权益保护问题。二是为破解保险纠纷调解难的困局，2010年12月，广东省高级人民法院、广东保监局共同签署《关于保险纠纷案件加强调解若干问题的意见》。执法检查取得成效。2010年，人民银行广州分行综合执法检查组对广东省内部分金融机构开展综合执法检查，对被检查机构执行相关金融法律法规的情况进行全面评价，指出业务中存在的问题，并提出整改意见和建议。此外，针对跨境资金异常流入开展了多项外汇专项检查，涉及金融机构、企业和个人，对非法资金流入起到了很好的震慑作用。

2. 信用环境。征信系统运行平稳，为金融机构防范信用风险提供有力支持。截至2010年末，企业征信系统已收录广东地区企业及其他组织92.5万户，涉及信贷余额本外币合计45 720.96亿元；个人征信系统已收录广东地区自然人约4 597万人，涉及信贷余额14 289.80亿元。改善农村信用环境，支持社会主义新农村建设。截至2010年末，广东省（不含深圳市）已有70个县区开展农户信用档案建设，已建立信用档案149.5万户，已评定信用农户数为25.1万户，对已建立信用档案的农户累计发放贷款108.8亿元。中小企业信用体系建设稳步推进，促进民营经济健康发展。截至2010年末，广东省共录入中小企业信用档案300 591户，征集过程中办理贷款卡的中小企业65 584户，取得银行授信意向中小企业38 456户，取得银行贷款的中小企业23 152户，融资金额5 538.1亿元。积极培育征信市场，加强对征信市场的监管。截至2010年末，全省各评级机构累计完成资信评级业务3 867笔，企业参评意识明显增强。深入开展征信宣传教育，提高社会诚信意识。全省人民银行分支机构、12 543个金融机构网点、57所学校和51家媒体参与了宣传工作，共举办各类宣传活动1 430场次，涉及活动人数达106 564人，发放征信宣传资料共321 786份，普及了征信的知识和理念，提高了市民的诚信意识。

3. 支付环境。大额实时支付系统业务量总体平稳增长，小额批量支付系统业务增长迅速。2010年，广东省（不含深圳，下同）大额实时支付系统共处理业务6 955.84万笔、金额1 013 896.76亿元，同比分别增长4.6%和39.1%。全国支票影像交换系统、网上支付跨行清算系统、票据交换系统运行稳定。2010年，广东支票影像交换系统共处理业务504.76万笔、1 948.04亿元，同比分别增长30.05%和50.79%；笔数占全国笔数的57.46%，金额占全国业务金额的48.19%。广东金融结算服务系统、粤港票据联合结算系统和粤港外币实时支付系统平稳运行。2010年广东金融结算服务系统共处理业务3 027.79万笔、金额2.89万亿元，笔数同比增长144.59%，金额下降0.36%。广东省金融IC卡的推广应用，促进了广东省银行卡产业发展。人民银行与广东银监局联合印发了《广东省金融IC卡发行与业务指引（试行）》，确定了广东省金融IC卡业务以“统一标准、银行主导、行业合作、多功能应用”为发展原则，引导和鼓励商业银行发行金融IC卡、推动金融IC卡受理环境改造、促进金融IC卡多行业应用，推出国内首款预付金融IC卡。截至2010年9月末，广东省已累计发行PBOC2.0标准金融IC卡65万张，累计交易笔数1.6万笔，交易金额320万元。

4. 反洗钱。开展跨部门协调合作，进一步凝聚反洗钱执法合力。2010年辖内人民银行共协助破获各类刑事案件30宗，涉案金额465亿元，冻结暂扣资金9 027万元，抓捕犯罪嫌疑人324名，并成功实现两宗洗钱罪判例。强化资金监测分析，不断提升反洗钱调查工作的有效性。充分利用“大额现金交易监测系统”和“金融异常交易信息系统”数据资源，进一步加大对可疑资金的监测分析，深入挖掘有价值的案件线索。全年经分析筛选向侦查机关主动移送案件93宗，最终成功破获8宗。同时，积极发挥反洗钱调查高效、快捷、保密性强等优势，全力做好案件协查工作，帮助理清脉络、确认罪证和查明案情。全年共协助调查案件80宗，协查221次，协助破获案件22宗，反洗钱工具对打击违法犯罪的有效性已经得到了各执法部门的高度认可。周密组织落实，圆满完成总行专项行动。

（四）政策环境

1. 《珠江三角洲地区改革发展规划纲要（2008—2020年）》（以下简称《规划纲要》）。《规划纲要》在有关金融方面的表述中确立了广东建立金融改革综合试验区的工作部署，为广东金融业加快发展步伐提供了难得的历史机遇。为贯彻落实《规划纲要》，2010年，人民银行广州分行制定了《关于落实〈珠江三角洲地区改革发展规划纲要（2008—2020年）〉推动金融业科学发展的若干意见》，共提出115条意见，为一定时期内广东金融业发展提供了操作性很强的行动指南。与此同时，组织广佛肇（广州、佛山、肇庆）、珠中江（珠海、中山、江门）、深莞惠（深圳、东莞、惠州）九地市人民银行签署了金融合作备忘录，着力推动三个子区域内实现金融同城化，不断提高金融服务效率和水平。

2. 《横琴总体发展规划》。珠海横琴位于珠江口西岸，毗邻港澳，与澳门隔河相望。《发展规划》对在横琴建设金融后台服务基地、开展个人本外币兑换试点、降低金融机构准入门槛、鼓励发展金融产品和服务创新、加强粤澳反洗钱和反恐怖融资合作等方面进行了全面的规划和部署，为把横琴的潜在区位优势转化为现实区位优势提供了强有力的政策保障，为广东金融业进一步发展壮大打造了一个新的“增长极”。

二、银行业

（一）改革发展情况

1. 信贷规模向常态回归，业务发展保持稳健。截至2010年末，全省银行业本外币各项贷款余额51 799.3亿元，比年初增长16.4%，增速较上年下降15.5个百分点；全年新增贷款7 289.8亿元，同比少增3 464.8亿元，与2009年为应对国际金融危机冲击出现的信贷大幅增长相比，呈现出逐步向常态回归的态势。与此同时，银行业金融机构加大对实体经济和薄弱环节的信贷支持力度，经济发展相对落后的粤东、粤西、粤北地区贷款增速分别比全省水平高2.2个、2.3个和2.9个百分点，全省中资银行业机构县域贷款余额比年初增长24.4%，新增贷款占全部新增贷款的比重较2009年提高 1.4 个百分点，中、小型企业人民币贷款余额分别为 9 917.6 亿元和 6 640.2 亿元，分别增长 20.5% 和 35.0%，明显高于平均增速。

2. 银行业金融机构规模和盈利快速增长，抗风险能力进一步提高。截至 2010 年末，全省银行业金融机构总资产首次突破 10 万亿元大关，达到 106 145.71 亿元，总负债达到 102 874.03 亿元，比年初分别增长了 17 970.39 亿元和 17 354.94 亿元，增幅分别为 20.38% 和 20.29%，比上年略有下降，但仍保持快速增长，资产负债率基本持平。全年实现税前利润 1 437.40 亿元，同比大幅增长了 30.4%，增幅比上年显著提高，主要原因是上年在适度宽松货币政策影响下利差大幅收窄导致利润基数偏低，而 2010 年利息净收入同比增长 31%，对全年利润增长贡献较大。

3. 农业银行改革取得重大进展，服务“三农”能力进一步增强。依托农业银行顺利完成首次公开发行上市（IPO）提供的动力，农行广东省各级机构进一步加快改革步伐，不断完善“三农”事业部机构与职能设置，为“三农”业务发展提供了新的动力。截至 2010 年末，农行广东省分行县域各项贷款余额 442.7 亿元，比年初增加 117.9 亿元，同比增幅达到 36.3%，比各项贷款增幅高 17.6 个百分点，占全行贷款比重达到 11.9%。近两年涉农贷款余额分别为 711 亿元和 815 亿元，增长率分别为 14.9% 和 14.6%。

4. 地方金融机构改革步伐加快，地方金融服务体系活力不断提高。广东发展银行完成 150 亿元人民币股本定向增发工作，并进行了人事制度改革、管理流程改造。广州银行正式开展跨区域设立机构的工作，在深圳设立分行，并启动引进战略投资者工作；东莞和湛江市商业银行也将分别在省内外筹建分支机构，东莞银行在惠州、长沙设立了分行，湛江市商业银行设立了佛山、重庆和长沙分行；东莞银行作为主发起人发起设立的东莞长安村镇银行、广西灵山泰业村镇银行也正式开业；湛江和珠海等地城市商业银行也在积极创造条件优化股权结构。年内有 6 家村镇银行先后开业，使全省村镇银行增至 8 家，另有 3 家村镇银行获准筹建，全省批准设立的小额贷款公司达到 140 家，累计投放贷款金额 354 亿元，其中 72% 覆盖到县域，第一家汽车金融机构——广汽汇理汽车金融公司正式设立，美的集团财务公司如期开业。

5. 农村合作金融机构改革取得重大突破，经营状况进一步向好。全省 98 家农村信用社（汕特联社作为个案处理暂未进行改革）全部顺利完成专项票据兑付后，已有广州、东莞、顺德、揭阳榕城、河源源城 5 家社成功改制为农村商业银行并挂牌开业，资产占全省农村中小金融机构一半以上。肇庆端州等 10 家社也正在筹备改制农村商业银行的过程中，其余 83 家联社以县（市、区）为单位统一法人工作全部完成。各项改革顺利推进为农村合作金融机构发展注入强大动力，各项经营指标持续改善，截至 2010 年末，本外币各项存贷款余额分别达到 8 894.03 亿元和 5 451.20 亿元，同比分别增长 19.3% 和 18.8%，贷款余额跃居全省第 1 位，总股本金总额比 2004 年增长 9.1 倍，平均资本充足率好于监管标准，不良贷款余额和比率连续五年实现明显“双降”。

（二）风险总量特征

1. 总体情况。不良贷款继续双降，拨备保持充足。2010 年，全省银行业金融机构不良贷款余额和不良贷款率分别比上年下降 93.91 亿元和 0.53 个百分点，连续实现“双降”。与此同时，贷款拨备保持充足，首次超过不良贷款余额，拨备覆盖率比上年提高 17.2 个百分点。但值得注意的是，正常贷款中的关注类贷款比上年增长了 147.21 亿元，应高度关注未来贷款形态的迁移趋势。存贷比微降，流动性保持充裕。全省银行业金融机构本外币余额存贷比为 63.15%，较上年同期下降 0.7 个百分点；全年增量存贷比为59.13%，同比大幅下降20.1个百分点。年内存款准备金率六次上调，存贷款基准利率两次上调，对金融机构流动性产生一定收缩作用，但金融机构流动性总体上保持充裕。

2. 主要风险因素。贷款中长期化趋势进一步加剧，期限错配风险值得关注。2010年，广东省新增中长期贷款6 619.89亿元，与新增各项贷款之比为90.81%，使中长期贷款余额达到35 837.55亿元，占各项贷款的比重由上年末的66.85%提高到69.19%。与此同时，新增企事业单位存款和储蓄存款中定期存款占比只有33.05%。经营环境日趋复杂，信用风险上升导致不良资产反弹的可能性加大。房地产类贷款出现违约的可能性上升，制造业企业信贷违约风险上升，对“两高一资”、产能过剩行业的信贷投入有所反弹。高度依赖利差收入的传统经营模式难以为继，银行业经营压力增大。2010年，全省银行业金融机构利息支出由于存款活期化趋势同比出现下降，导致利息净收入增长约31%，成为全年利润大幅增长的主要来源。2008—2010年，利息净收入占营业收入的比重保持在80%以上，其他渠道来源的收入贡献不明显，在利率市场化改革逐步推进和商业银行之间竞争加剧的背景下，银行业金融机构依赖利差收入的传统经营模式难以为继，银行业经营效益高速增长缺乏可持续性。同质性扩张现象较为突出，银行业面临相同因素的风险暴露。如银行业金融机构贷款投放普遍集中于房地产行业和政府融资平台，银行机构普遍追求做大规模，特别是地方中小金融机构争相开设异地分行，“铺摊子，争规模”现象较为突出，对资本消耗较大，产品同质同类情况严重，缺少差异性和特色化竞争，使整个银行业面临共同风险暴露。

（三）风险结构特征

1. 资产质量。2010年，全省法人银行业金融机构资产质量总体上较好，大部分机构不良贷款率低于10%。其中，低于5%和低于1%的机构分别有30家和7家。分机构类型看，商业银行（股份制银行、城市商业银行和农村商业银行）的不良贷款率普遍低于2%，该类机构中仅有一家略高于3%；农村信用社中有26家不良贷款率低于5%，其中6家处于2%以下的较低水平。拨备方面，27家法人银行业金融机构拨备覆盖率超过100%，拨备保持在充裕的水平，其中8家机构拨备覆盖率达到200%以上，拨备十分充足。分机构类型看，商业银行的拨备覆盖率普遍高于150%，其中1家股份制银行、1家城市商业银行和2家农村商业银行的拨备覆盖率超过200%；农村信用社中有17家拨备覆盖率高于100%，其中3家处于200%以上的较高水平。

2. 资本充足性。2010年，全省法人银行业金融机构资本基本保持充足，资本充足率超过8%的机构有38家。分机构类型看，商业银行的资本充足率均超过10%，其中，顺德、揭阳、河源等地新改制的农村商业银行资本充足率达到14%以上，显示这些机构通过改革极大提升了资本实力和抗风险能力；农村信用社有28家资本充足率超过8%，其中10家资本充足率处于10%以上的较高水平。分区域看，珠三角地区机构资本充足情况明显优于其他区域，该地区资本充足率超过8%的机构有22家，粤东、粤西和粤北山区分别为5家、4家和7家。

3. 贷款集中度。2010年，全省法人银行业金融机构贷款集中度分布较为平均，单一客户授信集中度低于15%的机构有42家。分机构类型看，商业银行的单一客户授信集中度普通低于15%，其中股份制银行和农村商业银行的单一客户授信集中度均低于10%，城市商业银行的单一客户授信集中度在商业银行中处于相对偏高位置；33家农村信用社单一客户授信集中度低于15%，其中27家处于10%以下的较低水平。最大十家集团客户授信集中度的分布与单一客户授信集中度基本相似，全省有45家机构最大十家集团客户授信集中度处于100%以下的安全区域，其中有34家机构该比例低于50%，信贷风险相对较为分散。分机构类型看，股份制银行和农村商业银行的最大十家集团客户授信集中度均低于100%；37家农村信用社最大十家集团客户授信集中度低于100%，其中32家该指标处于50%以下的较低水平。

4. 流动性。2010年，全省法人银行业金融机构流动性普遍保持充裕，104家法人机构中有103家机构存贷比低于75%，其中大部分（56家）位于60%～70%之间，26家机构的存贷比居于60%以下的较低区间。分机构类型看，8家商业银行存贷比低于70%，城市商业银行的存贷比普遍较低，均处于60%以下；74家农村信用社的存贷比低于70%，其中20家低于60%。全省有93家机构流动性比率位于25%以上，其中51家机构流动性比率高于40%，表明全省法人银行业金融机构资产配置较为合理。分机构类型看，10家商业银行中有9家流动性比率超过40%，流动性比率高于50%的商业银行达到5家；42家农村信用社的流动性比率超过40%，其中26家处于50%以上的较高水平。

5. 盈利能力。全省法人银行业金融机构盈利能力较强。2010年，全省资产利润率超过0.5%的法人银行业金融机构达到63家，占比超过60%，其中，资产利润率超过1%的有38家。分机构类型看，全部10家商业银行资产利润率均在0.5%以上，其中有7家资产利润率超过1%，5家农村商业银行全部超过1%，显示了较强的盈利能力；53家农村信用社资产利润率超过0.5%，其中31家在1%以上。全省76家法人银行业金融机构资本利润率超过5%，其中，45家机构资本利润率在10%以上。分机构类型看，10家商业银行资本利润率超过5%，其中8家超过10%，4家超过20%，全部5家农村商业银行均超过10%；农村信用社中有66家资本利润率在5%以上，其中37家超过10%，14家超过20%。

三、证券业

（一）改革发展情况

1. 证券公司稳健发展。2010年，受市场回暖和房地产调控政策不断出台的影响，全省证券公司各项收入、盈利水平和总体规模明显回升。全省22家证券公司全年共实现营业收入649.95亿元，同比增长10.61%，实现税后净利润294.6亿元，同比增长4.77%，营业收入和税后净利润增幅比上年有所降低。截至2010年末，全省证券公司总资产5 843.42亿元，比上年末下降1.29%；所有者权益1 729.74亿元，同比增长14.56%。虽然总体规模比上年有所下降，但资产质量有了较大改善，整体抗风险能力进一步提高。

2. 期货公司快速发展。截至2010年末，全省共有期货公司25家，与上年末持平。总资产为320.08亿元，同比增长66.40%；所有者权益达到48.16亿元，同比增长78.72%。全年实现营业收入和利润总额分别达到16.16亿元和5.37亿元，同比分别增长26.72%和23.51%。随着股指期货业务的开展，全年代理交易额506 241亿元，同比增长107.07%。

3. 基金公司平稳发展。截至2010年末，全省共有基金管理公司19家，与上年末持平，管理基金数量为252只，比年初增加39只，基金规模和基金净值分别达到10 475亿份和10 797亿元，比年初分别增长了1.29%和下降了5.49%。基金行业总体运行平稳，持续发展能力较强。

（二）风险总量特征

1. 盈利模式有待进一步优化。2010年，证券机构以经纪业务收入为主的盈利模式在一定程度上有所转变。从数据上看，2009 年全省证券公司和期货公司各项营业收入中，经纪业务手续费收入占比分别高达 63.97% 和 90.43%，2010 年这两项数据分别下降为 43.76% 和 88.92%。需要注意的是，证券公司经纪业务收入占比下降主要得益于 IPO 的重启以及创业板的快速发展所带来的公司上市潮。期货业由于业务上的限制，所以短时期难以改变手续费收入占比过高的境况。总体看，证券业盈利模式仍然过于单一，容易受到外部市场环境波动的影响，盈利连续性和稳定性有待增强。

2. 行业秩序有待进一步规范。在证券市场逐步回暖、交易日益活跃的背景下，非法证券活动也逐渐猖獗，非法中介、非法发行、非法证券投资咨询、非法委托理财、非法期货活动和非法证券投资基金活动时有出现，严重干扰了正常的行业秩序，甚至危及到了资本市场的平稳运行。在各相关部门的共同努力下，全省打击非法证券活动取得了积极成效，在一定程度上遏制了非法证券活动蔓延的势头，维护了全省证券业秩序和市场稳定。但是广东仍然是全国非法证券活动较为严重的地区，特别是通过网络从事非法证券活动十分活跃。因此，为维护广东地区证券市场的安全稳健运行、保护投资者的利益，需要各相关部门健全联合执法的长效机制，做好非法证券活动的防范工作，进一步加强宣传和对投资者的教育工作，维护证券市场的稳定。

（三）风险结构特征

以证券公司为例，截至 2010 年末，中广东范围内共有 5 家法人证券公司，广州 3 家，东莞和惠州各 1 家。从资产规模看，5 家法人证券公司中有 3 家总资产超过百亿元；从营业收入看，5 家法人证券公司营业收入均过亿元，其中 1 家超过 100 亿元，2 家超过 10 亿元；从盈利情况看，5 家法人证券公司均实现盈利，其中 1 家盈利超过 10 亿元，其余 4 家也均超过 1 亿元；从监管评级看，在中国证监会 2010 年证券公司分类中，有 2 家被评为 A 级，1 家 B 级，1 家 BBB 级，1 家 CC 级。综合来看，中广东 5 家法人证券公司综合实力较强，盈利情况较好，主要监管指标均在安全范围之内，风险总体可控。

四、保险业

（一）改革发展情况

1. 业务增速明显加快。2010 年，广东（不含深圳，下同）实现保费收入 1 231.8 亿元，同比增长 28.4%，比上年提高 20 个百分点，保费收入总量继续稳居全国第一，增速领先全国。其中，财产险全年实现保费收入 309.1 亿元，同比增长 29.3%，增速同比提高 14.2 个百分点；人身险保费收入 922 亿元，同比增长 28%，增速同比提高 21.5 个百分点。保险公司累计赔付支出 252.7 亿元，同比增长 8.1%，增速同比回落 0.3 个百分点；实现承保利润 15.78 亿元，同比增长 241.52%。保险进一步渗透到经济社会的各个领域和层次，2010 年，广东省保险深度为 3.5%，比上年提高了 0.4 个百分点；保险密度为 1 638 元/人，比上年提高了 28.23%。2010 年末，广东省保险业资产总额 2 504.84 亿元，同比增长 0.91%。

2. 业务结构不断优化，经营效益显著提升。从产险市场来看，车险中的效益险种商业三者险及其附加险保费占比提高 1.2 个百分点。非车险业务实现保费 83 亿元，同比增长 23.8%，其中支持经济、服务民生的险种如工程险、责任险、信用险等得到较快发展，增速分别为 142.3%、29.4% 和

66.8%。从寿险市场来看，高内含价值的新单期缴快速增长，期缴保费、新单期缴保费、银邮新单期缴保费增速分别为36.6%、44.1%和72.7%，三项核心指标均位居全国第一。尽管连续发生多起重大自然灾害，产险公司仍然实现承保利润15亿元，同比增长486.5%，占全国的18%；承保利润率6%，同比提高4.7个百分点；车险实现利润13.3亿元，商业车险继续保持盈利。寿险公司实现费差益39.1亿元，是上年的1.6倍；专业中介公司连续三年保持盈利。

3. 市场体系更加健全。2010年全年新增市场主体5家，其中人寿保险公司2家、财产保险公司3家。截至2010年末，共有60家保险主体。其中，财产险主体28家，人身险主体32家。共有省级以下分支机构4 613家。共有保险专业中介机构690家，其中，保险专业中介法人机构274家，专业中介分支机构416家（含外地驻粤分支机94家）。共有兼业代理机构25 021家，其中，银行邮政类机构15 873家，车商类机构5 538家，旅行社、咨询类企业等其他类型机构3 610家。保险从业人员21.5万人，其中营销员16.8万人。

4. 业务领域不断拓展。一是支农涉农力度加大。广东省政策性农村住房保险业务发展取得显著成效。截至2010年末，全省政策性农房保险参保农户达1 029万户，保障金额超过1 064亿元，参保率为90.61%，较2009年末提高了45个百分点。全省政策性农房保险已决赔案6 803宗，赔款总计6 519.73万元，支农、惠农效果明显。广东保监局与广东省农业厅联合发文，正式实施政策性水稻保险试点方案，修改完善渔业保险方案。二是多部门联合出台《关于金融积极支持全省工业经济发展的意见》，鼓励保险业为重点工业项目建设和工业企业发展提供风险保障。三是推进与公众利益密切相关、社会关注度高的责任险发展。全面推进校园方责任保险全省统保工作，业务覆盖了全省20个地市。

（二）风险总量特征

1. 保险业后续增长动力不足。从增速上看，2010年保险业增长较快，但属于金融危机后的恢复性增长，发展回升基础不牢，增速呈逐月回落态势。第一季度保费增速为37.74%，上半年比第一季度回落4.24个百分点，全年比第一季度回落5.1个百分点。从增长动力看，依然主要依靠加大投入和增铺摊子，而不是新的产品、技术和服务。

2. 保险业务结构有待进一步优化。从产险看，增长主要靠车险拉动，贡献度达74.2%，较2005年提高了11个百分点。从寿险看，销售渠道结构不够合理，银行邮政代理销售渠道占比54.9%，较2005年提高了28个百分点，再次成为拉动业务增长的主要动力。从内含价值看，业务质量有所降低，产险增长较快的部分业务出现亏损。此外，人身意外伤害险和健康险合计保费收入仅占原保费收入的7%，人均长期寿险保单持有量、医疗费用由商业健康保险承担的比例、家庭财产保险和各种责任保险等主要险种的投保率等指标均远低于成熟保险市场的平均水平。保险赔偿占灾害损失的比例远低于全球30%的平均水平。

3. 保险业发展面临的环境复杂多变。国际金融危机影响深远，世界经济格局正在发生深刻变化。"十二五"时期保险业处于矛盾和问题凸显期，保险业快速发展中积累的深层次问题和矛盾在逐步显现，一些短期问题和长期问题相互交织。现阶段，受我国人均寿命逐年提高，汇率走强、物价高企、重大自然灾害频发等因素影响，长寿风险、利率风险和巨灾风险这三种影响保险业的宏观风险值得关注。

4. 市场秩序有待进一步规范。总体看，广东保险市场秩序朝着良性方向发展。但是，市场违法违规行为依然存在，财产保险领域中，车险虚假批单退费、虚挂应收保费、虚列中介代理手续费、虚列营业费用和农业保险虚假承保、虚假赔案问题时有发生，条款、费率报备与执行不一致的问题有待解决。人身保险领域中，银保业务账外支付手续费、销售误导等行为仍然存在。保险中介领域中，中介业务和中介渠道弄虚作假、虚增成本、非法套取资金等问题时有发生，保险代理市场有待进一步清理整顿。保险公司财务内控制度有待进一步强化。

（三）风险结构特征

1. 产险市场集中度有所上升。第一，从险种品种来看，车险仍然是产险公司业务增长的主要动力，2010 年，广东省产险公司车险业务占比 74.2%，较 2005 年提高了 11 个百分点。第二，从机构市场份额来看，人保、平安、太保三家合计占市场总份额的 73.1%，同比上升 1.7 个百分点，其中，人保财险广东分公司市场份额 33.2%，同比下降 2.8 个百分点，平安产险广东分公司、太保产险广东分公司业务增速分别达到 46% 和 42.6%，市场集中度增加使中小保险公司总体份额有所下降。

2. 寿险公司盈利能力有待进一步提高。2010 年，广东寿险公司在保费收入增长较快的同时盈利能力未能改善。第一，广东省 32 家寿险公司原保险保费收入同比增长 28%，其中，半数以上的寿险公司原保费业务收入实现增长，20% 以上的寿险公司业务原保险保费收入增速超过 50%。第二，超过 34% 的寿险公司赔付支出同比增长，60% 以上的寿险公司净利润为负数。第三，寿险公司渠道结构不合理，银邮业务占比 54.9%，较 2005 年提高了 28 个百分点。

3. 地区发展不平衡。2010 年，广州、东莞、佛山、中山、江门、珠海、惠州七个珠三角城市的保险业保费收入合计 961 亿元，同比增长 29.4%，占广东省保险业保费总收入的 78.03%，比上年提高 18 个百分点。其中，广州、东莞和佛山三个城市的保险业保费总收入占全省保险业保费收入的 58.4%。经济相对落后的汕尾、河源和云浮三个城市的保险业保费收入占全省保险业保费收入的比重均不足 1%。

五、金融市场

（一）货币市场

2010 年，广东省货币市场成交量保持快速增长，利率水平振荡上行，总体运行稳定。全年累计成交 47.78 万亿元，同比增加 10.67 万亿元，增速 28.76%，较上年同期提高 1.73 个百分点。拆借市场活跃度明显上升，利率振荡走高。拆借市场改变上年增速放缓的趋势，拆借金额呈现大幅提高，累计进行信用拆借交易 7 581 笔，成交金额 61 220.99 亿元，同比增长 41.82%，较上年提高 21.96 个百分点；增幅达 18 053.25 亿元，同比多增 10 898.94 亿元。银行间债券回购交易增速加快，利率创出近期新高。全年银行间债券回购市场累计成交 45 452 笔，金额 197 530.09 亿元，同比增加 33 786.78亿元，增速为 20.63%，较上年同期提高 6.91 个百分点。票据市场持续低位运行，贴现业务规模缩减。截至 2010 年末，广东省（不含深圳）金融机构签发银行承兑汇票余额 3 288.15 亿元，比上年同期增加 722.08 亿元，增速为 28.14%，同比下降 19.75 个百分点。金融机构全年累计签发银行承兑汇票比上年同期增加 1 368.77 亿元，同比少增 539.9 亿元。全省票据贴现年末余额 751.84 亿元，同比减少 590.56 亿元，减幅为 43.99%，同比扩大 29.53 个百分点。

（二）资本市场

2010年末，全省上市公司数量达到294家，比上年大幅增加69家，上市公司总市值达到32 553.15亿元，同比增长9.22%。全年上市公司总筹资额达到1 388亿元，比上年大幅增长了1.02倍，超过金融危机前市场最为繁荣的2007年。中小板和创业板融资功能凸显。全年上市公司大幅增加的主要原因是在中小企业板和创业板市场新上市公司大幅增长，其中中小企业板上市公司增加39家，在创业板新上市公司达30家，使在创业板上市公司家数由4家迅速扩充到34家。市场成交总体平稳，参与度保持活跃。全年证券公司股票基金交易金额达到273 814.5亿元，同比微幅增长了0.17%。

（三）外汇市场

2010年，受涉外经济稳步回升，贸易进出口不断增长的影响，广东外汇交易稳步回暖，外汇收支同步增长，收支顺差扩大。全省银行间外汇市场外汇交易累计成交量达到5 343.92亿美元，同比增加57.67亿元，微升1.09%。其中，买入成交2 457.54亿美元，同比下降2.95%，占成交总量45.99%；卖出成交2 886.38亿美元，同比上升4.80%，占成交总量54.01%；买卖净额 -428.84亿美元，同比扩大93.19%。银行间外汇市场高度集中的状态未变，但集中度略有下降。人民币继续延续升值走势。自6月份人民银行重启人民币汇率改革以来，人民币对五种主要货币汇率中间价呈“四升一降”态势，实际有效汇率增长4.2%。其中，12月份人民币对欧元汇率中间价8.7837，较上年12月升值11.91%；人民币对英镑汇率中间价10.3737，较上年12月升值6.4%；人民币对美元汇率中间价6.6515，较上年12月升值2.58%；人民币对港币汇率中间价0.85559，较上年12月升值2.85%；人民币对日元汇率中间价7.9809，较上年12月贬值4.87%。

（四）黄金市场

2010年，受欧洲主权债务危机以及美国新一轮量化宽松政策的影响，在避险情结加深及全球流动性上升等因素作用下，国际黄金价格持续攀升，年内突破1 400美元/盎司。在此大背景下，国内黄金市场价格持续上扬，上海黄金交易所主力黄金品种AuT+D12月末收盘价301.11元/克，较年初上升24.84%。但广东黄金市场成交量同比出现下降，显示在金价屡创新高的情况下，投资者参与心态保持谨慎。全省（不含深圳）黄金市场成交总量为31.63万公斤，比上年下降7.92%。其中，场内业务（如会员机构在上海黄金交易所开展的自营业务、代理业务等）和场外业务（“纸黄金”等账户金业务和代售实物黄金业务）一增一减，分别成交18.59万公斤和13.04万公斤，同比分别增长9.71%和下降25.09%。截至2010年末，广东省开办黄金业务的机构共计27家，其中，银行类机构11家，非银行类机构16家（均为上海黄金交易所会员单位）。

六、总体评估和政策建议

（一）总体评估

运用2009—2010年相关数据，对广东省20个地市的稳定指数进行测算（因数据获取原因，本年度未对深圳进行测算)。从测算结果看，金融稳定状况较好的地区有：东莞、广州、佛山、肇庆、珠海等地。从时间序列看，广东省综合金融稳定状况持续向好。在肯定成绩的同时也应看到，部分区域如东翼、山区的金融业发展环境有待改善，东翼的银行业、证券业稳健性有待提高，山区的证券业稳健性也需进一步增强。

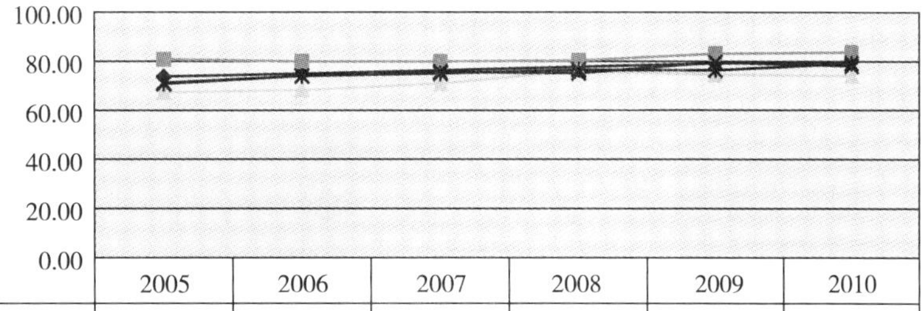

	2005	2006	2007	2008	2009	2010
广东	73.72	74.92	76.22	77.77	79.20	79.80
珠三角	80.74	79.93	79.88	80.33	83.14	83.67
东翼	67.31	68.27	70.86	76.15	74.59	74.13
西翼	71.25	73.97	75.62	75.17	79.55	78.11
山区	70.80	73.98	75.00	76.55	76.38	79.18

广东 珠三角 东翼 西翼 山区

图7-1 广东金融稳定状况变化趋势

(二) 政策建议

1. 顺应国家宏观调控政策变化，推动广东经济社会平稳健康发展。宏观调控政策变化既给广东经济发展带来一定的挑战，也给广东加快转型升级步伐形成了压力和动力。广东应积极顺应形势，同时结合广东省情创造性地开展工作，以全面实施《珠江三角洲地区改革发展规划纲要（2008—2020年)》为契机，不断提高经济发展的质量，不断增强居民的幸福感和满足感，以建设幸福广东为目标，推动广东经济社会持续、平稳、健康发展。

2. 配合国家房地产调控，推动广东房地产市场理性发展。房地产价格是影响区域金融稳定的重要参数，严重泡沫化的房地产市场不仅于民生不利，也会对金融稳定产生负面影响。广东应严格按照《国务院办公厅关于进一步做好房地产市场调控工作有关问题的通知》的精神，敦促各地市政府及时出台实施细则，综合运用土地、金融、税收等杠杆把房地产价格控制在合理范围，既避免房地产泡沫失控，又避免房地产市场出现硬着陆，切实保障房地产金融安全。与此同时，及时化解因房地产调控新政策引发的各类纠纷和矛盾。

3. 审慎对待银行业机构的扩张。银行业机构适度扩张规模符合银行业自身发展需要，也符合经济社会发展对金融服务多元化的需求。然而，当快速扩张成为多数银行机构共同的偏好和目标时，其隐藏的系统性风险不容忽视。广东曾经是金融“三乱”的重灾区，深受金融“三乱”之害，个别地区的金融服务体系至今未能恢复元气。前车之鉴，广东应当审慎对待银行业机构的快速扩张，对中小银行业机构开设异地分支行从严把关，把推动广东银行业从规模速度型向质量效益型发展模式转变作为广东银行业改革发展的主旋律。

4. 着力改变证券业的盈利模式，增强盈利能力。受历史和现实的双重约束，我国证券业机构“靠天吃饭”的经营特征非常明显。广东是改革开放的前沿，具有创新的地缘优势、文化优势和政策优势，应当推动证券业先行先试，加大业务创新力度，不断实现盈利多元化，增强证券业发展的连续性和稳定性。

5. 进一步规范保险业市场秩序，提高增长质量。良好的市场秩序是一个行业持续健康发展的重要保障。尽管从纵向比较来看，广东保险业市场秩序已经取得了长足进步，但与成熟市场相比还有很大差距。应通过加强监管、加强行业自律、加大舆论监督力度等手段进一步规范保险业市场秩序，推动相关市场主体进行公平、良性、有序的竞争，在改变行业形象的同时，丰富行业发展的内涵，提高行业发展的质量。

6. 加快广东金融诚信建设，并以此推动社会诚信建设。现代市场经济是信用经济，金融是信用经济的核心。应当通过整合信用信息资源、创新信用信息产品、发展信用评级业、加强农村信用体系建设、推进中小企业信用体系建设、建立和完善诚信法规体系、加大诚信文化宣传力度等综合措施加快广东金融诚信建设，并以此推动社会诚信建设，不断优化金融业发展的信用环境。

总　　纂：徐诺金
统　　稿：尹青松
执　　笔：陈元富　叶　茂　刘　慧　崔荣伟
其他参与写作人员：庄礼智　陈志刚　郭红亮　吴　进　龙永洁

广西壮族自治区金融稳定报告摘要

2010年，广西坚决贯彻中央“保增长、保民生、保稳定”精神，努力克服百年不遇的特大干旱和严重的洪涝灾害，圆满完成“十一五”规划主要目标任务。经济增速连续9年保持两位数增长，第二产业作用明显提高；投资消费平稳增长，对外贸易创出新高；三项收入较快增长，就业形势基本稳定；三类价格同时攀升，物价上行压力加大。广西金融业总体保持了持续健康发展的良好态势，金融机构改革深入开展，金融市场功能日益完善，金融基础设施运行良好，金融生态环境持续优化。2010年广西金融稳定综合评价值继续保持上升态势，表明在经济回升向好的背景下，广西金融稳定总体状况不断改善，金融体系的协调能力进一步提升。但内外部经济环境发生深刻变化，不稳定、不确定性因素明显增多，保持地区金融稳健运行的难度加大，值得我们密切关注。因此，应继续完善维护金融稳定的长效机制，防范化解金融风险，确保辖区金融稳定。

一、区域经济运行与金融稳定

（一）区域经济运行总体情况

2010年，广西地区生产总值9 502.39亿元，同比增长14.2%，比全国快3.9个百分点，增速连续9年保持两位数增长。

第一、第三产业增速放缓，第二产业作用明显提高。2010年，广西第一、第二、第三产业增加值分别为1 670.37亿元、4 510.83亿元和3 321.19亿元，同比分别增长4.6%、20.5%和11.1%。与上年同期相比，第一、第三产业增速分别下降0.7个和2.7个百分点，第二产业增速则提高2.9个百分点。产业结构由上年的18.8:43.6:37.6调整为17.6:47.5:35。规模以上工业增加值3 009.93亿元，增长23.7%，增速居全国第一位。工业对经济增长贡献率超过50%，工业化率接近2.4。

投资消费平稳增长，对外贸易创出新高。2010年，广西继续实施“项目建设年”，全年全社会固定资产投资7 859.07亿元，同比增长37.7%。民间投资较为活跃，增速高于国有投资增速19.5个百分点。社会消费品零售总额3 271.81亿元，同比增长19%；进出口总额177.06亿美元，同比增长24.3%。其中，出口96.10亿美元，同比增长14.8%；进口80.96亿美元，同比增长37.8%，贸易顺差15.14亿美元。实际利用外资9.12亿美元，同比下降11.9%。

三项收入较快增长，就业形势基本稳定。2010年，广西完成财政收入1 228.75亿元，同比增长27.1%，增幅创15年来新高。规模以上工业企业盈亏相抵后实现利润总额465.76亿元，同比增长75.8%。城镇居民人均可支配收入17 064元，同比增长10.4%。农村居民人均纯收入4 543元，同比增长14.1%。城镇新增就业人数45.61万人，新增农村劳动力转移就业92.69万人；城镇登记失业率3.7%，同比下降0.04个百分点。

三类价格同时攀升，物价上行压力加大。2010年，广西居民消费价格指数（CPI）同比上涨3%，工业品出厂价格指数（PPI）同比上涨12%，原材料、燃料、动力购进价格指数同比上涨11.2%。据2010年第四季度人民银行南宁中心支行定点城市储户问卷调查显示，未来物价预期指数为86.01%，银行家下季度物价预期指数为76.28%，企业家对生产资料综合价格水平的下季度预期指数为78.97%，创历史新高。

（二）对金融稳定有不利影响的因素分析

1. 投资拉动作用突出，信贷结构有待优化

2010年，广西全社会固定资产投资占生产总值的比重高达82.7%，同比提高9.2个百分点，固定资产投资对经济增长的贡献率超过70%，仍然延续投资主导型格局。高投资导致银行信贷资金结构失衡加剧。2010年，广西新增固定资产贷款647.21亿元，占全部新增贷款的40.47%。由于固定资产投资主要集中在交通运输、水利环境和公共设施管理业、房地产、制造业等行业，导致信贷资源也相应集中。

2. 节能减排压力增加，信贷资金存在风险

2010年，广西农副食品加工业、造纸及纸制品业、化学原料及化学制品制造业等七大高耗能行业增加值占规模以上工业增加值的51.6%，七行业能源消费占规模以上工业综合能耗的比重更是高达91.8%。在当前的行业结构下，广西工业经济节能减排压力进一步增大。与此同时，广西钢铁、水泥、电解铝等支柱行业面临产能过剩风险，行业整合、兼并重组成为未来发展趋势，而这部分中小企业自有资金不足、经营管理落后，企业转型转产面临较大障碍，金融债权清收难度大将会对金融稳定产生一定影响。

3. 表外贸易融资激增，异常资金流入加大

一是海外代付类表外贸易融资的激增带来一定的资金风险。据调查，2010年广西辖区主要商业银行海外代付（含协议付款）业务发生额共计10.44亿美元，同比大幅增长138.8%。代付类贸易融资工具将银行表内外汇业务风险转移到表外，实质上构成了开办银行的或有负债，增加了银行的信贷风险。二是在人民币升值预期驱动下，国际收支顺差性失衡压力增大。由于美国实施量化宽松的货币政策和弱势美元的策略，人民币升值预期增强，异常资金流入倾向加大，这一方面增加了流动性，推高资产价格，加大控制通货膨胀的难度；另一方面加剧国际收支不平衡，也蕴藏着形势变化后的跨境资金逆转风险，对金融体系的稳定产生潜在风险。

4. 财政资金缺口扩大，融资平台风险难控

2010年，广西一般预算支出1 994.42亿元，增长23%，地方财政一般预算收入与支出的差额为-1 222.1亿元，资金缺口比上年扩大236.6亿元，为近五年来的最高值。这些缺口主要靠中央转移支付弥补，而在转移支付不足的情况下，以政府名义通过政府融资平台向金融机构贷款或担保的贷款就会持续增长。这些贷款往往以未来的财政收入，尤其是土地出让金收入作为担保贷款的重要保障。按照国务院的要求，广西各家金融机构从2010年6月底开始对相关融资平台公司贷款按“逐包打开、逐笔核对、重新评估、整改保全”的原则开展自查清理，融资平台贷款清理规范工作取得一定成效，但仍存在融资平台公司存量贷款的规范和保全工作成效不明显、贷款风险较难掌控等问题，亟需各方重点关注。

5. 物价指数持续上行，风险隐患有待关注

以农副产品的价格上涨为例，一是囤积居奇和盲目跟风可能造成信贷风险。由于对农副产品价格存在继续上涨预期，部分贷款客户可能会出现争购、囤积农副产品现象，蕴藏的风险比较大。此外，价格上涨较大的农副产品容易在次年的种植、养殖、加工等方面出现盲目跟风，若金融机构也盲目提供信贷支持，一旦市场形势发生变化，高位农副产品价格出现下跌，就会引起信贷风险。二是涉农企业和中小企业存在资金链断裂的风险。物价急剧波动对涉农企业和中小企业的影响较大，在原材料收购、固定资产投资上生产成本增加，可能导致资金不足，资金链条发生断裂，影响后续经营，严重的可能导致企业破产；原材料价格上涨挤压中间利润，直接导致经营利润大幅下滑，贷款逾期风险加大。

6. 房地产业加强调控，房贷风险不容忽视

2010 年，随着差别化住房信贷政策的进一步落实，商业银行房贷风险防范意识增强，不良贷款持续双降；房地产贷款增幅从 6 月份开始平稳回落，12 月末房地产贷款余额 1 907. 01 亿元，同比增长 29. 29%；全年新增房地产贷款 432. 1 亿元，占全区新增贷款总额的 26. 69%，增速高于全区各项贷款增速 7. 29 个百分点。2010 年房价调控并未达到公众预期，房价调控仍面临较大的压力，进一步的调控政策有可能继续出台。房价一旦转入下降通道，有可能对房地产市场造成方向性影响，改变房地产开发企业及房贷主体的心理预期，对银行业房地产贷款风险不容忽视。

二、金融运行与金融稳定

（一）金融业与金融稳定

1. 银行业：信贷投放回归常态，经营效益稳步提高

（1）银行业稳健性评估

各项存款平稳增长，企业存款回落明显。2010 年末，广西本外币各项存款余额 11 813. 9 亿元，同比增长 22. 56%。受“三个办法”、“一个指引”① 政策影响，企业派生存款大幅减少，人民币企业存款余额 3 380. 26 亿元，同比增长 14. 31%，增速同比下降 48 个百分点。储蓄存款较快增长，人民币储蓄存款余额 5 702. 43 亿元，同比增长 21. 69%。

贷款增速回归常态，中长期贷款占比较高。2010 年末，广西本外币贷款余额 8 979. 87 亿元，同比增长 22%，增速同比回落 22. 04 个百分点。全年各月贷款增量离散系数为 0. 42，低于上年同期 0. 43 个百分点，并异于上年“前高后低”大幅波动的情况。全年新增本外币贷款 1 619. 43 亿元，新增中长期贷款 1 391. 52 亿元，占全部新增贷款的 85. 93%。

经营效益稳步提高，不良贷款实现双降。2010 年，广西银行业金融机构实现本外币利润 215. 80 亿元，同比增长 31. 36%。不良贷款余额 153. 15 亿元，比年初减少 31. 98 亿元；不良贷款率 1. 71%，比年初下降 0. 81 个百分点。

（2）银行业发展中需要关注的问题

货币政策步入稳健新周期，银行业流动性稳中趋紧。一是余额存贷比超过监管要求。截至 2010

① “三个办法”指流动资金贷款管理暂行办法、个人贷款管理暂行办法、固定资产贷款管理暂行办法；“一个指引”指项目融资业务指引。

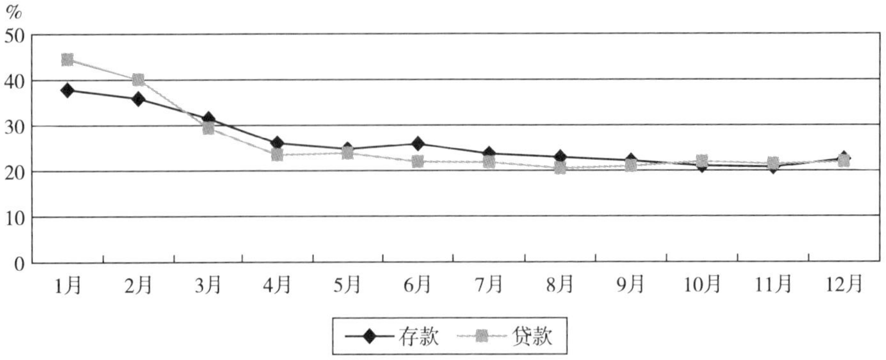

数据来源：人民银行南宁中心支行。

图1　2010 年广西人民币各项存款和贷款同比增速图

年末，广西金融机构人民币余额存贷比为75.49%，略高于75%的监管要求。二是备付率下降。2010年，广西四大国有商业银行平均备付率为1.35%，同比下降0.17个百分点，备付率呈现逐季下降的趋势。三是部分农村合作金融机构资金吃紧。据统计，2010年县级法人农村合作金融机构因资金面趋紧而向融资中心调度的资金规模累计达10.5亿元。四是支农再贷款成为缓解流动性紧张的重要手段。2010年人民银行南宁中心支行累计向农村合作金融机构和村镇银行发放支农再贷款57.85亿元，是上年的2.89倍；支农再贷款结存余额44.7亿元，是上年的2.42倍，创历史新高。

资产负债不匹配问题加剧。12月末，人民币中长期贷款余额7 018.37亿元，占各项贷款余额的78.6%，而定期存款余额仅为3 181.17亿元，占各项存款余额的27.08%，中长期贷款余额与定期存款余额之比为221%，远远超过120%的警戒线，"短存长贷"的期限错配问题比较突出，存在较大风险隐患。

存款季末冲时点现象突出。2010年，广西银行业3月、6月、9月和12月的存款增量合计1 267.4亿元，季末月份的存款增量占全年存款增量的58.27%。存款的波动加大了银行流动性风险，部分法人金融机构为了应对监管部门对存贷比等相关指标的季度考核，采用各种人为手段导致存款虚增，加剧存款不稳定性，增大流动性管理压力。

贷款集中不断加剧，贷款投向亟待调整。一是信贷向大客户集中。截至2010年末，授信或贷款余额在5 000万元以上的大客户数量达1 517家，大客户贷款余额5 284.4亿元，同比增长32.24%。大客户贷款总额占各项贷款余额的比例为58.85%。二是信贷向少数几个行业集中。2010年，广西交通、制造、批发零售、水利、房地产五大行业共新增贷款711.49亿元，占全部行业贷款新增额的72.81%，而包括农林牧渔、教育、卫生等在内的其他十五个急需贷款支持的行业，新增贷款占比不到三成。

（3）银行监管评估

2010年，广西银监部门加大监管力度，强化审慎监管理念。一是强化非现场监管职能，深入推进监管达标升级工作。对法人金融机构切实加强资本监管，督促各金融机构加大不良贷款压降工作力度，把工作重点放在消化不良贷款绝对额和现金回收上，进一步加强指标真实性监管，必要时进行现场抽查，及时进行风险提示。二是严格执行监管规章制度，坚守风险底线。督促各金融机构加强熟悉有关的监管政策及规章制度，尤其是学习银监会下发的"三个办法"和"一个指引"，坚持风险防范优先。三是督促各金融机构牢记服务宗旨，切实提高支农服务水平。督促各金融机构特别是法人金融机构牢记服务“三农”的宗旨和定位，大力提高支农服务水平。四是高度关注银行业风险，切实提高风险防范和管控能力。督促各金融机构高度关注信贷风险等六大风险，提高风险的监测、分析、判断、预警和管控能力。

2. 证券业：上市融资快速增长，证券机构发展稳健

（1）证券业稳健性评估

直接融资快速增长。截至2010年末，广西27家上市公司的总股本达132.27亿股，同比增长15.7%，上市公司总股本占全国的比重为0.4%；总市值1 521.95亿元，同比增长19.46%，总市值占全国的比重为0.5%；全年广西共有7家公司成功在证券市场（含境外市场）筹资，合计募集资金88.17亿元，为上年的9.72倍，直接融资额创同期历史新高。

股票交易有所萎缩。截至2010年末，广西证券经营机构证券交易总额10 970.75亿元，同比减少6.07%，证券交易额占全国的比重为0.97%；证券投资者开户数167.47万户，同比增长15.74%。

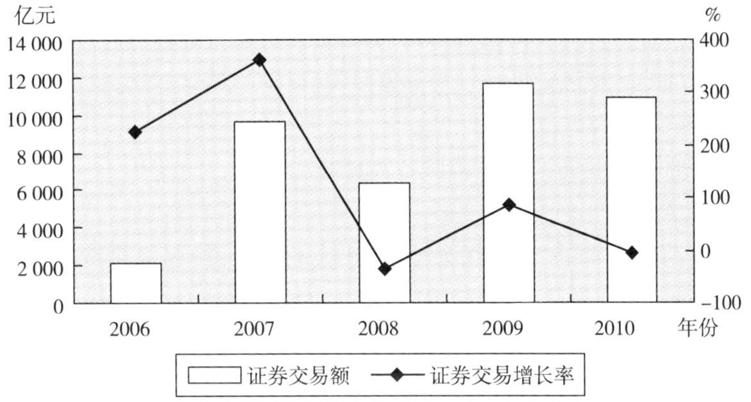

数据来源：广西证监局。

图2 2006—2010年广西证券交易额及增长率变化图

证券机构盈利水平下降。截至2010年末，广西共有1家证券公司，1家基金管理公司，70家证券营业部，24家期货营业部，8家具有证券、期货相关业务许可证的证券中介服务机构。2010年广西证券营业部实现净利润10.08亿元，同比减少32.37%。

上市公司业务增长好于市场预期。截至2010年第三季度，广西27家上市公司总资产965.19亿元，同比增长17.8%；实现营业收入578.04亿元，同比增长39.2%；实现净利润35.9亿元，同比增长115.5%。27家上市公司中，有20家盈利，盈利面达74%。

期货市场持续高速发展。2010年，广西期货营业部代理期货交易量4 958.94万手，同比增长73.48%；代理期货交易额38 902.24亿元，同比增长40.42%；实现净利润2 851.92万元，同比增长69.96%。期货投资者开户数为20 178户，同比增长75.11%。

（2）证券业发展中需要关注的问题

市场总体规模不大，资本市场对经济的带动作用还没有得到充分发挥。从上市公司家数看，截至2010年末，广西上市公司占全国上市公司2 063家的1.31%，在西部地区处于下游。从上市公司对国民经济的影响程度上看，广西证券化率为19.61%，与全国证券化率70.8%相比，相差51.19个百分点，说明上市公司在广西经济中的影响力较小。从上市公司规模在全国资本市场的地位来看，

广西上市公司总市值占全国上市公司总市值的0.57%，与2010年全区GDP占全国GDP的比例2.3%相比，也存在较大差距。

上市公司后备资源匮乏，发展后劲不足。截至2010年末，广西仅有拟上市公司19家，且大多数企业规模较小，上市的竞争力不强，获得公开发行股票融资仍有一定难度。特别是2009年10月创业板推出后，已有163家企业上市，而广西仍没有1家企业申报。上市公司两极分化，市场各要素发展不平衡。2010年，广西27家上市公司中，“ST”类公司达7家，超过全部上市公司的1/4；证券期货中介服务机构发展缓慢，目前广西没有一家期货公司、证券投资咨询公司以及具有证券从业资格的法人会计师事务所。

（3）证券监管评估

2010年，广西证监局着眼服务地方经济，紧紧围绕“提高上市公司质量，防范重大风险”的目标，在大力推进广西资本市场快速发展的同时，着力化解风险。一是夯实治理基础，扎实推进“解决同业竞争、减少关联交易”专项活动。二是加强年报监管，提高上市公司财务信息披露质量，对10家上市公司进行年报现场督导。三是实施监管聚焦，有效化解上市公司风险。完成4家公司的现场检查和9家公司的专项核查。四是快速反应，加强股价异动联动监管，对3起涉嫌内幕交易的事项及异动账户进行调查。同时，深入推进日常监管，以保护投资者合法权益、防控风险和创新发展为主线，促进证券期货经营机构规范发展。

3. 保险业：业务实现较快发展，服务领域不断拓宽

（1）保险业稳健性评估

业务保持较快增长。2010年，广西保险业累计实现原保险保费收入190.9亿元，同比增长28.5%。其中，产险业实现保费收入69.2亿元，同比增长31.1%，增速连续10个月保持在20%以上；寿险业实现保费收入121.7亿元，同比增长27%。保险密度为381.87元/人，同比增长24.27%；保险深度为2.01%，同比提高0.11个百分点。

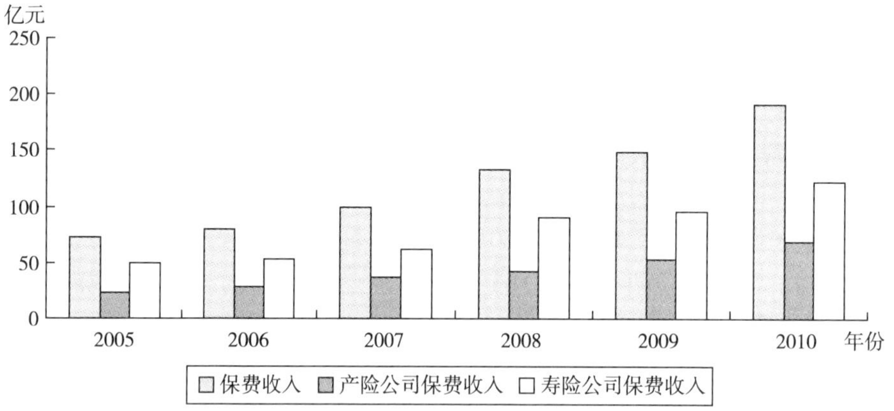

数据来源：广西保监局。

图3 2005—2010年广西保费收入走势图

机构实力有所增强。2010年，有1家新的保险主体进入广西市场。截至12月末，广西保险市场共有省级保险公司27家、保险分支机构1 990家（含营销服务部），专业保险中介机构73家；保险从业人员6.25万人，其中营销员4.91万人。保险业总资产达到343.51亿元，同比增长25.21%。

行业风险有效防范。2010年，寿险公司退保风险总体可控，退保率为2.8%，同比下降0.17个

百分点，全年没有发生大规模非正常退保事件。产险公司保费支付风险下降，12 月末平均应收保费率为 1.43%，同比下降 0.72 个百分点。

结构调整稳步推进。一是产险种类业务齐头并进。2010 年，广西产险业务 14 类险种中有 12 类实现正增长，10 类险种业务增幅达到两位数，5 类险种业务增幅超过 20%。二是寿险新单期交业务增长加快。寿险新单期交保费 21.3 亿元，同比增长 31.9%，新单期交占比 32.1%，比全国高 5 个百分点。

服务领域不断拓宽。一是保障能力不断提高。2010 年广西保险业提供的财产保险和人身保险保障金额达 5.67 万亿元，同比增长 12.7%；承保达 5 474 万人次，同比增长 13.1%。二是"三农"保险不断取得突破。扎实推进田东农业保险试点工作，并将试点工作拓展到武鸣、柳江等 13 个县区。建立了多层次农房保险保障体系，农房保费收入达 3 175 万元。农村小额人身保险为全区 110 多万人次提供了 220 亿元的保险保障。三是服务中小企业发展的能力不断增强。配合自治区人民政府稳步推进"广西中小出口企业海外信用风险保障政府支持计划"，为全区近 3 000 家出口额在 500 万美元以下的中小企业外贸出口保驾护航。

（2）保险业发展中需要关注的问题

总体发展相对较慢。从规模上看，2010 年广西保费收入在全国排名第 25 位，在西部排名第 6 位，居于偏后位置；在全国占比仅为 1.34%，为近五年来占比最低值。从发展速度看，2010 年保费收入增速分别低于全国和西部平均水平 1.94 个和 1.18 个百分点，在全国排第 24 位，西部省区排第 8 位。广西保险业规模偏小、发展较慢、占比偏低的格局仍未改变，全行业加快发展的压力较大。

市场秩序尚未根本规范。个别地区、公司和业务领域违规问题还比较突出，如市场上仍然存在费用捆绑包干使用、虚列费用等违法违规行为，个别公司虚挂中介业务套取手续费、虚列费用补贴中介手续费等弄虚作假行为还比较严重。

结构调整压力增大。一是目前处于加息周期，利率上升对保险需求会产生抑制作用，可能导致传统寿险销售难度进一步加大。二是由于信贷规模有所收紧，商业银行为扩大中间业务收入，积极推动银保业务发展，带来了营销渠道结构调整的压力。三是新会计准则的实施使万能险、投连险的大部分承保收入不能确认为保费收入，各保险公司大力发展分红险，造成目前分红险"一险独大"的局面，一旦保险公司投资收益降低，高分红率则难以为继，隐含退保风险。

农业保险赔付率偏高。2006 年至 2010 年广西农业保险的赔付率分别为 36.3%、33.7%、92.9%、65.47% 和 95.85%，5 年的平均赔付率为 64.84%，与其他保险相比，其赔付率明显过高，加上保险的经营成本，保险公司经营农业保险业务处于亏损状态，导致广西农业保险市场出现萎缩，2010 年广西农业保险的保费收入为 0.75 亿元，同比下降 43.12%。

人才瓶颈问题凸显。随着保险市场的扩容、新主体的增加以及人民群众保险保障需求的不断增长，保险业人才总量不足、人才结构不合理、人才培养和流动机制不完善的问题日益突出，成为制约广西保险业快速发展的瓶颈。

（3）保险监管评估

2010 年，广西保监局继续加强对保险市场的监管。一是深入实施分类监管制度。制定出台广西产险公司重点监管试行办法，通过差异化监管，引导公司加强风险管理。二是加大监管检查力度。广西保监局全年共派出 37 个检查组，对辖区内 29 家保险分支机构、2 家保险中介机构进行了现场检查，对 15 家保险分支机构和 2 家保险中介机构进行了处罚。通过整治，保险市场秩序进一步好转，违法违规现象逐步得到控制。三是严防保险违法活动。推进打击“三假”工作制度化，要求辖内保险公司严格内部管控，加大防范保险违法违规活动的力度。

（二）金融机构改革与金融稳定

1. 组织体系多层次化，试点工作成效显现

截至2010年末，全国13家股份制商业银行已经有8家进驻广西，3家外资银行进入广西开设代表处或者分行。目前，全区已经拥有了包括政策性银行、国有商业银行、股份制商业银行、城市商业银行、农村合作金融机构、邮政储蓄银行、新型农村金融机构、外资银行8大类银行业金融机构在内的完善的银行体系及证券、保险等多类型的金融机构，初步形成了商业性金融、政策性金融、合作性金融协调发展的多层次金融服务体系。

股份制改革后，工商银行、中国银行、建设银行和交通银行的分支机构经营机制、组织结构更趋合理；农业银行初步建立了“三农”金融事业部经营管理体系，县域业务保持快速发展势头，取得了服务“三农”和自身效益的“双赢”；政策性银行改革取得积极进展，商业化改革迈出重要步伐；3家城市商业银行改革稳步推进；农村信用社改革取得阶段性成果，在人民银行42.94亿元专项票据资金的支持下，农村合作金融机构资产质量和经营情况持续改善；新型农村金融试点工作成效显著。

扩大农村金融改革试点工作扎实推进。2010年3月，根据《广西壮族自治区人民政府办公厅关于印发扩大农村金融改革试点工作方案的通知》（桂政办发〔2009〕223号）要求，人民银行南宁中心支行制定了《人民银行南宁中心支行关于扩大农村金融服务改革试点工作的指导意见》（南宁银发〔2010〕37号），决定以田东县农村金融改革试点为基础模式，在13个试点县开展农村金融服务改革试点工作，取得了阶段性成果。

2. 法人机构深化改革，扩张步伐明显加快

农村合作金融机构改革成效显著。截至2010年末，广西31家县级农村合作银行获准挂牌开业，开业家数居全国第3位、西部省第1位；股权结构不断优化，全区农村合作金融机构投资股占比由年初的74.83%提高至年末的89.93%。全区农村合作金融机构各项存款余额2 255.12亿元，各项贷款余额1 564.47亿元，存、贷款增量连续五年均居全区同业第1位。但是农村合作金融机构在取得丰硕改革成果的同时，也存在着一些问题：一是部分机构成本费用控制制度仍未得到有效落实。63.33%的农村合作金融机构成本收入比指标同比上升或高于全国平均水平。二是盈利能力有待进一步提高。38家联社的资产利润率同比下降或低于全国平均水平，占比42.22%，部分机构的资产利润率尚不到全国农村信用社平均资产利润率的50%。三是内控管理制度仍需进一步落实到位。如个别联社存在较严重的违规问题，被当地银监机构处罚，主要问题集中在突击发放贷款、通过行文方式违规将存款指标考核到非存款部门和个人、发放虚假贷款，虚增储蓄存款等。

城市商业银行机构扩张明显加快。2010年广西城商行跨区域扩张步伐明显加快。北部湾银行在南宁市以外的钦州、北海、防城港、崇左、贵港和玉林市6个城市设立分支机构，同时发起成立百色田东北部湾村镇银行。原柳州市商业银行6月12日正式更名为柳州银行，12月30日柳州银行南宁分行开业，同时正在筹备设立桂林、贵港、玉林、广州、南昌等分行。11月25日，桂林市商业银行正式更名为桂林银行，目前桂林银行已在贺州、梧州、南宁等地设立异地分支机构，同时控股桂林兴安民兴村镇银行，发起设立了藤县、横县、容县三家村镇银行。随着城商行的快速扩张，存在

的问题及蕴含的风险也日益突出。一是金融资源向发达地区集中，凸显地方金融资源分布不均；二是原有定位发生变化，削弱对中小企业的金融服务；三是资本不足问题显现，机构扩张面临资本约束；四是金融产品创新不足，业务品种缺乏快速适应能力；五是人才储备不足，跨区域发展的可持续性面临挑战；六是管理模式发生转变，风险管控难度增大。

3. 新型机构快速发展，支农力度持续增强

截至2010年末，广西有三类新型农村金融组织，即12家村镇银行、3家农村资金互助社和58家小额贷款公司。其中，村镇银行各项存、贷款余额分别为17.86亿元和13.37亿元，同比分别增长186.18%和135.47%，存贷比为74.86%，同比下降16.17个百分点。资金互助社存、贷款余额分别为201.81万元和499.1万元，涉农贷款比例达100%，实现经营利润19.65万元。小额贷款公司贷款余额15.67亿元，实现利润总额2 048.3万元。但是新型农村金融机构发展存在的问题需要密切关注。一是村镇银行与发起银行关系模糊，独立法人地位存在缺陷。二是社会公信度低，制约了新型农村金融组织业务的快速发展。三是对农村资金互助社的有关政策扶持措施尚未得到有效落实。四是村镇银行资金来源渠道狭窄。截至2010年末，桂林市兴安民兴村镇银行使用人民银行支农再贷款余额达5 800万元，占其各项贷款余额的13.81%。五是村镇银行存款准备金频现透支现象，内控管理有待加强。2010年，有3家村镇银行共发生存款准备金透支5次，其中有1家村镇银行年内三次出现准备金缴存不足行为。

（三）其他金融风险因素对金融稳定的影响

1. 民间融资量增价升，不规范性存在风险

2010年，广西民间融资呈现以下四个特点：一是民间融资规模持续增长。民间融资农户类及非农户类借贷总量分别为2.82亿元和3.88亿元，同比分别增长41%和11.5%，连续多年保持两位数以上增长。二是民间融资利率继续走高。民间融资农户类和非农户类借贷加权平均利率分别为22.89%和25.94%，同比分别提高2.87个和3.2个百分点。三是民间借贷利率区间分布上升。农户类及非农户类民间借贷区间主要集中分布于20%～25%的利率区间内，占比分别为34.39%和28.36%。四是民间融资期限结构继续保持短期为主。农户类与非农户类借贷期限均以1年期短期融资为主，占比分别为81.14%和85%。民间融资存在着一定的不规范性，这必然会对金融稳定造成一定不利影响，具体表现在：非格式合同的普遍存在易带来法律纠纷；民间融资用于非生产领域易造成还款风险；民间融资利率高位运行加大借贷人还款压力。

2. 金融案件持续下降，防控形势依然严峻

2010年，广西银行业金融机构累计发生各类案件1起，同比减少2起，涉案金额190万元，同比减少95万元，呈现逐年下降的趋势。但深层次问题尚未完全根除，风险隐患仍然存在，案件防控形势严峻。一些诈骗犯罪团伙利用个别企业资金链紧张、资金需求急切的特点，通过各种手段，甚至勾结银行人员，诈骗银行业机构的客户资金。一些犯罪分子利用一些人急功近利，欲求高额回报心理，进行非法集资、传销。除了外部原因外，金融机构内部问题也是一个重要因素，主要表现在制度不完善，执行力不强，对案件线索缺乏敏感性，内部审计、责任追究和处罚力度不够，从业人员的素质与能力不高。这一问题在基层网点更为普遍，如村镇银行风险控制能力较弱，给金融案件防控带来一定难度。

3. 反假工作成效显著，假币流通有所下降

2010 年，广西全年共收缴假人民币 2 858.17 万元，同比下降 37.62%，取得银行柜面及公安破案假币收缴量双下降的成绩。广西各级公安机关立案侦查假币案件 156 起，破获假币犯罪 131 起，其中 10 万元以上 20 起，抓获犯罪嫌疑人 135 人，查处治安假币案件 595 起，610 人受处罚。从总体上看，广西假币收缴量虽然呈现下降的趋势，但在利益的驱动下，滋生假币犯罪的土壤尚未根除，流通中假币还有一定存量，反假币工作仍需密切监测假币动向，形成全面堵截假币防线，以防范风险。

三、金融市场运行与金融稳定

（一）金融市场运行情况

1. 债券市场较快发展

债券回购交易快速增长。2010 年，广西银行间债券市场成员累计办理债券回购 2 512 笔、金额 5 401.89亿元，交易金额同比增长 1.36 倍，累计净融入资金 1 931.38 亿元。企业发债呈现快速增长态势。2010 年，非金融企业获准注册债务融资工具的额度达 113 亿元，同比增长 2.9 倍；实际发行融资 75 亿元，同比增长 6.5 倍，发行总额为同期企业债发行量的 2.27 倍。

2. 拆借市场保持平稳

成交量总体保持平稳，但市场活跃程度有所下降。2010 年，广西银行间债券市场成员共发生信用拆借 60 笔、金额 63.5 亿元，成交笔数同比减少 21 笔，成交金额同比增加 4.35 亿元。拆借各期限加权平均利率持续上扬，信用拆借各期限加权平均利率为 2.14%，同比提高 0.65 个百分点。

3. 票据市场总体活跃

票据融资持续负增长。2010 年，广西票据融资余额 145.94 亿元，同比减少 19.12%，已连续 11 个月出现负增长。票据转贴现市场较为活跃，市场利率持续走高。2010 年，票据累计转入 1 333.54 亿元，同比增加 626.74 亿元；累计转出 760.21 亿元，同比增加 420.42 亿元。企业贴现加权平均利率由 1 月份的 2.42% 逐月走高至 12 月份的 4.64%，转贴现加权平均利率由 1 月份的 2.09% 一路走高至 12 月份的 3.97%。再贴现业务需求旺盛。2010 年再贴现发放 1 290 笔共 35.68 亿元，增幅达 5 倍，限额周转使用率达 112.4%。

4. 外汇市场快速回升

银行结售汇快速增长，顺差规模有所扩大。2010 年，广西银行结售汇 133.40 亿美元，同比增长 33.39%；结售汇顺差累计 13.83 亿美元，同比增长 36.79%。跨境资金流动加快，净流入小幅增长。2010 年跨境资金流动 196.74 亿美元，同比增长 32.49%%；年累计净流入 16.83 亿美元，同比增长 15.67%。外汇存款和贷款同步增长，外汇存贷比居高不下。2010 年末，各项外汇存款余额 10.14 亿美元，同比增长 24.15%；各项外汇贷款余额 16.96 亿美元，同比增长 25.87%。外汇存贷比由上年的 165% 进一步上升至 167%，负债外币化倾向较为明显。

5. 黄金市场大幅增长

截至 2010 年末，广西共有 11 家银行业金融机构开办代理黄金买卖业务，各类黄金业务累计成交 23.42 吨，成交金额 65.66 亿元，同比增长 75.35%。其中，纸黄金累计成交 17.66 吨、金额

49.58 亿元，成交量同比增长 7.88%；实务黄金累计成交 1.18 吨、金额 3.24 亿元，成交量同比增长 1.46 倍；黄金“T+D”累计成交 4.58 吨、金额 12.84 亿元，成交量同比增长 6.27 倍。

（二）金融市场运行中应该关注的问题

1. 贵金属和股指期货等新兴复杂理财产品交易渗透至县域，投资者教育和风险提示工作有待跟进

随着银证、银金合作不断加强，以及商业银行金融电子化建设持续完善，新业务的推广不再受地域限制，县域投资者参与股指期货和贵金属等新兴复杂理财产品交易的热情高涨。但目前县域投资者相对缺乏期货和贵金属投资知识，且部分期货（商业银行）公司为了提高县域市场占有率盲目发展，而与之配套的投资者服务、教育和风险提示等工作跟进不及时，可能产生的纠纷对理财投资市场的发展会带来负面影响。

2. 银行短期高收益理财产品集中发售存在隐患

当前各银行存款营销竞争激烈，发行高息短期理财产品来吸引客户，存在诸多隐患，应予关注。一是易形成监管真空。二是有变相高息揽存的嫌疑。调查显示，2010 年 12 月发行的理财产品平均收益率已经超过 3%，最高的达到 4.2%，而一年期存款利率仅为 2.75%。三是风险提示不充分，易误导投资者。

四、金融基础设施与金融稳定

（一）支付清算体系建设取得重要进展

2010 年，广西支付清算体系统建设取得新的重要进展，主要表现在：全面推进农村支付服务环境建设，继续完善支付清算系统制度建设，推广运行电子网上支付跨行清算系统，顺利建成电子商业汇票系统，大力推进银行卡产业发展，联合打击银行卡犯罪，开展银行卡、票据、账户、会计联行等支付业务现场检查，有效排查支付体系资金风险，深入落实非金融机构支付服务相关管理办法，账户服务水平全面提升。但广西支付清算体系还存在一些不完善的地方，有待进一步改进。如非现金支付工具推广应用中仍存在无序竞争、违法犯罪活动比较猖獗的现象，对商业银行行内综合业务系统支付交易信息监测还缺乏有效手段等，部分已开展业务的非金融支付组织在规定期限内可能无法取得支付业务许可证等，一定程度上对金融稳定产生影响。

（二）征信系统建设成效日益显著

2010 年，全区有 11.3 万户企业和 2 450 万自然人以及住房公积金、环保、欠薪、欠税等信用信息已录入到人民银行征信系统，并实现全国联网。各金融机构通过查询个人征信系统拒贷 5 万笔，金额 67.64 亿元；建立了 358 万户有信贷关系的农户信用信息档案，建立 209 个信用（村）镇，18 万个信用农户，累计发放青年创业贷款 92.59 亿元，惠及 29.63 万名创业青年；中小企业信用体系建设取得突破性进展，建立了 6.5 万户中小企业信用档案，中小企业贷款余额 2 600 亿元，同比增长 28%。金融机构与推荐的南宁市 203 家诚信中小企业授信签约 60 亿元。通过征信体系建设，信用制度建设逐步完善，社会公众信用意识逐步加强，减少了金融系统的坏账，促进了均衡发展，维护了

金融稳定。目前征信体系建设存在的主要问题及对金融稳定的影响是，由于采集的非银行信息越来越多，这些信息的更新和质量并无严格保障，存在法律诉讼和金融机构错误判断的可能性，这对金融稳定有一定影响。

（三）反洗钱工作继续向纵深推进

2010 年，广西反洗钱工作继续向纵深推进，不断取得新的突破。一是非现场监管基础作用充分发挥，首次对金融机构反洗钱工作开展非现场风险评估。二是现场监管效力进一步提升。首次将现场检查中发现的违法活动可疑线索移交相关部门，全年共检查金融机构 49 家。三是案件协查成效更加显著。全年累计协助执法机关开展反洗钱调查 110 次、涉及金额 75 亿元，协助破案 14 起、涉及金额 3.3 亿元。四是反洗钱意识逐步增强。通过业务培训、壮族山歌、演讲比赛等多种形式开展反洗钱宣传培训活动，广泛普及反洗钱知识。尽管广西反洗钱工作取得重要进展，但各种犯罪活动引发的洗钱风险依然存在。“资本运作”以及以各种以商品为载体的传销活动仍呈多发态势，屡打不绝的情况并未根本扭转；周边国家赌场的存在导致网络赌博上层团伙及参赌人员较为集中，频被利用的网上银行、电话银行等支付手段存在一定的风险隐患；走私贩毒等违法犯罪行为对边境地区的社会经济稳定仍具有潜在威胁，日益明确的团伙分工使洗钱出现专业化趋势。

（四）金融信息化系统建设不断取得突破

2010 年，广西金融信息化建设不断取得新突破，主要表现在：一是各金融机构着力提升技防手段，加强监控与防范，确保了“两会”、“世博会”、“亚运会”及“中国—东盟博览会”等重要时期金融业的安全稳定运行。二是银行业金融机构稳步推进“科技兴行”战略，网上支付跨行清算系统和跨境支付系统成功上线运行，北部湾银行启航贷记卡和桂林银行漓江公务卡顺利通过发卡技术审核。三是 IT 基础设施进一步夯实。人民银行广西省级数据中心新机房投入运行，北部湾银行和桂林银行异地灾备中心投产试运行。四是深入开展银行卡联网通用检查工作，对 16 家银行卡发卡机构发行的 277 种银行卡进行了合规性检查。广西金融信息化建设取得了一定成绩，但仍存在潜在风险：仍有金融机构尚未开展同城或异地灾备中心建设；部分金融机构的安全管理制度跟进滞后，监督机制不健全，存在系统安全漏洞。

（五）金融稳定机制建设继续健全和完善

2010 年，广西人民银行系统在已建立的由自治区政府牵头的金融稳定联席会议制度、与各监管机构建立信息共享机制的基础上，继续拓宽金融稳定跨区域合作模式，进一步夯实了金融风险评估、防范和化解等工作的基础。如河池市中心支行与贵州黔南州中心支行进一步完善跨省区货币信贷暨金融稳定信息共享机制；柳州、河池、百色、防城港、贺州等市中心支行建立完善金融机构重大事项报告制度，明确突发事件信息报告相关管理规定；桂林、贺州等市继续建立健全应急预案体系，贺州市还以人民政府办公室名义印发了《贺州市金融突发事件应急预案》，进一步完善了市级层面的应急预案体系。

五、总体评估与政策建议

（一）总体评估

从定量评估的结果来看，2010 年广西金融稳定综合评价值为 82.71 分，属于金融稳定状况较好地区，较上年提高 2.11 分，同比上升 2.62%。这一数据表明在经济回升向好的背景下，广西金融稳定总体状况不断改善，金融体系的协调能力进一步提升。从过去三年的评估结果来看，广西的综合得分一直保持逐年上升的趋势。分项来看，宏观经济、保险业和金融生态环境均有所改善，银行业和证券业略有下降。

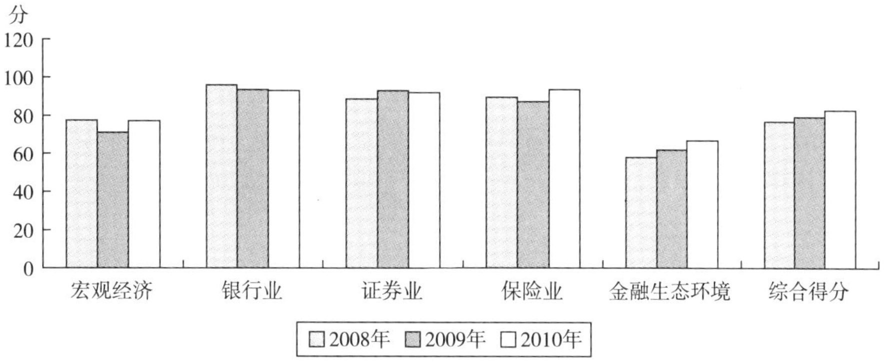

图 4　2008 年、2009 年和 2010 年广西金融稳定状况图

虽然 2010 年广西金融稳定综合评价值有所上升，但欧洲主权债务危机逐步扩散，美国推行第二轮量化宽松政策，全球贸易保护主义抬头，世界经济复苏缓慢乏力且不平衡，我国经济发展面临着增速放缓和通货膨胀预期增强双重压力，内外部经济环境发生深刻变化，不稳定、不确定性因素明显增多，值得我们密切关注。宏观经济方面，关注政府投资拉动的持续效应以及经济结构调整对金融稳健运行的影响；人民币升值预期和本外币利差扩大导致异常资金流入压力加大；随着地方政府财政缺口扩大，政府债务偿还的现金流压力增加；通货膨胀预期明显增强、房地产市场价格高位运行，通过财富效应影响经济主体的资产负债结构。金融业方面，随着货币政策步入稳健新周期，银行业流动性水平逐渐收紧，贷款投向过于集中，资产负债不匹配问题加剧，对其风险管理构成较大压力；证券经营机构核心竞争力有待提高，上市公司发展后劲不足，资本市场对经济的带动作用还没有得到充分发挥；保险业结构调整难度增大，市场秩序尚未根本规范，总体发展水平相对落后；非法集资、传销、制贩假币和诈骗等影响金融运行秩序的活动更具有隐蔽性和欺骗性，金融生态环境建设有待加强。

（二）化解金融风险、增强金融业稳健性的政策建议

1. 健全金融稳定协调机制，加强风险监测管理

一是进一步健全完善金融监管系统内部各部门、机构之间以及金融监管部门与相关部门之间的信息沟通共享和业务协作机制。二是提高微观审慎监管的水平。要把微观审慎监管的要求认真落实到金融机构的各个层级，重视逆周期的监管。三是改进风险监测方式、方法。特别是加强对高风险

法人金融机构的风险监测，重点关注信用风险、市场风险、流动性风险和操作风险等潜在风险，同时密切关注跨行业、跨市场、交叉性金融工具的风险，共同防范和化解系统性金融风险。

2. 贯彻落实稳健货币政策，提高风险防范水平

一是各金融机构要主动适应差别准备金动态调整措施，努力提高资本充足率和稳健经营水平，加大对基础设施建设、优势特色产业项目的信贷投入，多方面拓宽中小企业融资渠道。二是要进一步加强流动性管理，避免集团客户过于集中造成的信贷风险，密切关注房地产贷款风险，积极化解各类外生性金融风险。三是应密切关注地方政府融资平台贷款风险，切实做好清理地方政府融资平台的配套金融服务。

3. 继续推进金融体制改革，塑造健康微观主体

一是已改制的商业银行在实现股东权益最大化的基础上继续深化股份制改革，加快城市商业银行转型，积极推进有条件的城市商业银行择机上市。二是在实现政策性目标和商业性目标有机统一的基础上，继续推动国家开发银行以中长期融资服务于经济的商业化转型，加快推进中国农业发展银行进行现代农业政策性银行建设。三是完善农村金融体制改革。按照面向“三农”服务宗旨，完善农村信用社法人治理结构；继续进行农业银行“三农”金融事业部改革试点；继续推进村镇银行、小额贷款公司和农村资金互助社发展；进一步推进农村利率市场化进程。

4. 完善多层次的市场体系，不断优化金融结构

一是推动优质企业上市融资，争取将广西19家拟上市公司尽可能多地成功发行上市；充分发挥上市公司再融资功能；鼓励有实力、有产业优势的企业参与证券市场活动，积极推进企业在创业板发行上市；推动质量好的上市公司进行资产重组。二是鼓励和支持期货公司不断提高服务和管理水平，通过资产重组和增资扩股等方式，增强竞争实力。积极培育期货市场，宣传和发挥期货市场功能，使更多的企业和机构投资者利用期货及其他衍生品工具套期保值、规避风险。三是加大保险主体的引进力度，适当加快寿险公司的引进、稳步实施财险公司的准入，优化保险市场竞争格局。

5. 加强金融基础设施建设，确保金融安全运行

一是继续推动支付清算体系建设，扎实推进第二代支付系统建设，进一步完善电子支付跨行清算体系，为商业银行和非金融机构电子支付业务的发展提供更强大的支持和更便利的平台，加快推进农村支付清算体系建设。二是着力加强金融信息共享和综合利用，建立健全信息共享和治理机制，加强金融行业信息安全监管力度，确保金融信息安全运行。三是进一步加强反洗钱资金监测，监督指导金融机构继续加强内部控制等各项预防措施建设，与公安等单位合作，持续开展反洗钱宣传，有效预防和打击洗钱及相关犯罪，维护社会和金融稳定。

6. 逐步改善金融生态环境，构建稳定长效机制

一是大力发挥地方政府在金融生态环境建设中的积极作用，建立银政企金融合作机制，构建层次众多、运行高效的区域金融服务体系。二是依法维护金融系统正常运转秩序，积极引导民间借贷，提高司法效率，加大打击非法集资、传销、制贩假币和诈骗等非法金融活动的力度。三是以健全信贷、纳税、合同履约、产品质量的信用记录为重点，加快建设社会信用体系，积极建立解决农户和中小企业融资担保问题的机制和办法，同时多渠道、多形式地开展金融知识普及教育宣传和投资者教育活动，营造良好的信用环境。

7. 积极扩大金融对外开放，深化金融交流合作

一是加快实施“走出去”战略，做到吸收外资和对外投资并重，努力拓宽国际经济合作途径，

严防海外并购风险，同时控制热钱的大量流入。二是加大“引金入桂”力度，充分发挥资金洼地效应，吸引更多的国外金融机构特别是东盟国家的金融机构在广西设立分支机构。三是在平等竞争、互惠互利的原则下，加强与东盟各国的金融监管合作。

总　　纂：罗跃华
统　　稿：黎　宇　黄云丰
执　　笔：朱燕宇　农丽娜　王　涛
其他参与写作人员（以姓氏拼音为序）：
安立波　邓华茂　费代华　胡凡良　李文明
卢　峰　陆　峰　邱　海　覃　琪　王效瑜
吴　洁　辛悦玲　易　扬

海南省金融稳定报告摘要

2010年，海南省抓住国际旅游岛建设上升为国家战略的历史机遇，开拓进取，创新实干，实现了国际旅游岛建设的良好开局。银行业改革取得重大进展，经营效益创历年新高，抵御风险能力显著提升；证券期货业发展势头强劲，资本市场融资规模明显扩大；保险市场组织体系渐趋完善，有效地服务了海南省经济社会的发展。金融市场融资功能增强，货币市场交投活跃，金融基础设施建设稳步推进，金融业发展环境不断优化，为促进海南省经济金融健康发展、维护辖区金融稳定提供了重要保障。总体而言，海南省金融体系继续保持了稳健的发展态势。

一、区域经济运行与金融稳定

2010年，海南省继续推进改革开放，着力转变经济发展方式和加快经济结构调整，经济运行呈现出速度、结构和效益同步提升的良好态势。

（一）经济发展稳健向好，国际旅游岛建设实现良好开局

1. 经济持续快速增长，结构调整取得重要进展。2010年，海南省完成地区生产总值2052.12亿元，同比增长15.8%。其中，第一产业增长6.3%，第二产业增长19.2%，第三产业增长19.6%。经济结构由“三一二”转变为“三二一”，实现历史性转型。

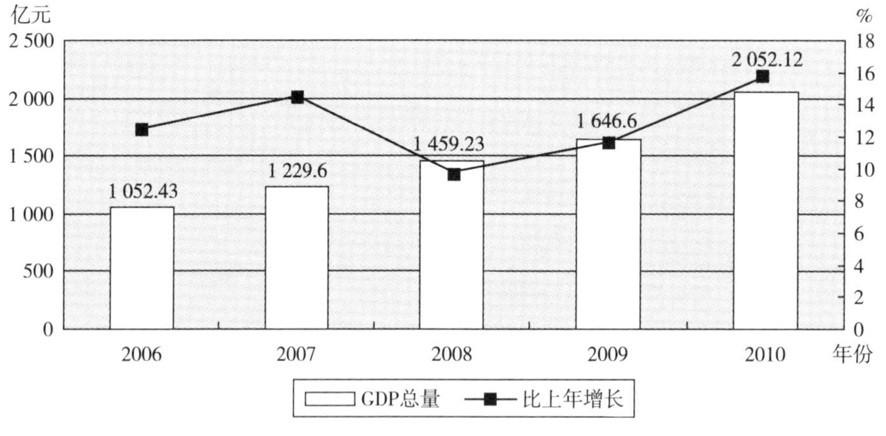

数据来源：海南省统计局。

图1 2006—2010年海南省GDP增长情况

2. 经济社会步入发展新阶段，发展方式出现积极转变。2010年，海南省人均地区生产总值突破3 000美元大关，这标志着海南省步入消费加快升级换代时期，服务业发展加速，经济进入快速发展轨道。2010年，海南省全社会固定资产投资总额1 331.46亿元，同比增长32.8%；社会消费品零售总额623.82亿元，

同比增长19.5%；对外贸易进出口总值108.02亿美元（含中石化海南炼油厂），同比增长21.2%，其中，出口总值23.91亿美元，同比增长25.8%；进口总值84.11亿美元，同比增长20.0%。

3. 地方财政收入、企业利润大幅增长，经济效益明显提高。2010年，海南省全口径一般预算收入528.64亿元，同比增长40.4%。其中，地方一般预算收入271.06亿元，同比增长52.1%，增幅居全国第一。全年列入统计监测的420家规模以上工业企业综合效益指数310.5%，同比提高27.3个百分点，创历史新高；实现利润总额117.28亿元，同比增长31.1%。

4. 物价上涨较快，结构性上涨特征明显。2010年，海南省居民消费价格指数同比上涨4.8%，居住类和食品类价格较快上涨是推动居民消费价格上涨的主要因素。一方面，受房地产业快速发展的拉动，居住类价格上涨较为明显，涨幅达9.7%；另一方面，食品类价格上涨7.6%。其他受关注的物价方面，农业生产资料价格上涨7.3%，工业品出厂价格上涨7.7%，原材料、燃料、动力购进价格上涨10.3%，固定资产投资价格上涨5.2%。

5. 城乡居民收入增长较快，劳动就业人数持续增加。2010年，海南省城镇居民人均可支配收入达15 581元，同比增长13.3%；农村居民人均纯收入5 275元，同比增长11.2%。2010年，海南省劳动就业规模继续扩大，全省从业人员436.87万人，同比增长2.9%；城镇新增就业人数9.36万人，同比增长2.9%；城镇登记失业率3%，同比下降0.48个百分点。

6. 旅游业实现较快发展。2010年，海南省接待旅游过夜人数2 587.34万人次，同比增长15.0%。其中，接待国内旅游者2 521.03万人次，同比增长14.8%；接待入境旅游者66.31万人次，同比增长20.2%。旅游总收入257.63亿元，同比增长21.7%。其中，国内旅游收入235.61亿元，同比增长22.2%；入境旅游收入22.02亿元，同比增长16.5%。

（二）海南省经济可持续发展面临的挑战

1. 经济增长较为依赖房地产业。2010年，随着海南国际旅游岛建设推进，海南省房地产业进一步成为拉动经济增长的重要产业，经济增长依赖房地产业推动的问题值得关注。2010年，全省房地产业实现增加值187.78亿元，同比增长27.1%；房地产开发完成投资467.87亿元，同比增长62.5%；房地产业实现税收104.05亿元，占地税总额的43.9%，同比增长108%。

2. 通胀预期不断加强，通胀压力较大。2010年，海南省物价上涨较快，社会各界对物价上涨的担忧加重，中国人民银行海口中心支行2010年第四季度问卷调查显示，当前居民、企业和银行家对物价的预期指数分别为72.56%、58.54%和77.0%，比上期分别高出4.89个、9.68个和0.4个百分点，均处于历史较高位。经济主体通胀预期增强可能推升物价进一步上涨。

3. 产业结构有待进一步优化。截至2010年末，海南省三次产业增加值占比分别为26.3:27.6:46.1，第三产业占比进一步提高，产业结构有所改善。但是，海南省第三产业占比的提高是在经济发展低水平基础上由个别行业的超常规发展带来的，并非现代服务业升级后的高比重，海南仍应加快产业多元化的改革步伐。

二、金融业与金融稳定

（一）银行业与金融稳定

2010年，海南省银行业金融机构股份制改革工作成效显著，业务规模快速发展，存贷款增量、经营效益创历史新高，信贷结构不断优化，资产质量进一步改善，抵御风险能力稳步提高。

1. 银行业整体运行情况

（1）商业银行改革不断深化，新型农村金融机构设立取得新进展。2010 年，辖区已改制商业银行继续深化各项改革，风险管理水平和内控能力不断增强，盈利能力和服务海南国际旅游岛建设的效率大幅提升。国家开发银行海南省分行着力贯彻“一体两翼”战略，稳步推进风险管理和内部控制等制度建设，完善运作机制，积极支持海南国际旅游岛建设。农业银行海南省分行“三农”金融事业部制改革进一步深化，县域行业务迅速发展，涉农贷款业务和惠农卡覆盖面不断扩大。农村信用社改革进程加快，全省各市（县）农村信用社实现统一法人，资本充足率、资产质量和经营效益继续转好，支农力度不断加大。新型农村金融机构设立取得突破性进展，全年新设村镇银行和农村资金互助社各 3 家，发展势头良好。

（2）经营规模不断扩大，整体实力显著提高。截至 2010 年末，海南省银行业金融机构本外币资产总额 5 470 .52 亿元，同比增长 32. 83%；银行服务密度 630. 3 亿元/百万人，同比增长 32. 24%；本外币负债总额 5367. 84 亿元，同比增长 31. 29%；全年实现利润总额 61. 09 亿元，同比增长 51. 55%。

（3）存款快速增长，定期化趋势增强。截至 2010 年末，海南省银行业金融机构本外币各项存款余额 4 217. 3 亿元，同比增长 32. 8%。其中，企事业单位存款 1 760. 41 亿元，同比增长 29. 48%；储蓄存款 1 679. 85 亿元，同比增长 29. 72%。与上年相比，存款结构发生较大变化，存款定期化趋势增强，活期化趋势减弱，新增存款中活期存款占比为 50. 69%，同比下降 22. 09 个百分点；定期存款占比为 25. 19%，同比上升 16. 42 个百分点。

（4）贷款平稳增长，投向结构进一步优化。截至 2010 年末，海南省银行业金融机构本外币各项贷款余额 2 509. 72 亿元，同比增长 29. 31%；全年新增贷款 568. 86 亿元，同比增加 13. 74 亿元。新增贷款中，中长期贷款占全部贷款的比例率 82. 19%，同比上升 8. 25 个百分点（见图 2）。

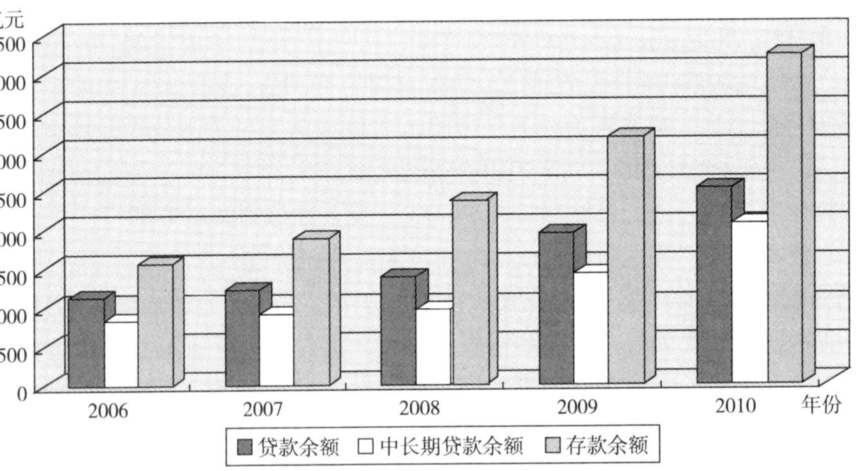

数据来源：中国人民银行海口中心支行。

图 2　2006—2010 年海南省银行业存贷款情况

2010 年，海南省银行业金融机构新增贷款主要投向环境和公共设施业、房地产业、运输仓储和邮政业、住宿和餐饮业、租赁和商务服务业、电力燃气及供水业 6 大行业，这 6 大行业新增贷款

364.97 亿元，占新增贷款总量的 64.16%（见表 1）。与上年同期相比，新增贷款前 6 大行业没有变化，但新增贷款占比发生了变化，同比下降 16.74 个百分点，这表明金融机构贷款投向行业范围扩大，信贷资金行业集中趋势减弱，有利于金融机构分散信贷风险、实施稳健经营战略。

表 1　海南省银行业金融机构新增贷款重点行业分布表

指标	2010 年		2009 年	
	新增贷款（亿元）	占比（%）	新增贷款（亿元）	占比（%）
环境和公共设施业	137.03	24.09	167.26	30.13
房地产业	97.22	17.09	87.10	15.69
运输仓储和邮政业	47.57	8.36	111.56	20.10
住宿和餐饮业	37.33	6.56	14.20	2.56
租赁和商务服务业	28.41	4.99	41.45	7.47
电力燃气及供水业	17.41	3.06	27.50	4.95
小计	364.97	64.16	449.07	80.90

数据来源：中国人民银行海口中心支行。

（5）资产质量继续好转，抵御风险能力增强。2010 年末，海南省银行业金融机构不良贷款余额同比下降 3.94 个百分点；不良贷款率 1.99%，同比下降 0.67 个百分点（见图 3）。不良贷款主要集中在农业发展银行海南省分行、海南省农村信用联社，这 2 家机构不良贷款余额占全省银行业金融机构不良贷款总量的 67.97%，占比较上年末下降 6.46 个百分点。

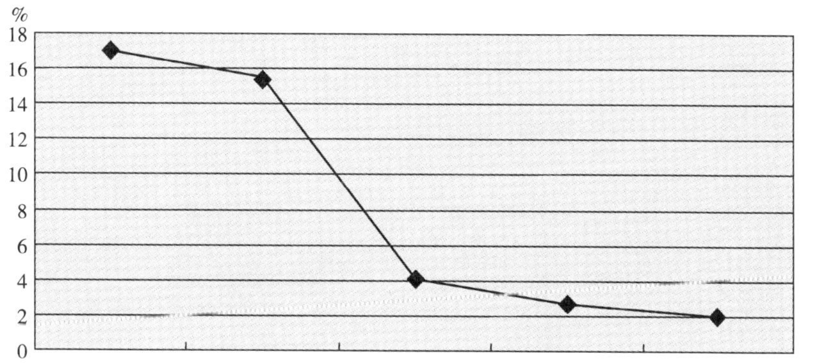

数据来源：中国人民银行海口中心支行。

图 3　2006—2010 年海南省银行业不良贷款率变动情况

2. 银行业发展中需要关注的问题

（1）地方法人银行机构发展基础薄弱，整体实力不强。一是机构种类单调。目前海南省没有城市商业银行、农村商业银行等银行机构。二是市场份额占比低。截至 2010 年末，地方法人银行类金融机构资产、存款、贷款市场份额分别仅有 7.7%、7.42% 和 7.22%。三是新成立的村镇银行、农村资金互助社等新型农村金融机构普遍存在社会认知度低、资金来源不足、经营管理水平不高、优惠扶持政策力度不够等问题，其可持续发展面临较大困难。

（2）关注房地产市场调整风险。2010 年，海南省房地产投资同比增长 62.5%，增速位居全国首位，高于全国平均增速 29.3 个百分点。截至 2010 年末，海南省银行业金融机构房地产贷款余额占全部贷款余额的 20.26%，同比上升 4.4 个百分点。随着国家对房地产市场调控力度加大，房地产金融风险值得高度关注。

（3）贷款集中度高，风险分散意识有待加强。2010 年，海南省银行业金融机构信贷投向仍然呈现客户集中、行业集中的特点。截至 2010 年末，海南省银行业金融机构最大十家贷款客户贷款余额占全省银行业金融机构贷款余额的 41.1%，其中有 3 家客户贷款余额占比在 5% 以上；贷款余额行业占比最大的 6 大行业是环境和公共设施业、运输仓储和邮政业、房地产业、制造业、电力燃气及供水业、租赁和商务服务业，6 大行业贷款余额为 1 689.1 亿元，占全省银行业金融机构贷款余额的 68.45%。

（二）证券期货业与金融稳定

2010 年，海南省资本市场抓住有利时机，实现突破性发展。全年证券期货业稳健运行，辖区市场主体运行规范，上市公司融资总额创历年之最。

1. 证券期货业整体运行情况

（1）证券经营机构风险控制整体良好。2010 年末，海南省共有证券公司 2 家，证券营业部 30 家。随着证券公司综合治理成效的逐步显现，海南省证券经营机构内部控制水平明显提高，规范经营与风险管理意识增强，证券经营机构连续 4 年整体实现盈利，但受股票市场震荡调整影响，整体净利润有所下降。2 家证券公司累计实现净利润 1.27 亿元，同比下降 39.23%。证券营业部累计实现净利润 2.87 亿元，同比下降 35.53%。

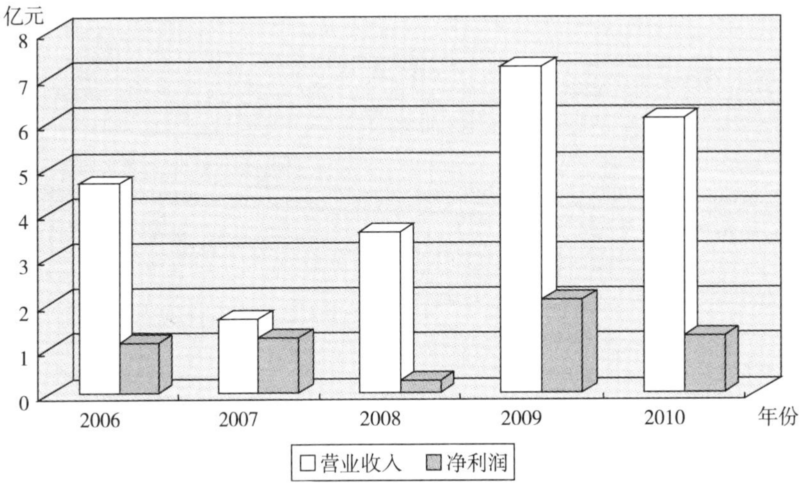

数据来源：海南证监局。

图 4 2006—2010 年海南省证券公司盈利情况

（2）期货市场规模逐步扩大，整体经营状况向好。一是期货经营机构运作渐趋规范。海南省期货经营机构逐步完善期货开户实名制、期货市场统一开户制度、期货公司分类监督制度和投资者保障基金制度，期货经营机构合规意识增强，运营规范程度不断提高。二是实力增强，市场主体增加。2010 年，全省共有 4 家期货公司，11 家期货营业部，同比增加 6 家。三是期货经营机构成交金额和成交量逐年增长。2010 年，海南省期货经营机构交易量和净利润增速均高出全国平均水平 1 倍以上。4 家期货公司整体实现净利润 956.4 万元，同比增长 157.1%；全年累计代理期货交易额 20 699.27

亿元，同比增长228.20%。期货经营机构管理客户资产同比增长167%。

（3）上市公司融资能力增强，有力地推动地方经济发展。2010年，海南省资本市场融资取得新突破，上市公司从境内资本市场实现股票融资122.13亿元，融资总额创历史新高。其中，海南航空和海马股份分别增发募集资金30亿元；海南康芝药业股份有限公司在创业板挂牌上市，IPO融资额15亿元，填补了创业板无海南公司的空白；海南天然橡胶股份有限公司于2010年12月15日获准首次公开发行股票，打破了海南省连续8年来A股主板市场无海南新股上市的纪录。

上市公司经营情况明显改善。22家上市公司总股本及总市值同比分别增长12.45%和35.36%。从辖区上市公司发布的2010年度经营业绩预告情况看，22家上市公司首次全部实现盈利。

表2　　海南省上市公司基本情况

指标	2006年	2007年	2008年	2009年	2010年
总股本（亿股）	124.57	135.41	138.82	141.10	158.67
股本总市值（亿元）	545.86	1 504.11	451.02	1 113.06	1 506.68
当年股票筹资额（亿元）	70.72	14.02	2.40	13.33	122.13

（4）后备资源逐步增多，拟上市公司培育工作取得成效。截至2010年末，海南省拟上市公司资源库的企业数量已达到65家。其中，有3家公司的发行申请材料已报证监会审核（1家已获得证监会发审委有条件批准），8家公司已进入辅导备案。

2. 证券业发展中需要关注的问题

（1）证券机构盈利模式单一，综合竞争能力不强。辖区2家证券公司整体实力偏弱，盈利模式仍主要依赖市场经纪业务收入，在证券业务日益市场化的形势下，较为单一的经营模式可能会导致其受市场周期和繁荣程度影响波动性较大，抗风险能力有待提高。

（2）证券期货经营机构网点布局有待完善。目前期货公司营业部均设在海口，证券营业部主要分布在海口和三亚，琼海、文昌、儋州等地设1至2家证券营业部，其余市（县）无证券营业部，难以满足客户需求。资本市场主要指标相对于经济总量较低，其发展力度有待加大。

（3）投资者风险意识薄弱，投资者教育有待加强。随着证券经营机构的向下延伸，县域个人投资者成为新兴投资主体，但由于一些投资者证券知识匮乏，投资理念不够成熟，盲目投资、风险意识不强等情况仍存在，一旦市场行情走弱，将可能对辖区证券市场健康发展、社会稳定造成一定影响。

（三）保险业与金融稳定

2010年，海南省加快保险业发展，取得显著成效。全行业实现平稳较快发展，市场组织体系逐渐完善，保险覆盖面不断扩大，保险对经济社会的渗透程度日渐加深。

1. 保险业发展情况

（1）保险市场组织结构有所改善，行业整体实力稳步增强。2010年，海南省保险市场体系进一步扩展，全年新增鼎和财险、新光海航寿险和太平洋寿险3家分公司，国寿财险和泰康人寿分公司获准筹建。截至2010年末，海南省保险公司资产总计84.47亿元，同比增长30.47%；保险密度552元/人，同比增加169.28元/人；保险深度2.34%，同比上升0.33个百分点。

（2）保险业务快速发展，县域保险市场发展提速。2010年，海南省保险公司实现原保险保费收入47.95亿元，同比增长44.99%，创近年来新高，增速首次位居全国第一。其中：财产险公司原保险保费收入 18.44 亿元，同比增长 49.65%；人身险公司原保险保费收入 29.51 亿元，同比增长 42.22%。2010 年，海南省县域保险市场发展明显提速，原保险保费收入同比增长 63.37%，成为支撑全省保险业务快速增长的重要力量。

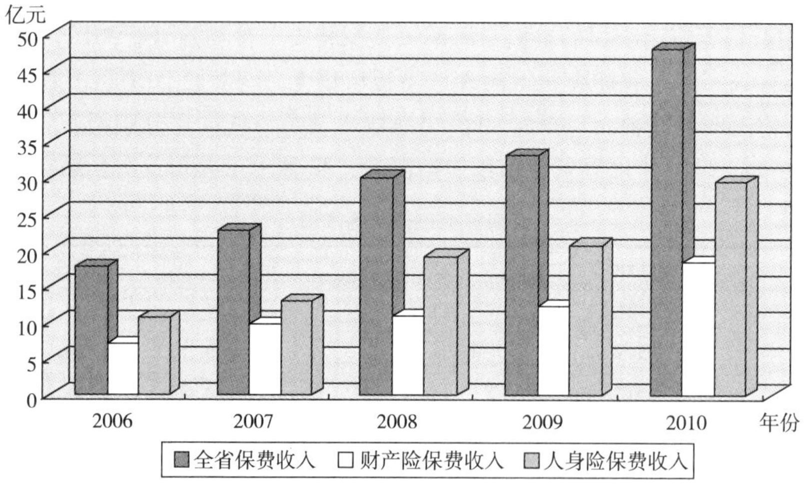

数据来源：海南保监局。

图 5　2006—2010 年海南省保费收入变动情况

（3）财产险业务结构调整成效初显，整体盈利情况较好。2010 年，海南省非车险业务发展增速超过车险业务发展增速，财产险业务发展对车险业务的依赖程度有所降低。截至 2010 年末，海南省车险保费收入 12.37 亿元，同比增长 48.39%，占比 67.41%，同比下降 0.22 个百分点。2010 年，企财险、工程险和责任险等非车险业务增幅较快，同比分别增长 165.58%、126.32% 和 47.03%，市场险种丰富程度逐渐提高。全省 9 家财产险公司中，有 7 家实现盈利，2 家亏损，财产险公司账面净利润总额 763.42 亿元。

（4）人身险业务稳步发展，退保风险得到较好控制。2010 年，海南寿险公司大力推动期交业务发展，寿险业务新单期交保费 6.06 亿元，占新单业务比重 38.19%，高于全国平均水平。个人代理业务与银保业务占比较为均衡，其中个人代理业务同比增长 28.95%，占总保费比重 53.86%。2010 年，海南意外险业务发展逐步回暖，健康险业务增速持续下滑。意外险保费增速 23.04%，同比提高 19.96 个百分点，健康险保费增速 18.4%，同比下降 6.98 个百分点。2010 年，扣除大单退保因素影响，海南寿险业务退保金支出累计增速自年初以来持续下降，退保风险得到较好控制。

（5）服务社会功能进一步增强，风险保障功能凸显。2010 年，海南省保险业经济补偿能力提高，保险保障功能凸显。全年赔付支出 11.34 亿元，同比增长 6.83%。其中，财产险公司赔付支出 6.91 亿元，同比增长 22.78%；人身险公司赔付支出 4.43 亿元，同比下降 11.18%。2010 年，海南分别遭受"康森"台风和特大洪水等灾害，海南保险业积极进行抗灾救灾，做好保险理赔工作，有效地发挥了风险保障功能。

2. 保险业发展需要关注的问题

（1）全行业发展基础需夯实，业务结构调整步伐仍应加快。目前，海南省保险业发展基础较为薄弱，内涵式增长能力不强，业务发展的结构性矛盾较为突出，全行业对国际旅游岛建设的支持力度仍需进一步增强。

(2) 财险产品不够丰富，供求失衡影响市场正常发展。海南省财产险市场产品不够丰富，个性化和差异化程度较低。财险市场产品供给主要集中在车险、企财险和特殊风灾保险上，责任险、货运险和家财险等险种需进一步丰富。

(3) 人身险市场秩序有待规范，消费者利益保护仍需加强。一是部分寿险公司竞争手段较为单一，存在不正当价格竞争；二是销售误导问题仍较为突出；三是粗放式经营理念没有根本改观。

三、金融市场与金融稳定

2010 年，海南省金融市场融资功能有效发挥，货币市场参与主体活跃、运行平稳；票据市场顺应稳健货币政策要求，业务量下降。受海南省经济金融发展水平较低影响，金融市场的深度和广度仍然有限。

（一）货币市场运行平稳，参与主体增加

截至 2010 年末，海南省共有全国银行间债券市场会员单位 3 家，同比增加 1 家。全年银行间债券市场交易稳步增长，交易品种集中在质押式回购和现券交易两类传统的业务上。其中，现券交易 89.9 亿元，同比增长 7.2%；质押式回购交易 1 134.7 亿元，同比增长 74.3%。

（二）顺应稳健货币政策，票据业务逐步收紧

随着货币政策由适度宽松的货币政策逐步转向稳健的货币政策，海南省各金融机构全面控制信贷投放，票据业务逐步收紧。2010 年全年累计签发银行承兑汇票 179.03 亿元，签发量同比增长 11.94%；银行承兑汇票余额 56.52 亿元，同比减少 16.55%；贴现余额 36.99 亿元，同比减少 60.45%。

四、金融基础设施与金融稳定

2010 年，海南省金融基础设施建设稳步推进，支付体系安全、高效、稳定运行，反洗钱工作成效显著，社会信用体系建设取得新成效，金融业发展环境不断优化，为促进海南省经济金融健康发展、维护辖区金融稳定提供了重要保障。

（一）支付结算环境逐步优化，服务功能不断增强

目前，海南省已建成以中国现代化支付系统为核心，以各家银行机构行内系统为基础，全国支票影像交换系统、海南省同城票据影像系统、网上支付跨行清算系统、外币清算系统以及银行卡跨行支付清算系统并存的支付清算网络。

2010 年，海南省支付系统继续保持了“安全、高效、稳定”的运行态势，全年共处理支付业务 13 329.22 万笔、金额 78 816.59 亿元，同比分别增长 31.69% 和 52.67%；全年使用非现金支付工具办理支付业务 20 716.35 万笔、金额 40 528.28 亿元，同比分别增长 40.81% 和 62.81%。

（二）征信体系建设加快推进，社会信用环境持续改善

2010 年，海南省征信系统建设不断推进，征信系统应用和服务功能得到进一步加强，社会信用

意识不断提高，对改善辖区信用环境和规范辖区金融秩序起到了积极的促进作用。

整章建制，创建“信用岛”。为配合海南国际旅游岛建设推动工作，中国人民银行海口中心支行草拟了《海南省社会信用体系建设5年发展规划》、《守信激励和失信惩戒管理办法》、《创建“信用岛”实施方案》和出台了《征信宣传工作方案》等规章制度，着力打造“信用岛”创建工作。

中小企业和农村信用体系建设成效显著。2010年，中国人民银行海口中心支行构建了“政府+征信+信贷+农户”新的农村信用体系。截至2010年末，全省已累计采集农户信用信息档案38 848户，对已建立信用档案的20 796户农户发放贷款23 068万元；为6 430家中小企业建立档案，220户中小企业取得银行授信意向。

（三）探索创新监管方式，反洗钱工作体系不断完善

2010年，中国人民银行海口中心支行深入贯彻风险为本的反洗钱监管理念，探索创新监管方式，综合运用多种监管措施，推动辖区反洗钱工作深入开展，有力地打击了洗钱犯罪活动，有效地维护了辖区金融和社会稳定。

反洗钱工作成效显著。2010年，辖区金融机构共报告人民币可疑交易12.99万份；外币可疑交易2 374份。中国人民银行海口中心支行共接收重点可疑交易31份；共立项开展行政调查和案件协查18起，开展书面调查和现场调查60次，涉及金额900.11亿元；向公安机关报案6起，涉及金额17.02亿元；与公安、工商、纪检监察等部门情报会商65次，成功破获“1·29特大非法经营案”、“4·16网络赌博案件”、“利用青海玉树抗震救灾名义实施诈骗案”，涉案金额近900亿元，冻结资金近0.6亿元，抓获犯罪嫌疑人50人。

五、总体评估与政策建议

（一）海南省金融稳定状况总体评估

2010年，海南省经济保持快速增长，经济总量跨上新台阶，经济效益大幅提高，产业结构升级转型，三次产业全面协调发展，投资、消费和出口需求增长强劲，多项主要经济指标增速位居全国前茅，经济发展方式出现积极转变，经济运行呈现出速度、结构和效益同步提升的良好态势。

海南省金融业在改革、创新中稳步发展，银行业、证券业、保险业金融机构不断发展壮大，整体实力和经营效益显著提高，抵御风险能力进一步增强。金融市场融资功能有效发挥，货币市场参与主体活跃、运行平稳。金融基础设施建设稳步推进，金融稳定的软、硬件设施进一步改善。支付结算及征信体系服务金融、保障金融体系安全高效运行的功能得以加强，反洗钱监管能力和手段得到强化，金融体系防范和应对突发事件的能力有所提高，区域金融生态环境逐步向好。2010年，海南省金融体系整体保持稳定。

（二）政策建议

1. 着力转变经济增长方式，推动经济平稳较快增长。一是着力优化投资结构，不断激活民间投资；扩大消费需求，做大做强消费品生产和服务业；努力开拓国外新市场，优化外需结构。二是加快信贷结构调整，助推经济结构不断优化。三是支持海南省经济结构优化升级。加大对企业创新、

吸收和引进产业关键性技术和重大设备的信贷投入，对不符合国家产业政策规定的项目严把贷款关。

2. 深化金融体系改革创新，提升金融支持经济社会发展的能力和水平。一是不断深化银行业改革。金融机构要加大金融产品创新，不断升级金融服务。二是以农村信用社改革为重点，加强地方金融服务体系建设，丰富金融服务的主体和内容。三是加快有问题金融机构处置进程，加大非法金融活动打击力度，积极开展区域金融稳定合作，共同营造良好的区域金融生态环境。

3. 加强重点领域的信贷风险监测，维护银行业稳健运行。有关部门要引导银行业金融机构严格落实信贷政策，加强对房地产类贷款的监测分析，综合评估政府融资与政府部门的负债水平、偿债能力，切实加强贷后管理，建立健全风险处置预案，提高应对潜在风险的能力，促进辖区银行业的稳健运行。

4. 完善资本市场体系，优化金融资源配置。一是大力推进资本市场发展，建设多层次资本市场体系。二是支持上市公司做优做强，督促上市公司加强内控建设，健全信息披露制度，推进上市公司并购重组，增强核心竞争力与行业影响力。三是推动证券机构创新发展，督促各证券机构强化营销行为及从业人员行为管理，促进各证券机构经纪业务规范化，增强竞争优势和客户服务水平。四是推动期货经营机构做大做强，加大扶持力度，规范期货市场经营秩序，发挥期货市场服务经济的作用。

5. 加快保险市场体系建设，进一步夯实行业发展基础。一是要完善制度建设，加快市场化改革，推动保险业科学调整结构，增强内涵式增长动力，提高服务水平。二是要进一步强化保险公司风险管控体系建设和信息系统建设，为保险业发展创造有利的条件。三是加大产品创新与开发力度，挖掘和培育新的业务增长点。四是重视保险人才的培养，改革保险教育，培养专业保险人才，构建保险业可持续发展的微观基础。

总　　纂：覃道爱
统　　稿：龙　锋　黄明理
执　　笔：黄　辉　陈太玉　符瑞武
其他参与写作人员：邓启峰　陈琼蓉　蓝文兴　祝春盛　邢福炯　刘春梅
郭红蕾　潘文娣　郑其敏　许　可　王　艳　卢孔标
符　合　全为华　石海峰　郭　雁

重庆市金融稳定报告摘要

近年来，随着综合经济实力的增强，重庆作为西部地区重要的增长极，在全国总体发展战略中的地位不断提升，影响力日益凸显。2010年，重庆市认真贯彻中央各项政策，提速落实“3·14”总体部署和国发3号文件精神，以科学发展观为指导，加快推进“统筹城乡”、“内陆开放高地”和“五个重庆”建设，全市经济保持了强劲的高位稳定增长势头，经济运行的稳定性、协调性和可持续性不断增强。政府、企业、居民三大宏观部门交易对手财务状况良好。地方政府财政收入超高速增长，企业经济效益进一步提升，城镇居民可支配收入和农村居民人均纯收入均实现大幅增长。金融部门交易对手稳健的财务状况一方面增加了金融服务需求，另一方面降低了金融体系的违约概率和信用风险。因此，2010年，重庆金融体系具备了更加稳定的经济基础。

在良好的经济发展环境支撑下，重庆金融体系继续实现了稳定发展。从银行业看，银行机构体系更加完善，服务主体向多元化发展；发展规模快速扩张，经营实力逐步增强；信贷投放重点突出，服务弱势产业及客户取得进步；重点风险管控逐步加强，资产质量明显改善；利润水平再创新高，盈利模式有所优化。从证券业看，证券业机构体系进一步完善，企业上市步伐加快，绩差公司重组取得进展，风险化解成效显著，金融要素市场建设取得突破性进展，证券市场交易活跃，证券业运行总体稳健。从保险业看，保险业务持续快速增长，结构调整成效显著，市场秩序明显改善，风险得到有效防控。因此，2010年，重庆金融体系总体保持了平稳健康运行态势。

重庆金融体系的健康运转离不开金融基础设施的有力支撑。2010年，重庆金融基础设施仍然保持了安全稳定高效运行。支付体系建设逐步完善，银行卡受理市场规范发展，农村金融支付环境进一步优化。中小企业和农村信用体系建设成效显著，征信市场管理和培育进展顺利，征信覆盖范围进一步扩大，征信数据库使用更加广泛。金融机构反洗钱主动性普遍增强，反洗钱金融情报职能充分发挥，反洗钱协作机制有效运作。安全稳定运行的基础设施为金融业的稳健运行提供了必要的保障。

尽管2010年重庆金融体系依然保持了良好的稳定状态，但伴随着重庆经济金融的快速发展，以及结构调整步伐的加快，一些新情况和新问题不断涌现，金融体系潜在风险和不确定性因素逐渐增多，需要高度关注这些因素对重庆金融体系稳定性的影响。主要表现在以下几个方面：从金融发展的经济基础看，需要进一步提高经济可持续增长能力，加大控制通货膨胀力度，优化财政收入结构，促进房地产市场健康平稳运行。从金融体系自身发展看，银行业需要密切关注信贷规模急速扩张后银行业资本充足、盈利能力和资产质量的变化趋势，进一步优化信贷结构，审慎管理政府投融资平台贷款。证券业需要加大直接融资力度，扩大直接融资规模，提高直接融资占比，本地企业应积极参与上市公司改革重组。保险业要进一步增强盈利稳健性，加大结构调整力度，提高应对监管变化和外部环境变化的能力。

一、区域经济运行与金融稳定

2010年，在一系列宏观调控政策的引导下，与应对金融危机时期相比，重庆经济发展速度加快，经济增长结构优化，经济增长的协调性增强。稳定的经济增长为辖区金融稳定奠定了良好的基础。

（一）区域经济运行

1. 经济增长加速，第二产业对经济的拉动作用进一步增强

2010年，重庆市实现地区生产总值7 894.24亿元，同比增长17.1%，增速同比高出2.2个百分点，成为直辖以来的最高增速。从产业构成看，三次产业增加值分别为685.39亿元、4 356.41亿元和2 852.44亿元，在国民经济中的占比为8.7:55.2:36.1，第二产业对经济的拉动作用进一步提高。

2. 投资、消费平稳增长，对外贸易强劲反弹

2010年，重庆固定资产投资继续保持平稳增长，投资结构有所改善。全年完成投资总额6 934.80亿元，同比增长30.4%，增速同比回落1.1个百分点，连续11个月保持了30%以上的高位增长。其中，基础设施投资1 911.45亿元，占投资总额的27.56%，同比下降1.44个百分点，农村投资占比则提高了0.1个百分点。全年社会消费品零售总额2 878.04亿元，同比增长19.0%，连续20个月增速保持在18%以上，其中，城镇和农村分别实现消费零售额2 718.71和159.33亿元，同比分别增长19.1%和17.7%。对外贸易强劲反弹，进出口总值屡创新高，“内陆开放高地”建设取得明显成效。随着欧、美、日等重庆主要出口市场的全面复苏，“两江新区”挂牌及跨境贸易人民币结算试点工作的顺利启动，重庆市外贸经济发展整体环境同比有了明显改善，外贸经济呈现爆发式增长。2010年，重庆市进出口总值累计完成124.26亿美元，同比增长61.1%，创历史新高。其中，出口74.89亿美元，同比增长75.0%，高于全国平均增幅43.7个百分点。全年实际利用外资达63.7亿美元，同比增长57.5%。其中，外商直接投资同比增长58%。

3. 物价水平逐步攀升，但仍在可控范围内

2010年，重庆CPI累计上涨3.2%，已经连续18个月呈小幅上涨之势。从分类价格指数看，食品和居住价格是助推CPI上涨的最大动力。在大米、猪肉、食用油等价格全面上涨带动下，1~12月食品价格同比上涨6.5%，位列8类商品涨幅之首。在房市销量持续萎缩情形下，居住价格也在不断上升。1~12月，居住价格同比上涨5.4%。同时，在海运、国际大宗商品和公共资源产品等价格上涨共同推动下，1~12月原材料、燃料、动力购进价格同比上涨6.9%，增幅高于PPI 3.8个百分点，已连续14个月呈“高进低出”局面。

4. 企业经济效益稳步提高，城乡居民收入稳定增长

2010年，重庆市规模以上工业总产值9 087.99亿元，同比增长28.6%，同比提高11.1个百分点。其中，股份制企业同比增长28.7%，较国有及国有控股企业和外商投资企业分别高出4.3个和2.6个百分点。规模以上工业销售利润率和企业亏损面等指标也基本恢复至金融危机前水平。2010年，重庆市规模以上工业企业利润459.48亿元，同比增长39.8%。

2010年，重庆市城镇居民家庭人均总收入18 991元，同比增长11.8%。其中，城镇居民人均可支配收入17 532元，同比增长11.3%，增速加快1.9个百分点，农村居民人均纯收入5 276.66元，同比增长17.8%，较城镇居民收入增速高出6.5个百分点。其中，家庭经营性纯收入和工资性收入

分别为 2 323.5 元和 2 335.2 元，同比分别增长 10% 和 21.6%，仍然是农村居民收入的主要来源。

5. 财政收入增速创历史新高，财政支出更重民生

2010 年，重庆实现地方财政收入 1 990.59 亿元，同比增长 70.76%。其中，一般预算收入 954.32 亿元，增长 44.95%；基金预算收入 972.29 亿元，增长 100.93%；国有资本经营预算收入 63.98 亿元，增长 172.84%。从增收贡献率看，国有土地使用权出让收入和行政事业性收费收入分别达到 59.21% 和 10.48%，是地方级财政收入高速增长的主要力量。

2010 年，重庆财政支出 3 035.15 亿元，同比增长 60.4%。其中，一般预算支出 2 197.18 亿元，同比增长 46.44%。在“畅通重庆”和加快公共租赁住房的政策指引下，财政支出向基础设施领域倾斜，注重民生导向更加明显。城乡社区事务支出 968.7 亿元，同比增长 102.6%；农林水事务支出 92.14 亿元，同比增长 90.14%；交通运输支出 82.6 亿元，同比增长 130.79%；资源勘探、电力信息等事务支出 106.57 亿元，同比增长 138.63%。

（二）经济运行中值得关注的问题

1. 投资、消费增长可持续性值得关注

2010 年以来，尽管民间投资连续三个季度呈现较快增长，但国有投资在全社会投资中所占比重仍比同期提高约 2 个百分点，政府主导投资增长的格局尚未根本改变。在投资项目资金来源中，政府预算内资金和国内贷款增长依然较快。在未来一段时期内，随着“五个重庆”建设、第二轮西部大开发、两江新区建设等投资项目的不断上马，政府主导投资的局面也很难改善。从投资结构看，政府类主导投资以基础设施项目为主，难以转化为有效产能。这种以基建为主的投资还可能引发产能过剩、资源承载能力不足等一系列问题。因此，在内需潜力始终无法充分释放的情形下，在今后一个较长时期，民间投资能否充分调动起来，积极参与社会经济活动（如投向四大新兴产业），完成对政府投资的接力，是支撑整体经济平稳健康发展的重要因素。

纵观全年，汽车仍然是消费增长的最大动力。2010 年重庆市限额以上批发和零售单位汽车类消费同比增长 41.4%。汽车消费持续大幅增长与政策刺激息息相关。由于“汽车部分税收优惠政策年底到期”，大量消费者为了搭上优惠政策的“末班车”，提前释放购车需求。这也导致了第四季度重庆车市异常火暴。此外，从严格意义上看，2010 年房地产销售额能够保持近 30% 的增速，也与宏观调控政策相关。正是出于住房贷款越来越难和高档楼盘越来越少的担忧，不少购房者提前出手抢购高档楼盘。因此，今年消费增长仍然主要依靠政策刺激，居民自主性消费依然不足。在所有刺激消费政策退出后，市场自主消费能否聚集形成新的消费增长亮点值得关注。

2. 通胀和通胀预期不断增强

尽管全年 CPI 总体处于平稳增长可控状态，但下半年以来物价上涨压力不断积聚。当前物价上涨实际是货币供应量的持续大幅增长、资源短缺、劳动力成本持续上涨和美国量化宽松引起国际大宗商品价格上涨等因素共同作用的结果。这些因素在短期发生根本性逆转的可能性很小，未来通胀压力也将进一步加大。随着物价，尤其是与居民生活相关的日用品价格持续上涨，微观主体通胀预期也在不断加强，这直接加大了物价调控的难度，也压缩了宏观政策的操作空间，并间接影响到经济增长潜力的发挥。从企业生产上来看，虽然 1～12 月工业品出厂价格指数同比增长 3.1%，但原材料、燃料、动力购进价格总指数同比增长 6.9%，生产成本的上升挤占了企业的利润空间。在原材料价格持续上升的情况下，企业的生产经营状况值得进一步关注。

3. 财政收入结构有待优化

2010 年，重庆非税收入占地方级收入的 68.78%，同比提高 6.15 个百分点，说明税收对地方国库收入的支持作用进一步减弱。从税收的内部结构来看，土地增值税、耕地占用税、契税等房地产相关税收占税收收入的比例达到 21.44%，同比提高 5.26 个百分点，从非税收入的结构来看，国有土地使用权出让金收入占比为 64.86%，同比提高 6.49 个百分点，说明税收收入和非税收入对房地产业的依赖程度均有所增强。在严重超经济增长且结构失衡的状况下，地方国库收入可能出现增长动力不足的现象，一旦出现房地产市场调整等情况，其持续增长能力将受到负面影响。

4. 房地产市场不确定性增加

2010 年房地产调控措施频频出台，4 月的“国十一条”和 9 月的“实施细则”调控力度不断加大，但对重庆房地产市场影响有限。从投资来看，房地产业投资增速仍处于较高位置。全年重庆房地产开发投资 1 620.26 亿元，同比增长 30.8%，占投资总额的 23.4%。从销售情况来看，全年商品房销售面积同比增长 7.8%，销售额同比增长 34.1%。在各项政策密集出台的背景下，房地产市场具体走向依然不明，不确定性较大。如果房地产业发展放缓，可能对金融、钢铁、建筑安装等相关行业产生直接的负面影响，影响程度有待进一步研究。

二、金融业与金融稳定

（一）银行业稳健性

2010 年，重庆银行业实现了自身发展规模和质量的提档升级，业务结构持续优化，重点风险管控逐步加强。但随着经济结构调整步伐的加快，金融体系潜在的风险和不确定性因素增多，新情况和新问题不断涌现，需要高度关注信贷规模急速扩张后银行业资本充足、盈利能力和资产质量的变化趋势，着力解决业务发展中突出的结构性问题，提高整体抗风险能力。

1. 银行业运行分析

（1）机构集聚明显加快，经营规模和运行质量稳步提升

外地银行进驻加速，本地银行向外扩张步伐加快。截至 2010 年 12 月末，重庆市银行业金融机构（分行或法人）数量达到 57 家，新开业和批筹的机构达 15 家，机构数量较“十五”末增长了 1 倍，重庆已经成为中西部银行业金融机构种类最为齐全的地区。同时，本地法人银行在异地设立机构的步伐加快：重庆银行贵阳分行获准开业；重庆农商行发起设立的张家港华信村镇银行正式营业，四川大竹、云南大理村镇银行和四川成都、云南昆明支行抓紧筹建；重庆三峡银行新疆分行设立工作顺利推进。

经营规模进一步扩大，经营质量稳步提升。截至 2010 年 12 月末，重庆市银行业金融机构资产总额 18 267.6 亿元，同比增长 28%，占全国的比例为 1.92%，同比上升 0.11 个百分点。其中，股份制商业银行和中小金融机构规模扩张步伐显著加快。重庆市银行业不良贷款余额和不良率分别为 108.42 亿元和 0.99%，分别较年初下降 25.54 亿元和 0.53 个百分点，资产质量在西部乃至全国处于领先水平，不良率为全国第六低。银行业整体拨备覆盖率达 179%，比年初提高 61.2 个百分点，其中法人机构整体拨备覆盖率达 233.3%。地方系统重要性机构资本充足状况良好，重庆银行、重庆农商行、重庆三峡银行的资本充足率分别为 12.4%、16.3% 和 15.9%。

盈利水平再创新高，收入结构有所改善。2010 年，重庆市银行业金融机构实现税后净利润 263.8 亿元，同比增加 89.5 亿元，增长 51.3%；资产利润率达 1.62%，同比上升 0.2 个百分点。从收入结构看，净利息收入仍是重庆银行业的主要利润来源，但依赖程度有所下降，中间业务收入占比为 12.9%，比年初上升 2.0 个百分点，收入结构有所改善。

（2）信贷投放节奏基本平稳，贷款结构更趋合理

信贷投放节奏平稳，期限结构优化。截至 2010 年 12 月末，重庆市本外币各项贷款余额 10 999.9 亿元，较年初增加 2 143.3 亿元，同比增长 24.2%，增速排名西部第五、全国第七。各季度信贷投放量分别为全年的 29.5%、24.0%、19.1% 和 27.3%，节奏基本平稳。分期限看，人民币中长期贷款余额 8 705.3 亿元，同比增长 32.63%，增速连续 11 个月回落，较年初回落 30.2 个百分点。短期贷款同比增长 12.42%，较年初提高 19.69 个百分点。票据融资整体仍呈萎缩走势，余额比年初减少 277.82 亿元，同比下降 39.6%。

贷款客户结构优化，小企业及涉农贷款高速增长。一方面，信贷支持“五个重庆”、“内陆开放高地”建设等重大战略决策成效显著。投向“五个重庆”各项基础建设贷款余额合计为 5 152.3 亿元，在贷款总量中占比 46.8%；新增贷款 1 365.9 亿元，在全部贷款增量中占比 63.7%。围绕汽摩、装备制造、电子信息等六大支柱产业发展的信贷投放为 1 626.6 亿元，在公司类贷款总量中的占比为 20%。贸易融资余额达 131.6 亿元，较年初增长 67.5%。另一方面，弱势行业和弱势群体的信贷满足度不断提高。小企业贷款较年初增加 354.3 亿元，同比增长 39.8%，高于全部贷款增速 15.6 个百分点。微型企业贷款试点推进顺利，小额担保贷款覆盖面和承贷银行范围进一步扩大。涉农贷款余额 1 970.52 亿元，同比增长 25.5%，高于全部贷款增速 1.3 个百分点，在贷款总量中的占比较年初提高 0.18 个百分点。

重点领域风险防范明显加强，政府融资平台及房地产贷款增速放缓。一是加快存量分类处置，按照银监会“逐包打开，逐笔核对，重新评估，整改保全”的要求，在 6 月底前完成了对政府平台授信业务的全面自查清理。同时，按照“消化乡镇债务，控制区县债务，优化市级债务”的总体思路，严格控制增量。2010 年末，重庆各级政府平台贷款余额合计约为 3 799 亿元，在贷款总量中占比 34.54%；新增贷款约 850 亿元，同比减少 370 亿元，在全部贷款增量中的占比下降 7 个百分点。二是房地产调控政策效果初显，房地产开发贷款环比增速下降明显，个人购房贷款增幅连续 5 个月回落。差别化住房信贷政策得到落实，已通过审批的公租房项目授信达 150.0 亿元，待审批授信 83.9 亿元，超过项目资金总额的 50%，信贷资金已成为公租房建设的主要资金来源。

（3）机构改革有序推进，经营转型初见成效

金融机构改革有序推进。大型银行深化内部改革，提升经营管理水平和服务效率，促使各项业务协调发展。农业银行重庆市分行在全行城市业务和“三农”业务并举发展的经营理念下，创新资源配置机制，确立规则、明晰标准、公开办法，进一步做实“六个单独”运行机制，对县支行出台单独的产品计价和综合绩效考核办法，建立专业化的“三农”信贷业务通道，形成“三农”事业分部完善的“三部五中心”管理架构。政策性银行根据自身特点与市场定位，优化目标与资源配置，稳步推进业务发展。开发银行重庆市分行积极探索符合中长期信贷商业银行的运作机制和经营模式，通过规划工作引领业务发展，继续保持相关领域的主力地位。进出口银行和农业发展银行重庆市分行抓住两江新区建设和城乡统筹的历史机遇，积极发展自营业务，结合区域特点开展业务创新。同时，不断加强风险管理和内控机制建设，深化内部改革，为全面改革做好准备。

地方金融机构发展思路更加清晰。重庆银行定位于“地方的银行、市民的银行、中小企业的银行”，努力实现从以往粗放型管理向精细型管理的转变，积极推进信用卡、理财、票据、汇兑等中间业务的发展。2010 年经证监会正式批复核准，重庆银行成为西部地区第二家、西南地区首家获得基金代销资格的城商行。重庆农村商业银行以 H 股成功上市为契机，深化农户贷款管理改革，对涉农业务实行倾斜性的激励政策，创新农房抵押、农机按揭、农产品仓储等涉农信贷产品。同时，延伸金融服务到部分农村居民集中的行政村，增设 ATM、POS 机等农民自助金融服务终端，进一步提升金融服务便利度。重庆三峡银行通过一年多来的发展实践，初步确立了“服务中小企业、服务县域经济、服务城乡居民、服务城乡统筹发展”的市场定位，坚持立足本地，积极助推两翼农户“万元增收工程”计划，较好地满足了“两翼”广大农村和三峡库区金融服务需求。

2. 需要关注的问题

不良贷款反弹压力加大。随着货币条件回归常态以及结构调整步伐的加快，信贷资金形成实质性风险和损失的可能性明显增大。2010 年末，重庆市有 3 家银行机构不良贷款较年初“双升”，8 家银行机构不良贷款余额较年初增加，10 家银行机构关注类贷款较年初增加。其中，大型银行关注类贷款较年初合计新增 42.8 亿元。农林牧渔业不良贷款较年初增加较多，信用卡不良贷款较年初增长较快。

业务快速发展的负面效应逐步显现。一是贷款集中度居高不下。2010 年 12 月末，重庆市 5 000 万元以上贷款大客户授信额度 13 238.72 亿元，贷款余额 7 678.75 亿元，比年初增加 889.2 亿元。大额贷款占全市贷款总量的 69.8%，单个大客户平均贷款余额 3.15 亿元。二是承受重要市场冲击的能力有限。2010 年 12 月末，重庆房地产贷款余额 3 084.1 亿元，在贷款总量中的占比高达 28%，部分银行房地产贷款占比超过 40%。从压力测试结果看，房地产信贷风险总体可控，但风险敞口较大，市场价格走势逆转对信贷资产安全存在威胁。市场交易下滑使银行防范“假按揭”、“假首付”和“假房价”压力及存量房贷违约风险上升，关注类个人购房贷款较年初上升 2.9 亿元，并有进一步劣变的趋势。而随着政策执行力的加强，房地产开发企业融资渠道拓展有限、成本上升的压力将更加明显。三是操作风险不断上升。银行业案件出现反弹态势，暴露出部分银行内控执行力、内审有效性和案件防控能力存在明显不足，不良贷款管控难度加大。

政府平台清理整顿存在难点。为贯彻落实《国务院关于加强地方政府融资平台公司管理有关问题的通知》的精神，重庆市出台了多项举措着力开展地方融资平台的清理整顿和政府性债务风险的管控工作。2010 年 12 月末，重庆市按照地区全口径有贷款的地方政府融资平台 272 户。按照《重庆市人民政府关于加强政府性债务风险管控工作的意见》中“融资平台公司主城九区和六个区域性中心城市不得超过 3 个，其他区县不得超过 2 个”的要求，届时将有 100 多家融资平台面临重组、合并或转型的选择，这部分平台存量债务的清偿和整合将是清理整顿工作的难点，被转型的平台脱离政府背景后是否具有与承建项目相匹配的融资能力也是需关注的问题。同时，平台贷款仍存在风险分类不够审慎、分期还款落实不彻底、现金流测算把握不严、担保和抵质押操作困难等问题。另外，一些区县市政项目为规避调控政策，以大型企业为承建主体向银行贷款，其隐含的风险与融资平台贷款类似，应予以关注。

资产负债期限错配问题突出，流动性管理难度加大。2010 年 12 月末，重庆市银行机构存贷比 80.8%，中长期贷款在各项贷款中占比 80%，高于全国平均水平 20 个百分点，票据融资萎缩后腾挪的信贷规模几乎全部被中长期贷款填补。而受理财产品分流和“实贷实付”影响，企业存款增长放缓，加大了银行机构资产负债管理的压力。目前，法人机构整体流动性呈现下降趋势，个别银行超额备付金率低于2%；大型银行分支机构贷款增速远高于存款增速，存贷比突破总行控制，吸存压力大；中小银行存款波动大、存款集中度高、核心负债依存度低，阶段性流动性紧张状况时有发生。

（二）证券业稳健性

2010年，重庆证券业机构体系进一步完善，企业上市步伐加快，绩差公司重组取得进展，风险化解成效显著，金融要素市场建设取得突破性进展，证券市场交易活跃，证券业运行总体稳健。

1. 证券业运行分析

经营机构踊跃进驻，投资者积极入市。截至2010年末，重庆证券业从业机构总数逐渐增加。辖内共有法人证券公司1家，证券营业部由年初的86家增加到96家；法人期货公司5家，期货营业部由年初的9家增加到19家；基金管理公司1家；证券投资咨询公司由年初的2家减少到1家。受我国宏观经济形势总体向好和金融市场平稳健康发展的影响，投资者积极入市，市场规模稳步扩大。其中，证券投资者开户数达到180.38万户，比年初增加8.01%；期货投资者开户数达到4.45万户，比年初增加49.83%；基金公司管理基金产品5只，比年初增加66.67%，但基金管理规模由年初的71.34亿元减少到62.53亿元，下降12.35%。

市场交易活跃，代理商品期货交易规模大幅提高。2010年，辖内证券期货投资者积极参与市场交易，市场规模大幅扩张。其中，证券投资者客户资产余额1 481.43亿元，比年初增加38.97%；证券经营机构代理证券交易额13 768.62亿元，比上年同期小幅下降1.44%。期货投资者期货交易保证金余额32.13亿元，比年初增加115.64%；期货经营机构代理商品期货交易量80 879 619手，比上年同期累计增加54.16%，交易额219 512.5亿元，比上年同期累计增加幅度高达193.44%。

企业上市热情高涨，市场融资功能得到强化。截至2010年末，重庆辖内上市公司已达34家。此外，福安药业、新世纪游轮2家企业的上市申请已通过证监会发行审核，将于2011年发行上市，另有4家企业的上市申请正在审核阶段。2010年，重庆水务、智飞生物、涪陵榨菜和力帆股份4家企业实现境内首次公开发行上市（IPO），共募集资金85亿元，超过过去10年IPO融资总和。重庆农村商业银行成功在香港联合交易所主板挂牌上市，融资114.74亿港元（折合人民币98.36亿元），成为全国第一家上市的农村中小金融机构。同时，再融资也创出历年新高，全年共有6家上市公司开展再融资和并购重组，已实施金额93.6亿元，已核准未实施的金额79.2亿元，另有5家公司已上报或提出再融资方案。

七大金融要素市场陆续挂牌，结算型金融中心初具雏形。截至2010年末，已先后挂牌成立7家金融要素市场，包括农畜产品交易所、农村土地交易所、联合产权交易所、股份转让中心、药品交易所、航运交易所、金融资产交易所，并成立继深圳、上海之后的全国第三大上市公司路演中心，即中国（重庆）路演中心，为推动重庆建成长江上游地区金融中心创造了重要的基础性条件。

绩差公司重组取得进展，风险化解成效显著。重庆共有5家ST类公司重组取得实质性进展，绩差公司风险化解成效显著。*ST长运已脱胎换骨，ST东源吸收合并金科集团的方案已获有条件通过，ST星美、*ST朝华均已向证监会提交重组方案，*ST威达已引进新股东，正积极推进资产重组工作。当前，立足于上市公司长远战略发展的产业整合，整体上市类的并购重组已成为重庆资本市场重组的主流和发展趋势，过去“保壳型”、财务重组型的公司重组已大幅减少。

2. 需要关注的问题

证券市场规模小，直接融资功能较弱。从市场规模来看，辖内2010年末上市公司数量和股票市值分别为34家和2 645亿元，分别占全国的1.65%和1.08%，总体比重偏低。从本地非金融企业外源性融资结构看，证券市场直接筹资功能较弱。2009年，重庆非金融企业外源性融资额（剔除企业境外融资）2 083.9亿元。其中，当年新增贷款占比为92.6%，企业债和短期融资券占比为6.5%，证券市场直接筹资额仅占0.9%。2010年，这一形势并无显著改善。从证券市场筹资方式看，重庆上市公司主要依靠股票筹资，通过发行公司债等债券筹资较少，2010年仅重庆钢铁发行20亿元公司债。

上市公司控制权变动频繁，本地企业参与不够。1998年以来，重庆资本市场并购重组活动共发生了44次。其中，涉及控制权变动的并购重组有38次（包括控制权变动和重大资产重组结合进行的9次），不涉及控制权变动的重大资产重组有6次；涉及上市公司24家，其中两家公司（乌江电力和重庆华亚）注册地址已迁出重庆本地。近十多年来，重庆上市公司中发生并购重组的占73%，资本市场并购重组活跃，本地上市公司控制权变动频繁，"借壳"现象普遍。在38次控制权变动的并购重组活动中，本地企业主导重组的只有7次，仅占18%，注册地在外地的企业主导重组的共31次，占重组次数的82%，本地企业对上市公司并购重组的参与度明显偏低。此外，在现有31家上市公司中，只有宗申动力是通过引进外地上市公司"壳资源"（ST联谊）实现借壳重组上市的。上述特征从侧面反映出重庆本地企业参与资本市场并购重组的积极性不高，对壳资源利用不充分。

外地企业重组成功率不高，且易导致上市公司外迁。近十多年来，在重庆资本市场15次重大资产重组活动中，本地企业主导的有8次。其中，重组ST绩差公司3次，即重庆渝富控制的西南证券借壳ST长运上市，化医控股旗下建峰总厂收购ST农化，宗申动力收购成都ST联谊，均为实质性并购重组，最终实现了社会中小股东、收购方和重组方、债权银行、地方政府之间的多赢局面，上市公司质量明显提高。其他5次重组为本地大股东主导下的资产注入，重组后上市公司绩效得到提升，质量明显提高。但在外地企业主导的7次重大资产重组活动中，重庆华亚和乌江电力2家公司重组后已迁出重庆，其他5次重组中，2家公司由于未进行实质性重组，最终沦为问题公司，进入破产重整程序，不仅给投资者和债权银行造成巨大损失，而且影响了当地经济发展；2家公司重组后，近几年主营业务盈利能力仍不强；1家公司重组后第一年净利润未达到原业绩承诺。上述情况表明，实质性的并购重组能创造价值，实现各方共赢，重庆本地更多优质企业应充分利用重庆资本市场做强做大。

（三）保险业稳健性

2010年，重庆保险业努力落实"转方式、调结构、防风险、促发展"的工作要求，保险业务持续较快增长，结构调整成效显著，市场秩序明显改善，风险得到有效防控，总体保持平稳健康运行。

1. 保险业运行分析

行业队伍不断壮大，地方法人机构业务快速增长。截至2010年末，重庆市有法人机构3家、市级分公司35家、各级保险公司分支机构（含营销服务部）1 195家。保险专业中介机构48家，同比增加1家；保险兼业代理机构5 675家，同比增加2 837家；全行业从业人员数达8.8万人，同比增加1.4万人。营销员人数7.5万人，同比增加1.2万人。2010年，中新大东方人寿、美国利宝和安诚财险3家法人机构业务分别同比增长116.1%、72.0%和44.5%，特别是前两家外资法人机构增速远高于行业平均水平，展现出强劲发展势头。年末3家法人机构业务总规模达24.5亿元，同比增长36.0%；总资产规模达到41.2亿元，同比增长24.2%。目前，3家保险法人机构已在全国11个省

（直辖市）设立了14家省级分公司，正筹建1家省级分公司，总部经济对资金、人才和技术等的聚集辐射效应进一步显现。

保险业务发展态势总体平稳，收入赔付均稳步增长。2010年，重庆市实现保费收入321.1亿元，同比增长31.2%，高于重庆市GDP增速约14.1个百分点，高于2009年水平9.2个百分点。保险深度为4.1%，同比提高0.32个百分点；保险密度为1 123元/人，同比增加261元/人。2010年，重庆保险业支付赔款和给付62.1亿元，同比增长9.7%，为全社会提供各类风险保障逾5万亿元，同比增长约14%。从相对地位看，重庆的保费规模在全国排第18位，增速高于全国增速0.8个百分点，在全国排第11位；在西部12个省市中，保费增速位于第4位。截至2010年底，全行业总资产达到571亿元，同比增长33%；上缴税收6.65亿元，同比增长1倍。

结构调整成效明显，涉农保险业务领域实现新突破。2010年，产险公司14大类险种中，8大类险种实现承保利润，较2009年增加5个，实现承保利润的大类险种保费收入60.8亿元，占产险公司总保费收入的比重达86%，较2009年大幅提高85.7个百分点，实现了规模和效益兼顾。重点险种继续较快增长。责任险受惠于重庆市“安保互动”工作的开展，增速高出全国水平1.9个百分点，规模达到2.5亿元；车险业务保费增速达到43.9%，高出全国水平4.6个百分点；工程险和货运险分别同比增长43.1%和33.7%，分别高出全国水平5.8个和5.2个百分点；信用保险同比增幅达56.6%，高出全国水平20个百分点。

2010年，寿险新单期缴业务继续保持较快增长，增幅达21.5%，占寿险公司新单业务比重38.7%，同比提高2.3个百分点，高出同期全国水平12.5个百分点。寿险公司续期业务继续保持高速增长态势，增幅达63.5%，大幅领先全国水平30.4个百分点，对寿险公司保费收入增长贡献度达到66.3%，超过全国水平28.1个百分点；续期业务占寿险公司总体业务的比重同比提升8.1个百分点，达到38.8%。

2010年，重庆市农业保险保费收入达6 711.88万元，政策性农业保险试点已实现“两翼”地区及三峡库区全覆盖。同时，农村小额人身保险业务已承保19.5万人次；农村外出务工人员意外伤害保险惠及44.5万农民工；农村医疗责任险为814家农村基层医疗机构提供6 772万元的风险保障。

产险市场秩序明显好转，寿险退保风险得到有效控制。产险公司顺利实现行业扭亏，监管财务指标全面改善。2010年，产险业实现承保利润2 708万元，同比扭亏5.2亿元，顺利完成行业扭亏的目标。亏损产险公司数从2009年的14家减少到7家，7家亏损公司中有5家实现减亏，减亏额达到3亿元，产险行业经营效益全面改善趋势显著。而产险公司综合赔付率、综合费用率和业务及管理费用率3项重要财务监管指标同比均出现不同程度改善，分别同比下降3.2个、3.9个和1.8个百分点。效益化发展的正确经营理念已逐渐在行业中树立。寿险公司退保金增速持续回落。2010年，寿险公司退保金合计23亿元，同比增长11.5%，增速同比下降25.3个百分点；退保率为3.02%，同比下降0.6个百分点，低于全国水平0.03个百分点。退保金增速放缓，退保率下降，退保风险处于合理可控区间。

2. 需要关注的方面

产险机构承保盈利的稳健性有待增强。2010年的前10个月，重庆的产险公司有8个月都实现了承保利润，1~10月产险公司实现承保利润达10 319万元，创历史新高，但在11月就出现了明显的拐点，半数产险公司在11月和12月出现亏损。导致后两个月产险市场承保亏损明显增加的主要原因有：一是年终精算数据整体调整，对产险公司的效益产生突击影响；二是部分公司仍在消化以前的赔案包袱。这种变化体现出产险机构缺乏较持续稳定的盈利能力。

寿险机构在新形势下仍面临较大的结构调整压力。2011 年，寿险公司原保险保费收入将全面按照新会计准则进行计量，投连险和万能险的绝大部分将不计入保费收入。由于重庆寿险公司投连险和万能险（原会计准则下）占寿险业务的比重高出全国水平，因此，原保险保费收入规模受到新会计准则实施的影响将比全国平均水平更加明显。此外，2010 年，重庆寿险公司分红险业务增速与全国水平有一定差距，分红险新单业务的差距则更加明显。从目前宏观大环境来看，分红险业务发展可能将明显受制于持续加息通道，因此，为维持业务持续稳定增长，当前重庆寿险公司结构调整的压力依然较大。

银保新规下原银保合作业务短期内会受到影响。2010 年 11 月 1 日，银监会发布了《关于进一步加强商业银行代理保险业务合规销售与风险管理的通知》。该通知的出台从长远上有利于进一步规范银保市场，促进保险业健康持续发展，但从短期看，也带来银保业务规模下滑、银保业务结构调整难度加大、银保双方责任不对等、银行和保险公司的经营成本上升、中小保险公司竞争能力进一步减弱等诸多难题。

保险融入经济社会全局广度和深度不够，应对外部环境变化的能力亟待加强。2011 年是“十二五”开局之年，也是我国经济转型的重要时期，经济发展内部结构和功能将发生深刻变化，新的风险因素随时可能出现，风险管理的任务依然很重。而保险业在提供创新产品和服务、及时应对经济生活的瞬息变化等方面上还有一定差距，尚不能充分发挥其市场化风险管理机制的作用。此外，外部环境的变化使保险业面临着较大挑战。如国内的实体经济走势变化，像汽车销售增幅下降、固定资产投资增速回落、出口退税力度减弱等，都会直接影响相关领域的保险需求。再如利率水平的调整也会对保险产品需求产生复杂影响，同时对保险资产配置能力提出更高要求。而资本市场震荡，不仅增加资产负债匹配难度，也给防范投资风险和提高投资收益带来较大压力。

三、金融基础设施与金融稳定

2010 年，重庆金融基础设施基础更加稳固、运行安全稳定。支付体系建设逐步完善，银行卡受理市场规范发展，农村金融支付环境进一步优化。中小企业和农村信用体系建设成效显著，征信市场管理和培育进展顺利，征信覆盖范围进一步扩大，征信数据库使用更加广泛。金融机构反洗钱主动性普遍增强，反洗钱金融情报职能充分发挥，反洗钱协作机制有效运作。安全稳定运行的基础设施为金融业的稳健运行提供了必要的保障。

（一）支付清算体系

支付清算网络体系进一步完善，资金流转效率明显提高。2010 年，重庆上线推广电子商业汇票系统，成功上线网上支付跨行清算系统，稳步推进第二代支付系统和 ACS 系统建设。完成重庆同城票据清分系统的更新改造，支付清算系统辐射范围不断扩大，加速了社会资金流转。截至 2010 年末，重庆市接入大小额支付系统和支票影像交换系统的银行机构分别达到 27 家和 20 家。其中，以直联模式接入系统的银行机构分别有 25 家和 13 家，占比分别达到 92.6% 和 65%，比年初分别提高 8.6 个和 3.9 个百分点。大额支付系统处理各项业务 834.16 万笔、金额 26.38 万亿元，同比分别增长 25.2% 和 37.9%；小额支付系统处理各项业务 938.9 万笔、金额 1 990.92 亿元，同比分别增长

92.2%和28.2%；支票影像交换系统共处理业务3.54万笔、金额18.39亿元，同比增长40.1%和53.2%。重庆同城票据自动清分系统参加银行网点达656家，日均处理业务3.5万笔，清算资金逾50亿元。支付清算各系统的安全高效运行为银行机构及金融市场的稳定运行提供了必要的保障，促进了重庆市经济金融平稳发展。

银行卡受理市场秩序日趋规范，产业持续发展能力增强。2010年，重庆营业管理部与公安部门联合开展整治银行卡违法犯罪专项行动，成功破获全国首例利用异地POS机实施刷卡套现的重大案件。组织开展银行卡专项检查，进一步规范了银行卡受理市场秩序。针对辖内个别银行采取不正当竞争手段，扰乱银行卡受理市场秩序的行为，及时组织召开银行卡工作会议，加大对违规行为的遏制力度，敦促参与各方严格遵循市场规则发展商户，确保银行卡受理市场规范可持续发展。2010年，各项主要指标均实现较大幅度增长，银行卡产业发展势头良好，满足了社会经济多样化支付服务需求。18家发卡机构共计发行各类银行卡6 633万张，比年初增长14.62%，已拥有ATM 6 528台、特约商户25 253户、POS机终端39 310台，分别较年初增长20%、45%和38%，实现所有区县全覆盖；刷卡交易笔数6 158万笔、金额1 377亿元，同比分别增长30%和56%；使用公务卡报销3.4万笔、金额1.5亿元，同比分别增长12%和23%。

银行卡助农取款服务稳步推进，农村支付环境明显改善。重庆在全国率先开展农村地区银行卡助农取款服务试点工作，开通4个试点乡（镇）、村共38个银行卡助农取款服务点。依托小额支付系统优化转账支票业务处理流程，县域银行机构清算成本下降约90%，同城资金清算效率显著提高。农村地区支付清算系统辐射范围稳步扩大，接入支付系统的农村网点机构达131个，比2009年初增加22个。农村地区银行结算账户普及率和非现金支付工具使用率明显提高，单位和个人账户同比分别增长19.5%和23.7%，银行卡刷卡消费笔数和金额同比分别增长37.1%和94.6%，农村支付环境大幅改善。

支付监督管理力度不断加强，支付结算秩序进一步规范。通过开展对逾期不履行空头支票行政处罚决定的当事人信息导入征信管理系统试点工作，空头支票治理力度进一步加大。《重庆营业管理部人民币银行结算账户非现场监管办法（试行）》出台并实施，银行结算账户非现场监管工作全面启动，支付监管向现场监管与非现场监管相结合模式转变。组织完成全市20余万户单位银行结算账户的年检工作，银行账户实名制进一步落实。先后对3家银行机构的结算账户管理情况开展综合执法现场检查，对3家银行机构开展银行结算账户专项检查，涉及账户1.2万户，发现违法违规事实647户；对7家银行机构开展商业汇票承兑和贴现业务专项现场检查，重庆市支付结算秩序得到有力维护。根据《非金融机构支付服务管理办法》，加大对非金融机构支付服务的监督管理力度，切实维护辖区支付清算秩序，保障社会公众的合法权益。

（二）征信体系

中小企业和农村信用体系建设成效显著，信用环境有效改善。截至2010年末，重庆市共征集中小企业信用档案85 081户，同比增长2%。通过中小企业信用档案建设，全市2 527户中小企业获得银行融资，比年初增加1 132户，融资金额（发生额）达1 112亿元，同比增长109%。农户信用档案和农村“信用工程”建设进一步推进。截至2010年末，重庆市建立农户信用档案535万户，占农户总数的81.5%；创建信用农户354万户，农户小额信用贷款余额30亿元。

征信市场管理和培育进展顺利，信用评级业务进一步规范。重庆市现有1家信用评级法人机构和2家分支机构开展信用评级业务。截至2010年末，重庆市3家评级机构累计完成信贷市场主体评级196户，其中担保机构30户。另外，对84家房地产企业开展行业信誉评价。2010年，向人民银行重庆营业管理部备案的银行间债券市场评级项目22项。其中，已完成评级的20家企业在银行间债券市场（部分在交易所市场）发行债券154亿元。

征信覆盖范围进一步扩大，征信系统作用日渐增强。非银行信息采集进程加快，截至2010年末，征信系统共计采集重庆法院执行信息12.4万条。其中，个人法院执行信息7.4万条，企业法院执行信息5万条；采集环保信息3 800条；采集个人住房公积金缴存人数157万人、记录272万条；采集个人社保缴存人数262万人、记录341万条，个人社保发放人数112万人、记录134万条。应收账款质押登记系统稳定运行。截至12月末，累计批准应收账款质押登记系统常用户83户，同比增长38.33%；累计登记6 123笔，同比增长88.11%；累计查询7 468笔，同比增长75.1%。应收账款质押登记系统为加快中小企业资金融通提供了良好的支持平台，目前重庆市共有1 439家中小企业作为出质人在系统中登记，累计进行质押初始登记2 593笔，转让初始登记926笔。小额贷款公司积极利用征信系统推进业务开展。自2010年4月重庆市首批小额贷款公司接入人民银行征信系统以来，截至12月末，重庆市共有11家小额贷款公司接入人民银行征信系统，共计查询个人信用报告1.71万次，全年累计发放个人贷款8.84亿元，个人贷款余额2.97亿元；累计发放企业贷款3.64亿元，企业贷款余额2.07亿元。

企业征信系统查询量大幅增长，个人征信查询保持稳定。截至2010年12月末，企业征信系统共收录重庆市企业及其他组织17.23万户，入库企业户数较2009年末增加7 471户，增长4.53%；共开通查询用户4 821个，较2009年末增加757个，增长18.63%。全年，重庆市各机构共计查询企业信用报告60.02万次，日均查询2 420次，日均查询量同比增长39.16%。截至12月末，个人征信系统共收录重庆市2 010.27万自然人的信息；开通查询用户7 250个，较2009年末增加1 489个，增长25.85%。全年，重庆市各机构共计查询个人信用报告334.36万次，日均查询1.35万次，日均查询量同比下降0.96%。全年，人民银行重庆营业管理部及全辖各级支行共受理个人信用报告查询（含融资融券开户查询）3.23万次，同比增长93.66%。其中，受理股指期货查询信用报告211次。

（三）反洗钱体系

金融机构反洗钱主动性普遍增强，反洗钱金融情报职能充分发挥。在各项监管措施的引导下，金融机构反洗钱工作方式由被动转变为主动，一些好的经验和做法不断涌现。个别银行设立专门的部门和人员从事反洗钱工作，并加强对辖内机构的督导检查，效果明显；个别银行制定反洗钱信息报送指引，明确细化各业务条线报送反洗钱相关信息的标准和内容，有效提高了非现场监管信息质量；泰康人寿重庆分公司建立了高效的可疑交易分析识别模式。全年金融机构共报送187例重点可疑交易报告，可疑交易甄别分析能力不断提高，报送的重点可疑交易报告具有较高的价值。其中，通过某银行报送的重点可疑交易报告，发现并侦破了某政府官员受贿并实施洗钱的犯罪行为，已开庭审理。该案形成的“金融机构提供线索—人民银行分析报案—侦查机关立案调查—司法机关实施审判”的洗钱案办理模式，是金融情报主动发挥作用的代表性案例。全年向侦查机关报案4例，涉及资金5.6亿元人民币。向侦查机关通报涉嫌犯罪线索40例。通过现场检查与可疑交易分析的结合，在开展现场检查中，发现2起重点可疑线索，并对1起线索启动反洗钱调查。

反洗钱协作机制有效运作，打击犯罪专项行动成效显著。与经侦总队建立了打黑除恶专项行动协作机制，与禁毒总队建立了打击涉毒洗钱犯罪协作机制。与联席会议成员单位、金融监管部门、金融机构、人民银行内部系统四个层面的反洗钱协作机制有效运作，形成打击洗钱犯罪的合力。协助公安机关破获重特大银行卡犯罪案件14起，向公安机关移送涉嫌利用698台POS机套现的多起重大案件线索；向工商部门通报90家涉嫌虚假注册公司线索；移送多起涉嫌网络赌博资金线索，引起相关部门高度重视。开展的四个专项行动稳步推进并取得显著成效。

四、总体评估与政策建议

（一）总体评估

2010年，受益于良好的宏观经济环境，重庆金融业具备了更加稳固的发展基础，实现了规模和效益的双重提升。一方面，重庆经济的快速健康发展为金融体系稳定奠定了良好的基础。在一系列宏观调控政策的引导下，与应对金融危机时期相比，重庆经济在取得较快发展速度的同时，实现了经济结构的优化，整个区域经济增长的协调性得到增强。另一方面，重庆各类金融机构保持了平稳健康运行，金融业增加值大幅增加，对经济的贡献度稳步上升。金融机构本着审慎发展理念，不断夯实稳健发展的基础。各项业务在风险可控的前提下实现了较快的发展，发展规模进一步扩张。与此同时，金融结构出现优化趋势，金融机构体系更加完善，信贷投放结构更趋合理。因此，2010年重庆金融体系总体稳定。

（二）政策建议

1. 加大产业结构调整力度，提高经济可持续发展能力

政府投资在应对国际金融危机、促进经济快速企稳回升过程中发挥了十分重要的作用，但政府高强度投资的负面效应也逐渐显现。随着实体经济的逐渐恢复，经济发展的重心应逐步转向结构调整，改变过度依赖投资的经济增长方式，适当控制政府财政收入增长速度，提高居民收入在国民收入分配中的比重，增强居民消费能力，提高经济的可持续增长能力。同时，采取有效措施，认真贯彻落实国家各项房地产调控及物价调控措施，将房地产价格、物价控制在合理水平，保证居民收入的购买能力。

2. 提高银行风险管理水平，防范银行不良贷款反弹

关注银行业风险变化趋势，强化重点风险管控。严守底线，建好资本充足率、动态拨备率、杠杆率和流动性比率四道防火墙。加强风险计量和评估，结合风险变化，根据商业银行资产组合、风险承受能力以及风险偏好设计情景假设，分析不同压力情景下银行业资产质量的变化。提高差别化信贷政策执行有效性，坚持区别对待、重点突破，深入推进监管新规的执行落实，促进自身稳健运营。

继续做好融资平台的资源整合和风险防控工作。按照“消化乡镇债务、控制区县债务、优化市级债务”的总体思路，对现有政府融资平台进行资源整合，通过重组、合并、转型等多种途径予以清理规范，优化资源配置。建立区县债务风险评价机制，发挥风险预警作用，建立健全地方政府融资约束机制和授权制度，合理举债，量力投资。继续做好融资平台贷款的风险监测、分类和处置工作，严格控制平台贷款增量，加快存量分类处置，严格资本、拨备要求。

3. 继续深化金融机构改革，夯实金融稳定微观基础

一是巩固和深化金融机构改革成果，推动其不断完善公司治理，积极推进经营方式的调整，改变过度依赖贷款增长的粗放型发展模式，增强发展的可持续性。二是继续做好政策性银行改革前期准备工作，明晰业务范围、完善治理结构、创新管理模式、加强风险控制。三是继续推进农业银行改革，做实和完善“三农金融事业部”，通过加强对现有管理体制和运行机制的调研和督导，不断增强其服务“三农”的功能和活力。

4. 扩大证券市场规模，拓宽企业外部融资渠道

积极推进国有企业集团整体上市。建立拟上市公司资源库，加强对拟上市公司的培育、辅导和指导工作。充分利用证券市场各种融资工具，拓宽企业融资渠道，支持和鼓励符合条件的上市公司通过在交易所发行公司债券、可转换债券以及资产支持证券融资，扩大直接融资渠道。提高上市资源整合效率，加快高风险上市公司重组。加快对资产质量差、主业发展前景黯淡、长期亏损的高风险上市公司进行资源整合，采取借壳上市、债转股、资产置换等多种方式，注入优质资产，实现资源重组，提高重庆上市资源的利用效率。

总　　纂：温江勇
统　　稿：李柏楼 刘　林
执　　笔（以姓氏笔画为序）：
刘　林　刘姝姝　刘科星　全克军　江泓洁　张尊南
李柏楼　易　娟　胡　伟
其他参与写作人员：冯春江　张　艳　李高亮　胡　旭　胡资骏　贺　涛

四川省金融稳定报告摘要

一、区域经济运行与金融稳定

2010年，随着一系列宏观调控政策的实施，国内经济实现较快增长，经济结构调整步伐加快，四川省经济继续保持较快运行态势，为金融业稳健运行奠定坚实基础。

（一）经济继续保持较快增长

经济持续较快增长。2010年四川全年实现地区生产总值1.69万亿元，增长15.1%，较上年提高0.6个百分点，比全国高4.8个百分点（见图1）。分产业来看，三次产业分别增长4.4%、22%和10%，产业结构为14.7:50.7:34.6。规模以上工业增加值增长23.5%，较上年提高2.3个百分点，比全国快7.8个百分点。

工业化进程加快。产业结构中重工业增长24.2%，快于轻工业1.9个百分点，原煤、水电和天然气等生产资料产品产量分别增长21.9%、17.5%和20.5%。

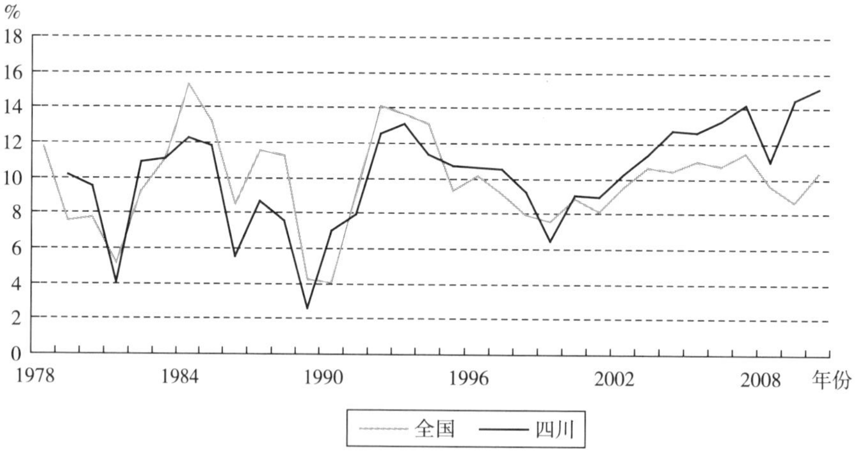

数据来源：国家统计局、四川省统计局。

图1　全国和四川经济增长

专栏1　汶川特大地震灾后恢复重建任务如期完成

自2008年5月12日汶川特大地震灾害爆发以来，四川省在中央政府领导下，充分发挥政府、企业、社会组织及公民的作用，坚持将灾后恢复重建作为中心工作，加大政府统筹力度、加快推进灾区恢复重建和发展振兴，努力探索科学重建、科学发展的道路，取得灾后恢复重建的决定性胜利，如期实现“三年目标任务两年基本完成”的目标。截至2010年底，四川纳入国家规划的39个（极）重灾县（市、区）2.97万个重建项目已开工99.6%、已完工92%，概算总投资8 658.11亿元，已完成7 792.3亿元、占90%。

灾后恢复重建的成功因素和基本经验主要有：一是党和政府的坚强领导，“一方有难，八方支援”的社会主义制度优势；二是灾后重建支持政策出台及时，措施恰当有力；三是中央财政大力支持，全国人民慷慨援助，灾区干群发奋自救，成为灾后重建快速推进的保证；四是以人为本，尊重自然，统筹兼顾，科学制定灾后恢复重建规划。

从汶川地震灾后恢复重建中获得的启示：一是进一步做好防灾减灾工作，加快完善防灾减灾各项法规和综合性配套政策，加快构建覆盖各地区各行业各单位的防灾减灾预案体系；二是积极借鉴国外防灾减灾的成功做法和经验，强化对自然灾害预防、避险、自救、互救等知识普及，全面提高全社会风险防范意识、技能和灾害救助能力；三是不断提升应急管理能力，通过认真总结抗震救灾的成功经验，着力培养专业化与社会化相结合的应急救援队伍，健全保障有力的应急物资储备和救援体系；四是建立规范长效的应急保障资金投入和拨付制度，快捷有序的防疫防护和医疗救治措施，及时准确的信息发布、舆论引导、舆情分析系统；五是完善对口支援、社会捐赠、志愿服务等社会动员和机制；六是建立符合国情的巨灾保险和再保险体系。

内需稳定增长。全社会固定资产投资1.36万亿元，增长13%（见图2）。基础设施建设和产业转移对投资增长贡献突出，基础设施、产业项目对投资的贡献率分别为33.6%和35.3%。实现社会消费品零售总额6 634.7亿元，增长18.7%，比全国高0.3个百分点。居民消费结构升级和城镇化加速推动消费增长。

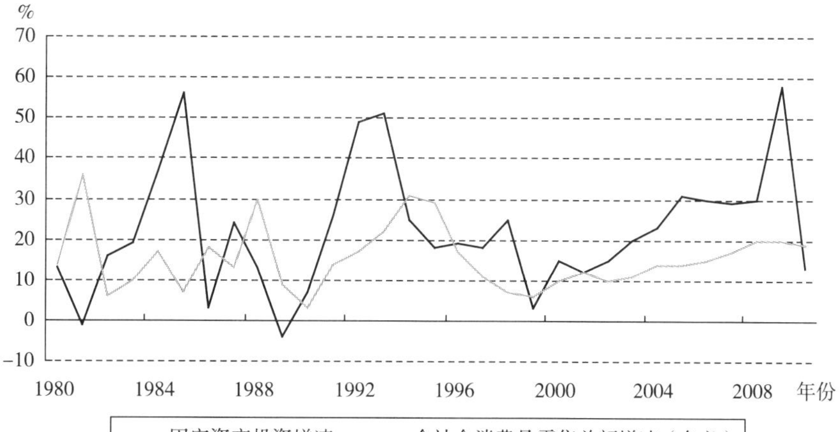

数据来源：四川省统计局。

图2　投资和消费增长

外需大幅回升。外汇收支持续双顺差，出口 188.5 亿美元，增长 33%；进口 139.3 亿美元，增长 39.3%。贸易顺差 49.2 亿美元，比上年增加 8.5 亿美元。跨境外汇收支顺差规模大幅增长，资本项目成为外汇收支顺差的主要来源。

经济效益持续好转。受固定资产投资增长拉动、企业销售收入增长、工业品出厂价格回升的影响，四川全年规模以上工业企业实现利润 1 469.5 亿元，增长 51.6%，增速上升 17.2 个百分点，增幅创近十年新高。

财政收入增幅提高。全年地方财政一般预算收入 1 561 亿元，增长 32.9%，增速上升 11 个百分点。

居民收入平稳增长。2010 年四川省城镇居民人均可支配收入 15 461 元，比上年增长 11.7%，剔除物价因素，增速较上年回落 0.4 个百分点；农民人均纯收入 5 140 元，增长 15.1%，增速高于城镇居民。

（二）经济金融环境对金融稳定的影响

物价仍面临持续上涨压力。2010 年，四川 CPI 上涨 3.2%，涨幅比上年回升 2.4 个百分点。CPI 中的八大类商品呈“七涨一跌”态势，其中食品价格上涨 6.1%。PPI 上涨 5%，涨幅比上年扩大 8.5 个百分点。原材料、燃料、动力购进价格上涨 6.1%，涨幅比上年扩大 10.8 个百分点（见图 3）。四川省畜牧食品局抽样监测显示，受生产周期和存栏不足影响，全省猪肉价格、猪粮比自 7 月份以来连续上涨，全省母猪存栏量降至 2008 年 12 月以来最低点。短期内这种趋势难以改变。

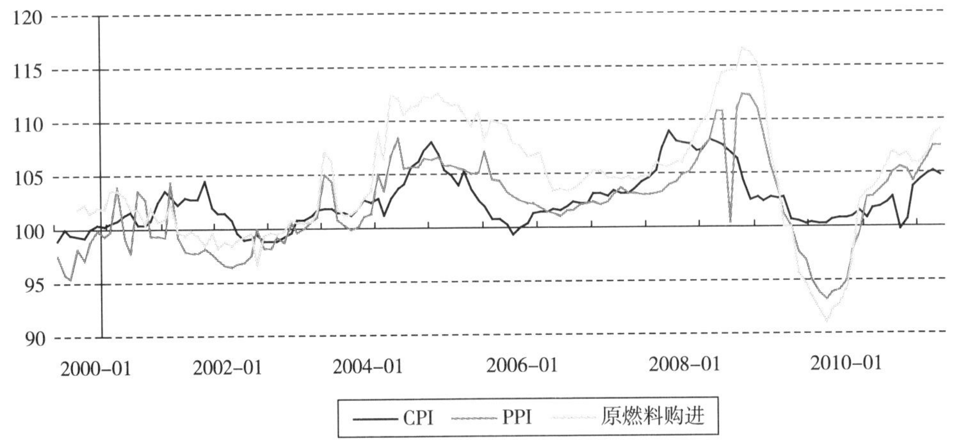

数据来源：四川省统计局。

图 3 月同比价格指数

工业内部结构不平衡。一是产业竞争力不够强。全省产业层次较低，产业关联度不高，优势产业带动作用不强，装备制造业和高新技术产业增加值占规模以上工业的比重比全国低 4 个百分点左右。二是经济增长对高耗能产业依赖过大。四川省工业单位增加值能耗为服务业的 6 倍左右，而高耗能产业增加值占规模以上工业的比重比全国高 3.5 个百分点。三是经济发展缺乏重工业的支撑。四川正处在工业化城镇化加快发展的历史阶段，需要重型化产业，但水泥、钢铁等重工业是高耗能产业，受到政策限制。因此，在四川实现产业结构优化升级和绿色经济增长与发展经济之间的矛盾异常突出。

房地产量价波动明显。2010 年，受房地产市场调控政策影响，全省房地产市场由 2009 年下半年的迅猛上涨趋势逐步回归理性（见图4）。12 月成都市主城区商品住宅销售均价 8 337 元/平方米，同比增长 19.9%，涨幅下降 13.4 个百分点；全年主城区商品住宅成交量 846.98 万平方米，较上年下降 34.7%；成都市全年完成房地产开发投资 1 278.3 亿元，增长 35.3%。

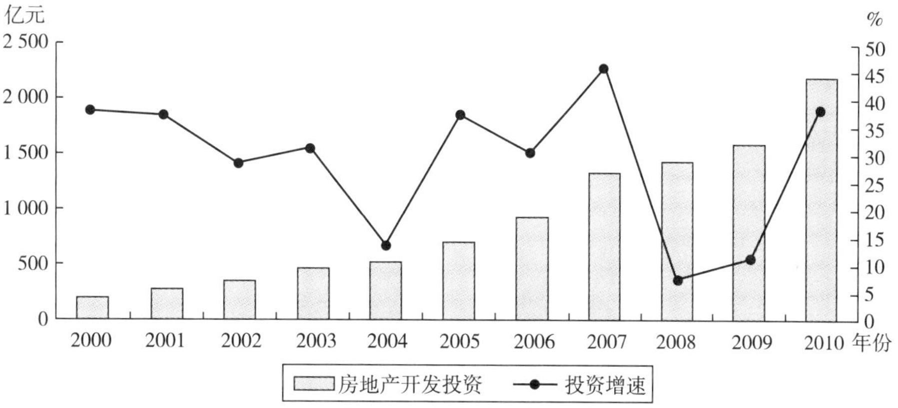

数据来源：四川省统计局。

图 4　房地产开发投资

二、金融业与金融稳定

2010 年，四川金融业紧紧抓住扩大内需、灾后恢复重建和实施西部大开发的重大机遇，金融改革迈出重大步伐，积极支持灾后恢复重建和产业振兴，金融体系的稳定性进一步增强。到年末，金融业总资产 3.75 万亿元①，增长 22.7%。金融业实现增加值 574.69 亿元，增长 6.5%，占全省 GDP 的 3.4%。

（一）银行业

四川银行业落实宏观调控政策，继续深化改革，风险管理水平提高，稳健性得到提升。

1. 银行业运行状况

机构体系更加完善。2010 年末，四川共有银行业机构 609 家，其中法人机构 567 家、一级分行 41 家、外资机构代表处 1 家，居中西部第一。按机构性质分类，政策性银行一级分行 3 家，国有商业银行一级分行 5 家，股份制商业银行一级分行 11 家，省外城市商业银行一级分行 6 家，省内城市商业银行法人机构 13 家，邮政储蓄银行一级分行 1 家，外资金融机构 11 家，非银行金融机构 7 家，金融资产管理公司成都办事处 4 家，农村商业银行 2 家，农村合作法人金融机构 519 个，村镇银行 24 家，贷款公司 2 家，农村资金互助社 1 家。银行业机构执证网点 12 566 个，从业人员 18.9 万人。

资产质量稳步提升。2010 年末，全省银行业机构资产总额 3.6 万亿元，增长 22.8%。其中，本外币贷款余额 1.95 万亿元，比年初增加 3 571 亿元，同比少增 989 亿元，余额增长 22.4%。全年信

① 不含证券公司异地在四川分支机构资产。

贷投放逐季减缓。新增贷款主要投向个人消费、制造业、交通运输业、电力、水利等行业。新增个人贷款占比33.8%，比上年上升12.5个百分点；新增制造业、交通运输业、电力行业、水利、环境和公共设施管理业贷款占比39.6%（见图5）。贷款中长期化特征显著（见图6），新增中长期贷款占比91.2%，比上年上升15.8个百分点。票据融资减少。银行业机构有效满足灾后恢复重建和经济发展的有效信贷需求，为实施西部大开发持续提供有序金融服务（见专栏2）。累计发放抗震救灾和灾后恢复重建贷款3 786亿元，其中，城乡住房重建675亿元，城镇建设703亿元，农村建设222亿元，公共服务类113亿元，基础设施类917亿元，产业重建1 149亿元。支持灾区64.6万户普通农户、11.9万户城镇居民住房重建。信贷资产质量持续改善，不良贷款率3.76%，比上年下降1.87个百分点，创历史新高。

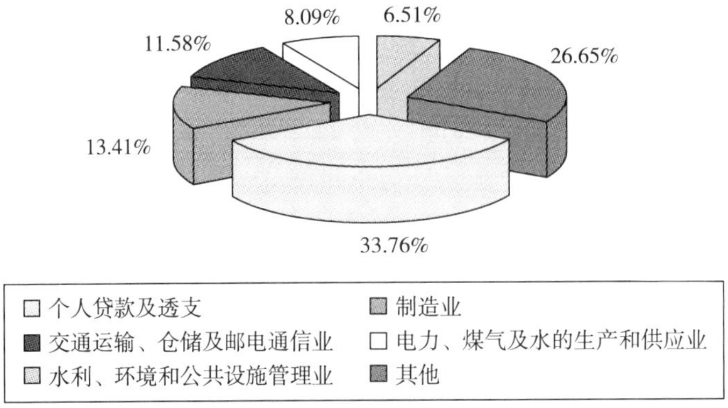

数据来源：人民银行成都分行。

图5　2010年新增贷款按行业分类占比情况

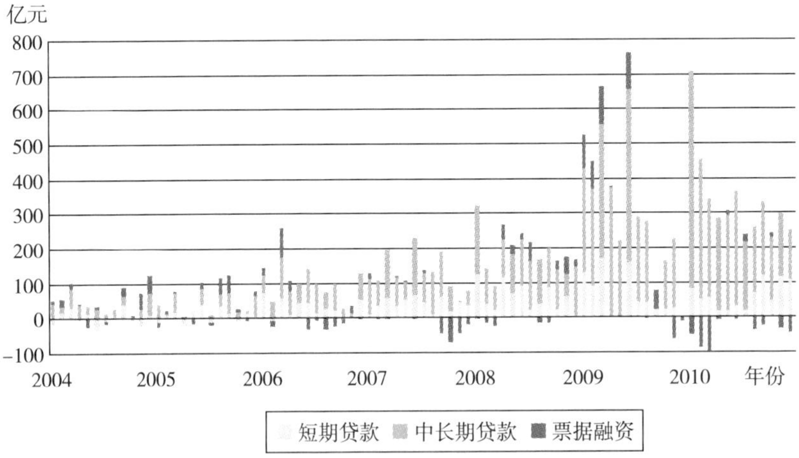

数据来源：人民银行成都分行。

图6　月度新增贷款结构

专栏2 银行业支持西部大开发

从2000年到2010年，四川银行业机构积极参与和支持西部大开发建设，加大对基础设施、重大项目、优势产业等领域金融支持力度，坚持服务中小企业和“三农”，努力改善民生，更好地满足社会经济金融需求，支持实体经济又好又快发展。11年来，中外资银行积极来川设立分支机构。8家全国性股份制商业银行成都分行成立，现有全国性股份制商业银行11家。6家省外城市商业银行成都分行开业。11家外资银行业机构落户成都，四川外资银行业机构数量居西部省（自治区、直辖市）第一。辖内法人银行业机构改革不断深化。13家城市信用社全部成功改制为城市商业银行。其中2家城市商业银行引进战略投资者并在省外设立分支机构。1家农村合作银行和2家农村商业银行获批开业。新型农村金融机构大力发展。全省已设立27家新型农村金融机构，有效弥补了农村金融服务的空白。非银行机构稳健发展。信托投资有限公司重组重登工作稳步推进，财务公司大力支持集团发展，消费金融公司改革试点启动。银行业机构不断加大信贷投放，大力支持基础实施和优势产业发展，对全省电力、交通、城镇化、教育、卫生、文化等发展作出了积极贡献。2010年末，四川银行业机构本外币贷款余额1.95万亿元，比1999年末增长3.94倍。基本建设人民币贷款占人民币各项贷款的比重从1999年的19.89%上升至2009年的25.53%①。银行业机构已与产值超1 000亿元的成都高新技术产业开发区和成都经济技术开发区，产值超500亿元的德阳经济开发区、绵阳高新技术开发区、双流经济开发区、青白江工业集中发展区和温江台商投资工业园区以及其他地（市）县级50多个产业园区建立了信贷关系。各银行业机构加强小企业金融服务专营机构建设，不断完善利率风险定价机制、简明高效的贷款审批机制、独立的核算机制、科学的激励约束机制、专业化的人员培训机制和有效的违约信息通报机制，努力提升中小企业金融服务水平。2010年末，四川中小企业贷款余额达到7 081亿元，占全省企业类贷款余额的57.14%。各银行业机构坚持服务“三农”宗旨，积极开展农村金融产品和服务方式创新。支持和配合政府部门推动农村土地承包经营流转和农房用地制度改革，探索开展相应的抵押贷款试点工作，努力满足多层次、多元化的“三农”金融服务需求。2010年末，四川涉农贷款余额5 799.89亿元，同比增长30.52%。各银行业机构还积极贯彻落实对就业、助学等经济社会薄弱环节的信贷支持，切实加强对民族地区、贫困地区、革命老区等的金融支持。

存款持续增长确保流动性充裕。2010年末，银行业机构负债总额3.51万亿元，增长22.6%。其中，本外币存款余额3.05万亿元，比年初增加5 378亿元，同比少增945亿元，余额同比增长21.4%。中小法人银行机构流动性比率52.16%，比上年下降5.95个百分点；人民币超额备付金率7.62%，比上年下降1.47个百分点；存贷款比率61.38%，比上年下降2个百分点。企业存款增量下降，储蓄存款稳步上升（见图7）。全年新增本外币企事业单位存款1 768.6亿元，同比少增1 105亿元；新增本外币储蓄存款2 067亿元，同比多增136亿元。存款活期化程度下降。全年本外币企事业新增存款中活期占比65.9%，比上年下降10.4个百分点；本外币储蓄新增存款中活期占比53.6%，比上年下降3.6个百分点。

管理带来盈利上升。全年银行业机构实现税后利润449.77亿元，同比增加134.38亿元（见图

① 从2010年起，不再对基本建设贷款进行统计。

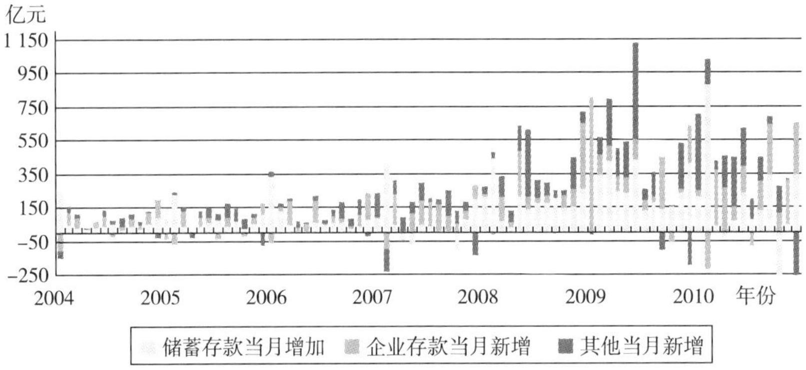

数据来源：人民银行成都分行。

图7 月度新增存款结构

8)，增长42.6%。平均资产利润率1.38%，比上年上升0.15个百分点。营业收入增加仍主要依赖利息净收入。平均利息收入率89.68%，比上年提高2.2个百分点；平均净息差3.98%，比上年提高0.5个百分点；平均净利息收入比例147.8%，比上年下降9.2个百分点。成本管理强化有利促进利润改善。平均成本收入比34.22%，比上年下降5.51个百分点。营业总支出增长22.2%，低于利润增幅20个百分点。平均中间业务收入率11.22%，比上年提高0.12个百分点；中间业务收入109.75亿元，增长31%，其中，工、农、中、建、交5家大型银行占72.3%，占比比上年提高0.7个百分点。

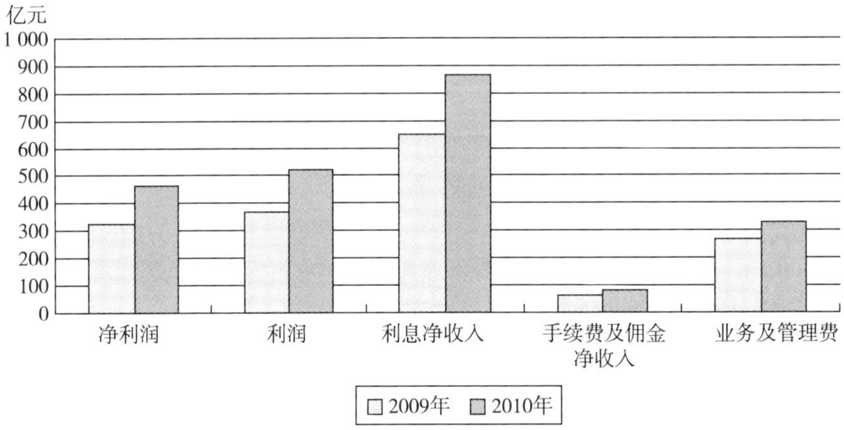

数据来源：人民银行成都分行。

图8 银行机构利润结构

资产充足和拨备水平提高。中小法人银行机构资本净额比上年增加159.7亿元，增长60.7%，其中新增留存收益占50%。中小法人银行机构平均核心资本充足率和资本充足率分别为8.16%和8.98%，达到最低监管要求。13家城市商业银行和新型农村金融机构平均资本充足率分别为13.34%和24.23%，分别比上年上升0.23个和下降0.99个百分点。全省农村合作金融机构核心资本充足率和资本充足率分别比上年上升2.72个和3.07个百分点。城市商业银行平均拨备覆盖率338.4%，同比提高150.57个百分点；农村合作金融机构拨备覆盖率同比提高26.1个百分点。

2. 银行业改革开放

农村金融组织改革有序推进。一是农村信用社改革继续推进。2 家农商行获准筹建，攀枝花以市为单位组建农商行获国务院同意。172 家县联社兑付专项票据 97.8 亿元，分别占发行家数和发行金额的 98.85% 和 99.92%。农村信用社支农主力军作用继续得到有效发挥，涉农贷款余额占比 37.8%。二是新型农村金融组织加快发展。10 家村镇银行获准筹建。4 家村镇银行获得全国地市级总分行制村镇银行试点资格，3 家市级村镇银行开业。县级村镇银行按照三年规划顺利推进。年末，四川新型农村金融机构 27 家，为全国数量最多的省份。新型农村金融机构存贷款余额分别为 69.1 亿元和 53 亿元。41 家小额贷款公司获准筹建。截至年末，共有 48 家小额贷款公司开业，贷款余额 56.7 亿元。

城市商业银行加快跨区域发展。辖内城市商业银行在省外设立分支机构，并加快在省内跨区设立分支机构（见专栏 3）。2 家城市商业银行省外分支机构开业，6 家城市商业银行省内跨区分支机构开业，3 家城市商业银行省内外跨区分支机构获批筹建。除了直接设立跨区分支机构外，辖内城市商业银行还通过设立村镇银行的形式进行跨区经营。全年 3 家城市商业银行发起设立 3 家村镇银行。

专栏 3　城市商业银行改革发展

四川现有的 13 家城市商业银行以客户为中心、以市场为导向，在中小企业融资、农村金融服务等方面进行组织和业务创新，在服务地方经济与中小企业方面发挥着独特作用。经过多年改革发展，有的城市商业银行实现了增资扩股、引入境外战略投资者、跨区域经营，有的机构努力争取上市。截至 2010 年末，全省 13 家城市商业银行资产总额占银行业机构资产总额的 9.4%，各项存贷款余额分别占银行业机构总存贷款余额的 9.3% 和 7.4%。3 家机构拟建成全国性股份制商业银行。2010 年 9 家机构增加资本金 12 亿元。3 家机构引进了战略投资者，分别是成都银行引进马来西亚丰隆银行、南充商行引进德国投资与开发有限公司（DEG）与德国储蓄银行国际开发基金（SIDT）、德阳商行引进世界银行的国际金融公司。13 家机构中第一大股东为政府部门的 6 家，为国有企业的 4 家，为境外法人的 2 家，为民营企业的 1 家。3 家机构先后发行 4.9 亿元次级债。自 2007 年南充商行成都分行开业以来，已有 8 家城市商业银行共 13 家跨区分支机构获准筹备，10 家已开业。其中，南充商行和成都银行跨省设立分支机构。10 家城市商业银行作为 10 家村镇银行的第一大股东，实现跨区发展。2 家机构启动上市计划。同时通过机构向县域延伸来加大农村金融服务，并以创新产品和服务模式等为农村提供更多的金融服务。

城市商业银行总体资产质量较好，资本充足率较高，内部治理结构较完善，整体风险可控，但个别机构信贷集中度较高，快速跨区发展对完善内部管理也带来一定压力。

非银行金融机构改革取得进展。四川锦程消费金融公司在全国首家挂牌，新希望财务公司获准开业，四川省信托和四川建设信托经重组重新登记开业，川国投基本完成重组准备，省信托光华办基本完成撤销清算工作。2010 年末，4 家非银行金融机构资产总额 256.1 亿元，占银行业机构资产总额的 0.7%；所有者权益 42.39 亿元。存贷款余额分别为 175.05 亿元和 136.33 亿元，分别比年初增加 49.56 亿元和 55.44 亿元，分别占全省市场份额的 0.6% 和 0.7%。

外资银行稳步发展。2010 年末，10 家外资银行分行资产总额 225.55 亿元，占银行业机构资产总额的 0.62%，存贷款余额分别为 132.09 亿元和 178.96 亿元，分别比年初增加 47.05 亿元和 95.5

亿元，分别占全省市场份额的0.45%和0.92%，占比分别比上年提高0.1个和0.4个百分点。

跨境贸易人民币结算试点顺利推进。自2009年5月以来，人民银行成都分行在省政府领导下积极推动跨境贸易人民币结算试点工作。截至2010年末，四川参与试点的企业和银行分别达到83家和17家，累计办理跨境人民币业务15.16亿元，涉及中国香港、新加坡、日本等17个境外国家和地区，开立非居民企业人民币结算账户6个，账户余额2.06亿元。

3. 银行业发展需要关注的方面

信贷集中度偏高。全年新增不良贷款主要集中于电力、制造、批发和零售、公共管理四大行业，5个地区不良贷款率偏高，新增贷款近80%投向多头贷款客户，中长期贷款余额占贷款余额的比重持续上升。

县级政府融资平台贷款潜在风险。2010年，四川相关部门深入贯彻落实国务院和四部委要求，切实开展地方政府融资平台清理规范工作，有效防范财政金融风险。目前，政府融资平台贷款规模仍较大。平台贷款还款来源对土地收益的依赖性仍较高，而个别县级融资平台的偿债能力低下仍需关注。

中小机构流动性风险较高。5家城市商业银行流动性比例及资本充足率同比有所下降，部分农村信用社不良贷款率较高，资本充足率较低，存贷比较高，流动性比例偏低。部分地震重灾区及三州地区农村信用社依然面临财务可持续压力（见专栏4）。

专栏4　重建结束后汶川地震重灾区农村信用社可持续发展问题

近年来，农村经济权利界定逐步清晰，农村金融市场结构不断优化，金融市场的租值不断提升。农村金融市场有效组合可以有效降低租值耗散，促进金融机构可持续发展。根据这一思路，在农村信用社之外，从总体和边际上研究农村信用社可持续发展约束因素及其变化，可以找到农村信用社可持续发展途径和模式。

农村信用社可持续发展主要面临权利、竞争和成本三方面约束。从其60年历程看，农村信用社演进表现为一个时间函数，呈现出连续性。对于租值变化不大的地区，或者说发展比较落后的地区，政策的支持是其可持续发展的主要动力和原因。农村经济及金融市场中权利约束、竞争约束和成本约束改变显著的地区，即农村经济相对发达的地区，农村信用社可持续发展的途径表现为：约束农村信用社竞争的合约结构发生根本改变，比如由农村信用社变成农商银行或合作银行；有些地区虽然经济发展较快，租值不断上升，但却因为各种原因不能变成农商银行或合作银行，它仍然要以农村信用社的模式参与农村金融市场竞争，这就要给它完整的权利界定或改变它面临的竞争约束或改变它的成本约束，以增强其可持续发展能力。

灾区农村信用社可持续发展不同地区将走不同的道路，如阿坝州汶川、黑水等7个重灾县、绵阳北川县、平武县和广元青川县的农村信用社，符合农村信用社可持续发展的第一种情形。这些县农村金融市场的租值虽然有所提升，但并不足以吸引新的供给者进入，农村信用社在未来相当长时期都将是当地主要的农村金融机构，这样国家与农村信用社之间的合约很难有本质改变，除非政策支持否则难以生存。第二种情形是成都市的都江堰市、彭州等4个重灾县，德阳市的绵竹、什邡等6个重灾县，绵阳市涪城区、游仙区及安县、南充市阆中市和巴中市南江县的农村信用社符合农村信用社可持续发展，其农村信用社的可持续途径是组建农商银行或合作银行。其余灾区农村信用社的情况符合农村信用社可持续发展的第三种情形。其可持续发展模式是参与农村金融市场竞争，在国家与农村信用社之间仍然存在支农合约，国家仍需要给相应的政策支持使得农村信用社的边际成本等于边际收益，使其能够继续履行支农合约。由于竞争压力，这些地区的一些农村信用社开始调低贷款利率，这意味着，当信用社调整的贷款利率与均衡利率一致时，国家也需要调整对这些信用社的有关政策。

（二）证券业

近年来，证券市场震荡上行，四川证券期货经营机构实力增强，持续发展能力得到提升。

1. 证券业发展

2010 年末，四川省有法人证券公司 4 家，证券营业部 201 家，证券投资咨询机构 3 家，法人期货公司 3 家，外地公司在川期货营业部 6 家、5 家获准筹建尚未开业；基金分公司 8 家，证券投资咨询公司 3 家，外国证券机构驻华代表机构 1 家。

证券期货经营机构收益有所下降。2010 年末，4 家法人证券公司总资产 342.18 亿元，总负债 260.18 亿元；净资本 68 亿元，增长 20%。全年实现利润 21.62 亿元，减少 12.7%；实现净利润 16.48 亿元，减少 13.3%（见图 9）。3 家法人期货公司总资产 27.55 亿元，增长 40%；净资本 2.56 亿元；全年实现净利润 0.27 亿元，减少 26.8%。

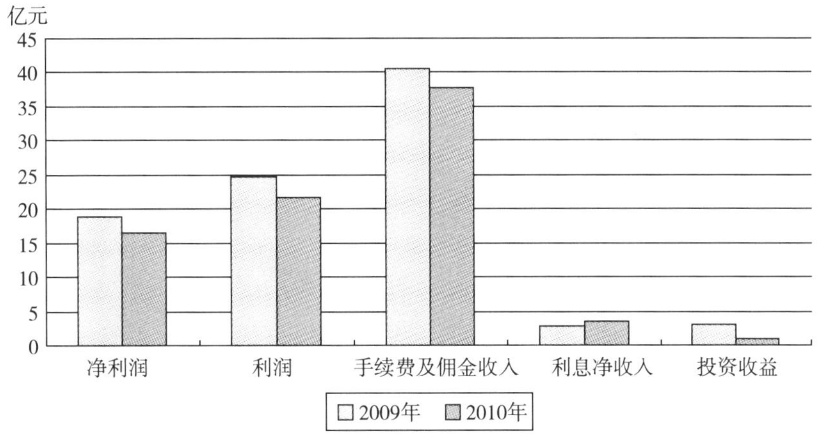

数据来源：四川证监局。

图 9 证券公司收益

证券期货经营机构稳步发展。证券公司逐步落实“一参一控”政策。60 家证券营业部完成规范审计工作，17 家证券营业部实现完全非现场交易。证券服务部顺利升级为证券营业部，华西证券设立集合资产管理计划，倍特期货大力开展增资计划。

2. 证券业发展需要关注的方面

证券公司盈利模式仍需改善。证券公司经营仍过多依赖传统经纪业务，手续费及佣金收入占营业收入的 87%，其他业务收入比重较低。股票市场未来走势可能给法人证券公司带来不确定性影响。

期货公司综合实力仍待提升。2 家期货公司在国内期货业的排名靠后，资本规模偏小。1 家期货公司因母公司资产重组问题发展受到限制。期货公司运营和抗风险能力有待进一步增强。

（三）保险业

2010年，四川保险业深入贯彻科学发展观，围绕转方式、调结构、防风险、促发展的工作目标扎实开展工作，全省保险市场继续保持良好的发展势头。

1. 保险业运行状况

2010年末，四川共有保险公司省级分公司54家。其中，产险公司25家、寿险公司26家、养老险公司2家和健康险公司1家，另有8家省级分公司正在筹备。专业法人保险中介机构88家，其中代理机构75家，经纪机构7家，公估机构6家；保险专业中介分支机构215家，其中保险代理分支机构171家，保险经纪分支机构38家，保险公估分支机构6家。

承保业务平稳较快发展。保险业实现保费收入765.8亿元（见图10），超额完成“十一五”规划目标，规模全国排名第七，与上年持平；增长32.3%，比上年上升15.1个百分点，高于全国平均水平1.8个百分点。赔付支出150.9亿元，增长15.6%（见图11）。保险密度938.2元/人，比全国低145元/人，比上年增加229元/人，增长32%；保险深度4.53%，比全国高0.88个百分点，同比上升0.44个百分点。为全省提供19.67万亿元保险保障；累计上缴税金11.43亿元。保险公司总资产1 224.7亿元，增长32.9%。根据近3年来四川保险市场占比最大的4家保险公司市场份额情况测算的行业集中度指数（CR4）来看，总体上保险市场的CR4值呈下降趋势，其中寿险市场下降更为明显。四川最大保险公司在行业中的市场份额也持续下降。

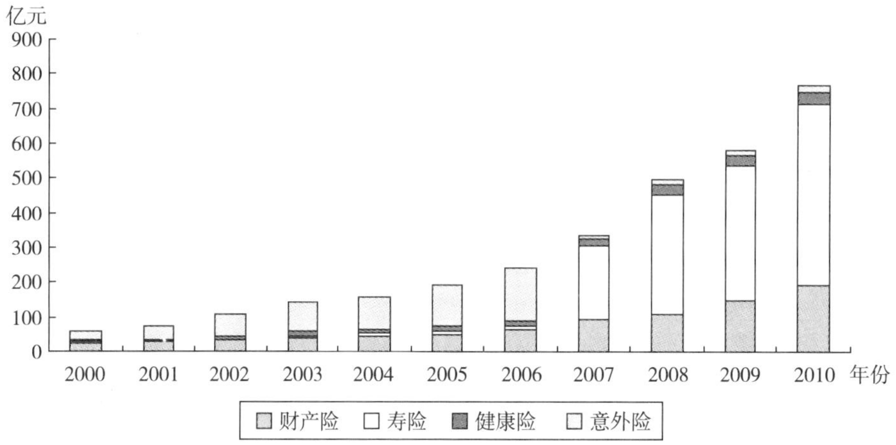

数据来源：四川保监局。

图10 保险业保费收入

产险险种发展更趋均衡。产险公司共实现保费收入202.3亿元，增长27.9%。规模全国排名第六，较上年上升1位。从产险险种发展情况来看，车险与非车险发展更加均衡。车险实现保费收入152.3亿元，增长33.4%。非车险保持平稳增长势头，实现保费收入49.93亿元，增长13.6%。其中，农险的保费规模最大，共实现保费收入12.2亿元，增长4.15%。

银邮渠道销售面临转型。寿险公司共实现原保费收入563.5亿元，增长33.88%，高于全国平均水平4.9个百分点。新单保费409.3亿元，增长32.5%，贡献率为70.4%。全年银邮渠道共实现新单保费319.55亿元，增长36.3%，比上年上升32.8个百分点，高于全国平均8.1个百分点，占寿险公司新单保费的78.1%，比上年上升2.2个百分点，高于全国平均9.1个百分点。全省银邮渠道

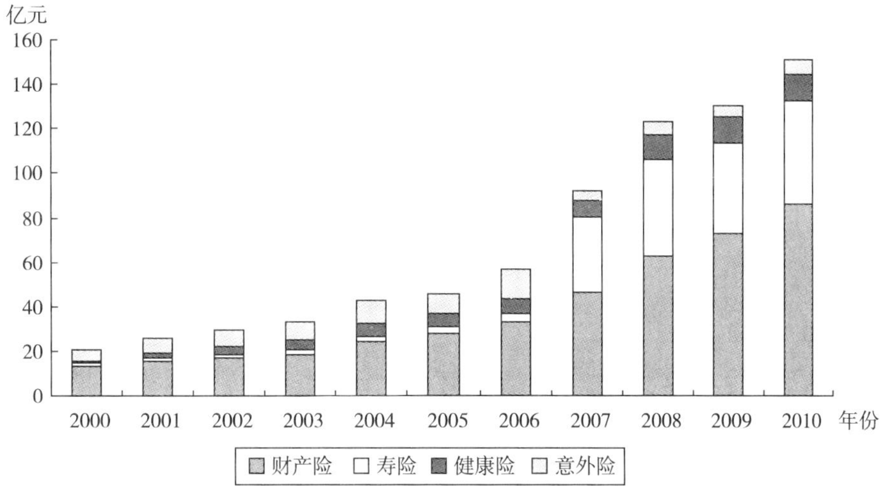

数据来源：四川保监局。

图 11　保险业赔付支出

保费规模居全国第 6 位，保费占比居全国第 1 位。

退保情况总体平稳。寿险公司赔付支出 60.5 亿元，增长 14.1%。11 家寿险公司赔付支出同比增速超过 100%，主要因为 2005 年末销售的 5 年期银邮渠道趸缴产品到期，造成满期给付大幅增加。全省退保金额 48.8 亿元，同比增长 39.4%，退保率 2.69%，低于全国平均水平 0.36 个百分点。

保险中介市场总体发展形势良好。一是保险中介市场体系初步建立。13 家法人保险中介机构获批设立，9 家注销。二是专业代理机构业务较快发展。专业保险代理机构共计代理保费 29.6 亿元，增长 38%；取得代理手续费收入 5 亿元，增长 45.8%；实现盈利 3 004.7 万元。三是保险经纪公司盈利能力不断提高。法人保险经纪机构整体实现盈利 266.7 万元。四是保险兼业代理机构平稳发展。共有保险兼业代理机构 9 686 家，同比增加 433 家。

灾害补偿功能发挥较好。2010 年，四川保监机构进一步加大市场监管力度，深入开展现场检查，加大行政处罚力度，不断规范保险市场秩序。产险方面，应收保费率、保单批退率等反映产险市场秩序的关键指标明显下降。寿险方面，销售行为逐步规范，销售误导一定程度上得到遏制，退保情况总体平稳，行业现金流充足。2010 年末，全省保险业共接到报案 11 704 件，其中有效案件 10 574 件，预计赔付保险金约 5.3 亿元。目前大多数赔付金额较小、事实清楚的赔案已基本赔付完毕，共结案9 390件，件数结案率达 88.8%，已赔付保险金 2.83 亿元。

2. 保险业发展需要关注的方面

交强险经营状况不容乐观。2010 年，四川交强险累计承保亏损高达 5.89 亿元，全国排名倒数第 6 位，较上年下降 5 位。交强险承保利润率为 -16.68%，低于全国平均水平 5.47 个百分点。此外，由于摩托车、拖拉机等机动车辆交强险全面亏损，风险管控难度大，保险公司出于经营考虑，以单证不够、签单人不在、设备故障等理由变相拒保或拖延承保的现象也时有发生。

寿险公司结构调整尚需加强。一是保障型产品增长乏力。保障功能较强的普通寿险、意外险和健康险新单保费合计 34.16 亿元，同比仅增长 10.85%。二是缴费结构有待优化。全省寿险业务新单期缴率 22.61%，低于全国平均水平 4.4 个百分点。三是渠道结构银邮独大。四川银邮渠道保费收入占比居全国第 1 位，高于全国平均水平 12.15 个百分点。

三、金融市场运行与金融稳定

2010 年，四川各金融子市场运行平稳，交易活跃。保持健康发展的良好势头，为市场主体提供了有效的资金融通渠道和风险管理场所。

（一）金融市场运行状况

1. 银行间同业拆借与债券市场

拆入资金减少，拆出资金快速增长。市场成员全年累计拆入、拆出分别为 239.7 亿元和 270.68 亿元，分别比上年减少 7.43% 和增长 57.23%。农村信用社是拆出资金的主体。净融出资金 30.98 亿元，而上年净融入资金 86.79 亿元。债券回购较快增长，净融出资金减少。全年金融机构质押式回购、现券买卖、买断式回购累计成交分别为 26 059.72 亿元、11 570.1 亿元和 778.22 亿元，同比分别增长 29.45%、15.19% 和 8.86 倍。质押式回购、买断式回购分别净融出资金 7 325.33 亿元和 586.99 亿元，分别减少 32.09% 和增长 11.67 倍。11 家企业在银行间债券市场发行 177 亿元短期融资券和中期票据，金额比上年增长 65.42%。IBO007、R001 分别是拆借、质押式回购交易的主要品种。货币市场利率比上年明显上升。

2. 票据市场

票据签发增长较快，再贴现增长迅速。金融机构累计签发银行承兑汇票、商业承兑汇票分别增长 27% 和 89.7%；累计办理银行承兑汇票再贴现 57.9 亿元、商业承兑汇票再贴现 8 131 万元，而上年分别仅为 500 万元和 30 万元。票据累计贴现快速增长，但贴现余额不增反降。累计办理银行承兑汇票贴现、商业承兑汇票贴现分别增长 54.3% 和 2.2 倍。银行承兑汇票贴现余额、商业承兑汇票贴现余额分别减少 35% 和 2%。票据市场利率大幅上升。12 月份，贴现、转贴现加权平均利率分别为 6.1% 和 4.94%，分别同比上升 351 个和 269 个基点（见图 12）。

数据来源：人民银行成都分行。

图 12 四川票据利率

3. 股票市场

全年共有 18 家上市公司在 A 股市场实现融资 216.78 亿元。其中，11 家公司（含主板 1 家、中小板 7 家、创业板 3 家）首发融资 148.55 亿元，同比增长 140.6%；7 家公司实现再融资 68.23 亿元。首发上市公司家数和融资总额均居中西部第一。A 股上市公司数量由上年 71 家增加到 83 家，总市值 7 493. 17 亿元。股票投资者开户数为 700. 15 万户，比上年增加 51. 24 万户。全年证券市场交易额为 3. 67 万亿元，比上年减少 0. 39 万亿元。

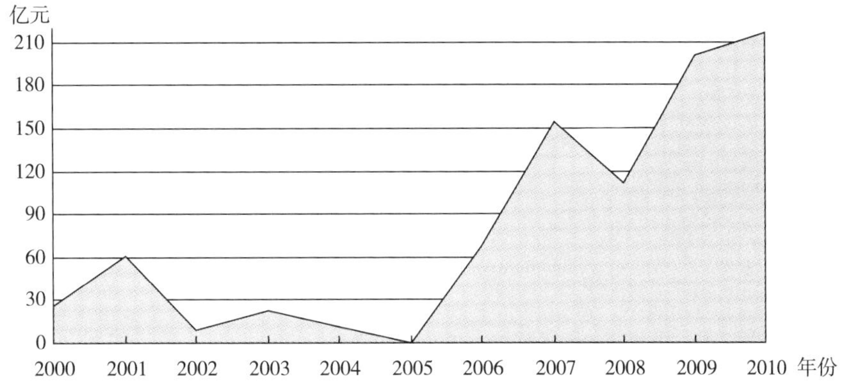

数据来源：四川证监局。

图 13　上市公司 A 股市场融资量

4. 外汇等其他市场

外汇市场方面，四川银行间外汇市场成交 9. 99 亿美元，同比增长 31%，增幅较上年上升 4. 8 个百分点。其中美元成交 9 亿美元，增长 43. 2%，占成交总量的 90%，占比上升 7. 8 个百分点；日元和欧元成交量大幅萎缩。5 家会员中，2 家交易量占比近 9 成。人民币对美元汇率中间价稳中有升。12 月 31 日，人民币对美元汇率中间价为 6. 6227，比年初升值 3%。期货市场方面，期货投资者开户数 3. 15 万户，同比增长 43%，期货交易额 4. 99 万亿元，同比增长 1 倍。黄金市场方面，商业银行实物黄金业务增长明显快于账户金交易。累计黄金交易量为 36 257. 27 千克，比上年增长 27. 04%。其中，实物金交易 11 391. 49 千克，比上年增长 86. 06%；账户金交易 24 865. 78 千克，比上年增长 10. 92%。在业务调整中黄金交易所会员企业的交易保持增长。四川会员企业在上海黄金交易所的黄金交易量为 90 141. 3 千克，比上年增长 16. 2%。

（二）金融市场发展需关注的方面

上市公司质量仍需提高。一些优势产业上市公司数量相对不足。上市公司的业务多元化有待进一步加强。仍需预防上市公司案件的发生。

直接融资规模仍需扩大。从非金融企业部门外源融资结构来看，银行贷款占比 87. 8%，企业融资对银行体系依赖性仍较强。仍需推动金融产品创新，进一步扩大直接融资规模，大力发展债券市场和股票市场。

总　　纂：李明昌　李　铀
统　　稿：梁勤星　葛康泽
执　　笔：温茹春　马　珂
其他参与写作人员：王懋雄　陈　鹏　王大波　廖　卫　徐　磊　杨丽萍
马　勇　沈艳华　冉智泉　赵　影　冉晓东　何迎新
陈　丹　曾　好

贵州省金融稳定报告摘要

一、概述

2010年，贵州省按照中央转方式、调结构的总体要求，克服了金融危机的冲击和各种严重自然灾害的不利影响，着力加快经济发展方式的转变，认真落实各项政策措施，实现了全省经济平稳较快增长。实施工业强省战略，产业结构进一步优化，第二产业成为拉动经济增长的首要动力，投资、消费保持快速增长势头。金融体系整体运行平稳，银行业金融机构加大了对重点建设项目的信贷资金投放力度，积极做好抗旱、抗洪等自然灾害资金保障工作，较好地发挥了金融服务地方经济发展的重要作用；证券业上市公司发展快速，证券经营机构规模持续提高；保险业行业风险得到有效控制，服务经济发展的能力进一步增强。货币市场交易平稳，票据融资有所回落；资本市场快速发展，企业直接融资渠道日渐扩展。经济金融环境不断完善，为地方经济发展提供了有利环境。

二、区域经济运行

2010年，贵州省按照中央转方式、调结构的总体要求，在省委、省政府的领导下，面对复杂多变的国内外经济形势，克服了金融危机的冲击和各种严重自然灾害的不利影响，深入贯彻落实科学发展观，着力加快经济发展方式的转变，认真落实各项政策措施，实现了全省经济平稳较快增长。

（一）区域经济运行情况

2010年，贵州省实现地区生产总值4 593.97亿元，比上年增长12.8%，增速比上年提高1.4个百分点，比全国高2.5个百分点，比“十一五”前四年平均增速提高0.2个百分点。

表1　　2010贵州省GDP构成情况　　单位：亿元,%

产业	增加值	增长率	占GDP比重
第一产业	630.33	4.7	13.72
第二产业	1 800.06	15.8	39.18
第三产业	2 163.58	12.1	47.10

其中，工业经济实现较快增长。全省规模以上工业增加值比上年增长15.8%，增速比上年高5.2个百分点。工业对GDP的贡献率为41.7%，拉动生产总值增长5.4个百分点，分别比上年提高10.9个和1.9个百分点。主要工业行业多数实现不同程度增长，煤炭开采和洗选业增加值增长23.9%，黑色金属冶炼及压延加工业增长20.4%，饮料制造业增长17.2%。水泥、饮料酒、原煤、

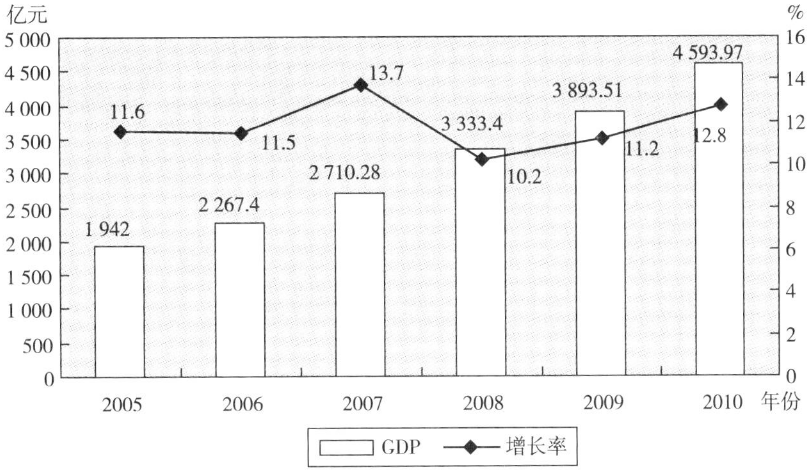

图1 2005—2010 年贵州省 GDP 增长情况

原铝等主要工业产品产量较快增长，企业效益明显改善。

从三次产业对生产总值的贡献来看，第二产业成为拉动全省生产总值增长的首要动力。

表2 三次产业对 GDP 增长的贡献情况

贡献	2010 年
第一产业对 GDP 的贡献率（%）	5
第一产业对 GDP 的拉动（百分点）	0.6
第二产业对 GDP 的贡献率（%）	51.2
第二产业对 GDP 的拉动（百分点）	6.6
第三产业对 GDP 的贡献率（%）	43.8
第三产业对 GDP 的拉动（百分点）	5.6

投资保持较快增长势头。全省全社会固定资产投资 3 186.28 亿元，比上年增长 30%。以交通和水利为重点的基础设施建设大力推进，城镇固定资产投资中交通运输、仓储和邮政业累计完成 589.65 亿元，比上年增长 41.4%；水利、环境和公共设施管理业累计完成 315.13 亿元，增长 49.7%。工业重点行业投资较快增长，全年累计完成工业投资 1 075 亿元，比上年增长 18.8%。

消费品市场活跃。全省实现社会消费品零售总额 1 482.68 亿元，比上年增长 18.9%，其中城镇消费品零售额、乡村消费品零售额分别增长 19.6% 和 15.9%。进出口贸易大幅度增长，全省进出口总额 31.38 亿美元，比上年增长 36.0%，其中出口、进口分别增长 41.3% 和 28.5%。

财政收支保持快速增长。全省完成财政总收入 969.73 亿元，比上年增长 24.4%，其中，一般预算收入 533.89 亿元，增长 28.2%，增速均比上年加快 8.5 个百分点。全年财政一般预算支出 1 640.17亿元，比上年增长 20.7%，财政支出进一步向农村基础设施、民生等领域倾斜，其中医疗卫生、农林水事业、社会保障和就业分别增长 28.7%、23.9% 和 22.1%。

市场物价持续上涨。贵州省全年居民消费价格指数比上年上涨 2.9%，其中，粮食价格上涨 20.5%，鲜菜价格上涨 14.3%。在煤炭、有色金属等产品价格大幅上涨的推动下，全年工业品出厂价格指数上涨 4.7%。

城乡居民收入稳步提高。全省城镇居民家庭人均可支配收入14 142.74元，比上年增加1 280.21元，扣除价格因素，比上年增长7%。农民人均纯收入达到3 471.93元，比上年增加466.52元，实际增长12.6%。

（二）区域经济运行对金融稳定的影响

贵州省经济社会发展中还存在一些突出的矛盾和问题。经济总量小，发展速度慢的矛盾仍然比较突出；工业规模小、加快结构调整的压力仍然很大；城镇化发展缓慢，城镇化水平低，统筹推进城乡协调发展的任务仍然艰巨；非公经济发展不足，民间投资乏力，投资环境差的问题等仍未得到有效解决。

居民收入增长相对缓慢。2010年，全省城镇居民家庭人均可支配收入14 142.74元，仅占全国平均水平的67.24%；农民人均纯收入3 471.93元，仅占全国平均水平的58.66%。尽管这两项收入水平的增长率接近或者超过全国平均水平，但是总量依然远低于全国平均水平。

中小企业融资问题仍待解决。由于中小企业流动资金紧张、缺乏健全的财务制度和合格担保物等自身因素的影响，并不是大多数中小企业都能顺利地从银行贷款。目前中小企业融资主要以银行贷款和民间借贷为主。由于银行贷款程序复杂，虽然一些中小企业可以从银行获得贷款支持，但还是选择通过成本较高的民间借贷方式进行融资，其目的是为了争取融资时间。在贵州，一些城市商业银行、农村合作金融机构以及小额贷款公司、村镇银行、担保公司等凭借相对灵活的经营方式和特有的贷款技术，正为中小企业提供越来越多的融资服务。2010年，全省中小企业贷款1 940.96亿元，比上年增长20%，占全省全年贷款总额的33%。

三、银行业

2010年，贵州省银行业金融机构加大了对重点建设项目的信贷资金投放力度，优化信贷结构、控制信贷节奏。积极做好抗旱、抗洪等自然灾害资金保障工作，较好地发挥了金融服务地方经济发展的重要作用。

（一）运行情况

银行业金融机构资产负债规模持续增长。2010年末，全省银行业金融机构资产总额8 870.63亿元，同比增长28.05%，增幅同比上升5.6个百分点。其中，全省银行业金融机构本外币各项贷款余额5 752.09亿元，同比增长23.65%，增幅同比少增6.29个百分点，同比增速高于全国平均增速3.57个百分点；全省银行业金融机构负债总额8 617.09亿元，同比增长27.99%，增幅同比多增5.64个百分点。其中，各项存款余额7 017.72亿元，同比增长25.25%，增幅同比上升1.56个百分点。

为地方经济发展提供有力支持。2010年，全省中长期贷款连续12个月保持较快增长，余额达到4 582.4亿元，同比增长23.7%，比年初增加877.8亿元；短期贷款余额1 015.3亿元，比年初增加196.1亿元。各项贷款中，固定资产贷款余额为2 436.15亿元，比年初增加279.39亿元，金融支持实体经济的力度进一步加大。

盈利能力持续增强。2010年，全省银行业金融机构共实现利润115.57亿元，较上年同期增加

23.74 亿元。其中，中间业务收入 29.88 亿元，同比增加 8.57 亿元；中间业务收入占净利润的 25.85%，同比多增 2.65 个百分点。

资产质量不断提高。2010 年末，全省银行业金融机构不良贷款余额 161.07 亿元，比年初减少 39.9 亿元；不良率 2.8%，比年初下降 1.52 个百分点。其中，法人机构不良贷款余额 90.38 亿元，比年初减少 28.45 亿元；不良率 6.08%，比年初下降 4.04 个百分点。全省法人银行业金融机构资本充足率达到 10.62%，比年初上升了 2.22 个百分点。其中，4 家城市商业银行资本充足率均达 12% 以上。

表 3　　2010 年贵州省银行业金融机构情况表

机构类别	营业网点			法人机构（个）
	机构个数（个）	从业人数（人）	资产总额（亿元）	
一、大型国有商业银行	1 045	22 095	4 222	0
二、政策性银行及国家开发银行	68	1 263	1 079	0
三、股份制商业银行	3	264	343	0
四、城市商业银行	179	5 863	1 077	4
五、城市信用社	0	0	0	0
五、农村合作机构	2 016	19 518	1 717	89
六、财务公司	2	31	38	1
七、邮政储蓄	692	3 794	370	0
八、外资银行	1	41	2	0
九、农村新型机构	102	1 064	29	100
合计	4 108	53 933	8 876	194

注：营业网点不包括总部。农村合作机构含农信社、农村合作银行等。农村新型机构含村镇银行、小额贷款公司等。

数据来源：中国人民银行贵阳中心支行、贵州银监局。

积极支持节能减排工作。2010 年末，全省银行业金融机构继续加大对节能减排和循环经济的支持力度，严控“两高一剩”行业的贷款。年末，银行业金融机构支持节能减排和循环经济项目数达 160 个，贷款余额 280.82 亿元，同比增长 6.61%。2010 年，“两高一剩”行业的贷款余额 255.86 亿元，同比减少 16.07 亿元，降幅 5.91%。

（二）银行业改革情况

农业银行贵州省分行稳步推进“三农”金融事业部改革。该行按照农总行的统一部署，进一步加大对“三农”金融事业部制改革的探索，理顺事业分部的各项治理机制，抓好事业分部组织结构、单独核算等各个方面的建设，探索建立权责利对等、公平、透明的“三农”金融事业部发展模式。

贵阳银行股份有限公司成立。贵阳银行股份有限公司原名贵阳市商业银行有限公司，该行以改善经营指标和推进上市工作为中心，在加快发展和持续改进经营指标的同时，确定了“加速在西南地区发展为主，布点省内重点城市，省外稳步发展”的网点布局策略。2010 年末，该行下辖 95 家分支机构，其中在贵阳市拥有 91 家支行，在贵州省内的毕节、遵义、凯里相继设立了 3 家分行，初步实现了跨区域发展的战略目标。随着经营指标的改善，2010 年 9 月 20 日，经中国银监会批准，同意“贵阳市商业银行股份有限公司”更名为“贵阳银行股份有限公司”。

小额贷款公司发展迅速。贵州省小额贷款公司已由 2005 年全国第一批试点的 1 家发展到现有的

84家，其中2010年新增32家，从业人员由试点初期的10余人发展到目前的884人，募集资本金20.21亿元。2010年，贵州省小额贷款公司积极开展各项业务，加大对“三农”和中小企业的资金支持力度。统计数据显示，截至2010年12月末，84家小额贷款公司全年新增贷款7.22亿元，贷款主要投向个人及小型企业。

（三）需要关注的问题

不良贷款反弹压力依然较大。一是贷款大量增长导致不良率下降仍占相当比例。二是法人机构不良贷款余额和占比偏高。2010年末，全省法人银行业金融机构各项贷款仅占全省贷款余额的25.84%，但不良贷款余额90.38亿元，占全省不良余额的56.11%，高出贷款占比30.87个百分点。不良贷款率6.08%，高于全省贷款不良率3.28个百分点。三是部分金融机构不良贷款不降反升。

贷款集中度风险依然存在。受经济环境的影响，全省各行贷款向大企业和大项目集中的趋势比较明显，2010年末，在2家以上银行业金融机构贷款的法人客户达到511户，同比增加59户，多头贷款客户占大客户数的20.24%，贷款金额达3 114.41亿元，同比增长18.14%，多头贷款客户贷款余额占大客户贷款余额的83.3%，同比上升0.17个百分点。

房地产行业贷款质量下降。2010年末，全省房地产行业贷款余额达到339.81亿元，同比增长28.28%，高于各项贷款增速4.63个百分点。房地产行业贷款质量出现下降。2010年末，全省房地产行业可疑类和损失类贷款余额较年初增加，其中可疑类贷款增加0.19亿元，增长3.47%，损失类贷款增加0.24亿元，增长131.13%。

四、证券业

2010年，贵州省上市公司发展迅速，上市后备资源积极准备；证券经营机构规模持续提高，但效益有所缩水。

（一）运行情况

上市公司市值继续增加，市场成交量小幅回落。截至2010年末，贵州省共有沪深上市公司19家，较上年新增2家，涉及制造业、房地产、制药、酿酒、电力等行业。上市公司总股本85.43亿股，同比增长26.02%；总市值3 063亿元，同比增长15.62%。累计直接融资245.12亿元（包含通过定向增发注入的资产），全年新增直接融资38.5亿元。截至2010年末，贵州省累计证券交易金额为3 383.27亿元，较上年同期减少101.18亿元，降幅为2.9%。其中，沪深A股交易金额3 313.44亿元，同比增长0.99%；B股交易额2.74亿元，同比下降4.2%。2010年全省7家期货经营机构累计成交金额3 137.25亿元，较上年同期增加97.2%；成交量357.38万手，较上年同期增加18.4%。

表4 2010年贵州省上市公司概况

指标	本年末	上年末	同比
上市公司数量（家）	19	17	+2家
总股本（亿股）	85.43	67.79	+26.02%
流通股（亿股）	65.76	45.38	+44.9%
总市值（亿元）	3 062.48	2 648.3	+15.62%

数据来源：贵州省证监局。

2010 年，全省上市公司净利润较上年同期有所增长，但增速呈逐季递减的趋势。从 2010 年第三季度财务报表看，上市公司前三个季度净利润总额为 69.3 亿元，较 2009 年同期增长 21.2%，增速逐季回落趋势明显，前三个季度比同比回落 41 个百分点。主要原因是由于受房地产调控政策的影响及货币政策由“适度宽松”转向“稳健”的预期，房地产、水电等资本密集型公司经营业绩有所下降。而消费、能源类公司则受益于国内需求增长，净利润比上年同期相比大幅增长，上市公司业绩景气度呈分化现象。

证券期货机构规模增加，效益下降。2010 年底贵州省共有法人证券机构 1 家，证券营业部 35 家，期货营业部 7 家。其中，新设证券营业部 6 家、期货营业部 1 家。证券期货投资者 51.3 万人，同比增加 7.4 万人。截至 2010 年末，托管市值 360.82 亿元，同比增长 37.14%；客户保证金 43.48 亿元，同比下降 3.59%；实现净利润 4.34 亿元，同比下降 28.26%。全省期货经营机构实现净利润 214.34 亿元，同比下降 42.68%。

表 5　　2010 年贵州省期货经营机构概况

指标	本年末	上年末	同比
期货营业部数量（家）	7	6	+1 家
开户数量（户）	5 678	3 155	+79.86%
成交数量（万手）	357.38	301.76	+18.43%
成交金额（亿元）	3 137.25	1 590.93	+97.2%
客户保证金（亿元）	2.47	1.88	+31.62%
行业净利润（万元）	214.34	373.94	-42.68%

数据来源：贵州省证监局。

风险控制能力进一步提高，法人证券公司治理发展愈趋成熟。截至 2010 年末，华创证券作为全省唯一一家法人证券公司，净资本为 13.75 亿元，同比增长 216.82%；净资产为 15.22 亿元，同比增长 183.95%，净资本占净资产的比例为 90.34%，资产质量保持较高水平。资产负债率为 70.03%，同比下降 18 个百分点，公司资本充足、资本流动性稳定。截至 2010 年末，华创证券基金代销资格、投资咨询资格、自营业务资格、财务顾问业务资格和增资扩股申请已全部获证监会批准，有望在未来 2 年内形成多元化的盈利模式。在 2010 年的分类评价中，华创证券再次获评 A 类 A 级证券公司，资质排名在全国 106 家证券公司中列 30 名以内，西部 3 家 A 类公司之一。

大力培育上市后备资源补充。2010 年，信邦制药、贵州百灵在深交所成功上市，结束了全省连续 5 年没有新增上市公司的历史，也填补了全省没有企业在沪深两地上市的空白；两家上公司首发募集资金 22 亿元，占上年全省直接融资总额 66%。2010 年，相关监管部门一方面继续推动水城矿业、航天精工等 14 家企业改制工作，努力为下一步上市创造条件；另一方面，相继挖掘出瑞森管业、成智重工等一批科技含量高、成长性好的上市后备企业。

（二）需要关注的问题

资本市场发展较慢，市场规模远低于全国水平。2010 年，全省 19 家沪深上市公司，仅占沪深上市公司的 0.92%，较上年下降 0.08 个百分点；全省上市公司总市值 3 063 亿元，占全国上市公司总市值的 1.15%；全年新增直接融资 38.5 亿元，占全国上市公司新增直接融资的 0.37%。贵州省资本市场发展与全国相比，仍存在较大差距。

证券公司盈利模式单一，存在隐性风险。截至2010年末，省内仅有1家法人证券公司，且公司利润全部来源于证券经纪业务。2010年，华创证券经纪业务收入5.1亿元，占营业收入的87.93%，其营业收入及经纪业务收入较上年分别下降13.17%和19.39%。一旦市场出现长期下跌，易引发公司经营性风险。另外，目前辖区证券经营机构佣金平均水平为2.04‰，不仅高于沿海发达地区，也远高于全国平均水平1.01‰。随着市场竞争的加剧及经纪业务的同质化，辖内经纪业务利润空间在逐渐压缩。

期货经营机构实力弱，期货市场功能发挥不充分。截至2010年末，辖内暂无法人期货公司和证券投资基金公司。7家期货经营机构累计成交金额3 137.25亿元，较上年同期增加97.2%。但实现净利润仅为214.34亿元，同比下降42.68%，加之辖区企业未能很好地运用期货工具组织生产和管理风险，期货市场的价格发现和套期保值功能未能得到充分发挥。应进一步引导期货经营机构规范、快速发展，为期货市场服务贵州企业穿针引线，发挥期货工具套期保值、规避风险功能。

五、保险业

（一）保险业运行总体状况

1. 保险业市场体系不断完善

2010年末，贵州省共有分公司以上保险公司20家，同比增加1家；各级分支机构达883家，其中财产险分支机构407家，寿险分支机构476家；保险专业中介机构25家，兼业代理机构2217家。保险机构规模迅速增大，全省保险分公司以上机构资产总额180.1亿元，同比增长23.7%。保险密度321.7元/人，同比增长70.8%；保险深度2.7%，同比提高0.2个百分点。保险业市场体系不断完善，对国民经济渗透能力进一步增强。

2. 保费业务平稳较快发展

2010年，贵州省保险业实现保费收入122.63亿元，同比增长28.77%，增速全国排名第22位。其中，财产险公司保费收入49.04亿元，同比增长29.67%；人身险公司保费收入73.59亿元，同比增长28.18%。从地区看，全省9个市（州、地）保费收入均实现了两位数的正增长，其中有4个地区保费收入增长超过30%，实现了较快发展。保险赔付支出比较稳定，共赔付31.81亿元，同比增长2.62%。

3. 可持续发展能力进一步增强

财产险公司经营效益明显改善。2010年末，财产险公司账面呈报利润率达7.36%，高出全国平均水平4.68个百分点；综合成本率较上年同期下降4.54个百分点，低于全国平均水平4.68个百分点，财产险公司整体内控能力明显增强。人身险公司业务结构进一步优化，可持续发展能力得到加强。

人身险公司结构调整效果明显。2010年末，寿险期交保费同比增长44.08%，较全国平均水平高10.15个百分点，在寿险总保费中的占比提升至60.81%，较全国平均水平高8.36个百分点，寿险新单期交率36.48%，较全国平均水平高9.47个百分点，夯实了人身险公司进一步发展的基石。

4. 行业风险得到有效控制

2010年，贵州省保险业不断健全风险防范工作机制，各类风险得到有效管控。从人身险公司来看，收付费环节资金风险控制效果较好，全省人身险公司实现收付费综合转账率83.17%，较上年同期提高6.07个百分点；退保风险得到有效控制，全年退保率仅为2.62%，较全国平均水平低0.43个百分点；违规支付手续费的问题得到基本解决。

从财产险公司来看，公司应收保费率2.17%，低于全国平均水平0.2个百分点，车险“见费出单”范围扩大，以及“零现金”收付费管理制度的推进，从机制上防范虚挂应收、资金侵占挪用风险；无依据使用费率调整系数降费、违规给予交强险费率浮动等问题基本得到解决。行业合规经营意识不断增强，经营日趋理性，市场秩序明显好转。

5. 服务经济社会建设能力进一步增强

农业保险发展迅速，覆盖面进一步拓宽。农房保险承保面由年初试点的2个县扩大到7个县27万户。农村小额人身保险覆盖面继续扩大，共承保34.89万人（次）、承担风险保障72.51亿元。烟草种植等地方特色保险取得新进展，承保面积6.31万亩，保险金额2 524万元。在2009年秋至2010年春的特大旱灾和关岭“6·28”特大山体滑坡灾害发生后，各保险机构积极做好理赔工作，缓解了自然灾害带来的损失，充分发挥支农惠农的积极作用，促进农村保险市场的发展。

责任保险呈现较好发展态势。全省共承担各类责任保险限额7 286.6亿元，赔款支出9 126.38万元，同比增长27.49%，进一步促进了社会稳定。医疗责任保险，承运人、旅行社和校园方责任保险等与公众利益密切相关的责任保险业务发展取得了新进展，进一步拓宽了责任保险的服务领域。

（二）存在的问题

1. 行业发展方式亟待转变

近年来，贵州省保险业在转变发展方式方面进行了积极探索和努力，但总的来看，粗放的发展方式没有得到根本转变，而粗放的发展方式是导致行业存在风险和市场秩序不规范的根本原因所在。从贵州省保险业发展现状看，高投入、高成本、高消耗、低效率的“三高一低”发展模式仍较为普遍，已不能适应保险市场发展的要求，如果得不到根本转变，防范风险、规范市场秩序就很难从根本上取得成效，行业的可持续发展更无从谈起。

2. 业务结构不合理问题依然突出

2010年，车险保费收入39.24亿元，占财产险公司的业务比重超过80%，财产险公司保费收入增长过度依赖于车险业务，缺乏新的业务增长点；车险赔款支出17.31亿元，同比增长15.32%，较上年同期提高12.68个百分点，增长速度大幅提高，车险赔付支出压力加大，影响财产险公司的盈利能力。

人身险公司业务中理财型业务增长迅速，其中分红险保费收入51.36亿元，同比增长38.23%，占人身险保费收入的67.83%。分红险容易受宏观经济环境的影响，随着货币政策进入加息通道，分红险的退保压力将增加，不利于流动资金管理，影响人身险公司整体经营的稳定性。

3. 市场秩序亟待规范

贵州省保险市场秩序还存在一些问题，主要表现为：非理性价格竞争在一定业务领域仍比较突出；销售误导、理赔难的问题社会反映还比较集中；经营数据不真实，虚假列支中介代理手续费和营业费用问题尚未彻底解决；虚假退保、虚挂应收保费、虚假赔案还不同程度地存在；非法集资、保险欺诈、商业贿赂等保险领域的司法案件时有发生。这些问题如果得不到有效治理，不仅会造成市场秩序混乱、破坏行业形象，严重的话还会影响行业的可持续发展。

六、金融市场

（一）货币市场

1. 银行间市场交易平稳，资金融入特征明显

2010 年贵州省参与银行间债券市场交易的金融机构从 3 家增加至 7 家，市场参与度明显提高，全年金融机构通过银行间债券市场交易净融入资金 3 715 亿元，为上年同期的 7.7 倍。从交易量看，当年回购累计成交 9 442 亿元，同比增长 25%。其中，质押式回购累计成交 9 434 亿元，同比增长 25%；买断式回购累计成交 8 亿元，为上年同期的 2.8 倍。

受上调存款准备金以及存贷款基准利率的影响，金融机构整体资金偏紧，债券配置需求减弱。现券交易量出现萎缩，当年累计达成现券交易 3 530 亿元，比上年减少 1 546 亿元，降幅为 30%。

2. 票据融资有所回落，市场利率高企

2010 年，贵州省内金融机构积极开展票据业务，全年累计签发银行承兑汇票 392.1 亿元，同比增加 21.1 亿元，增幅为 5.7%；企业累计签发商业承兑汇票 4.2 亿元，同比增加 0.7 亿元，增幅达 20%。

年内数次上调存款准备金率和存贷款基准利率，货币市场利率随之走高，票据市场利率大幅攀升，全年最高利率达 8.62%。由于票据融资纳入金融机构信贷总量中进行考核，为保证更高收益的贷款投放，金融机构持票意愿减弱。

（二）资本市场

2010 年，贵州省非金融部门融资总量达 1 242.7 亿元，再次突破千亿元。其中直接融资达 141.2 亿元，首次突破百亿元，在融资总量中的占比上升至 11.4%，比上年提高 8.6 个百分点，全省直接融资过低状况明显改善。同时，企业直接融资渠道日渐扩展，全年债券发行、股票融资量分别为 87 亿元和 54.2 亿元，均为历史最高水平。其中，非金融企业债务融资工具成为企业直接融资的重要方式，2010 年，全省企业通过发行短期融资券募集资金 29 亿元，发行中期票据募集资金 10 亿元，非金融企业债务融资工具发行量占直接融资比重达 28%。

表 6　　贵州省非金融部门融资结构表

年份	融资量（亿元人民币）	比重（%）		
		贷款	债券（含可转债）	股票
2006	397.9	98.5	1.5	0.0
2007	479.5	91.0	1.8	7.2
2008	562.3	96.2	2.7	1.1
2009	1 220.4	97.2	0.9	1.9
2010	1 225.9	89.0	7.1	3.9

（三）黄金市场及外汇市场

2010 年，贵州省外汇市场成员外汇交易累计成交 1.9 亿美元，同比增加 0.6 亿美元。从币种交

易情况看，交易仍以美元为主，美元交易量占总成交量的94%。交易币种包括美元、欧元、日元等。当年黄金市场价格波动较大，但整体呈上升态势，黄金价格的大幅上涨提高了市场交易成本，黄金投资者交易趋于谨慎，全省商业银行个人黄金业务量大幅下降。当年全省商业银行账户金累计成交6 288千克，比上年减少8 041千克，交易金额17亿元，同比减少13亿元。

七、金融基础设施

（一）支付结算体系

大小额支付系统平稳运行。2010年，贵州省内银行机构通过大小额支付系统办理的支付业务共852.2万笔，同比增长18.21%，清算资金63 363亿元，同比增长31.26%。其中，汇往省外资金21 121.63亿元，省外汇入资金21 210.26亿元，同比分别增长26.18%和25.84%。全年资金流入88.63亿元，同比减少23.22%。

非现金支付工具稳步增长。2010年，全省使用非现金支付工具办理支付结算业务35 942.83万笔、金额65 006.62亿元，同比分别增长39.31%和36.46%。其中，票据业务1 197.57万笔、金额20 404.32亿元，分别占非现金支付工具业务量的3.33%和31.39%；银行卡业务32 716.64万笔、金额21 505.12亿元，分别占非现金支付工具业务量的91.02%和33.08%；汇兑、托收承付、委托收款等结算方式业务2 028.62万笔、金额23 097 019亿元，分别占非现金支付工具业务量的5.64%和35.33%。

银行卡产业快速发展。截至2010年末，贵州省累计发行银行卡3 133.94万张，同比增加628.03万张，增长25.06%；共有POS机具27 227台，同比增长60.75%；每台POS机对应的银行卡数量为1 151张；共有ATM机具3 545台，同比增长67.37%，每台ATM对应的银行卡数量为8 840张；特约商户数量为19 925户，同比增长23.65%。全年贵州省银行卡资金交易共32 716.64万笔，金额21 505.11亿元。

农村市场支付结算环境不断改善。人民银行指导省内银行业金融机构采取“两点两机”的方式，增设服务网点和定时定点服务、安装POS和ATM机具，开通电话POS、银行借记卡小额取现及查询等服务项目，向农民群众提供存取款和小额农贷等基础金融服务，多种形式推广和普及非现金支付工具，满足农村集贸市场对非现金支付结算的需求，有力地支持了农村经济的发展。

（二）征信体系

信用评级市场实现跨越式发展。2010年，共有320户中小企业主体评定信用等级（其中包含40户担保机构），同比增长214%，累积取得109.01亿元信贷支持；全年共有11户大型企业进行了债项评级，并成功在银行间债券市场合计融资65亿元；共有13户商票发行企业评定主体信用等级。

中小企业和农村信用体系建设成效显著。截至2010年末，已为全省1.9万户未贷款中小企业建立信用档案，通过信用档案直接帮助1 222户企业累及获取191亿元的银行信贷支持；已为全省741万农户建立信用档案，占农户总数的93%，并为其中620万建档农户评定了信用等级，占建档农户的84%；以农户信用档案和信用等级为基础，累积向374万农户发放了708亿元无担保无抵押的小额信用贷款，并已在全省创建信用村2 514个、信用镇（乡）102个。

非银行信息采集工作取得突破。2010 年实现与质监局的组织机构代码共享，加大公积金信息采集力度，环保信息采集实现重大突破，共采集企业环境违法信息 470 多条，使绿色信贷和环保执法的执行效率都得到提高。通过采集非银行信息进入征信系统，使全省征信系统的内容更加丰富、全面，信用评价也更为客观、准确，对政府相关部门执法发挥积极作用。

应收账款质押登记和融资租赁系统应用步伐加快。人民银行采取多种途径、多种方式开展融资租赁登记宣传，积极推广应收账款质押登记系统，指导商业银行基于登记系统，开展质押融资和融资租赁，有效拓宽了中小企业融资渠道。截至 2010 年末，应收账款质押登记公示系统累计为全省 931 户中小企业提供了 2 370 笔质押登记，为商业银行发放质押贷款提供了便利，有效地盘活中小企业的应收账款资产。

（三）反洗钱

反洗钱现场检查有效实施。2010 年共对全省 24 家金融机构进行了现场检查，其中银行业金融机构 11 家，保险业金融机构 12 家，证券业金融机构 1 家，反洗钱现场检查综合效应逐步显现。

反洗钱风险等级评估工作取得突破。人民银行采取自评与考评相结合的方式，在金融机构自评基础上结合日常非现场监管情况组织开展自下而上的反洗钱现场考评。贵州省金融机构自评率达 100%，各级人民银行分别对 144 个银行业机构，138 个保险业机构，20 个证券期货业机构，1 个信托公司，2 个财务公司进行考评，使金融机构变被动为主动履行反洗钱义务，增强了工作的针对性，优化了监管资源配置，提高了监管效率。

反洗钱调查和案件协查工作力度继续加大。2010 年，人民银行共发现和接受可疑线索 16 条，开展反洗钱行政调查 16 次，调查账户 2 633 户。协查反洗钱案件 3 起，调查人员 390 人（次），涉及金额折合人民币 23.5 亿元。

八、总体评估

（一）总体评估

1. 评估方法与思路

根据上海总部《中国区域金融稳定定量评估方案》的指导，运用层次分析法、专家评分法、模糊数学法等方法对全省金融稳定状态进行了综合评价。

2. 金融稳定性评估

2010 年，贵州省金融稳定综合评价值高于 2009 年，综合评分值为 70.05，区域金融处于基本稳定状态。

总体上来看，2010 年整体表现优于 2009 年。宏观经济逐步复苏，金融业持续发展。其中，银行业整体稳健，证券业发展势头强劲，保险业发展增速放缓，金融生态环境不断改善。

2010 年，区域经济整体对金融稳定的贡献度较上年有所提升，主要得益于外向型经济逐步复苏，内向型经济稳步发展，以及经济增长结构出现转变。主要表现为：实际利用外资增长率和进出口增长贡献率由负转正；剔除该两项因素后，宏观经济对金融稳定的贡献度较上年小幅上扬；第二产业对经济的拉动逐年增强，农村人均纯收入增长率快于城镇居民可支配收入增长率。

金融业整体表现好于2009年，从评估结果来看，银行业和保险业稳步发展，证券业发展的强劲势头提升了金融业整体的稳定性。银行业不断提升抵御风险的能力，严格控制资产质量，提高盈利能力，主要表现为：核心资本充足率持续上升，不良贷款率实现连续下降，资产利润率小幅提升，流动性比率小幅下滑。证券业资本充足、资本流动性稳定、各项风险控制有力，主要表现为：净资本大幅增加，净资本资产率保持较高水平，但是盈利模式单一，盈利能力受限。保险业恢复危机前发展态势，表现为：保险密度和保险深度持续增加，增速加快，应收保费率和保费收入增长率均同比增加。

金融生态环境总体为金融稳定提供了保障。主要表现为：金融服务密度及地方财政收支余额占GDP比重虽大幅提高，但征信数据库覆盖率仍有待进一步提高，法制环境有待逐步完善。

（二）政策建议

1. 加快经济结构调整和转型，缓解经济发展中的突出矛盾

目前，国内经济增长对资源和要素高强度投入以及对外部需求的过度依赖等问题凸显，经济结构调整和转型迫在眉睫。一是从经济发展的内部结构调整和转型入手，降低经济增长对投资和出口的依赖；扩大内需，提高最终消费需求对经济增长的贡献。二是调整产业结构，促进产业结构升级；培育可持续发展的“战略性新兴产业”，缓解经济增长对资源和生态环境的压力。三是促进技术进步，提升科技创新和人力资本对经济增长的贡献；培育企业自主创新力量，提高企业的自主研发能力及对资源的利用效率。

2. 加快改革步伐，提高金融体系的稳健性

一是优化信贷结构，提高金融体系的稳健性。金融业应把握经济发展的节奏和脉络，积极调整结构，积极融入国家经济建设的发展趋势；信贷投向上重点调整优化信贷结构，加大对符合国家信贷政策产业项目的支持力度。二是准确定位，建立合理运营模式。后危机时代，金融业的竞争会更加激烈，金融机构必须根据自身特点找准自身发展定位，并与自身的能力和资源相匹配，专注于客户群众，提高目标群众的服务能力，在精准定位基础上建立均衡发展的经营模式。三是加大创新力度，提高金融业的专业化服务水平和能力。提高中小企业金融服务专业化水平，建立中小企业的客户群，扩大对中小企业的授信，加大对中小企业的扶持力度。提供专业性、精细化的中间业务，扩大金融业盈利空间。

3. 培育良好的金融产业，促进经济金融良性互动

一是地方政府应正确引导和实现各金融组织之间、各企业及政府之间的和谐发展，实现金融生态平衡发展。二是建立良好的信息信用环境，畅通信息传递渠道，完善信用登记制度，减少信息的搜寻成本；大力倡导诚信守法，减少违约，为投资融资建立良好的金融生态环境。三是促进经济金融良性互动。积极推动全省加快经济发展方式转变，提高金融资源的配置效率，促进金融产业快速发展。

总　　纂：肖　杰

统　　稿：令狐兵　白玉英

执　　笔：刘利红　郭　嘉　袁　燕　徐　瑾

其他参与写作人员（以姓氏笔画为序）：

田　丰　刘　杰　张豫众　杨　丽　陈玲玲　周富玲

於康平　欧阳斌　高琦瑾　龚宇麟　蒋　昕

云南省金融稳定报告摘要

2010年，云南省积极贯彻落实科学发展观和国家各项宏观调控政策，大力推进“桥头堡”建设和新农村建设，经济持续平稳快速发展，呈现出速度加快、结构优化、效益提高、民生改善的良好态势。整体向好的宏观经济环境为金融稳健发展奠定了坚实的基础。金融业整体实力显著提高，金融体制改革稳步推进，金融机构竞争力和盈利能力增强，抗风险能力持续提高，金融基础设施建设工作平稳推进，金融稳定的基础不断夯实，金融体系稳定性进一步增强，发挥了促进经济发展、社会进步、民族团结、边疆稳定的重要作用。

一、区域经济发展与金融稳定

（一）国民经济平稳较快发展，经济结构继续优化

2010年，云南省全面贯彻落实国家宏观调控政策，克服了国际金融危机和自然灾害的不利影响，国民经济平稳较快发展，经济结构调整不断推进，节能减排取得新成效，民生得到进一步改善。全省地区生产总值达到7 220.14亿元，同比增长12.3%，增速比上年提高0.2个百分点。人均GDP达到15 749元，同比增长11.6%。

1. 产业结构调整积极推进，三次产业均衡增长

2010年，云南省着力调整和优化产业结构，三次产业结构比为15.3∶44.7∶40.0，与2009年相比，第一产业比重下降2个百分点，第二产业比重上升2.9个百分点，表现出第一产业稳步发展的同时比重下降、第二产业主导、第三产业稳定的发展态势。农业持续恢复增长，金融支农力度强劲，农业增加值增长5%，对GDP的贡献达16%；农村基础设施建设进一步改善，农业科技和机械化水平不断提高；全省新增涉农贷款696.1亿元，占全部贷款的38.9%，有力支持“三农”发展。工业经济平稳发展，工业生产持续稳定增长，全年工业完成增加值2 606.04亿元，比上年增长14.7%；规模以上工业企业增加值跨上2 000亿元新台阶，增长15%，增速比上年加快3.8个百分点。云南省“桥头堡”建设、人民币跨境结算示范区搭建为批发零售业等第三产业发展带来重要机遇，服务业稳步发展，第三产业增加值2 890.40亿元，增长11.5%，占全省生产总值的40%。

2. 经济良性发展，政府税收及微观主体收入较快增长

2010年，云南省经济实现良性增长，政府税收及微观主体收入较快增长。财政总收入完成1 809.2亿元，增长21.4%，一般预算收入增长24.8%。规模以上工业实现利税1 165.2亿元，同比增长23.8%；实现利润377.95亿元，同比增长47.4%。企业亏损面和亏损额明显下降，规模以上亏损企业亏损额同比下降36.1%。城乡居民收入快速增长，全省城镇居民人均可支配收入为16 065

元，比上年增长 11.4%。

3. 扩内需成效显著，消费、投资协调拉动云南经济增长

2010 年，云南省认真贯彻落实国家扩大消费政策，以扩内需作为经济增长的着力点，消费需求和投资需求协调拉动云南经济增长，对外贸易恢复增长势头强劲。投资需求快速增长，投资结构不断优化，全社会固定资产投资规模跨越新台阶，达 5 528.71 亿元。消费需求稳步增长，城乡市场共同发展，全年实现全社会消费品零售总额 2 500.25 亿元，增长 21.9%，比上年提高 2.6 个百分点，有效拉动经济企稳回升。

（二）地方财政、企业和居民资产持续增长，价格波动对生产、生活成本造成一定影响

2010 年，在云南省经济平稳较快发展的背景下，地方财政、企业和居民收入显著增加，资产持续增长。受收入增长带动、民生工程增加、居民消费潜力有效释放等因素影响，政府、企业和居民的资产稳定增长。全省财政一般预算收入达 871.19 亿元，增长 24.8%；一般预算支出完成 2 285.57 亿元，增长 17.1%。财政支出更加关注民生，继续推进经济“有福利的增长”，全年用于民生方面的财政支出达 1 570 亿元，占总支出的 69%。规模以上工业企业实现利润 377.95 亿元，增长 47.4%。城乡居民收入增速快于消费支出增速，生活质量提高。个人贷款保持较快增长，人民币个人贷款比年初增加 557.13 亿元，其中个人消费贷款比年初增加 296.56 亿元，余额同比增长 32.08%。

价格波动对全省企业生产成本和居民生活成本造成一定的影响，主要表现为：一是居民消费价格指数较快上涨，居民生活成本增加。2010 年，云南省居民消费价格总水平累计上涨 3.7%，八个大类价格呈现五升二降一平，尤其食品类价格上涨较快，居民生活成本上涨。二是生产资料价格、劳动力成本上涨增加企业生产成本。全省生产资料出厂价格同比上涨 11.2%，城镇居民人均工资性收入增长 12.5%，农村居民工资性收入增长 35.8%。三是工业品价格“高进低出”挤压企业利润空间。7 月份以来工业品出厂价格涨幅低于原材料、燃料、动力购进价格涨幅，呈现“高进低出”态势，企业利润空间被压缩。

（三）对外贸易大幅增长，利用外资领域拓宽

2010 年，云南跨境贸易人民币结算业务有效地支持了涉外经济的发展，进出口总额首次突破百亿美元大关，创历史新高，全省利用外资实现历史性跨越。

1. 外贸结构进一步优化

对外贸易规模创历史新高，增长速度名列全国前茅，全年实现进出口总额 133.7 亿美元，同比增长 66.5%，高于全国增速 31.8 个百分点。跨境贸易人民币结算发展迅速，货物贸易结售汇增幅达历史最高。全年跨境贸易人民币结算 7 341 笔，金额 83.12 亿元，同比增长 86%，占全省进出口贸易量的 9%，高于全国跨境贸易人民币结算占比 6 个百分点。

2. 利用外资领域进一步拓宽

2010 年，外资进入较多的领域是建筑业，制造业，电力、燃气及水的生产和供应业，批发和零售业；房地产业实际利用外资仅占 8.24%，行业分类趋向合理。利用外资规模进一步扩大，新批准外商独资企业项目 103 个，实际利用外资 69 588 万美元。

（四）房地产市场健康发展，房地产金融平稳运行

2010 年，随着房地产综合调控政策效应逐步显现和差别化房地产信贷政策的严格执行，云南省房地产开发投资增速同比回落，土地开发同比负增长，商品房供求双双保持较快增长，商品住宅空置面积同比减少，各类房地产贷款增量大幅下降，增速持续回落，贷款质量总体向好。

1. 房地产市场健康发展

2010 年，云南省房地产开发投资 900.44 亿元，同比增长 22.1%，增速同比下降 10.2 个百分点。房地产开发投资资金来源中，预收款和自筹资金来源占主导，比重分别为 30.7% 和 35.5%。随着国家对房地产调控力度的加强，房地产开发企业投资意愿下降。全年商品房新开工面积和累计施工面积同比分别增长 31.3% 和 28.5%，商品房累计销售面积和累计销售金额同比分别增长 32.7% 和 43%。年末，住宅空置面积同比减少 13.11 万平方米至 112.89 万平方米。

2. 房地产贷款增速高位回落，资产质量稳中有升

政策调控对房地产金融的影响从 2010 年 5 月份开始逐渐显现，各项房地产贷款增量同比减少，增速高位持续回落，2010 年全省房地产贷款新增 280.84 亿元，占全省各项贷款新增额的 15.7%，占比较上年下降 3.2 个百分点。地产开发贷款、房产开发贷款和个人住房贷款等主要贷款类别均同比少增。房地产开发贷款和个人住房贷款增速从第二季度以来持续回落，于 12 月份分别达到全年最低点 6.73% 和 28.24%。年末房地产贷款不良率同比下降 0.25 个百分点至 1.16%。

二、金融发展、运行与金融稳定

（一）银行业

2010 年，云南省金融机构继续贯彻适度宽松的货币政策，认真落实国家关于投融资平台、房地产、节能减排的调控政策措施，人民银行加强窗口指导，引导金融机构均衡信贷投放，全省金融运行平稳，信贷投放合理稳定增长，为巩固全省经济向好势头发挥了重要支撑作用。全省金融机构人民币各项存款余额 13 411 亿元，同比增长 20.61%；人民币各项贷款余额 10 569 亿元，同比增长 20.38%；存贷款增幅分别高于全国 0.41 个和 0.48 个百分点。全年人民币贷款增加 1 789 亿元，比上年同期少增 396 亿元。

1. 银行业发展进入新阶段，整体实力明显增强

规模及效益稳步增长，新型农村金融机构较快发展。2010 年末，云南省共有政策性银行、国有商业银行、股份制商业银行、外资银行和邮政储蓄银行等分支机构 20 家，地方性银行业法人金融机构 145 家。全省银行业金融机构共设有营业网点 5 135 个，从业人员 64 639 人。银行业金融机构资产负债规模稳步增长，比上年同期分别增长 20.41% 和 20.19%，效益和资产质量双重提升。贷款余额突破万亿元大关，成为西部第三个存贷款规模均突破万亿元的省份，银行业实力明显增强。全省基本实现农村乡镇地区金融服务的全覆盖，小额贷款公司蓬勃发展，新型农村金融机构资产总额较上年初增长 156.94%。

国有商业金融改革稳步推进，地方法人金融机构改革发展加快。2010 年，云南省农业银行在全省 117 个县域支行全面推开“三农”金融事业部改革，逐步建立健全了“省级三农金融分部 + 州市

分部+117个县域经营单元”的基本构架，对“三农”的支持力度明显加强。其他国有商业银行公司治理结构持续改善，风险控制能力明显增强，服务地方经济的效率提高。富滇银行继续推进省内设置经营机构的步伐，在普洱、昭通成立分行；积极推进在省外设立分支机构的工作，拟设的重庆分行已完成初审程序，报中国银监会最终审批；推进在境外设立代表处的工作，老挝代表处已获中国银监会审批。曲靖商业银行和玉溪商业银行在昆明市设立了分行，并已正式营业。截至年底，云南省共有8家村镇银行；228家小额贷款公司获批筹建，已挂牌营业的有172家。农村合作金融机构改革继续深入，通过增设机构，基本解决了122个金融机构空白乡（镇）金融服务缺失问题。

信贷投放向常态回归，投放节奏趋向均衡稳定。2010年，云南省银行业金融机构人民币各项贷款同比增速总体呈高位波动回落态势，增速由上年末的30%左右逐步回落到8月份以来的20%左右，信贷投放从应对危机状态逐步向常态回归。人民币贷款增长20.4%，增幅比上年下降13.5个百分点，全年中长期贷款增长38.3%，高于各项贷款平均增速17.9个百分点，增量占全部贷款增量的94.8%。同时，贷款投放的均衡性加强，商业银行“冲时点”现象得到缓解，贷款呈现均衡、平稳投放的特征，进度趋于合理。

信贷投放重点突出，“有扶有控”的结构调整要求得到全面落实。银行业金融机构积极采取资产结构调整措施缓解贷款规模控制压力。2010年，电力燃气水的生产供应业、交通运输仓储邮政业、水利环境公共设施管理业、制造业四个行业的新增贷款占全部新增贷款的50.64%，信贷投向与全省产业结构特点一致性较高。在确保扩内需项目信贷资金需求的同时，金融机构积极调整信贷结构，加大对“三农”、中小企业及其他薄弱环节的投入力度。全省新增涉农贷款、中小企业贷款分别为696亿元和545亿元，助学贷款余额达9.41亿元，同比增速达48.89%。全省房地产贷款增速放慢，金融机构对政府融资平台贷款少增，差别化房贷政策、加强政府投融资平台贷款管理等调控措施得到有效落实。

金融服务改善，金融创新积极稳妥推进。云南省银行业金融机构在风险可控的前提下，创新产品、创新机制、创新流程、创新营销，把创新工作贯穿在经营管理中，在创新中不断加大对中小企业、“三农”等经济薄弱环节的信贷支持力度。一是加大产品创新力度，建立金融创新的长效机制，不断规范和完善产品创新流程，防范新产品风险，提高产品开发效率。二是加大中小企业金融创新服务，大力支持中小企业发展。三是加大农村金融服务创新，积极支持新农村建设。大力发展村镇银行和小额贷款公司，涉农金融机构积极创新金融产品，结合云南省特点，开展农副产品收购环节电子支付试点和“农村金融支付便民服务”业务试点等农村支付服务创新项目试点。

2. 银行业运行稳健性增强，同时仍需关注发展中存在的问题

拨备覆盖率整体提高较快，农村信用社风险抵御能力仍需加强。2010年，云南省银行业机构拨备覆盖率大幅提升，银行业机构风险抵补能力增强。全省银行业机构贷款损失准备金余额183.58亿元，拨备覆盖率为178.23%，比年初上升32.12个百分点。法人机构中，3家城市商业银行资本充足率均达12%以上，拨备覆盖率为287.13%；农村合作金融机构资本充足率较上年提高3.43个百分点，拨备覆盖率较年初上升39.36个百分点。但农村信用社仍存在资本充足率及拨备覆盖率低的问题，部分农村信用社经营处于亏损状况，不良贷款率较高，损失准备金率和拨备覆盖率较低，风险抵御能力弱。

信贷资产质量持续提高，金融机构的信贷风险仍需密切关注。2010年末，云南省银行业机构不良贷款余额比年初减少21.03亿元，不良贷款率1.88%，比年初下降0.63个百分点。政策性银行、

国有商业银行、股份制银行、城市商业银行和农村合作金融机构不良贷款率分别为2.19%、1.53%、0.19%、1.32%和4.71%。农村合作机构不良贷款率下降2.55个百分点，资产质量显著提高。

金融机构信贷风险仍需持续关注。一是需关注贷款集中度高的风险。云南省商业银行贷款向大城市、大项目、大企业集中的趋势不减，信贷资金向重点地区和客户集中，不但造成信贷风险的集中，一定程度上也削弱了对中小企业的信贷支持。二是仍需继续关注政府投融资平台贷款。2010年，云南省各商业银行严格控制政府投融资平台新增贷款，对前期投向不合理、手续不完备的政府投融资贷款逐步压缩，并对现有政府投融资平台贷款展开“解包还原、重新立据”等风险缓释工作，但由于平台公司融资规模大、抵质押贷款占比低、贷款项目难以产生足够现金流、地方政府财政支出压力大等因素，对金融机构信贷资金的安全有较大影响。

利润大幅增长，各机构盈利结构差异较大。2010年，云南省银行业金融机构实现净利润同比增长40.2%；资产利润率为2%，比上年同期上升0.05个百分点。国有商业银行和股份制商业银行资产利润率水平普遍高于地方中小法人银行业机构。因净息差有所收窄，同时，受益于商业银行创新金融产品和理财产品的不断发展，中间业务收入占比有所增长，盈利结构逐步改善；中间业务收入占比为10.13%，同比上升0.6个百分点；大型国有商业银行中间业务收入率均达13%以上；农村合作金融机构中间业务收入率仅为2%，中间业务开展较少，受息差影响较大。

资产流动性充足，贷款期限结构不尽合理。2010年末，全省金融机构超额准备金率为5.66%，同比提高2.21个百分点；中资全国性大型银行、中资全国性中小银行、城市商业银行、农村合作金融机构超额准备金率分别为0.87%、2.91%、2.11%和19.96%。中长期贷款新增1 695.81亿元，占全部贷款增量的94.7%；短期贷款新增190.26亿元；票据融资负增长109.78亿元。同时，存款活期化趋势加剧，至2010年12月末，全省新增企业活期存款和居民活期储蓄存款占新增企业存款和储蓄存款的70.9%。金融机构资产负债期限错配风险显著上升，加大了信贷结构调整难度，不利于金融促进经济结构调整作用的有效发挥。

（二）证券业

2010年，云南证券市场运行平稳，资本市场的广度和深度进一步拓展。证券市场累计总成交金额为8 664.8亿元，同比减少13.4%；A股、基金托管市值1 313.1亿元，同比增长18%。云南省内的68家证券营业部实现手续费收入15.3亿元，同比减少12.6%。股票新增开户数为17.4万户，全省累计开户数达173.3万户。28家上市公司总市值为2 777.68亿元，较上年底增长7.24%，占全国上市公司总市值的1.05%。

1. 证券业稳定较快发展，市场功能进一步拓展

市场主体竞争力进一步提高，证券机构稳步发展。2010年，2家法人证券公司（红塔证券和太平洋证券）净资本占净资产的比率为86.7%，累计实现营业收入17.5亿元，同比增长12.9%，净利润6.88亿元，同比减少7.26%。本土券商发展势头稳定，红塔证券自营业务实现大幅盈利，太平洋证券投行业务取得较大突破，在第六届中国证券市场年会上获得“金钥匙奖”。全省68家证券营业部实现手续费收入15.3亿元。

期货经营机构不断发展壮大，证券期货经营网点覆盖面拓宽。2010年，股指期货的推出和大宗商品的剧烈波动推动交易迅速增长，云南省期货市场代理交易额同比增长167.6%，增速高于全国平均水平。两家法人期货公司经营业绩良好，全年净利润增长1.1倍，累计实现手续费净收入同比增

长 26.30%，累计实现净利润同比增长 113.48%。

证券期货经营机构设立速度加快，网点增设数量为历史最高。2010 年获准筹建或迁址到云南的证券期货营业部达到 15 家。随着曲靖、大理、红河等地州期货营业部的开业，云南期货营业网点逐步从省会城市向省内较为发达地市辐射，填补了云南地州市无营业网点的空白，网点覆盖面得到进一步拓宽。

上市公司业绩增长，公司治理日趋完善。2010 年前三个季度（部门上市公司年报尚未公布），云南 27 家上市公司（沃森生物 2010 年 11 月上市，未计入数据）实现营业总收入 673.11 亿元，同比增长 42.98%；净利润 23.39 亿元，同比增长 36.73%。从已披露全年业绩预告的公司来看，上市公司业绩保持稳定态势。从行业格局看，代表云南经济特色的有色金属行业实现业绩同比大幅提升，7 家公司实现净利润 7.89 亿元，同比大幅增长 118.69%；医药行业高景气度持续，2 家公司实现净利润 7.16 亿元，同比增长 58.55%；化工行业整体回暖，4 家公司实现净利润 1.15 亿元，较同期大幅扭亏；房地产行业受宏观调控影响，4 家公司实现净利润 1.07 亿元，同比下降 57.72%。

上市资源培育工作取得明显进展，直接融资功能进一步加强。并购重组力度加大，IPO 实现新突破，云南锗业成功首发上市，沃森生物实现云南企业创业板上市零突破，6 家公司进行重大资产重组，加速将优质资产向上市公司集中，进一步完善产业链，增强公司盈利能力，实现资源的优化配置。地方政府及监管部门大力支持云南优质企业上市融资，积极做好对拟上市公司的指导服务工作，推动后备资源培育、整合，上市资源培育工作取得明显进展。2010 年，云南省新增 9 户企业进入上市辅导备案重点培育阶段，全省处于辅导备案阶段的拟上市企业达到 12 户，1 家企业处于创业板发行审核阶段。2010 年末，云南省境内上市公司总市值较上年增长 7.24%，2 家企业成功首发上市；新增直接融资 55.9 亿元，累计直接融资达 415.95 亿元。

2. 需关注的问题

上市公司业绩持续增长的基础较为薄弱，个别上市公司涉嫌违法违规。从全年来看，云南省上市公司业绩呈现前高后低、逐步回落的趋势；但从环比数据分析，云南省上市公司的营业收入、利润均呈现下降趋势，上市公司业绩波动大，持续增长还面临较多不确定性因素。绿大地公司董事长因涉嫌违法发行股票罪被公安机关批捕。

地方法人证券公司当前发展阻力较大。太平洋证券公司未达到“一参一控”要求，造成新业务资格申请受限，将影响公司今后的业务发展。根据国务院 2008 年 4 月 23 日颁布的《证券公司监督管理条例》，证监会对证券行业提出了“一参一控”的政策要求，为避免同一股东旗下的证券公司间的关联交易与同业竞争，规定一家机构或者受同一实际控制人控制的多家机构参股证券公司的数量不得超过两家，其中控股证券公司的数量不得超过一家，证券公司需在 2010 年 12 月 31 日前达标，而太平洋证券公司尚未达标。

红塔证券公司 IPO 受阻。红塔证券公司于 2007 年启动拟上市步伐，2008 年初完成上市培育，向证券会递交了 IPO 申请材料，但由于国际金融危机爆发并恶化，国内资本市场发生逆转，证监会暂停了企业 IPO 融资计划。2009 年 6 月份，暂停了 9 个月的 A 股 IPO 重启，但红塔证券公司几项主要业务数据仍不能达到新的上市标准。

（三）保险业

2010 年，云南省保险业不断加强保险监管和保险服务，有效发挥了保险功能作用。全年累计承担风险保障63 793.87亿元，实现保费收入235.68亿元，同比增长30.87%。其中，产险公司保费收入98.96亿元，同比增长36.32%；寿险公司保费收入136.73亿元，同比增长27.2%。保险赔付66.31亿元，同比增长1.83%，积累各类风险准备金444.58亿元。保险总资产达327.2亿元，较年初增加56.76亿元。

1. 保险业积极创新，社会保障功能增强

结构调整成效显著，业务结构不断优化。2010年，云南省保险业结构调整成效显著。产险方面，车险与非车险业务均实现较快发展，保费同比分别增长40.57%和24.39%。企财险、保证保险等业务发展较快，保费收入分别增长150.2%和100.35%，非寿险投资型业务规模得到有效控制。寿险方面，积极发展风险保障型产品，不断提高期交比例。寿险新单期交占比30.85%，同比上升2.17个百分点；投资型业务增长过快问题得到有效控制，投连、万能产品占寿险业务比重同比下降7.21个百分点。

渠道结构日趋合理，盈利能力不断提高。保险公司通过合理利用和配置销售渠道资源，充分发挥不同销售渠道的优势，分散渠道过于集中的风险，逐步形成多渠道相互补充、共同发展的格局；同时，积极探索开拓电话销售等新型业务渠道，建立与公司管理、风险状况相适应的业务渠道模式。全省中介渠道实现保费收入169.37亿元，占规模保费的71.86%。行业整体盈利能力不断提高，全省产险公司实现承保利润7.13亿元，承保利润率达9.18%，分别列全国第7位及第4位；寿险公司短期险业务实现承保利润1.34亿元。

创新业务快速发展，服务“三农”作用明显。农业保险产品日趋丰富，开办了烤烟、水稻、林木、能繁母猪、奶牛等承保业务，全年累计支付赔款3亿元，受益农户28.9万家；为全省443.4万农户承保政策性农房保险，赔款支出1 430万元。试点开办了政策性森林火灾保险，保险支持农村经济发展、保障农村财产安全的效果明显。开展新农合补充保险试点，服务人群约100万人次；小额人身保险承保人数5万余人；为全省443.4万农户承保政策性农房保险。

建立参与社会管理的新机制，增强保险服务社会功能。保险企业积极发展各类责任、意外保险业务，利用保险机制积极参与社会风险管理，开展新农合补充保险试点，服务人群约100万人次，积极参与城镇居民医疗保险、民政救助等领域，保险成为云南省多层次医疗保障体系建设的重要参与者。一是出口信用保险紧紧围绕云南“桥头堡”建设，积极为云南省外向型企业搭建风险保障、融资促进和信息咨询三大平台，全年承保风险金额17.5亿美元，同比增长42%，增强了云南省企业开拓国际市场的信心和能力，保障了企业的经营安全。二是各保险机构大力发展各类责任、意外保险业务，利用保险机制积极参与社会风险管理，协调各种利益，化解社会矛盾和纠纷，维护社会稳定。三是各保险机构积极与云南省人力资源和社会保障厅、卫生厅、民政厅等政府部门在城镇职工、城镇居民医疗保险、新农合和民政救助等领域展开合作，保险业成为云南省多层次医疗保障体系建设的重要参与者。全年社保补充医疗保险业务实现保费收入约4亿元，涉及项目32个，服务人群约480万人次，累计赔付支出约2.88亿元，与基本医疗保障形成了良性互补。

2. 存在的问题

保险营销机制不完善。目前保单的销售，尤其是寿险保单多数是靠保险营销员的营销完成。客观上来说，这种营销方式对保险业的发展尤其是寿险业的发展曾起到强大的推动作用。但这种营销方式也存在明显的弊端：一方面，保险公司对营销员的培训模式有偏差，只注重营销手段的培训，对保险理念、保险相关知识以及产品的培训重视不够，保险营销员不能够全面、准确地为客户讲解保单的相关事宜；另一方面，保险公司对保险营销员的考核机制也以业绩为主，销售的保单越多，营销员的提成也就越多，也较容易产生一些营销员为了业绩误导欺瞒客户的行为。

市场竞争不充分。云南省保险市场主体数量仍偏少，市场竞争不充分。截至12月底，人保股份、平安财险、太平洋财险三家公司的原保险保费收入占全省财产保险公司原保险保费收入的74.14%，其他公司的生存空间较小。寿险方面也存在同样的情况，国寿股份、泰康人寿、平安人寿、太平洋人寿四家公司的原保险保费收入占全省人寿保险公司保费收入的69.26%。高市场集中度造成供给主体间竞争压力不足，创新驱动力较弱。

财产保险业务发展不平衡。目前，云南省各财产保险公司保费收入的增长，主要靠机动车辆保险业务拉动。2010年，机动车保险业务保费收入占财险公司各项业务保费收入的比例达到了75.96%，比2009年提高了0.95个百分点，其他险种的占比较小。

（四）金融市场

1. 金融市场运行平稳，金融资源合理配置

2010年，云南省金融市场总体运行平稳，同业拆借交易量大幅上升，债券回购量同比增加，商业银行黄金业务增长较快。全年市场成员在银行间市场累计成交23 316.32亿元，同比增长40.3%，其中，信用拆借累计成交1 377.4亿元、债券回购累计成交12 511.38亿元、现券买卖累计成交9 427.54亿元。云南省企业通过发行短期融资券、中期票据获得直接融资227亿元。银行间市场成为全省金融机构和企业的重要融资和投资平台，在合理配置金融资源、保障货币政策有效传导、维护区域经济健康运行等方面发挥着重要的作用。

2. 关注的问题

同业拆借市场参与主体单一，中小金融机构参与度低。一是农村信用社资金管理体制的变化主观上制约了同业拆借业务的发展；二是中小金融机构难以取得大型金融机构的授信，无抵押的信用拆借无法开展；三是金融机构专门人才缺乏，市场操作经验不足，对市场风险没有足够的应对措施和能力，限制同业拆借业务的开展。

关注债券市场操作风险，黄金市场缺乏统一的监管规则。随着回购交易量的增加，异常交易和违规交易风险加大，如利用债券回购过度放大杠杆投资，回购资金用途并非主要用于解决临时性资金需求。目前，规范我国商业银行黄金业务的法律法规主要是《中国人民银行法》，该法虽然原则性规定了人民银行及其分支行有负责监督管理黄金市场的权利，但对如何监管黄金市场，如何建立统计信息监测缺乏明确的法律规定。黄金市场监督管理法规的缺失也给人民银行有效履行监督管理职责造成了困难。

三、金融基础设施

（一）信用环境建设稳步推进

社会信用体系是市场经济体制中的重要制度安排。建设社会信用体系是完善我国社会主义市场经济体制、保持国民经济持续稳定增长、防范金融风险、改善金融生态环境的客观需要。而征信体系建设是社会信用体系建设的核心环节，其主要作用是通过提供信用信息产品，使金融交易中的授

信方或金融产品购买方能够了解信用申请人或产品出售方的资信状况，从而防范信用风险，保持金融稳定；同时，通过准确识别企业、个人身份，保存其信用记录，有助于形成促使企业、个人重视保持良好信用记录的约束力。完善的征信体系，是金融体系是否有坚实的基础和市场经济是否走向成熟的重要标志。2010年9月，中国人民银行昆明中心支行组织召开了云南省社会信用体系建设第一次联席会议，云南省政府领导、23个政府部门成员单位和20家金融机构负责人出席了会议，标志着云南省社会信用体系建设进入了新的阶段。下一步，云南省将加强推进行业信用体系，建立信息共享机制，力争用5年时间，初步建立1个信用信息采集、披露、使用系统，建立信用激励惩戒和信用教育机制，建立信用中介服务和信用监督管理体系，形成社会信用体系的基本框架和运行机制，营建良好的金融生态环境。

截至2010年末，企业信用信息基础数据库已收录云南省10.21万户企业的信用信息，入库人民币贷款余额7 704.57亿元，为全省24家金融机构开通查询用户4 927个。个人信用信息基础数据库已收录云南省1 458.64万自然人的信用信息，已入库个人信贷账户1 822.52万个，余额2 674.11亿元，为全省21家金融机构开通用户11 262个；2010年，全省商业银行累计查询个人信用报告408.07万次，月均查询达34.01万次。为677.09万户农户建立信用档案，评定信用农户298.56万户，信用组10 842个、信用村1 614个、信用乡镇33个，涉农金融机构农户贷款余额合计840.43亿元。2010年，全省人民银行累计完成了20 931户中小企业信用档案建设工作，其中3 101户企业获得了信贷支持，涉及金额14 750亿元。

（二）支付结算体系基本形成

经过近几年的建设，以中国人民银行现代化支付系统为核心，银行业金融机构行内支付系统为基础，票据支付系统、银行卡支付系统、境内银行间外币支付系统等为重要组成部分的支付清算网络体系已基本形成。2010年，云南省顺利完成了电子商业汇票系统的推广上线工作；网上支付跨行清算系统上线的各项准备工作也已就绪。截至2010年末，全省支付系统共有56家直接参与者，1 939家间接参与者。同时，建立了新增支付系统参与者准入约见、考试和现场核实制度，开展对支付系统参与者的巡检，确保了支付清算系统安全稳定运行。

人民银行昆明中心支行组织地方性金融机构、农村地区金融机构开展改善支付清算服务环境工作：一是从接口开发、环境、测试与模拟、业务培训等方面支持帮助基础薄弱的地方性金融机构加强支付清算基础设施建设，推动云南省农村信用社、富滇银行接入网上支付跨行清算系统，完善了地方性机构的支付清算设施；二是督促指导农村地区金融机构加强行内系统建设，引导地方性金融机构实施对县乡以下地区延伸金融服务网点，帮助落后地区金融机构加入跨行清算网络，提高农村金融机构现代化支付系统覆盖率，使广大农村地区享受到现代化支付系统提供的便利；三是开展农村支付服务环境建设工作，推动农村地区金融机构发放银行卡，建立刷卡无障碍市场，减少农村地区现金使用。

（三）反洗钱、反假币监督水平提升

2010年，云南省反洗钱工作坚持风险为本的监管原则，合理配置监管资源，改进和充实监管手段，以银行业监管为重点，稳步推进非银行金融领域的反洗钱工作。一是积极探索证券、期货、保险和清算组织的反洗钱监管方法，首次组织了对期货公司的反洗钱工作现场检查。二是制定《驻云

南省会金融机构反洗钱风险评估操作规程》，完善非现场监管指标体系，有效提高反洗钱监管资源利用率。三是适时采取措施，约见金融机构高管人员，有效发挥了政策监督的警示、督导作用。四是组织完成反洗钱监管交互平台搭建、培训及运行工作，进一步提高了反洗钱非现场监管的工作效率。五是遴选被查机构，有选择、有重点地依法实施反洗钱现场检查。六是持续开展大额现金存取监测工作，深入探索以反洗钱为主要导向的大额现金管理方法。反洗钱政策监督机制的有效运行，促进了金融机构反洗钱义务的履行，预防洗钱犯罪的工作基础进一步夯实。

人民银行昆明中心支行作为云南省反假货币工作联席会议的牵头单位，充分发挥反假货币工作联席会议的作用，反假货币工作社会化的进程加快推进，最大限度地降低了假币的生存空间，云南省假币得到有效的遏制，减少了假币对社会的危害，维护了全省良好的金融秩序。

四、总体评价

（一）总体评价

2010 年，云南省全面贯彻落实国家宏观调控政策，有效化解了金融危机和自然灾害的不利影响，国民经济平稳较快发展，经济结构继续优化，主要经济指标巩固向好，民生进一步改善，政府、企业和居民收入稳步增长，进出口总额创历史新高，利用外资实现跨越式发展。人民银行加强窗口指导，引导金融机构均衡信贷投放，银行业金融机构认真落实国家关于投融资平台、房地产、节能减排的调控政策措施，全省金融运行平稳，信贷投放合理均衡增长。以云南省大力推动“桥头堡”建设为契机，云南省银行业机构资产负债规模稳步增长，银行业整体实力增强，金融服务结构进一步调整，云南省成为跨境贸易人民币结算试点省份之一，跨境贸易人民币结算工作顺利启动并取得明显成效。证券业稳步发展，资本市场发展的广度和深度进一步拓展，上市资源培育工作取得明显进展，直接融资功能进一步加强，上市公司业绩增长，证券期货经营网点覆盖面拓宽。保险业不断加强保险监管和保险服务，结构调整成效显著，业务结构不断优化，渠道结构日趋合理，创新业务快速发展，服务“三农”作用明显，有效发挥了保障功能作用。2010 年，云南省金融整体运行平稳，为巩固全省经济向好势头发挥了重要的支撑作用。

（二）政策建议

云南省金融运行中需主要关注的问题是：信贷高速投放后商业银行风险管理压力加大，政府投融资平台对银行的负债潜藏着一定的财政与金融风险，部分中小法人金融机构流动性风险依然存在，金融创新能力仍需加强，仍需进一步完善金融生态环境建设。为此，提出以下相关建议：

1. 进一步提升金融业整体水平，提高地方法人金融机构稳健发展的能力

继续巩固和深化大型商业银行改革，推动已改制大型商业银行围绕转换经营机制、强化内部控制、防范风险，全面提升风险管理和内部控制水平，提升金融可持续发展的能力。提高地方法人机构风险管理水平，提高盈利水平，不断优化负债结构，降低筹资成本，拓宽盈利渠道，加快发展中间业务，实现收益多元化，并进一步加强财务成本管理，全面提高经济效益以增加各项公积，提高自身积累。

2. 积极探索农村金融服务新途径、新方式

继续推进农村金融改革与发展，深入研究提升农村金融服务水平的新思路，加快农村金融制度

创新、产品创新和服务创新；落实和完善涉农贷款税收优惠、增量奖励、定向费用补贴政策和集体林权制度改革与林业发展金融服务的措施；大力发展面向农村和中小企业的小型金融机构，引导和鼓励组建新型农村金融机构。

3. 规范政府投融资平台管理，防范银行信贷风险

针对地方政府投融资平台的具体情况，加强信贷政策指导，防范投融资平台风险向银行体系传导。一是要强化对融资平台公司的“外部监管”。从制度上明确融资平台公司政府性债务的管理主体，通过细化国资委、发改委、审计、金融监管等相关部门的职责，形成监管合力。二是强化融资平台公司的“内部控制与管理”，建立起行之有效的内部资金营运控制机制，规范财务管理，提高理财水平，增强自我约束能力和自律能力，保证融资平台公司的安全性、稳健性和可持续性。

4. 加强部门协作，提升监管合力

继续完善银行、证券、保险监管部门及政府相关部门之间的信息沟通，加快建立金融稳定协调机制，进一步扩展金融信息共享的广度和深度，增强金融监管合力，防范跨行业、跨市场的金融风险。

5. 进一步改善融资结构，强化金融市场的投融资功能

推动企业扩大短期融资券、中期票据和企业债券的发行规模，促进中小企业发行中小企业集合债券。提高股票市场直接融资功能，深化企业上市培育机制。规范各类市场主体投资行为，加大投资者利益保护的力度。

总　纂：周振海　于　华
统　稿：李宇专　杨百昕
执　笔：李　晟　吴　莹　张燕华　陈　银　段一群　董　娴
张　琦　陈志平　陆　伟　陈　娟　张蓓捷　和淑华　桑　田

西藏自治区金融稳定报告摘要

2010年，西藏经济持续增长，经济总量突破500亿元。据初步核算，全区生产总值达到507.46亿元，同比增长12.3%，连续18年保持两位数的增长。宏观经济的持续健康发展为区域金融稳定提供了良好的外部环境。西藏各金融机构认真贯彻落实中央赋予西藏的特殊优惠金融政策，积极推进金融体制改革，不断完善金融组织体系，提升金融服务水平，增强防范和化解金融风险能力，有力地支持了西藏经济社会的跨越式发展。

一、区域经济运行与金融稳定

（一）区域经济运行情况

1. 经济快速增长，综合实力进一步增强

2010年，据初步核算，实现全区生产总值507.46亿元，同比增长12.3%。第一、第二、第三产业实现增加值分别达到68.13亿元、163.92亿元和275.41亿元，同比分别增长3.1%、14.1%和13.7%。地方财政一般预算收入36.65亿元，同比增长21.8%；财政一般预算支出550.95亿元，同比增长17.2%。经济保持了跨越式发展的势头。

2. 投资、消费大幅增长，投资消费拉动经济增长势头强劲

2010年，在国家加强通胀预期管理的情况下，西藏结合地方实际，进一步加大了投资力度。预计2010年落实国家投资253亿元，同比增长20.5%，创历史新高；全社会固定资产投资463.26亿元，同比增长22.1%；实现社会消费品零售总额180.84亿元，同比增长18.7%。投资消费协同拉动经济增长的格局逐步形成。

3. 对外贸易快速增长，边境贸易对进出口的拉动作用明显

2010年，西藏对外贸易总额达8.36亿美元，同比增长108.68%；对外贸易顺差7.06亿美元，同比增长101.71%。2010年，在国际市场需求回暖的有利情形下，边境贸易逐渐活跃，边境贸易总额同比增长101.3%，占进出口总额的60%。边境小额贸易和自产产品出口增势明显，分别增长97.2%和67.9%。

4. 价格总水平保持基本稳定，居民消费价格涨幅低于全国平均水平

2010年，西藏加强价格监管和物资储备供应，出台了稳定物价措施，全区价格总水平保持基本稳定。居民消费价格总水平上涨2.2%，同比上升0.8个百分点。消费品价格上涨2.3%，同比上升0.8个百分点。工业品出厂价格上涨5.8%，同比上升7.6个百分点。西藏物价的上涨，受内地的影响较大，属于输入性上涨，带有一定的滞后性。

5. 特色优势产业发展态势良好，旅游业再创历史最好水平

2010 年，全区投入资金 3.5 亿元扶持种草养畜、无公害蔬菜基地等农畜产品龙头企业，玉龙铜矿、巨龙铜矿等矿产资源得到开发和利用，培育发展了一批具有高原特色和竞争优势的战略支撑企业。旅游基础设施进一步完善，服务质量不断提升，旅游业为扩大就业、增加城乡居民收入发挥了积极作用。预计全年接待游客 685.14 万人次、旅游收入 71.44 亿元，分别增长 22.11% 和 27.6%。旅游直接从业人员达 5.61 万人，吸纳 4.8 万人创业就业。

6. 房地产市场总体稳定，市场观望情绪浓厚，交易市场低迷

2010 年，全区房地产投资增势明显，截至 2010 年末，房地产开发投资累计完成 26.56 亿元，同比增长 68.63%。但是，由于受房地产新政等因素影响，市场观望情绪浓厚，房屋空置面积增加，房屋销售面积和销售额均出现大幅回落态势。全区空置 1 年以上商品房面积为 11.47 万平方米，同比增长 39.71%。商品房销售面积完成 19.37 万平方米，同比下降 69.38%；商品房销售额 5.61 亿元，同比下降 62.22%。

（二）区域经济运行中值得关注的问题

1. 整体发展水平不高，区域发展不平衡

2010 年，西藏农牧民人均纯收入仅为全国平均水平的 67.41%，同全国一道全面建设小康社会的难度更加凸显。从 2009 年的数据来看，西藏全面建设小康社会的实现程度仅为 51.24%，与全国平均水平 76.33% 相差悬殊。同时，作为集中连片的贫困地区，面临着自然环境的严重制约，扶贫开发难度大，全区既存在整体发展水平不高，又存在发展不平衡的问题，表现在城镇发展慢，农村发展也慢；城乡差距大，地区差距也大。

2. 生产力水平较低和市场发育迟缓对大规模经济建设的制约较为突出

西藏自然条件差、经济总量小、自我发展能力弱。工业企业效益低，100 元的总资产只能创造 2.8 元的利润，尚达不到全国平均水平。地方财政收入仅占 GDP 的 7.1%，经济发展主要依靠国家投资拉动的局面没有根本改变，2010 年投资对经济增长的贡献率高达 91.28%。对外开放的水平和层次较低，出口对经济的拉动作用不明显，市场经济意识、商品意识不强。

3. 产业结构仍以传统产业为主

表现在第一产业生产方式粗放，机械化、集约化程度低，科技含量不高。第一产业中传统生产方式、自然经济还占有相当比重，占全区近 80% 的农牧区人口，创造的农牧业增加值只占地区生产总值的 14.5%；第二产业规模小、档次低、精深加工产品和知名品牌少，尤其是工业发展还处在起步阶段，工业增加值仅占 GDP 的 7.5%，比全国平均水平低 32.6 个百分点；第三产业整体发展滞后，相关程度低，对整个经济的带动作用有限。

二、金融业与金融稳定

（一）银行业与金融稳定

1. 银行业运行情况

（1）资产负债规模进一步扩大，整体实力增强

截至2010年末，西藏银行业金融机构资产总额1 201.04亿元，同比增长25.14%；负债总额1 193.89亿元，同比增长25.64%。银行业资产规模稳步扩大，整体实力显著增强，金融服务领域不断拓宽，服务功能普遍增强，服务社会能力显著提升。

（2）存贷款增势强劲，贷款中长期化趋势明显

截至2010年末，西藏金融机构本外币各项存款余额1 296.73亿元，同比增长26.09%。存款快速增长为西藏银行业提供了较为充裕的流动性。本外币各项贷款余额为301.82亿元，同比增长21.53%。短期贷款余额同比减少3.68亿元，下降5.90%；中长期贷款余额同比增加27.98亿元，增长15.07%。

（3）特殊优惠货币政策及时得到落实，银行业金融机构盈利能力进一步提升

2010年，西藏银行业金融机构利差补贴和特殊费用补贴得到及时落实，其中，利差补贴4.91亿元，特殊费用补贴10.51亿元，合计补贴到位15.42亿元。同时，西藏银行业金融机构经营效益得到改善，盈利水平显著提高。计入利差及综合费用补贴后，实现利润11.14亿元，同比增长141%。

（4）票据贴现业务明显增多，票据融资大幅增加

2010年，西藏金融市场发展缓慢，仍无同业拆借市场、债券市场、外汇市场和黄金市场等金融市场。但是，票据贴现业务明显增多，票据融资大幅增加。截至2010年末，票据融资余额为29.19亿元，同比增加29.19亿元，占新增贷款总额的54.58%。其中，农行西藏分行票据融资余额为23.75亿元，占票据融资余额的81.36%；建行西藏分行票据融资余额为5.44亿元，占票据融资余额的18.64%。

（5）金融体制改革有序推进，金融组织体系逐步完善

2010年，根据中央第五次西藏工作座谈会精神，西藏稳步推进银行业体制改革，不断完善金融组织体系。一是由人行拉萨中支、西藏银监局、区财政厅等机构组成领导小组正在筹备组建西藏地方性商业银行，目前筹建工作进展顺利；二是做好国家开发银行西藏代表处升格为分行的工作，积极推动中国农业发展银行在藏设立分支机构；三是进一步深化农行西藏分行、邮储银行西藏分行等现有银行业金融机构改革，推进内控机制改革，初步构建现代银行管理框架；四是小企业金融服务机构逐步健全，农行西藏分行"三农"金融事业部制建设不断推进，并在全辖农行系统推广。

2. 银行业发展需要关注的问题

（1）不良贷款"双升"，风险防控压力加大

2010年，西藏银行业金融机构进一步深化内部体制改革，提高贷款风险防控能力，但是风险管理水平仍比较薄弱，至年末，银行业金融机构不良贷款余额和比例均明显上升。截至2010年末，不良贷款余额同比增加4.5亿元，不良率同比上升0.96个百分点。辖区银行业金融机构对监管部门规定现阶段严格准入、审慎放贷的行业，如房地产业、采矿业等所发放的贷款形成次级类贷款，影响了资产质量的提高。

（2）存差继续扩大，银行资金运用压力增大

2010年，中央进一步加大对西藏的投资和财政转移支付力度，资金到位率高，同时，由于项目前期可行性研究论证不足，在一定程度上存在开工难、资金使用率相对较低的问题，致使大量资金以财政存款、机关团体存款等形式沉淀在银行体系。同期资本市场、房地产市场对储蓄存款分流作用有所减弱，导致存款快速增长；由于大型建设项目资金到位率高，中小企业等有信贷需求的机构受担保体系不健全等因素影响，有效信贷需求不足，造成贷款增加额少，存差进一步扩大。截至

2010年末，西藏银行业金融机构存差为994.91亿元，同比增长27.54%；年末存贷比为23.28%，同比下降0.87个百分点，比全国平均存贷比低46.16个百分点。

（3）房地产调控力度加大，潜在信贷风险应予以关注

2010年，由于国务院连续出台加强楼市调控新政策，调控力度进一步加大，商业银行加强和规范房贷管理，信贷门槛提高，辖区房地产贷款小幅下降。截至2010年末，西藏房地产贷款余额45.68亿元，同比下降5.85%。其中，房地产开发贷款余额2.97亿元，同比下降22.05%；个人购房贷款余额42.71亿元，同比下降4.47%。受房地产新政影响，房地产新开工项目减少，房价走势不明确，居民对房价预期出现变化，房地产投资性需求受到一定抑制。因此，对可能出现的高房价按揭贷款脱期欠供和开发商资金周转不灵等潜在风险应予以关注。

（4）经济发展模式对银行业生存发展形成一定的制约

近年来，西藏经济发展呈现“大财政、小银行”的显著特征，经济发展对财政资金依赖性较强，经济增长主要依靠国家投资拉动。这种投资拉动型经济发展模式决定了西藏金融发展模式。银行业受经济发展模式的限制，发展空间小，作用发挥有限。国家投资在有力支持西藏经济发展的同时，对金融机构信贷资金产生了一些“挤出效应”。2010年西藏固定资产投资完成463.26亿元。其中，资金来源中利用银行信贷资金12.90亿元，仅占固定资产投资总额的2.78%，远低于全国平均水平。

（二）证券业与金融稳定

1. 西藏证券业发展概况

截至2010年末，西藏辖区有1家证券公司，即西藏同信证券有限责任公司（简称西藏同信证券），有9家上市公司。

（1）资产负债规模进一步扩大，持续发展能力进一步增强

截至2010年末，西藏同信证券资产总额同比增长39.56%；负债同比增长50.34%；资产负债率84.27%，同比上升了6.04个百分点。负债增加的主要原因是随着市场行情好转，投资、交易活跃，客户量和客户交易结算资金存量明显增长。截至2010年末，客户交易结算资金余额27.39亿元，同比增长33.55%，占总负债的87.42%。

（2）证券交易量稳中有升，盈利能力有所下降

2010年，西藏同信证券交易量稳中有升，公司收入略有增长，净利润小幅下降。全年实现代理交易量2 717亿元，同比增长1%。营业收入同比增长8.5%；净利润同比减少0.36亿元。

（3）净资本及其风险管控指标符合监管标准，抵御风险能力增强

截至2010年末，西藏同信证券净资本3.78亿元，下降3.07个百分点。净资本风险准备比率、净资本负债比率和净资产负债比率分别为219.54%、96.01%和148.55%，均符合我国《证券公司风险控制指标管理办法》规定的风险控制指标标准。

（4）证券业务扩大，上市后备资源培育有序开展

2010年，西藏同信证券新设立了5家证券营业部，其中区内2家，区外3家。公司营业部总数达到12家，此举有利于扩大全区投资者规模，为群众享受资本市场改革发展成果，参与资本市场建设创造了条件。2010年，西藏证监局确定山南海思科药业集团为新增拟上市培育企业，进一步充实完善了全区上市企业后备资源。

（5）上市公司总体质量有所提升，盈利水平大幅提升

目前，西藏大多数上市公司法人治理结构符合《证券法》、《公司法》的相关要求，股东大会、

董事会、监事会运作比较规范，独立董事能够履行职责，公司在业务、人员、资产、机构、财务方面基本保持独立。上市公司总体规模有所增强，盈利能力显著提升。截至2010年9月末，西藏9家上市公司资产总额160.67亿元，同比增长86.28%；净资产66.82亿元，同比增长72.43%；实现营业收入37.72亿元，同比增长34.04%；实现净利润3.27亿元，同比增长99.39%。

2. 证券业发展中需要关注的问题

（1）证券业务单一，持续性经营值得关注

西藏同信证券业务及盈利模式单一。2010年，代理股票交易占代理交易总量的95.02%，手续费收入占营业收入总额的72.73%。手续费收入仍然是证券公司的主要收入来源。经纪业务的发展和盈利水平对资本市场行情的依赖较强，一旦证券市场行情发生逆转，会对证券公司的收入产生较大影响，靠市场行情吃饭的局面尚未根本改变。

（2）证券公司规范运作水平有待提高，内控风险不容忽视

2010年，西藏同信证券进一步完善“三会”运作相关制度，提高运作的规范性，初步形成了合规管理体系。但是法人治理和内控制度有效性仍显不足，制度执行不到位的风险仍然存在。

（3）资本市场要素不健全，市场主体质量不高

目前我国资本市场处于高速发展时期，基金、债券、融资融券、股指期货等新产品、新工具层出不穷。而全区除了一家证券公司，没有期货公司、证券投资咨询公司、基金公司以及具有证券从业资格的会计师事务所等，资本市场要素不全，制约了资本市场的发展。同时，西藏上市公司规模小，上市公司户数占沪、深证券交易所上市公司总户数的比例不足5‰；上市公司质量参差不齐，部分上市公司存在法人治理结构不完善、独立性不强、业务范围狭窄、市场竞争力不强等问题。

（三）保险业与金融稳定

1. 保险业发展概况

截至2010年末，西藏辖区有3家产险公司西藏分公司，1家寿险公司西藏分公司，2家保险中介机构，1家保险经纪公司。2010年8月中国保监会西藏监管局正式成立，履行西藏保险业监管职责。

（1）保费收入不断增长，赔付能力显著增强

2010年，西藏保险业呈现稳步发展态势，对经济的补偿作用得到了进一步发挥。2010年，实现保费收入5.06亿元，同比增长26.02%。其中，财险实现保费收入4.11亿元，同比增长20.07%；人身险实现保费收入0.95亿元，同比增长60.62%。累计赔款与给付支出2.22亿元，同比增长2.52%。

（2）保险的社会覆盖面日益扩大，社会“稳定器”作用增强

西藏保险业不断改进保险服务，扩大保险覆盖面，保险服务领域进一步拓宽。2010年，保险密度172.63元/人，同比增加34.5元/人，同比增长24.98%；保险深度1%，同比上升0.09个百分点。

（3）农牧业保险稳步推进，有效转移农牧业风险

2010年，西藏稳步推进农业保险、扩大保险范围、增加险种。人保财险西藏分公司在全区74个县开展以“农房、养殖业、种植业”为主的农业保险工作，为全区270多万农牧民提供保险保障。全年实现保费收入816.57万元，同比增长0.26%，共计赔付243.43万元，较好地发挥了农牧业保

险抵御风险的作用。

2. 保险业发展中需要关注的问题

（1）保险意识不强，保险市场有待培育

目前，西藏社会群体的保险消费观念还不成熟，保险意识滞后，居民风险意识不足，特别是西藏农牧民收入较少，收入季节性强，欠收之年缴费困难，退保较普遍，保单持续率低。保险市场潜在的客户群体有待进一步开发。

（2）保险公司业务规模总体偏小，业务结构不尽合理

目前西藏保险市场中财产险种主要有机动车辆及第三者责任险、企业财产险、工程险等。其中，机动车辆险保费收入占财险保费收入的69.16%，财产险保费收入过度集中于车险的格局尚未根本改变。寿险公司只有中国人寿西藏分公司一家，虽然注重发展继续率较高的中长期及期缴业务，但规模小，保障面不宽。

（3）保险业从业人员素质有待提升

目前，人海战术还会在一定时期内成为决定西藏保险业务发展速度的主要因素。全区保险业务人员多数是兼职人员，整体文化水平偏低，保险、法律、金融投资等知识欠缺，如人保财险公司目前营销人员357人，大专及以上学历人员仅72人，占比20%。保险人员素质较低，与保险业发展的需求存在一定差距。

三、金融基础设施与金融稳定

（一）支付结算、清算体系平稳运行

2010年，西藏在确保大、小额支付系统安全、高效、稳定运行的基础上，进一步加快支付体系基础设施建设，建立了以央行现代化支付系统为核心，各商业银行行内系统为基础，票据交换系统和卡基支付系统等并存的支付系统体系。2010年，西藏大额支付系统、小额支付系统、支票影像交换系统、电子商业汇票系统、网上支付跨行清算系统和同城票据交换系统运行稳定，全年共处理业务68.35万笔、金额7 910.68亿元，同比分别增长30.17%和55.41%。

（二）征信系统运用不断普及，信用环境得到改善

2010年，征信系统运用不断普及，系统功能有效发挥，影响面不断拓展，社会信用环境逐步得到改善。截至2010年末，企业征信系统入库贷款余额170.8亿元，同比增长20.37%；个人征信系统入库贷款余额108.8亿元，同比增长39.49%。企业征信系统月均查询840余次，个人征信系统月均查询8 400多次。截至2010年末，西藏已建立农户信用评价体系且开展农户信用档案建设的县区达74个，覆盖西藏全部县区。

（三）反洗钱实行监管、检查与引导并重，构筑洗钱风险防御体系

2010年，人民银行分支机构对金融机构开展了反洗钱现场检查，对检查发现的违规行为依法作出行政处罚。完成了反洗钱监管交互平台系统在全区人民银行及银行业金融机构的上线、运行，加大了非现场监管力度，实现了现场检查与非现场监管手段的结合运用，进一步完善了洗钱风险防御

体系。

（四）反假币力度加强，不断净化人民币使用环境

2010 年，西藏反假币基础设施逐步完善，反假币监督、管理力度加强，反假币宣传力度加大。在全区 74 个县（区）、686 个乡镇、4 066 个百人以上自然村建立了反假货币工作站（点），并向基层反假货币宣传网络站（点）配备了简单实用的小型多功能验钞机 253 台，对宣传网路站（点）的管理和指导力度加强。假币收缴量大幅度下降，全年共收缴假人民币 58.89 万元，同比下降 55.26%。

（五）财税库银横向联网系统推广工作取得新突破

2010 年，人民银行拉萨中心支行与自治区财政厅之间实现了财税库银横向联网数据共享，林芝地区财税库银横向联网系统正式运行，为在辖区全面推广该系统奠定了基础。目前，西藏参与财税库银横向联网的单位有 4 家国库，2 家财政机关，6 家国税机构，6 家清算银行；在系统内签约验证通过三方协议的纳税人 828 户。截至 2010 年末，系统成功处理扣税业务 9 350 笔，成功扣款 6.68 亿元。该系统在方便纳税，畅通资金清算渠道，维护国库资金安全等方面发挥了越来越重要作用。

（六）金融生态环境建设工作成效明显

2010 年，西藏各级政府和部门在加强信用体系建设，依法维护金融债权，构建新型银政、银企关系等方面做了大量工作，本地区对金融资源和信贷资金的吸纳能力进一步增强。公、检、法等司法部门强化了金融案件的办理、执行力度，优化了司法环境。西藏保监局、西藏裕融小额贷款公司相继在拉萨成立，组建西藏地方性商业银行工作稳步推进，金融组织体系不断完善，金融生态环境进一步改善。

四、总体评估与政策建议

（一）总体评估

2010 年，西藏自治区认真贯彻中央第五次西藏工作座谈会精神，全面落实中央赋予西藏的特殊优惠金融政策，大力实施“一产上水平、二产抓重点、三产大发展”的经济发展战略，西藏经济持续快速发展，为西藏金融业的稳健运行提供了良好的外部环境。西藏金融业运行平稳，稳健性进一步增强，为西藏经济社会的跨越式发展提供了有力支撑。

同时，西藏经济仍存在总体发展水平不高，经济结构不尽合理，发展不平衡问题突出等影响实体经济持续健康发展的因素；西藏金融业仍存在银行业金融机构不良贷款反弹压力较大，存贷比持续下降，证券公司规范运作水平不高，上市公司融资能力弱，保险市场培育不够等问题。虽然这些问题未达到破坏实体经济总体健康发展，造成系统性金融风险的程度，但是仍可能成为影响西藏金融稳定的不利因素，应引起高度关注。

（二）政策建议

2011 年是西藏和平解放 60 周年，也是全面实施“十二五”规划的开局之年。西藏各金融机构应认真贯彻落实中央赋予西藏的特殊优惠金融政策，积极推进金融体制改革，进一步加强金融基础设施建设，不断增强防范和化解风险的能力，努力维护辖区金融稳定。

1. 全面贯彻落实特殊优惠金融政策，增强金融支持地方经济发展的能力

中央第五次西藏工作座谈会召开后，出台了“十二五”时期西藏特殊优惠金融政策，人民银行总行下发了《关于落实支持西藏经济社会发展有关金融政策的意见》，为把政策优势转化为发展优势，各金融机构应不断加强对特殊优惠金融政策的宣传，扩大政策的知晓面和受益面，做好政策衔接工作，促使特殊优惠金融政策更好地惠及全区经济实体和广大人民群众；各职能部门应加强货币政策、财政政策、产业政策的协调配合，形成合力，促进西藏经济的持续快速健康发展。

2. 加强金融风险监测、分析和评估预警能力，防范和化解系统性金融风险

要进一步完善西藏金融稳定监测指标体系、地方法人金融机构风险监测指标体系，运用定量和定性分析相结合的方法对辖区金融稳定状况进行评估。积极开展对实体经济的风险监测和分析，准确判断分析实体经济运行状况，引导微观经济实体稳健经营，筑牢区域金融稳定的微观基础。高度关注国内外经济金融领域重大事件对区域金融稳定的影响，及时掌握金融业潜在风险因素及风险状况，不断提升风险评估预警能力。

3. 加大金融创新力度，培育和发展良性竞争的金融市场，不断提升金融业整体实力

紧密结合西藏经济社会发展实际，积极研究制定符合区域金融业发展的规划、策略、措施，加大金融产品和制度创新，提高金融服务水平，有效发挥金融在支持地方经济发展中的作用。银行业金融机构应积极寻求信贷增长点，及时开发信贷产品，加大信贷投放力度，不断提高信贷资产质量；证券业机构应不断健全法人治理结构，增强融资能力，实现企业的可持续发展；进一步改善保险业发展模式，加大保险市场监管力度，逐步形成良性竞争、健康有序的保险业发展格局。

4. 加强金融基础设施建设，不断提升防范和处置金融风险的能力

辖区各金融机构应积极与各级政府和地方经济职能部门沟通，加强金融法制建设，推动社会信用体系建设，努力营造一个良好的社会法制环境和社会信用环境；进一步健全部门应急处理机制，确保金融突发事件应急体系正常运转；建立人民银行与自治区政府经济综合职能部门的沟通协调机制，积极推动金融监管协调机制建设；进一步健全人民银行与各金融监管机构的合作机制，畅通信息共享渠道，共同防范区域性系统金融风险，确保一方金融平安。

总　　纂：旺　堆　李　波
审　　核：般树荣　伊　苏　马成林
统　　稿：罗布参旦
执　　笔：罗布参旦　许峰铭　尼　珍　丹增曲珍　玉　珍

陕西省金融稳定报告摘要

2010 年是陕西经济发展极不寻常的一年。全省认真贯彻落实中央各项宏观调控政策，经济保持了平稳较快发展。全年实现地区生产总值 10 021.53 亿元，增长 14.5%，人均地区生产总值突破 4 000 美元大关。经济的持续平稳较快发展，为区域金融稳定提供了良好的外部环境。2010 年陕西省银行业资产负债规模持续增长，盈利水平和资产质量进一步改善，整体流动性较为充裕；证券业稳步发展，直接融资能力逐步恢复；保险业风险补偿和社会保障功能强化；金融市场功能日益完善；金融基础设施建设深入开展，区域金融稳定发展的内在动力增强。

2011 年是“十二五”规划的开局之年，新一轮西部大开发战略的推进为陕西经济保持平稳发展创造了良好条件。但由于国际国内经济形势日益复杂，地方政府加快区域经济发展的愿望与中央转变经济发展方式的目标之间存在一定的融合难度。需要关注的问题有：通货膨胀预期对金融机构业务经营和风险控制的影响；政府融资平台贷款风险控制效果；存贷款期限错配加剧对银行业资产负债管理的影响；稳健货币政策对银行业的盈利水平和流动性的影响；证券公司资本补充与竞争力问题；上市公司重组改制的进程和效果；新会计准则实施对保险业产生的影响等。

一、区域经济环境与金融稳定

（一）经济持续增长为金融稳定提供了良好的外部环境

2010 年，陕西省产业结构和需求结构不断优化，经济活力显著增强。经济持续较快发展为区域金融稳定运行提供了良好的外部环境。

1. 经济增长持续向好，产业结构不断优化。2010 年陕西实现地区生产总值 10 021.53 亿元，增长 14.5%，高出全国平均增速 4.2 个百分点。其中，第一、第二、第三产业分别实现增加值 988.45 亿元、5 403.53 亿元和 3 629.55 亿元，同比分别增长 5.8%、18% 和 11.7%。第二产业中，能源化工、装备制造等支柱产业的优势明显，能源化工产业总产值占规模以上工业总产值的 46.8%，装备制造业总产值从 691 亿元跃升到 2 607 亿元。文化产业增加值达到 226.6 亿元，增长 22%，第三产业在促进区域经济增长中逐步发挥出重要的作用。

2. 投资、消费增长强劲，进出口形势明显改善。2010 年，陕西全年完成固定资产投资 8 562.04 亿元，增长 30.7%，增速同比下降 4.4 个百分点。制造业、交通运输仓储和邮政业、水利环境和公共设施业以及采矿业等基础设施和优势特色产业投资增速加快，占全社会投资比重超过 75%，投资仍是推动陕西经济发展的主要力量。

2010 年陕西省实现社会消费品零售总额 3 147.67 亿元，扣除价格因素，实际增长 14.6%，增速

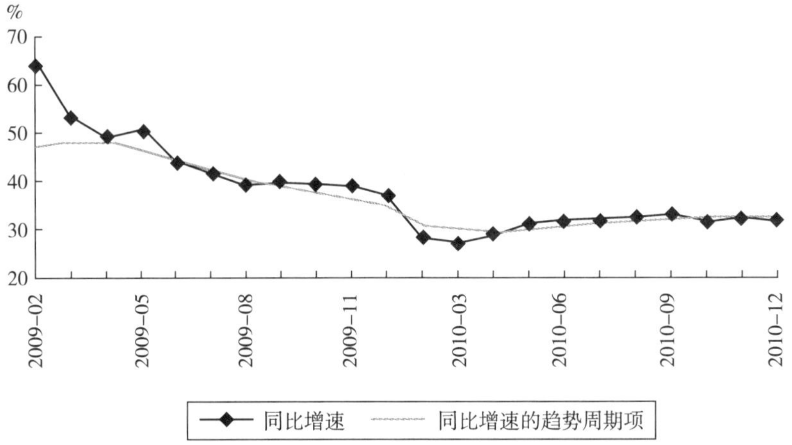

数据来源：陕西省统计局、人民银行西安分行调查统计处。

图1 陕西省城镇固定资产投资额累计增长速度

同比下降4.8个百分点。全省进出口总额达120.81亿美元，同比增长43.7%，但消费和外贸对区域经济增长的贡献有限，经济内生发展动力有待进一步提高。

（二）经济主体效益提高，政府融资平台债务有所增加

2010年，陕西省各经济主体的财务稳健性提高，但地方政府融资平台快速扩张对金融体系潜在风险的影响值得关注。

1. 企业盈利能力快速增长，工业品市场需求下滑的风险依然存在。2010年，全省规模以上工业经济效益综合指数为347.26，同比增长63.54%；实现利润1 145.9亿元，增长66.5%。企业部门偿债能力整体处于较好状态。但进入第四季度，装备制造业和原材料行业利润出现较大幅度下降，规模以上工业企业产品销售率仍处于负增长区间，显示市场仍未出现强劲需求态势。

2. 家庭收入平稳增长，偿债压力有所增加。2010年，全省城镇居民人均可支配收入15 695元，实际增长7.1%；农民人均纯收入4 105元，实际增长12%。受通胀预期、劳动力成本上升及民工需求增加等因素影响，居民劳务收入有进一步上升的空间，有助于提高家庭部门的财务稳健性。2010年，陕西省个人贷款余额为2 432.2亿元，其中，个人中长期消费贷款余额为1 378.6亿元，同比增长62.34%。房地产价格持续上涨、扩大内需政策的刺激、长期的实际负利率以及新一代消费主体的消费观念更新，是家庭负债增加的主要推动因素。随着贷款利率的逐步上调，家庭部门偿债压力有所增加。

3. 政府部门收入增长，融资平台负债较高。2010年全省财政总收入1 800.85亿元，增长29.5%；全年财政支出2 217.62亿元，增长20.4%。支大于收416.77亿元，较上年降低33.6亿元，占地区生产总值的比重为4.16%，处于较低水平。年末，陕西省政府融资平台公司的贷款余额2 565.19亿元，约占全省贷款余额的四分之一，占地区生产总值的比重达25.95%。随着地方政府融资平台债务快速增加，在部分融资平台公司运作不规范，抵、质押物不实或还款来源不足的情况下，未来有可能形成一定的信用风险。

（三）物价指数高位运行，通胀预期不断增强

1. 物价指数高位上行，居民生活成本上升。2010年以来，陕西省物价上涨较快，且涨幅快于全

国平均水平。全年居民消费价格水平累计上涨4%，食品价格上涨是推高居民消费价格水平的主因。物价高位运行态势对广大居民，特别是中、低收入居民的生活影响较大。

2. 工业品出厂价格稳中趋升，工业企业利润空间有所缩小。2010年，陕西原材料燃料动力购进价格、工业品出厂价格分别上涨9.7%和8.7%，涨幅分别比上年提高11.3个和12.6个百分点。两者之间的指数倒挂程度逐步加大，加之劳动力价格上涨，使工业品利润空间逐步缩小，须持续关注工业企业经营情况。

3. 房屋销售价格持续上涨，西安房价涨幅高位回落。2010年，陕西房屋销售价格同比上涨11.1%，比上年同期高出9.6个百分点。12月，西安房屋销售价格同比上涨8.2%，高于全国平均增速1.8个百分点，在全国70个大中城市中排名第14位，环比下降0.1%。

4. 未来物价上涨压力较大，通胀预期不断增强。从国际看，世界主要经济体继续实行量化宽松货币政策导致大宗商品价格持续大幅上升、全球自然灾害增加导致农业生产资料价格上涨等因素形成的输入型通货膨胀，对国内物价上涨的推动不容忽视。从国内看，实际负利率水平延续、劳动力成本上升等因素导致通胀预期依然强烈，短期内可能推动物价涨幅进一步上升。

（四）宏观经济运行对金融稳定影响的总体评估

1. 物价上涨过快的负面影响可能进一步扩大。一是物价指数的持续上涨可能促使调控措施进一步强化，降低经济主体融资和偿债能力。二是物价上涨导致企业和居民存款结构更趋活期化，存贷款期限错配加剧。三是物价上涨导致企业和居民存款意愿下降，金融机构负债规模扩张减速，可能对金融机构的流动性产生不利影响。

2. 房地产市场的不确定性增加。一是中小型开发商的资金链风险程度上升。二是如果房价保持一段时间的持续下行态势，以土地、房产作为抵押的贷款风险暴露将加大；同时，投向钢铁、水泥等与房地产密切相关的上下游行业的信贷资产质量，也可能随着房价的下行而下降。

二、金融业与金融稳定

（一）银行业稳健发展，资产质量持续改善

1. 银行业运行平稳，风险防范能力增强。2010年末，陕西省银行业金融机构（含外资）资产余额20 734.92亿元，负债余额20 338.85亿元。人民币各项贷款余额10 033.1亿元，同比增长20.5%，增幅高于全国0.6个百分点；各项存款余额16 456.1亿元，同比增长18.2%，自2008年以来首次低于全国2个百分点。年末存贷比为61.6%，与危机前水平相当。银行业金融机构不良贷款率3.68%，较年初下降1.28个百分点。法人银行业金融机构资本充足率较上年末提高1.95个百分点，核心资本充足率较上年提高1.69个百分点，银行业整体抗风险能力增强。2010年陕西省银行业金融机构累计实现税后利润222.26亿元，同比增加111.65亿元，中间业务收入占比为9.94%，较上年提高1.19个百分点。金融机构通过完善担保、追加第二还款来源等风险补偿方式，进一步加强了对政府融资平台贷款风险的控制。加强部分行业贷款的风险管控和案件防控工作，提高了风险防范能力。

2. 金融机构深化改革成效显著。国家开发银行陕西省分行加快商业化转型步伐，积极助推区域

经济发展。2010 年末，该行本外币贷款余额 1 230.23 亿元，增幅 22.86%，排名全省金融机构第一位。农行陕西省分行继续实施重点县域支行推进计划，加大对县域客户的支持营销力度；在农行系统首创了“代理人 + 支付通、流动服务 + 乡农保所、农行 + 信用社 + 邮储、增设自助设备”的四位一体金融服务渠道，解决了部分乡镇金融服务空白问题。城市商业银行跨区域经营步伐加快，分支机构增加。长安银行在全省设立了 6 个县支行，加大对县域经济发展的支持力度。齐商银行、昆仑银行在西安设立分支机构。西安市商业银行正式更名为西安银行，并在榆林设立分行，开始跨地区经营。农村信用社产权制度改革圆满收官，村镇银行加速发展。2010 年全省 98 家农村信用社全部完成以县为单位统一法人社改制工作。全年新增 5 家村镇银行，至年末村镇银行数量达 7 家。

3. 稳健性评估

一是资产质量持续改善，政府融资平台风险仍值得关注。2010 年，陕西省银行业金融机构不良贷款余额和不良贷款率持续双降。其中，国有及股份制商业银行的不良贷款余额和不良贷款率分别较上年末下降 23.98 亿元和 1.22 个百分点；地方法人银行金融机构的不良贷款率下降 2.61 个百分点。值得注意的是：陕西省各金融机构对政府融资平台贷款自查的结果是现金流全覆盖贷款占比为 97.91%，但相关部门的认定数与此存在一定差距。如未实现现金流全覆盖的贷款中有一半转为不良，将会使不良贷款率有较为明显的上升。

二是拨备覆盖率不断提高，风险抵补能力增强。2010 年末陕西省主要商业银行拨备覆盖率达 146.56%，较上年提高 26 个百分点；农村信用社拨备覆盖率较上年提高 19 个百分点，抵御风险能力有所增强。

三是资产利润率回升，盈利结构略有改进，维持利润增长的压力增大。2010 年，陕西省银行业金融机构利润仍保持快速增长趋势，资产利润率回升至 2008 年的水平，中间业务收入占比达 9.94%，较上年提高了 1.19 个百分点，占比三年来首次出现上升。但未来净息差的收窄、差别存款准备金动态调整和杠杆率、拨贷比等指标的考核，将对金融机构的利润增长形成一定约束。银行业金融机构应进一步在控制成本、拓展新业务和提高中间业务收入方面下功夫，以维持利润的平稳较快增长。

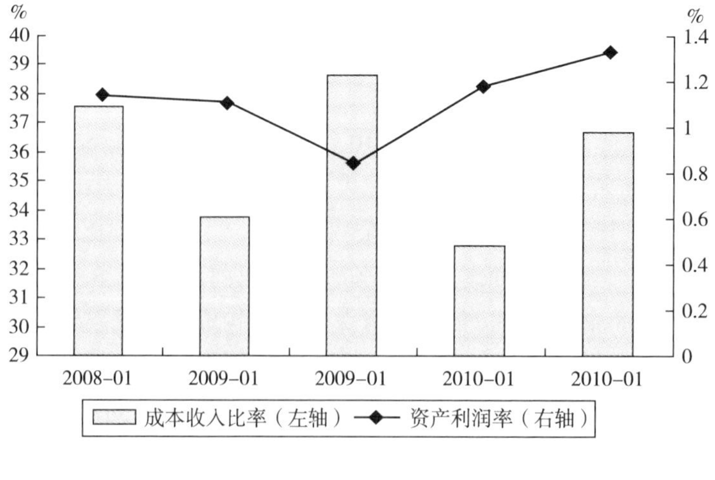

数据来源：陕西银监局。

图 2　2010 年陕西省金融机构资产利润率和成本收入比率变动情况

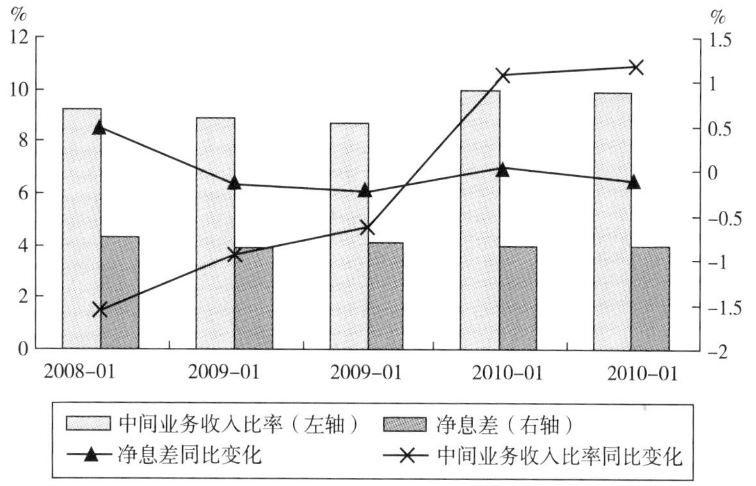

数据来源：陕西银监局。

图3 2010年陕西省金融机构中间业务收入比率和净息差变动情况

四是流动性整体充足，中长期贷款快速增长加大流动性管理难度。2010年末，陕西省银行业金融机构流动性整体较为充足。从结构上看，中长期贷款迅猛增长，年末中长期贷款余额7 165.9亿元，同比增长34.78%，中长期贷款占比达71.4%；同时，存款活期化趋势明显。存贷款期限错配对银行的流动性管理能力提出了挑战。

五是地方法人银行金融机构整体资本充足率提高，资本结构有待进一步优化。2010年末，城商行、农合行和村镇银行资本充足率分别为19.28%、14.49%和30.3%，远高于监管要求。值得关注的问题：一是城商行资本形成过于依赖政府注资，不利于形成独立的资本补充机制和完善的法人治理结构。二是陕西省农村合作金融机构治理机制尚不健全，特别是各县级法人农信社的法人股比重较低，股权分散且资本金稳定性较差，制约着资本风险抵补能力的发挥，不利于经营管理能力的提高。

（二）证券业稳步发展，市场融资功能增强

表1　　陕西省证券期货市场发展情况表

指标	2010年	2009年	同比增减（%）
证券交易总额（亿元）	14 940.06	16 979.38	-12.01
客户保证金余额（亿元）	192.65	222.49	-13.41
证券及基金托管总市值（亿元）	1 258.22	1 096.77	14.72
投资者资金账户开户数（万户）	202	189.99	6.32
法人证券机构资产总额（亿元）	153.51	175.99	-12.77
法人证券机构利润总额（亿元）	8	11.22	-28.70
期末上市公司数（家）	37①	30	+23.33
上市公司股票筹资额（亿元）	190.37	47.73	+298.85
法人期货机构利润总额（万元）	3 100	2 704.45	+14.63

数据来源：陕西证监局。

① 2010年陕西省新上市公司6家，年末转入的1家上市公司（ST宏盛）处于暂停上市状态。

1. 证券业稳步发展，上市公司数量增加，市场融资功能显著提高

一是上市公司数量不断增加，股票市场融资创历史新高。2010 年，陕西省当年新增 7 家上市公司，是 20 年来在资本市场上市最多的一年。全年上市公司共募集资金 190.37 亿元，是近年来利用资本市场融资取得的最好成绩。

二是证券公司盈利下滑，但流动性充足。2010 年，陕西省 3 家证券公司实现营业收入 17.78 亿元，净利润 6.02 亿元，同比分别下降 7.64% 和 28.67%，体现证券公司资产流动性的净资本指标合计 36.01 亿元，同比增长 4.17%。

三是上市公司规模和盈利能力大幅提高，重组步伐加快。2010 年末，陕西省上市公司总股本 215.6 亿股，总市值 3 100.26 亿元，流通市值 1 369.6 亿元，同比分别增长 50.59%、50.54% 和 33.35%。至 2010 年第三季度末，上市公司共实现营业收入 467.57 亿元，同比增长 73.95%；净资产收益率 4.52%，同比提高 2.3 个百分点。西安民生、烽火电子重组工作已完成，*ST 博通等六家公司重组工作正在稳步推进中。

四是期货市场市场快速发展，市场交易活跃。2010 年，陕西省全年期货经营机构实现代理交易量 4 609 万手，代理交易额 4.63 万亿元，同比分别增长 343% 和 521%，增幅分别为全国平均水平的 7.5 倍和 3.9 倍。期货经营机构代理交易手续费收入 1.2 亿元、净利润 3 100 万元，同比分别增长 53% 和 19%。净手续费率平均约为 0.25‰，为近年的最低水平。

2. 证券业发展中值得关注的问题

一是市场竞争加剧，不规范经营行为有所抬头。个别机构采取全权委托代理、非现场开户、限制投资者转户、违规开展中介融资等手段，影响了正常的市场秩序。

二是证券公司业务创新能力不足，在风险评估技术和操作技术上仍有待改进，内部管理水平有待提高，风险控制力有待进一步提高。

三是法人期货公司资本实力亟待加强。至 2010 年末，陕西省三家法人期货公司平均净资本9 606 万元，比全国平均水平低 31.4%。

四是上市公司结构与陕西产业优势不相匹配。陕西支柱产业之一的煤炭行业至今还没有一家上市公司，石油行业的上市公司只经营石油基础设施，没有主业公司上市。从地域上看，全省上市公司主要集中在关中经济圈，陕北至今还没有一家上市公司，与其能源重化工基地的地位不相称。

（三）保险业平稳发展，服务社会能力提升

1. 陕西保险市场运行平稳，社会服务功能和抵御风险能力不断增强。至 2010 年 12 月末，陕西省共有保险公司总公司 2 家，省级分公司 38 家，下辖各类保险分支机构 2 303 家。年内新增省级分公司 2 家，新增各类分支机构 110 家，保险业服务陕西经济的作用不断增强。

一是保费收入平稳较增长，经营效益显著提升。2010 年，陕西省保险业实现原保险保费收入 333.8 亿元，同比增长 28.6%。其中，财产险公司保费增长 40.1%，人身险公司保费增长 25%。年末，陕西省保险业总资产 618 亿元，较 2009 年末增加 129 亿元。

二是赔款和给付明显增长，服务经济社会能力不断提高。2010 年，陕西省保险业累计赔付支出 69.6 亿元，同比增长 14%；农业保险共支付赔款 1.2 亿元，同比增长 11.2%。出口信用保险支持全省出口金额 10 亿美元，帮助企业追回账款及可能损失 230.4 万美元，保险的经济补偿功能发挥明显。

三是市场秩序继续改善，经营行为有所规范。至2010年末，产险公司应收保费率、保费批退率、综合费用率同比分别下降了0.59个、2.46个和1.82个百分点。产险公司制作阴阳保单、虚假赔案、违规批退等恶性违规行为有所减少；寿险公司销售行为逐步规范，私印宣传材料的投诉案件有所减少。

四是寿险业务结构调整初见成效，行业抵御风险能力增强。2010年，陕西省寿险业务中新单期缴保费同比增长24.9%，趸交业务占比逐步下降。产险公司共计提未决赔款准备金8.4亿元，占滚动12个月保费收入的9.6%。寿险公司退保率1.3%，低于全国平均水平0.21个百分点。

2. 保险市场发展中需要关注的问题。

一是结构性矛盾仍然突出，银保渠道发展问题值得关注：（1）产险业务增长和盈利过于依赖车险。寿险中分红险业务占比过高，普通寿险业务持续下滑，产品过于集中的格局仍没改变。（2）银保渠道业务占比仍然较大，特别是一些中小公司业务发展更为依赖银保渠道，个别公司占比超过90%。（3）结构调整的质量仍待提高。全省标准保费增速依然低于规模保费增速14.88个百分点，低于全国人身险公司标准保费增速10.42个百分点。

二是农业保险亏损严重，保险公司积极性受到影响。2010年陕西省农业保险累计亏损达1 655万元，农业保险综合赔付率103.8%，综合成本率123.3%，保险公司承办农业保险的积极性受到一定影响。

三是保费分拆对保险公司投资业务发展带来冲击。2010年，按照“企业会计准则解释2号”的要求，保费收入的统计口径发生了较大变化，投资型业务占比较高的保险公司的保费收入呈现大幅度减少，寿险公司发展战略出现一定调整。

三、金融市场与金融稳定

（一）金融市场运行平稳，非金融企业债务融资快速增长

1. 同业拆借市场交易量大幅增长，市场利率波动上行。2010年，陕西省通过全国银行间同业拆借市场总成交金额257.95亿元，较上年同期增长298.32%。拆借1天和7天的交易量占全部交易量的99.59%。同业拆借市场利率波动上行。

2. 债券回购市场交易量稳步增长，流动性管理功能日益增强。2010年银行间债券回购累计成交5 186.16亿元，同比增长22.73%，净流入资金517.12亿元。隔夜回购业务交易量占质押式回购总成交量的79.9%，回购业务成为金融机构调节资金头寸的重要工具。

3. 银行间现券市场交易量小幅萎缩，加权收益率先抑后扬。2010年陕西省银行间债券市场新增5家成员单位，全年累计成交金额1 046.21亿元，同比减少60.03亿元。从利率走势看，2010年现券加权收益率先抑后扬，整体高于上年同期水平。

4. 陕西省企业通过银行间市场直接融资规模呈现快速增长，为降低银行体系风险发挥重要作用。2010年，全年共有14家企业通过短期融资券和中期票据融资258.41亿元，是上年的1.6倍。中小企业集合票据实现零的突破，融资2.21亿元。银行间债券市场融资额占融资总量的比重从2006年的0.36%增长到2010年的2.6%，在一定程度上缓解了间接融资比占过高、风险过度集中的问题，对维护区域金融稳定具有重要意义。

（二）金融市场波动幅度加大，相关制度建设亟须加强

2010年，银行间同业拆借市场、债券市场震荡幅度均明显高于上年，应密切关注市场波动对市场主体的影响，引导金融机构合理安排资金头寸，做好流动性管理工作。此外，近年来，银行间市场创新步伐加快，产品日益丰富，但中介机构和自律组织对金融市场的监测和管理作用还没有得到充分发挥，监管和自律管理的协作机制还有待于进一步完善，市场制度建设与基础设施建设也亟须进一步加强和推进。

四、金融基础设施与金融稳定

（一）支付体系建设取得长足发展，系统稳定性增强

1. 体系建设不断加快，清算效率大幅提高。一是全面改善农村地区支付服务环境。陕西省农村支付系统覆盖率由2009年底的46%提升到71%，共有68种财政惠农补贴、38种非涉农业务通过集中代收付系统发放。二是积极筹备二代支付系统上线相关工作，电子商业汇票系统如期上线并平稳运行。三是积极开展支付服务创新活动。大力推动实现在西安和咸阳地区各银行业金融机构营业网点、自助设备办理支付结算业务“一体化”服务，开发了陕西省“小额支付跨行通”项目，有效降低陕西省内资金流转成本。

2. 加强支付体系监管，有效维护清算秩序。2010年，人民银行西安分行定期通报清算纪律执行情况，强化了支付业务事中监督；加强了对全省各银行业金融机构人民币银行结算账户管理等工作的全面检查；起草并向省政府提交了《陕西省储值卡资金及清算管理办法（试行）》；全面有序启动了世园会支付环境改善工作。

3. 应急管理体系更加完善，风险防范能力增强。2010年，人民银行西安分行认真组织ABS应急演练，全面开展会计联行检查，进一步增强业务人员的责任感和风险意识，为资金安全提供了切实保障。

4. 打击银行卡犯罪成效显著，系统安全性进一步改善。2010年陕西省共受理银行卡犯罪案件526起，破案409起，捣毁银行卡非法套现窝点91个，涉案金额高达2.48亿元，为群众挽回经济损失874.15万元。在全国打击银行卡犯罪专项行动中，陕西省排名列非重点地区第三、西北地区第一。

（二）征信体系建设不断深入，金融生态环境逐步优化

1. 征信系统覆盖面持续扩大，系统基础进一步巩固。至2010年末，陕西省企业和个人征信系统共录入17.4万户企业和1 856万个人信息，同比分别增长6%和13%。金融机构企业和个人信用报告查询量分别较上年增长22.6%和55.5%，个人查询本人信用报告数比上年增长了98.4%。

2. 信用体系建设不断深入，金融环境日益改善。2010年，人民银行西安分行共为5 944户尚未与商业银行发生信贷关系的中小企业建立了信用档案，累计建档企业达到61 758户。通过实施“千户中小企业融资推荐”和“千户中小企业信用培植”工程，全省715户中小企业获得118.57亿元贷款。组织农村金融机构为36.1万个农户建立信用档案，累计建档户数548.8万个，占农户总数的

75.9%；评定信用户15.46万户，累计评定信用户358.57万户；创建信用村、镇536个，累计创建信用村、镇3 861个。

3. 加强正向激励，优化金融生态环境。2010年人民银行西安分行与省政府金融办、信用办协调，组织对107个县（区）金融生态环境进行了评价，评选出凤翔县等10个金融生态环境模范县（市、区），通过树立典型、鼓励先进的方式，强化各区县政府优化金融生态环境的意识，为维护金融稳定作出了有益的探索。

（三）反洗钱监管效力明显提升，风险防范功能日益显现

1. 创新工作机制，监管效力明显提升。2010年，人民银行西安分行对110家金融机构开展了全面的反洗钱动态评价和风险预警，并组织各地市人民银行相关部门累计对420家金融机构开展了动态评估。全年共进行综合或专项预警153次，现场检查金融机构115家。

2. 行政调查和案件协查成效显著，风险防范功能日益显现。2010年，人民银行西安分行开展行政调查99次，涉及金额约35.8亿元，涉及省级金融机构22家。充分利用反洗钱监测网络，联合公安部门成功破获"李某特大集资诈骗案"。该案涉及非法集资诈骗金额15亿元，是陕西省成功运用反洗钱机制破获的涉案金额最大的集资诈骗案件，为维护社会和金融稳定发挥出重要作用。

3. 反洗钱协作机制逐步完善，制度化规范化水平提高。2010年，人民银行西安分行定期组织召开"一行三局"协调会议；突出合作效果，重点加强与公安、海关、安全等部门联系，在线索发现、案件破获等方面均取得了实质性成果。同时，通过现场座谈、走访、面对面培训等措施，进一步完善了人民银行与金融机构间的反洗钱对话机制，增强了对金融机构执行反洗钱法律法规规定的指导。

（四）金融法制环境建设不断完善，为区域金融稳定提供保障

1. 相关地方性法规和重要规范性文件接连出台。陕西省政府发布了《陕西省融资性担保公司管理暂行办法》，人民银行西安分行正式出台加强金融管理与服务工作的三项制度；陕西银监局出台了《陕西省银行业新设机构科学发展的指导意见》；陕西保监局制定了《关于加强全省保险行业协会规范化建设的指导方案》。

2. 金融行政执法的针对性和有效性进一步加强。2010年，人民银行西安分行及省内各分支机构全年共进行各种行政执法检查百余次。陕西银监局共派出现场检查组454人次，陕西保监局全年共登记行政许可申请材料及办理送达事项873件。陕西省证监局对一些企业关联资金往来、内部控制制度的不规范行为下达了《行政监管措施决定书》，对资本市场起到了警示和规范效果。

3. 多种方式推进金融法律普及宣传。2010年，人民银行西安分行坚持"人民银行+金融机构+客户"的普法模式，将每年的"12·4"法制宣传日扩展为"金融法制宣传周"，为提高广大社会公众的金融知识水平和风险防范能力作出了积极努力。

五、总体评估与政策建议

（一）定性评估

2010年，陕西经济发展取得了新的突破，产业结构和需求结构不断优化，企业效益日益改善，

城乡居民收入水平显著提高，地方财政收入稳步增长。经济的平稳较快发展，为区域金融稳定运行提供了良好的外部环境。从金融体系来看，金融机构改革稳步推进，金融机构健康性状况改善；金融市场运行平稳，功能进一步发挥；金融基础设施建设日益完善。

一是金融机构稳健运营状况不断改善。银行业金融机构资产质量持续改善，盈利结构有所改进，流动性整体充足。证券公司效益提高，直接融资取得新进展。保险市场运行平稳，社会服务功能和抵御风险能力不断增强。

二是金融市场运行平稳，非金融企业通过银行间市场直接融资规模呈现快速增长，中小企业集合票据取得突破性进展。

三是金融基础设施进一步改善。支付系统安全性和风险防范能力提高；征信系统覆盖面持续扩大，信用体系建设不断深入；反洗钱监管效力明显提升；金融行政执法日益规范，金融法律普及宣传稳步推进。

总体看来，当前陕西金融体系运行平稳，但也存在着一些值得关注的不确定性因素和系统性金融风险隐患。

一是实体经济的风险向金融体系传递。物价上涨过快对金融稳定的负面影响可能进一步加大。房地产市场的不确定性增加，可能影响中小型开发商、房地产关联领域和行业的资金链，进而影响金融机构的信贷资产质量。

二是宏观调控政策取向调整对金融机构资产质量的影响逐步显现。在货币政策由适度宽松转为稳健的背景下，一些大型项目的资金链可能面临较大压力，政府融资平台贷款质量值得关注。金融机构中长期贷款占比较高的结构特征，也加大了银行业的系统性风险。

三是地方法人银行业金融机构，特别是城商行资本形成过于依赖政府注资，农村合作金融机构治理机制尚不健全，资本金不稳定和真实性等问题值得关注。

四是证券业和保险业市场秩序有待进一步规范。

（二）定量评估

本报告在考虑陕西省经济金融实际情况的基础上，运用层次分析法（AHP）和熵权法相结合①的区域金融稳定定量评估模型②，对近两年陕西省和所辖10地市的金融稳定状况进行综合评估。

1. 整体评估显示：陕西省区域金融稳健发展。从定量评估结果分析，2010年陕西省金融稳定状况较上年有所提升，表明经济金融体系保持了稳定向好发展的态势，抵御风险的能力比较稳健。

从具体指标变动情况分析（见表2），共有13项指标较上年有所改善，7项指标与上年基本持平，5项指标较上年有所下降。分模块来看，除证券业得分略有下降外，宏观经济、银行业、保险业与金融生态环境对区域金融稳定的贡献均为正向。

---

① AHP和熵权法的综合权重确定方法，提高了定性与定量分析的客观性与全面性。综合权重为 $\omega^i = \omega_H^i\omega_A^i / \sum_{i=1}^{n}\omega_H^i\omega_A^i$，其中，$\omega_H^i$ 是熵权法权重，ω_A^i 是AHP法权重。

② 评估框架参考了上海总部的《区域金融稳定定量评估方案》，指标框架包括宏观经济、金融机构和金融生态环境，其中金融机构又细分为银行业、证券业与保险业，共计25项评价指标。

表 2　　2010 年陕西省金融稳定评价指标及其变动情况

指标分类		整体变动	评价指标	具体分项		
				改善	稳定	下降
宏观经济		↑	地区生产总值增长率		√	
			第三产业增加值增长率			√
			全社会固定资产投资增长率			√
			社会消费品零售总额增长率	√		
			实际利用外资增长率	√		
			进出口总额增长率	√		
			城镇居民可支配收入增长率			√
			农村人均纯收入增长率	√		
			居民消费价格指数		√	
			城镇登记失业率			√
			典型城市房地产价格指数	√		
金融机构	银行业	↑	核心资本充足率	√		
			不良贷款率	√		
			资产利润率	√		
			流动性比率		√	
	证券业	↓	净资本充足率		√	
			净资本负债率	√		
			资产利润率			√
	保险业	↑	寿险公司退保率	√		
			应收保费率	√		
			保费收入增长率	√		
金融生态环境		↑	法治环境调查综合得分 *		√	
			地方财政收入占 GDP 比重		√	
			银行服务密度	√		
			征信数据库覆盖率		√	

注：表中“↑”代表改善，“↓”代表恶化。

2. 分地市评估显示：大部分地市金融稳定状况向好，地区差距有所缩小。定量评估（见图 4）结果显示，2010 年，西安、咸阳、铜川、榆林、安康、商洛 6 地市金融稳定综合得分较上年有所提高，其中西安、榆林继续保持全省领先优势。宝鸡和汉中的综合得分与上年基本持平，渭南、延安的综合得分小幅回落。

2010 年各地区经济金融发展趋于协调（见图 5），金融稳定综合得分较上年呈现集中趋势。陕北、关中地区的金融稳定得分保持稳定，而陕南地区通过发挥区域优势，不断加大改革力度，逐渐缩小了与陕北和关中的差距。

（三）政策建议

1. 认真贯彻落实国家宏观调控政策，加快经济结构调整和增长方式转变。应把握好实施新一轮

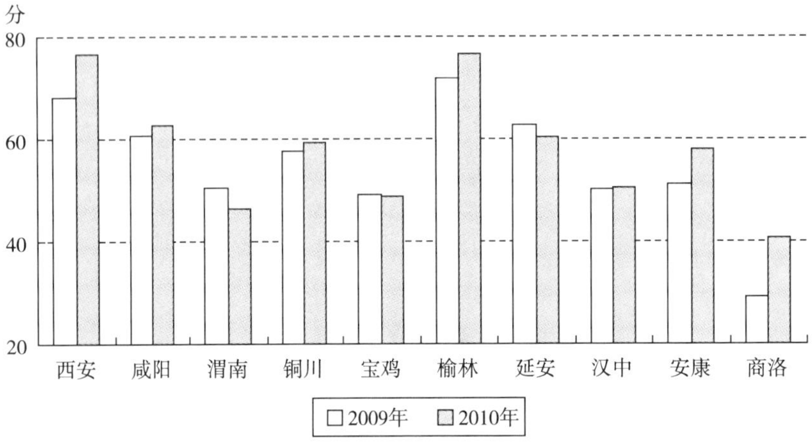

图4 2009—2010年陕西省10地市金融稳定评估结果

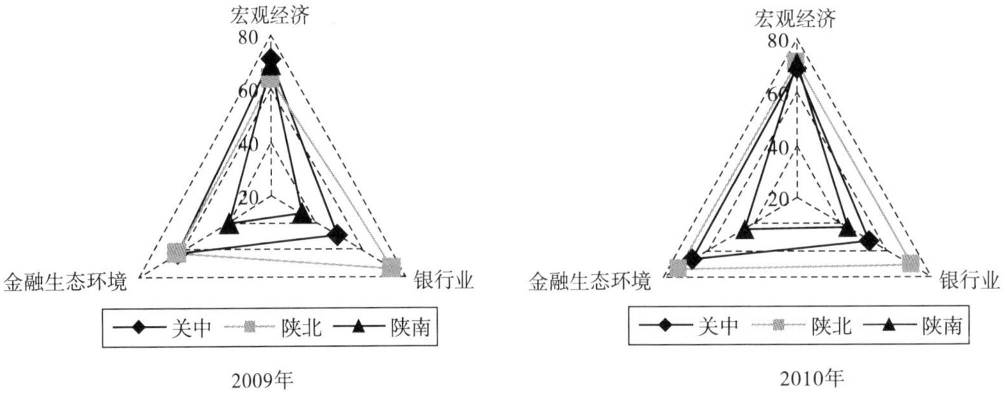

图5 2009—2010年陕西省三大区域金融稳定的比较

西部大开发战略和建设关中—天水经济区等重大机遇，进一步落实国家宏观调控政策，在扩大经济总量的同时，积极促进经济发展方式转变和经济结构调整。引导金融机构准确把握信贷投放节奏，认真履行企业社会责任，实现均衡投放和金融资源合理配置，以信贷结构调整促进经济结构调整目标的实现。

2. 引导银行业金融机构正确理解稳健货币政策内涵，提高风险管理和流动性管理能力。一是引导金融机构正确理解稳健货币政策的内涵，树立逆周期管理理念和自我约束意识，及时充足地计提各项准备，努力保证经济周期波动中经营稳健。二是要引导金融机构从资产和负债两方面加大金融创新力度。充分发挥信贷资产证券化在风险管理和期限转换中的重要功能，探索通过资产证券化将政府融资平台贷款转移到表外，提高资产流动性。帮助中小金融机构通过发行金融债券等各类长期负债工具，改善资产与负债期限结构。

3. 努力改善陕西省上市公司的质量和结构，进一步完善证券经营机构内控和风险管理体制，切实加强投资者教育，促进资本市场良性发展。

4. 进一步规范保险市场市场秩序，引导保险公司调整业务结构，提高银保合作层次，促进保险业科学发展。

总　　纂：王　钢
统　　稿：陈　军　王　敏　刘湘勤
执　　笔（以姓氏拼音为序）：
包　琼　樊联社　郝俊香　焦少飞　刘湘勤　穆　林
秦鸿文　王　敏　王　蓉　闫恺媛　杨　菡　张　田
其他参与写作人员：陈　洁　关　伟　何剑伟　李建伟　李雨帆　王　宇
岳金禄　张　超　张晓莉　赵　斐　周彦君

青海省金融稳定报告摘要

2010年，面对玉树突发强烈地震和复杂多变的国内外经济形势，青海省全面贯彻落实国家各项宏观调控政策，紧紧围绕科学发展、保护生态、改善民生三大任务，努力克服金融危机及玉树地震带来的不利影响，保持了经济金融平稳较快发展，经济金融的良性互动局面初步形成。但是，全省经济金融运行中也存在着一些问题需要关注：一是物价高位运行与改善民生的问题；二是投资与消费协同拉动的问题；三是金融市场融资渠道狭窄与融资结构优化的问题；四是信贷集中与资源配置优化的问题。

一、区域经济运行与金融稳定

（一）运行情况

1. 经济实现快速增长。2010年，全省实现地区生产总值1 350.43亿元，比上年增长15.3%，增速为30年来最高。其中，第一产业增加值134.92亿元，增长5.9%；第二产业增加值744.63亿元，增长19.3%；第三产业增加值470.88亿元，增长12.1%。第一、第二和第三产业对生产总值的贡献率分别为3.4%、65.8%和30.8%，拉动生产总值增长0.5个、10.1个和4.7个百分点。产业结构由2009年的9.9∶53.2∶36.9转变为2010年的10.0∶55.1∶34.9。

2. 生态环境逐步优化。自筹资金建立三江源生态补偿机制，三江源生态保护和建设工程完成投资12亿元，比上年增长2.3倍；治理水土流失面积13.66千公顷；完成人工造林4.9万公顷，同比增长65.5%，是“十一五”期间造林规模最大的一年，全省森林覆盖率达到5.23%；中度以上退化草地基本得到治理。

3. 民生持续得到改善。2010年，全年财政用于民生的支出增长61.8%，实施610个社会项目，占财政总支出的70%以上。实现城镇居民人均可支配收入13 855元、农牧民人均纯收入3 863元，分别增长9.16%和15.44%，为近年来最高增幅。率先在全国实现了新型农村养老保险试点全覆盖，建设城镇保障性住房覆盖户数逾15.3万户，解决农牧区20万人的饮水安全问题，减少贫困人口19万人。

4. 居民消费价格涨幅破五。2010年，全省居民消费价格总水平上涨5.4%。其中，城市上涨5.1%，农村上涨5.8%。食品类价格上涨8.3%，服务项目价格上涨5.3%，工业消费品价格上涨3.1%。

5. 房地产市场量缩价涨。2010年，全省房地产开发投资108.19亿元，同比比上年增长48.5%；商品房销售面积281.04万平方米，同比增长28.7%，增幅较上年降低18.9个百分点。房价同比上涨6.6%，涨幅较上年提高2.2个百分点，部分优势明显地段楼盘售价突破7 000元/平方米。

6. 玉树抗震救灾取得全面胜利，灾后重建有序顺利开展。2010年，青海省玉树藏族自治州发生了7.1级地震，受灾面积35 862平方公里，受灾人口230 200人，灾区金融机构建筑物损失面积104 427平方米，办公设备及其他设备损失3 012.55万元。青海省积极应对“4·14”玉树特大地震灾害的影响，迅速开展了高原高寒地带规模最大、成效最显著的救援活动，搜救被掩埋人员2 008人，救助伤员1.1万多人，安置受灾群众22.5万人。人民银行西宁中心支行统筹协调辖内金融机构维护灾区金融稳定，密切监测灾区风险、及时排查风险隐患、评估信贷资产损失，灾区金融业务于震后3天全面恢复，有力确保了灾区金融稳定与安全。

与此同时，青海省制定了《玉树地震灾后恢复重建规划》等一系列灾后重建规划措施，确保灾区重建有序开展。2010年，玉树灾后重建完成投资50.1亿元，农牧民住房、公共服务、基础设施、特色产业等项目相继开工建设。一是农牧民住房建设优先保障。玉树6县19个乡镇开工建设农牧民住房11 655户，部分受灾群众喜迁新居。二是民生项目快速实施。玉树县13所学校以及玉树州藏医院等一批项目主体工程已封顶，2011年下半年即可投入使用。三是市政公共和基础设施建设取得突破。结古镇城区沟道排洪除险加固工程通过验收，6条市政道路正在建设中，结古至巴塘机场公路与省道308线单幅加宽工程全面完成。

（二）区域经济运行中需要关注的问题

1. 物价水平居高难下。青海作为西部内陆欠发达省份，经济总量小、居民收入低。然而在新一轮全国性物价上涨期间，青海位居首位：2007—2010年，青海省居民消费价格较上年分别上涨6.6%、9.9%、2.6%和5.4%，涨幅连续四年高居全国第一，四年来累计涨幅达27%，导致部分低收入群体生活较困难。主要是由于青海交通运输不便、市场自给率低，导致输入型、结构型为主的物价上涨。

2. 经济增长过度依赖投资。固定资产投资是推动青海经济持续稳定增长的主要动力，2010年全省固定资产投资占地区生产总值的比重高达79.14%，呈现出经济增长主要靠投资的失衡局面。稳定的消费增长内生机制尚未形成，消费对经济增长的拉动作用不足。在加快转变经济增长方式的背景下，如何实现投资和消费协同拉动，值得关注。

3. 产业结构亟需调整。青海省是以资源开发为主的产业发展模式，2010年，青海省产业结构为10.0:55.1:34.9，第二产业占比较大，同比上升1.8个百分点，这种资源开发为主的产业结构难以支撑经济持续高增长，而且必将带来就业、节能减排、节能降耗等方面的压力。目前，青海省的粗放型、高碳经济增长格局还在继续，在当前全球发展低碳经济的大背景下，青海经济如何调整产业结构，如何走绿色、可持续发展的道路值得关注。

二、金融业与金融稳定

（一）银行业

1. 运行状况

（1）各项存款快速增长，增幅全国居前。2010年末，全省银行业金融机构人民币存款余额

2 319.64亿元，同比增长29.90%，增幅位列全国第2位。其中，活期储蓄存款余额482.22亿元，增长29.88%；机关团体存款余额544.56亿元，增长161.91%。

（2）贷款总量持续较快增长，信贷投放重点突出。2010年末，全省银行业金融机构人民币贷款余额1 822.65亿元，同比增长30.28%，增幅居全国第3位。其中，中长期贷款余额1 344.38亿元，比年初增加351.28亿元，同比增长37.92%。电力、制造业、水利等支柱产业仍是信贷支持的重点，三大行业占全部新增贷款的比重达58%。

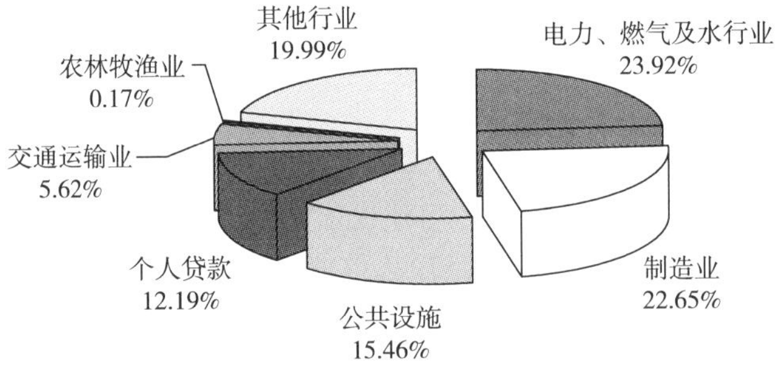

数据来源：中国人民银行西宁中心支行。

图1 2010年青海省新增贷款行业分布

（3）资产负债规模持续提高，盈利能力有所下降。2010年末，青海省银行业金融机构资产总额3 030.9亿元，同比增长32.89%，增幅同比提高3.85个百分点；负债总额2 993.61亿元，同比增长33.86%，增幅同比提高5.22个百分点。

（4）信贷支持县域、中小企业及弱势群体力度进一步加大。2010年末，青海省县域贷款余额达359.4亿元，同比增长22.8%；中小企业贷款余额达680.5亿元，同比增长28.6%；下岗失业人员小额担保贷款余额1.9亿元，同比增长69%；各类助学贷款余额2.04亿元，同比增长76.8%。

（5）银行改革有序推进，网点布局逐步完善。2010年，青海省完成全省30家农村信用社央行票据兑付工作；首家农村合作银行正式挂牌，以股份制为主导的西宁市农村合作社向农村商业银行改制试点工作有序推进；青海银行引进战略投资者、跨区域发展取得实质性进展，玉树州分行、海南州分行相继设立；大型商业银行——交通银行进驻青海。金融机构网点的增设，丰富了青海省少数民族地区的银行业机构种类，提升了金融服务功能。

（6）新型农村金融机构丰富了农村金融服务体系。截至2010年末，青海省新型农村金融机构（村镇银行1家，农村资金互助社2家）实现存款余额1.82亿元，同比增长30.94%；贷款余额2.03亿元，同比增长65.44%。新型农村金融机构突出“惠农”特色，一定程度上解决了农村资金短缺及农民贷款难问题，支持了农牧民增收和农村经济发展。

（7）风险处置工作取得突破性进展。青海省格尔木市原八家农村信用社撤销社进入债权分配兑付阶段，兑付工作进展顺利；青海庆泰信托有限公司重组成功，风险处置工作全部结束，正式更名为“青海五矿国际信托有限公司”。

2. 银行业运行中需要关注的问题

（1）信贷资产质量下降，不良贷款出现反弹。2010年末，青海省银行业金融机构不良贷款比年初增加12.84亿元。主要是个别大企业信贷质量劣变和玉树地震致使金融机构不良贷款增加，导致全省银行机构信贷资产质量下降。

（2）地方政府融资平台贷款蕴含潜在风险。截至2010年末，青海省共有融资平台35个，涉及贷款余额203.61亿元，占全省各类金融机构贷款余额的11.17%。其中，省级平台1个，贷款余额45.76亿元；州、地、县平台34个，贷款余额157.85亿元。地方政府融资平台缺乏统一管理，存在融资期限过长、负债率过高等实际情况，债务偿还存在不确定性，银行信贷潜在风险不容忽视。

（3）信贷集中趋势未得到有效缓解。一是期限集中。2010年末，青海省银行业中长期贷款余额1 344.38亿元，同比增长37.92%，占金融机构人民币贷款余额的73.76%，占当年新增贷款的82.73%。二是行业集中。2010年末，制造业、电力、燃气及水的生产和供应业、水利、环境和公共设施管理业三大行业贷款余额为1 071.58亿元，占行业贷款余额的61.11%。三是客户集中。2010年末，青海省十大客户贷款余额704.74亿元，占全部贷款余额的38.67%。四是地区集中。2010年末，西宁地区贷款余额1 552.3亿元，占全部贷款余额的84.69%，新增贷款占全部新增贷款的86.80%。贷款集中度高，不利于银行信贷风险分散，也降低了资金配置效率。

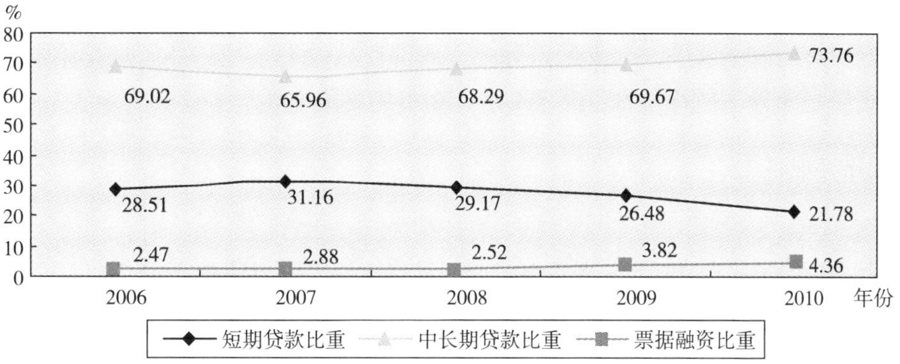

数据来源：中国人民银行西宁中心支行。

图2 “十一五”期间青海省金融机构贷款期间结构变化情况

（4）流动性风险加大。2010年末，青海省银行业机构中长期贷款余额占全部贷款余额比例为73.76%，与中长期贷款居高不下相比，银行业存款资金出现短期化现象，定期存款余额占全部存款余额的20.54%，“短存长贷”趋势加剧，资产期限结构错配风险加大。

（二）证券业

1. 运行状况

（1）证券期货机构运行平稳。2010年末，青海证券经营机构全年累计交易量1 820.98亿元，同比下降21.88%；投资者开户数为24.6万户，同比增长7.09%。期货经营机构全年累计交易金额387.82亿元，同比增长252%；期货投资开户数为256户，同比增长57.7%。

（2）上市公司质量逐步提升。2010年末，青海共有上市公司10家，总股本88.53亿股，同比增长3.59%；总市值2 082.03亿元，同比增长18.39%，证券化率为155.14%，居全国第3位。

2. 证券业运行中需要关注的问题

（1）上市公司数量较少，个别公司存在风险隐患。一是上市公司数量少且融资能力弱。截至2010年末，青海省上市公司数量仅占沪深上市公司总数的0.48%，占西北五省上市公司总数的8.62%。自2007年以后，省内无公司上市，且大部分上市公司上市后未进行再融资。二是受宏观经济环境及原材料价格波动等因素影响，部分上市公司资金短缺，债务负担重，持续经营能力较弱。

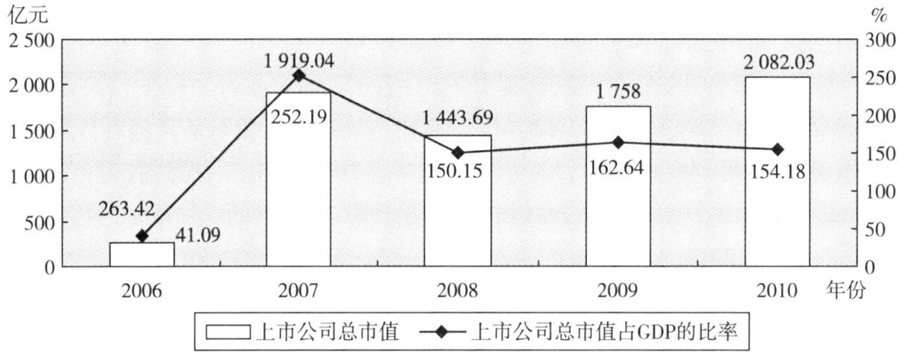

数据来源：青海证监局。

图3 “十一五”期间青海省上市公司总市值及占GDP的比率

（2）证券机构市场竞争力有待进一步提高。与全国规模较大的证券公司相比，青海唯一的1家证券公司在资本实力、盈利水平、创新意识等多方面都存在较大差距，公司规模小，业务单一，盈利主要依靠传统经纪业务，创新动力和投入不足，在市场竞争中处于劣势。

（三）保险业

1. 运行情况

（1）保费收入较快增长。2010年，青海保险业累计实现原保险保费收入25.70亿元，增长41.13%，增速位居全国第3位，列西部第1位。其中，财产险保费收入10.38亿元，同比增长30.36%；人身险保费收入15.32亿元，同比增长49.50%；累计支付赔款和给付6.66亿元，同比增长9.99%。

（2）业务结构调整收效明显。产险公司在车险业务继续保持较快增长的同时，非车险业务取得较快发展。2010年，非车险业务实现保费收入2.68亿元，同比增长13.39%；寿险公司标准保费、新单期交保费取得较好发展，同比分别增长27.55%和49.08%。

（3）农牧业保险有序推进。近年来，农牧业保险开办品种逐步扩大。截至2010年末，已承保大田作物37.1万亩，公益林20万亩和10万亩枸杞的森林保险，累计赔付支出630.52万元。同时，藏细羊、牦牛养殖等高原特色险种试点推动工作已取得积极进展。

2. 保险业运行中需要关注的问题

（1）保险业务结构需进一步优化。一是财产险市场中车辆保险“一险独大”的现象仍然存在。2010年，全省车险保费收入占产险公司总保费收入的79.48%，责任险、工程险等保险产品发展相对较慢；二是寿险市场中分红险占比较大，分红险保险收入占全部寿险保费收入的68.48%，易受资本市场与利率波动的影响，使寿险公司盈利存在不确定性。

（2）业务发展的新增长点尚未形成。目前，青海省许多领域还存在保险服务空白，保险覆盖面仍不够广泛，责任险、农牧业等保险规模还较小，特别在藏区，保险险种仅限于车辆保险业务，保险保障功能未得到充分发挥。

（四）准金融机构

1. 运行状况

（1）担保业实力不断增强。2010年末，青海省共有担保公司56家，实际开展中小企业信用担保业务的共31家，注册资本总额23.64亿元，其中，注册资本在1亿元以上的7家，资本总额15.6亿元。31家担保机构已累计为省内3 100家中小企业和个体私营者提供168亿元的银行贷款担保。

（2）典当业平稳运行。2010年末，青海省共有典当行19家，注册资本总额17.76亿元。青海省典当行主要从事民品、房产、机动车、代保管等业务，服务对象主要面向中小企业及个人。

（3）小额贷款公司快速发展。截至2010年末，经批准试点的小额贷款公司共5家，注册资本总额为9 100万元，均为企业法人和自然法人入股。5家小额贷款公司累计发放贷款18 461万元，同比增长386.46%；贷款余额7 865万元，同比增长199.73%；实现利润189万元，同比增长372.5%。

2. 准金融机构运行中需要关注的问题

（1）担保机构风险分担机制未完全建立。目前，青海省担保机构和银行之间的风险分担机制有所突破，只有国家开发银行青海省分行与担保机构有一定比例的风险分担，其他银行业金融机构均要求担保机构承担100%的风险责任。风险分散能力不足，担保机构面临较大风险。

（2）典当业务领域尚未充分拓展。由于受专业人才缺乏、从业人员素质不高等因素影响，青海省大部分典当行经营侧重于房地产、机动车抵押贷款业务，这两项业务占总典当金额的90%左右；大部分典当行不受理钻石、珠宝等质押典当业务，业务领域有待进一步开拓。

（3）小额贷款公司资金来源少导致可供放款规模有限。由于小额贷款公司只贷不存，不能吸收公众存款，难以获得银行融资，只能依靠自身有限的资本金循环流动。而青海省小额贷款公司刚刚起步，注册资本金多集中在1 000万～2 000万元，仅依靠股东资本金的小额贷款公司无法满足旺盛的资金需求。

三、金融市场运行与金融稳定

（一）运行状况

1. 货币市场交易持续活跃。2010年，全省累计发生银行间市场交易2 052笔，交易量1 301亿元，交易笔数和交易金额分别是上年同期的4.7倍和3倍。其中，质押式正逆回购226笔，交易金额475.9亿元，同比增长184%；现券买卖446笔，交易金额505.2亿元，是上年同期的2.5倍。

2. 债券融资规模不断扩大。2010年，青海省4家企业发行短期融资券62亿元，比上年增加52亿元，有效满足了地方经济实体的资金需求；3家银行业金融机构累计完成债券交易量1 049亿元，同比增长195%，实现收入2.58亿元，同比增长138.9%。

3. 账户金交易走低，实物金热销。2010年，全省账户金销售量7 323.88千克，销售金额17.73亿元，同比增长2.5%；实物金交易量316.58千克，交易金额8 196.37万元，分别较上年同期增长101.1%和133.3%，实物金交易量连续两年高速增长。

4. 票据融资稳步回升。2010年末，全省票据融资余额79.47亿元，较年初增加25.97亿元，同比增长48.54%，占各项人民币贷款余额的4.36%。

5. 跨境收支总额下降，银行结售汇保持小幅逆差。2010年青海省全年跨境收入总额11.79亿美元，同比减少9.10%，由上年逆差6.88亿美元转为收支顺差963万美元；银行结售汇总额12.14亿美元，同比减少9.74%，结售汇逆差2 323万美元，同比下降96.63%。

（二）需要关注的问题

1. 直接融资比重较小，没有充分发挥对经济的支持作用。股票、债权、产业基金等融资工具是企业直接融资的重要途径和手段，2010年，青海省通过发行短期融资券、股票及债券等直接融资方式融资129.1亿元，约占青海省社会融资规模的22.5%，直接融资比重不高，不能更好地满足经济社会多样化投融资需求。

2. 关注“热钱”等异常资金跨境流动风险。由于我国经济平稳较快增长、人民币升值预期等因素，加大了跨境资本流动的波动性，吸引境外投机性短期资金流入套利，可能导致跨境收支流入性失衡。因此，应加强直接投资、个人结售汇、境外捐赠等跨境异常资金流入的主要项目和渠道的监测。

四、金融基础设施与金融稳定

（一）支付体系

1. 全省支付系统平稳运行。2010年，青海省各类支付系统业务量呈上升趋势，办理业务207万笔、金额25 063亿元，同比分别增长30%和48%。其中，大额支付系统办理业务95万笔、金额24 872亿元，小额支付系统办理业务112万笔、金额191亿元。

2. 银行卡产业快速发展。截至2010年末，青海省银行卡累计发卡527.59万张，同比增长28.80%；交易金额4 685.19亿元，同比增长24.79%。

（二）征信体系

1. 征信系统内容不断丰富。2010年，企业和个人征信系统共为青海省1.59万户企业和313.37万个自然人建立了信用档案；个人征信系统已囊括了全省36.8万人的公积金信息、108万人的电信正常缴费账户信息。

2. 农村信用体系建设工作取得突破性进展。2010年，青海省形成了具有特色评级模式和制度体系，全国首家全省推进、成效惠及全省农牧民的农村信用体系建设新模式。全年共收集24.1万户农牧户信用信息，占辖区农户总数的30%；采用利率优惠政策，使农户小额信用贷款余额达到5.26亿元，有效改善了农村金融生态，促进了青海农村经济金融的发展。

3. 中小企业信用体系建设稳步推进。截至2010年末，全省共收集4 292户中小企业信用信息，较上年底增长5.6%；取得银行授信意向的397户，实际贷款额度达到312亿元。

（三）金融法治环境

2010年青海省金融法治建设稳步推进。一是制度建设进一步健全，先后出台了《青海省银行业机构金融管理与服务指引（暂行）》、《保险机构现场验收指引（试行）》等制度规定，强化了金融监督与管理、维护了金融市场秩序；二是人民银行西宁中心支行制定并由省政府批转下发了《青海省金融生态县建设实施意见》和《青海省金融生态县建设考核办法》，金融生态县建设在全省全面推开实施，为积极探索县域金融生态环境建设模式，优化全省金融生态环境奠定了坚实基础。

（四）反洗钱

1. 反洗钱工作机制进一步健全。建立完善了《青海省金融监管机构反洗钱工作协调机制》等制度，搭建了各金融监管机构及金融机构之间全方位、多渠道、多层面深度合作与交流的平台。

2. 反洗钱系统建设取得突破。顺利启用“反洗钱监管交互平台系统”，搭建了与银行金融机构间的非现场监管数据报送平台，解决了人民银行与金融机构之间信息工作滞后、可疑交易线索收集、处理工作效率低及非现场监管有效性不足的问题。

五、总体评估与政策建议

（一）总体评估

2010年，青海省经济实现快速增长，经济运行质量进一步提高，居民收入稳步提高，民生得到持续改善；各项存款快速增长，贷款保持合理增长，信贷投放重点突出，风险处置工作取得突破性进展；资本市场呈现良好发展势头，上市公司并购重组活跃；保险保障功能进一步增强，农牧业保险有序推进；金融管理与服务逐步加强，金融生态环境总体向好，金融对经济社会的支撑力和带动力明显增强。

根据中国人民银行上海总部《中国区域金融稳定定量评估方案》，对青海省金融稳定状况进行量化评估，结果显示，2010年青海省金融稳定状况综合得分为85.63分，比上年提高0.42分，属于金融稳定状况较好的地区，表明青海省在玉树突发强烈地震和复杂多变的国内外经济形势的背景下，金融稳定状况仍有所改善，总体趋势持续趋好，金融体系抵御风险的能力得到进一步的提升。

（二）政策建议

1. 加快经济结构调整步伐。一是培育新能源、盐湖化工、生物医药特色优势产业；二是发展循化经济、低碳经济，逐步形成青海绿色产业体系，推动青海绿色发展；三是实现藏区经济社会的跨越、和谐发展；四是着力培育新的消费热点，扩大消费需求，实现投资消费的协同拉动。

2. 研究构建宏观审慎监管框架。一是跟踪宏观审慎管理国际动态和最新做法，强化宏观审慎分析；二是将差别准备金动态调整作为逆周期宏观审慎管理政策框架的重要措施，做好金融机构稳健性评估和相关参数测算；三是深化与监管部门、金融机构的沟通协调，共同维护辖区金融稳定与安全。

3. 优化信贷结构。一是加大对新兴产业、循环经济、低碳经济和生态环保项目的支持力度；二是引导金融机构继续加大对民生、“三农”、中小企业、藏区、县域经济等薄弱环节和领域的信贷投入；三是落实好玉树地震的优惠信贷政策，信贷资金向灾区适度倾斜。

4. 深化金融体制改革。一是加快新型农村金融机构培育步伐；二是鼓励符合条件的企业进行上市融资和债权融资；三是扩大农业保险覆盖面，大力发展有地方特色的农牧业保险；四是稳步发展小额贷款公司、典当行、担保公司等准金融机构；五是保持合理的社会融资规模，提高直接融资比重，发挥好股票、债券等融资工具的作用，更好地满足多样化投融资需求。

总　　纂：杨　林
统　　稿：潘　娟　苏中华
执　　笔：刘淑萍
其他参与写作人员：吴兆阳　张金香　席丹丹　徐　静　常家升　许　琳
冶晓东　李生海　李新鹏　闫永晶　刘　涛　程　丹
马丽军　魏寿邦　常洪昌

甘肃省金融稳定报告摘要

2010年是后危机时期甘肃经济社会发展由企稳回升向稳定增长过渡的关键一年，面对复杂的经济金融环境和突发的重大自然灾害，甘肃省全面落实国家宏观调控措施和区域发展战略并初见成效，经济社会总体保持平稳较快发展态势，区域金融稳定状况继续向好。全省金融业充分利用良好的社会经济发展形势，加强风险管理，实现了平稳较快发展，金融体系内在稳定性有所增强。金融机构在改革中稳步发展，保持了较强的经营稳健性，金融稳定的微观基础更加稳固。金融市场整体运行平稳有序，金融基础设施进一步完善，为金融业务的开展和金融体系稳定提供了必要的硬件支持。但受经济发展水平、外部经济环境变化及未来发展不确定因素的影响，甘肃省金融稳定依然面临一定挑战，对金融体系稳健运行可能产生不利影响的脆弱性因素仍需密切关注。

一、区域经济运行与金融稳定

（一）区域经济运行

1. 需求拉动作用增强，全省经济平稳较快发展

2010年，甘肃省投资、消费、出口齐头并进，增势强劲，推动全省经济平稳较快发展，全年实现地区生产总值4 119.46亿元，比上年增长11.7%，增幅比上年提高1.4个百分点。固定资产投资快速增长，全年全社会固定资产投资完成3 378.10亿元，增长36.24%。全省消费品市场呈加快增长的发展态势，全年实现社会消费品零售总额1 369.40亿元，增长18.3%。对外贸易扭转了金融危机期间持续下降的颓势，全年共实现进出口总值73.25亿美元，增长89.67%，增速居全国第二。投资、消费与进出口的快速增长，扩大了有效信贷需求，为信贷结构调整优化提供了空间。

2. 三次产业协调增长，工业成为拉动经济增长的重要引擎

2010年，甘肃省三次产业协调增长，第一产业完成增加值599亿元，增长5.5%，全年粮食产量再创历史新高；第二产业完成增加值1 984.97亿元，增长15.3%；第三产业完成增加值1 535.49亿元，增长9.8%。第二产业特别是工业成为拉动经济增长的重要引擎，带动第二产业比重比上年上升3.1个百分点，“工业强省”战略初见成效。风光电及风光电装备制造业等新兴产业成为工业增长的亮点（见表1）。同时，工业企业效益明显改善，全年规模以上工业实现利润总额比上年增长40.13%。工业经济快速增长、企业效益明显改善，有利于降低银行信贷风险，提高金融资产质量。

表 1 2009—2010 年甘肃省风光电及风光电装备制造业完成工业增加值

项目	2009 年	2010 年		
		1～6 月	1～9 月	1～12 月
工业增加值（亿元）	28.39	36.88	63.19	96.16
对全省工业增长拉动（百分点）	0.3	3.3	3.5	4.23
占规模以上工业增加值比重（%）	2.50	6.07	6.58	6.99

数据来源：甘肃省统计局。

3. 三项收入稳定增长，居民生活质量稳步提高

2010 年，甘肃经济平稳较快发展，为三项收入增长奠定了坚实的基础。全年大口径财政收入累计完成 745.25 亿元，增长 23.39%；城镇居民人均可支配收入达到 13 188.55 元，增长 10.55%，增幅比上年提高 1.8 个百分点；农民人均纯收入为 3 424.7 元，比上年增长 14.9%，增幅比上年提高 5.5 个百分点。同时，民生保障力度继续加大，居民生活质量得到稳步改善。医疗卫生支出 100.3 亿元，增长 13.6%；社会保障和就业支出 214.7 亿元，增长 25.9 %。基层医疗机构基础设施建设得到加强。居民收入的提高与民生保障力度的加大，对于稳定居民收入和消费预期、调动微观主体参与投融资活动的积极性、活跃金融市场将发挥积极的作用。

4. 国家各项支持政策得到贯彻落实，经济发展的基础进一步夯实

2010 年，甘肃省深入贯彻落实《关于深入实施西部大开发战略的若干意见》、《关于进一步支持甘肃经济社会发展的若干意见》、支持四省藏区发展等各项国家支持政策，着力推进重大项目建设，全面实施区域发展战略，经济发展的基础进一步夯实。2010 年全省确定的 48 个重大项目完成投资 870 亿元，较上年增加 300 亿元。全省各地区发展定位不断明晰，比较优势进一步发挥，呈现出竞相发展的良好态势，为全省经济社会发展奠定了基础。

（二）需要关注的问题

1. 通货膨胀压力持续加大，经济金融平稳运行的不确定性因素增加

2010 年，甘肃省居民消费价格呈持续走高的态势，全年居民消费价格总水平上涨 4.1%，较全国平均涨幅高 0.8 个百分点。通货膨胀压力持续加大，给全省经济金融运行带来了不稳定因素，主要表现为：一是对企业生产的影响。部分原材料价格的上涨，会推动相关行业生产成本增加，进而压缩企业利润空间，降低企业还款能力，应密切关注企业效益下滑对银行贷款带来的新风险。二是对资产价格的影响。在较强的通货膨胀预期下，出于避险的需要，社会富余资金将流向房地产、股票等资产领域，推动资产价格上涨，甚至引发资产价格泡沫，为金融市场的稳定发展埋下隐患。

2. 政府融资平台快速扩张，政府隐性债务显性化风险值得关注

近几年，甘肃省各级地方政府融资平台迅速发展，融资规模急剧扩张，但作为经济欠发达省份，地方政府财政收入有限，地方政府融资平台的快速扩张加重了地方政府的隐性债务。从两大融资主体交通运输类平台和城建类平台来看，交通运输类平台通行费收入虽然能够全额支付贷款利息，但部分项目贷款本金存在不能按时归还的现象，一些项目还存在财政配套资金缺口问题；城建类平台主要依靠土地收益作为还款来源，受宏观经济和政策影响较大，如果遭遇外部经济冲击和经济周期性调整，土地价格下跌，将直接削弱城建类平台的偿债能力。

3. 产业结构层次低，经济增长的内生动力不足

产业结构层次低是制约甘肃经济可持续发展的重要因素之一。分产业看，第一产业特色不明显，

经济作物比例小、林牧渔业发展不足，农业抗风险能力较弱。第二产业内部结构失衡，产品附加值低。重化工业主导，轻工业相对薄弱，工业内部结构严重失衡。第三产业比重低，现代服务业发展缓慢。整个服务业仍然是一种过度依赖传统服务业的低质结构，现代服务业发展非常缓慢，物流成本较高且产业配套不完善。产业层次低，使得经济增长的内生动力不足，影响经济的可持续发展和经济效益的提高，对金融资产规模的扩大和资产质量的提高形成制约，不利于金融业做大做强和平稳发展。

二、金融业与金融稳定

（一）银行业

1. 银行业发展概况

（1）经营规模不断扩大，发展实力逐步增强。2010 年末，全省银行业金融机构共有 4 359 个，较上年增加 570 个；银行业从业人员 48 950 人，较上年增加 683 人。全省银行业资产总额为8 996. 87 亿元，增长 23. 85%；负债总额为 8 778. 75 亿元，增长 23. 50%。全省本外币各项贷款余额 4 576. 68 亿元，新增贷款 836. 78 亿元，增长 22. 37%；本外币各项存款余额 7 146. 66 亿元，新增存款 1 243. 55亿元，增长 21. 07%（见图 1）。

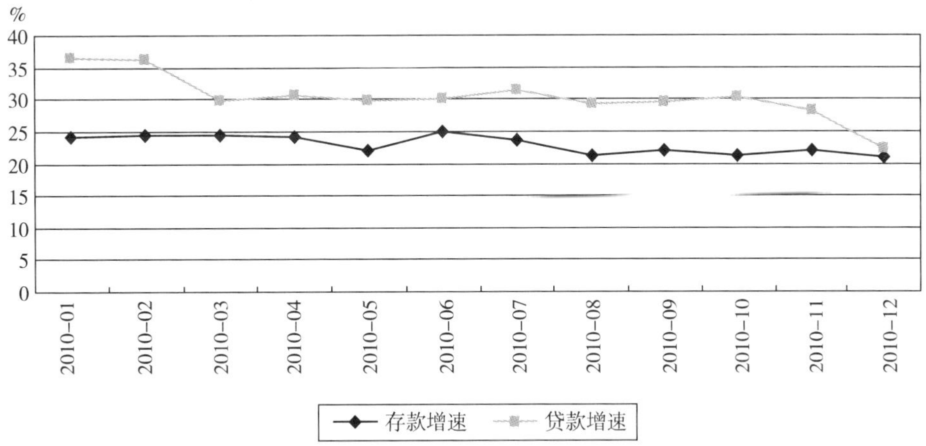

数据来源：中国人民银行兰州中心支行。

图 1　2010 年甘肃省存贷款月度增速

（2）银行业改革稳步推进，金融稳定的微观基础日渐稳固。大型银行进一步深化和巩固改革成效，农业发展银行甘肃省分行继续加强内部改革，转换经营机制，为缓解“三农”发展资金瓶颈发挥了骨干和支柱作用。农行甘肃省分行继续深化“三农”金融事业部改革，完善事业部管理体制，金融支农力度进一步加大，全年农行“三农”贷款增速 34. 34%，高于全行贷款平均增速 18. 64 个百分点。地方中小法人银行业金融机构积极推进各项改革措施取得新突破，甘肃省第一家省级法人商业银行（敦煌银行）的各项筹建工作稳步推进。农村合作金融机构加快产权制度改革，全省已有 15 家农村合作银行正式挂牌成立，71 家联社改制为统一法人。

（3）业务类型呈现多元化，综合竞争力不断提高。全省银行业中间业务发展迅速，代理业务、交易托管业务成为银行业新的、稳定的利润增长点。2010 年，全省银行业中间业务量累计达到 10.32 万亿元，比上年提高 37.78%；中间业务收入 20.37 亿元，比上年上升 24.82%，银行业综合竞争力不断提高，金融服务功能更趋完善。

（4）资产质量继续改善，抗风险能力和盈利能力持续增强。全省银行业金融机构扎实推进不良贷款清收工作，不良贷款继续保持“双降”态势（见图2）。年末，全省银行业金融机构不良贷款率下降 1.45 个百分点。拨备水平明显增强，资本充足性进一步提高，风险抵御能力整体增强。年末，全省银行业金融机构拨备覆盖率为 65.14%，较上年提高 13.55 个百分点。其中，地方法人银行机构拨备覆盖率为 71.45%，较上年提高 23.37 个百分点；资本充足率为 9.06%，较上年提高 1.88 个百分点。经营效益稳步增加，资产回报能力增强。全年全省银行业金融机构累计实现利润 82.68 亿元，同比多增 7.3 亿元。

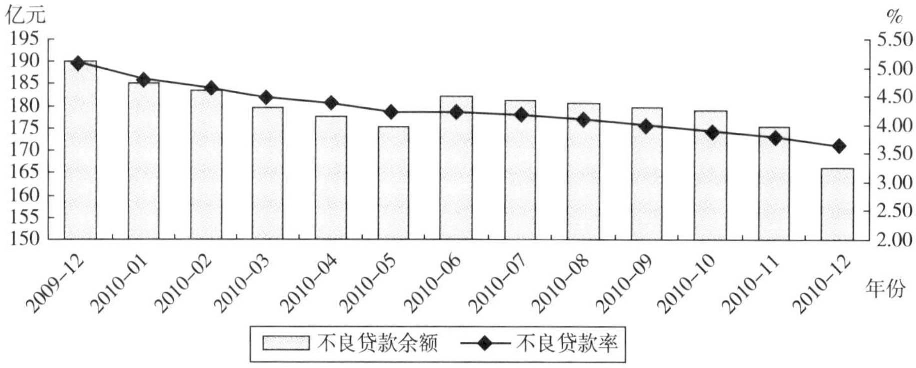

数据来源：甘肃银监局。

图 2　2009—2010 年甘肃省银行业金融机构不良贷款余额及比例变化

2. 影响银行业稳健运行的因素

（1）期限结构错配有所加剧。近两年来，在能源、基础设施建设等大项目投资的带动下，全省银行业金融机构中长期贷款不断增长，银行信贷资产长期化特征日益突出，2010 年，新增中长期贷款 835.79 亿元，占新增各项贷款的 99.88%，中长期贷款余额占各项贷款的比例达到 59.62%，比上年提高 9.01 个百分点。同时，资金来源活期化趋势更加明显，新增活期存款占新增各项存款的 44.86%，高于新增定期存款占比 22.27 个百分点，活期存款余额占各项存款余额的 41.28%，高于定期存款余额占比 6.29 个百分点（见图3）。活期存款的增加及占比过高，加剧了存贷款期限结构不匹配的矛盾，加大了商业银行资产负债管理的难度。

（2）地方法人银行机构流动性风险突出。2010 年以来，全省地方法人银行机构的存贷比持续走高，尤其是 7 月份以来，连续 4 个月超过 75% 的监管标准，农村合作金融机构尤为突出，存贷比最高时达到 81.63%，流动性风险不断集聚，年底通过压缩贷款规模，存贷比降至 65.41%。与此同时，地方法人银行业金融机构整体流动性比例下降，年末，流动性比例为 54.09%，比年初下降 0.53 个百分点；流动性缺口率为 -10.83%，比年初下降 9.31 个百分点，地方法人银行机构流动性风险进一步加大。

（3）贷款集中风险进一步上升。2010 年全省信贷总量保持快速增长态势，商业银行信贷资金继续向重点行业、重点客户集中，导致贷款集中度高企不下。全省贷款存量居前五位的行业依然是制造业、电力、交通运输业、农林牧渔业和个人贷款，共计占各项存款的 70.35%，较上年提高 2.08 个

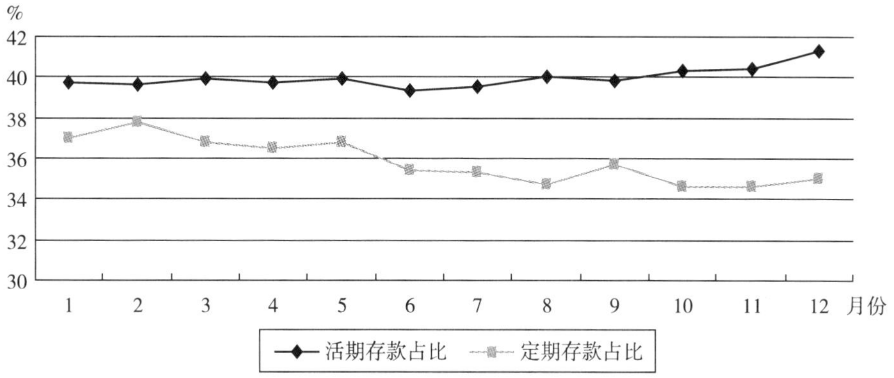

数据来源：中国人民银行兰州中心支行。

图3　2010 年甘肃省金融机构活期及定期存款占比月度比较

百分点。地方法人银行业金融机构单一客户贷款集中度达到 33.49%，高出监管要求一倍以上，集中度指标超标的机构主要集中在农村合作金融机构，部分机构甚至超过警戒标准的几十倍。一旦市场波动，大额贷款客户经营状况恶化，偿债能力下降，将会严重影响信贷资金安全甚至机构的正常经营。

（二）证券业

1. 证券期货业发展概况

（1）证券期货机构数量不断增加。2010 年末，甘肃省有 1 家法人证券公司，2 家证券分公司，57 家证券营业部，较 2009 年增加 2 家；1 家法人期货公司，6 家期货营业部，较 2009 年增加 1 家。

（2）证券经营机构交易量和经营效益有所下降。受股市行情低位震荡影响，全省证券经营机构累计实现证券交易额 5 229.95 亿元，减少 16.69%。累计实现营业收入 11.7 亿元，减少 18.07%；实现净利润 6.6 亿元，减少 29.49%。

（3）期货经营机构交易量和经营效益大幅增长。全年期货经营机构成交量 271.25 万手，增长 66.98%；成交额 2 496.31 亿元，增长 159.98%。全年期货经营机构实现手续费收入 1 922.25 万元，增长 54.09%；实现净利润 604 万元，增长 66.54%。

（4）上市公司实力及规范运作水平进一步提高。2010 年末，甘肃省共有上市公司 22 家，总股本 121.29 亿股，较上年增加 5.48 亿股；总市值 1 303 亿元，与上年基本持平。年内，海默科技在创业板挂牌上市，融资 5.28 亿元；2 家公司上报了首发申请材料，9 家公司正处于上市辅导期，上市公司资源枯竭问题有所改善。

2. 影响证券业稳健运行的因素

（1）证券经营机构业务模式单一短期难以改变。目前甘肃省证券经营机构以经纪业务为收入主要来源，投资银行、自营、资产管理等业务占比较少。以法人证券机构华龙证券为例，2010 年经纪业务收入占其全部营业收入的 83.48%。证券经营机构业务模式单一造成其经营业绩周期性较强，证券经营机构随时面临因市场持续低迷带来的风险。

（2）恶性竞争导致证券交易佣金水平持续下降。随着证券经营机构数量的增加及网上交易等非现场交易手段的普及，证券经营机构间的竞争日益加剧，由于缺少差异化的金融产品和金融服务，打价格战、降低佣金就成为甘肃省内证券经营机构扩大市场份额、争夺客户资源的主要手段，从而造成全省证券经营机构佣金水平持续下降，增加了证券经营机构的经营难度。

（三）保险业

1. 保险业发展概况

（1）行业综合发展实力持续增强。2010 年，永诚财险成功入驻甘肃，全省保险市场主体增至 21 家，保险分支机构 1 242 个，较上年同期增加 36 个。保险专业中介机构 22 家，较上年同期减少 1 家。保险兼业代理机构 4 416 家，较上年同期增加 412 家。保险营销员 4.39 万人，同比下降 18.08%；保险业总资产达 287.90 亿元，同比增长 26.25%。保险密度 552.21 元/人，同比增加 118.19 元/人；保险深度 3.57 %，同比增长 0.19 %。累计实现原保险保费收入 146.34 亿元，同比增长 27.93%；累计赔付支出 31.18 亿元，同比下降 2.08%。

（2）寿险业务结构调整稳步推进。分险种看，由于公司上调红利派发水平和资本收益预期低迷的影响，分红险发展迅速，全年实现保费收入 63.64 亿元，同比增长 30.30%，投连险和万能险发展趋缓，产品结构得到有效改善；分公司看，中国人寿市场份额下降明显，同比下降 4.37 个百分点，寿险市场集中度有所下降；分期限看，全年累计实现新单保费 58.79 亿元，其中，新单期缴占比 40.39%，较上年同期上升 7.62 个百分点，保单期限结构逐步优化，现金流稳定性进一步增强。

（3）财险公司经营效益不断提升。受益于财险公司盈利模式向效益导向型逐渐转型，公司成本控制等关键环节管控力度逐步加强，行业经营效益不断提升，12 家财险公司均实现盈利，共实现承保利润 1.92 亿元，较上年同期增加 1.71 亿元，创近 5 年来新高；承保利润率达 5.98%，同比提高 5.04 个百分点。分险种看，车险、货运险、责任险均实现千万元以上的承保利润，分别为 1.22 亿元、0.28 亿元和 0.14 亿元，其中，车险对整个财险公司盈利贡献明显，承保利润占整个财险承保利润的 68.59%。

（4）保障民生服务社会作用突出。2010 年，甘肃省保险业保障扶助民生作用突出，有力地服务了地方经济社会发展。在抗击舟曲泥石流灾害中，累计赔付支出 1 629.9 万元，为支持灾后重建作出了突出贡献；农业保险新增玉米、青稞、牦牛和藏羊等补贴品种，新增甘南州和武威市天祝县为补贴地区，新增项目补贴比例从 30% 提高到 40%，实现了补贴品种、补贴地区、补贴比例的三个增加，实现保费收入 0.56 亿元，增长 46.18%；医疗、校园、运输、旅游等领域责任保险加速发展，工程险作为服务地方经济社会发展的主要险种，大幅增长 101.45%。

2. 影响保险业稳健运行的因素

（1）财险市场中车险业务占比过高。从财险市场发展来看，财险市场中车险和非车险业务发展不平衡，水平差异性大，负债集中度较高。全年机动车辆保险实现保费收入 31.46 亿元，增长 47.64%，占比高达 78.56%，较上年同期上升 2.85 个百分点。财险市场过度集中的险种结构，易引发行业在单一领域的过度营销和不正当竞争，增加财险公司的定价风险和经营风险。

（2）银保销售渠道短期行为明显。在银保合作中，银行依托庞大的渠道优势和客户资源，在博弈中占据主导地位，而保险公司由于缺乏差异化竞争能力，产品同质、结构趋同现象十分突出，个体利益与行业整体利益不一致，盲目争抢市场占有率，造成了市场竞争行为的扭曲，银保销售渠道短期行为和潜在风险日益凸显。

（3）专业中介机构发展形势严峻。甘肃省保险专业中介机构法人治理结构不完善，高管人员合规意识不强，内控制度不健全，工作人员专业化水平不高，缺乏创新意识，竞争手段单一，专业化特色不明显，难以提供差异化服务。保险公司电话直销业务的推广和最低注册资本金门槛的提高，都对专业中介机构经营造成较大冲击，一些公司正常业务难以为继，最后成为专门为相关机构和个人虚构业务列支费用、虚开发票套取资金、虚假退保截留保费、开展账外经营和非法利益输送的违法违规机构。

（四）金融业综合经营

1. 综合经营发展概况

（1）以股权为纽带的金融业综合经营稳步推进。近几年，辖内法人金融机构通过参股控股其他金融企业，发展壮大自身实力，积极推进金融业综合经营发展。兰州银行通过参股华龙证券、控股新型农村金融机构提高自身发展实力。华龙证券通过控股基金公司、期货公司，稳步推进综合经营，努力打造新型金融控股公司。目前，华龙证券已具备了较为齐全的业务资格，营业部布局合理，具备一定的区域垄断优势。

（2）交叉性金融业务稳步发展。甘肃省银证合作业务主要以代理业务为主，包括证券交易结算资金第三方存管、银行代理基金交易等业务。全省国有商业银行和股份制银行在甘肃分支机构均与证券公司签订了第三方存管协议。银保合作业务方面，辖内大部分银行均与保险机构建立了代理合作关系。代销产品中分红险和车险占比最大，期缴型保险产品比重也逐渐上升。银行理财业务快速发展。全省银行业金融机构全年分别发售人民币和外币理财产品 1 210 只和 100 只，销售金额分别为 732. 48 亿元和 51 871. 18 美元。资产管理业务处于发展初期。银行年金基金托管业务主要由商业银行总行集中办理、统一管理。辖内工行、中行、农行、交行、招行与省内 127 家企业建立了合作关系。资产证券化规模较小，辖内国家开发银行开展了资产证券化业务试点，年末其存量规模为 300 万元。

2. 综合经营发展中需关注的问题

一是有效监管合作机制尚未形成。目前辖内监管部门主要通过开展跨行业联合检查、部门联席会议、出台业务规范等方式来弥补交叉性业务的监管空白，但是联席会议侧重事后通报，联合检查停留在零散个案层面，相关制度规范偏重自律性约束，实践中缺乏系统的交叉性金融业务统计体系和风险监测预警体系，难以有效防范交叉性金融风险。二是存在一定的操作风险。比如，银行柜台人员由于缺少相关从业资质，对业务操作不熟练，在销售保险产品过程中，存在错误执行客户交易要求或者将保险与银行储蓄相比误导客户，以银行信用代替保险公司信用夸大保险产品收益等问题，既损害了客户利益，也给银行造成声誉影响和操作风险。

三、金融市场与金融稳定

（一）货币市场

2010 年，在适度宽松货币政策背景下，全省金融机构流动性充裕，货币市场交易量大幅增长。同业拆借业务快速增长，全年同业拆借成交额 24. 4 亿元，增长 52%，调剂资金期限短期化趋势明显，期限由年初的 6 个月向 3 个月转变。银行间债券市场交易量大幅增长，全年累计成交 17 999. 03 亿元，增长 5. 3 倍，成交量创历史最高。承兑业务平稳增长，商业银行银行承兑汇票年末余额为 250. 31 亿元，同比增长 26%；全年累计签发银行承兑汇票 475. 55 亿元，同比增长 1. 05%。票据融资大幅收缩，全年全省金融机构累计办理票据贴现 724.08 亿元，同比减少 37.45%；票据融资年末余额 99.61 亿元，同比减少 54.21%。贴现利率逐月攀升，12 月贴现、转贴现各期限利率水平均达到全年最高点，全年平均贴现利率达到 4.2016%，较上年提高 1.86 个百分点，转贴现利率 3.9067%，较上年提高 1.5406 个百分点。

（二）外汇市场

2010 年，全省外汇市场交易持续活跃，银行结售汇大幅增长，银行间外汇交易量大幅增加，外商直接投资加速，境外直接投资回升。全年全省实现贸易进出口 73.24 亿美元，增长 89.7%；银行结售汇 57.55 亿美元，增长 41.39%，对外贸易强劲反弹是推动结售汇大幅增长的主要原因；结售汇逆差 32.03 亿美元，创历史新高，主要是因为全省对外贸易以进口为主，贸易逆差扩大所致；跨境收支 75.63 亿美元，增长 49.11%；银行间外汇交易量交易金额 1 781 万美元，增长 8.81 倍；外商投资企业外汇资金实际流入 1.35 亿美元，增长 43.27%；境外投资企业外汇资金实际汇出 1.01 亿美元，增长 3.96 倍；国内外汇贷款余额 13.08 亿美元，增长 72.79%。

四、金融基础设施与金融稳定

（一）支付系统

2010 年，甘肃省支付体系稳定高效运行，支付系统建设不断完善，银行卡支付环境更趋规范，农村地区支付服务水平有效改善。电子商业汇票系统和网上支付跨行清算系统在甘肃省成功上线运行。银行卡产业以业务发展和风险管理并重，不断加强用卡安全宣传，有效维护了持卡人、银行机构合法权益，净化了银行卡支付环境，为维护区域金融稳定提供了重要保障。农村支付服务环境有效改善，农村信用社全年累计新增县及县以下接入支付系统机构网点 415 个，同比增长 90.8%，农村地区 ATM、POS 机和多功能转账电话等金融基础设施建设不断加快，手机支付、电话支付、网上支付等新兴电子支付用户数量增长迅速，农村支付系统覆盖面的进一步扩大，畅通了农村资金汇路，提高了农村金融服务水平。但同时，支付结算工作有关法规制度亟待修订、完善，农村地区专业化市场非现金支付工具推广，银行机构支付结算业务全面监管有待加强。

（二）征信体系

2010 年，甘肃省征信体系建设取得突破性进展，征信系统服务经济社会发展的作用进一步显现。企业和个人信用信息基础数据库信息采集从以银行信贷为基础，拓展到全省质检、环保、社保、个人住房公积金、电信、税务等多个部门，已为全省 7.6 万户企事业单位和 1 200 万个自然人建立了信用档案。农户信用档案建设大力推动，开展了与贷款相挂钩的农户信用等级评定，全年农户信用信息数据库中评定的信用户达 219.24 万户，同比增加 22.56 万户，农民贷款难问题一定程度得到了缓解。信贷市场信用评级工作取得突破，为全省 97 家借款企业和信用担保机构进行了专业化外部评级。征信系统全面推广应用，全年信用报告累计查询量达 154 万次。但同时，征信立法缺位、部门关系不顺、电子化网络技术应用水平低等因素依然制约着征信体系建设和运行，使征信体系对甘肃省金融稳定保障作用难以更加有效地发挥。

（三）反洗钱

2010年，甘肃省反洗钱监管体系日趋完善，整体合力不断增强，监管方法更为科学，风险防范成效明显。构建银、证、保“三位一体”的反洗钱监管体系，强化与各金融监管机构的信息沟通，深化与公安、安全、检察等部门的合作力度，提高了反洗钱协查工作的保密性、规范性和实效性。全面开展对银行、证券、保险业金融机构的考核评估工作，综合运用非现场监管、现场检查、全面考核评估等多种手段，督促金融机构履行反洗钱义务，确保金融机构反洗钱合规水平。全年协助甘肃省公安厅、国家安全厅等部门累计完成反洗钱行政调查和案件协查22起，调查账户150余户，调查可疑交易近万笔，调查可疑交易资金30多亿元，立案侦查9起，破获案件7起。但同时，反洗钱内控制度不够健全，反洗钱有关规章制度有待进一步修订完善，银行业金融机构对网上银行交易潜在风险认识不够，网上银行等现代支付业务反洗钱监管需要进一步加强。

（四）应急管理

2010年，甘肃省金融应急管理水平不断增强，应急预案体系进一步完善，应急管理机制逐步健全，应急演练和培训不断强化。针对各金融机构应急预案内容差别大、实用性和操作性差、相互衔接存在困难等问题，甘肃省“一行三局”组织各相关部门及系统内金融机构对应急预案重新进行了修订。继续强化预案应急演练力度，人民银行兰州中心支行组织全省人民银行和各金融机构开展中央银行会计集中核算系统（ABS）、人民币结算账户管理系统、支付清算系统和票据交换系统的专项应急演练，近200多个营业网点参与演练，切实增强了突发事件应急工作的整体联动性和实战能力。但同时，金融系统缺乏专门的应急法规，金融机构应急预案覆盖范围不广，预案演练方案操作性、针对性不强，金融机构灾难备份与恢复能力有待加强。

五、总体评估与政策建议

（一）计量分析

运用区域金融稳定定量评估模型对2010年甘肃省金融稳定状况进行量化评估，从评价结果看，2010年甘肃省金融稳定综合评价得分0.718分，较2009年提高0.101分，金融稳定状况进一步改善。分析板块组成时间序列变化，可以看出甘肃省金融稳定总体状况向好主要得益于银行业、保险业、金融生态环境的不断改善，三个板块呈现近三年最好状况。而受经济周期性调整、增长模式转变滞后等因素影响，宏观经济近三年评分值呈现下滑态势，对金融稳定形成了向下拉动的负面影响，受资本市场低位震荡影响，证券经营机构盈利能力明显降低，也使得证券业板块对金融稳定状况形成了负面效应（见图4）。

（二）总体评估

2010年，全省经济企稳回升态势日益明显，资源利用为主的传统产业升级改造加快，新能源装备制造等战略新兴产业培育取得突破，跨区域重大项目联动能力提升，不断提高的经济运行质量有力地支撑了甘肃省金融业的稳定发展，但经济增长内生动力不足、发展方式粗放依旧制约着金融稳

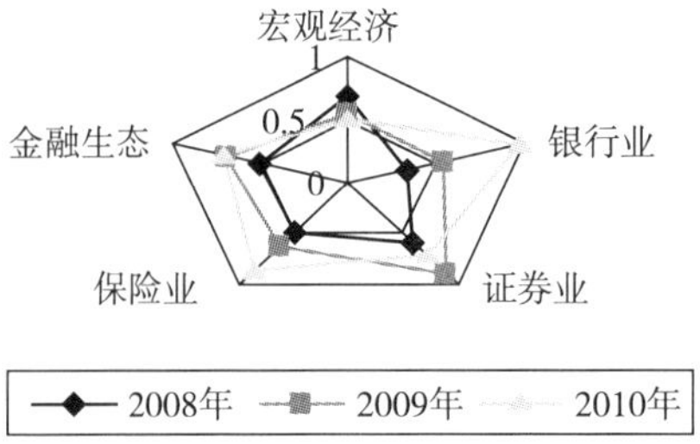

数据来源：计算所得。

图4 2008—2010年甘肃省金融稳定总体状况及组成部分的比较

定发展基础的稳固，地方政府融资平台债务循环扩张，通胀预期增强引起的企业效益波动或将给银行经营带来新的风险。金融业在改革中稳步发展，金融稳定的市场微观要素更趋优化，业态内在基础不断夯实，金融体系储蓄转化、信贷调节、资源配置、财富分配、风险分散、经济补偿等关键职能作用突出，历史风险得以有效化解，金融秩序保持稳定。但同时银行业资产负债期限结构错配、贷款集中度高企不下的风险管理压力在加大、证券业经营模式单一造成的稳健经营基础薄弱、保险业同质竞争引起的销售渠道短期行为明显，跨市场交叉性业务交易机制不健全导致的操作风险凸显等反映金融业整体脆弱性的问题不容忽视。金融市场参与主体的风险管理意识和水平不断提高，为市场成员提供流动性支持、为实体经济调整资产负债结构、为企业交易提供支付机制的作用充分发挥，金融稳定的市场机制愈加完善，金融基础设施建设稳步推进，金融运行的各种软、硬件设施不断完善，区域金融生态环境逐年改善，金融服务实体经济的效率与安全性日益增强，但市场的广度与深度依旧没有实质性突破，市场主体和工具单一的局面仍未有效改善，基础设施服务覆盖范围和运行效率也还有待进一步扩大与提高。总体来看，甘肃省经济金融运行中虽然存在一些不利因素，但金融业整体稳健运行，区域金融稳定状况继续趋好。

（三）政策建议

一是将国内外经济金融发展走势与甘肃省实际结合起来，确保经济金融平稳运行。甘肃省作为全国经济的一部分，从金融市场到商品市场，从贸易领域到生产领域，从贸易链条到供应链条都承受着国际、国内经济金融复杂形势带来的影响。基于此，应该认真厘清复杂形势下的关键影响因素及其变动预期，密切关注政策取向及其变化，加大对经济形势和宏观政策的研判和解读能力，及时采取相关措施确保甘肃省经济金融平稳运行。

二是将经济结构调整和缓解银行业风险管理压力结合起来，防范实体经济风险向金融体系传递。在继续推动传统优势产业加快升级改造的同时，大力发展循环经济、低碳经济，培育新型能源、装备制造等战略新兴产业，积极改变投资方式中外延性投资突出、高技术投资滞后的现状，努力将经济发展所依托的投资增长方式从单纯的外延扩张性增长转向内涵提高式增长，从增强经济增长内生动力、加快经济发展方式转型、培育新的经济增长点的视野降低“两高一剩”行业的信贷风险，解决贷款集中度高企不下的问题，切实防范实体经济风险向金融体系传递。

三是将金融改革纵深推进和健全金融服务体系结合起来，保障民生服务社会。进一步巩固大型银行已有改革成效，继续深化农行“三农”金融服务试点和“三农”金融事业部改革，加快农村合作金融机构产权制度改革，纵深推进新型农村金融机构改革，使其更好地服务“三农”；充实地方中小法人金融机构资金实力，不断拓宽服务半径，使其更好地“服务社区、服务市民、服务中小”。通过优化金融外部环境和加大政策优惠支持力度，吸引更多全国性中小金融机构入驻甘肃，优化金融组织结构；积极利用发起设立、重组借壳等多种方式发展和培育证券业、保险业地方法人金融机构，储备战略性金融资源，壮大地方法人金融机构实力，完善多层次的金融服务体系，整体提升金融服务水平。

四是将金融业综合经营和防范跨市场系统性风险结合起来，提高综合经营水平。需要加强“一行三局”金融监管协调和信息共享，进一步提高金融监管联动水平，完善金融机构公司治理，增强风险防控能力，控制关联交易，防范跨行业、跨市场的风险传递，严格信息披露制度，强化市场的监督和约束。

总　　纂：张志暹
统　　稿：董　丽
执　　笔：陈宇峰　陈恒有　王丽娟　张　乾
其他参与写作人员（以姓氏笔画为序）：
牛艳艳　边永平　刘红艺　刘志强　刘音妤　刘恒国
李刚锋　李　静　张　莉　张　峰　杨文彦　杨召举
杨　柳　孟秋敏　姚　敏　姜永辉　赵文林　袁治伟
梁丽萍　傅海生　管晓岩　薛　诚　魏正欧

宁夏回族自治区金融稳定报告摘要

2010年是实施“十一五”规划的最后一年。面对复杂多变的国内外经济环境，宁夏认真贯彻落实国家各项宏观调控政策，取得了保增长、转方式、调结构、惠民生等一系列重大成就，整体经济运行积极因素逐渐增多。投资强劲增长，消费持续活跃，出口迅速回升。三次产业协调发展，结构调整步伐加快。财政收入保持增长，企业效益有所提高，居民收入水平稳步提升。金融业稳健运行的宏观经济环境渐趋改善。

金融业在改革、发展中不断前行，总体稳定状况不断改善，整体实力和经营效益逐步增强。银行业资产规模稳步扩大，金融调控效果显著，信贷结构明显优化，抵御风险能力逐步增强；证券业保持平稳较快发展态势，上市公司质量持续向好，市场融资功能取得新突破；保险业保费收入快速增长，结构调整成效明显，保障民生、服务社会的功能日益彰显。金融基础设施建设有序推进，运行效率逐步提升。支付系统高效运行，征信体系建设成效显著，反洗钱监管体制机制日趋健全，反假币工作深入开展，金融生态环境显著改善，金融业稳定发展的基础继续巩固。

2011年，宁夏经济有望继续保持又好又快发展势头，金融业将与经济呈现良性互动、协调发展的态势。但国际、国内影响经济金融稳健发展的不确定、不稳定因素依然存在，经济发展结构性矛盾突出、区域发展不平衡、通胀预期压力加大、金融机构资产负债期限结构变化等问题仍值得关注。

一、区域经济运行与金融稳定

2010年，面对复杂多变的国内外经济环境，宁夏国民经济呈现持续快速健康发展的良好态势，经济金融协调互动明显增强，金融业稳定运行的外部环境继续改善。但全区经济发展中结构性矛盾突出、区域发展不平衡、通胀预期压力加大等问题仍值得关注。

（一）经济保持快速增长，为保证全区金融稳定奠定良好基础

1. 经济快速增长，质量效益稳步提升

2010年，宁夏经济继续保持快速增长，经济主体信心日益增强，经济发展基础更加扎实，全年实现地区生产总值1 643亿元，同比增长13.4%（见图1），比上年加快1.5个百分点，是近二十年来增长最快的一年。经济结构进一步优化，三次产业比例调整为9.8:50.7:39.6，第一产业平稳发展，完成增加值160.3亿元，增长7.1%，粮食产量实现连续7年增产，农业服务经济社会发展的基础性功能进一步发挥。第二产业明显回升，完成增加值833.2亿元，增长16.8%，规模以上工业实现利润增长60.8%，煤炭和电力行业利润占利润总额的60%，重点支柱行业成为拉动第二产业增长的重要力量。第三产业较快增长，完成增加值650亿元，增长11.6%，服务业提振经济的作用明显

增强。全区经济的快速发展有效提升了金融支持经济发展的意愿和能力，对于扩大有效信贷需求、优化存量信贷资产质量发挥了积极作用。

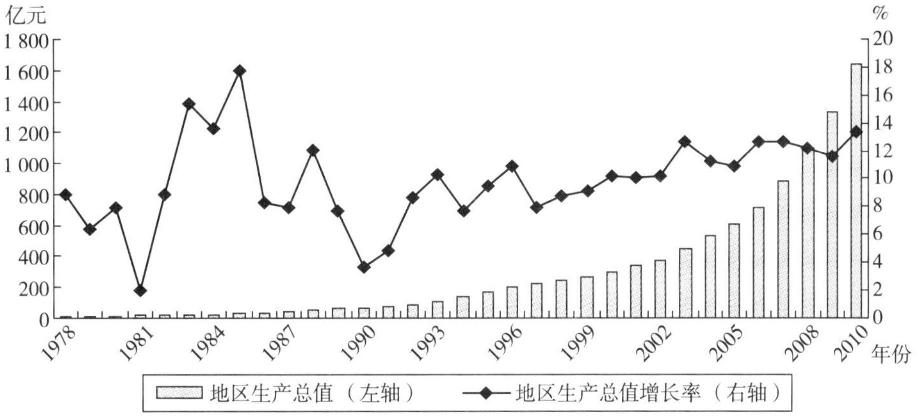

数据来源：《宁夏统计年鉴》，宁夏统计局。

图1　1978—2010 年宁夏地区生产总值及其增长率

2. 投资消费持续增长，外贸显著回升

2010 年，宁夏投资需求增势强劲，消费需求持续扩大，出口需求快速回升。在重点建设项目的带动下，全年完成全社会固定资产投资 1 465 亿元，同比增长 30.9%（见图 2），增速连续三年保持在 30% 以上。交通、能源、煤化工等重点基础设施及工业项目的建成，带动全区投资高速增长。在中央和自治区扩大内需、促进消费等一系列政策的有效提振下，全区全年实现社会消费品零售总额 403.6 亿元，同比增长 19.0%。汽车、石油及制品、家具和家电类消费增长 40% 以上，消费结构进一步升级。外贸进出口增长明显回升，全区全年外贸进出口总额 19.6 亿美元，同比增长 63.2%；全年实际利用外资额 2.53 亿美元，增长 2.47 倍，外需对经济增长贡献作用显著增强。内需持续增长、外贸显著回升，有利于增加金融服务需求，支持金融机构快速发展。

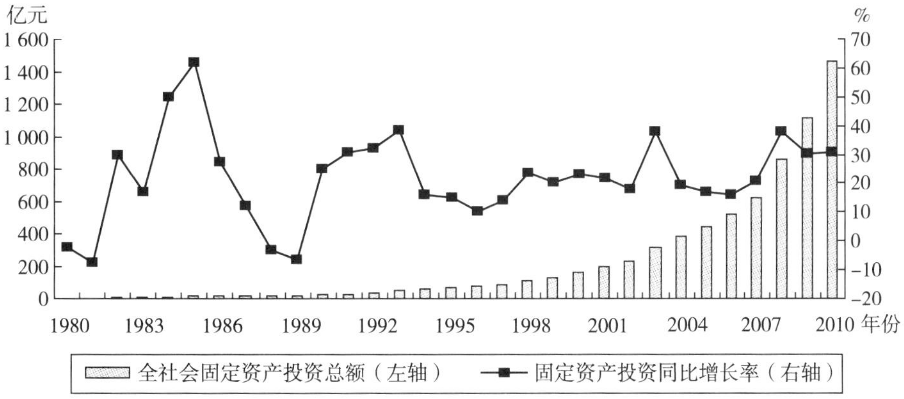

数据来源：《宁夏统计年鉴》，宁夏统计局。

图2　1980—2010 年宁夏全社会固定资产投资总额及其增长率

3. 各项收入快速增长，民生保障力度加大

2010 年，宁夏地方一般预算收入 153.6 亿元，增长 37.8%，较上年提高 20.43 个百分点。城乡

居民收入稳步增长，全年城镇居民人均可支配收入 15 344.5 元，同比增长 9.4%；农民人均纯收入 4 674.9元，同比增长 15.5%。建设廉租房 1.4 万套、经济适用房 1.8 万套，安置生态移民 4.1 万人，用于农业、教育、社保、医疗、保障性住房、公共安全等领域的财政支出占总支出的近七成，民生投入力度明显加大。

4. 价格水平持续上涨，物价涨幅明显扩大

2010 年，宁夏居民消费价格上涨 4.1%，涨幅比上年扩大 3.4 个百分点，其中 11 月份同比上涨 7.1%，比全国高 2 个百分点。工业品出厂价格、原材料购进价格、农业生产资料价格涨幅分别由 1 月份的 3.8%、9.1% 和 -0.8% 扩大到了 12 月份的 11.9%、17.5% 和 7.2%。

5. 房地产市场平稳运行，调控政策效应显现

2010 年，宁夏认真贯彻落实中央各项房地产调控政策，加强保障性住房建设力度，住房保障民生功能不断增强，全年完成房地产开发投资 254.4 亿元，同比增长 56.3%，增速较上年同期提高 17.9 个百分点。房地产开发资金来源结构不断优化，自筹资金比重较上年提高 1.2 个百分点，房地产贷款余额 331.4 亿元，同比增长 44%。随着下半年居民购房消费更趋理性，全年销售形势呈现前高后低的态势，商品房销售面积和销售额增速同比分别下降 29.9 个和 61.9 个百分点。

（二）区域经济运行中需要关注的问题

1. 经济结构性矛盾问题依然突出，经济结构调整任务艰巨

一是节能减排目标约束影响加大。宁夏经济发展倚重能源工业，节能减排和淘汰落后产能任务艰巨，随着能源工业的加快发展和重大项目的陆续投产，未来节能减排的刚性约束将进一步增强，对全区经济发展的影响可能更加明显。二是结构调整压力大。目前全区农业总量不大，工业重型化特征明显，第三产业层次较低且发展较慢，“一产小、二产重、三产弱”的格局并未从根本上改变。三是消费提振经济发展作用有待进一步提高。2010 年，宁夏全社会固定资产投资占 GDP 的比重达到近 90%，经济发展仍然高度依赖投资增长，消费带动经济发展作用未能充分发挥。

2. 区域发展不平衡，改善民生任务难度较大

一是区域发展差距有所扩大。目前，宁夏沿黄城市带建设初具规模，生产要素相对聚集，发展后劲日益显现，然而中部干旱带和南部山区受水资源等因素制约，发展相对缓慢，山区发展差距有进一步拉大的趋势。二是改善民生任务依然艰巨。全区还有 35 万名中南部困难群众需要通过生态移民改善生活条件，农村基础设施比较落后，教育、文化、卫生等社会事业建设步伐有待加快，改善民生任务艰巨。

3. 价格总水平持续快速上涨，通胀预期压力加大

2010 年，宁夏物价涨幅较快，1～12 月份宁夏 CPI 累计上涨 4.1%，高于全国平均水平 0.8 个百分点。第四季度储户问卷调查显示居民通胀预期强烈，81.3% 的居民认为目前物价高，难以接受，比上季度提高 13.3 个百分点；74.5% 的居民预测下季度物价继续上涨，比上季度上升 17.5 个百分点，均达到了 1999 年调查开展以来的最高水平。当前还存在国内需求旺盛、国际大宗商品价格输入等推动物价继续上涨的因素，同时受翘尾因素影响，2011 年物价涨幅仍将保持在较高的水平。

二、金融业与金融稳定

2010 年，宁夏金融业认真贯彻宏观调控政策，主动适应形势变化，适时调整经营战略，金融体

系总体稳定，经营效益稳步提升，改革成效日益显现，抵御风险能力逐步增强，为支持全区经济快速发展发挥了重要作用。

（一）银行业与金融稳定

2010年，宁夏银行业金融机构认真执行适度宽松的货币政策，存贷款增速平稳，信贷结构不断改善，整体实力稳步提升，各项改革有序推进，支持地方经济优化升级的力度加大。但货币政策调整、银行体系流动性收紧、资产负债期限结构变化等问题仍值得关注。

1. 银行业发展基本情况

（1）资产规模稳步扩大，质量效益持续提升。2010年，宁夏银行业金融机构总资产达到3 361.6亿元，同比增长27.9%。银行信贷资产质量继续改善，全区不良贷款余额30.8亿元，全年减少3.2亿元；不良贷款率1.26%（见图3），比2009年末下降0.5个百分点；法人银行机构资本充足率达到13.8%，比年初提高1.1个百分点；拨备覆盖率167%，比年初上升52个百分点。银行业利润增长显著加快，全年实现账面利润60.9亿元，同比增长41.7%，实现了促进经济增长与提高经营效益的双赢。

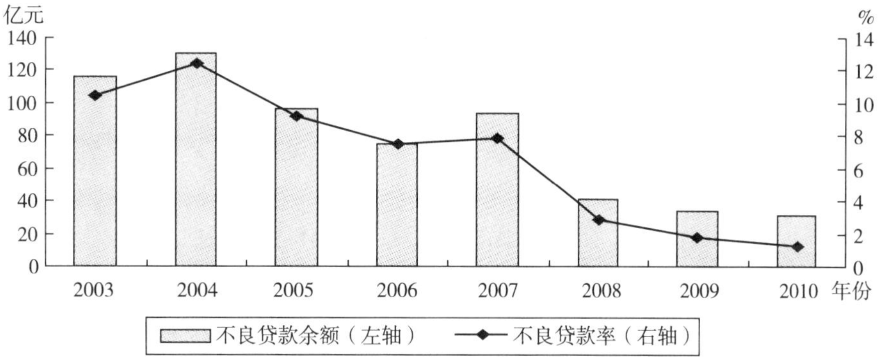

数据来源：宁夏银监局。

图3 2003—2010年宁夏不良贷款及不良贷款率变动情况

（2）存款总量快速增加，存款结构变化显著。2010年，宁夏金融机构存款继续较快增长，全区银行业人民币各项存款余额2 574亿元，同比增长25.0%，全年新增存款516亿元（见图4），比2009年多增47亿元，达到历史最高水平。从结构看，企业存款同比增长14.9%，保持平稳较快增长；储蓄存款受股市震荡及商品房销售放缓等因素影响，下半年以来增速明显回升，年末同比增长20.9%；财政存款波动较大，同比增速从5月份的46.7%回落到了12月份的6.6%；机关团体存款增势强劲，同比增长138%。

（3）各项贷款较快增长，信贷结构持续优化。2010年末，宁夏银行业人民币各项贷款余额2 399亿元，同比增长25.1%，全年新增贷款481.5亿元（见图4），占全国新增贷款的比重首次超过6‰，增速排全国第5位。全年新增中长期贷款406亿元，有效满足了基础设施建设、工业和个人购房等领域的长期资金需求。中小企业贷款余额750亿元，全年新增146亿元，占新增企业贷款的58%，同比增长24.1%，比全部企业贷款增速快5个百分点。支农再贷款、再贴现使用力度进一步加大，年末支农再贷款余额达到70亿元，带动农业及农户贷款新增73亿元，是2009年的1.86倍。

（4）地方性银行业改革有序推进，农村金融服务体系更趋完善。2010年，宁夏银行增资扩股顺

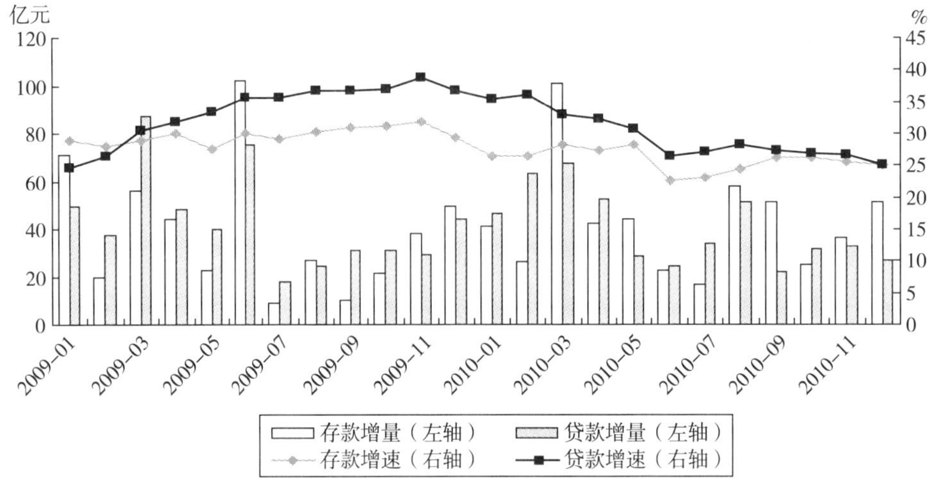

数据来源：人民银行银川中心支行。

图4　2009—2010 年宁夏月度存贷款增量及增速走势

利完成，黄河农村商业银行成功引进战略投资者，农村信用联社改革成效显著，石嘴山银行跨区域经营稳步推进。农村新型金融组织发展迅速，资金回流农村方式增多。2010 年，宁夏新增“贫困村村级发展互助资金”组织 342 个、小额贷款公司 30 家。农村金融产品和服务方式创新稳步推进，有效满足了“三农”多元化、多层次的信贷需求。

2. 银行业发展中需要关注的问题

（1）区域流动性呈现偏紧状态。流动性偏紧是宁夏银行体系流动性的显著特征。近五年来，宁夏各项存款年均增速低于各项贷款年均增速 2.5 个百分点，到 2010 年末全区金融机构存贷比为 93.1%。随着稳健货币政策的实施，银行体系流动性将进一步收紧，尤其是在存款准备金率已经超过历史最高水平的背景下，宁夏银行体系流动将呈现偏紧状态。

（2）资产负债期限结构持续反向变化。从资金来源看，随着居民收入持续增长和投资渠道不断增多，存款结构呈现活期化趋势。从资金运用看，在工业化和城镇化的推动下，重大产业项目和基础设施建设贷款需求旺盛，贷款结构趋于长期化。对银行而言，存贷款期限结构的持续反向变动在一定程度上加大了流动性风险，不利于银行业长期稳健经营。

（二）证券业与金融稳定

2010 年，宁夏证券业稳步发展，市场融资功能取得突破，证券经营机构数量有所增加，资本实力不断增强。但是上市公司数量少、规模普遍较小、业绩增长缓慢等问题值得关注。

1. 证券业发展基本情况

（1）股票市场交易有所萎缩，期货市场交易大幅增长。2010 年受沪深 A 股指数下跌的影响，交易金额有所萎缩，全年证券市场累计交易额 1 469.1 亿元，同比下降 10.24%（见图 5）。期货市场在股指期货开通的带动下，交易量则大幅增加。全年期货市场累计交易量 121.0 万手，同比增长 28.0%；期货市场累计交易金额 1 161.0 亿元，同比增长 112.5%。

（2）经营机构注入新活力，上市公司融资取得新突破。面对较为低迷的股票市场，证券经营机构在继续加强风险防范与控制的基础上，加快网点布局，培育潜在客户。全年新增 3 家证券期货营业机构，投资者开设证券账户数同比上涨14.5%（见图5）。上市公司继续深化治理，规范运作水平，经营质量稳步提升，净资产同比增长25.5%；股票融资取得新进展，青龙管业股份有限公司成功上市，实现宁夏近7年IPO零的突破。

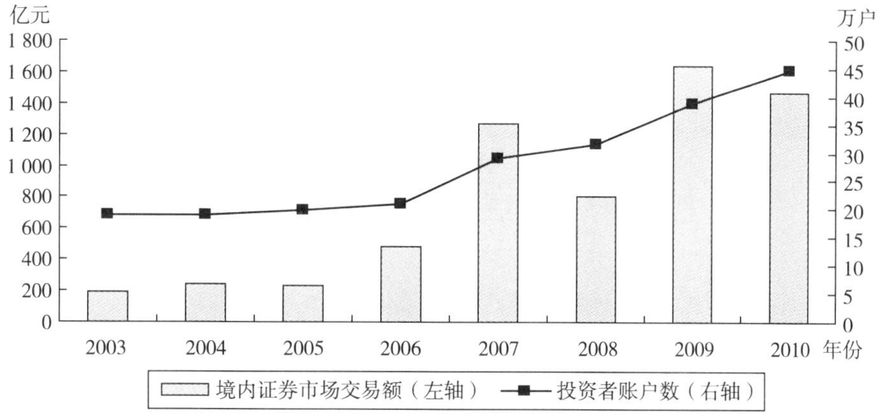

数据来源：宁夏证监局。

图5 2003—2010年宁夏证券市场交易额及投资者账户数变化情况

2. 证券业发展中需要关注的问题

（1）上市公司数量少，规模普遍较小。截至2010年末，宁夏上市公司数量仅占境内上市公司总数的0.58%，7年中只新增了1家。12家上市公司平均股本2.7亿股，远低于全国同期16.1亿股的平均水平；平均市值44.6亿元，不到全国同期平均水平的1/3；平均净资产7.6亿元，仅为全国同期平均水平的一成左右。辖区上市公司规模普遍较小的状况仍未有明显改观。

（2）业绩增长缓慢，与全国差距较大。根据上市公司2010年度第三季度会计报告，宁夏12家上市公司共实现营业收入116.7亿元，剔除新上市公司影响，同比增长28.6%，实现净利润5.7亿元，同比下降41.9%。平均净利润、平均每股收益及平均净资产收益率等主要盈利能力指标均低于同期全国平均水平。

（三）保险业与金融稳定

2010年，宁夏保险业稳健发展，服务覆盖面不断拓宽，结构调整有序推进，经营效益持续好转，保障服务民生功能日益彰显。但险种结构仍旧单一、市场发展不够均衡等问题值得关注。

1. 保险业发展基本情况

（1）保险业规模不断扩大，保费收入稳步增长。2010年，宁夏保险市场呈现平稳较快发展的良好态势。全区保险公司总资产106.1亿元，较年初增长29.8%；总负债116.1亿元，较年初增长29.3%。全区实现保费收入52.8亿元，同比增长34.3%，高于全国平均增速3.9个百分点。

（2）保险赔付支出增加，服务经济功能加强。2010年，全区保险赔付支出11.7亿元，同比增长21.0%，高于全国平均增速18.4个百分点。全区保险深度3.2%，同比提高0.27个百分点；保险密度833.3元/人，同比增加204.9元/人（见图6）。保险业覆盖面不断扩大，服务经济社会功能有效发挥。

（3）出口信用保险加速发展，农业保险持续增长。2010年，宁夏投保出口信用保险的企业数量同比增长78.9%，所获风险保障金额超过前3年的总和；在财政资金的大力引导下，农户及产业化

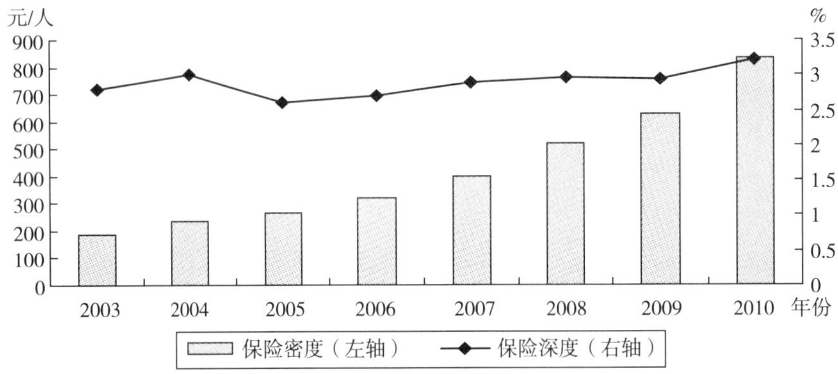

数据来源：宁夏保监局。

图6 2003—2010 年宁夏保险密度及保险深度变化情况

龙头企业投保积极性显著提高，宁夏承保农作物面积同比增长近3倍，保险品种基本涵盖了辖区特色优质产业。

2. 保险业发展需要关注的问题

（1）险种结构仍旧单一。2010 年，宁夏保险市场车险占财产险业务比重进一步上升至 87.5%，高于全国平均水平 10.3 个百分点。寿险业务中分红险同比增长 37.8%，在寿险业务中的占比上升了 3.4 个百分点，而普通寿险业务则出现负增长，占比下降了 4.8 个百分点。

（2）市场发展过于集中。一是在市场份额上进一步向大公司集中。产险业务中，进入市场较早的三家大公司分类市场份额高达 92.7%；寿险业务中，排名靠前的三家公司的市场份额也高达 90.4%。二是在地域上依然呈现向首府城市集中。银川市共实现保费收入 30.8 亿元，同比增长 39%，市场份额为 58.4%，同比上升 2 个百分点（见表 1）。

表 1　　2010 年宁夏保险市场各地区保费收入状况

地市	保费收入（亿元）	同比增长（亿元）	市场份额（%）	同比上升（%）
银川市	30.8	39.0	58.4	2.0
石嘴山	6.3	23.6	11.9	-1.0
吴忠市	8.4	30.9	15.9	-0.4
固原市	2.7	36.9	5.2	0.1
中卫市	4.6	25.4	8.6	-0.6

数据来源：宁夏保监局。

三、金融市场与金融稳定

2010 年，宁夏金融市场交易日趋活跃，同业拆借市场和债券市场交易增长强劲，票据市场业务快速发展，银行间外汇市场交易量大幅增长。但金融市场交易主体及交易品种较为单一，直接融资规模小，在全国占比偏低等问题值得关注。

（一）金融市场发展基本情况

1. 直接融资取得进展，融资结构有所改善

2010 年，随着经济的快速发展和资本市场融资功能提升，宁夏共有 2 家企业获得股票和债券融

资23.8亿元，直接融资比例较上年提高3.1个百分点（见表2）。但从近10年发展趋势看，直接融资规模相对间接融资仍然较小，且波动明显，直接融资比例仍需进一步提高。

表2　　2001—2010年宁夏非金融机构融资结构　　单位：亿元、%

年份	融资量	比重		
		贷款	债券（含可转债）	股票
2001	59.6	94.0	0.0	6.0
2002	81.8	100.0	0.0	0.0
2003	162.0	98.0	0.0	2.0
2004	93.1	100.0	0.0	0.0
2005	138.9	86.3	13.7	0.0
2006	153.3	100.0	0.0	0.0
2007	218.7	92.7	7.3	0.0
2008	276.2	95.1	2.2	2.7
2009	520.1	99.1	0.0	0.9
2010	510.1	96.0	2.0	2.0

数据来源：中国人民银行银川中心支行，宁夏回族自治区发展和改革委员会，宁夏证监局。

2. 拆借和债券市场交易活跃，交易品种以短期为主

随着宁夏金融机构更多地利用金融市场进行资产负债管理，2010年，宁夏银行间同业拆借市场和债券市场累计成交量同比增长98.9%，各品种交易量均大幅增长，拆借、回购、现券同比分别增长2.4倍、82.2%、127.7%。资金流向继续呈现净融入趋势，全年净融入资金2 464亿元。货币市场交易品种趋于集中，7天以内的短期交易占拆借和回购交易量的95%。受央行6次上调存款准备金率、2次加息等因素影响，2010年宁夏货币市场利率同比上涨80个基点。

3. 票据市场发展较快，市场利率持续上涨

2010年，宁夏商业汇票承兑及贴现量均大幅增长，增幅分别为68.4%和59.4%。全年票据市场利率持续上扬，贴现和转贴现利率同比分别上涨2.1个和1.3个百分点。上半年利率总体平稳，波动较小，下半年受资金面趋紧的影响，市场利率大幅上扬，年末达到全年最高点。金融机构对再贴现的需求明显增加，全年共办理再贴现42.2亿元，同比增长3.3倍。

4. 外汇市场发展提速，黄金交易更趋活跃

2010年，宁夏银行间市场外汇交易量同比增长49.1%。同时，在国际金价持续高位运行和国内通胀预期较强的背景下，宁夏纸黄金和实物黄金交易更趋活跃、交易量增长迅速，因交易方式方便快捷、成本低廉，纸黄金业务发展迅速，全年个人纸黄金交易量和交易金额分别同比增长21.4%和62.3%。

（二）金融市场发展需要关注的问题

直接融资规模小，在全国占比偏低。近年来，银行间债券市场推出了短期融资券、中期票据、中小企业集合票据等非金融企业融资产品，拓宽了非金融企业融资渠道，增加了非金融企业的直接融资来源。2010年，全国银行间债券市场共发行非金融企业债务融资工具11 712.92亿元，同比增长1.77%。而宁夏非金融企业2010年通过银行间债券市场融资10亿元，仅占全国银行间债券市场

非金融企业债务融资总额的8‰，占比较2009年有所下降。且从发行主体的企业规模及性质看，通过银行间债券市场进行融资的非金融企业全部为国有大型企业。

四、金融基础设施与金融稳定

2010年，宁夏金融基础设施建设有序推进，支付结算系统安全高效运行，征信体系建社成效显著，反洗钱监管体制机制日趋健全，反假货币工作有序开展，金融生态环境显著改善，为全区金融稳定提供了重要保障。

（一）现代化支付系统安全高效运行

2010年，人民银行支付系统高效、平稳运行，支付体系基础设施建设稳步推进，非现金支付工具应用逐步扩大，支付体系监管工作不断加强，清算效率进一步提高。全年大额支付系统共处理业务312万笔，增长24.3%，小额支付系统共处理业务269万笔，增长73.5%；农村地区支付服务基础设施进一步完善，农民工银行卡特色服务业务正式开办，全年共发生11 454笔业务，金额1 321.09万元，农村地区银行卡业务再上新台阶。

（二）征信体系建设取得显著成效

2010年，宁夏征信体系建设不断完善，系统运用效果逐步增强，信用环境有效改善，征信信息覆盖面稳步扩大。人民银行企业征信系统共收录全区企事业单位及其他经济组织3.04万户，同比增长6.29%，入库贷款余额1 605.11亿元；个人征信系统共收录全区自然人约296.28万人，同比增长17.04%（见表3），入库个人贷款和信用卡账户余额640.8亿元。中小企业信用体系建设取得积极成效，共为9 085户中小企业建立了信用档案，同比增长22.32%。农村征信工作有序推进，全年共有35.97万信用农户获得农村金融机构小额信用贷款27.81亿元。征信宣传活动扎实开展，进一步增强了社会大众的信用意识，营造了良好的社会信用环境。

表3　　2008—2010年宁夏征信系统基本情况

单位：万户（万人）、亿元、次

信息系统	年份	入库户数（人数）	贷款余额	日均查询次数
	2008	2.72	1 017.49	258
企业信用信息系统	2009	2.86	1 337.10	227
	2010	3.04	1 605.11	271
个人信用信息系统	2008	182.2	244.6	1 410
	2009	210.6	379.3	3 053
	2010	296.28	640.8	3 305

数据来源：中国人民银行银川中心支行。

（三）反洗钱、反假币工作进展顺利

2010年，宁夏反洗钱制度日益完善，反洗钱部门之间的交流和合作继续强化，工作有效性和针对性不断提高。全年人民银行反洗钱部门共检查金融机构46家，建立起了对金融机构反洗钱工作业

绩评价指标和考评体系，并按照规定开展反洗钱行政调查和案件协查工作，监管水平和效果进一步提升。继续加大反洗钱培训和宣传力度，全年全区共开展反洗钱培训12次，反洗钱宣传300余次，进一步增强了社会公众的反洗钱意识。

2010年，宁夏坚持“打防并举，标本兼治”的反假货币工作原则，反假货币工作深入开展。共建立各类反假货币工作站2 809家，设置监督员17名，管理员356名，义务宣传员3 015名，反假货币队伍建设不断强化。积极开展反假货币城乡网络工作站争先创优考核评比活动，调动了广大反假货币工作人员的积极性。扎实开展形式多样的宣传教育活动，逐步增强了群众识假、防假的意识和能力。全区全年收缴假币量同比下降15.3%，人民币使用环境进一步净化。

（四）金融生态环境明显改善

2010年，金融生态环境建设取得新成效，自治区政府批转人民银行银川中心支行、自治区金融办联合制定的《宁夏金融生态环境建设考核评价试行办法》，强化了金融生态环境建设考核工作的指导性和针对性。人民银行、金融监管部门、司法部门、金融机构之间的联动机制进一步健全，银、证、保监管联席会议制度效果显著，共同打击洗钱犯罪、假币犯罪、非法集资等各类非法金融活动，有效净化了金融市场环境。宁夏地方中小金融机构风险监测系统建成并顺利上线运行，改变了以往风险监测和评估模式，提高了金融风险预警管理水平。

五、总体评估与政策建议

（一）总体评估

1. 定性评估

2010年，宁夏以科学发展观为指导，认真贯彻执行中央关于支持经济发展的一系列重大决策部署，区域经济实现了平稳较快发展，为金融业发展和区域金融稳定创造了良好的经济环境，金融业在积极支持国民经济快速发展的同时也实现了稳健运行，与经济呈现出良性互动、协调发展的态势。金融业改革成果显著，规模实力不断壮大，资产质量不断提高，盈利能力进一步提升，抗风险能力显著增强，金融市场功能有效发挥，金融基础设施建设逐步完善，金融系统稳定性得到增强，全区出现系统性风险的可能性不大。

2. 定量评估

以全区经济金融发展实际情况为基础，从宏观经济、金融机构、金融生态环境三个方面选取22项指标构建指标体系，运用多指标综合评价法建立区域金融稳定定量评估模型，对全区2008—2010年区域金融稳定状况进行定量评估。

从总体评估结果看，2008—2010年全区金融稳定综合评估值不断提高，总体趋势持续向好。2010年综合评估值为0.6062，较上一年度小幅增加0.0196，表明全区金融稳定总体状况不断改善，金融机构抵御风险能力稳步增强，金融生态环境持续改善。

从结构层次看，宏观经济、金融机构、金融生态三个方面综合评估值较上年均有所提高，尤其是金融生态综合评估值上升幅度较大，增长36.11%，反映了全区经济金融发展软环境得到不断优化。在金融机构综合评估中，银行业、保险业综合评估值有所增长，但证券业综合评估值明显下降，主要因为受全国证券市场影响，全区投资者账户数增速出现下滑、境内证券市场交易额同比减少。

表 4　　2008—2010 年宁夏金融稳定综合评估值

模块/年份	2008 年	2009 年	2010 年
总体评估	0.5013	0.5866	0.6062
宏观经济	0.3847	0.5192	0.5262
金融机构	0.6179	0.6952	0.7010
银行业	0.7583	0.6810	0.8233
证券业	0.0124	0.8811	0.1968
保险业	0.5809	0.5755	0.6396
金融生态环境	0.2292	0.2647	0.3603

数据来源：根据相关部门数据计算所得。

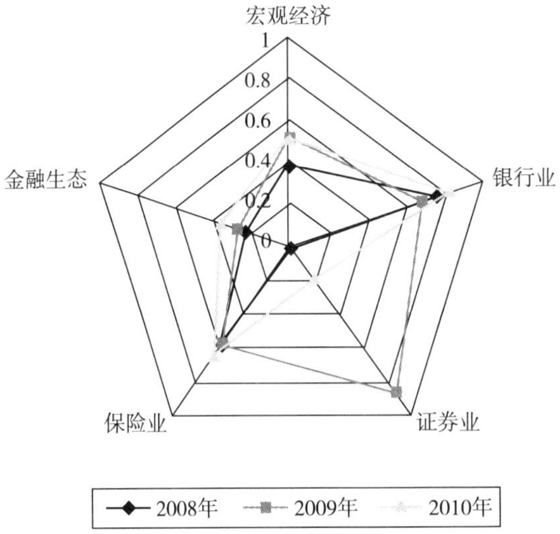

数据来源：根据相关部门数据计算所得。

图 7　2008—2010 年宁夏金融稳定总体状况及组成部分的比较

（二）政策建议

1. 加快经济结构调整步伐，提高经济增长内生动力。密切关注宏观经济金融发展趋势，全面掌握政策影响因素及变动预期，及时采取应对措施确保全区经济金融平稳运行。引导企业加大创新力度，大力发展循环经济、低碳经济，着力促进产业结构调整和发展方式转变。大力发展服务业，抑制“高耗能、高污染”、产能过剩行业企业发展。加强对民间投资的鼓励和引导，提高民间投资信心和在全社会投资中的比重，努力拓展内需特别是农村消费需求。提高经济增长的内生动力，为经济可持续发展和金融业稳健运营夯实基础。

2. 认真落实稳健货币政策，着力增强政策执行效果。面对新形势和新要求，切实结合宁夏经济金融发展实际，进一步加强窗口指导，引导金融机构主动增强信贷投放的自我约束和自我把握能力，保持信贷合理、适度、平稳增长。积极调整优化信贷结构，加大对全区重大项目、资源优势行业、地域优势产业、民族特色加工业的支持力度，全面改进和完善农村金融服务，不断加大对县域和

"三农"的信贷投入，认真落实中央、地方关于促进中小企业发展的政策措施，逐步优化中小企业融资环境，强化和完善中小企业金融服务。严格控制对高耗能、高排放以及落后产能企业的贷款，认真落实差别化房地产信贷政策，抑制投资投机性购房。

3. 合理引导通货膨胀预期，着力保持物价基本稳定。认真贯彻落实中央有关稳定物价的一系列政策措施，进一步完善各类商品和服务价格的监测体系，组织好基本生活必需品的生产供应，正确引导媒体、社会舆论及市场预期，依法打击各种扰乱市场价格秩序的违法行为，把握好管理商品和服务价格的调整时机、节奏和力度，努力保持物价基本稳定。

4. 深入推进金融改革创新，不断提升机构竞争水平。持续深化金融机构改革，建立完善的业务服务体系，有效发挥金融市场功能作用，拓宽融资渠道，引导金融机构改变经营模式，采取差异化的发展战略，通过服务和产品创新，在支持经济社会发展中实现自身效益增长，提升金融服务水平和竞争能力。

5. 加大金融风险管理力度，促进行业健康有序发展。不断强化内部控制和风险防范机制，建立科学的风险防控体系，密切关注贷款质量变化，切实提高抗风险能力。建立健全金融监管协调机制，加大银行、证券、保险等金融机构的监测力度，健全金融机构重大事项、风险管理信息报告制度，密切关注跨行业、跨市场、交叉性金融工具的风险，共同防范和化解系统性金融风险。积极开展金融知识普及教育宣传活动，加强各类金融产品的风险提示和信息披露，引导和培育社会公众的金融意识。

6. 继续优化金融生态环境，构建金融稳定长效机制。按照《自治区金融生态环境建设考核评价办法》的要求，积极推动地方政府相关部门定期对本辖区的金融生态环境建设情况进行监督、检查、通报和年度量化考核，切实推动全区金融生态环境进一步优化，提高防范系统性金融风险的能力。继续扩大征信数据覆盖面，完善企业和个人征信系统，促使企业和个人重视及保持良好信用记录。金融机构努力提高自我调节功能，积极发挥信贷资金在金融生态中的正向激励和约束作用，要对诚实守信的经济主体开辟信贷"绿色通道"，形成诚实守信企业受人尊重的良好风气。不断加大金融生态环境宣传和教育力度，增强社会公众的风险意识、法治意识和诚信意识，推动金融生态环境建设深入开展。

7. 全面强化基础设施建设，有效改善金融服务质量。根据新形势和新要求，不断强化金融统计和宏观经济分析，扎实开展金融研究，为全区经济金融发展提供决策参考服务；继续推进农村支付服务环境建设，促进全社会资金的高效流通；加强货币发行管理，合理满足全区现金需求；严厉打击假币犯罪，净化人民币流通环境；稳步推进国库现代化建设，维护国库资金安全；加快征信体系建设步伐，进一步扩大企业和个人征信系统覆盖面；加强反洗钱数据库建设，有效防范洗钱风险；不断增强外汇管理服务功能，促进贸易投资便利化，积极支持区内有条件的企业"走出去"，完善异常跨境资金流动监管体系，防范和化解跨境资金流动风险。

总　　纂：麦遵伍
统　　稿：闫广宁　李云晖　杨淑玲
执　　笔：行　颖　杨　瑞　周　豹　王奇志
提供材料的还有：王　谦　束　华　常军卫　马建斌　马维明　缪　纾
李前堂　孙彩玲　夏　勇　曹洪强　王　浩　万亚明
庄淑霞　马　飞　张晓宁

新疆维吾尔自治区金融稳定报告摘要

2010年，新疆维吾尔自治区认真落实中央新疆工作座谈会精神，加快推进新型工业化、农牧业现代化和新型城镇化进程，社会经济进入发展较快、结构优化、效益提高、民生改善的历史新阶段，金融生态环境持续优化，各项金融基础设施稳健运行，为全区金融稳定奠定良好基础。金融业认真贯彻国家宏观调控政策，不断深化金融改革，积极支持地方经济发展，金融体系整体保持健康稳定发展局面。

一、宏观经济环境

（一）经济走势向好，奠定区域金融稳定基础

2010年，在国家支持新疆跨越式发展的一系列政策作用下，新疆经济呈现良好态势，各项主要经济指标强劲回升，呈现社会快速发展，效益明显提高，民生显著改善的特点。全区地区生产总值5 418.8亿元，增长10.6%，人均地区生产总值达到3 690美元，首次突破3 000美元。其中，第一、第二、第三产业分别实现增加值1 078.61亿元、2 533.69亿元和1 806.51亿元，分别增长4.5%、12.6%和10.9%，三次产业平稳发展。

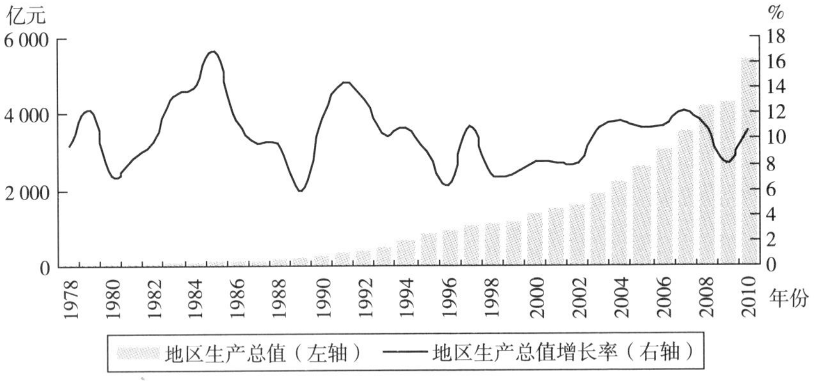

数据来源：新疆统计局。

图1 1978—2010年新疆地区生产总值及其增长率

1. 三次产业协调发展，新型工业化进程加快

2010年，新疆大力推进现代农牧业发展，加快新型工业化进程，提升服务业水平，三次产业协调发展。三次产业比例为19.9:46.8:33.3，第一、第二产业较上年分别提高2.1个和1.7个百分点。

随着各项强农、惠农政策力度的加大，“三农”工作成效显著。粮食总产1 171万吨，创历史新高。农业综合机械化率80%，农业现代化水平不断提高。依托建设国家能源战略基地的有利条件，以石油石化、煤电煤化工、有色金属、特色农产品深加工、高新技术等为主导的新型工业化步伐加快，提升了工业经济质量，规模以上工业企业实现利润788.33亿元，增长74.7%。地方和非石油工业增长强劲，增幅均在20%以上。大企业、大集团建设项目的立项、开工和建设工作积极推进。49家国家和自治区级园区已成为全区新型工业化的重要载体。服务业稳步增长，其中，旅游业增长强劲，全年接待国内外旅游人数和收入增幅均在40%以上，创历史新高。

2. 三大需求快速增长，需求结构继续优化

2010年，新疆全年完成全社会固定资产投资3 539亿元，增长25.2%。其中，企业自筹资金占比48.9%，处于主导地位。民间投资进入快速发展期，增幅达58.8%。全区着重加强重大基础设施和生态环境保护项目建设，完成重点建设项目投资1 200亿元，增长20%。42个重点项目建成投产，32个重点项目开工建设，为历年来投资额、投资成效最大的一年。在外出务工收入增加、农产品价格普涨和惠农政策作用下，新疆农牧民实现人均纯收入4 642.7元，增长19.6%，增幅高出城市居民收入8.3个百分点，首次位居全国首位，消费能力显著增强。全年全社会消费品零售总额同比增长17.1%，较上年同期提高2.3个百分点。新疆“外引内联、东联西出”的开放战略全面实施，对外贸易呈现恢复性快速增长，全年进出口总额171.3亿美元，增长22.8%，较上年同期提高61.7个百分点。投资环境逐步改善，外商直接投资2.4亿美元，增长10.1%。

3. 物价水平持续上涨，涨幅明显高于全国

2010年，国际大宗商品价格持续高位波动，国内自然灾害频发影响农产品生产，新疆居民消费价格水平持续上涨，全年涨幅达4.3%，高于全国平均水平1个百分点。其中，食品和居住类价格涨幅分别为10.7%和2.7%，是拉动CPI上涨的主要原因。工业品出厂价格和原材料购进价格涨幅分别为25.3%和23.9%，生产资料价格涨势明显高于生活资料，农业生产资料全年上涨3.1%。

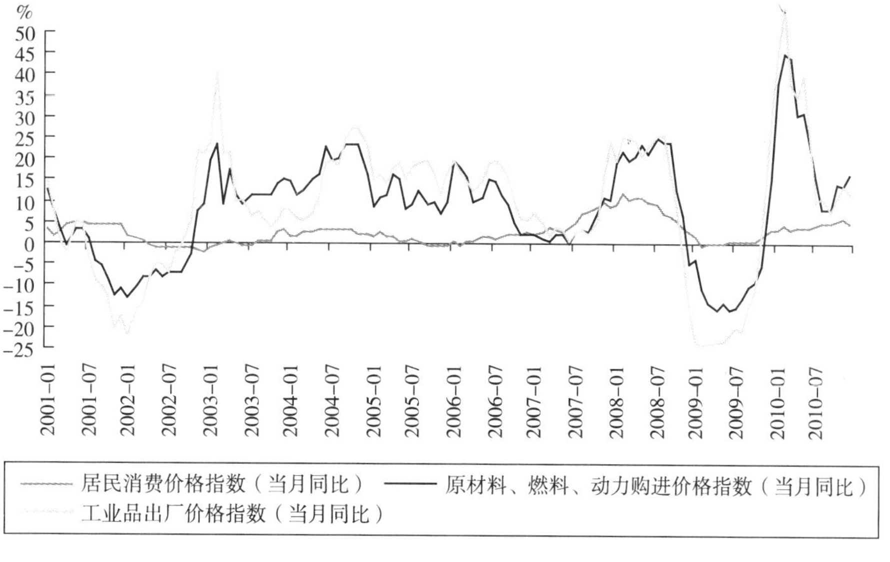

数据来源：新疆统计局。

图2 2001—2010年新疆CPI和生产者价格指数变动

4. 财政收支同步加速，民生投入力度加大

受新疆经济回升向好、资源税费改革、返还补贴等一系列政策因素影响，全区财政收入高速增长，全年实现地方财政一般预算收入500.58亿元，同比增长28.8%。其中，资源税增长1.6倍。地方财政一般预算支出1 698.91亿元，增长26.1%，支出结构进一步向促进就业、完善社会保障及“三农”等领域倾斜，全区改善民生支出大幅提高，占比达71%，“富民安居”、“定居兴牧”、天然气利民工程等重点项目全面启动。

5. 房地产市场投资高速增长，总体呈量价齐升走势

在中央对新疆的多项政策利好作用下，新疆房地产市场快速回升，全年房地产投资增长46.2%，高于全国平均增速13个百分点。土地购置面积、房屋开工和竣工面积、销售面积等稳步增加，住宅空置面积大幅减少。开发投资资金中自筹资金比重上升，贷款比重下降。喀什、伊犁霍尔果斯“特区”[①] 效应凸显，房价整体波动上行。乌鲁木齐市房屋销售价格12月涨幅为8.5%，同比提高3.7个百分点。在房地产开发贷款和个人购房贷款拉动下，新疆房地产贷款增长强劲，涨幅达42.5%，同比提高5.9个百分点，在各项贷款中占比为9.7%。乌鲁木齐在房地产金融调控政策作用下，房地产贷款增速高位放缓。

（二）宏观经济运行中需要关注的问题

1. 经济发展滞后，结构不合理，城乡区域发展差距较大

2010年，新疆经济强劲回升得益于国家支持新疆跨越式发展的一系列政策的作用及19个省市对口援疆措施的实施。但是，相对于全国来说，新疆经济总量仍然较小，2010年新疆生产总值仅占全国的1.36%，GDP增长严重依赖于投资；产业结构调整缓慢、层次偏低，产业关联度不高，波及效应差，产品竞争力不强、消耗大、附加值低的产业比重高，规模效益不高，第三产业发展滞后；所有制结构不合理，公有经济比重高于全国平均水平1倍以上；地区经济结构不合理，生产力布局和产业发展不平衡，城镇化进度缓慢，城乡分割严重，地区差距、城乡差距较大，严重制约着地区经济发展的质量和效益，对金融机构调整信贷结构、防范风险带来较大压力。

2. 城乡居民收入水平偏低，民生改善任务繁重

从1999年开始，新疆城乡居民收入水平与全国差距持续扩大。1999年，新疆城镇居民收入低于全国534元，农民纯收入低于全国737元。2010年新疆城镇居民人均可支配收入13 644元，比上年增长11.3%，扣除价格因素，实际增长7%；农村居民人均纯收入4 643元，增长19.6%，扣除价格因素，实际增长15.3%。相对全国平均水平，新疆城镇居民人均可支配收入低于全国5 465元；农村居民人均纯收入低于全国1 276元。就业再就业、农村剩余劳动力转移压力较大，民生工程任务艰巨。

3. 物价水平持续上涨，通胀预期进一步增强，贷款违约风险压力增大

2010年新疆物价水平持续上涨，在物价上涨整体格局中，食品价格是主要影响因素，影响程度为82%，尤其是与人民生活息息相关的蔬菜和羊肉价格领先上涨，对中低收入群体产生了较大影响。随着原油等大宗商品价格回升，资源类产品市场定价机制改革的推进，生产资料价格上涨压力进一步加大。企业、个人生产和生活成本增加，潜在贷款违约率风险需予以关注。

---

① “特区”效应：中央新疆工作座谈会提出，在喀什和伊犁霍尔果斯各设立一个经济开发区，赋予特殊政策和灵活措施，将其建设成我国向西开放的窗口和新疆经济新的增长点。

4. 煤电煤化工产业发展有待规范，金融支持与风险管理难度较大

近年来，新疆煤电煤化工产业发展过程中存在总体规划与环评工作滞后，“圈而不开”或者“圈而缓开”的情况；国家淘汰落后产能政策致使新疆煤炭行业发展遭遇节能减排难题；新疆煤炭行业投资行为需要加强整顿和规范。这些都给新疆银行业金融机构加大煤电煤化工行业金融支持力度和强化行业风险管理带来较大困难。

5. 周边国家政局动荡，境内外“三股势力”活动频繁，社会稳定的基础仍十分脆弱

2010 年，新疆周边环境呈现出“热点频发、情势复杂、前景堪忧”的特征。吉尔吉斯斯坦于 4 月和 6 月爆发“郁金香革命”和严重的种族冲突，导致出现剧烈社会动荡，政府更迭。年底，突尼斯等中东国家又出现反政府示威游行。境内外“三股势力”受此影响，活动加剧。新疆周边环境呈现日益复杂化的趋势，各种作用加大，不可预见性和不可控制的情况增加，维护社会稳定的形势仍十分严峻，对金融机构安全运营构成较大威胁。

二、金融业发展与金融稳定

（一）银行业加快发展，抗风险能力提高

1. 银行业运行情况

机构主体增加，组织体系更加健全。2010 年，新增 2 家村镇银行——库尔勒富民村镇银行和石河子交银村镇银行。改制 1 家城市信用社，重组 1 家农村信用联社。1 家中资全国性股份制银行——中信银行在新疆设立分支机构。农村信用社、邮储银行、农业银行等机构通过设立营业网点、流动服务站、流动服务车、自助银行，延伸服务范围，消除 211 个乡镇和 43 个农牧林场金融服务空白，当年实现农村金融服务全覆盖。至年末，新疆各类银行业金融机构（网点）3 677 家，比上年增加 755 家。其中，地方法人机构网点 1 538 家，比上年增加 404 家。金融业人员 49 644 人，比上年增加 4 412 人。

资产规模快速扩张，质量明显提高。2010 年末，新疆银行业金融机构资产总额 11 149. 48 亿元，同比增长 35%。其中，贷款余额 5 211. 4 亿元，同比增长 31. 9%，高于全国平均水平 11. 4 个百分点，增幅居全国首位。新增中长期贷款 866. 6 亿元，占各项贷款新增量的 73. 21%，成为拉动全区信贷增长的主力。新增贷款主要投向农林牧渔业、制造业、电力燃气及水的生产和供应业。信贷资产质量明显改善，不良贷款率 2. 2%，比上年降低 1. 39 个百分点，创历史最好水平。

存款较快增长，流动性整体充裕。2010 年末，新疆银行业金融机构负债总额 10 882. 10 亿元，同比增长 35%。其中，存款余额 8 898. 6 亿元，同比增长 21. 57%。分机构看，地方中小法人机构存款余额同比增长幅度较大。城市商业银行、农村合作银行、村镇银行、农村信用社存款余额分别比上年增长 89. 89%、69. 17%、35. 10% 和 47. 94%。全年储蓄存款余额 3 713. 47 亿元，比上年增长 21. 57%。储蓄存款活期化趋势较为明显，全年新增活期储蓄 455. 1 亿元，占新增储蓄存款的 68. 7%。中小法人机构流动性整体较充足。流动性比例 49. 35%，比上年提高 1. 22 个百分点。存贷款比率 48. 34%，比上年降低 8. 96 个百分点。超额备付金率 44. 02%，远高于监管要求。

盈利能力大幅提升，经营效益显著提高。2010 年，新疆银行业金融机构累计实现净利润 126. 49 亿元，同比增长 81%。成本收入比率 40. 15%，比上年降低 6. 41 个百分点。中间业务收入和投资收

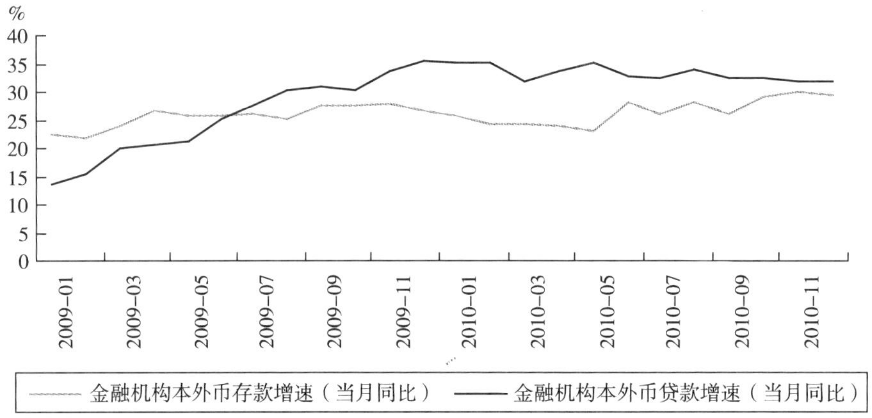

数据来源：新疆统计局。

图3 2009—2010 年新疆存贷款增速变动

益持续提高，利息收入仍是主要收入来源。中间业务收入比率 12.15%，比上年提高 0.31 个百分点；投资收益 11.88 亿元，仅占净利润的 9.8%；利息收入占比高达 90%。

法人机构资本实力增强，拨备水平提高。2010 年，新疆中小法人机构资本净额 201.45 亿元，比上年增长 62%。法人银行机构资本充足率、核心资本充足率分别为 12.82% 和 11.88%，分别比上年提高 1.81 个和 1.50 个百分点。拨备覆盖率为 373.75%，超过 150% 的监管要求，抵御风险能力较强。

金融改革继续深化，成效显著。国有商业银行继续深化改革，加大服务创新，强化内控管理，资产规模和经营效益分别增长 18.7% 和 50.3%。农行“三农”事业部改革取得成效，支农力度进一步加大；地方法人机构优化法人治理，积极增资扩股，中石油再次注资克拉玛依市商业银行，并更名为昆仑银行，先后设立了 4 家异地分行，成为全区首家全国性中小型银行；乌鲁木齐市商业银行新设 2 家异地分行；哈密城市信用社成功改制为哈密城市商业银行；托管于巴里坤农村信用联社的伊吾镇和淖毛湖镇农村信用社重组成立伊吾县农村信用联社；新增 2 家村镇银行、21 家小额贷款公司、157 家农村资金互助社，新型农村金融机构不断增加，有力支持中小企业和农村经济的发展。

2. 银行业运行中需要关注的问题

（1）贷款集中度居高不下。受新疆地区经济、金融环境限制，以及在全年信贷投放大幅增长的情况下，全区信贷投放行业、地域较为集中，部分机构客户贷款集中度超标问题较为突出。截至 2010 年末，新疆辖区有 33 家中小法人银行最大单一客户贷款集中度超过 10% 的监管标准。其中，有 13 家中小法人银行机构最大单一客户贷款集中度超过 50%；全区有 55 家中小法人银行机构最大 10 家客户贷款集中度超过 50% 的监管标准。其中，有 23 家中小法人机构最大 10 家客户贷款集中度超过 100%。

（2）中长期贷款占比较高，资金匹配风险需予以关注。2010 年，全区贷款增长呈现较明显的长期化特征，存款呈现较显著的活期化趋势，资金匹配风险增大。截至 2010 年末，全区中长期贷款余额 2 924.3 亿元，比上年增长 44.55%；中长期贷款余额占各项贷款比重达到 60.1%，比上年同期提高了 5.3 个百分点；新增中长期贷款占全年新增各项贷款的 75.2%，高于上年同期 10 个百分点。与此同时，全区储蓄存款余额 3 713.47 亿元，比上年增长 21.57%；企业活期存款与储蓄存款余额占各项存款余额的43.1%，比上年提高3个百分点。存贷款期限结构的不匹配，致使潜在支付风险加大。

（二）证券业盈利水平大幅提高，支持地方经济功能显著增强

1. 证券业发展状况

证券交易略有下降，证券经营机构总体运行平稳。2010年末，新疆有地方证券法人机构1家，证券营业部57家，增加22家，证券经营机构快速发展。全年投资者开户数累计108.88万户，较上年增长15.35%。受国际国内市场波动影响，全年证券交易小幅下降，交易总额7 549.8亿元，较上年下降1.42%。证券经营机构利润较上年下降21%。法人证券公司——宏源证券发展态势良好，营业收入、净利润分别增长13.18%和12.66%。

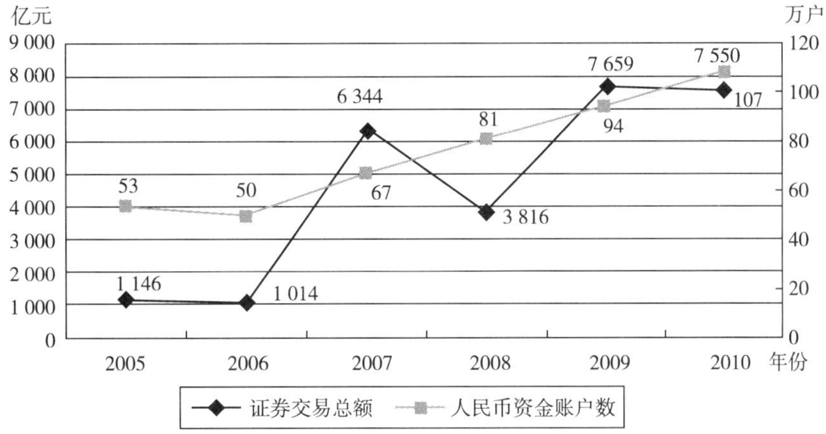

数据来源：新疆证监分局。

图4 2005—2010年新疆证券交易、资金账户数变化情况

期货交易大幅增加，股指期货发展迅猛。至年末，新疆共有2家法人期货公司——新天期货、天利期货，8家期货营业部。2010年，随着国内经济形势好转，期货交易活跃，全年期货累计交易1 155万手，较上年增长2.23倍，期货交易总额9 888亿元，较上年增长3.42倍。4月份股指期货上市后，交易增势迅猛，月度平均增幅28.35%。全年期货经营机构实现利润2 643.81万元，同比增长54.2%，发展势头良好。

上市公司业绩大幅提升，再融资实现新突破。至年末，新疆A股上市公司数量达到37家，其中主板27家，中小板8家，创业板2家，主营业务涉及农业、纺织、建筑及房地产、能源、矿产、食品加工等行业，上市公司家数居西北五省首位。2010年新疆上市公司总市值3 703.07亿元，较上年增长22.57%。上市公司全年通过IPO、增发、配股等方式融资143.13亿元，增长3.28倍，H股融资70.39亿元，实现突破发展，服务地方经济功能显著增强。

2. 需要关注的问题

（1）证券经营机构主营业务收入结构亟待调整，市场风险需要加强控制。辖区证券经营机构业务创新能力不足，盈利模式主要依赖市场经纪业务收入，自营证券、资产管理等风险业务涉足较少，粗放式经营尚无有效改变，主营业务收入受股票市场行情影响较大，综合竞争能力不强，业务收入结构和抗风险能力有待提高。

（2）直接融资比例偏低，融资结构有待改善。2010年新疆直接融资额为340.5亿元。其中，短期企业债券 37 亿元，占比 10.9%；短期融资券 84 亿元，占比 24.6%；中期票据 6 亿元，占比 1.7%；再融资 213.5 亿元，占比 62.7%。直接融资对新疆 GDP 的贡献度仅为 6%，面对新疆大发展带动的旺盛资金需求，直接融资需要进一步加快发展。

（3）行业秩序需要进一步规范。新疆涉及重大并购重组事项的上市公司较多，内幕信息泄露时有发生，严重影响证券市场的正常秩序，存在较大风险。在相关部门的共同努力下，2010 年新疆对涉嫌内幕交易的行为开展非正式调查 5 起，立案调查 2 起，多次约见有关公司实际控制人谈话，有效维护了辖区资本市场稳定。但是新疆资本市场违法违规形势严峻，特别是内幕交易问题仍然突出，需要相关部门进一步加强合作，加大打击力度，遏制违法违规行为。

（三）保险业市场秩序不断改善，保障和补偿功能有效发挥

1. 保险业运行状况

保险市场体系不断完善。至 2010 年末，新疆有保险主体 22 家，其中，产险公司 12 家，人身险公司 10 家。分支机构 1 469 家，新增 20 家。新疆唯一的一家法人保险公司——中华联合财产保险公司总部迁至北京。专业保险中介机构 29 家，退市 1 家，保险兼业代理机构 2 051 家，增加 1 073 家。保险从业人员 54 853 人，减少 8.07%，其中营销员 43 202 人，较上年减少 8.01%。新疆保险公司总资产 363.89 亿元，较上年增长 18.37%，增加 2.17 个百分点。保险深度 3.82%，较上年提高 0.15 个百分点；保险密度 884.3 元/人，较上年增加 158.4 元/人。保险业对国民经济的渗透能力进一步增强。

保费收入和赔付支出稳步增长，社会保障功能不断增强。全年实现保费收入 190.92 亿元，增长 21.85%，增速同比提高 19.1 个百分点，保险规模位居西北 5 省第 2 位。其中，财产险保费收入 63 亿元，增长 21.57%；人身险保费收入 127.92 亿元，下降 21.98%，市场整体保持平稳增长态势。全年保险赔款和给付支出 49.34 亿元，较上年增长 2.54%，增速高于全国平均水平 4.01 个百分点。其中，财产险赔付 29.21 亿元，同比增长 9.83%；人身险赔付 20.13 亿元，同比增长 4.5%。政策性农业保险深入开展，林果业、设施农业政策性保险试点工作取得新进展，棉花、油菜、大豆等品种的保险保障水平提高，农业保险累计赔款 8.53 亿元，为应对自然灾害和支持农业生产提供了有力的服务和保障。

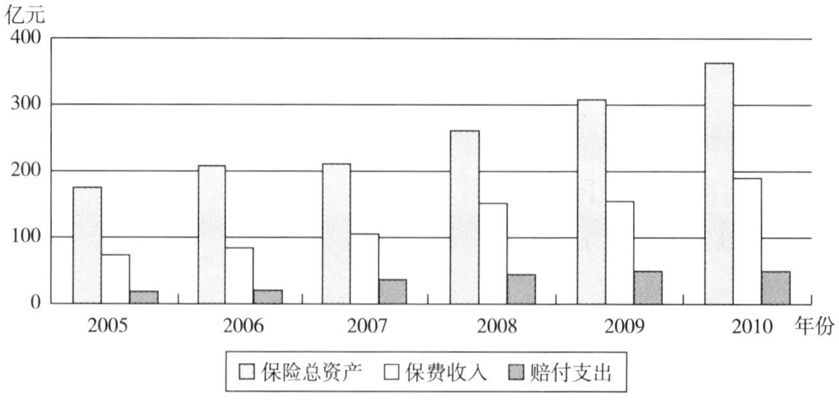

数据来源：新疆保监局。

图 5　2005—2010 年新疆保险业发展情况

结构调整持续优化，区域发展趋向协调。一是人身险结构调整成效显现。人身险业务基本呈现均衡发展，寿险、健康险、意外险保费收入较上年分别增长22.7%、17.6%和20.2%。保费渠道逐步优化，个人代理渠道比重下降2.29个百分点，银行代理业务比重提高2.08个百分点。市场结构更加合理，3家大型寿险公司的市场份额下降3.3个百分点。二是区域保费规模趋于协调。经济相对落后的南疆、东疆地区保费收入增速分别高于经济相对发达的北疆地区0.9个和8.55个百分点，地区间发展差距逐步缩小。

保险监管不断加强，市场秩序有所好转。保险监管部门市场监督和检查力度加大，对违规机构和管理人员实施行政处罚，保险监管威慑力增强。行业协会履行自律职能，制定自律公约，组织自律检查，保险业整体依法合规经营意识提升，内控管理得到改进，市场经营秩序有所好转。

2. 需要关注的问题

（1）业务结构调整需进一步推进。产险业务中机动车险业务“一险独大”，占产险保费收入的57.5%，较上年提高4.86个百分点，保持扩大趋势；非车险业务平均增速回落，发展有待加强。农险业务增速及占比均有下降。寿险业务中分红险比重较高，占寿险保费收入的63%，普通寿险仅占19%，较上年下降4个百分点；寿险业务结构调整的方法措施单一，仍停留在“短期变长期，趸缴变期缴，加大风险保障成分”层面，调整效果不理想。

（2）政策性农业保险发展缓慢，服务农业生产能力有待提升。2010年农业险保费收入下降3.03%，低于全国4.47个百分点。政策性农业保险补贴面较窄，试点范围不宽，覆盖范围与农业产业结构不相适应，农业保险业务经营管理水平与服务质量有待进一步提升。

（3）重点环节防风险任务加大。当前经济形势的不确定性以及宏观环境的复杂多变，使得保险业务在快速发展的同时因管理跟不上、偿付能力不达标、服务不到位，容易引发大量投诉、大规模退保等风险，直接影响行业的健康稳定发展，需引起足够重视，加大风险防范力度。

（四）金融综合化经营发展迅速

1. 金融综合经营发展基本情况

银证合作业务大幅增长。2010年末，新疆有9家银行与券商签订了第三方存管合作协议，全区银行机构代理股票业务648.01亿元，较上年增长38.4%，第三方存管业务客户资金余额93.8亿元，实现中间业务收入0.13亿元。其中，6家大型商业银行占据主导地位，市场份额达97%。

银保合作业务发展迅速。新疆银保合作业务主要是银行代理销售保险产品，已成为保险公司保费收入的重要渠道。全年辖区有14家商业银行和18家保险公司合作办理银保业务，共代理销售实现保费收入44.47亿元，较上年增长29.63%，占保费总收入的23.3%，较上年增加1.7个百分点，银行机构代理销售保险实现中间业务收入1.65亿元，较上年增加0.33亿元。

银信合作业务超常规发展。2010年，股改后的新疆唯一法人信托机构——新疆华融信托公司积极与银行合作开展跨市场信托业务，新增信托项目269个，增幅达120%，新增信托资金规模928.9亿元，增幅达122.9%；发行全口径集合产品28个，发行规模82亿元，分别增长87%和193%，实现业务规模超越式发展，融资能力大幅增强。

银基合作业务稳健发展。目前新疆尚无基金管理公司，银基合作业务主要是代理销售总行开发的各类基金。2010年，全区各银行机构共计代理基金3 569只，较上年减少443只，募集资金338.78亿元，较上年增长56.4%。其中货币型基金代销数量及业务余额均呈明显上升趋势。

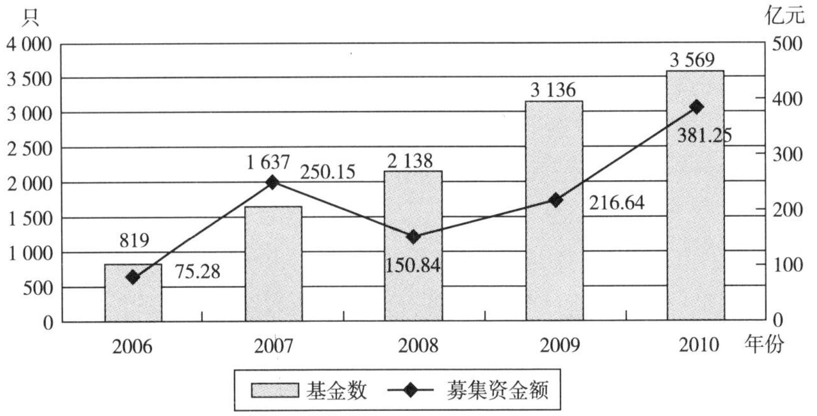

数据来源：人民银行乌鲁木齐中心支行。

图6 新疆银行机构基金代理数量和规模

企业年金业务增长较快。至年末，新疆有6家银行开办了企业年金业务，较上年增加1家。保险机构主要是平安养老保险公司。银行机构托管年金资产增至16.6亿元，是上年末的3.1倍；企业年金客户数增至15.3万人，较上年增长17.9%。其中，建行年金托管业务大幅递增，独占75%的市场份额，打破以往工行独大的局面。

银行综合理财业务发展迅速。2010年，新疆有13家银行机构发行个人委托理财产品811期，10家银行机构发行机构委托理财产品627期，共累计募集资金866亿元，较上年增长1.43倍。募集的资金主要投向债券及货币市场，期限以短期为主，其中浮动收益类产品销售较好。个人理财方面，工行和建行分别占据46%和20%的市场份额；机构理财方面，工行和中行分别占据54.5%和36.3%的市场份额。

2. 需要关注的问题

（1）交叉性金融产品同质化严重。目前，虽然商业银行理财产品名目繁多，但大多仅局限于利率、汇率、国债、央行票据投资组合而成的几种产品。营销的目标市场和目标客户也基本一致。产品收益率差别不大，多数产品的平均收益率维持在适当高于同期定期存款利率的水平上。

（2）外部监管体系及运行机制不畅。针对金融业分业监管现状，依然存在监管信息无法及时交流共享，监管工作没有形成合力，监管有效性难以发挥等问题，导致跨市场、跨行业交叉金融业务监管存在“真空”。

（3）交叉性金融业务风险管理水平不足。部分银行缺乏相关的风险管理制度，没有将风险管理覆盖到整个业务运作过程。在缺乏统一的技术标准和技术平台情况下，各商业银行与非银行金融机构的业务合作，都是建立在各自总行的信息技术平台之上，数据标准不统一。

三、金融基础设施与金融稳定

（一）支付结算体系建设稳健运行

年末，新疆实现同城票据业务小额支付疆内全覆盖，电子商业汇票系统顺利上线运行。大、小额支付系统清算资金分别为99 326.79亿元和8 878.03亿元，业务量同比分别增长9.93%和

33.22%。POS机和ATM数量分别为5.2万台和0.48万台，较上年分别增长了45%和70%。制定《乌鲁木齐地区小额同城票据业务操作管理办法（试行）》、《新疆银行卡业务考核评价办法》，修订《中国人民银行乌鲁木齐中心支行中央银行会计核算电子对账系统管理办法实施细则》，全区支付结算系统管理和考核办法不断规范。建立定期巡检制度，加大对发卡行现场检查力度，积极排查风险，并开展应急演练，增强金融机构应对危机的能力。

（二）金融司法环境持续改善

2010年，新疆各级地方政府不断完善法律法规体系，加强营造金融业运行的良好市场环境、维护良好的市场秩序；各监管部门针对金融业运行中存在的问题和难点，加强法律法规体系的制定和完善，强化监督检查力度，防范和打击金融业务快速发展带来的各类金融风险；金融机构合规经营意识不断提升；司法部门积极完备法律条文，加强司法解释，为案件审理工作提供准确的法律依据，执法环境不断优化，案件执行率和结案率不断提高。

（三）公司治理机制进一步完善

国有商业银行分支机构继续优化内部机构设置和业务开展流程，提升金融服务水平；政策性银行积极推进商业化改革，不断加强风险管控；地方法人金融机构进一步优化股权结构，加强公司治理，落实“三会制度”，防范金融风险能力不断提高，经营管理水平进一步增强。证券、保险法人机构更新改造内部系统结构，加大相关工作人员的培训力度，规范业务流程，内部管理系统已逐步适应金融业会计准则的要求，金融业会计准则执行情况良好，工作效率不断提升。

（四）反洗钱、反假货币工作深入推进

反洗钱现场检查流程进一步优化，非现场监管措施运用力度加大，工作效率大幅提高。全年累计发现和接受重点可疑交易线索48个，向公安机关报案34起，涉及金额14.83亿元。开展反洗钱线索调查、案件协查共9起，涉及金额1.59亿元，涉及金融机构74家。启动防范和打击洗钱犯罪“五方”合作机制，配合海关对涉嫌国际贩毒案件中的单位及个人开户、交易情况进行调查。发现并协助公安机关破获了390万元挪用公款职务犯罪及期货洗钱案。

不断完善反假货币工作长效机制，充分发挥反假货币联席会议作用，促进反假货币网络建设，加大反假货币宣传力度，强化对金融机构反假机具的检查检测工作，不断提高反假货币技防水平。全年共收缴假人民币910.14万元，10.9万张，收缴假外币5.6万元，558张。

（五）社会信用体系建设成果显著

一是社会信用体系联系会议制度覆盖面扩大。年末，新疆自治区级和14个地州市社会信用体系建设联席会议制度全部建立，兵团14个师（局）中9个师（局）批转执行了推动兵团信用体系建设的相关办法或实施方案。二是加快推进中小企业和农村信用体系建设。全年累计为26 475户中小企业建立信用档案，已有1 266户中小企业取得银行授信意向；建立农户信用档案196.71万户，其中165.15万户获得金融机构信贷支持。三是加强征信系统建设及应用。企业征信系统收录全疆13万余借款人的基本信息、信贷信息及相关信息，月均查询系统2.5万次；个人征信系统共收录全疆有信贷记录514万余人，全年累计查询系统约250万次。四是建立非银行信息采集重点联系行制度，全疆11个地区包括发改委、工商、税务、建设局、质监等部门的6类信息成功上报征信中心。

四、总体评估与政策建议

（一）总体评估

2010年，全区认真贯彻落实中央新疆工作座谈会、全国对口援疆工作会议和自治区党委七届九次全委（扩大）会议精神，抓住实现新疆跨越式发展良机，努力推进经济快速发展，全力维护社会稳定，三大需求快速增长，三次产业协调发展，财政收入快速增加，农民收入大幅提高。全区银行、证券、保险业健康发展，市场秩序持续改善，金融机构改革稳步推进，盈利能力显著提高。但在经济金融运行过程中，仍存在经济发展结构不合理；城乡居民收入与全国水平差距不断扩大；物价持续上涨，通胀预期进一步增强；煤电煤化工发展不规范，金融支持和风险管理难度大；贷款集中度居高不下；中长期贷款占比较高，潜在资金匹配风险；直接融资比例偏低，融资结构有待改善；政策性农业保险发展缓慢；重点环节防风险任务艰巨等问题。

（二）计量评估

以人民银行上海总部的区域金融稳定定量评估指标体系为依据，结合新疆实际对指标进行调整和修正，运用模糊隶属度对指标进行标准化处理，通过调查问卷和层次分析法分别计算主客观权重，用综合赋权法计算评价目标的最终得分，再将宏观经济、银行业、证券业、保险业和金融生态环境指标评价得分加总得到金融稳定状况综合评价指数，以此计量评估新疆区域金融稳定状况。

表1　　2006—2010年新疆金融稳定综合评价

年份	2006年	2007年	2008年	2009年	2010年
宏观经济	0.1069	0.1224	0.0968	0.0885	0.1186
金融业	0.1341	0.1467	0.2685	0.2183	0.4769
金融生态环境	0.0473	0.1026	0.0919	0.0810	0.0919
综合得分	0.2883	0.3716	0.4572	0.3877	0.6874

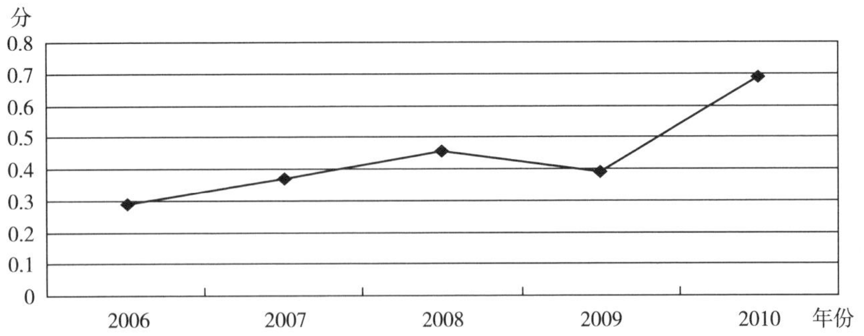

图7　2006—2010年新疆金融稳定定量评估综合得分

从定量评估的结果来看，2010年新疆宏观经济、金融业、金融生态环境指标得分均较上年提升，其中，金融业发展指标评分上涨118%，主要归因于新疆银行业信贷资产质量和盈利能力提高，以及证券业经营效益显著改善，反映出新疆实现跨越式发展背景下，金融业机构紧抓机遇，积极深化改革，不断提高自身经营能力和竞争力，有效推动了全区金融业健康平稳发展。

（三）对策建议

1. 切实贯彻科学发展观，加快经济结构调整，转变经济增长方式，进一步巩固金融业稳健发展的基础。为实现中央新疆工作座谈会关于新疆跨越式发展和长治久安目标，必须调整优化经济结构，依托特色资源优势，加快产业升级，提高产业结构层次和技术含量，积极推进优势资源开发和深度加工，大力培育特色产业，增加高附加值产品生产。加快建立各具特色的区域经济格局，积极扶持贫困地区开发建设，加快城镇化进程，改善城乡结构。推动所有制结构战略性调整，承接产业转移，为非公有制经济发展营造良好的发展环境。

2. 进一步改善民生，提高城乡人民收入水平，奠定长治久安的根基。中央新疆工作座谈会要求必须把保障和改善民生作为新疆经济社会发展的首要目标，更加注重经济社会协调发展，因此，必须着力加快以改善民生为重点的社会事业发展，加快第三产业和中小企业发展，努力扩大就业。着力调整国民收入分配结构，在初次和最终分配中向民生倾斜，力争国家加大财政转移支付力度，加快覆盖城乡居民的社会保障体系建设，通过城镇化和工业化有机联系，实现农村劳动力转移，稳定物价，切实增加城乡居民收入，改善人民生活水平，夯实长治久安的基础。

3. 引导金融业健康协调发展，积极支持地方经济提升。各金融机构要认真贯彻落实国家货币政策，按照“科学经营、有序竞争、强化管理、风险管控、适度增长、积极创新”的要求不断提高自身经济水平和管理能力，增强自身核心竞争力和风险抵御力。准确把握好信贷投放总量和节奏，优化信贷结构，积极支持地方经济发展，加大对“三农”和中小企业等经济发展薄弱环节的扶持力度。要大力发展和稳定资本市场，发展债券融资，探索产权交易、股权交易的有效方式，深入研究利用资产证券化等方式扩大直接融资的途径；切实推动优质企业尽快发行上市，努力做到“培育一批，上市一批，储备一批”。不断完善社会保险保障体系，充分发挥保险业的经济补偿作用，进一步规范市场秩序，促进保险市场健康有序发展。

4. 建立和完善金融生态建设长效机制，推动经济金融良性互动。健全金融突发事件应急处置机制，使各单位应急处置预案联成一个有机的整体，形成金融系统应急处置的高效网络，增强应对金融突发事件的能力。推动和完善“人行推动、政府主导，各方参与”的金融生态建设格局，制定金融生态环境建设工作指导意见，推进金融生态环境建设步伐。建立和完善银行信用评级、金融案件维权情况等金融生态环境评价体系。加强对金融生态建设情况的监测与评估，完善对各县（市、区）金融生态环境定期评估机制，为有效改善金融生态提供决策依据。

总　　纂：田　戈
统　　稿：庞小红　白文梅
执　　笔：庞小红　杨长伟　白文梅
其他参与写作人员（以姓氏笔画为序）：
马　红　许　燕　张志超　杨荣涛　杨瑞香　郑永忠
高　鹏　高英瑜　梁炳义　温　波

大连市金融稳定报告摘要

2010年，大连市国民经济继续保持平稳快速发展，宏观调控取得预期效果，全市地区生产总值同比增长15.2%，经济运行整体呈现平稳增长、结构优化、民生改善、社会稳定的良好局面，金融稳定的外部基础进一步夯实，但是也要密切关注经济增长内生动力、产业结构调整、信贷投放节奏和流动性管理等方面问题。

一、区域经济运行与金融稳定

2010年，大连市在实施东北老工业基地振兴、辽宁沿海经济带开发开放战略、推进科学发展新跨越等方面取得了突出成就，为“十一五”的圆满收官和“十二五”的良好开局奠定了基础。全市经济总体呈现了平稳增长、结构优化、民生改善和社会稳定的良好局面，为区域金融稳定创造了良好的外部环境。随着全市经济运行逐步摆脱金融危机的负面冲击，开始进入常规增长轨道，宏观政策更加注重经济结构调整，推进发展方式的转变。但经济增长主要依靠投资拉动，外需拉动不足等问题依然存在。

（一）经济整体形势良好，金融稳定基础坚实

1. 经济平稳较快增长，产业结构不断优化，产品创新能力得到增强。2010年，全市实现地区生产总值5 158.1亿元，按可比价格计算同比增长15.2%。从第二季度开始，GDP增速开始出现缓行的态势，说明一系列宏观调控措施在大连发挥作用，宏观调控效果正在显现，城市经济从偏快向过热转化的趋势得以缓解。同时，优势产业加速升级和战略性新兴产业培育不断推进，装备制造、石化、造船、电子信息等千亿级产业集群加速形成，产业结构进一步调整和优化。全市有23个大类行业进行了产品创新，有9个大类行业新产品产值增速超过30%（其中，贡献突出的三个行业为农副食品加工业、家具制造业、纺织服装鞋帽制造业，同比分别增长2.2倍、1.4倍和1.3倍）。这些行业科技创新取得了突飞猛进的发展，成为促进新产品产值较快增长的主要动力。

2. 固定资产投资增长迅速，消费增速平稳，出口与消费、投资协调增长，经济运行质量明显提高。2010年，大连市完成全社会固定资产投资4 047.9亿元，同比增长30.6%。分产业看，第一、第二、第三产业分别完成投资237.6亿元、1 523.6亿元和2 286.7亿元，三次产业比例调整为5.9:37.6:56.5，同比分别增长91.3%、17%和37.6%。大连市消费品市场繁荣活跃，全年实现社会消费品零售总额1 639.8亿元，同比增长18.5%，汽车消费成为热点。在促进出口各项措施的不断完善下，全市外贸自营进出口总额501.9亿美元，同比增长24.4%。其中，高新技术产品出口和境外投资分别取得53%和97%的增长。对外贸易促增长调结构的效应得到显现。

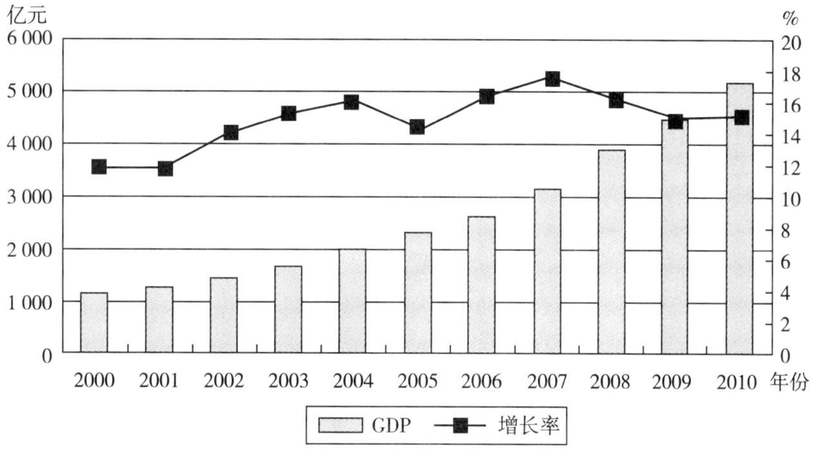

数据来源：大连市统计局。

图1 历年大连市 GDP 增长情况

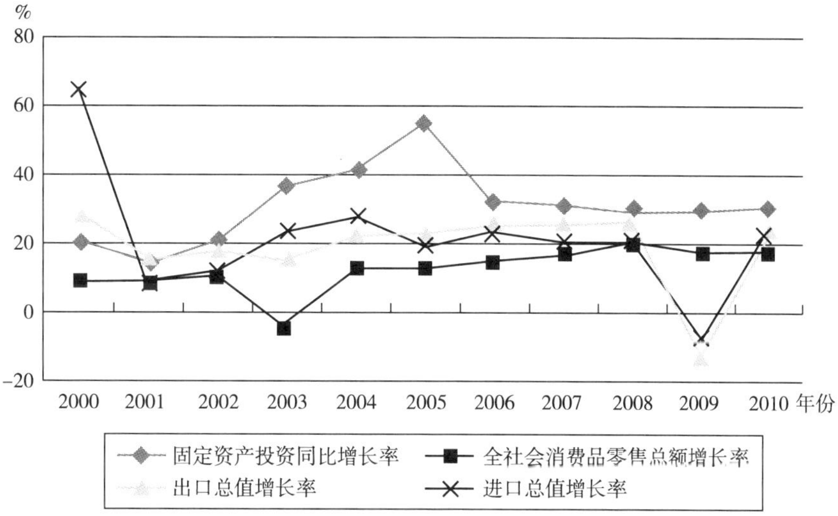

数据来源：大连市统计局。

图2 大连市三大需求增速变动趋势

3. 财政收入保持较快增长，财政支出结构进一步优化。2010 年，全市完成地方财政一般预算收入 500. 8 亿元，同比增长 25. 1%，增幅提高 7. 1 个百分点。其中，县域经济的快速发展成为带动财政收入迅速增长的主要力量。地方财政一般预算支出完成 611. 4 亿元，同比增长 29. 8%。民生投入进一步加大，教育支出 25. 1 亿元，社保就业支出 17. 5 亿元，同比分别增长 28. 4% 和 24. 6%。在财政支出结构方面，重点向保障和改善民生方向倾斜。

4. 城乡居民收入平稳增长，物价水平上行压力加大。2010 年城市居民人均可支配收入 21 293 元，农村居民人均纯收入 12 317 元，同比分别增长 12% 和 14. 8%。居民消费价格指数（CPI）上涨 2. 7%，低于全国 0. 6 个百分点。受国际大宗商品市场价格上涨和国内通胀预期加大的双重影响，今后一段时期物价上涨压力依然存在，随着宏观调控力度的增大和稳定物价措施的落实到位，物价涨幅将会逐步回落。

（二）区域经济运行中不利于金融稳定的因素

1. 经济增长主要依靠投资拉动，结构性矛盾仍然存在。2010 年，大连市经济持续增长，以增量带动结构优化，推动经济快速发展，主要经济指标呈现出上升态势。但从经济增长的主要驱动力来看，主要是依靠投资拉动，国内消费对经济拉动作用仍显不足。同时受收入增长缓慢、收入差距扩大以及居民消费购买力缩水等不利因素影响，城乡居民特别是中低收入群体和广大农民的消费受到一定制约。此外，从投资结构看，政府投资高于民间投资，投资靠政府驱动的特征依然明显，政府隐性负债增幅较大。

2. 宏观经济政策转向使房地产市场流动性趋紧，市场成交量下滑，市场风险向银行体系传导增大。2010 年，宏观经济政策由适度宽松转向稳健，受房地产新政、住房信贷政策和税收制度等因素的共同影响，大连房地产市场成交量波动变大。整体看，大连房地产市场经历了“M”形变化，一是从 2010 年 2 月低位以来，成交量反弹并一路上扬，至 4 月商品房市场达到年内成交第一轮峰值，同时成交均价也有所上扬。二是 4 月房地产市场调控政策出台，5 月调控效果呈现，成交情况受到抑制，量滞价稳的情况一直持续到 8 月份。到了 9 月，一部分受到挤压的需求得到释放，成交量开始攀升。在此背景下，二次新政推出，特别是大连市政府推出了限购政策，10 月出现集中备案，成交量井喷，成交均价突破万元大关。11 月、12 月成交量出现逐月下降。预计在宏观政策不变的情况下，成交量将会继续下降，部分房地产商的资金面会出现困难，进而影响建材、玻璃、水泥、家具等相关行业。此外，为抵御通胀的不利影响，个人住房按揭贷款利率成本增加，贷款人负担加重，违约风险增强，市场风险向银行体系传导风险增大。

3. 物价持续上涨，短期内通胀压力居高不下。从居民消费价格总指数的构成看，2010 年大连市八大类价格指数上涨最快的是食品类和居住类，分别上涨 7.4% 和 4.3%。短期内，影响价格指数上涨的因素依然存在。同时，2010 年大连市原材料、燃料和动力购进价格指数同比上涨 13%，月环比增幅达 2.4%，购进价格高位运行。价格指数的明显增长主要受国际市场大宗商品价格上涨、劳动力价格提高、国内流动性充裕以及年末翘尾的交互影响。由于上述因素依然存在，以及政策调控效应的时滞，预计居民消费价格指数和工业品出厂价格指数还会有较大幅度增长，通胀压力短期内依然较大。

二、金融业与金融稳定

（一）银行业运行状况及风险分析

截至 2010 年末，大连市共有银行业金融机构 49 家。其中政策性银行 3 家，国有商业银行 4 家，全国性股份制银行 11 家，外资银行 10 家，外埠城市商业银行 5 家，本地城市商业银行 1 家，邮政储蓄银行 1 家，农村合作银行 1 家，农村信用联社法人机构 7 家，村镇银行 6 家。此外，还有信托公司 1 家、贷款公司 1 家。

1. 银行业运行状况

（1）存款总量稳步增加，增速有所下降。截至 2010 年末，大连市金融机构本外币存款余额 8 887.3亿元，同比增长 23.2%，分别比全国和辽宁省高 3.4 个和 3.1 个百分点。全年新增存款

1 675.9亿元，约占辽宁省存款增量的35.6%。其中，企事业单位存款余额3 300.5亿元，同比增长12.8%；储蓄存款余额3 454.4亿元，同比增长14.3%。人民币存款余额8 503.5亿元，同比增长23.7%，比上年末低7.0个百分点，全年增加1 628.7亿元，同比多增近15亿元；外币存款余额57.9亿美元，同比增长17.6%，全年增加8.7亿美元，同比少增6.8亿美元。

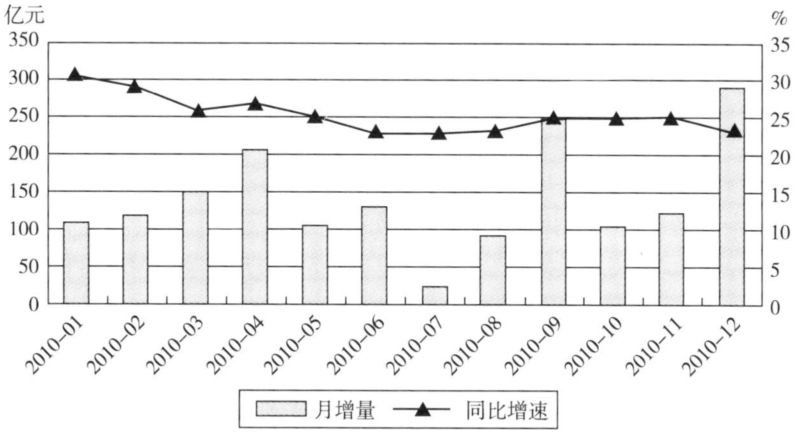

图3　2010年金融机构存款增量、增速走势

（2）贷款规模持续扩大，增速比上年末明显回落。截至2010年末，大连市金融机构本外币各项贷款余额6 812亿元，同比增长26.4%，分别比全国和辽宁省高6.7个和5.4个百分点，全年贷款增加1 422.5亿元，占辽宁省贷款增量的42%。其中，短期贷款余额1 955.2亿元，同比增长11.8%，当年增加237.0亿元；中长期贷款余额4 483.6亿元，同比增长36.1%，当年增加1 158亿元，增量占贷款增量的81.4%；票据融资余额146.9亿元，同比下降22.9%，当年减少43.7亿元。人民币各项贷款余额6 159亿元，同比增长25.8%，增速比上年末低9个百分点，全年增加1 264.7亿元，同比少增21.2亿元。外币各项贷款余额98.6亿美元，同比增长36%，全年增加26.1亿美元，同比多增3亿美元。2010年，大连市固定资产投资规模较大，对资金需求依然旺盛，全市金融机构贷款投放量继续保持高位运行。但受贷款规模限制，贷款增速下降比较明显，尤其是下半年人民银行继上

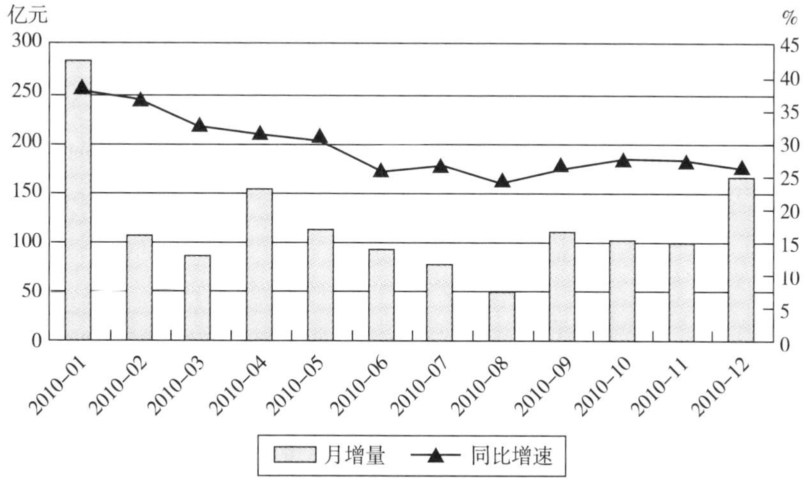

图4　2010年金融机构贷款增量、增速走势

半年两度调整后再度连续四次提高准备金率，并两次提高基准利率，一系列调控政策使得全年银行信贷行为相对谨慎，贷款增速稳步下降。

（3）盈利水平进一步提高，不良贷款比率进一步下降。在宏观经济形势持续向好的带动影响下，2010年大连市金融机构盈利能力进一步增强，盈利水平明显提高。全年实现利润143.9亿元，同比增长34.9%。其中，国有商业银行实现利润60.5亿元，同比增长19.3%；股份制商业银行实现利润37.1亿元，同比增长90.4%。不良贷款余额93.9亿元，同比减少35.4亿元；不良贷款比率1.4%，同比下降1个百分点，不良贷款规模和比率实现双降。

2. 金融运行风险状况分析

（1）旺盛的投资需求对间接融资的依赖度较高，信贷调控压力依然较大。2010年大连市政府当年设定全社会固定资产投资目标为5 000亿元，并确定了117项重点建设项目，比上年增加了17项，总投资达7 573亿元。各类项目对信贷资金增长形成巨大的拉动作用，同时对信贷资金形成了高度依赖性。2010年末大连市金融机构存量资金存贷比达到76.7%，比上年末提高1.9个百分点；增量资金存贷比达到84.9%，比上年提高0.9个百分点。未来通过增加贷款来满足项目融资需求的空间越来越有限，地方政府寄希望通过增加信贷以支撑各类项目难度加大，而2011年货币政策将由“适度宽松”转向“稳健”，信贷增长规模将会比上年进一步缩减，这势必与地方政府计划有所冲突，信贷调控将面临更大的压力和挑战。

（2）信贷投向应更注重于行业调整，促进经济发展方式转变。从贷款行业投向看，贷款逐步向房地产业和基础设施行业集中，二者贷款余额比重在年末达到35%。虽然房地产业和基础设施项目（除电力、燃气及水的生产和供应业）都属于第三产业，但是在建设期却有着一个相似的特点，即对钢材、水泥等投资品需求巨大，因此，增加其项目贷款可能促使这些产能过剩行业产能的进一步扩大，阻碍产业升级，增大产业结构调整的难度，不利于经济发展方式的转变。

（二）证券业运行状况及风险分析

2010年，大连市上市融资获得较大突破，上市公司业绩良好，证券交易有所下降，但期货市场成交活跃。

1. 资本市场运行情况

（1）上市融资获得较大突破，上市公司运行良好。2010年，大连市新增5家上市公司，上市公司数量达到25家，其中，A股公司22家，B股公司2家，发行A、B两种股票公司1家。全年累计实现融资总额221.4亿元。截至2010年末，上市公司总股本279.3亿股，同比增长116.1%，总市值1 952.6亿元，同比增长28.6%；截至2010年9月30日，上市公司实现营业总收入660.1亿元，同比增长34.5%，实现归属于母公司股东的净利润为43.2亿元，同比增长12.1%。

（2）证券交易量有所下降，证券公司盈利水平同比降低。截至2010年末，大连辖区共有证券公司1家，证券分公司1家，证券营业部47家，比上年增加5家，专营证券投资咨询机构2家。证券市场客户资产总计1 787.4亿元，合格证券账户合计125万户。2010年，累计证券成交金额8 562.7亿元，同比下降8.6%，其中，A股成交金额8 214.6亿元，同比下降4.5%。证券经营机构全年实现营业收入11.8亿元，利润总额5.5亿元，营业部部均利润总额1 173万元，有8家营业部亏损。法人机构营业收入同比下降37%。

（3）期货市场成交活跃，法人期货公司发展较快。截至2010年末，大连市共有期货经纪公司4

家，期货营业部71家，比上年增加1家。2010年，期货经营机构实现代理交易额22.3万亿元，同比增长121.7%，占全国市场份额的7.2%，同比下降0.5个百分点；客户保证金72.5亿元，同比增长70.1%；手续费净收入3.2亿元，同比增长31.4%；利润总额4 815万元，同比下降22.8%。4家法人期货公司代理期货交易量和交易额同比分别增长109.8%和257.6%，手续费净收入同比增长114.7%，利润总额同比增长547.5%，总资产同比增长103.7%。

2. 证券、期货经营机构风险分析

（1）证券行业竞争加剧，各证券经营机构同质化竞争现象较为严重。大连近半数证券机构通过了经纪人制度的资格验收，短期内从业人员快速增加。同时，当年新增5家证券经营机构，在增量客户有限、整体佣金水平降低的情况下，进一步加剧了行业竞争。法人机构虽然业务结构逐渐完善，但由于专业人才缺乏等因素的限制，盈利来源较为单一，无法摆脱过于依存经纪业务的困境。

（2）融资融券等新业务的开展与系统建设滞后存在冲突。随着近几年新股扩容，交易量增大，部分证券经营机构存在信息系统建设滞后的问题，在灾备系统、机房建设、突发应急事件处理等方面存在一定隐患。融资融券业务试点后，大连部分取得资格的分支机构已经着手开展此项业务，但由于投资者适当性管理、风险揭示、投资者教育等环节还不完善，有可能引致法律风险。

（3）法人期货公司与先进地区相比存在整体性差距。在全国期货公司分类监管评价中，辖区有3家期货公司处于中等水平，有1家公司存在部分考核项目不达标的问题，需要进一步规范。与国内一流期货公司相比，辖区期货公司存在主营业务能力不强，人才储备不够，缺乏核心竞争力等问题。

（4）期货营业部经营状况出现明显分化。71家营业部的保证金规模、累计净利润水平呈两头小、中间大的橄榄形分布。以期货保证金为例，2010年末规模上亿元的营业部和千万元以下的各为14家；期货保证金排名前十的营业部占大连期货保证金总额的54.3%，是排名后十位营业部占比的75倍，经营状况恶化的营业部面临被市场淘汰的危险。

（三）保险业运行状况及风险分析

2010年，大连保险业紧抓国家宏观政策调整给行业带来的历史性机遇，实现了市场平稳健康发展。大连有中外资保险公司36家，其中，法人机构3家，保险专业中介机构53家，兼业代理机构超过1 500家，保险从业人员超过3万人。

1. 保险业运行状况

（1）市场健康平稳运行，保险密度和深度继续提高。2010年大连市保险机构实现保费收入151.1亿元，同比增长29.8%，其中，财产险业务增长32.5%，人身险业务增长28.8%。保险密度2 417元/人，同比增长28.8%，保险深度2.9%，同比提高0.3个百分点。保险公司总资产达到339.2亿元，同比增长20.1%，各类准备金和储金等累计余额454.9亿元，同比增长22.2%，行业发展基础进一步夯实，抗风险能力明显增强。

（2）财产险公司业务质量和效益显著改善。2010年大连财产险公司保费收入43.6亿元，同比增加10.7亿元，发展呈现出以下特点：一是总体盈利能力显著增强。2010年产险公司首次实现盈利，实现利润2.6亿元，盈利险种达到7个。17家财险公司中，14家盈利，3家减亏。二是车险业务规模和质量同步提升。全年车险保费收入达到30.2亿元，同比增长45. 9%。车均保费（含交强险）达到4 393.9元/台，同比增加581元/台。15家中资财险公司全面完成车险应收清零工作，批单退费率1.6%，同比下降0.2个百分点。三是非车业务保持平稳较快增长。2010年非车业务保费收入

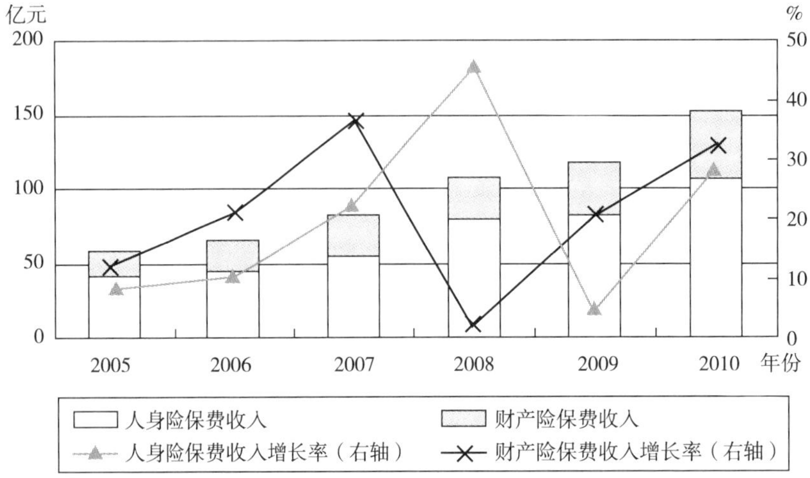

数据来源：大连保监局。

图5 2005年以来大连市保险机构保费收入变化情况

14.3亿元，同比增长9.6%；占比32.2%，高于全国6.8个百分点，其中船舶、货运、信用、企财四大重点险种占比达到23.8%。

（3）人身险公司业务内涵价值明显提升。2010年，大连人身险公司累计实现保费收入107.5亿元，同比增加24亿元，发展呈现出以下特点：一是核心业务发展稳定。寿险保费收入97.4亿元，同比增长31.6%，为人身险业务主要增长点；健康险保费收入7.5亿元，同比增长3.2%；意外险保费收入2.6亿元，同比增长17.6%。二是个险业务增长稳健，银保业务发展迅猛。2010年个人代理业务保费收入64.8亿元，同比增长23.1%，保费占比达到60.9%。以期缴为主的个险渠道优势突出表明大连保险市场的结构调整效果明显。银保渠道保费收入36.3亿元，同比增长50.2%，保费收入占比34%，同比提高4.8个百分点。三是新单标准保费大幅增长。全年新单规模保费达57.7亿元，增幅达8.8%，折成的标准保费达到17.9亿元，同比增长26.5%，业务内涵价值大幅提升。

2. 保险业风险分析

（1）营销员管理不到位造成的案件风险。营销员管理不到位带来的销售误导、侵占保费等问题仍然在一定范围内存在，2010年监管部门处理了3起营销员突发案件，2011年仍需进一步关注和加强管理。

（2）需关注内控管理风险。保险公司内控制度不够健全，需要继续加强对保险公司内控的监管，不断完善对保险公司的内控评价机制，督促其切实加强内控管理。监管部门需把公司年度考核体系、理赔管理、手续费支付以及营业费用列支、有价单证管理、账户管理等列为重点监管内容。要加强收付费管理，坚持寿险“零现金”制度，降低在新业务中发生集资诈骗、侵占挪用保费等风险。

三、金融市场运行与金融稳定

（一）金融市场配置资源功能日臻完善

1. 同业拆借市场运行平稳。2010年，大连市金融机构通过网上同业拆借211.2亿元，共253笔，同比增长81.3%，资金拆借的主体为外资银行。网下拆借业务累计发生5笔，金额30.2亿元，加权平均利率3%，截至年末拆借余额为1.3亿元（含以前年度逾期1亿元）。

2. 债券市场交易活跃。2010年，辖内市场成员参与全国银行间债券市场现券交易金额21 880亿元，同比增长67%。其中，现券交易7 919亿元，同比增长25.2%；回购交易13 961亿元，同比增长106.1%。金融机构债券结算代理户30户，比上年增加2户，全年完成各类代理业务197笔，代理结算金额497.9亿元，交易额是上年同期的27倍。债券市场交易日渐活跃，且未发现债券异常交易情形。

3. 票据业务呈上升趋势。2010年，金融机构累计签发商业汇票1 534.9亿元，同比增长11.3%。其中，银行承兑汇票签发1 507.2亿元，同比增长13%，商业承兑汇票签发27.7亿元，同比下降38.9%。截至12月末，金融机构票据签发余额803.6亿元，同比增长82%。其中，银行承兑汇票签发余额792.4亿元，同比增长84.6%；商业承兑汇票签发余额11.1亿元，同比下降10.1%。

4. 外汇和黄金市场快速发展。2010年，大连市银行间外汇市场各种货币累计成交折合14.9亿美元，同比增长25.8%。商业银行代理上海黄金交易所黄金交易、账户金和品牌金三种业务类型累计交易黄金23 890千克，同比增长32.9%。其中，商业银行代理上海黄金交易所个人黄金交易业务增长最为强劲，成交量是上年的3.1倍。

5. 直接融资比例不断提高，社会融资结构继续改善。2010年，全市完成多渠道融资809亿元，占同期银行新增贷款的64%。其中，9家企业上市、1家企业增发融资229亿元；2家企业债券融资44亿元，4家企业短期融资券融资21亿元；11家企业租赁融资11亿元；142个项目信托融资322亿元；135家企业信保融资83亿元；39家小额贷款公司发放小额贷款55亿元；29家企业私募股权融资44亿元。

（二）金融市场运行中的风险与问题值得关注

1. 票据市场定位倒置，降低信贷资金配置效率。在票据融资中，商业银行和企业作为市场的供给方和需求方，分别占有不同的优势，企业对自身流动性状况比较了解，更多的是占有信息优势，而商业银行作为资金供给方掌握着更多的主动权。正是由于商业银行与企业之间的信息不对称，使得商业银行在发展业务时更多从自身利益出发，凭借手中的主动权和专业知识引导企业开展商业银行需要开展的业务，而这对企业来说并不一定是最优选择。这种银行与企业之间的市场定位倒置，使得信贷资金不能产生最大化的效用，降低资金配置效率，造成闲置和浪费。

2. 金融机构借助外汇市场规避风险意识不高，外汇市场新产品业务尚未形成规模。大连市场的外汇交易主要以询价交易为主，外汇交易品种全部为即期交易，即期询价交易占比为98.5%，即期竞价交易占比为1.5%。近几年来，银行间外汇市场相继推出了外汇远期交易、掉期交易、外币对交易等新产品，大连地区仅有大连银行开办了少量外币对业务，金融机构借助外汇市场规避风险意识不高，外汇市场新产品业务尚未形成规模。

四、金融基础设施与金融稳定

（一）支付结算体系建设稳步推进

2010年，大连市支付结算体系建设进一步完善，支付清算系统继续保持安全平稳运行。中国人民银行大小额支付系统、全国支票影像交换系统、同城票据交换系统、电子商业汇票系统、网上支付跨行清算系统、人民币账户管理系统、公民身份证联网核查系统运行稳定，有力地保证了资金流通渠道的畅通。全年大额支付系统共完成资金往来456.4万笔，金额171 095亿元，小额支付系统共完成资金往来608.7万笔，金额872亿元；支票影像交换系统共完成提入提出5 650笔，金额5.6亿元；辖内电子商业汇票系统和网上支付跨行清算系统也正式上线运行。2010年大连市银行卡发卡量继续保持快速增长，截至2010年底，全市银行卡发卡总量2 616万张，POS交易金额760亿元。票据信用进一步提高，全年共受理空头支票举报案件2 008件，发案率下降16.7%。支付结算体系的发展更注重向农村倾斜，旅顺龙王塘、瓦房店长兴岛、庄河花园口区被纳入同城票据交换范围，农村支付服务环境得到进一步改善。

（二）反洗钱体系建设效果显著

2010年，大连市金融机构认真贯彻落实反洗钱法律、法规，依法履行反洗钱工作职责，有力地保证了辖区金融环境的稳定。各种反洗钱培训宣传活动的开展，使居民反洗钱意识显著提高，形成了良好的反洗钱社会氛围。2010年全年共上报人民币可疑交易69.4万份，金额3.92万亿元；上报外汇可疑交易3.32万份，金额737.1亿美元。检查金融机构21家，其中，银行业金融机构8家，证券业金融机构4家，期货业金融机构4家，保险业金融机构5家。检查金融机构账户3 000余户，交易约300万笔。先后就9起案件及2份线索，走访20家银行机构，组织反洗钱调查28次，涉及资金3.5亿元人民币。在反洗钱工作的实践过程中，注重多部门沟通协调，2010年全年配合公安局网警支队开展专项调查4起，协助破获网络赌博案件2起，受理银行报告重点可疑交易并移交经侦支队立案1起，有力地保障了反洗钱工作的具体落实，维护了区域金融稳定。

五、总体评估及对策建议

对大连市金融稳定状况的总体评估，依据相关性、准确性、可比性、区域性和可行性的标准建立指标体系，分别从宏观经济、金融机构和金融生态环境三方面分三个层次来考察金融稳定状况，以模糊隶属度对指标进行标准化处理，通过问卷调查、层次分析法分别计算主客观权重，用综合赋权法计算评价目标的最终得分。

（一）金融稳定定量评估的计算

采用压力测试测算利率风险。选择大连市全部15家地方法人银行机构，根据2008—2010年三年间6次调整存贷款利率幅度计算出在利率变化0.27个百分点时，大连市地方法人银行机构应对利率风险的利息收入变化的时间权数，分别是1个月以内净利息收入的时间权数0.04，1~3个月净利息收入的时间权数0.2，3~12个月净利息收入的时间权数0.06。据此得到2004年到2010年的银行业对利率风险的敏感程度，其中2010年为-0.059。

采用问卷调查法计算法制环境综合得分。调查对象确定为大连市地方法人银行机构、法人证券公司、法人保险公司和人民银行大连市中心支行相关部门。共发出问卷245份，收回有效问卷245份，根据问卷汇总得到2010年大连市法制环境综合得分为82.24分。

（二）金融稳定定量评估结果及分析

1. 定量评估结果

大连市近年金融稳定综合评估得分和稳定状况如表1所示：

表1　近年大连市金融稳定综合评估

年份	2004年	2005年	2006年	2007年	2008年	2009年	2010年
得分	71.50	72.01	85.09	86.50	84.16	84.44	89.94
稳定状况	较好－	较好－	良好＋	良好＋	良好－	良好－	良好＋
所属类别	B类地区	B类地区	A类地区	A类地区	A类地区	A类地区	A类地区

从表1中可以看到，大连市金融稳定状况从2004年到2008年逐步向好，稳定状况由“较好－”上升到“良好＋”，所属类别由B类地区上升到A类地区。2008年以来，受国际金融危机影响，大连市金融稳定状况有所回落，稳定状况下降到“良好－”。2010年，在国内、外经济形势逐渐好转的局面下，大连市金融稳定状况再次上升到“良好＋”，显现出回升势头。

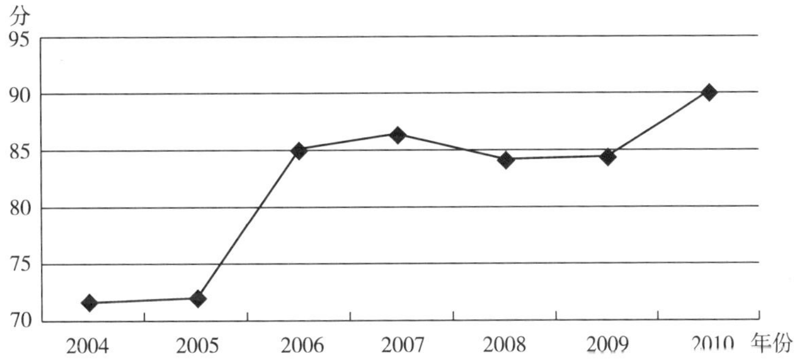

图6　近年大连市金融稳定综合评估得分

2. 定量评估结果分析

具体看宏观经济、金融机构和金融生态环境三部分，如图7所示，呈现出不同的变化趋势。三类一级指标中金融生态环境受金融危机影响很小，得分稳步提高，7年间得分升幅达到23.7%；金融机构得分受金融机构改革影响，呈阶段式上涨，大通证券改革后，得分升幅达到10.7%，之后金融机构得分保持平稳；宏观经济得分波动较大，2007年以前整体呈“U”形上升趋势，2008年在国际金融危机影响下出现下降，跌幅为7.8%，2010年，在国际金融危机影响式微的形势下出现回升，得分增幅达到22.2%。

为分析2010年大连市金融稳定状况变化，具体细分金融机构指标，从宏观经济、银行业、证券业、保险业和金融生态环境五方面，得到雷达图（见图8）。

从定量评估结果来看，从2004年至2010年大连市金融稳定状况稳中有升，但是从雷达图中可以看到，这种稳定状况的变化在各个方面是不同步的。2004年金融稳定五方面得分虽然都不高，在［67～84］之间，但是发展比较平均，雷达图基本呈正五边形；2005年保险业和银行业发展较好，得分有很大幅度提高，达到了90分以上，但是宏观经济和证券业得分下降，五方面显示出极不平衡的发展状态；2006年银行业和保险业一直保持良好的稳定状态，宏观经济和证券业得分上升，金融

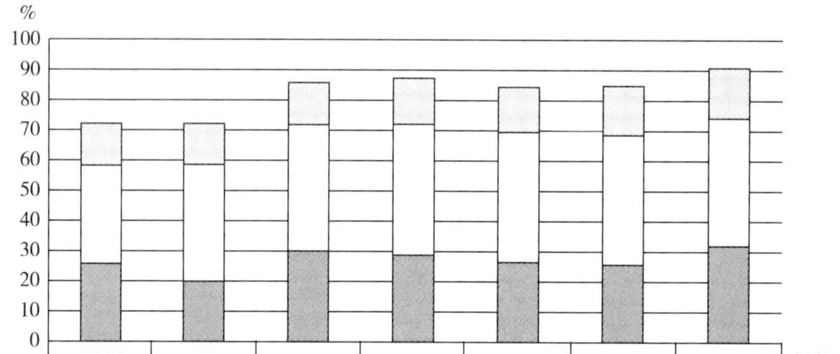

	2004	2005	2006	2007	2008	2009	2010
□ 金融生态	12.81	13.39	13.56	15.11	15.28	15.69	15.85
□ 金融机构	32.48	38.51	42.65	42.62	42.34	42.72	42.28
■ 宏观经济	26.20	20.11	28.89	28.78	26.54	26.03	31.82

图7　金融稳定定量评估三方面指标变化

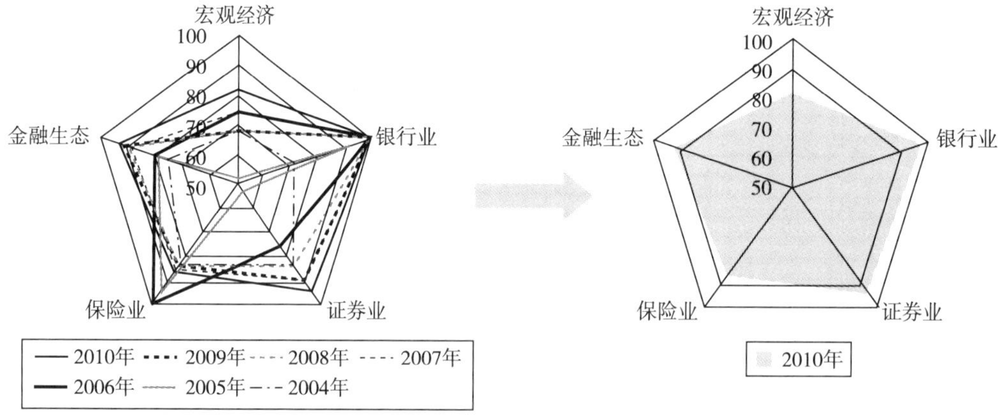

图8　2004—2010 年大连市金融稳定定量评估雷达图

稳定综合得分达到 85 分以上，稳定状况由“较好 -”上升到“良好 +”，所属类别由 B 类地区上升到 A 类地区；2007 年金融稳定五方面回到均衡发展状态，银行业、证券业、保险业和金融生态环境得分均在 85 分以上，保险业由于保险深度和保险密度增长较慢得分有所下降，宏观经济得分略低，但雷达图渐呈正五边形。2008 年和 2009 年受国际金融危机的影响，大连市金融稳定状况有所下降，其中宏观经济发展状况低于其他方面，但整体仍呈稳定发展态势。2010 年金融危机的影响逐渐减小，大连市金融稳定状况各方面均有所提升，并且得分极差下降到 15.81 分，是评估年份中最低的，显示出均衡发展的势头。

表 2　　近年大连市金融稳定分指标得分极差

年份	2004 年	2005 年	2006 年	2007 年	2008 年	2009 年	2010 年
得分级差	16.61	43.22	25.19	25.26	31.09	32.82	15.81

2010 年，在由上年的“应对危机、保增长”向“保增长、控节奏、调结构、防风险”转变的宏观政策的指引下，我国逐渐巩固了经济回升向好的势头，大连市金融稳定状况也要好于 2009 年。在

宏观经济方面，2010 年的指标与 2009 年相比有升有降，其中，社会消费品零售总额增长率、实际利用外资增长率等指标得分下降，城镇居民可支配收入增长率、农村居民人均纯收入增长率、居民消费价格指数、典型城市房地产销售价格指数等指标上得分上升，直接体现出大连市 2010 年宏观经济发展仍以投资拉动为主，但是消费增长的内生动力增强。在金融生态环境方面，2010 年指标得分比 2009 年有所提升，银行服务密度、征信数据库覆盖率等指标得分较高，大连市信用环境和市场体系逐步完善。银行业、证券业和保险业平稳发展，法人金融机构继续通过跨区经营、增资扩股等方式积极运作，市场秩序良好，风险防范能力增强，但是由于机构扩张带来的资本充足率下降问题应重点关注。

总　　纂：关守科
统　　稿：符　林　朱　焱
执　　笔：陈家宁　王成龙　毛兴纲　侯　英　李　森　杨　洋　安　娜
其他参与写作人员：汪德晟　潘孝生　余方平　吴　绪

青岛市金融稳定报告摘要

2010年，青岛市经济金融发展稳定，经济总量总体保持了较快增长，结构调整进一步深化，居民消费物价总体稳定，涉外经济总体向好，金融业运行平稳，金融机构综合实力增强，金融基础设施不断完善，金融生态环境得到有效改善。但是，物价涨幅过高且进一步上涨的压力加大，外部环境对进出口企业仍存在不利影响，跨境资金净流入压力加大，银行信贷结构调整压力加大等潜在风险因素需加以重视。

一、宏观经济环境

（一）区域经济运行情况

2010年，全市实现地区生产总值5 666.19亿元，比上年增长12.9%，增速同比提高0.7个百分点，三次产业结构由上年的4.7:50.1:45.2调整为4.9:48.7:46.4。

固定资产投资稳定增长，三次产业投资增速均呈下降趋势。2010年，全市实现规模以上固定资产投资3 022.5亿元，增长22.9%，增幅同比回落2.4个百分点，其中，第一产业投资同比下降2.4%，上年同期增幅为3%；第二、第三产业投资增幅同比分别回落1.6个和4.4个百分点。工业生产稳步向好，经济效益进一步提升。2010年，全市规模以上工业企业增加值2 714.57亿元，增长16.1%；实现利税总额1 122.55亿元，增长33.7%；实现利润总额596.63亿元，增长33.3%。居民消费价格总体稳定，资源、资产类价格上涨较快。2010年，居民消费价格上涨2.2%。资源类、资产类价格总体呈现较快增长，主要原材料、燃料、动力购进价格累计上涨12.2%，同比提高21.9个百分点；房屋销售价格仍累计上涨5.5个百分点。进出口贸易实现较快增长，进口增势较强。2010年，全市实现进出口总额561.5亿美元，增长31.9%。其中，出口333.5亿美元，进口228亿美元，同比分别增长30%和33.6%。房地产开发投资触底回升，房屋销售创历史新高。2010年全市完成房地产开发投资602.4亿元，增长31.1%，增速同比提高8个百分点，为2006年以来最高增速。2010年，青岛市房屋施工面积5 058.4万平方米，增长17.4%，增速同比提高1.1个百分点；商品房销售面积1 360.7万平方米，增长7.8%，增速同比下降56.3个百分点。非金融部门收入增速提高。2010年全市实现地方财政一般预算收入452.6亿元，增长20.1%，增幅同比提高10个百分点；地方财政一般预算支出532.4亿元，增长22.8%，增幅同比提高5.4个百分点。城市居民人均可支配收入24 998元，增长11.8%，增幅同比提高2.5个百分点；人均消费性支出17 531元，增长9%，增幅同比提高1.8个百分点；农民人均纯收入10 550元，增长14.1%，增幅同比提高5.4个百分点；人均生活消费支出6 662元，增长14.2%，增幅同比提高

4.2个百分点。涉外经济总体向好，利用外资快速回升。2010年，青岛市各项外汇收入458.9亿美元，增长37%；各项外汇支出312.5亿美元，增长46.8%；外汇收支顺差146.4亿美元，增长20%；全市银行结汇283.9亿美元，增长30.7%；售汇150.6亿美元，增长36.6%；结售汇顺差133.3亿美元，增长22.3%。外商直接投资快速增长。据验资询证口径统计，2010年全市外商直接投资出资额28.4亿美元，增长46.6%。

（二）宏观经济环境中影响金融稳定的风险因素

物价涨幅过高且进一步上涨的压力加大。青岛市12月份CPI同比上涨3.7%，物价上涨已经由最初的原材料上涨传导至消费的末端产品，增加了企业经营成本，挤压企业盈利空间。2010年，主要原材料、燃料、动力购进价格指数同比上涨12.2%，明显高于工业品出厂价格3.75%的增幅，二者差距由上年同期的－5.43个百分点扩大到8.45个百分点。由于信贷扩张较快，以美国为首的西方主要发达国家继续实行量化宽松的货币政策，市场流动性仍在不断增加，加上其他影响通胀的因素，未来物价上行的压力较大，公众物价上涨预期较为强烈。

外部环境对进出口企业的影响不容忽视。一是外部需求弱于预期。2010年，青岛市出口前20位的国家排名中，荷兰的出口额同比下降10.6%，比利时的出口额仅增6.6%，丹麦、西班牙的出口增速低于平均水平。二是人民币升值背景下企业接单周期明显缩短。2010年6月央行二次汇改以来，人民币已累计升值约3%，且有较强的升值预期，对进出口企业带来一定影响。为规避汇率波动，企业将产品定价由3～6个月基本不变改为根据汇率变动议定当月价格，据统计，在10月份的广交会上青岛企业成交的出口订单中，1～3个月以内的短单占49.2%，3～6个月的中单占38.3%，6个月以上的长单仅占12.2%。三是企业主动规避汇率风险的难度较大。企业对银行推出的汇率避险工具使用程度不高，据调查，10家中仅有2家企业对避险工具有初步了解，1家企业叙做过汇率避险业务。

跨境资金净流入压力加大。2010年，全市结售汇顺差133.3亿美元，增长22.3%。其中，货物贸易开放度较高，是跨境资金流入的主要渠道，2010年资金净流入112.8亿美元，大于进出口顺差5.1亿美元，占全部资金净流入规模的84.6%；政策监管较为薄弱的服务贸易也逐渐成为资金流入的重要渠道，2010年服务贸易项下外汇资金由2009年的净流出1.3亿美元逆转为净流入3.9亿美元；随着资本项目可兑换的稳步推进的和企业资本与金融活动的日益活跃，资本项目外汇净流入压力逐渐增加，2010年净流入5.5亿美元，而2009年同期表现为净流出2.1亿美元。

房地产开发企业土地购置成本增加助推房价上涨压力。随着青岛市房地产业的迅速发展，可供房地产开发的存量土地日益减少，资源的稀缺影响土地成交价款不断上涨。2010年，房地产开发企业土地购成交价款95.7亿元，同比增长97.7%，占房地产开发投资额的15.9%，较上年提高5.4个百分点。购置土地面积478.8万平方米，同比增长58.6%。按成交额及成交面积计算，2010年，全市房地产开发企业土地平均成交价格由上年同期的1 604.4元/平方米提高到1 998.4元/平方米，年内净增394元/平方米，增长24.6%。土地成交价款的增加直接导致土地单位面积价格快速攀升，提高了商品房的开发成本，助推房价上涨压力。

二、金融业

（一）银行业

1. 银行业基本情况

2010年青岛市共有银行业金融机构43家，其中，政策性银行分行3家，国有商业银行4家，股份制商业银行10家，外资银行9家，城市商业银行、农村合作金融机构（包括4家农村合作银行和4家农联社）各1家，城市商业银行分支机构4家，农村商业银行分支机构1家，邮政储蓄机构、信托投资公司、资产管理公司各1家，财务公司3家，外资银行代表处1家，村镇银行3家。

综合实力不断增强。2010年末，青岛辖区银行机构资产总额9 658.73亿元，比年初增加1 664.56亿元；负债总额9 386.54万元，比年初增加1 635.19亿元。年末，本外币各项存款余额7 895.52亿元，比年初增加1 391.08亿元，同比少增228.38亿元；各项贷款余额6 365.21亿元，比年初增加1 096.65亿元，同比少增108.94亿元。全年新增信用总量余额9 153亿元，比年初增加1 738亿元。全年累计实现账面利润144.86亿元，同比增加39.63亿元。

银行业风险抵御能力增强。2010年，辖区银行机构新提贷款损失准备金20.12亿元，辖区银行机构贷款损失准备金余额113.60亿元，比年初增加20.50亿元，平均拨备覆盖率为143.74%，较年初提高47.44个百分点。

不良贷款余额和比例继续实现“双降”。2010年，全市银行业金融机构五级分类不良贷款余额82.07亿元，比年初减少17.74亿元，不良贷款率为1.29%，比年初下降0.61个百分点。

青岛农村合作金融机构资本充足能力增强。2010年末，青岛市农联社资本充足率为7.06%，同比提高0.1个百分点，其中，4家联社和4家合行的资本充足率均较同期提高。

2. 银行业风险分析

信贷结构调整压力较大。2010年以来，金融机构对在建项目和经济实体的投入力度加大，各项贷款强劲增长，但信贷结构集中的态势也更加凸显。一是贷款行业集中现象有增无减。贷款分行业数据显示，全年信贷资金主要投向制造业、房地产业、批发零售业、水利环境公共设施管理业和建筑业五大行业，增量合计占比高达88.26%，同比大幅提高13个百分点，特别是投向房地产类的信贷资金比例高达34.8%，同比提高6.7个百分点。而文化创意、物流等新兴服务业获得贷款偏少，如文化、教育和娱乐业贷款仅占0.51%。二是贷款期限结构不匹配问题仍未有效缓解。在新增贷款中，中长期贷款占比仍高达85.6%，比新增定期存款占比高出37.2个百分点。三是票据融资所占份额降至历史低位，资产池的作用难以发挥。为腾出放贷空间，各金融机构不断压缩票据融资规模，年末票据融资余额比近7年来的平均余额还低93.6亿元，比重已降至3.2%。

信贷投放节奏呈明显的前高后低之势。分季度看，各项贷款的增势逐渐放缓，增量逐渐缩减，2010年四个季度的信贷投放比例为3.9:2.4:2.4:1.3，信贷投放不均衡现象比2009年更加严重（2009年四个季度的比例为3:2.7:2.6:1.7），其中，第四季度各项贷款仅增140亿元，为第一季度增量的1/3。商业银行信贷投放不均衡，主要是受商业银行绩效考核模式的影响。在年度利润考核机制下，对以息差收入为主要收入来源的商业银行来说，贷款“早投放、早收益”。因此，即便年初制定了3:3:2:2的信贷投放计划，信贷投放仍然不断提前。特别是到12月份，为压缩贷款规模，部分银行出现年末停止放款的情况，全市各项贷款净减少59.5亿元。同时，由于下半年尤其是第四季度发放中长期贷款对年度利润的贡献度较低，商业银行更愿意将中长期贷款项目作为储备次年发放，因此，其年末发放中长期贷款的意愿降低。这种前高后低的投放节奏明显有悖于均衡投放的信贷政策，不符合经济运行对信贷的需求。而且在年初贷款集中发放的情况下，不少商业银行的存贷比指标逼近监管上限，从下半年开始，总行对分支机构存贷比要求更加严格，刺激这些商业银行加大吸存力度，高息揽存、变相揽存等现象有所抬头，不利于金融的健康平稳运行。

房地产信贷市场风险继续累积。一是房价持续上涨，市场风险显著上升。2010 年，在国家对房地产市场调控力度不断加大的形势下，青岛市房价涨幅基本稳定，低于全国平均水平，但第四季度以来，随着市场交易持续升温，价量齐升的局面又开始出现。第四季度连续 3 个月环比上涨，涨幅分别为 1. 8%、0. 1% 和 0. 5%。二是房地产开发企业高负债经营隐含财务风险加大。根据国土局对青岛市 2010 年土地闲置情况清查结果看，目前青岛市共发现闲置土地 48 宗，面积 171. 31 公顷，涉及贷款余额 8. 66 亿元，部分超限闲置土地面临收回或增收土地闲置费的风险加大，银行业金融机构应审慎评估此类贷款风险。12 月末，辖区贷款 5 000 万元以上的房地产大客户中，资产负债率超过 75% 的有 41 家，比年初增加 9 家，房地产企业平均资产负债率 67. 1%，比年初上升 7. 8 个百分点。三是资金压力可能催生违规行为，潜伏合规风险。随着房地产市场调控不断加强，规避调控、规避监管等各种不规范行为日益增多，房地产信贷政策执行遇到的阻力和困难在加大。据调查和检查的情况，少数银行机构房贷新政落实不到位，对二套房认定标准从宽不从严，个别机构甚至通过大额消费贷款变相为二套或多套购房者提供信贷。在“国十条”和“新五条”相继出台后，辖区个人住房贷款快速回落，与此形成鲜明对比的是个人住房装修贷款增速上升，从 4 月末的 21. 1% 上升至 12 月末的 88. 3%，部分银行的装修贷款额度高达 100 万元，这些高额度消费贷款往往被变相用于购房，既扰乱了公平竞争的市场秩序，也为银行日后的信贷风险管控埋下隐患。

宏观经济复杂多变导致银行信贷风险管控能力面临挑战。一是企业生产成本快速上升，借款企业的还款意愿和还款能力下降。2010 年下半年以来，国内物价水平持续攀升，经济运行中潜在通胀压力增加，人民币汇率升值压力持续加大，大部分原材料、燃料及动力购进价格普遍上涨、企业劳动力成本刚性上升，带动企业成本持续增加，另外，下半年连续两次加息也在一定程度上提高了企业的财务成本。有的企业由盈转亏并面临新一轮经营困境，贷款到期后循环授信或继续融资的难度加大。二是经济结构调整加快，行业风险亟待关注。首先是出口行业。近期人民币对美元汇率持续升值，青岛市劳动密集型中小企业产品附加值低，出口议价能力较弱，部分来料加工、进料加工的纺织服装企业平均利润率仅为 3% ~5%，对汇率变化高度敏感，企业生产经营面临较大压力。其次是淘汰落后产能行业。辖区 2010 年和 2011 年共有 14 家企业进入淘汰落后企业名单，另有 5 家企业因为超能耗被市节能主管部门限期整改，截至 12 月末，这 19 家企业在辖区银行机构的贷款余额 20. 4 亿元，占辖区信贷总量的 0. 32%，虽然占比较低，但如果一些企业借关停并转之机恶意逃废银行债务，抽逃、转移资产，将使得银行信贷资金面临损失风险。三是融资平台贷款风险仍需高度关注。截至 12 月末，辖区银行机构发放的本地平台贷款余额 926. 16 亿元，但从清查情况看，平台贷款中信用贷款和平台互保现象较为突出；平台公司整合后，偿债责任有待进一步明确；部分贷款第二还款来源尚未落实。另外，平台贷款还款集中度风险应引起重视。

（二）证券业

1. 证券期货业基本情况

2010 年，青岛市共有证券公司 1 家，证券营业部 54 家，比年初增加 11 家。期货营业部 29 家，比年初增加6家，基金管理公司1家，证券投资咨询公司2家，证券期货经营机构不断增加。

证券交易量同期持平。2010年，青岛市证券交易量为12 364.3亿元，增长0.53%；证券投资者资产达972.5亿元，增长17.6%；投资者资金账户数105.6万户，股东账户数155.9万户，同比分别增长8.8%和14.5%。

期货市场经营指标快速提高。截至2010年末，青岛辖区期货经营机构实现净利润4 888.08亿元，增长59.84%；代理成交额4.02万亿元，增长127.47%；期末客户权益为35.51亿元，增长86.6%；客户数量为24 902户，增长54.81%；客户交易盈利1.68亿元。

上市公司市值不断增加，直接融资取得新进展。截至2010年末，青岛辖区14家上市公司中，沪、深主板公司9家，中小板3家，创业板2家。青岛市上市公司总股本77.45亿元，增长23.3%；总市值1 654.49亿元，增长25.7%，流通市值1 296.52亿元，增长58.8%。直接融资实现突破，其中，上市公司实现境内融资额35.5亿元，占当年银行贷款增加额的3.04%，同比提高0.18个百分点。2010年青岛市累计实现直接融资216.28亿元。

2. 存在的问题

客户资产增长与账户数量增长不相匹配。2010年，青岛辖区投资者资金账户数突破百万户，截至12月份，投资者资金账户数105.6万户，股东账户数155.9万户，同比分别增长8.8%和14.5%。资金账户数在全国36个辖区中排名第25位，领先于大连的27位、宁波的29位、厦门的30位。截至2010年末，辖区营业部客户资产合计972.5亿元，同比增长17.6%，全国排名第29位，在四个计划单列市中排名最后，落后于宁波的第20位、厦门的第26位、大连的第28位。说明青岛辖区客户资产增长与账户数量增长不相匹配，户均资产远远落后于同类城市。

证券营业部盈利能力下滑。2010年全年辖区证券营业部营业收入12.9亿元，营业收入同比减少16.89%，营业支出总计6.12亿元，同比增长9.7%；利润总额为6.8亿元，净利润6.61亿元，同比分别减少28.2%和27.76%。营业收入同比减少的主要原因是辖区平均佣金费率为0.1%，同比下降9.1%，券商收入同比减少。营业支出同比大幅增加的主要原因是营业支出项目中职工薪酬的增加。当前，随着机构的不断增加，市场竞争愈加激烈，佣金费率不断下滑，券商收入同比减少。为了争夺有限的客户资源，辖区大部分营业部都建立了自己的营销团队，有的人数多达上百人。大规模的营销人员队伍在增强了客户开发能力的同时，其所需的大量人员经费也给营业部带来了沉重的经济负担，同时管理成本和合规成本也直线攀升。大规模人海战术、银行驻点等传统的营销模式越来越难以奏效，营销人员素质的良莠不齐也给营业部带来极大的违规风险。2010年，青岛辖区证券营业部业务及管理费用支出4.06亿元，占比达到66.3%，同比增加4.1%。而业务及管理费用中的职工薪酬总计达到1.9亿元，占比47.9%，同比增长12.6%。

（三）保险业

1. 保险业基本情况

2010年，青岛市共有保险公司分公司44家（产险22家，寿险22家；中资35家，外资9家）；保险中介法人机构56家（保险专业代理机构36家、保险经纪机构11家、保险公估机构9家），比年初减少7家（6家代理机构、1家公估机构）；保险中介分支机构23家（5家保险代理分支机构、10家保险经纪分支机构和8家保险公估分支机构），比年初增加1家公估分支机构；兼业代理机构956家，比上年同期增加482家。

资产规模快速上升。2010年末，青岛市保险业总资产达到274.7亿元，比年初增加57.0亿元，增长26.2%。其中，财产保险公司资产总额23.6亿元，比年初增加5.1亿元；寿险公司资产总额251.2亿元，比年初增加51.9亿元。

保费收入快速增长。2010年，青岛市累计实现保费收入153.85亿元，增长33.42%。从险种看，除农业险、特殊风险保险外，各类型保险保费收入均呈增长趋势。2010年，财产险保费收入49.5亿元，增长44.3%。财产险保费中，机动车险保费收入34.2亿元，增长38.4%，人身险保费收入103.4亿元，增长29.24%。人身险保费中，寿险保费收入92.85亿元，增长31.6%；健康险保费收入9.2亿元，增长7.4%；意外险保费收入2.3亿元，增长22.4%。

保险对经济稳定运行的保障作用进一步提升。2010年，各项赔付支出38.8亿元，增长13.3%。其中，财产险赔付25.4亿元，增长32.1%。财产险赔付中，机动车辆保险赔付16.0亿元，增长17.6%；人身险赔付13.5亿元，下降10.5%。人身险赔付中，寿险赔付9.3亿元，下降18.1%；健康险赔付3.5亿元，增长13.9%；意外险赔付0.6亿元，增长9.6%。风险管理职能得到进一步发挥。医疗责任险、城镇职工大额医疗补助保险、新型农村合作医疗受托管理继续稳步发展，2010年，医疗责任险一级以上医院承保132家，承保率100%，承保医护人员2.4万人；城镇职工大额医疗补助保险参保职工达到172万人，全年赔付近2 000人次，赔付金额2 000余万元；新型农村合作医疗受托资金9 000万元，参合农民39万人，赔付8 500余万元。此外，安全生产责任险、校园方责任险、承运人责任险、董监事责任险等领域的业务也得到进一步发展。

保险中介业务稳步增长。截至2010年末，保险公司通过中介渠道实现保费收入116.1亿元，增长28.8%，占全部保费收入的75.4%。其中，保险专业代理机构实现代理保费收入5.66亿元，同比增长47.4%；占全市保费收入的3.68%，同比提高0.34个百分点；保险经纪机构实现保费收入1.26亿元，同比增长121.05%，占全市保费收入的0.82%，比上年同期上升0.33个百分点；保险营销员累计实现保费收入55.7亿元，同比增长23.8%，占总保费收入的36.2%，同比下降2.8个百分点。2010年，全市中介市场（专业中介、兼业代理、营销员）共实现业务收入7.9亿元，同比增长24.6%。

退保率大幅下降。2010年，寿险公司共发生退保金11.0亿元，同比减少18.2%；退保率为2.8%，同比下降34.0%。与相关地区相比，青岛寿险公司退保率较低，稍高于大连和山东，低于其他地区，寿险公司退保风险控制较好。

2. 存在的问题

产险公司持续亏损。2010年，青岛产险公司净利润亏损1.1亿元，比上年减亏1.1亿元，净利润率为-2.17%。若剔除非盈利的政策性出口信用保险公司，产险公司共实现净利润为0.2亿元，比上年减亏0.7亿元。其中，交强险和信用险亏损较多，交强险承保利润亏损2.5亿元，信用险承保利润亏损1.3亿元。交强险亏损原因主要是赔款较高。2010年交强险原保险保费收入8.9亿元，其中，提取未到期责任准备金0.9亿元，已赚保费收入8.0亿元，由于本年度赔案数量较多，交强险赔款支出达6.9亿元，提取未决赔款准备金达1.4亿元，因而出现较大亏损。

银邮渠道业务快速发展导致恶性竞争加大。2010年，银邮渠道业务快速发展，占比呈现逐步增加的趋势。银邮代理渠道实现保费收入45亿元，同比增长41.6%，占总保费收入的43.5%，占比较2009年提高了4个百分点。寿险公司扎堆银邮渠道，一方面，容易引发各公司为争抢和维持有限渠道关系进行恶性竞争；另一方面，随着金融业混业经营的发展，“银行系”保险公司逐渐壮大，银行将把更多的资源放在自己控股的保险公司，主要依赖银邮渠道销售产品的中小保险公司，将面临业务被挤压，甚至失去销售渠道的风险。

（四）金融业综合经营

1. 综合经营基本情况

截至2010年末，青岛市并无纯粹意义上的金融控股公司。

证券交易结算资金第三方存管业务稳步增长。2010年，青岛辖区13家银行机构开办了证券交易结算资金第三方存管业务。全年新增开户量107 381户，期末累计开户量795 456户，存管资金发生额2 003亿元，是上年的1.9倍，累计实现经营收益861.72万元，是上年的1.85倍。理基金业务量大幅增长。

银行本外币理财产品快速发展。2010年，银行业人民币理财实现交易额1 693.2亿元，同比增长32.7%；实现经营收入6.78亿元，是上年的2.2倍；银行外币理财产品实现交易额40.5亿元，是上年的1.6倍；实现经营收入989.25万元，是上年的1.27倍。外资银行理财业务取得较快发展。外资银行本外币理财产品销售金额21.75亿元，是上年的166.6倍；累计实现经营收入299.08亿元，是上年的4倍。

银保类交叉性金融工具交易稳步发展。2010年，青岛辖区共有19家银行机构代理保险业务，代理营业网点1 276家。全年代理业务金额36.16亿元，实现手续费收入1.9亿元，占银行机构全部中间业务收入的5.13%。由于存在销售人员缺乏专业的产品知识、保险产品误导销售、售后服务不到位等问题，共引起客户投诉14起，比上年同期多9起。

外汇衍生业务快速发展。2010年，青岛辖区银行机构外汇衍生品交易额73.72亿元，是上年的3.68倍；年末业务余额33.56亿元，是上年的1.36倍；累计实现经营收益2 440.15万元，是上年的2.18倍。外汇衍生产品主要包括远期外汇交易、外币利率互换、货币互换、外汇期权和结构性存款等金融衍生产品。

2. 存在的问题

企业年金业务发展受到较大限制。2010年，青岛辖区4家银行开展企业年金业务，共有39家企业年金客户。2010年，企业年金业务累计实现托管金额4.9亿元。目前，青岛市年金实行试点制，由市劳动局、市国、地税局和国资委等政府部门会签审批，获批后企业则具备操作年金资格，获职工代表大会通过的企业年金方案需报备劳动局（属国资委企业还需上报国资委），年金合同报备劳动局，业务监管在地市级主要由劳动局把关审批方案、合同等是否合理，其他职能的监管均由劳动和社会保障部统一对各年金管理人的总部进行监管检查。监管模式造成审批环节多、周期长，企业开展年金业务的积极性普遍不高。2008年3月，劳动保障局就暂停了企业年金试点资格的审批，2010年末恢复资产审批，但审批条件极为苛刻，企业年金业务难以取得实质性进展。

理财产品风险控制和透明度问题不容忽视。大多数金融机构反映，作为分支机构，其在理财业务上的主要任务是产品销售，对于大多数理财产品募集后的资金去向问题，均由各自总行负责，难以及时有效获得理财产品的资金运作及风险控制情况。特别是对于理财产品购买债券情况，几乎所有的青岛分支机构都反映不了解理财产品募集资金的去向问题。作为理财产品的一线销售部门，第一时间获得理财产品的资金运作和收益情况，有利于在销售过程中做好对客户的风险评估，有利于针对不同理财产品的收益情况确定销售重点，有利于及时通知客户，提高理财产品的透明度。

三、金融基础设施

（一）金融基础设施建设的进展情况

支付体系安全稳定高效运行。2010 年以来，青岛市的支付体系建设不断完善，继大额实时支付系统、小额批量支付系统、全国支票影像交换系统、境内外币支付系统、电子商业汇票系统之后，网上支付跨行清算系统又成功推广运行。同时，对支付密码系统和同城票据打码程序进行了升级改造，同城资金的清算效率和水平进一步提高。截至 2010 年底，青岛市大、小额支付系统直接参与机构 25 家，间接参与机构 457 家，日均清算业务量 5.5 万笔，金额 553 亿元；参与同城票据交换单位 308 家，日均清算笔数 2.36 万笔，金额 39 亿元；银行卡跨行交易 ATM 日均清算 5.8 万笔，金额 0.5 亿元；POS 日均清算 23 万笔，金额 4 亿元，大大提高了资金交易效率和流动性。同时，农村支付环境建设得到全面推进。截至 2010 年底，青岛各县市共布放 POS 机 11 457 台，比年初增长 76.6%；布放 ATM 908 台，比年初增长 72.5%；累计发行银行卡 640 万张，比年初增长 86.5%；累计开通网上银行 44.1 万户，比年初增长 94.3%。

反洗钱工作取得新进展。一是客户身份识别工作力度不断加大。辖区金融机构 2010 年初次识别客户 8 126 917 个，重新识别客户 786 553 个，比 2009 年有了显著增长。二是金融机构报送重点可疑交易报告的意识和能力逐步提高。2010 年评估发现，多数金融机构对大额交易和可疑交易的报送方式和标准作出了细化规定，完善了大额交易和可疑交易报送流程。2010 年，金融机构总对总报送人民币可疑交易 1 108 283 份，涉及金额 790 070 183.7 万元，外币可疑交易 113 983 份，涉及金额 9 671 920.52万美元。三是对高风险机构实施现场检查。2010 年对 4 家执行反洗钱法规不到位、存在较大洗钱风险隐患的金融机构进行现场检查，立项数量同比减少 20%，发现各类问题 25 项，同比增加 10%，提高了检查对象选择的精准度。坚持对严重违规问题必罚的原则，2010 年，对 3 家被查单位处罚 135 万元，同比增长 238%，首次对直接责任人员进行处罚，处罚个人 7 名，金额 18.5 万元。四是加强监测分析和行政调查。2010 年，共接收金融机构重点可疑交易报告 24 份，主动获取各类线索 24 条，对金融机构实施行政调查 143 次。工作中围绕交易数据和交易背景剖析犯罪行为，并充分利用历史资料和互联网等公众信息平台，成功分析并向司法机关移送有价值线索 17 个，同比增长 143%，其中立案 6 起，破案 6 起。

信用体系建设稳步推进。一是农村信用体系建设工作进一步加强。农村经济主体信用档案电子化工作进展顺利，青岛市农联社已将现有农户信息导入到“农村信用体系管理信息系统”，截至目前已为近 17.7 万户农户建立了电子信用档案，评定信用户近 15.5 万户。二是提高信用报告查询及异议处理服务水平。2010 年，共受理企业信用报告查询 238 户次，个人信用报告查询 9 540 人次，受理个人异议申请 78 人次，企业异议申请 2 次，辖内商业银行共开出异议信息证明 35 份。三是非银行信息采集成果继续扩大。全国首家通过报文形式实现了诉讼和执行两类法院企业信息的成功加载，同时，法院信息是通过电子系统生成报文的电子化采集，其采集范围、采集数量和影响都有了实质性突破。继续做好个人和企业公积金缴存信息、环保处罚信息、拖欠职工工资信息等非银行信息的采集和向总行报送的工作。在按季采集 200 万元以上欠税大户信息、非正常纳税户信息的基础上，将欠税信息扩大到公告欠税企业信息。与市公用事业局协商，初步商定将企业缴纳水费、燃气费信息纳入人民银行征信系统。继续打造青岛市非银行信用信息查询平台。

（二）金融基础设施建设的薄弱环节

金融机构行内业务系统风险应予关注。人民银行作为我国的中央银行，肩负维护支付体系正常运行的法定职责，强化监督管理，促进支付体系健康稳定发展，防范支付系统风险已经成为当前人民银行刻不容缓重要任务。在支付系统飞速发展的同时，金融机构行内业务系统也在不断进行升级改造，由于金融机构内部管理和安全防范机制参差不齐，潜在的运行风险极易传递到人民银行支付系统，进而影响整个支付体系的健康稳定运行，应对其予以高度关注。

反洗钱工作开展行业不平衡。从现场检查和非现场监管情况看，2010 年，辖区未发现洗钱案件，辖内金融机构未发生重大违规行为，总体上青岛市洗钱风险可控，但反洗钱工作开展行业不平衡，银行业金融机构反洗钱工作起步较早，比较规范；证券期货业、保险业金融机构反洗钱工作开展相对滞后。

征信体系建设仍需加强。外部评级作用尚未得到充分发挥。各金融机构存在重内部评级、轻外部评级，对外部评级中揭示的风险重视不足、不能有效地引入外部评级结果等问题。各单位、部门受内部规定的限制和法律环境不完善的影响，对本部门、本单位所掌握的信息严加管制，通过公开渠道或协议渠道能够获取的信息量受到限制，影响了企业、个人信用信息的共享。由于信息分散在不同的单位和部门，失信惩戒机制不能得到较好的发挥。同时，许多部门以及一些行业协会、中介组织也在开展有关信用体系建设工作，造成了人力和物力的浪费，不利于统一征信体系的建立和完善。

四、综合评估

根据人民银行青岛市中心支行金融稳定评估方案，从宏观经济、金融机构及金融生态环境等方面对青岛市 2010 年金融稳定状况进行综合评估。评估结果显示，2010 年青岛市金融稳定状况综合得分 93.76 分，较 2009 年提高了 6.23 分，青岛市金融稳定状况良好。

2010 年，面对国内外复杂的经济形势，青岛市认真贯彻落实中央宏观调控政策，加快推进经济发展方式转变和经济结构调整，经济保持平稳较快发展，各项指标快速增长。全市实现地区生产总值 5 666.19 亿元，比上年增长 12.9%，增速同比提高 0.7 个百分点，三次产业的比例关系进一步得到调整。工业生产稳步向好，经济效益进一步提升。全市规模以上工业企业增加值同比增长 16.1%，增速同比提高 1.2 个百分点，工业经济效益综合指数达到 269.86%，比上年提高 22.5 个百分点。居民消费价格总体稳定，食品价格涨幅居前，社会消费市场趋旺，进出口贸易实现较快发展，外商直接投资增速较快。2010 年，青岛市银行业金融机构认真贯彻落实各项宏观调控政策，积极采取有效措施，调整和优化信贷结构，保持货币信贷适度稳定增长，主要指标由“应对危机”逐步转向“回归常态”。2010 年末，全市本外币各项存款余额 7 895.5 亿元，比年初增加 1 391.1 亿元，同比少增 228.4 亿元；本外币各项贷款余额 6 365.2 亿元，比年初增加 1 096.6 亿元，同比少增 108.9 亿元。全年新增信用总量余额 9 153 亿元，比年初增加 1 738 亿元。证券业发展平稳，证券交易总额基本持平；上市公司发展取得突破，总体质量有所提升。保险业发展较快，保险对经济稳定运行的保障作用进一步提升。金融基础设施不断完善运行稳健。信用体系建设日趋完善，支付体系建设进程加快，反洗钱工作取得新进展，金融生态环境进一步改善。

在经济金融平稳运行的同时，经济发展仍旧面临比较复杂的内外形势，货币政策由适度宽松转向稳健也对经济金融运行带来新影响。商业银行的利润驱动带来整体信贷扩张的冲动，造成信贷供需压力明显加大；金融支持经济结构调整面临诸多新情况，银行开展信贷产品创新面临诸多制度性和市场性制约因素。如何引导商业银行对相关领域的企业、行业和产业有一个全面、客观、准确的识别和判断，避免经济产生较大波动，是维护金融稳定的一个重大课题。证券市场市场竞争愈加激烈，证券营业部门面临盈利能力下滑和营销人员素质不高的问题。保险业保险产品的开发和渗透能力、保险服务领域等尚不能完全满足社会的需求。金融基础设施也存在诸多薄弱环节，这些问题需要进一步完善和解决。

总　　纂：顾延善
统　　稿：郝龙敬　耿　昭
执　　笔（按姓氏笔画排序）：
丁小然　丁培培　付　欣　孙洪义　辛俊杰　赵国靖
高乃明　戴华伟

宁波市金融稳定报告摘要

2010年，宁波区域经济继续回升，特色经济的支撑作用显著，经济发展效益稳步提高。辖区银、证、保各行业金融机构保持了较快发展，机构改革加快推进，金融体系进一步完善，区域金融稳定状况总体较上年好转。准金融组织发展迅速，金融市场交易进一步活跃，金融基础设施建设不断完善，总体稳定状况较上年明显改观。但通胀压力加剧、金融同业不规范竞争突出、准金融组织监管缺失等问题值得关注。

一、区域经济运行与金融稳定

（一）区域经济持续快速发展，为金融业稳定运行提供了有利环境

2010年，宁波经济延续了国际金融危机后的回升势头。全年实现地区生产总值5 125.82亿元，按可比价格计算，比上年增长12.4%，同比提高3.5个百分点，且各季度均保持两位数的增速。经济的快速增长为区域金融的健康快速发展奠定了良好的基础。

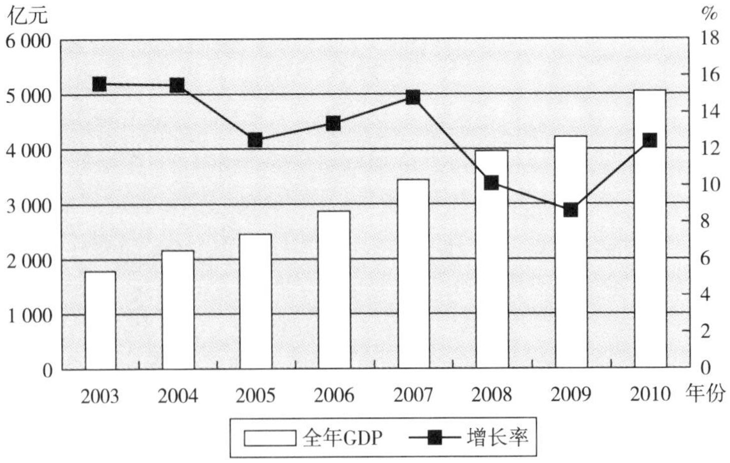

图1 2003—2010年宁波市GDP及增长情况

1. 增长结构优化，消费的拉动作用增强

2010年，消费和出口成为宁波经济增长的主要动力：全年社会消费品零售总额1 704.5亿元，增长19.2%，同比提高3.2个百分点，其中汽车、金银珠宝类消费增长最为突出。全年外贸自营进

出口总额829.0亿美元，增长36.3%。其中，出口519.7亿美元，增长34.5%；全社会固定资产投资2 206.5亿元，同比增长10.1%，增速较上年下降6个百分点。增长重心从依赖投资转向消费，反映了宁波经济挖掘内需潜力的积极变化。

2. 经济效益持续提高，社会财富较快增长

2010年，宁波经济主体的效益迅速提高。全年完成工业总产值13 171.2亿元，同比增长32.5%。全年工业经济效益综合得分为253.9分，比上年提高31.9分。财政一般预算收入（含中央财政收入）1 171.7亿元，增长21.3%；财政一般预算支出600.7亿元，增长18.7%。市区居民人均可支配收入30 166元，比上年增长10.2%；农村居民人均纯收入14 261元，增长12.8%。城乡居民收入差距不断缩小。

（二）区域经济运行中需关注的方面

1. 生活、生产资料与房地产价格持续上涨

2010年，全年宁波市居民消费价格指数为103.7%，消费市场未出现大幅炒作现象，但食品类价格增长明显。工业品出厂价格指数低于原料、燃料及动力价格指数，提高了企业生产成本。商品房成交价格继续上涨，全年房屋销售价格指数105.7%，增速同比减缓，但随着租售比的扩大，房地产市场的潜在风险可能放大。

2. 热钱跨国流动对国内经济输入通胀压力

2010年，国际金融危机后续影响仍在持续，美国实施了第二轮量化宽松货币政策，将超量的货币供给向全球输出。欧、日等其他发达经济体则步其后尘，使国际资本市场的流动性和投机热钱进一步膨胀。2010年，宁波外资实际流入26.14亿美元，同比上升82.34%，其中，房地产企业资本金流入7.09亿美元，是上年的2.46倍。外资快速流入房地产行业将对资产价格的稳定造成较大压力。

3. 地方特色经济的稳定增长面临压力

国内外形势的变化使宁波涉外、民营等特色经济面临新的挑战。一方面，人民币升值压力持续加大，加剧了国内出口企业的汇率风险；另一方面，欧洲多国主权债务危机的相继爆发，使宁波传统的出口市场消费能力下降。国内方面，稳健的货币政策将使信贷规模受到约束，地方政府的固定资产投资可能对民营企业形成“挤出效应”，影响地区经济的稳定增长。

二、金融业与金融稳定

（一）机构改革进展情况

2010年，宁波辖区金融业改革步伐加快，金融市场主体快速扩张，系统布局进一步完善，金融机构股权结构进一步优化，金融机构改革成效进一步显现，有力推动了辖区金融机构的稳健运行，对促进微观金融稳定具有积极的作用。

1. 金融系统布局进一步完善

2010年，随着中国进出口银行宁波分行成立，政策性金融机构在宁波全部设了分支机构；辖区首家企业集团财务公司宁波港集团财务有限公司顺利开业，机构类型进一步完善；中信金通和光大证券的宁波分公司相继设立，最后3家证券服务部全部规范升级为证券营业部，证券经营机构规格

整体提高。

2. 城乡合作金融机构股权结构进一步优化

2008 年以来，通过向原股东配售股份、转送股等形式，辖区多家机构股本规模迅速扩大，市区农村信用联社向原股东定向配股募集股金 3.32 亿元，镇海农村信用联社着手组建镇海农村商业银行，市区农信联社、北仑农信联社制定了改制为农村合作银行的改革规划。

3. 改革成效进一步显现

各类金融机构改革加快推进，服务功能逐步增强。2010 年，辖区农发行、中信保公司政策性业务占比不断提高，政策性金融支持地方经济发展能力进一步提升。农业银行“三农”金融事业部等专项改革加速推进，服务“三农”实力加强；农村信用联社资本充足率不断提高，资产质量持续提高，村镇银行规模不断扩大，部分地方法人机构还加快了对外投资拓展步伐，包括跨区域经营、设立村镇银行等。

（二）银行业稳健性评估

1. 行业整体稳健性分析

（1）总体规模不断扩大，市场份额渐趋分散。宁波市稳健的经济增长与良好的金融生态环境，推动了银行业体系的完善和规模的扩张。截至 2010 年末，全辖银行业金融机构资产总额 12 400.4 亿元，增长 20.2%；负债总额 11 926.6 亿元，增长 19.7%。1 585 个经营网点遍布城乡，银行服务密度持续提高。市场格局总体稳定，但五大国有银行贷款份额首次低于 50%，年末贷款占比 49.0%，存款份额从 47.2% 降至 45.5%，而股份制银行和城商行分别提高 0.6 个和 0.3 个百分点。

（2）贷款投放趋于平稳，投向结构得到优化。2010 年，全辖银行业金融机构年末各类贷款余额 9 414.2 亿元，同比增长 22.0%，当年新增 1 698.3 亿元，同比少增 202.1 亿元。从结构上看，贷款投放在各月间明显平滑，除 1 月、10 月份外，各月新增贷款均在 100 ± 50 亿元的范围内。贷款向实体经济倾斜：年末制造业贷款占比 39.5%，同比提高 1.4 个百分点，而水利、环境、公共设施管理业及电、气、水的生产供应占 13.4%，同比下降 4 个百分点。此外，票据融资净减少 163.5 亿元，降幅达 49.3%，这与银行业机构主动配置资产、调整信贷结构有直接关系。

（3）不良贷款实现“双降”，抗风险能力稳步提高。截至 2010 年末，全辖银行业金融机构不良贷款余额 86.9 亿元，减少 12.5%；贷款不良率 0.92%，降低 0.36 个百分点，是实行五级分类后宁波不良率首次低于 1% 的年份。不良贷款的“双降”，表明各家机构开展的风险关口前移、贷审流程再造与强化贷后管理工作发挥了积极作用，行业资产质量总体趋好，抗风险能力增强。

（4）经营利润大幅增加，业务创新得到加强。2010 年，全辖银行业金融机构共实现账面利润 192.52 亿元，较上年增加 57.50 亿元，增幅达 42.6%。行业整体收入结构与上年基本一致，其中利息净收入仍占到营业收入的 85%，手续费及佣金净收入占 12%，中间业务对银行业利润的贡献有限，存贷利差仍是多数机构最主要的收入。2010 年，辖内银行业金融机构普遍加强了业务创新，对于探索差别化竞争、改善盈利结构有重要意义。

2. 地方法人银行业机构经营稳健性提高

2010 年末，宁波辖区法人银行机构共有 19 家，当年新成立村镇银行 2 家。总体来看，多数法人机构发展稳健，资本规模持续扩大，资本充足率普遍提高，资产质量保持良好，不良贷款继续“双降”，拨备覆盖率较为充足，盈利规模继续扩大。但个别机构面临流动性趋紧、收入结构单一等问

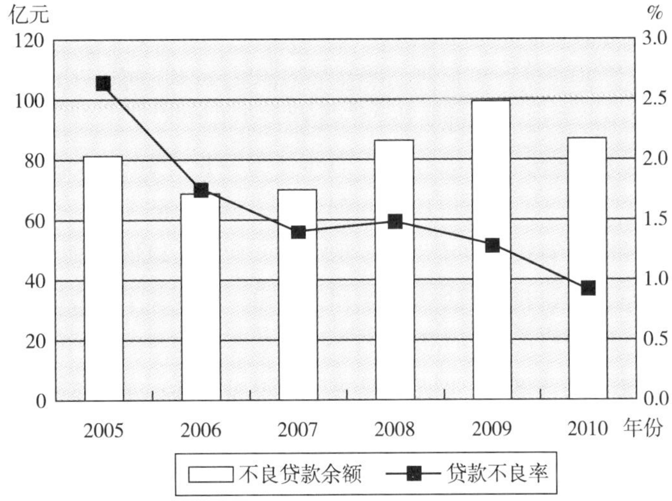

图2 2005—2010 年宁波辖区银行业金融机构不良贷款及变化情况

题，在激烈的同业竞争中自身优势弱化，经营稳健性和竞争力有待提高。

3. 需关注的问题和风险

（1）存款增速放缓，流动性月际波动加大。截至2010年末，全辖银行业金融机构存款9 755.5亿元，同比增长18.4%。其中，当年新增1 514.3亿元，同比少增372.2亿元。新增存款主要集中在上半年，各月间波动明显，前5个月新增存款占全年的60%，10月份还罕见地出现了环比减少3.54亿元的情况，资金稳定性下降。

（2）行业不规范竞争频现，操作风险程度提高。在全年信贷规模、资本充足率指标受到严格监管的情况下，商业银行对存贷款资源的争夺愈发激烈，以贷增存和各种形式的高息揽存现象抬头，存在严重的合规风险。

（3）房屋成交量下降，房地产信贷风险积聚。2010年，宁波房价波动加剧，成交套数下降显著，而新楼盘供应大量增加。但房地产相关贷款增速仍快于全部贷款增长。一旦出现开发商资金链断裂，或因房价大幅下跌，出现购房者“断供”、贷款抵押品价值缩水等，将使银行业信贷资产遭受重大风险，影响银行业系统安全。

（4）政府融资平台贷款的后续安全性值得关注。地方政府融资平台虽然在保障民生重点工程的建设方面发挥了重要作用。但在融资平台贷款“解包还原”和重新认定过程中，部分贷款可能面临抵押物不足、担保失效的风险，一些银行业计提拨备的压力也有所增大，因此，此类信贷资产的安全性仍需引起高度关注。

（5）集团客户与关联授信的风险管理亟待加强。集团客户在为银行机构带来丰富的存贷款资源的同时，由于认定标准不统一、银行同业间信息不对称，致使某些集团、关联客户处于监管“真空”。同时，针对重点优质集团客户的激烈竞争，造成过度授信，影响了各银行的资金管理和风险控制，潜在风险较大。

（三）证券业稳健性评估

1. 行业稳健性分析

（1）证券成交同比基本持平，机构总体保持盈利。2010年，在沪深股市总体趋于振荡下跌的情形下，辖区证券交投活跃程度相较上年降低，但仍保持了相当的市场规模。辖区全年证券成交总额 18 417.27 亿元，与上年基本持平。年末证券投资者开户数 82.01 万户，增长 10.7%；指定与托管证券市值 1 339.61 亿元，增长 40.3%。辖区证券营业部仍保持盈利状态，全年 57 家证券营业部共计实现代理交易手续费收入 17.61 亿元，利润总额 10.62 亿元。

（2）期货业延续快速发展态势，期货市场流动性较为充足。截至年末，辖区期货投资者开户数 1.39 万户，同比增长 31.1%；期货经营机构客户保证金余额 25.65 亿元，同比增长 41.9%。全年辖区期货经营机构代理交易量 3 671.28 万手，同比增长 18.0%；期货代理交易金额 39 372.22 亿元，同比大幅增长 91.4%。期货经营机构利润总额 6 135 万元，同比增长 15.0%。期货代理交易利润率也由当年 1 月的 0.12‰逐步上升到年末的 0.16‰。

（3）企业融资快速增加，上市公司业绩相对稳定。2010 年末，辖区共有 43 家上市公司，当年新增上市公司 7 家。全年辖区上市公司新增融资 287.84 亿元，同比增长 105.8%，按市场看，分别从资本市场、信贷市场、银行间市场融资 178.03 亿元、79.81 亿元和 30 亿元，各占 61.9%、27.7% 和 10.4%。上市公司直接融资比重上升，将有利于改善融资格局和金融风险集中于银行业的状况。2010 年，部分上市公司受让或拟受让一些银行机构股份，产融结合速度加快。第三季报显示，辖区 32 家 A 股上市公司实现盈利，基本每股收益 0.2267 元，净资产收益率 8.04%。

（4）创新业务风险管理持续加强，行业个案风险处置取得进展。2010 年，随着融资融券、股指期货等创新业务的推出，证监部门加强了对相关机构的现场检查以及验收、监管；证券营业部就制度、流程、系统、人员配备等多个方面对创新业务进行了规范；期货经营机构进一步落实投资者适当性管理和风险教育。另外，原天一证券公司员工拖欠工资款执行到位，行业风险进一步化解。

2. 行业需关注的问题和风险

（1）市场同业竞争加剧，行业总体盈利能力降低。2010 年，辖区证券营业部、期货营业部数量持续增加，市场同业竞争日趋激烈。以低佣金等方式开展的粗放式的竞争模式直接影响了总体盈利能力。2010 年，辖区证券、期货代理交易利润率分别为 0.58‰和 0.016‰，明显低于上年水平。而证券代理交易利润率在当年度还出现了不断下滑的态势，个别新开业时间较短的证券、期货经营机构经营压力较大，存在亏损情况。

（2）证券经营机构客户保证金波动明显，对市场稳健运行形成压力。2010 年末，辖区证券营业部客户保证金余额 153.9 亿元，同比减少 8.1%，全年有 8 个月客户保证金余额低于上年末的水平。从各月变化情况看，证券客户保证金增减平稳性较差，在短时间内大进大出现象比较突出，并与行情变化有强烈的互动性。同时，证券客户保证金大幅波动的交叉性影响也十分明显，成为银行存款特别是储蓄存款大幅波动的重要因素。

（3）新股遭遇破发或媒体质疑，部分上市公司内部治理不善。2010 年，辖区共有 5 家公司在 A 股市场 IPO，有 2 家公司上市后迅速破发。另外，个别公司上市前多个方面受到媒体质疑，社会影响不佳。部分公司还存在违规经营、内部治理不完善等问题。另外，随着房地产形势的不断变化，辖区一些涉及房地产开发的上市公司面临资金的压力逐渐增大。

（4）非法证券活动更为隐蔽，但仍以证券期货投资咨询为主要特征。一些非法证券活动盗用合法机构的名称、标志以及承诺收益等方式吸引投资者，以收取会费、指导操作等方式骗取投资者钱财。因其网站服务器托管在境外、异地开户分散取款等，给投资者的正当维权造成较大困难，损失难以追回。

（四）保险业稳健性评估

1. 行业稳健性分析

（1）保费规模迅速扩大，赔付支出低位增长。2010 年，辖区保险机构原保费收入 144.06 亿元，同比增长 34.1%。其中，财产险 66.20 亿元，增长 29.6%；人身险 77.86 亿元，增长 38.1%。全年辖区保险机构赔付支出 38.14 亿元，同比增长 5.1%。其中，财产险赔付支出 27.45 亿元，增长 7.9%；人身险赔付支出 10.69 亿元，减少 1.5%。

（2）产险经营和偿付能力明显改善，寿险产品期限结构不断优化。2010 年，全辖产险机构实现利润总额 6.14 亿元，同比增长 367.8%；承保利润率 11.11%，同比提高 8.39 个百分点。平均综合成本率、赔付率和费用率均同比下降。寿险产品结构逐步优化，续期保费增长较快，新单期缴比例上升，全年没有发生大面积退保事件，风险得到有效控制。

（3）中介市场总体平稳，兼业代理发展较快。2010 年，保险兼业代理机构扩张较快，年末共 2 638家，全年新增 420 家。其中，银行代理机构 1 073 家，车商代理机构 562 家；专业中介机构 23 家，经纪机构 8 家，公估机构 5 家。保险营销员 12 582 人，同比减少 11.9%。全年保险中介渠道保费收入 90.99 亿元，占全部的 63.2%，同比持平。

（4）政策性保险覆盖面持续扩大，各项赔付明显减少。2010 年，保险品种达到 17 项，基本覆盖了全辖农业主导产业。截至年末，辖区政策性农业保险共为 11.37 万户农户提供了保障，保障金额 31.15 亿元，实现保费收入 4 537.98 万元。全年农业保险理赔情况总体平稳。2010 年，辖区出口信用保险规模迅速扩大，抵御风险能力增强。全年辖区短期出口信用险承保额度 480.80 亿元，同比增长 72.0%；保费收入 2.64 亿元，同比增长 72.8%；实现净利润 1.29 亿元，同比增长 1 618.8%。

2. 需关注的问题和风险

（1）银保合作规范程度不高，新政迭出后期影响值得关注。一是银保合作层次较低，仍主要局限在银行充当保险代理中介这一层面，同时配套支持体系存在欠缺；二是违规行为时有发生，后续纠纷不断；三是银保新规出台在短期内可能使银保销售量下降，销售成本增加以及银保产品趋向简单化等，后期影响值得关注。

（2）新会计准则全面实施，结构转型存在较大压力。2010 年，新会计准则全面实施初期还存在不少问题。一是寿险机构分红险“一险”独大格局进一步加剧；二是产品的同质化，可能进一步加剧同业竞争；三是产险机构准备金计提和经营成本核算等方式的变化，可能造成账面盈利“虚高”，短期内影响部分机构的经营稳健性。

（3）同业竞争日趋激烈，影响行业稳健运行。为扩占市场份额，个别保险机构不正当竞争行为时有发生：一是直接或变相降低投保费率；二是通过账外额外支付手续费、向银行员工返点等形式，变相提高代理渠道手续费率；三是虚假宣传保险产品，尤其是过分夸大产品收益，对其风险或可能带来损失则较少提及或完全避开，误导投保人。

（4）部分中小机构管理不规范，风险隐患较为突出。目前辖区部分保险机构存在反洗钱管理不规范，虚列营业费用、手续费及佣金支付不合规，以及滞留、挪用保费等问题，风险防范能力不足，内部治理结构尚需完善，风险隐患较为突出。

（五）金融综合化经营

1. 金融控股公司

目前，宁波辖区尚未出现纯粹的金融控股公司，根据中国人民银行金融稳定局对金控监测对象的定义，辖区现有的4家机构，即宁波港集团财务公司、昆仑信托、协和银行、杉立期货都是由非金融企业控股金融机构所形成（即产融结合类控股）。其中，杉立期货2010年实施了增资扩股和股权转让，杉融实业成为杉立期货第一大股东；协和银行股改重组工作也一直在争取之中。

2. 交叉性金融业务

2010年，辖区金融机构交叉性金融业务稳步开展。银证交叉业务主要集中于银行代售基金、第三方存管、证券类理财产品发售与股票质押类贷款，其中以银行代售基金和证券类理财产品发售最多。银保交叉业务合作类型主要有代理保险、小额信贷保证保险、出口信用保单项下贸易融资、保单质押贷款与汽车履约保险贷款。其中，银行代理保险占全部银保合作的61.6%。受分支机构权限不足，法人机构资质或能力有限影响，目前开展的银证、银保交叉合作主要是利用银行的渠道优势，合作尚不深入，双方的优势有待挖掘。

3. 民间资本参股金融机构

2010年，辖区20家法人机构中，除协和银行等少数机构外，其余法人机构均有民营实业企业参股，但参股比例相对较低，特别是9家农村合作金融机构因受入股规定的限制，多数参股比例在3%以下，实业企业股权投资较为分散。从投资动机来看，已从之前的行政推动调整为企业利益驱动，投资门槛不断提高。但由于管理制度未跟上，关联交易难以禁止等问题，一定程度上影响了金融机构的经营稳健性，相关风险值得关注。

三、准金融组织与金融稳定

（一）小额贷款公司

2010年，辖区小额贷款公司发展速度加快。截至年末，辖区共有小额贷款公司18家，当年新增10家，总计注册资本33.9亿元；贷款余额49.51亿元，同比增长116.2%。全年实现净收入2.36亿元,，资本收益率6.96%，贷款的年化加权平均利率15.0%～16.2%。截至年末，辖区小额贷款公司的银行融资比例增至38.5%，多家公司达到“50%”的上限，小额贷款公司与银行机构风险关联性进一步加强，个别机构违规操作时有发生，加强风险合规管理极为迫切。

（二）担保机构

截至2010年末，在宁波市经委备案登记的担保机构有38家，注册资本20亿元，多数为民间资本出资设立。受经济企稳回升影响，担保机构业务发展较快，一些存量风险得以化解，并实现盈利。截至年末，38家担保机构在保责任余额105亿元，增长66.7%。但由于缺乏统一的行业运作规范，大部分机构资本规模较小，抵御风险能力不足，加上长期缺乏监管，行业稳健发展的潜在风险较大。

（三）典当行

2010年，随着经济回升向好发展，辖区典当行也呈现企稳迹象，经营业绩稳步上升。截至年末，辖区共有典当行57家，新增8家；实收资本9.59亿元；典当余额7.73亿元，同比增长15.6%；利润同比增长29.7%。由于专业评估鉴定机构和人员短缺、市场环境发育不成熟，部分典当行经营不规范，风险控制能力薄弱，相应的监管亟待加强。

（四）股权投资

2010年，辖区股权投资发展速度加快。调查显示，截至11月末，辖区共有51家PE企业，注册资本总额25.3亿元，同时辖区注册资本超过500万元的投资公司共有1 096家，约300多家在运作PE。股权投资为辖区民间资本提供了新的投资渠道，也有利于进一步改善融资结构、优化金融资源配置、分散银行业的整体风险。但目前仍存在股权投资缺乏退出平台、专业中介机构和人才不足、社会认知程度不高等问题。

四、金融市场与金融稳定

（一）同业拆借持续增长，票据贴现规模压缩

2010年，受6次上调准备金率和2次上调基准利率影响，市场流动性趋紧，导致银行间市场交易持续活跃，拆借和贴现利率一路走高。全年辖区同业拆借交易量同比大幅增长252.1%，资金总体呈正流入走向，交易主要集中在1天品种。

票据市场方面，2010年，全辖累计签发银行承兑汇票3 912.2亿元，同比增长14.4%，各股份制商业银行（含交通银行）签发余额及累计量占比均超过50%，贴现利率一路走高。全年累计办理票据贴现2 358.1亿元，同比减少350.6亿元。转贴现卖出1 628.3亿元，同比减少66.6亿元。这与信贷规模控制与利率上调背景下，各机构“挤出”票据融资规模有关。

（二）债务融资工具发行增加，债券交易活跃

2010年，全年辖区共有5家企业发行1年期短期融资券51亿元，同比增长82%。宁波银行则在银行间债券市场发行15年期次级债25亿元。全年新发行债务融资工具占新增贷款的4.65%，比上年提高3.18个百分点，对于改善辖区融资结构有积极意义。

2010年，辖内交易主体的4家机构全年债券回购累计交易12 883.6亿元，较上年增长70.3%。银行间现券交易累计1.92万亿元，是上年交易量的2.9倍。全年正、逆回购净差额不断扩大、回购量价震荡上行，反映了辖区流动性逐渐趋紧、短期资金需求旺盛的情况。

（三）外汇交易规模持续增长，结构有所变化

2010年，辖区外汇即期交易累计折合2 606.48亿美元，较上年增长8.95%；外汇远期交易折合11.39亿美元，同比增长115.86%；掉期交易折美元525.83亿元，同比增长27.59%。外汇远期交易的大幅攀升，与辖区银行力推外汇创新产品，协助涉外企业进行贸易外汇结算避险有直接关系。

（四）黄金交易量价保持升势，交易主体不断增加

2010年第四季度，受朝韩冲突爆发、黄金消费旺季来临、美元持续走弱等因素影响，国际金价一路上涨，不断刷新纪录高点，年末 COMEX 黄金期货价格收于 1 421.1 美元/盎司的历史新高，较上年末上升 29.8%，推动了全辖黄金交易规模的扩大。全年各类黄金交易累计 26 862 千克，较上年增长 25.33%；成交金额 72.05 亿元，较上年增长 49.75%；增长集中在实物黄金，全年累计交易 13 112千克，同比增幅达 87.35%；而账户金全年累计交易 13 750 千克，同比下降 4.74%。

五、金融基础设施与金融稳定

（一）支付清算体系

2010 年，辖区支付清算体系稳健高效运行，支付清算业务量稳步增长；支付清算管理规范持续加强，有力改善了支付清算环境；系统建设与服务创新不断深入，尤其是完善升级区域付费通业务和金融 IC 卡应用等，有力支持了辖区经济快速增长和金融的稳定运行。但银行卡违规违法风险依然存在，一些新型支付工具和非金融机构支付服务组织的涌现，对支付清算体系的正常运转和管理提出了更高的要求。

（二）征信体系

2010 年，辖区征信体系建设不断加强，数据质量日益改善，与市相关局委建立的信息共享机制、自建的宁波市银行风险信息共享系统均起到了积极作用。随着征信管理的加强和应用的推广，全社会信用意识不断增强，征信体系的作用日渐突出。但目前征信系统中缺乏商业信用信息，涉及多部门的非银行信息采集缺乏长效机制，第四方物流信用信息共享平台建设后继无力，这些问题的存在不利于完善征信服务功能。

（三）反洗钱体系

2010 年，辖区反洗钱体系建设持续深入，反洗钱监管加强了资金监测，加大可疑交易线索的跟踪分析力度，发现和向相关部门移交可疑交易线索的数量和质量明显提高。跨部门反洗钱合作进一步加强，推动首例涉嫌洗钱案件的侦破，协助公安机关破获数起非法集资案、网络赌博案等，对维护金融秩序发挥了积极作用。但部分金融机构在识别客户身份信息、开展客户风险等级评定、可疑交易报告等方面不够重视，影响反洗钱监测与评估的效率。

（四）货币发行与反假币体系

2010 年，辖区货币净投放规模再创新高，货币发行工作安全高效。通过加强市场流通人民币券别结构的调剂、推动社会沉淀硬币回笼等工作，有效保障了辖区社会经济流动性需求。打击假币犯罪与反假币督查宣传工作进一步强化，假币收缴量大幅下降，群众反假意识明显提高，有效压缩了假币的流通空间，维护了辖区人民币的正常流通秩序。

（五）金融生态

2010 年，辖区金融生态环境总体良好，但“日日会”等非法集资活动依然是地区金融稳定运行的隐患。2010 年辖区发生集资诈骗、非法吸收公众存款、标会、台会多起案件，部分资金被用于赌博等非法领域，一些信贷资金也被挪用参与非法集资，影响金融机构的资金安全和区域金融生态建设，有待相关各部门共同重视和协调解决。

（六）区域金融安全网

近年来，辖区企业、金融、政府和司法等主体的合作在防控风险基础上创新出多种合作与保障模式，推进合作逐步向紧密化、常态化的方向发展，并将单一地区的合作逐步向跨城市的合作发展，从初浅性的合作逐步向深层次的合作探索，由此促进了各相关主体交流协同能力提高，促进了企业获得资金支持，减少授信风险发生。

（七）审慎性监管

2010 年，金融政策措施在辖区得到进一步贯彻落实，并对辖区银行业、证券业、保险业金融机构经营发展产生重要影响。但随着市场经营主体的不断增多，辖区金融同业竞争更为激烈，明显存在操作风险等问题，亟待加强监管和规范，以保持金融业整体运行的稳健，切实维护区域金融稳定。

六、定量评估

（一）金融稳定评估

通过对辖区 2004—2010 年金融稳定状况的评估，2010 年辖区金融稳定得分为 31. 11 分，处于稳定状态。从近几年的变化情况看，辖区金融稳定评估得分呈波浪变化，其中 2006 年金融稳定程度在这 6 年中达到最高水平，2010 年稳定水平仅略低于 2006 年。

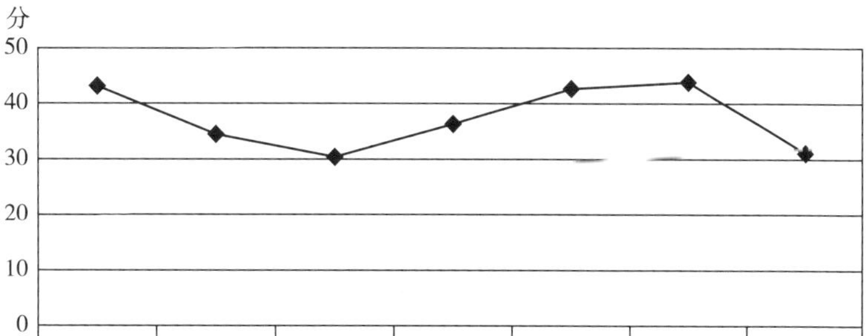

年份	2004	2005	2006	2007	2008	2009	2010
综合得分	43.16	34.49	30.39	36.30	42.70	43.83	31.11

注：分值越小，表示风险越低，稳定状况越好。

图 3　宁波辖区 2004—2010 年金融稳定状况

从评估综合得分看，2010 年区域金融稳定水平较上年有显著改善。但因同比数据过优，导致部分指标“过度改善”，评估得分出现超调。从结构上看，2010 年，五大类指标均较上年改善，以经济运行指标改善最明显，而非金融部门（企业、房地产市场和个人）改善不明显。

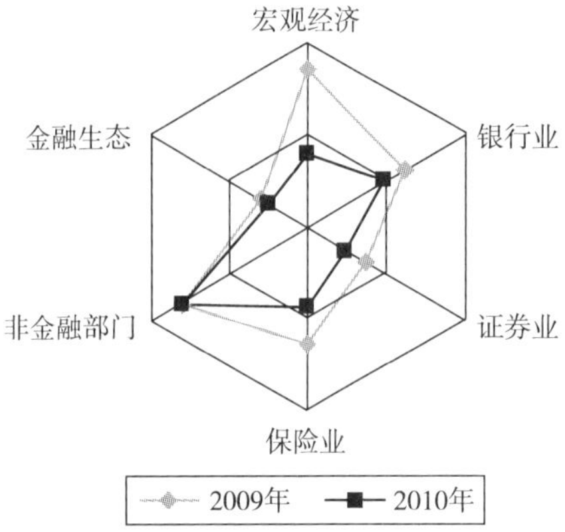

图4　宁波辖区2010年和2009年金融稳定得分雷达图

（二）情景压力测试

对2010年末辖区11家中小法人银行机构信用风险压力测试表明，随着资本充足率的不断提高和风险管理的加强，法人银行机构整体抗风险能力在逐年增强，在年末不良贷款余额增长一定程度的情景下，各法人机构不良贷款的准备金计提对其资本充足率的冲击影响较小，信用风险抵御能力较强。

对法人机构利率敏感性压力测试结果表明，各法人机构的利率风险分布差异明显。部分负债敏感型机构由于“借短用长”形势比较严峻，资产负债的期限错配状况突出，潜在利率风险较大。因此，科学、合理调配资产负债的规模与期限结构，是各法人机构，尤其是负债敏感型机构目前的当务之急。

对14家样本银行业的房地产贷款压力测试结果表明，房地产贷款的承压能力较上年有所提高，尤其在轻度和中度压力下，不良贷款、新增损失及不良率增长不显著。而在严重压力下，不良贷款、预计损失出现跳跃式增加，表明极端情况下房地产贷款出险的几率仍然较大。但各机构计提专项准备较为充足，表明各机构的房地产贷款风险管理有所加强。

七、政策建议

1. 关注通胀预期变化和个别领域风险，积极应对以防患于未然

要高度关注国内外经济金融政策和形势的变化，及时监测评估辖区经济金融稳健运行的潜在压力，提高风险管理的前瞻性和科学性。完善金融机构流动性管理，提高资金稳定性。关注房地产金融，优化内部资源配置，增强房地产等重点领域风险承受能力。关注政府负债和政府融资平台负债情况，提高政府类贷款的还款保障，防范信贷资产风险的集聚和扩大。

2. 深化金融机构改革，推进金融业综合经营及转型升级

加快政策性金融机构改革，强化政策性金融功能；因地制宜推进农行“三农”事业部改革；深化落实已改制金融机构新体制新机制落实和应用；继续推动地方法人金融机构完善治理结构，加快引资做大做强改革；鼓励金融机构加快产品和业务创新，探索发展跨市场跨行业的交叉性金融业务；加快融入上海国际金融中心建设，积极探索适合宁波特色的金融发展道路。

3. 切实规范同业竞争，严格防控操作和信用等各类风险

增强各类金融机构外部监管约束，发挥窗口指导、监管检查及行业协会作用，促进各金融机构树立公平竞争、合规诚信经营的意识。加强金融机构内部约束，提高金融机构公平竞争的自律性及履行社会责任的自觉性。提高金融机构核心竞争力，树立系统安全意识，加强对交易系统、设备的更新改造；加强金融突发事件应急演练，切实增强应急管理和风险应对能力。

4. 加强区域金融生态建设，促进准金融组织健康发展

深化金融业投资者教育，探索和落实金融业各类投资适当性管理要求。不断培育、开放新的投资渠道，引导社会公众远离非法金融活动、非法集资活动。加强区域金融稳定合作，严厉打击各种非法金融活动。探索开展对影子银行的研究，引导准金融组织逐步提高自身风险管理水平。明确行业规范和监督标准，探索风险隔绝机制，避免准金融组织风险的传染问题。

5. 加快探索实践，构建宏观审慎性管理框架

探索开展宏观审慎性管理工作，强化基于金融机构综合管理平台的管理、综合评价制度，加快建设金融突发事件应急保障网；研究完善针对重点机构的风险监测评估制度；积极发挥“一行三局”、地方金融管理部门的横向协作，实现宏观审慎性管理与微观审慎监管的合力与统一；深入研究区域合作，发挥区域合作促进金融稳定的作用。

总　　纂：周伟军
统　　稿：鲍　雯
执　　笔：邓忠斌　蒋晓亮　傅华明
其他参与写作人员（按姓氏笔画排序）：
马喜中　刘良毕　陈　达　陈志强　徐翰挺　黄　健
黄宣成　屠益康　童相新　温小敏

厦门市金融稳定报告摘要

2010年，厦门市全面融入海西建设大局，经济逐渐走出国际金融危机的阴影，实现快速恢复，区位优势和政策优势更加凸显，经济增长基础不断夯实。金融业规模稳步扩大，业务结构持续优化，创新能力有所提升，金融市场运行平稳，金融基础设施建设稳步推进，金融体系在充分发挥服务经济功能的同时确保了安全稳健运行。

一、区域经济运行与金融稳定

（一）区域经济经济增长基础不断夯实

2010年，在国内经济形势较好、国外市场探底趋稳以及重大政策利好的带动下，厦门市经济实现危机后的快速恢复，经济增长基础不断夯实，经济增长结构持续调整，达到了“十一五”规划的预期目标，为实现“十二五”良好开局和经济金融的长期持续向好发展奠定了坚实基础。

1. 经济增长企稳回升，增长结构更加合理

2010年，厦门市经济增速由高位逐渐趋于稳定，全年实现国内生产总值2 053.74亿元，同比增长15.1%，增速同比提高7.1个百分点，基本恢复到危机前的增长水平，完成“十一五”规划的2 000亿元的既定目标。从供给结构看，第二产业对经济增长贡献明显，三次产业增加值分别增长3.2%、20.4%和9.7%，三次产业结构为1.1:50.0:48.9；从需求结构看，社会消费品零售总额增速超过固定资产投资和出口增速，消费对经济的拉动作用有所加大。

2. 工业经济保持强劲增势，引领全市经济增长

2010年，厦门市工业形势产销两旺。规模以上工业企业累计完成工业总产值3 670.82亿元，同比增长33.9%，实现工业增加值890.39亿元，同比增长24.5%，直接拉动GDP增长9.9个百分点。全年规模以上工业经济效益综合指数创下历史新高，达到200.97%，同比提高25.6个百分点，利润总额同比增长56.3%，约61.8%的企业利润实现增长。

3. 固定资产投资平稳增长，投资结构有所改善

2010年，经济形势的整体回暖提升了市场预期，带动固定资产投资平稳增长，完成全社会固定资产投资1 009.98亿元，同比增长14.5%。在投资总量增长的同时，投资结构有所改善，第二产业投资和民间投资成为增长亮点。在三次产业中，第二产业投资增速最高，在城镇固定资产投资中所占比重由上年的19.15%提高到20.67%。另外，投资过度依赖财政投入的现象明显改观，民间投资表现不俗，全年城镇项目中民间投资增长45.0%，占城镇投资的26.6%，同比提高8.1个百分点。

4. 消费市场较快增长，物价总水平基本稳定

2010 年，在居民收入增长和家电“以旧换新”、汽车减税政策等推动下，消费市场较快增长。全年实现社会消费品零售总额 696.55 亿元，同比增长 21.0%，增幅同比提高 6.8 个百分点；全年居民人均消费支出 19 961 元，同比增长 11.0%，增幅同比提高 4.9 个百分点。

2010 年，国内消费市场活跃以及市场流动性充足带动各项价格指数逐步攀升，但是在国家价格调控政策和货币调控政策的有力干预下，物价过快上涨势头得到抑制。全年 CPI 为 103.0%，增幅同比提高 5.7 个百分点。工业品出厂价格指数为 99.19%，降幅同比收窄 7.49 个百分点。全年全市商品房平均价格为 10 954 元/平方米，同比增长 24.49%。

5. 对外贸易形势全面恢复并创新高，对台交流合作更加密切

2010 年，厦门市进出口贸易总额突破 500 亿美元，达到 570.36 亿美元，同比增长 31.7%；其中，出口 353.25 亿美元，同比增长 27.7%，进口 217.12 亿美元，同比增长 38.7%，进出口绝对量均已超过金融危机前的水平，与 2005 年相比实现翻番；贸易顺差 136.13 亿美元，同比增长 13.24%，增速较危机前有所减缓。

2010 年，外商投资信心明显上升。全年合同利用外资 16.43 亿美元，同比增长 20.4%；实际利用外资 16.97 亿美元，同比增长 0.6%。

2010 年，国务院批准厦门经济特区范围扩大到全市，并批示同意厦门市建立两岸区域性金融服务中心。厦门市及时把握政策契机，充分发挥对台区位合作优势，积极推进对台产业对接与合作，对台贸易大幅增长。全年新批准设立台资项目 172 个，同比增加 37 个；全年对台进出口贸易额 62.03 亿美元，同比增长 47.7%。

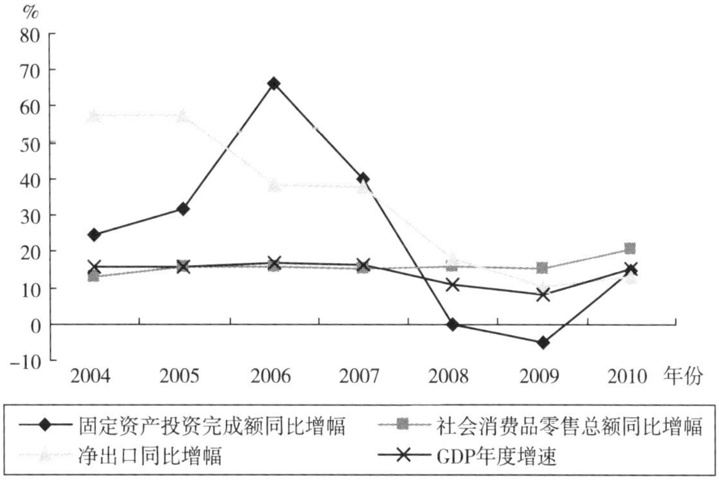

图 1　2004—2010 年厦门市 GDP、投资、消费和净出口增幅走势

6. 居民收入稳步增长，财政状况明显好转

2010 年，厦门市城镇居民人均可支持配入 29 253 元，同比增长 12.0%；农民人均纯收入首破万元，达到 10 033 元，同比增长 9.6%。

2010 年，厦门市财政总收入突破 500 亿元大关，达到 526.02 亿元，同比增长 16.5%；其中，地方级财政收入 289.17 亿元，同比增长 20.2%，财政总收入和地方级财政收入均比 2005 年翻番。全年财政总支出 306.82 亿元，同比增长 14.5%，扭转了危机后财政支出增速一度快于收入增速的

局面。

7. 就业形势趋好，企业用工成本大幅提高

2010 年，企业用工需求增长较快，失业率持续降低。企业用工需求 234.54 万个次，同比增长 65.78%；年末城镇登记失业率为 3.33%，同比下降 0.68 个百分点。但是，受工人工资长期偏低、工人流动性增强、国家中西部开发战略以及劳动力供需结构不匹配等多方面因素影响，2010 年上半年企业普遍上调工人工资约 20%，仍然难以根本改变结构性缺工的局面。

（二）区域经济运行需关注的问题

1. 收入分配结构亟需改善，消费增长后劲待增强

“十一五”期间，厦门市经济的快速增长也带动了城乡居民收入的较快增长，但是，国民收入分配格局不尽合理。地方财政总收入的增速长期高于地区生产总值增速，而城乡居民收入的增速长期低于地区生产总值增速，地方财政总收入占 GDP 的比重不断提高，即使不考虑未纳入预算的政府基金性收入，该比重至 2010 年末已达 25.6%，比全国平均水平高出 4.7 个百分点，反映了国民收入分配向政府倾斜。长期来看，这种现象将影响居民消费能力的持续增长，从而影响经济增长方式的根本转变。

2. 岛内外发展不平衡，“二元”格局需破除

多年来，厦门市力图推进岛内外的一体化建设，推进城乡协调发展，但是，受经济特区政策范围、历史观念等的制约，厦门市岛内外、城乡仍然处于不平衡发展状况，也制约了厦门市的整体发展水平。岛外 4 个区占据全市 91% 的面积、53% 的人口，而 4 个区的 GDP 仅约全市的 29%；岛内产业基础较强，城市化建设水平相对较高，而岛外以农村为主，缺乏产业基础，基础设施、基本公共服务相对滞后，农民增收难度较大；在教育、户籍管理等诸多方面，岛内岛外仍然执行“二元”政策。

3. 内外约束并存，加大经济增长难度

国际上，各类大宗商品如石油、金属等价格持续上涨，粮食面临供应危机，欧美经济仍处于复苏进程，中国经济增长模式面临的批评加剧，贸易摩擦不断，人民币面临持续升值压力；国内，物价上涨压力加大，房地产调控势在必行，劳动力成本提高，“民工荒”现象有增无减，贫富差距明显；厦门市外向型经济特征显著，经济发展的内生动力不足，经济总量偏小，对房地产依赖较大，对台优势不突出，在面临自身约束的同时，严峻的国际、国内形势也对经济增长带来较大的外部约束。

二、金融业与金融稳定

（一）银行业

1. 银行业运行情况

（1）机构数量稳步增加，资产负债规模持续增长。2010 年，厦门市新增 1 家股份制银行和 1 家城市商业银行分支机构，减少 1 家外资银行代表处，截至 2010 年末，共有各类银行业金融机构 35 家，其中法人银行业金融机构 5 家。全市银行业金融机构资产总额 5 449.57 亿元，同比增长 23.08%，负债总额 5 280.72 亿元，同比增长 23.00%。

（2）存款保持较快增长，贷款投放逐步回归常态。截至2010年末，厦门市银行业金融机构本外币各项存款余额4 440.60亿元，比年初增加960.16亿元，同比增长27.59%，增幅与上年相比基本持平。但是，各类存款呈现非均衡增长，企事业单位存款和储蓄存款增长较慢，而财政性质存款和保证金存款增长较快。截至2010年末，厦门市银行业金融机构本外币贷款余额3 621.72亿元，比年初增加632.08亿元，同比增长21.14%，增幅同比降低5.08个百分点。在经济形势整体好转、监管部门加大政府融资平台清理以及房地产宏观调控力度加大等政策环境影响下，政府融资平台贷款和房地产贷款投放减缓，中长期贷款增速得到控制，用以支持企业生产的短期贷款投放增长较快，银行对小型企业的支持力度明显加大，银行贷款的期限结构、客户结构和行业结构均有所优化。

（3）银行业经营稳健，抗风险能力增强。一是资产质量持续提升。不良贷款实现“双降”，创下历史新低，年末银行业不良贷款余额为25.88亿元，比年初下降7.74亿元，不良贷款率为0.71%，比年初下降0.41个百分点。二是流动性整体充足。年末全辖存贷比为81.12%，比年初降低4.85个百分点；年末法人银行业金融机构平均流动性比例为55.01%，比年初降低7.44个百分点。三是盈利水平保持良好。全年实现税后利润66.91亿元，同比增长21.72%，资产利润率1.35%，同比微降0.06个百分点。银行业利润增长主要是得益于信贷投放稳定增长以及成本支出的有效控制，净利息收入同比增长23.67%，而营业费用同比仅增长8.21%。四是法人银行机构资本比较充足。随着法人银行机构信贷规模的扩张，资本充足水平有所降低，但是次级债发行和增资扩股工作的推进使资本得到持续补充，资本充足率仍保持较好水平，年末法人银行机构整体资本充足率为14.13%，比年初降低2.47个百分点。五是风险抵补能力高位提升。2010年末，厦门市银行业贷款损失准备充足率为226.04%，比年初提高26.06个百分点；拨备覆盖率为248.23%，比年初提高75.09个百分点。

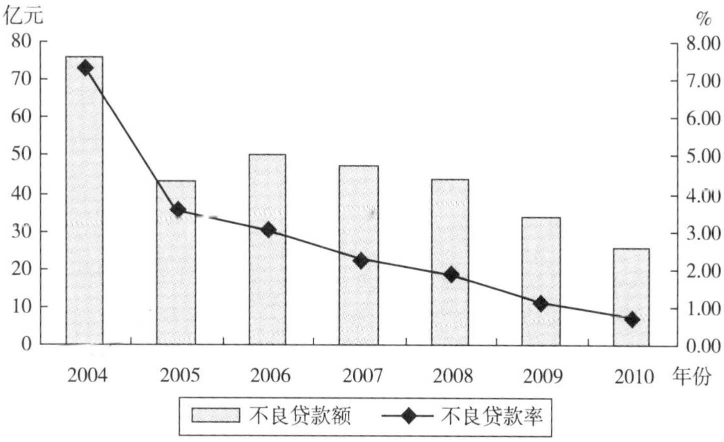

图2 2004—2010年厦门市银行业不良贷款走势

（4）银行业改革稳步推进。2010年，已股改上市的国有控股银行不断深化现代金融企业改革，充分发挥领头和示范作用。同时，中小法人金融机构改革工作不断推进。厦门市农村信用合作联社积极推进农商行改制工作；厦门银行股份有限公司加强与台资背景战略投资者的合作，迈出跨区域发展步伐；厦门国际银行改制工作取得阶段性进展。

2. 银行业运行需关注的问题

（1）关注银行业不良贷款反弹风险。2010年，受部分企业大额风险暴露影响厦门市银行业不良贷款一度出现反弹，直至相关不良贷款转让给资产管理公司，不良贷款才得以控制。在稳健货币政策和持续紧缩的房贷政策背景下，一些资质较差的房地产开发商、落后产能企业可能面临行业洗牌，从而对银行信贷资产质量带来不利影响，不良贷款可能出现前清后增的现象。

（2）部分银行流动性管理面临较大压力。虽然银行业流动性整体充裕，但是，由于存款增长的基础不稳固、“负利率”环境下存款持续分流以及流动性的不均衡分布，部分银行机构的存款营销和流动性管理压力较大。表现在：存款波动较大、个别银行存款冲时点的现象比较突出；存款营销竞争激烈，一些银行采用回扣、赠品等方式高息揽存，扰乱了存款市场秩序。

（3）银行业盈利持续增长面临挑战。央行基准利率调升虽然为银行业盈利增长提供了有利基础，但是，仍然有一些因素可能挤压银行业利润空间。如，在稳健货币政策导向下，银行的信贷扩张冲动将受到制约；银行为消化政府融资平台敞口风险将增提贷款损失专项准备；随着监管新工具的发展，银行为满足新的监管要求将增提拨备从而减少利润。

（二）证券期货业

1. 证券业运行情况

（1）证券市场经营主体持续增加，投资者队伍不断壮大。截至2010年末，厦门市共有1家法人证券公司、43家证券营业部、3家台资证券公司代表处和4家证券投资咨询机构，比上年增加7家证券营业部、1家台资证券公司代表处。证券市场的社会影响力持续增强，投资者队伍不断壮大，截至2010年末，厦门市证券账户开户数为128.63万户，同比增长12.12%。

（2）法人证券机构运行稳健，风险可控。2010年，厦门证券有限公司继续坚持稳步经营，完善内部控制制度，加强对风险的动态监测，切实有效控制各类风险，公司业务保持了持续稳健发展。全年新增3家营业部，营业部总数达13个；各类风险指标均保持较好水平。

（3）证券市场交易平淡，创新业务有所发展。受2010年证券市场震荡整理影响，投资者交投积极性不高，全年厦门市证券经营机构交易总额达12 482.99亿元，同比仅增长3.26%；客户交易结算资金116.09亿元，同比减少10%。但是，证券经营机构创新业务有所发展，截至2010年末，厦门市股指期货投资者开户数2 243户，成交金额1.7万亿元，16家证券营业部获得IB业务资格；13家证券营业部获得融资融券业务资格，融资金额1.22亿元。

（4）直接融资规模扩大，上市公司竞争力增强。2010年，厦门市新增6家上市公司，上市公司总数增至24家。全年通过IPO、定向增发等累计筹集资金50.74亿元，创历史最好水平，其中IPO融资38.76亿元，上市公司再融资11.98亿元。年末上市公司总市值为1 380.84亿元，同比增长63.53%。2010年前三个季度上市公司总资产、主营业务收入和净利润同比分别增长26.49%、57.63%和89.41%。同时，厦门市证券化率不断提高，截至2010年末，当年境内股票筹资与当年银行贷款增加额的比达到8.03:100，同比提高5.06个百分点；境内上市公司总市值占GDP的比重达到67.26%，同比提高15.24个百分点。

2. 期货业运行情况

（1）机构数量持续增加，经营总体稳健。截至2010年末，厦门市共有2家法人期货公司和17家异地期货公司在厦营业部，比上年末增加5家期货营业部，减少1家法人期货公司。年末期货机构总资产达31.54亿元，同比增长6.20%。2010年，法人期货公司积极向外扩张市场，扩大期货市场份额，共设立异地营业部6家，营业收入和利润总额同比分别增长21.45%和42.71%。

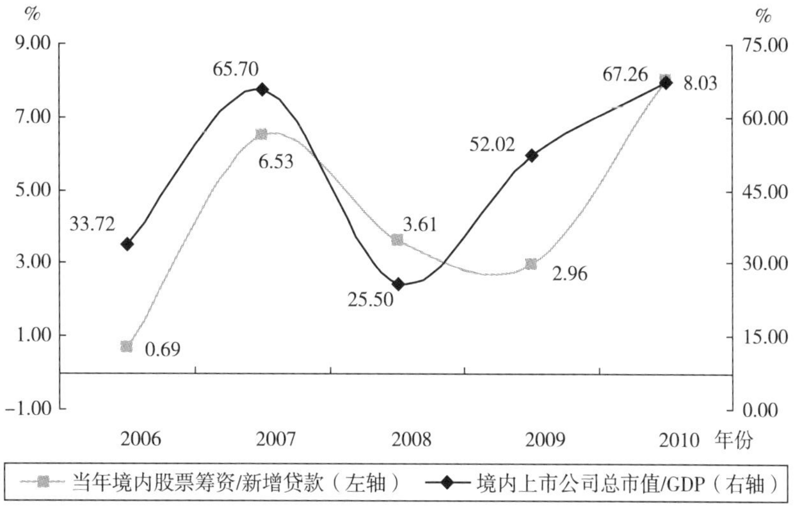

图3 2005—2010年厦门市股票市场融资与银行融资对比情况

（2）投资者入市意愿不断增强，期货经营机构经营规模继续扩大。截至2010年末，厦门市期货客户保证金余额为27.63亿元，同比增长8.78%；投资者开户数达到3.70万户，同比增长27.15%。全年期货交易总额5.47万亿元，同比增长129.24%；期货机构营业收入3.10亿元、利润总额1.03亿元，同比分别增长21.57%、18.39%。

3. 证券期货业运行需关注的问题

（1）证券经营机构竞争日趋激烈。随着越来越多的证券经营机构入驻厦门，机构之间竞争日趋激烈。证券交易佣金率不断下降，2010年平均佣金率仅为0.0797%，同比下降15.93%；“佣金战”导致证券机构收入和利润双降，全年证券经营机构实现营业收入11.44亿元、利润总额5.08亿元，同比分别减少10.13%、31.35%。

（2）关注宏观环境对上市公司经营业绩的影响。尽管2010年上市公司整体业绩趋好，但是，全年呈现前高后低之势，业绩增速逐季出现回落，且下滑幅度逐渐加大。受资源要素价格上涨、劳动力成本增长、人民币升值预期以及国家对房地产行业强力调控等因素影响，部分上市公司未来经营业绩可能出现波动，盈利水平下降。

（3）证券市场秩序仍需优化。近年来，监管部门虽持续、大力打击各类非法证券金融活动，但是，各类非法金融活动仍时有发生。2010年，厦门市有1家上市公司涉嫌证券违规行为，监管部门关闭1家涉嫌非法期货业务的网站，查处3家涉嫌从事非法证券投资咨询活动的公司，联合公安机关抓捕40余名涉嫌以证券投资咨询为名进行诈骗的犯罪嫌疑人。

（三）保险业

1. 保险业运行情况

（1）保险市场主体不断增加，行业综合实力增强。截至2010年末，厦门市共有保险公司33家，比上年增加1家法人机构、3家非法人主体；其中法人主体2家，均为台资保险公司。年末，厦门市保险公司资产总额为144.09亿元，同比增长30.4%。

（2）保险收入稳步增长，业务结构稳步调整。全年实现保费收入77.55亿元，同比增长32.8%。

其中，产险公司保费28.97亿元，同比增长44.3%；寿险公司保费48.58亿元，同比增长26.8%。全市保险密度3 077元/人，同比增长31.22%；保险深度3.8%，同比上升0.19个百分点。全年赔付支出17.55亿元，同比增长9.8%。在规模增长的同时，保险业的渠道结构、产品结构和期限结构均有所优化。从渠道看，个代业务保持主导地位，从产品看，保障型业务占比上升，从期限看，寿险期交业务上升。

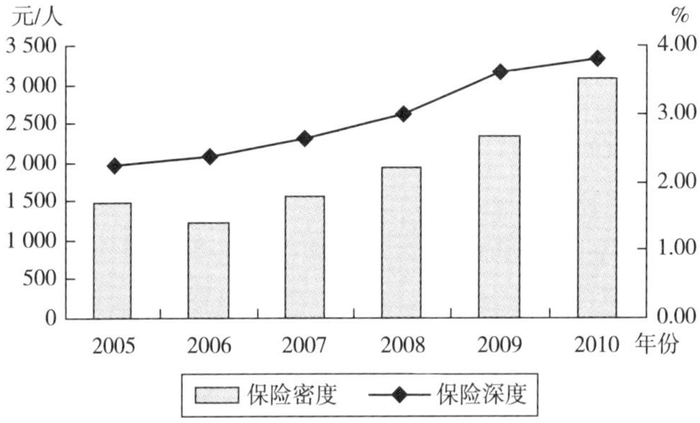

图4 2005—2010年厦门市保险密度、保险深度

（3）保险机构盈利能力明显提高，市场风险得到有效防范。2010年，厦门市产险公司综合成本率91.0%，同比下降11.2个百分点；成本下降带动产险公司扭亏为盈，实现承保利润1.94亿元，同比增加2.24亿元。同时，在监管约束与内控强化的综合带动下，保险业风险得到有效控制。产险公司应收保费率为2.8%，同比下降0.8个百分点；寿险退保率为2.4%，同比下降0.3个百分点。

（4）保险市场创新业务不断发展，服务功能进一步增强。2010年，借两岸区域性金融服务中心建设的契机，厦门市政府和保监会签订了全国保险改革发展试验区建设备忘录，启动保险改革创新项目，在建立台资保险机构聚集地、深化两岸保险业交流合作、探索建立新型保险服务方式等方面都取得了阶段性进展。保险业服务经济社会的能力进一步发挥，为社会提供风险保障约2.84万亿元，为17万名职工开办了企业年金，农房保险、建筑农民工意外险、自然灾害公众险等险种覆盖率达到100%，出口信用险一般贸易渗透率达到26.73%。

（5）保险行业建设加强，市场秩序明显好转。2010年，厦门市保险业加强自律建设，强化自律检查，各项违规风险有所降低，市场秩序明显好转。中介业务真实性提高，产险公司虚挂中介业务问题得到缓解，直销业务占比0.2%，同比上升13.6个百分点；产险公司批单退费有所减少，批退率3.8%，同比下降0.1个百分点。

2. 保险业运行需关注的问题

（1）保险业务结构仍然不尽合理。产险方面，车险占比持续上升，2010年末，车险占比为72.59%，同比提高2个百分点。寿险方面，期交业务短期化趋势明显；部分中小公司过度依赖银保渠道，银保业务占总业务达到80%以上；普通寿险业务出现负增长，在寿险业务中的占比仅11.0%。

（2）中小保险公司面临竞争不利局面。大多中小保险公司市场份额较小、产品和经营方式同质化，与大保险公司相比缺乏竞争优势，经营压力较大，部分中小产险公司承保亏损，部分中小寿险公司业务结构指标欠佳，折标率保持较低水平，部分专业代理机构长期处于亏损状态。

（3）保险业发展方式有待转变。发展的体制机制方面，以保费规模为主导的考核激励机制导致粗放经营现象，保险市场险种单一、渠道同质、竞争不规范等问题仍然存在；发展的协调性可持续性方面，部分机构内控管理不健全，风险管理弱化，业务质量和风险隐患问题不容忽视；发展的价值取向方面，销售误导、理赔案件积压、惜赔拖赔现象屡禁不止，保险机构诚信水平、法制观念和保护被保险人利益的意识还有待加强。

（四）担保业

为落实国家七部委发布的《融资性担保公司管理暂行办法》，2010 年，厦门市发布了《关于确融资性担保公司监管职责的通知》，成立了由厦门市经发局、工商局、人民银行、银监局组成的融资性担保公司监管委员会，组织开展了对担保公司的清理整顿，逐步规范担保业市场秩序，推动和促进了担保业稳步、健康发展。截至 2010 年末，厦门市共有担保公司 158 家，同比增加 45 家；其中，与银行合作开展融资性担保业务的有 51 家。

2010 年，厦门市融资性担保公司总体运行平稳、较好发挥信用增级功能。一是融资性担保机构快速增加。截至 2010 年末，开展融资性担保业务的担保公司有 51 家，同比增加 24 家。二是充分发挥担保功能。融资性担保公司全年累计担保 85.21 亿元，在保责任余额 47.67 亿元，在保责任余额占全市贷款余额的 1.31%。三是担保业务品种多样化并有所创新。担保公司除对各类传统贷款业务进行担保外，还开展进口开证等贸易融资担保、融资租赁担保、大学生助学贷款担保等新业务。四是风险控制能力有所增强、代偿数量大幅下降。2010 年代偿总额 2 388 万元，同比下降 43.72%。

三、金融市场与金融稳定

（一）金融市场运行情况

1. 货币市场交易活跃

2010 年，厦门市银行体系整体流动性充足，但是随着宏观政策调控成效渐显，流动性攀升的势头逐渐减弱，同业拆借市场、债券市场和票据市场交易保持活跃，货币市场投融资功能有效发挥。法人银行通过全国银行间同业拆借市场累计成交 301.9 亿元，同比增长 10.5 倍；在全国银行间债券市场累计成交 9 345.4 亿元，同比增长 78.13%；银行业累计承兑商业汇票 1 277.15 亿元，同比增长 19.16%。同时，企业积极利用债券市场融资，全年在银行间债券市场累计发行一级债券 52.0 亿元，与上年基本持平。

2. 黄金市场业务快速增长

全年各类黄金交易总额达 100.1 亿元，同比增长 96.16%。其中，代理上海黄金交易所个人黄金业务交易金额 67.4 亿元，同比增长 161.95%；个人账户黄金业务交易金额 30.3 亿元，同比增长 25.21%；实物黄金业务买卖交易金额 2.4 亿元，同比增长 118.18%。

3. 外汇市场保持净流入格局

2010 年，外贸形势稳步恢复、人民币升值预期等因素带动了外汇流入的快速增长。全年外汇净流入 151 亿美元，同比增长 53%，超越金融危机前的水平创下历史新高，外汇净流入直接推动了净结汇的增长，全年净结汇 172 亿美元，同比增长 54%。

4. 理财市场稳步发展

全年各商业银行累计发行人民币产品4 223个、外币产品921个，实际募集资金1 347.22亿元人民币和28 074.3万美元。募集资金投向趋于多元化，主要投向：股票市场303.65亿元，债券市场354亿元，其他市场280.90亿元，结构性产品227.28亿元，企业信贷资产（含票据）信托183.44亿元，外汇市场0.99亿元。

5. 民间融资利率高位徘徊

2010年，受外部经济复苏和市场通胀预期增强等因素影响，厦门市民间借贷利率总体维持高位徘徊态势。2010年民间借贷监测样本利率最高值为26.58%，约为同期贷款基准利率的5倍，2010年末加权平均利率为25.2789%，同比略降1.0个百分点。

（二）金融市场运行需关注的问题

1. 外汇市场套利行为需予关注

不少企业从经济利益出发，通过境外关联公司配合，利用境内外两个金融市场，安排“时间差”，同时获取本外币存贷款利率差和汇率差双重收益。这种套利行为导致外汇储备剧增和人民币升值压力；同时，增加了国内人民币流动性，加大通胀压力，对国内货币政策有效性提出新的挑战。

2. 民间融资缺乏法律规范和保护

由于民间融资缺乏法律规范以及有效监管，部分民间融资行为演变为非法集资、地下金融和高利贷，如厦门市部分小额高利贷年化利率达到60%，远远超出法律保护范畴，不仅加大了借贷方的融资成本，也可能干扰政府宏观调控目标，影响经济稳定健康发展。

四、金融基础设施与金融稳定

（一）支付体系

2010年，厦门市支付清算体系继续保持安全、平稳、高效运行。一是支付清算系统运行安全平稳，进一步发挥核心基础设施作用。全年大小额支付系统交易笔数、金额同比分别增长42.86%、62.56%；同城资金清算系统处理业务笔数、金额同比分别增长0.88%、7.58%；银行卡跨行交易笔数、金额同比分别增长22.90%、30.48%。二是非现金支付工具的推广继续深入，非现金支付工具的应用更加广泛。一方面，票据业务保持平稳发展态势，2010年厦门市共签发票据3 641.40亿元，与上年基本持平；另一方面，银行卡进一步普及，应用领域进一步深化，全年银行卡刷卡消费额（剔除信托、购房、政府服务类等投资性交易）占同期社会消费品零售总额比例为50.08%，保持全国领先水平。三是金融支付安全水平进一步提升，支付结算环境进一步优化。在推广支付密码应用、有效防范金融票据诈骗风险的同时，启动了金融IC卡迁移工作，进一步提高银行卡的科技含量，有效预防银行卡犯罪。但是，厦门市支付清算体系运行及建设过程中仍存在一些值得关注的问题。主要是：随着支付清算系统业务量不断增加，支付清算体系应对紧急事件能力亟待同步提高；改善岛外支付服务环境工作力度尚需继续加大；银行卡犯罪活动仍较为活跃。

（二）征信体系

2010年，厦门市征信体系建设取得进一步进展。一是征信系统覆盖面继续扩大。企业信用信息基础数据库收录借款企业户数与个人信用信息基础数据库收录的个人继续稳步增长。二是征信系统功能进一步发挥。商业银行查询频率不断提高；对中小企业融资的促进作用初步显现。三是非银行信息采集工作不断推进。已成功将个人住房公积金缴存信息、企业拖欠工资信息、企业环保信息等纳入征信数据库。四是企业评级自主性不断增强。通过鼓励商业银行推荐集团关联企业、上市公司和首次授信企业参加外部评级，推动商业银行内外部评级相结合，防范信贷风险。但是，随着征信管理工作的不断深入，以人民银行企业和个人征信系统为基础平台的全面、完整的征信体系尚待健全；贷款企业参评积极性有待提高，信用评级结果使用范围需进一步拓宽。

（三）反洗钱

2010 年，厦门市反洗钱工作有序开展。一是反洗钱非现场监管力度不断加强。人民银行厦门市中心支行加强对厦门市金融机构的非现场考评，修订了《厦门市金融机构反洗钱工作非现场考评办法（试行）》，制定了《厦门市金融机构反洗钱工作责任人非现场考评办法（试用）》。二是积极开展反洗钱行政调查。共开展反洗钱行政调查 12 起，发出核查通知书 72 份，调查账户 122 个，涉及可疑交易主体 104 个（家）。三是加强反洗钱宣传和培训，增强社会各界反洗钱意识。但是，厦门市反洗钱工作尚待完善，体现在：金融机构反洗钱工作不平有待提高，珠宝、房地产等洗钱高危行业仍游离在监管之外；反洗钱监管水平仍待提升，亟需探索行之有效的新型可疑交易核对手段，非现场数据分析的深度及广度有待加深，行政调查的被动状态有待改善；反洗钱工作联席会议各成员单位在操作层面上的沟通协调仍然不够顺畅，信息共享和联合调查机制仍需进一步完善。

（四）货币发行

2010 年，厦门市人民币发行体系持续健康运行。2010 年，厦门市货币发行规模显著放大，全市金融机构人民币现金投放、回笼总量创历史新高，双双突破 4 000 亿元大关，从总量和结构上确保货币供应。同时，各部门坚持打击犯罪与宣传教育并举，有效巩固了反假货币工作成果，净化了货币流通环境。但是，仍存在一些值得关注的问题。比如，货币发行管理和运行分析水平和公共宣传整体水平较低。

（五）代理国库

2010 年，厦门市国库资金风险防范有效落实，国库体系健康有序运行。财政税收状况良好，国库收入保持平稳增长，政府性基金收入激增，预算支出执行进度良好，库存余额大幅增长；是强化内部控制，加强代理支库监管，落实核心业务岗位风险责任制，严把预算资金的收入关、支拨关和退库关；加强国债宣传和国债管理，确保投资者的合法权益；财税库银横向联网电子缴税系统（TIPS）顺利上线运行。但是，政府性基金收入高度依赖土地出让金，土地出让收入总额和增速均超过地方级财政收入，国库年末集中收支现象较突出；各代理支库人员队伍建设力度需加大。

（六）司法环境

2010 年，厦门市各级司法机关与各家金融机构、金融监管机构及地方政府各部门不断加强协作，通过设立专门的金融合议庭、加强诉讼服务中心建设、开展金融胜诉案件集中执行活动、规范案件执行中的配套措施、加大司法救助力度等，共同打击金融违法犯罪活动，保护债权人的合法权益，维护金融和社会稳定，在优化金融生态环境方面作出了积极努力。但是，胜诉案件执行率偏低，“执行难”问题依然存在；在一些司法案例中，“保护善意第三人”的法律规定使金融机构在诉讼过程中处于相对不利、不对等的地位。

（七）审慎监管

2010年，人民银行厦门市中心支行和各金融监管部门认真落实宏观调控政策，加强前瞻介入监管，提高审慎监管的科学性、有效性和针对性，强化风险防控，妥善处置风险事件，加强信息披露，提高金融服务水平。同时，各监管部门继续完善金融监管协调，促进信息共享，加强联合执法，完善重大风险共商机制，为维护区域金融稳定发挥了积极作用。

五、总体评估与政策建议

（一）总体评估

运用因子分析法构建区域金融稳定定量评估模型，对厦门市区域金融稳定总体稳定状况进行评估。结果显示，“十一五”以来，厦门市区域金融整体稳定性逐渐提高，虽然国际金融危机对厦门市金融总体稳定状况造成一定影响，但是，2010年这种负面影响已基本消散，区域金融稳定整体状况呈现出良好发展态势，创下了历史最好水平。2010年，厦门市经济增长回归正常，增长基础更加稳固，增长结构不断优化，增长方式有所转变，为区域金融保持稳定提供了有利条件。金融业保持平稳运行，资产规模不断扩大，整体盈利水平有所提高，各项风险得到有效防范，服务经济服务大众的功能不断增强。金融市场运行平稳，金融市场交易活跃，投融资功能进一步发挥。金融基础建设稳步推进，对建设安全有序的金融生态环境、促进金融业稳健运行发挥了积极作用。

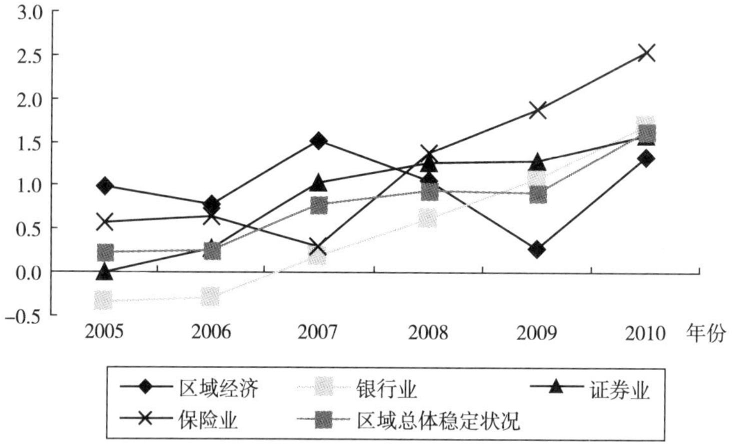

图5 2005—2010年厦门市区域经济、银行业、证券业、保险业和区域总体稳定状况评价值走势

但是，一些影响区域金融稳定的风险因素仍然存在，未来厦门市金融稳定状况仍面临一些不确定性。经济增长的内外部约束有待破解，一些结构性矛盾依然存在，收入分配、岛内外发展等不平衡状况有待改善；金融机构盈利持续增长面临挑战，信用风险、流动性风险仍需关注，金融业市场竞争加剧，金融机构发展方式有待转变；外汇市场套利行为和民间融资市场有待规范。

（二）对策建议

1. 推动经济发展方式转变，促进经济长期平稳较快发展

一是促进经济增长向依靠消费、投资、出口协调拉动转变。鼓励民间投资，优化投资结构；着力提高居民收入，改善民生，巩固内需增长基础；优化对外贸易结构，培育出口产品的核心竞争力。二是推动产业结构调整。推动产业集聚，继续发挥厦门市传统产业优势，培育先进服务业和战略性新兴产业，加大对科技创新型、进步型企业的扶持力度，鼓励厦门市企业做大做强。三是加快推进岛内外一体建设。积极把握厦门市的区位优势和当前的政策优势，充分发挥中央赋予的先行先试作用，做好战略规划，着力引入项目、科技和人才，促进岛内外协调发展。

2. 切实落实稳健货币政策，加强银行体系风险防控

按照稳健货币政策要求，加强社会流动性监测与管理，引导货币信贷总量按照合理水平增长；严格执行“区别对待，有扶有控”的信贷政策，加大对重点领域和薄弱环节的支持力度，支持厦门市实现经济结构调整、产业升级和区域协调发展；进一步加强银行风险防控，加强对银行流动性风险、信用风险等方面的监测，继续规范地方政府融资平台贷款，定期开展房地产贷款压力测试；稳步推进法人机构改革和跨区域经营步伐，建立资本补足和风险防范的长效机制，切实提高核心竞争力。

3. 壮大资本市场主体，推进资本市场持续、稳定、健康发展

规范机构之间的竞争秩序，鼓励证券期货机构开展创新业务，促进机构持续健康成长；充分发挥资本市场对上市公司的约束机制，督促上市公司规范经营，推动上市公司结构调整，提高上市公司整体实力；继续发挥资本市场融资功能，大力培育上市后备资源，推动符合条件的企业改制上市，支持企业利用多层次资本市场发展；强化市场监管，完善信息披露，提高投资者教育和服务质量，维护投资者利益。

4. 推进保险业转变发展方式，提高保险机构核心竞争力

推动保险产品、保险机构、保险中介等多方面的改革创新，优化保险业产品结构、渠道结构和期限结构，实现保险市场主体的差异化经营；加大市场秩序规范力度，健全保险业合规经营的长效机制；督促保险机构加强内控管理，主动提升风险防范意识和水平；加强保险行业建设，完善各项工作机制，加强社会监管，切实保护被保险人利益。

5. 充分发挥金融市场功能，持续推进金融市场建设

进一步扩大债券市场参与度，加强宣传，支持非金融企业参与债券市场交易，鼓励中小企业发行集合债和集合票据；完善国内外汇市场功能，试点境内 NDF 市场，推动境内外远期市场一体化，弱化套利资金跨境大规模流动的基础；加强立法，规范民间融资，鼓励民间资本在适度范围支持实体经济，严厉打击高利贷和非法集资行为。

总　　纂：郑卫国
统　　稿：李世荣
执　　笔：潘望春
其他参与写作人员：陶文立　黄师今　肖　维　翁舒颖　赖民祥　盛佩红
王国新　黄肇伟　王庭成　周　超　林志伟　张　颖
景翠莲　吴　沙　周佳亮　刘　真　朱剑峰　李永伍

深圳市金融稳定报告摘要

2010年，在复杂多变的国内外经济环境下，深圳经济金融继续保持平稳健康发展。地区经济适度快速增长，经济结构调整步伐加快。银行业存贷款增幅有所回落，信贷结构和资产质量继续改善。证券业在调整中发展，业务结构得到优化，创新产品陆续推出。保险业务恢复快速增长，偿付能力整体充足，盈利能力提高。金融市场运行平稳，交投活跃，金融市场协调发展。涉外收支规模和顺差规模均创历史新高，资金流和货物流基本匹配。但同时，地区经济稳步增长的基础尚不牢固，产业结构调整升级的压力依然较大，劳动力成本、资源和环境、区域承载力等因素对经济发展的约束加剧。金融机构重扩张，轻管理的现象较为普遍，内部控制能力和经营管理水平仍待提高；传统经营业务仍占较大比重，金融创新步伐有所放缓；金融市场发展中的局部性、结构性风险依然存在；金融业发展环境和保障机制建设还需进一步优化。

一、区域经济运行

2010年，深圳地区经济持续稳定增长。投资，消费和外贸需求协调推动地区经济发展，工业生产规模和效益同步提升，涉外收支顺差创出新高。但经济发展面临多种要素资源约束，经济结构调整压力依然较大，经济增长动力凸显不足，价格整体上涨的压力显现，外汇资金流入压力增大。

（一）地区经济保持平稳较快增长

地区经济持续稳定增长。2010年，在复杂的国内外经济发展环境下，深圳加快推进经济结构调整和发展方式转变，努力提高经济发展的质量和效益，地区经济保持既好又快发展。全年实现地区生产总值9 510.91亿元，同比增长12.0%。第一至第四季度，GDP增速分别为11.1%、11.6%、11.8%和12.0%，呈逐步提高的趋势。三次产业比重为0.1:47.5:52.4。

投资、消费和外贸协调推动地区经济增长。2010年，深圳继续加大对投资和消费的引导力度，推动经济增长模式向投资、消费和出口协调拉动转变。投资需求平稳增长，全年社会固定资产投资1 944.70亿元，增长13.8%。消费需求持续稳步增长，全年累计实现社会消费品零售总额3 000.76亿元，增长17.2%，接近2008年水平。外贸进出口实现恢复性增长，全年进出口总额3 467.49亿美元，增长28.4%。深圳外贸出口额在国内大中城市排名中实现连续十八年排名第一。

工业生产规模和效益同步提升。2010年，受发达国家经济缓慢复苏从而带动本地企业生产和出口增加等有利因素影响，深圳规模以上工业企业实现增加值4 092.63亿元，同比增长13.8%，增幅提高5.1个百分点；工业总产值规模达18 211.75亿元，比危机前增加2 351.64亿元，这两项指标均创历史新高。全年工业经济效益综合指数同比上升7.6个百分点。

财政收入增长加快。2010 年，地方财政一般预算收入 1 106.82 亿元，同比增长 25.7%，比上年提高 15.6 个百分点；财政一般预算支出 1 265.27 亿元，增长 26.4%，比上年提高 13.9 个百分点。财政支出继续向民生领域和重点产业发展倾斜。

跨境收支顺差创出新高。2010 年深圳市跨境收支总额 4 747.48 亿美元，同比增长 54.3%。收支顺差 866.48 亿美元，同比增长 101.5%。外汇净流入压力有所加大，但从全年看资金流与货物流基本匹配，未见大规模异常资金流入。

（二）地区经济运行值得关注的方面

一是经济发展面临多种要素资源约束。深圳经历了多年的经济高增长，目前经济发展面临土地供给有限、劳动力价格上涨、环境承载力下降等多种因素制约。二是经济结构调整压力依然较大。第三产业比重有所下降，第二、第三产业内部结构也隐含着一定风险，经济对外依存度偏高。三是经济增长动力凸显不足。当前支撑深圳经济持续稳定增长的基础仍不牢固，如政府投资的带动效应逐渐递减，进出口贸易增势及对经济增长的贡献不容乐观，扩大消费需求拉动经济增长依然任重道远。四是价格整体上涨的压力显现。居民消费价格全年累计上涨 3.5%，原材料、燃料及动力价格和工业品价格双双走高。五是外汇资金流入压力增大。目前外汇资金净流入压力持续增大，应防止异常资金通过虚报进出口货物价格、转口贸易和服务贸易等渠道流入境内。

（三）重要行业分析：房地产业

深圳房地产调控政策效应逐步显现。2010 年，深圳房地产市场受国家调控政策的影响较为明显。随着房地产调控政策逐步向抑制房地产投机、遏制房价过快上涨转变，深圳房地产市场由过热逐渐进入调整通道。全年深圳房地产开发投资保持增长，新建商品房供给依然较为紧张，新建商品房销售量大幅萎缩。但新建商品房成交均价仍然较快上涨，全年新建商品房累计均价为 20 850 元/平方米，同比上涨 37.0%。房地产信贷增幅呈下降趋势，年末房地产贷款余额 5 525.8 亿元，新增 785.5 亿元，增幅 16.56%。

深圳房地产业发展值得关注的问题。一是要继续采取综合措施深化房地产市场调控，综合采取货币政策、税收政策、土地政策等，确保调控政策落到实处。二是房地产信贷资产质量变化值得关注。2010 年，深圳房地产贷款尤其是住房开发贷款不良率已出现反弹苗头。年末，深圳国内金融机构房地产不良贷款余额 39.0 亿元，比年初增加 3.1 亿元；不良贷款率 0.71%，比年初降低 0.05 个百分点。其中，房地产开发不良贷款余额 18.8 亿元，比年初增加 6.0 亿元；不良贷款率 1.41%，比年初提高 0.25 个百分点。

二、金融业与金融稳定

2010 年，国家实行积极的财政政策和适度宽松的货币政策，货币政策调控兼具灵活性和针对性。银行业信贷规模扩张有所放缓，盈利水平大幅提升，但信贷结构性风险依然存在，不良贷款反弹压力增大。证券业在调整中发展，证券机构业务机构得到优化，经营效益小幅增长，但同业竞争不规范现象较为突出。保险业平稳运行，业务恢复较快增长，随着市场竞争加剧及各项改革新政施行，中小保险机构的生存发展值得关注。

（一）银行业

1. 银行业运行状况

2010 年末，深圳有法人银行机构 11 家，分行级以上银行机构 65 家。年末，银行机构总资产 3.49 万亿元，较年初增长 26.13%；总负债 3.38 万亿元，增长 26.41%；所有者权益 1 082.39 亿元，增长 17.97%。银行机构存贷款增幅下降，年末本外币存款余额 2.19 万亿元，增长 19.02%；本外币贷款余额 1.68 万亿元，增长 14.13%。银行机构全年实现营业净收入 796.95 亿元，增长 41.47%；实现税前利润 477.73 亿元，增长 42.46%。资产质量整体尚好，年末不良贷款余额 249.26 亿元，较年初增加 22.60 亿元；不良贷款率 1.49%，较年初下降 0.06 个百分点。

2. 银行业稳健性评估

法人银行资本充足水平良好。2010 年，深圳 4 家中资法人银行资本充足水平良好，招商银行和深发展分别进行配股融资和定向增发补充资本金，资本充足水平一度下滑的局面得到扭转。4 家外资法人银行一度因业务快速增长，使资本充足水平同比大幅下降，但目前外资法人资本充足性仍维持在较高水平，短期并无补充资本金的压力。

银行机构流动性趋紧。2010 年，受管理部门多次提高存款准备金率等因素影响，法人银行流动性有所收紧。中资法人银行的贷存比及超额备付率等指标均显趋紧迹象。外资法人银行皆保持较充裕的资金流动性，但主要依赖同业拆借来调配头寸和缓解流动性压力的情况并未改变，其资金来源的单一问题亟待解决。

银行信贷结构性矛盾依然突出。表现之一是信贷增长以中长期贷款为主。2010 年末，银行机构中长期贷款余额 1.17 万亿元，较年初增加 2 096.54 亿元；中长期贷款占全部贷款的比例 69.42%，较年初提高 4.68 个百分点。表现之二是贷款的行业集中度较高。年末，前六大行业累计贷款余额 9 743.51亿元，占对公贷款总额的比重为 84.6%。

不良贷款潜藏反弹压力。深圳银行机构不良贷款余额已连续两年出现上升。同时，银行存量贷款质量向下迁徙较为明显，年末次级类不良贷款余额和损失类不良贷款余额分别较年初增加 37.33 亿元和 1.40 亿元。部分银行机构不良贷款已显露反弹苗头。不良贷款行业集中度有所上升。

（二）证券业

1. 证券业运行状况

2010 年末，深圳有法人证券公司 17 家，资产总额 4 016.69 亿元，同比下降 2.11%；净资本 1 017.17亿元，增长 7.46%。全年法人证券公司全部实现盈利，营业总收入 514.24 亿元，增长 10.81%；净利润 233.56 亿元，增长 4.29%。有法人基金公司 16 家，管理基金 207 只，比年初增加 29 只；基金总份数 8 028.31 亿份，同比略有下降；基金资产净值 8 116.55 亿元，下降 6.47%。有期货公司 12 家，期货公司总资产、净资产和净资本分别为 154.57 亿元、25.84 亿元和 24.34 亿元，分别比年初增长 93.60%、97.61% 和 105.02%。

2. 证券业稳健性评估

证券公司风险控制水平良好。受证券公司合规经营意识增强等有利因素影响，深圳法人证券公司风险控制能力有所增强。各项风险控制指标表现良好。年末，深圳法人证券公司净资本额1 017.17 亿元，同比增长 7.46%。证券公司净资本与净资产比率、净资本与负债比率、流动资产与流动负债比率、净资产与负债比率等各项风险控制指标均表现良好。

市场竞争加剧使部分证券公司隐藏可持续经营风险。证券市场竞争加剧，尤其是作为大多数证券公司主营业务的证券经纪业务市场争夺激烈，有关中介费率持续下降，甚至已接近行业运行成本底线。市场竞争加剧，为客户交易带来了便利和实惠，但同时大幅度抬高了证券公司营业成本。一些中小证券公司既面临经纪业务困难，又不能参与创新业务，其经营的可持续性值得关注。

证券公司内部控制仍待加强。整体看，证券公司内部控制和风险管理跟不上业务发展，风险控制体系建设滞后于业务发展的问题较为突出。投行业务方面主要是内控不完善导致重保荐数量、轻公司质量，证券公司及其保荐人存在一定的道德风险。经纪业务方面主要是营销管理不规范，违规展业时有发生。此外，证券公司普遍存在 IT 建设投入不足、管理松弛的现象。

（三）保险业

1. 保险业运行状况

2010 年末，深圳保险市场共有保险公司 65 家，较上年增加 3 家。全年深圳保险市场累计实现原保费收入 361. 48 亿元，同比增长 33. 10%，其中，产险原保费收入 124. 03 亿元，增长 23. 68%；寿险原保费收入 237. 46 亿元，增长 38. 61%。全年保险业产险分公司承保利润达 6. 49 亿元，大幅增长 327. 2%。法人保险公司盈利能力整体大幅提升，11 家法人保险公司中有 8 家实现盈利。保险深度和保险密度继续提升，年末保险深度和保险密度分别为 3. 8% 和 3 987. 62 元/人，分别比上年提高 0. 49 个百分点和 954 元/人。

2. 保险业稳健性评估

法人保险公司偿付能力稳定。2010 年，纳入偿付能力监测的深圳 9 家法人保险公司中，偿付能力充足率基本保持稳定，没有出现大起大落现象。除华安保险公司外，其余偿付能力充足率均超过 150%。

保险市场结构继续优化。一是产险结构中非车险业务收入持续增长。全年非车险保费收入占产险市场保费总收入的 31. 7%，尤其是责任保险、信用保险增幅较大。二是新单期交占比较大，寿险市场新单期交占比 30. 5%。三是个人代理渠道销售量占比较大，通过个人代理渠道发生的业务占比为 47. 3%。

中小保险公司的生存发展值得关注。无论是按原有保险市场格局，还是近年来陆续推出的保险市场改革新政，中小保险公司都处于不利的市场竞争地位。中小保险公司的市场份额和盈利空间明显受到压缩，其生存发展将面临考验。

（四）金融业与金融稳定值得关注的方面

一是宏观金融政策趋紧对银行业稳健经营提出更高要求，随着宏观货币政策由适度宽松转向稳健，银行信贷规模扩张受到制约，加上信贷结构中的中长期贷款占比提升、资产负债期限错配问题的存在，银行机构的流动性风险不容小觑。二是部分中小金融机构生存发展困难甚至面临市场退出，随着市场竞争态势加剧，市场份额持续重整，竞争态势日益强化。三是部分金融行业运行欠规范不利于其长期、可持续发展，如银行机构表外理财业务发展过快，证券公司投行业务违法违规事件时有发生，保险经营涉嫌销售欺诈等。

三、金融市场与金融稳定

2010年，深圳金融市场保持健康发展。银行间货币市场、外汇市场、证券市场、保险市场、黄金市场等协调发展，充分发挥了资金融通、投资、保值、保障等功能。金融市场平稳运行，全年未发生重大风险和违约事件，为深圳金融发展和金融稳定奠定了良好基础。

（一）银行间货币市场

货币市场交易量稳步增长且整体净融入资金。2010年，深圳银行间货币市场合计成交33.46万亿元，同比增长21.34%，总交易量占全国的9.30%。从资金流向看，深圳金融机构融入资金17.63万亿元，同比增长14.85%；融出资金15.83万亿元，同比增长33.36%；净融入资金1.80万亿元，同比下降48.28%。

市场利率波动性增强，年末市场利率大幅提升。2010年，受央行公开市场操作和各类调控政策措施的影响，银行间人民币市场资金经历了或紧或松的多次交替过程。货币市场短期利率波动性增强，利率水平显著上升。至12月末，隔夜拆借加权平均利率收于4.57%，较年初上升345个基点；7天质押式回购加权平均利率收于6.50%，较年初上升510个基点。

（二）证券市场

证券市场规模进一步扩展，市场融资显著增加。2010年末，深圳证券市场上市证券总数1 590只，较上年增加425只。全年新增上市公司321家（其中中小板上市204家，创业板上市117家），增幅为37.85%。全年股票筹资总额4 083.79亿元，较上年增加2 371.1亿元，增幅达1.38倍。其中主板市场增发和配股筹资770.32亿元，中小板首发和增发筹资2 350.13亿元，创业板筹资963.34亿元。深圳证券市场中小板和创业板企业股票融资额大幅增加，充分发挥了支持具有良好成长性的中小企业发展的作用。

市场行情维持震荡整理的格局，市场成交平稳增长。2010年，深圳证券市场行情基本呈震荡整理的态势。深证成分指数开盘13 766.11点，收盘12 458.55点，全年下跌1 307.56点，跌幅9.5%。全年股票基金交易额24.74万亿元，较上年下降14.75%。深圳证券市场行情震荡走弱，反映了投资者对实体经济运行和经济增长预期不够乐观，市场投资心态较为谨慎。

（三）外汇市场

银行结售汇规模和顺差规模均处历史高位。2010年，深圳银行结售汇1 509.5亿美元，同比增长28.2%。顺差606.7亿美元，同比增长73.4%，其中，经常项目顺差604.11亿美元，同比增长56.4%；资本项目顺差2.59亿美元，2009年为逆差。银行结售汇规模和顺差创出新高，既有深圳外贸进出口恢复带动了银行结售汇规模和顺差大幅提升的因素，也可能有部分境外投机资金借道外贸等渠道流入国内的原因。

银行间外汇市场成交量下降，但即期买卖差额大幅增长。2010年，深圳银行间人民币外汇市场和外币买卖市场成交同比下降9.36%。但同时，银行间人民币外汇即期买卖差额大幅增长，全年人民币外汇即期市场卖差（卖出－买入）234.62亿美元，同比增长1.33倍。银行卖出外汇远大于买入，表明银行持有外汇的意愿较弱。

（四）金融市场与金融稳定值得关注的方面

一是银行间资金市场资源配置功能有待强化，应充分利用市场交易平台进行充分的资金导流和配置，防范和化解部分金融机构可能存在的流动性不足风险。二是应防范和控制金融市场部分创新业务风险，比如，股指期货尚处于起步发展阶段，市场交易品种仍较单一，投机性气氛较浓。三是须加大对跨境资金异常流动的监测和管理力度，防范和阻滞境外异常资金可能通过各种正常交易渠道流入境内。

四、金融基础设施与金融稳定

2010 年，深圳支付结算体系安全、高效运行，系统建设取得新进展，结算秩序继续增强，服务市场进一步规范。征信系统建设取得新进展，社会信用环境继续改善，金融机构防范信用风险的能力进一步提高。人民银行及相关政府管理部门努力净化深圳金融生态环境，进行金融司法机制创新。打击非法外汇买卖、抵御洗钱风险，维护金融市场秩序，为金融稳定营造良好基础。

（一）支付结算体系

支付结算业务量持续提升，极大便利了社会资金流转。2010 年，深圳支付结算系统全年业务量同比大幅上升，支付清算系统共处理业务 1.42 亿笔，金额 139.19 万亿元，同比分别增长 24.73% 和 28.96%。深圳辖内通过中国现代化支付系统共流入资金 50.57 万亿元，流出资金 50.22 万亿元，净流入资金 3 496.75 亿元。

支付结算秩序继续增强，业务运行规范化程度提高。2010 年，深圳大额支付系统共发生支付业务 1.23 万笔，同比下降 43.66%，流动性风险有所降低，各银行机构资金管理能力有所增强。人民银行完善了对支付清算系统运行和支付清算纪律执行情况、银行卡业务及考核情况的通报，防范支付服务风险。

（二）社会信用体系

多部门协作共建地方信用体系平台。地方政府相关部门加强协作，共建地方信用体系平台，企业征信系统和深圳市借款企业风险预警系统新增窃电违法企业信息、严重消防违法企业等信息，扩大了征信信息的覆盖面，“失信惩戒”机制的作用进一步显现。

征信系统切实发挥风险防范的基础性作用。查询企业和个人征信信息已被纳入各银行机构基本审贷流程，成为各行预测和防范信贷风险不可或缺的环节。深圳市借款企业风险预警系统实现了非银行信用信息的集中和实时共享，成为企业征信系统的重要补充。2010 年，深圳金融机构查询企业信用信息月均 13.2 万次、个人信用报告月均 270 万次。

（三）金融生态环境

一是有效整治支付结算违法犯罪活动。开展银行卡犯罪专项整治行动。组织全市各发卡银行、收单机构开展银行卡业务专项检查，与公安部门统一开展银行卡犯罪专项整治行动。加大对空头支票行政处罚力度。监督商业银行限制或暂停不良信用出票人的部分支付结算业务，定期向征信部门移交、挂网签发空头支票存款人信息。

二是加强外汇管理和外汇检查，阻止境外投机资金流入。外汇管理部门加大了对跨境资金异常流动的监管和检查力度，阻击国际短期投机资金流入。对地下钱庄非法经营活动开展打击，切断部分异常资金进出的渠道。对异常资金流入的重点环节和领域进行查处。

三是转变反洗钱工作思路，努力抵御洗钱风险。推行“风险为本”观念。完善反洗钱非现场监管分析评估指标，开发上线反洗钱非现场监管系统。侧重对反洗钱风险防范薄弱环节开展有针对性的检查，提升了金融机构防范洗钱风险的能力。

（四）金融基础设施与金融稳定值得关注的方面

一是与支付结算领域违法犯罪活动值得关注。支付结算领域的违法犯罪活动或者可能导致金融体系资金链条或信用链条断裂，或者导致银行机构或金融消费者承受巨大损失，因此必须进行有效整治。二是社会信用体系的某些薄弱环节亟待改善，如作为信用体系重要组成部分的企业和个人征信系统数据挖掘不充分，企业及其所有者的信用信息分割，企业之间关联关系不明确等。

五、金融创新与金融稳定

2010 年，深圳金融业继续推进组织体制、服务和产品、服务手段等创新，金融创新的广度和深度均有所拓展。金融创新提升了深圳金融发展水平，有利于维护金融体系稳定。

（一）主要金融创新成果

一是创新金融组织体系和管理体制。在改造组织体系方面，深圳银行机构结合总行的发展战略、依托深圳地方经济发展特点，在组织体系创新方面表现突出。在创新管理体制方面，金融机构将管理体制的创新提到重要的议事日程，在流程再制、提升员工产能和企业忠诚度方面较为突出。

二是提升服务质量，开发多层次、多功能的创新产品。金融产品逐渐由量到质、由创新产品单一式向组合式转变，形成了更加灵活多样的产品供应链。

银行业产品创新方面。其一，推出金融产品组合式套餐，如招商银行深圳分行的“点金中小企业行业聚焦”产品服务方案。其二，创新消费模式的卡产品，如工商银行深圳市分行“爱购超级信用卡”和华夏银行深圳分行推出的华夏商旅卡。其三，配合政府职能落实便民产品，如工商银行深圳市分行的“社保卡与银行卡连通项目”。

证券业产品创新方面。其一，围绕融资融券、股指期货交易开展创新，如南方基金管理公司推出的小康 ETF 及其联接基金。其二，推出经纪业务创新产品，如华泰联合证券的“联盈理财”产品，实现从提供通道到出售信息增值服务的转变。

保险业产品创新方面。其一，推出简便易懂产品与特色养老产品，如平安人寿少儿分红保险“吉星送宝少儿两全保险”和生命人寿推出的“生命金满堂终身养老年金保障计划”，尤其后者是新型养老模式的成功尝试。其二，保险单增值服务类产品，如中国人寿深圳分公司自主创新了“鹤卡特约商户第三方管理模式”。

三是创新服务手段，打造新型服务平台。深圳金融机构创新服务手段，打造新型服务平台，为消费者提供更加便利的服务方式。其一，是开发丰富多样的电子化服务平台，如工商银行深圳市分行“新兴产业金融扶持方案”。其二，是研发多方合作的金融服务模式，如泰华农民银行与民生银行联合推进“泰华——民生中小企业联合贷款项目”。其三，是提供“离岸式”电子化服务通道，如建设银行深圳市分行开发移动签约POS系统，实现了银行物理网点和柜面服务的延伸。

（二）金融创新与金融稳定值得关注的方面

一是金融创新步伐有所放缓。尤其是金融技术和金融工具创新的亮点较少，缺乏技术性和工具上的革新成果。二是原创性的金融创新不足。创新项目趋同化现象明显，创新产品的同质性较强，缺乏高技术含量、高附加值的创新业务品种。三是金融创新的保障机制有待强化。创新产品在短期内易被其他机构仿效和复制，降低了金融机构创新的积极性。

六、总体评估与政策建议

（一）总体评估

当前深圳经济金融运行存在一些值得关注的问题，主要是地区经济持续稳定增长的基础尚不牢固，产业结构调整升级的压力依然较大，经济发展方式亟待由速度优先向质量优先转变，劳动力成本、资源和环境、区域承载力等因素对经济发展的约束加剧。金融业发展所依赖的国内外经济环境仍较复杂；金融机构重扩张、轻管理的现象较为普遍，内部控制能力和经营管理水平仍待提高；传统经营业务仍占较大比重，金融创新步伐有所放缓，经营同质化倾向较重；部分金融机构表外业务、理财业务潜藏一定风险；金融市场发展中的局部性风险、结构性风险依然存在；社会法制体系、司法环境、信用环境等保障机制建设还需进一步强化。

（二）政策建议

一是加快转变经济发展方式，努力提升经济发展质量。要切实转变理念，从偏重追求经济增长规模、速度向追求经济发展质量、效益转变。促使经济结构更趋优化，利用现代高科技更新改造传统产业，努力增强产业国际竞争力。突出自主创新优势，在关键产业领域和核心技术领域要取得突破进展。

二是落实宏观审慎管理要求，确保深圳经济金融持续、稳健发展。深圳金融机构应将宏观审慎管理要求落实到微观审慎经营管理过程中，通过逐步提高资本充足水平、扩大风险资产拨备覆盖面以增强风险抵御能力，严格把握银行机构的信贷总量和进度，逐步加强对社会融资总量的统计和监测。

三是进一步巩固金融业支柱产业地位，努力建造深圳金融发展高地。充分发挥深圳证券市场对国内具有成长性的中小科技企业的融资主渠道作用。利用深圳建设保险创新发展试验区的契机，推出更多适应市场需求的产险和寿险新产品。大力促进金融市场体系发展，实现资金市场和资本市场的衔接和协调发展。

四是以前海深港现代服务业合作区建设为契机，探索金融发展机制和发展模式的持续创新。要推动以跨境人民币业务为重点的金融创新合作，探讨在前海建设香港人民币离岸市场的可行性。稳步推进深港资本市场合作，逐步推动深圳资本市场对外开放，逐步扩大和深化深港两地证券市场合作。大力推进深圳保险创新发展试验区建设，支持保险改革创新项目在前海先行先试。

五是努力促进金融机构改革创新，持续提高经营管理水平。在金融风险可测、可控的前提下，金融机构应努力实现金融产品、工具、服务和营销方式的改革创新。应有效改变金融机构重扩张、轻管理的经营发展模式，改变粗放型经营管理方式，着力改善业务盈利模式。

六是优化金融业发展环境，推动对外金融合作。继续加强金融基础设施建设，进一步完善支付结算系统功能。丰富征信系统信息，逐步加强系统应用和征信资源共享。对外金融合作的重点是持续推进深港、深澳全方位金融合作，大力促进香港人民币业务发展，不断丰富和扩展香港人民币业务品种。

总　　纂：崔　瑜
统　　稿：余　钢　吴　燕
执　　笔：王继权
其他参与写作人员：孙春广　张利平　蔡瑞文　丁晓松　周前新　孟　浩
屠　卫　滕　辉　李小琪　王翔宇　祝　劲　杨　丹
胡春冬　范　潇